DIE KOKAIN-BOSSE

Guy Gugliotta/
Jeff Leen

INHALT

IM SPIEGEL DER ZEIT

Erlebtes

Erfahrenes

Erforschtes

Verlag Das Beste
Stuttgart · Zürich · Wien

602

PRINTED IN GERMANY

ISBN 3 87070 369 5

IM SPIEGEL DER ZEIT

U S MARSHAL
TAMPA FLORIDA

Mitte der achtziger Jahre kontrollierten vier Männer mehr als fünfzig Prozent des Kokains, das in die Vereinigten Staaten kam. Sie ließen Tausende von Menschen für sich arbeiten. Bauern, die Koka anbauten und verarbeiteten. Piloten, die das Rauschgift in Flugzeugen verfrachteten. Verteiler, die es vermarkteten. Vertreter, die Bestechungssummen boten und Geld wuschen. Bezahlte Mörder, die Feinde liquidierten. Das Kartell strich einen Gewinn von schätzungsweise zwei Milliarden Dollar im Jahr ein – steuerfrei. Die vier waren gerissen, verschwiegen, hatten nur ein Ziel und waren entschlossen, wirklich alles zu tun, um zu erreichen, was sie wollten.

Guy Gugliotta und Jeff Leen

1

Dadeland

An einem heißen Julitag des Jahres 1979 rollte ein weißer Lieferwagen auf den Parkplatz der „Dadeland Mall", des größten Einkaufszentrums in Südflorida. Hätte sich jemand den Ford genauer angesehen, so wäre ihm aufgefallen, daß die Aufschriften an beiden Seiten nicht übereinstimmten. Links stand „Happy Time Complete Party Supply", während rechts „Happy Time Complete Supply Party" zu lesen war. Die Buchstaben waren in roter Farbe mit einer Schablone grob aufgetragen. Darunter stand eine Telefonnummer. Doch bei einem Anruf hätte man nichts über einen Partyservice erfahren.

Der Wagen fuhr zur Südwestecke des Einkaufszentrums, wo sich zwischen einem Schnellimbiß und einem Schönheitssalon ein Crown-Spirituosenladen befand. Dadeland, gewissermaßen das Schaufenster des Vorstadtlebens im warmen Florida, nimmt eine Fläche von 200 Hektar ein und liegt an einem kleinen Kanal bei Kendall, einer ausgedehnten Schlafstadt, die an jedem Wochentag eine Armee von Bürokräften in das fünfzehn Kilometer nördlich gelegene Geschäftsviertel von Miami entsendet. Kendall besteht aus Eigenheimen im Ranchstil mit gepflegten Rasenflächen, die so amerikanisch sind wie alles in Dade County.

Der weiße Lieferwagen war ins Einkaufszentrum zu einem Treffen mit German Jimenez Panesso gekommen, der im Crown-Spirituosenladen etwas kaufen wollte. Jimenez war einer der führenden Kokainhändler in Miami. Auch die beiden Männer in dem weißen Ford waren Kokainhändler. Der Wagen hielt mit laufendem Motor am Bürgersteig in unmittelbarer Nähe des Ladens, als ob er etwas ausliefern wollte.

Titelseite: Die Bosse der kolumbianischen Kokainmafia – Pablo Escobar Gaviria (links oben), Carlos Lehder Rivas (rechts oben), José Gonzalo Rodrigues Ochoa (links unten), Jorge Luis Ochoa Vasques (rechts unten)

Gegen 14 Uhr 20 fuhren Jimenez und sein zweiundzwanzig Jahre alter Leibwächter Juan Carlos Hernandez in einem neuen weißen Mercedes auf den Parkplatz der Dadeland Mall. Sie ließen eine geladene 9-mm-Automatikpistole auf dem Boden vor den Rücksitzen liegen und gingen unbewaffnet in den Crown-Schnapsladen.

Drinnen fragten sie den Angestellten Thomas Capozzi nach einer Flasche Chivas Regal. Capozzi zeigte auf ein Gestell zur Rechten. Hernandez trat darauf zu, um die Flasche für seinen Boß zu holen. In diesem Augenblick kamen die beiden Männer aus dem weißen Ford herein. Einer richtete eine 38er Beretta-Automatik auf Jimenez und Hernandez und eröffnete das Feuer. Der andere schoß mit einer Maschinenpistole Ingram MAC-10. Hernandez starb auf der Stelle. Jimenez stürzte beim Versuch, durch die Tür zu entkommen. 45er Geschosse aus der MAC-10 rissen ihm den Kopf zum Teil ab. Capozzi, durch eine verirrte Kugel getroffen, taumelte ins Freie.

Nachdem die Killer mehr als sechzig Schüsse abgegeben hatten, stellten sie das Feuer ein. Sie ließen die MAC-10 im Laden zurück, rannten nach draußen und sprangen in das Fahrerhaus des weißen Lieferwagens. Zur Deckung ihrer Flucht vom Parkplatz knallten die Männer aus dem Fahrerhaus heraus wild durch die Gegend. Dabei gerieten sie so in Fahrt, daß sie auch ihren eigenen Rückspiegel zertrümmerten. Die Kugeln durchschlugen parkende Autos und zertrümmerten Schaufenster. Endlich verschwand das weiße Fahrzeug hinter dem Südende des Einkaufszentrums. Die Schießerei hatte weniger als drei Minuten gedauert.

DER Anruf kam nur undeutlich und unter Knistern im Mannschaftsraum der Mordkommission bei der Polizei von Dade County an: ein Feuerüberfall mit Maschinenpistolen unter Beteiligung von Latinos. Es war 14 Uhr 35, am 11. Juli 1979.

Ach du Scheiße, schon wieder mal, dachte Detective Al Singleton. Ein Kokainkrieg war im Gange, und seit Monaten stolperten sie überall in Dade County über tote Kolumbianer. 24 Mordfälle unter den Latino-Drogenhändlern waren gemeldet worden. Seit November. Nur selten wurde ein Fall aufgeklärt. Singleton, ein ehemaliger Marineinfanterist mit Segelohren, setzte sich in seinen unauffälligen Wagen und fuhr über die Dolphin-Schnellstraße nach Westen. Auf dieser Route ließ er die Skyline des ständig anwachsenden Miami hinter sich und fuhr auf die nicht von Hochhäusern gezeichneten Vorstädte des südwestlichen Dade County zu. Niemand bei der Polizei hatte eine klare Vorstellung über die Ursachen des Kokainkriegs. Man ging unter anderem von der Hypothese aus, daß zwischen den einzelnen kolumbianischen Kokaincliquen Rivalitäten bestünden. Andere glaubten, die Morde wären eine Sache zwischen Kolumbianern und Kubanern. Jahrelang hatte das Gleichgewicht der Kräfte zwischen den kubanischen Zwischenhändlern und ihren kolumbianischen Lieferanten die Dinge im Fluß gehalten. Kolumbianer kauften die Kokablätter in Bolivien und Peru und verarbeiteten sie in ihrem Land zu Pulver, das sie nach Norden verschifften.

Dann schalteten sie die Zwischenhändler aus und übernahmen den Kokainhandel in Miami selbst. Innerhalb von drei Jahren hatten vier, fünf kolumbianische Gruppen fast den ganzen Handel in Miami unter ihre Kontrolle gebracht.

In den späten siebziger Jahren, als in den USA statt Marihuana Kokain verlangt wurde, geriet die alte Ordnung ins Wanken. Die steigende Nachfrage trieb auch die Preise enorm in die Höhe. Ein Kilo Kokain wurde in Miami für 51000 Dollar verkauft, gegenüber 34000 im Vorjahr. Und es kamen größere Mengen herein als je zuvor. Florida mit einer Küste von über 12000 Kilometern wurde ein Schmugglerparadies. Miami hatte Hochkonjunktur, die die Banken mit gewaschenem Geld und die Nightclubs mit Latinos füllte, die sich von Männern mit Ausbeulungen im Anzug bewachen ließen. Es herrschte eine fieberhafte, zum Zerreißen gespannte Atmosphäre.

AM WOCHENENDE hatte Al Singleton einen Artikel gelesen, der auf der Seite eins der Zeitung unter der Schlagzeile SCHIESSEREI IM KOKAIN-KORRAL erschienen war. In allen Einzelheiten beschrieb der *Miami Herald* eine Serie von Drogenmorden, wie man sie hier noch nie erlebt hatte. Kolumbianer waren auf die verschiedenste Art zu Tode gekommen: in einer Plastikhülle in einen Kanal in Coral Gables geworfen; im mittäglichen Straßenverkehr mit Maschinenpistolen erschossen. „Das ist ja wieder wie in Dodge City", sagte ein Bundesfahnder. Leichen von Kolumbianern stapelten sich im Leichenschauhaus von Dade County – oder „Dead County", wie es die Kolumbianer nannten.

Die beliebteste Waffe war die Ingram MAC-10. Das Military-Armament-Corporation-Modell 10 war eine gedrungene, büchsenförmige, kleine Tötungsmaschine, die pro Minute tausend 45er Geschosse durch jede Autokarosserie schießen konnte. Bei der Polizei hieß die Waffe „Miami-Machete".

Ungefähr 25 Minuten nach dem Anruf im Polizeirevier erreichte Al Singleton den Parkplatz von Dadeland Mall. Vor den Läden, wo die Streifenwagen der County Police standen, drängten sich Neugierige, und die Uniformierten sperrten den Tatort ab. Der leitende Beamte informierte Singleton, daß die Verdächtigen einen weißen Fluchtwagen an der Rückseite der Mall zurückgelassen hätten. Dorthin schickte er Singleton zur Spurensicherung.

Dieser fuhr zur Rückseite der Mall und parkte neben dem Lieferwagen. Ein Fernsehteam machte bereits Aufnahmen. Singleton nahm ein amtliches gelbes Formular zur Hand und schrieb auf, was er sah.

Das Fahrzeug stand neben einer Brücke über den Kanal, der das Einkaufszentrum von der Wohngegend trennte. Die Mörder waren offensichtlich über die Fußgängerbrücke in die Vorstadt geflohen. Der Lieferwagen war ein weißer Ford, Baujahr 79. Die Schlüssel steckten, und der Motor lief noch. Der Innenraum war mit rotem Filzteppich ausgelegt. Auf dem Fahrersitz sah Singleton eine Sonnenbrille und eine kugelsichere Polizeiweste liegen. Ein abgesägter Karabiner vom Kaliber 7,65 lag neben einer 9-mm-Magnum und einem weiteren Revolver auf dem Beifahrersitz. Auf dem Fußboden fanden sich zwischen Fahrer- und Beifahrersitz eine MAC-10, daneben eine automatische 9-mm-Pistole und ein zweiter Karabiner, Kaliber 7,65. Es kommt selten vor, daß Mörder ihre Waffen am Tatort zurücklassen. Hier waren es gleich sechs. So etwas hatte Singleton noch nie erlebt. Aus allen war geschossen worden. Wie in einem Cowboyfilm.

Im Laderaum des Fahrzeugs sah er sechs weitere kugelsichere Westen wie geräucherte Schinken von der Decke hängen. Die Seitenwände waren durch rostfreie Stahlplatten verstärkt. In den hinteren Ladetüren fielen zwei Löcher auf, in die genau ein Waffenlauf hineinpaßte. Dieses war ein „Kriegsschiff"! Sein Anblick versetzte dem Polizisten einen kalten Schock. Die Mörder hatten einkalkuliert, sich den Fluchtweg notfalls auch durch eine Polizeiabsperrung freizuschießen.

Al Singleton war immer mit einem 38er Smith-&-Wesson-Modell 19 ausgerüstet gewesen, der Standardwaffe der County Police. Nach dem Zwischenfall in der Dadeland Mall kaufte er sich aber eine 14schüssige automatische Browning.

Die Dadeland-Schießerei wurde von der Presse überregional unter dem neuen Schlagwort „Kokaincowboys" verbreitet. Sie hatte plötzlich auf erschreckende Weise einen neuen Verbrecherschlag ans Tageslicht gefördert. Die kolumbianischen Kokainhändler hatten eine Rücksichtslosigkeit nach Miami importiert, wie sie die US-Gesetzeshüter noch nie erlebt hatten. Vor dem Auftauchen der Kolumbianer war Miamis Drogenszene von geschickten Glücksspielern, gewieften jungen Profis und übriggebliebenen Blumenkindern bevölkert gewesen. Jetzt war das Zeitalter des Wassermanns vorbei. Die Kolumbianer sollten Miami in den achtziger Jahren in ein Casablanca des Kokains verwandeln. Dade County sollte zur US-Hauptstadt in Sachen Mord werden. Im ausgehenden zwanzigsten Jahrhundert gingen die kolumbianischen Händler daran, Amerika in einem Maße mit Kokain zu überschwemmen wie mit keiner anderen Droge zuvor.

Knapp hundert Jahre früher hatte Dr. Sigmund Freud Kokain als Aphrodisiakum empfohlen. Das löste eine dreißig Jahre währende Kokainbegeisterung in den Vereinigten Staaten aus, die erst durch das erste Rauschgiftgesetz der Nation ihr Ende fand, den Harrison Act von 1914. In den siebziger Jahren war die erste Lektion vergessen. Kokain kam erneut in Mode. Anfangs tauchte es verführerisch funkelnd bei den dumpfen Partys des Jet-sets auf, zog Filmstars in seinen zerstörerischen Bann und schlich sich allmählich bei der Jugend der Oberschicht und des Mittelstands ein. Schließlich sollten „Crack" und „Rock" ihren Einzug in die Gettos der Nation halten und das Elend in den Elendsvierteln vermehren.

1988 nahmen sechs Millionen Amerikaner regelmäßig Kokain, und mindestens drei starben täglich daran. Kokain sollte das erste Rauschgift werden, das zu einer Bedrohung von Amerikas nationaler Sicherheit erklärt wurde.

Doch 1979 war davon noch kaum etwas zu spüren. Al Singleton und seine Kollegen konnten nicht wissen, daß sie die Kinderkrankheiten eines Gewerbes miterlebten, das sich anschickte, aus einem bescheidenen Nebenverdienst von Schmugglern zu einer internationalen Multimilliarden-Dollar-Industrie zu avancieren. Doch als Singleton auf den Parkplatz der Dadeland Mall fuhr, waren die meisten Amateure in diesem tödlichen Geschäft bereits abserviert. Am Ende sollte nur eine Handvoll Kolumbianer an der Spitze übrigbleiben. Diese wenigen wurden „die Kokainbosse" genannt. Sie mußten sich ständig bewähren – im

Kampf gegen rivalisierende Drogenhändler, gegen die Polizei und sogar gegen Regierungen. Und immer überlebten sie, meistens behielten sie sogar die Oberhand. Sie wurden berühmt, und man zählte sie zu den erfolgreichsten, den wohlhabendsten und ganz gewiß den gefährlichsten Verbrechern der Welt. Sie wurden als das Medellín-Kartell bekannt.

Es waren vier: Pablo Escobar Gaviria, El Padrino – „Der Pate" –, der eine von bescheidenem Erfolg begleitete Karriere als bezahlter Revolvermann, Entführer und Wagendieb aufgab, um als Kokainhändler Millionen zu scheffeln. Jorge Luis Ochoa Vasquez, El Gordo – „Der Dicke" –, ein unauffälliger junger Mann aus dem Mittelstand, der seiner Familie ein besseres Leben bieten wollte und die Mittel dazu im Kokain fand. Carlos Lehder Rivas, „Joe Lehder", ein Gangster, der die Beatles liebte und davon träumte, der Welt größtes Kokaintransportnetz aufzuziehen. José Gonzalo Rodriguez Gacha – „Der Mexikaner" –, der seine Einnahmen aus dem Kokainhandel dazu verwendete, Fußballmannschaften, Pferde und riesige Landflächen zu kaufen.

Mitte der achtziger Jahre sollten diese vier mehr als fünfzig Prozent des Kokains kontrollieren, das in die Vereinigten Staaten kam. Sie sollten Tausende von Menschen für sich arbeiten lassen: Bauern, die Koka anbauten und verarbeiteten; Piloten, die das Rauschgift in Flugzeugen verfrachteten; Verteiler, die es vermarkteten; Vertreter, die Bestechungssummen boten und Geld wuschen; bezahlte Mörder, die Feinde liquidierten. Das Kartell sollte einen Gewinn von schätzungsweise zwei Milliarden Dollar im Jahr einstreichen – steuerfrei.

Die vier waren gerissen, verschwiegen, hatten nur ein Ziel im Sinn und waren entschlossen, wirklich alles zu tun, um zu erreichen, was sie wollten.

WIE die meisten anderen jungen kolumbianischen Kokainhändler behaupteten sie, Medellín in den Anden wäre ihre Heimatstadt. 1979 nannten die US-Zeitungen Medellín die „Wall Street des Kokains". Die meisten US-Drogenfahnder wußten nicht, wo Medellín liegt. Dabei muß, wer sich mit Kokain auskennen will, unbedingt über Medellín Bescheid wissen.

Auf den ersten Blick bietet die Stadt kaum Hinweise. In Touristenbroschüren wird sie die „Stadt des ewigen Frühlings" oder „Orchideenstadt" genannt. In der Provinz Antioquia gelegen, ist Medellín die zweitgrößte Stadt von Kolumbien nach Bogotá, eine schnell wachsende Metropole in den Bergen, die sich mit ihren 1,2 Millionen Einwohnern in einem 1600 Meter hoch gelegenen Flußtal ausbreitet. Einen hübscheren Ort findet man in ganz Südamerika kaum. Im Jahre 1979 hatte Medellín ein belebtes Geschäftsviertel, dessen neue Wolkenkratzer einen Hauch von Glas- und Stahleleganz in die sie umgebenden stattlichen Wohngebiete im Kolonialstil brachten. Medellín hatte drei Universitäten mit Unterkünften für Studenten, einen botanischen Garten, Dutzende von Parks und viele von Bäumen gesäumte Boulevards.

Die Leute von Medellín nannten sich *Paisas* – „Landvolk". Sie wirkten bescheiden, waren aber aggressive, ehrgeizige, ausdauernde Arbeiter, die nach Geld und gesellschaftlichem Aufstieg strebten. In Medellín konnte jedermann – ob reich oder arm – Ansehen gewinnen, wenn er nur genügend Mut, Geist und Phantasie besaß.

IN DER spanischen Kolonialzeit war Medellín eine isolierte, schmuddelige, gesellschaftlich unbedeutende Stadt gewesen, ein Horror für Kolonisten aus Bogotá oder anderswoher, die ein kultiviertes Leben ersehnten. Der *Paisa*, ein durch Inzucht verkommener, bleicher, geiziger und schwatzhafter Tölpel, der einen eigentümlichen Akzent sprach, wurde die Zielscheibe vieler Witze. Die Leute aus Bogotá fanden die *Paisas* unglaublich ungebildet. Um die Mitte des zwanzigsten Jahrhunderts jedoch konnte sich Medellín über den Rest von Kolumbien lustig machen. Die *Paisas* waren einfallsreiche und risikofreudige Geschäftsleute. Die Eltern redeten ihren Söhnen zu, frühzeitig aus dem Haus zu gehen. „Wenn du Erfolg hast, schicke Geld!" lautete eine alte *Paisa*-Redensart. „Wenn du Pleite machst, komm nicht nach Hause!"

Und das zahlte sich aus. Im Kolonialreich war Medellín Kolumbiens Bergbauzentrum. Im 19. Jahrhundert kam Kaffee hinzu. Im 20. Jahrhundert wurde die Stadt zum Mittelpunkt der nationalen Industrie. Daneben hatte Medellín auch den Ruf eines Schmugglernests. Völlig ehrenwerte Männer – nebst weniger ehrenwerten – verdienten ihren Lebensunterhalt damit, daß sie Spirituosen und Zigaretten per Schiff aus den Vereinigten Staaten und Fernsehgeräte, Stereoanlagen und Radios per Flugzeug aus den zollfreien Häfen der Panamakanalzone einführten. Dies war der Boden, in dem Kolumbiens Kokainindustrie Wurzeln schlug.

Seit 2000 Jahren hatten die Indios in den Anden Südamerikas die Blätter des Kokastrauchs als Anregungsmittel gekaut. Aber erst gegen Ende des 19. Jahrhunderts hatten unternehmungslustige Chemiker in Europa damit begonnen, verhältnismäßig große Mengen dieser Blätter einzuführen und das erste Kokain herzustellen. Bis 1973 war der moderne verbrecherische Kokainhandel eine in Chile ansässige kleine Heimindustrie. Die Kontrolle darüber hatten einige Raffinerien, die Kokain nach Norden in die Vereinigten Staaten schickten, wobei sie häufig kolumbianische Schmuggler als Mittelsmänner benutzten. Die Nachfrage in den USA beschränkte sich auf jene reichen Cliquen, die eine Droge mit mehr Kitzel als Marihuana und weniger unangenehmen Nebenwirkungen als Heroin suchten. Die Chilenen lebten blendend vom Kokain, aber der Markt war verhältnismäßig klein.

Dies änderte sich im September 1973, als der chilenische Armeegeneral Augusto Pinochet Ugarte den gewählten marxistischen Präsidenten Salvador Allende Gossens stürzte. Pinochets Polizei warf Dutzende von Drogenhändlern ins Gefängnis oder wies sie aus. Chiles Kokaingeschäft war erledigt.

Der Handel wanderte nach Kolumbien, das die nötige Schmugglererfahrung besaß und wie Chile leichten Zugang zu den Kokastrauchfarmern in Peru und Bolivien hatte. Von Anfang an lag das Zentrum der kolumbianischen Kokainproduktion in dem Dreieck, das die Anden-Städte Bogotá, Medellín und Cali bilden. Doch beinahe sofort war Medellín führend. Zuerst machte sich das kaum bemerkbar. Die Polizeibehörden in Kolumbien und in den Vereinigten Staaten beschäftigten sich vornehmlich mit dem Schmuggel von kolumbianischem Marihuana aus den Karibikhäfen Barranquilla, Santa Marta und Rio Hacha. Die Marihuanaschmuggler von der Küste hatten wenig mit Kokain zu tun.

Aufmerksam wurde man erst am 22. November 1975, als die Polizei eine kleine Maschine stoppte und beschlagnahmte, die versucht hatte, unbemerkt auf dem Flughafen in Cali zu landen. Die 600 Kilo Kokain, die man im Laderaum fand, waren die bis dahin größte Menge, die je beschlagnahmt wurde. Die Beschlagnahme löste eine Vendetta unter Kolumbiens Händlern aus, den ersten der Kokainkriege, die periodisch das Land erschüttern sollten. Die Gründe für den Krieg blieben unklar. Um so deutlicher war das Ergebnis: An einem Wochenende wurden vierzig Menschen getötet. Sämtliche Morde fanden in Medellín und nicht in Cali statt. Unabhängig davon, wessen Kokain beschlagnahmt wurde, zeigte sich, daß die Kokainpolitik in Medellín gemacht wurde.

DAS „Medellín-Massaker" warf einen Schatten auf das sorgfältig gepflegte Image der „Orchideen-Stadt". Die Aufmerksamkeit der Polizeibehörden konzentrierte sich auf die von Arbeitern bewohnten Satellitenvorstädte und die neuen Slums im Norden, die Wiege der Kokainindustrie. Hier hatten die Menschen Schußwaffen, Messer und alles mögliche andere bei sich, was ihnen im täglichen Überlebenskampf von Vorteil sein konnte. Im Jahre 1979 gab es kaum einen gefährlicheren Ort in Südamerika als Nord-Medellín. Hier dachte man nur daran, reich zu werden, in ein Landhaus im Süden zu ziehen, dann eine Ranch – eine *Finca* – für die Ferien zu kaufen. So konnte mit Geld aus dem Drogenhandel fast über Nacht aus einem Straßenräuber in Nord-Medellín ein angesehener, gestandener Geschäftsmann werden.

Die Kokainbosse waren Mitte der siebziger Jahre ältere Männer, meistens *Paisa*-Schmuggler, die Rauschgift in ihr Geschäft einbezogen, sobald sich die Gelegenheit ergeben hatte. Nun wurden sie von jüngeren Händlern verdrängt, die mit Kokain, ausschließlich mit Kokain handelten. Dazu gehörte auch ein junger Mann aus Medellín, der Mitte der siebziger Jahre in aller Stille einer der bedeutendsten Kokainhändler der Welt wurde. Sein Name war Pablo Escobar, ein rundlicher kleiner Mann, 1,65 m groß, mit kastanienbraunen Augen, lockigem schwarzem Haar und einem Gesicht, das man sofort wieder vergaß. Escobar wurde am 1. Dezember 1949 geboren und wuchs in Envigado auf, der von einer zähen Arbeiterschaft bewohnten Vorstadt von Medellín. Seine Mutter war Lehrerin, sein Vater Bauer. Später würden bezahlte Schreiber behaupten, ihr Boß stamme aus bescheidensten Verhältnissen. Doch Escobar war bei weitem nicht so benachteiligt gewesen, wie er angab. Er besuchte die Oberschule, was in Envigado schon etwas Besonderes war.

Als Jugendlicher begann er seine Verbrecherlaufbahn. Er stahl Grabsteine von den örtlichen Friedhöfen, kratzte die Inschriften ab und verkaufte die nun wieder glatten Steine zu herabgesetzten Preisen. Mitarbeiter und Feinde nannten ihn später einen Mann von rascher Auffassungsgabe und ausgeprägtem Geschäftsinstinkt. Er redete leise, war bescheiden, jederzeit höflich und auffallend förmlich.

Nach der Schulzeit arbeitete Escobar als Leibwächter und Geldeintreiber für einen Schmuggler mittleren Alters, der Stereoanlagen aus der Panamakanalzone illegal einführte. Escobar sorgte auf dem Flugplatz von Medellín für unbehinderte Abfertigung. Sein Aufstieg vollzog sich schnell. Dabei halfen ihm die zwei Millionen Pesos (100000 Dollar), die er bei der Entführung eines Industriellen aus Medellín Anfang der siebziger Jahre als Lösegeld einstrich.

Festgenommen wurde Escobar zum erstenmal am 5. September 1974, als ihn die Polizei beschuldigte, einen Renault gestohlen zu haben. Knapp zwei Jahre später verhafteten ihn Agenten der DAS (Department of Administrative Security – Kolumbiens Gegenstück zum FBI), als er mit fünf anderen Personen 39 Kilo Kokain im Reservereifen eines Lieferwagens durch das Geschäftsviertel von Medellín transportierte. Die Verhaftung bedeutete Escobars erste Pleite im Drogenhandel. Es war in jenem Jahr die größte Beschlagnahme in der Stadt.

Doch Escobar verbrachte nur drei Monate im Gefängnis. Auf geheimnisvolle Weise wurde der Haftbefehl aufgehoben. Die Polizei nahm ihn erneut fest, und bald war er wieder auf freiem Fuß – diesmal auf Kaution. Im Laufe der Jahre waren neun verschiedene Richter mit seinem Fall befaßt. Irgendwann schienen sich die Unterlagen einfach in Luft aufgelöst zu haben. Fünf Jahre später ermordeten bewaffnete Verbrecher einen der DAS-Agenten, die Escobar verhaftet hatten, auf offener Straße in Medellín.

Dies offenbarte einen weiteren Charakterzug Escobars. Der ruhige Geschäftsmann aus Envigado war ein eiskalter Killer.

PABLO ESCOBAR gehörte zu den ersten Mitgliedern der jüngeren Generation, die sich in den Kokainhandel einschalteten. Einer der letzten war Jorge Ochoa Vasquez. Ochoa war in Cali geboren, wuchs aber in Envigado auf. Er war zwei Monate älter als Escobar, und die beiden kannten sich seit frühester Kindheit.

Ochoa war der mittlere von drei Söhnen des Fabio Ochoa Restrepo und der Margot Vasquez. Fabio Ochoa, ein Mann von groteskem Leibesumfang aus einer alteingesessenen Antioquia-Familie, genoß den Ruf, einer der besten Ausbilder der Provinz für die Trabrennpferde der Anden zu sein. Dennoch waren die Ochoas keine wohlhabenden Leute. Um ein Auskommen zu haben, eröffnete Fabio Mitte der sechziger Jahre in Las Margaritas ein Restaurant. Die ganze Familie arbeitete lange und hart, um das Restaurant einzuführen. Jorge, sein älterer Bruder Juan David, sein jüngerer Bruder Fabio und ihre Schwester mußten von dem Augenblick an, da sie aus der Schule nach Hause kamen, bis in die frühen Morgenstunden des folgenden Tages Tische decken, kochen und die Gäste bedienen. Eine der Legenden, die später in Medellín die Runde machten, lautete, Jorge habe seine Brüder zum Drogenhandel verleitet, weil er es nicht mehr mit ansehen konnte, wie sich seine Mutter und seine Schwester zu Tode schufteten.

Die Gebrüder Ochoa wurden durch ihren Onkel Fabio Restrepo Ochoa, einen der alten *Paisa*-Schmuggelpioniere, in das Kokaingeschäft eingeführt. Alle drei steckten schließlich tief drin, aber von Anfang an beherrschte Jorge den „Ochoa-Clan". Wie sein Vater neigte er zum Dickwerden, und sein Gewicht schwankte je nach dem Gang seiner Geschäfte. Er war hochgewachsen und breit, knapp 1,80 m groß und wog oft über zwei Zentner. Niemand hätte Jorge für einen Verbrecher gehalten. Er war still, immer freundlich, der Familie zugetan. Abgesehen von einem gelegentlichen Glas Weißwein trank er nie. Er war Nichtraucher, und Kokain kam für ihn überhaupt nicht in Frage. Aber er war Geschäftsmann. Ochoa hielt Kokain für ein harmloses Laster. Wer es sich leisten konnte, sollte es nehmen. Und wenn Jorge Ochoa dabei reich wurde, um so besser.

Mitte der siebziger Jahre ging Ochoa als Geschäftsführer einer Import-Export-Firma nach Miami. Seine wirkliche Aufgabe aber war es, entlang der Ostküste für seinen Onkel Kokain zu vertreiben. Im Herbst 1977 brüstete sich Fabio Restrepo einem Informanten der DEA (Drug Enforcement Administration = amerikanische Drogenfahndungsbehörde) gegenüber, daß er bis zu hundert Kilo Kokain pro Woche in die Vereinigten Staaten schmuggelte. Am 12. Oktober übergab Restrepo dem Informanten einen Koffer mit 27 Kilo Kokain. Eigentlich hätte er ihn bei seinem Neffen Jorge in Miami abliefern sollen. Der Informant verständigte die DEA, und diese stellte Jorge eine Falle. Als das Kokain auf einem Kinoparkplatz übergeben wurde, schlug die DEA zu und nahm neun Kolumbianer fest, darunter Jorge Ochoas Schwester und Schwager. Nur Jorge entkam. Er saß auf einem Motorrad, als die Falle zuschnappte, und raste davon, bevor man ihn ergreifen konnte. Nach diesem knappen Entkommen verließ Ochoa Miami und kehrte nie wieder zurück. Kurz nach Jorges Rückkehr nach Medellín wurde sein Onkel Fabio ermordet. Die DEA beauftragte ihre Außenstelle in Bogotá, herauszufinden, was geschehen war.

Die Antwort lautete: „Es wurde in Erfahrung gebracht, daß Ochoa die Handelsorganisation des verstorbenen Restrepo geerbt hat. Man nimmt an, daß Ochoa den Mord an Restrepo angeordnet hat, um sich an die Spitze der Organisation zu stellen."

UM DIE Mitte der siebziger Jahre hatten sich Escobar und Ochoa als Führer in Kolumbiens rasch anwachsendem Kokainhandel durchgesetzt. Allgemein war Escobars Gruppe unter dem Namen „Los Pablos" bekannt. Jorge und seine Brüder waren „El Clan Ochoa". Aber noch immer war ihr Geschäft verhältnismäßig klein. Was ihnen fehlte, war eine sichere Methode, große Mengen Kokain in die Vereinigten Staaten zu bringen, und ein zuverlässiges Verteilernetz.

Escobar hatte keinerlei Erfahrung mit Handel in den Vereinigten Staaten, und Ochoas dortiger kurzer Aufenthalt hätte um ein Haar mit seiner Festnahme geendet. Sie brauchten einen Dolmetscher, einen Kolumbianer, der sich in den Vereinigten Staaten auskannte.

2

Der Traum von Danbury

IM FRÜHJAHR 1974 saß Carlos Lehder Rivas in der bundesstaatlichen Besserungsanstalt in Danbury, Connecticut, und entwarf Pläne für sein zukünftiges Leben.

Er war im Jahr zuvor in Miami wegen Marihuanaschmuggels verhaftet und zu vier Jahren Haft verurteilt worden. Danbury war ein nur schwach gesichertes Gefängnis, in dem hauptsächlich Wirtschaftsverbrecher, Rauschgifthändler und politische Aktivisten einsaßen. Außer Lehder gehörten damals zu den Häftlingen der seit Watergate berüchtigte G. Gordon Liddy, ferner Clifford Irving, der Autor einer gefälschten Howard-Hughes-Biographie, und die Brüder Berrigan, zwei Priester, die wegen ihrer Proteste gegen den Vietnamkrieg festgesetzt worden waren.

Carlos Lehder war 25 und hatte bisher kaum etwas Nennenswertes geleistet. Er hatte „Gras" geschmuggelt und daneben manchmal gestohlene Autos nach Südamerika gebracht. Er war am 7. September 1949 in Armenia, Kolumbien, als Sohn des Wilhelm Lehder, eines hochgewachsenen, eleganten deutschen Ingenieurs, und dessen kolumbianischer Frau Helena Rivas geboren worden. Wilhelm Lehder war 1922 nach Kolumbien ausgewandert und hatte eine Baufirma gegründet. Carlos war das jüngste von vier Kindern, drei Jungen und einem Mädchen. Als er vier war, ließen seine Eltern sich scheiden.

Seine Kindheit verbrachte Carlos bei der Mutter in Armenia. Als er 15 war, zog er mit seiner Mutter in die USA. Er blieb klein – 1,65 m bei 61 Kilo –, sah aber mit seinem dichten schwarzen Haar, dem jungenhaften Gesicht und den blitzenden Augen hübsch aus. Seine Bekannten sagten, er sei still gewesen, aber ein sehr geschickter und rühriger Arbeiter. Zum erstenmal wurde er 1972 wegen unberechtigter Benutzung eines Fahrzeugs in Mineola, New York, festgenommen. Im nächsten Jahr warf ihm eine Anklage in Detroit vor, gestohlene Fahrzeuge über die Staatsgrenze verschoben zu haben. Er hinterlegte Kaution und floh nach Miami, wo er dann wegen Besitzes von 107 Kilo Marihuana verhaftet und nach Danbury geschickt wurde.

Lehders Zellengenosse dort war George Jung, der ebenfalls wegen Marihuanaschmuggels verurteilt worden war. Jung stammte aus einer Familie der oberen Mittelklasse in Massachusetts und hatte mit einem Footballstipendium an der Universität von Tennessee studiert. Aber eine Meniskusverletzung setzte einen Schlußstrich unter seine Laufbahn. Er gelangte nach Kalifornien an das Long Beach City College, wo er Werbung studierte und anfing, Marihuana zu rauchen. Gemeinsam mit einem Jugendfreund kam Jung auf die Idee, daß man in Kalifornien billig gekauftes Marihuana für viel mehr Geld an den Universitäten im Osten weiterverkaufen könnte. Das Geschäft nahm seinen Lauf. Sein Freund war Flieger. Sie kauften eine Maschine und flogen wegen des Marihuanas nach Mexiko. Bald verdiente George Jung 200 000 Dollar im Jahr. Drei Jahre später wurde Jung in Chicago gefaßt, als ihn ein Verbindungsmann verpfiff. Jung tauchte unter, war ein Jahr lang auf der Flucht und kehrte schließlich nach Cape Cod zurück, wo er vom Elternhaus aus Marihuana verkaufte. Seine Mutter lieferte ihn der Polizei aus.

Carlos Lehder war George Jung vom ersten Augenblick an sympathisch. Lehder sprach perfekt englisch, schien sehr intelligent zu sein und hatte gute Manieren. Außerdem, dachte Jung, hat dieser Lehder etwas an sich, ein besonderes Charisma. Jung war der bei weitem erfahrenere Verbrecher. Er hatte Marihuana tonnenweise mit Leichtigkeit verschoben, während Lehder unter Mühen gerade ein paar hundert Pfund eingeschmuggelt hatte. Als Jung erzählte, wie sie Marihuana aus Mexiko eingeflogen hatten, war Lehders Interesse geweckt. Er fragte Jung, ob er etwas von Kokain verstehe. Jung wußte nicht viel darüber. Er hatte es einigemal probiert, und damit hatte es sich. Lehder sagte, daß Kokain leichter zu schmuggeln sei als Marihuana, da es weniger Platz wegnehme. Und es sei viel vorteilhafter. Man könne Kokain in Kolumbien für 2 000 Dollar kaufen und es dann in den USA für 55 000 Dollar verkaufen. Für Lehder war Kokain Gift, nur nützlich, um damit zu Geld und Macht zu gelangen. Jung wollte das Geld, aber Lehder wollte auch die Macht. Er träumte davon, sein Land zu führen. Ständig redete er von Revolution. Und er verehrte Ernesto „Che" Guevara. Außerdem bewunderte er John Lennon und Adolf Hitler. Jung, der mehr Bob Dylan zuneigte, konnte die Verehrung von Che und Lennon verstehen, aber Hitler lehnte er ab.

Lehder und Jung verbrachten jeden Tag zusammen. Sie redeten ständig vom Kokainschmuggel. Lehder meinte, er könne in Kolumbien unbegrenzte Mengen Kokain von Pablo Escobar bekommen. Jung entgegnete, er könne die Drogen durch sein altes Marihuanavertriebsnetz in den Staaten vermarkten. Er hatte sich in der Drogenszene von San Francisco herumgetrieben und kannte viele Leute in der Film- und Schallplattenindustrie. Jahre später sagte Jung: „Ich stellte mir vor, daß Stars, falls sie Interesse hatten, für das Produkt Reklame machen könnten. Ich hatte ja miterlebt, was sie in den sechziger Jahren für Marihuana getan hatten."

Neben ihren Geschäftsbeziehungen hatten die beiden Männer noch etwas gemein: Inspiration. Als erste erkannten sie, daß die Methoden des Marihuanaschmuggels auch bei Kokain angewendet werden konnten. Im Jahre 1974 kam Kokain noch so in die USA, daß Schmuggler, die man Mulis nannte, im Gepäck oder am Körper versteckt ein paar Kilos einführten. Dagegen landeten amerikanische Marihuanaschmuggler auf geheimen Landebahnen in Nordkolumbien und transportierten Hunderte von Kilos. Lehder und Jung sahen keinen Grund, warum Privatflugzeuge nicht Hunderte Kilo Kokain befördern konnten. Wenn es ihnen gelang, einen solchen Lufttransport zu organisieren, würden sie Millionen scheffeln. Sie mußten nur die einzelnen Kokainhersteller dazu bringen, ihre jeweiligen kleinen Mengen zu einer großen Ladung zusammenzustellen.

Dazu hatte Carlos Lehder bessere Voraussetzungen als jeder andere. Im Gegensatz zu dem jungen Pablo Escobar fühlte sich Lehder in den Vereinigten Staaten genauso zu Hause wie in Kolumbien. Er konnte ein Vermittler werden. Und er hatte das Talent, andere dazu zu bringen, das zu tun, was er von ihnen wünschte. Seine Willenskraft und seine Träume zogen schwächere Menschen an, besonders einen Mann vom Schlage des amerikanischen Kriminellen George Jung. Und Carlos Lehder wiederum brauchte George Jung. Ohne ihn hatte er kaum die Möglichkeit, auch nur zwei Kilo Kokain zu transportieren.

Lehder und Jung verbrachten viel Zeit in der Gefängnisbibliothek, wo sie Landkarten studierten und mögliche Schmuggelwege in die USA ausbaldowerten. Sie planten, es über Mexiko zu versuchen. Durch einen Arzt, der wegen Betrügereien in seinem Beruf in Danbury saß, hörten sie von dem Staat Belize, der keinen Auslieferungsvertrag abgeschlossen hatte. Das brachte Lehder auf die Idee, in Belize eine Freistatt für Drogenschmuggler einzurichten. Von einem inhaftierten Bankier erfuhren sie, wie Geld in den Banken an der Küste gewaschen wurde. Später pflegte Lehder Danbury als sein „College" zu bezeichnen.

IM FRÜHJAHR 1975 wurde Jung auf Bewährung freigelassen. Er gab Lehder die Adresse seiner Eltern und sagte ihm, er solle sich mit ihm in Verbindung setzen, sobald er wieder in Kolumbien sei. Denn als straffälliger Ausländer würde Carlos nach der Haftentlassung ausgewiesen werden.

Ein knappes Jahr später schickte Lehder ein Telegramm an Jung. Darin stand, er solle sich bei „Auto-Lehder", seinem Autohandel in Medellín, melden. Auto-Lehder war als gelegentliche Hehlerstation für heiße Fahrzeuge aus den USA polizeibekannt. „Komm her, das Wetter ist gut!" telegrafierte Lehder. Es war das vorher vereinbarte Signal, wonach Lehder seine Kokainverbindungen geknüpft hatte.

Die Bewährungsauflagen gestatteten Jung nicht, das Land zu verlassen. Deshalb schickte er seinen Jugendfreund und Kompagnon beim Marihuanaschmuggel, Frank Shea, nach Medellín.

Kaum war Shea im Februar 1976 in Medellín eingetroffen, rief er Jung in Massachusetts an und sagte, er sei jetzt bei Auto-Lehder und sehe sich in diesem Augenblick den „Schnee" an.

„Diesmal haben wir den Hauptgewinn gezogen", sprudelte Shea hervor. „Jetzt haben wir es wirklich geschafft."

Damals war Lehder noch meilenweit von seinem Traum entfernt, Kokain auf dem Luftweg zu transportieren. Er war erst dabei, langsam etwas Kapital anzusammeln, indem er jeweils ein paar Kilo in besonders konstruierten Koffern schmuggelte. Im April rief Lehder in Massachusetts Jung an. Er sollte zwei Frauen auftreiben und sie zu einem kostenlosen Ferienaufenthalt auf die Karibikinsel Antigua schicken. Die Frauen sollten einige Gepäckstücke mitbringen.

„Du darfst ihnen aber nichts sagen“, ermahnte ihn Lehder. „Sobald sie hier sind, erklären wir ihnen alles.“

Jung dachte, die Frau, mit der er zusammenlebte, und Sheas Freundin würden sich perfekt für die Aufgabe eignen. Er fand sie auf einem nahe gelegenen Schulhof vor, wo sie Betsys neunjähriger Tochter beim Ballspiel zuschauten.

„Hättet ihr Interesse an einem kostenlosen Urlaub in der Karibik?“ fragte Jung.

„Wann?“ wollten sie wissen.

„Jetzt gleich.“

FÜR die Reise kauften die beiden Frauen vier Hartschalenkoffer. Jung bezahlte die Flugscheine, gab ihnen Spesengeld und schickte sie los. Er hatte ihnen so wenig wie möglich erzählt. In Antigua riefen die beiden Frauen Carlos Lehder und Frank Shea an. Ein paar Tage später flogen sie wieder nach Hause.

Was die Frauen am Bostoner Flughafen Logan an Gepäck durch den Zoll trugen, war etwas anderes als das, was sie nach Antigua mitgenommen hatten. Sie lieferten die Koffer Jung aus. Er entfernte den Aluminiumdeckel, der einen flachen Boden aus Fiberglas verbarg. Unter dem Fiberglas verstaut waren zwei Kilo Kokain.

Die Frauen flogen nach Antigua zurück. Einige Tage später kamen sie mit weiteren Koffern und einer Nachricht Lehders an Jung zurück. Ein Drittel des Kokains – fünf Kilo – war für Jung. Er konnte damit machen, was er wollte. Der Rest gehörte Lehder, und Jung übergab sie zwei von Lehders Freunden. Rasch verkaufte Jung vier seiner fünf Kilo für je 45 000 Dollar. Shea gab er davon 25 000 Dollar und den Frauen ein Kilo, das sie sich teilen sollten. Als Sheas Freundin einen so reichlichen Vorrat von reinem Kokain in Händen hatte, wurde sie bald süchtig. Zuletzt flog sie verzweifelt nach Medellín, in der Hoffnung, ausgerechnet in Carlos Lehders Haus wieder clean zu werden.

Trotz des Anfangserfolgs mit den Koffern behielten sie ihr Ziel im Auge: Kokainschmuggel im Privatflugzeug. Aber Frank Shea, der vorgesehene Pilot, war so entrüstet über seinen geringen Anteil aus dem Antigua-Geschäft, daß er absagte. Jung mußte jemand anderen suchen. Auf Cape Cod, am Wochenende des 4. Juli 1976, machte ihn ein Freund mit einem Piloten bekannt, der eine eigene Maschine besaß. Der Pilot betrieb eine Anwaltspraxis und hatte es schon zu einigem Wohlstand gebracht. Er besaß Häuser auf Cape Cod, in Fort Lauderdale und Nassau auf den Bahamas. Jung fühlte ihm stundenlang auf den Zahn. Schließlich fragte er ihn, ob er daran interessiert sei, Kokain aus Südamerika zu schmuggeln und auf diesem Weg steinreich zu werden. Kane sagte sofort zu.

Er und Jung flogen zu einem Treffen mit Lehder in einem Holiday Inn nach Toronto. Mehrere Stunden lang beratschlagten die drei Männer. Der Anwalt rechnete damit, daß er bis zu 300 Kilo in seiner Maschine befördern könne. Lehder sagte, daß es beim Einladen in Kolumbien keinerlei Schwierigkeiten geben werde. Sie würden einen Landeplatz auf Pablo Escobars Ranch benutzen.

Den Rest des Plans arbeitete der Anwalt aus. Dank seiner Beziehungen zu den Beamten auf den Bahamas habe er die Möglichkeit, auf dem Flugplatz Nassau aufzutanken. Dort würde er einen Flugplan zu den äußeren Inseln einreichen, aber statt dessen nach Kolumbien fliegen. Bei der Rückkehr nach Nassau würde er die Maschine auf dem Flugplatz abstellen und bis zum Sonntag warten, um sich dann in den an Wochenenden üblichen starken Privatflugverkehr zwischen den Vereinigten Staaten und den Bahamas einzufädeln. In einer Flughöhe von nur 30 Metern würde er an der Küste entlang zu einem Privatlandeplatz auf den Karolinen fliegen.

Lehder war hocherfreut. Ihr Plan schien perfekt zu sein. Auf der Stelle schrieb er dem Anwalt einen Scheck über 50 000 Dollar aus. Die drei Männer einigten sich auf eine Vergütung von 10 000 Dollar pro Kilo, von denen der Anwalt 6 000 Dollar erhalten sollte.

Mit dem fliegenden Anwalt in der Hinterhand rückten die Träume von Danbury ihrer Verwirklichung einen Schritt näher. Doch gab es ein Hindernis. Lehder und Jung verfügten nicht über die Mittel, um ein derart großes Schmuggelunternehmen zu finanzieren. Lehder war so knapp bei Kasse, daß – was Jung nicht wußte – nicht einmal der für den

Anwalt ausgestellte Scheck gedeckt war. Um sich das nötige Kapital zu verschaffen, planten sie einen weiteren Schmuggel in Koffern. Jung schickte eine Frau mit Koffern nach Venezuela, aber Lehder hielt die Verabredung nicht ein. Am 19. Oktober 1976 hatte die kolumbianische Polizei Lehder verhaftet, weil er illegal Chevrolet-Kombiwagen nach Kolumbien eingeführt hatte.

Diesmal unterbrach der Gefängnisaufenthalt in Bella Vista, einem neuen Gefängnis in Medellín, nur für eine kurze Zeit Lehders Karriere.

Wie in Danbury suchte Lehder die Bekanntschaft eines Gringos, der ihm beim Kokainschmuggel helfen konnte. Stephan Yakovac war Ende zwanzig, ein ehemaliger Autoschlosser und Computertechniker, der sich als Hippie fühlte, lange Haare hatte und Marihuana rauchte. Er war mit seiner Frau nach Südamerika gekommen, um indianischen Schnickschnack zu kaufen. Als sie in die Staaten zurückkehren wollten, machte Yakovac den Fehler, ein Pfund kolumbianisches Marihuana mit einzupacken. Jetzt hatte er in Bella Vista drei Jahre zu verbüßen, und jeder Tag brachte ihn der Verzweiflung näher. Als ein 1,90 m großer Hüne hatte Yakovac die antiamerikanischen Sticheleien der kleineren kolumbianischen Häftlinge zu ertragen. Für ihn war Carlos Lehder wie von Gott gesandt. Während alle anderen ihn Gringo nannten, bezeichnete Lehder ihn als *Paisa*. Die beiden Gefangenen verbrachten die Tage mit Marihuanarauchen und Monopolyspielen.

Lehder schwelgte vor Yakovac in seinem Traum vom Kokainschmuggel per Flugzeug. Er sagte, es gehe darum, „einen Zusammenschluß kleiner Kokainhersteller zu bilden, die ihre gesamten Bestände zu einer großen Ladung zusammenwerfen. Dann kann man sich die nötige Ausrüstung kaufen und diese in die USA schaffen.“

Lehder sah im Geist, wie seine Transportlinie weltweit Kokainschmuggler miteinander verband. Und damit waren seine Tagträume noch nicht zu Ende. Er sagte, er hoffe, eines Tages Präsident von Kolumbien zu werden.

Jahre später erinnerte sich Yakovac an Lehders Gefängnisphantasien: „Er wollte Kolumbien groß machen, die imperialistischen Yankees vertreiben und in Kolumbien mit Hilfe des Kokains ein Königreich gründen ... Er wollte das Kokain fast als strategische Waffe verwenden. Über seine Inhaftierung in den Vereinigten Staaten war er verbittert. Und er verglich sich mit Hitler, auch er ein kleiner Mann, der die ganze Welt erobern könnte.“

Lehder verbrachte nur zwei Monate in Bella Vista. Gerade noch rechtzeitig zu den Weihnachtsfeiertagen wurde er entlassen. Bevor er ging, schrieb er Yakovac seinen Namen, die Telefonnummer und eine Postfachnummer ins Tagebuch.

„Ich will, daß du für mich arbeitest, wenn du freikommst", sagte Lehder zu ihm.

Aus dem Gefängnis entlassen, fuhr Lehder nach Kanada. Er rief von Toronto aus Jung an. In Danbury hatten sie verabredet, sich in Kanada zu treffen, weil es für Lehder problematisch war, in die USA einzureisen. Lehder sagte Jung, er brauche Geld.

Jung schickte einen Freund mit 30000 Dollar. Einige Tage später fuhr Jung selber nach Toronto und traf sich mit Lehder im Holiday Inn. Sie hatten ein Problem. Als Lehder im Gefängnis saß, war der 50000-Dollar-Scheck für den Anwalt geplatzt. Der Anwalt hatte Jung gegenüber kommentiert: „Auf einer Skala von eins bis zehn rangiert Lehders Glaubwürdigkeit gerade noch bei minus eins."

Lehder versprach, er werde sich um den geplatzten Scheck kümmern. Dann wies er Jung an, nach Miami zu fliegen, dort 50 Kilo Kokain in Empfang zu nehmen und sie nach Boston zu bringen.

Jung, der noch nie in Miami gewesen war, stieg im Hotel Fontainebleau in Miami Beach ab und rief seinen Verbindungsmann an, einen Kolumbianer, der ihm einen Koffer ins Hotelzimmer brachte. Mit dem Kokain reiste Jung nach Massachusetts zurück. Dann schickte er einen Freund los, der gegen Bezahlung nach Toronto fahren und Lehder über die kanadische Grenze nach Boston bringen sollte. Jung nahm an, daß Lehder ungehindert durch die oberflächlichen Kontrollen schlüpfen würde.

Der Grenzübertritt war auf den St. Patrick's Day (17. März) festgesetzt. Aber nachts rief die Frau des Freundes in hysterischer Aufregung bei Jung an. Ihr Mann sei an der Grenze festgehalten worden. Er wurde bald freigelassen, aber Lehders Aufenthaltsort war unbekannt.

Zwei Tage später erfuhr Jung von seinem Freund, was sich abgespielt hatte. Im letzten Augenblick hatte Lehder den Plan umgestoßen und sich entschlossen, zu Fuß über die Grenze zu schleichen. Den Freund wies er an, kurz vor der Grenze wieder umzukehren. Auf einem Waldweg stieg Lehder aus dem Wagen und wanderte in seinen Straßenschuhen in die schneebedeckte kanadische Wildnis. Aber ein Beamter der Grenzstreifen hatte beobachtet, wie der Wagen wendete, in den

Wäldern verschwand und dann ohne Beifahrer zurückkam. Die Grenzwachen öffneten den Kofferraum und fanden darin einen Koffer mit kolumbianischen Pesos und Carlos Lehders kolumbianischem Paß. Sie ließen den Namen durch den Computer laufen, und plötzlich wollten sie mehr über Carlos Lehder Rivas wissen.

Inzwischen eilte Lehder durch die Wälder. Er überschritt die Grenze und kam zu einer Pension, die von einer älteren Dame betrieben wurde. Sie glaubte seiner Erzählung, er habe sich im Wald verirrt, und überließ ihm ein Bett. Am nächsten Tag fuhr er mit dem Bus nach New York.

Jung hatte keine Ahnung, was aus Lehder geworden war. Zudem machten ihn die 50 Kilo Kokain nervös. Er entschloß sich zur Flucht, flog nach Los Angeles und überließ das Rauschgift seinem alten Marihuana-Verbindungsmann in Manhattan-Beach, einem Friseur, der vornehmlich Kunden aus Hollywood hatte. Innerhalb von zwei Wochen hatte der Friseur die gesamten 50 Kilo verkauft. Jung erhielt 2,2 Millionen Dollar von ihm. So etwas hatte noch keiner von ihnen erlebt. Jung schaffte das Geld in drei Aluminiumbehältern nach Boston, die er auf dem Dachboden im Haus eines Freundes versteckte. Dann wartete er auf Carlos Lehder.

Ungefähr eine Woche später rief Lehder ihn an. In einem Restaurant in Cambridge trafen sie sich. Lehder berichtete von seinem Mißgeschick an der kanadischen Grenze, woraufhin ihm Jung Vorwürfe machte und von ihm verlangte, vorsichtiger zu sein. Dann packte er seine Neuigkeiten aus. Er habe 1,8 Millionen für Lehder in Verwahrung, seinen Anteil an dem 50-Kilo-Verkauf. Es gebe einen großen, noch unerschlossenen Markt für Kokain mit einem grenzenlosen Aufnahmevermögen in Los Angeles. Lehder freute sich über Jungs Ehrlichkeit. Über Kalifornien geriet er in Begeisterung. Die beiden entschlossen sich, nach Miami zu ziehen und das Kokain von dort aus an die Westküste zu transportieren.

Mehrere Wochen später fuhr Jung zu einem Hotel in Hyannis Port, Massachusetts. Er war dort zum Frühstück mit Lehder und seiner jungen Frau, der dunkelhaarigen kubanischen Schönheit Jemel Nacel, Lehders Mutter und dessen Bruder Guillermo verabredet. Anschließend unternahm Jung mit der Familie Lehder eine Besichtigungstour durch Cape Cod. Lehder wollte einen Wagen kaufen, und Jung brachte ihn zu einem BMW-Händler. Hier sah Lehder einen Wagen, der ihm zusagte, und überreichte dem Verkäufer 10000 Dollar in Hundertern. Als

Namen gab er den eines New Yorker Restaurantbesitzers an, „José N. Leone", dazu die Adresse von Jungs Eltern.

Sobald sie allein waren, stauchte Jung Lehder zusammen. „Nicht einmal die Kennedys zahlen für ihre Autos bar", sagte er. „So forderst du die Gefahr heraus und machst es der Polizei leicht, uns auf die Pelle zu rücken."

Lehder zuckte nur die Achseln. Er sagte, daß sein kolumbianischer Verbindungsmann Pablo Escobar von der Aufnahmefähigkeit des kalifornischen Marktes höchst beeindruckt sei. Der 50-Kilo-Verkauf hatte Carlos Lehder zu einem bedeutenden Mann in Kolumbien gemacht. Aus einem Jungen, der gerade zwei Kilo zu schmuggeln verstand, war ein Mann geworden, der auf einen Schlag 50 Kilo vertrieb und dabei mehr als eine Million Dollar einnahm. Und das offenbar mit größter Leichtigkeit.

Carlos zog mit Jemel und Jung in ein Apartment in Miami Beach, und bald lief das Geschäft wie geschmiert. Lehder brachte das Kokain in Einkaufstüten und Wägelchen aus dem Supermarkt mit dem Lieferantenfahrstuhl in den 11. Stock. Der Stoff kam immer kiloweise, in rundliche Pakete verpackt und mit rätselhaften Buchstaben und Zahlen bekritzelt. Lehder erklärte, das seien die Zeichen der kolumbianischen Kokainhersteller.

Ein- oder zweimal in der Woche flog Jung mit einem Aluminiumbehälter, der 15 bis 25 Kilo enthielt, in der Nachtmaschine nach Los Angeles zu seinem Friseur. Auf dem Rückflug war Jungs Behälter vollgestopft mit Hundertern in 10000-Dollar-Bündeln. Im allgemeinen brachte er pro Flug mehr als eine Million Dollar mit. Lehder und Jung behielten je 100000 Dollar und sandten den Rest, in Autos versteckt, zu Auto-Lehder in Medellín. Sobald man das Geld herausgeholt hatte, kamen die Wagen in den Verkaufssalon. Jung gab sein Geld hauptsächlich für die neuesten Porsche, für gecharterte Jets, Frauen und in wachsendem Maße für Kokain zum persönlichen Gebrauch aus. Zuerst war Jung rein geschäftsmäßig mit Kokain umgegangen. Aber bald versuchte er es auch. Es verstärkte noch das erregende Kribbeln, das ihm das Schmuggeln vermittelte. Als Jung einmal Kokain einsog, um sich vor dem Flug nach Kalifornien anzutörnen, hielt ihm Lehder vor: „Wie kannst du das tun und dann in ein Flugzeug steigen? Das Zeug ist Gift!" Bald verbrauchte Jung ein paar Gramm am Tag.

Jung und Lehder waren noch begierig, ihren Plan von Danbury

auszuführen. Sie hatten angefangen, kleine Flugplätze in Südflorida aufzusuchen, Maschinen zu besichtigen und verbrachten viel Zeit auf den Bahamas, auf der Suche nach einer Insel, wo die Flugzeuge aus Kolumbien ihre Tanks auffüllen konnten.

Lehder hatte seine Idee, eine Inselfreistatt für Drogenschmuggler zu gründen, zu keiner Zeit aufgegeben.

Im Sommer 1977 war Jung ausgebrannt. Wöchentlich verbrachte er 15 Stunden in der Luft. Die dauernden Zeitverschiebungen und die heftigen Adrenalinstöße beim Durchschleusen des Kokains durch den Zoll auf den Flughäfen verlangten ihren Tribut. Bei einer dieser Kalifornienreisen verkaufte sich das Kokain so blitzschnell, daß Jungs Verbindungsmann ihn sofort um eine neue Lieferung bat. Er war aber zu müde, um nach Miami zurückzufliegen. Daher rief er Lehder an und bat ihn, jemand anders mit dem Kokain loszuschicken.

Am folgenden Tag hörte Jung, wie an seine Hotelzimmertür geklopft wurde. Er öffnete. Draußen stand ein Page, zusammen mit einer kleinen grauhaarigen Frau und ihrem Gepäck. Es war Carlos Lehders Mutter Helena. Sie zitterte vor Nervosität am ganzen Körper. Jung ließ sie eintreten und öffnete dann einen Koffer. Er enthielt acht Kilo Kokain.

Ich habe viele Dinge in meinem Leben verbrochen, dachte Jung, aber ich habe nie meine Mutter mit einem Koffer voll Kokain irgendwo hingeschickt.

Er bestellte einen Drink für Helena. Dann rief er Carlos in Miami an und fragte ihn, was zum Teufel er sich dabei gedacht habe.

„Wir müssen alle arbeiten", sagte Lehder. „Und sie wollte eine kostenlose Reise nach Disneyland haben."

3

Die Bahamas-Pipeline

DER Traum vom Kokainschmuggel mit Hilfe eines Privatflugzeuges wurde im Sommer 1977 wahr, als Jungs Freund, der Anwalt, in Nassau startete. Um die Reichweite seiner kleinen zweimotorigen Maschine zu vergrößern, hatte er am Rumpf zusätzliche zusammenfaltbare Gummitanks, sogenannte „Blasen", montiert. Über Kolumbien zeigte ihm ein als Navigator fungierender Kopilot einen kleinen Privatflugplatz auf einer Farm außerhalb von Medellín. Es war Pablo Escobars *Finca*.

Mit 250 Kilo Kokain an Bord kehrte der Anwalt nach Nassau zurück, tankte auf und schlich sich in den US-Luftraum. Auf den Karolinen wurde das Kokain ausgeladen und nach Fort Lauderdale gebracht. Jung und Lehder teilten sich eine glatte Million. Alles hatte geklappt wie am Schnürchen.

Doch bald entstanden Spannungen zwischen den Partnern. Jung hatte endlich Lehders ständigem Drängen nachgegeben und ihn bei seinem kalifornischen Verbindungsmann, dem Friseur, eingeführt. Jung begann den Verdacht zu hegen, daß Lehder ihn hintergehen wolle. Wenn Lehder direkt mit dem Friseur verhandeln konnte, brauchte er Jung nicht mehr und konnte Millionen sparen.

Jetzt machte Jung sich Sorgen. Er hatte sich daran gewöhnt, Kokain zu schnupfen, um auf den langen Flügen nach Kalifornien wachzubleiben, und die Sucht nährte seinen Argwohn. Während Lehder Vorbereitungen traf, um seine Tätigkeit auf die Bahamas zu verlegen, fühlte sich Jung mehr und mehr allein gelassen. Er wohnte nicht mehr bei den Lehders in dem Apartment. Als das Ehepaar angefangen hatte, sich zu streiten und Möbel zu zertrümmern, war er ausgezogen.

Schließlich verabredete Jung ein Treffen mit Lehder in Nassau. Sie liehen sich ein Boot und verbrachten den größten Teil des Tages mit der Besichtigung der Bahamainsel Norman's Cay, 360 Kilometer südöstlich von Miami. Lehder erklärte, daß er einen Mietvertrag auf 99 Jahre erwäge. Die Insel hatte einen Flugplatz, aber sie war klein. Es würde leicht sein, die fünfzig Bewohner zum Verlassen der Insel zu zwingen.

Nach der Bootsfahrt sprach Jung über seinen Verdacht. „Ich glaube, du hintergehst mich", sagte er bei einem Drink.

„Nein, so was würde ich nicht tun", beteuerte Lehder. Aber Jung sah ihm in die Augen und spürte, daß er log.

JUNG kehrte in die Vereinigten Staaten zurück, und Carlos Lehder konzentrierte sich auf Norman's Cay. Die Insel liegt in flachem Wasser 64 Kilometer südöstlich von Nassau und ist eine der schönsten unter den 700 Inseln der Bahamas. Benannt nach einem Karibikpiraten, hat sie die Form eines Angelhakens, den ein Riese mit den Fingern zusammengequetscht hat. Sie ist sieben Kilometer lang, gekrümmt und bildet einen idealen Jachthafen. An einer Seite erstreckte sich die 900 Meter lange betonierte Landebahn. Westlich davon zog sich ein Sandstrand hin, der Smuggler's Cove (Schmugglerhöhle) hieß. Auf einem Hügel im Osten des Landestreifens stand der Norman's-Cay-Jachtclub mit einer Bar, vier Barhockern, einem Restaurant und dem einzigen Telefon der Insel. Vom Jachtclub sah man hinunter auf das Hotel mit zwölf Zimmern, den dazugehörigen Laden und einen L-förmigen hölzernen Anlegeplatz mit Kraftstoffpumpen. Alles wirkte ländlich. Das Trinkwasser kam aus Zisternen. Benzinbetriebene Generatoren lieferten elektrischen Strom.

Im Mai 1978 kaufte Lehder für 190 000 Dollar das „Beckwith-Haus" an der Nordostküste von Norman's Cay. Er bezahlte in bar, indem er dem Besitzer in dessen Büro in Fort Lauderdale einen Koffer voll Geld auf den Tisch legte. Noch im selben Jahr erschien Lehder im Nassauer Büro der Guardian Trust Company und öffnete einen großen Diplomatenkoffer, der mit einer Million US-Dollar gefüllt war. Das Geld, die Hundertdollarnoten, erregte großes Aufsehen im Büro. Die Einlage war selbst für diese Leute von den Bahamas, wo man an die Prunkentfaltung der Superreichen gewöhnt ist, ein Ereignis, das aus dem Rahmen fiel. Lehder gab sich als wohlhabender kolumbianischer Geldwechsler aus, der aus Norman's Cay einen Jachthafen machen wollte. Er wirkte intelligent und charmant und forderte jeden auf, ihn „Joe" zu nennen. Bald wollten viele einflußreiche Bahamabürger diesen bezaubernden jungen Mann kennenlernen.

Lehder eröffnete sieben Konten über den Guardian Trust auf verschiedene Firmennamen. Von einem der Konten, International Dutch Resources Ltd., kaufte er für 875 000 Dollar zwei Grundstücke auf Norman's Cay: 66 Hektar, zu denen der Flugplatz, das Clubhaus, das Hotel und die Anlegestelle gehörten.

Jahrelang war Norman's Cay ein beliebter Anlegeplatz für Skipper gewesen. Die Insel war durch ihre Lage perfekt für einen eintägigen Segelausflug von Nassau. Jetzt machte sich Lehder daran, die Insel in einen Privatbesitz umzuwandeln. Der Jachtclub wurde geschlossen. Das Hotel nahm keine Reservierungen mehr an. Der Flugplatz wurde gesperrt. Die Anlegestelle weigerte sich, die Jachten weiterhin mit Kraftstoff zu versorgen. Der Nachrichtenmoderator Walter Cronkite von CBS, ein leidenschaftlicher Segler, kam Anfang 1978 mit seiner Zwölfmeterjacht und wunderte sich, den Hafen leer vorzufinden. Als er den Anker auswarf, um zu sehen, was los war, schrie ein

Mann vom Pier: „Sie können hier nicht anlegen, und ankern können Sie auch nicht!“ Auf der nächsten Insel erfuhr Cronkite, daß Norman’s Cay jetzt von Leuten übernommen worden war, die keine Besucher wünschten.

Man hatte mehr als zwanzig Dobermann-Wachhunde gezählt, die in Verschlägen in der Nähe der Landebahn untergebracht waren. Blonde Männer, die Englisch mit deutschem Akzent sprachen, fuhren in VW-Bussen Streife. Wenn Schiffe der Insel zu nahe kamen, knatterte manchmal ein Hubschrauber über sie hinweg. Ein Fernmeldeturm wurde auf der Insel errichtet, und man baute Navigationshilfen für nächtliche Flugzeuglandungen.

Bald brachten Flugzeuge täglich Geräte für neue Vorhaben. Lehders Angestellte und Mitarbeiter, eine sonderbar zusammengewürfelte Horde von Amerikanern, Deutschen und Kolumbianern, hatten mehrere Häuser auf der Insel belegt. Lehders drei Jachten dümpelten an der überdachten Anlegestelle.

Durch Lehders Einzug wurden die Menschen, die seit Jahren hier gewesen waren, zum Verlassen der Insel gezwungen. Philip Kniskern gehörten drei Ferienvillen neben dem Landeplatz in der Nähe von Smuggler’s Cove. Ihre Vermietung hing davon ab, daß seine Gäste den Flugplatz benutzen durften. Lehder machte ihm jedoch begreiflich, daß er keine Buchungen mehr annehmen könne. So mußte Kniskern wohl oder übel seine Häuser an Lehders Angestellte vermieten. Richard Novak, ein Collegeprofessor, der sich zum Tauchen bei Kniskern eingemietet hatte, erkundigte sich, was sich hier auf einmal für neue Leute herumtrieben. Plötzlich wurde ihm gesagt, daß hier nicht mehr getaucht werden dürfe. Als Novak einen Monat später zurückkam, um seine Tauchausrüstung abzuholen, umstellten Lehders Angestellte sein Flugzeug, hinderten ihn, die Geräte abzuholen, und zwangen ihn zum Abflug. Novak und Kniskern beschwerten sich bei der Polizei über Lehder, aber es wurde nichts unternommen. Auf Norman’s Cay war Joe Lehder das Gesetz.

Unter denen, die Lehder aus Norman’s Cay vertrieb, war auch Charles Kehm, der den Verkauf des Beckwith-Hauses an Lehder als Makler vermittelt hatte. Kehm weigerte sich zu gehen. Daraufhin ließ ihn Lehder durch einen Einwanderungsbeamten der Bahamas wegschaffen, obwohl Kehm sich rechtmäßig hier aufhielt. Kehm kam wieder zurück. Nun stieß Lehder Drohungen gegen sein Leben aus.

„Und für den Fall, daß ich mich nicht klar genug ausgedrückt habe", fuhr Lehder fort, „wenn Sie heute nicht die Insel verlassen, sterben auch Ihre Frau und Ihre Kinder."

Kehm machte, daß er wegkam.

ZUR gleichen Zeit, da Carlos Lehder auf Norman's Cay die Macht übernahm, baute er auch sein eigenes Kokainvertriebsnetz in den Staaten aus. Er hatte zwar Geld, aber um den Kokainschmuggel auf dem Luftweg richtig anzukurbeln, brauchte er noch viel mehr. Er begann mit Jungs Verbindungsmann, dem Friseur, und einem Freund des Friseurs, dem ein Schallplattenstudio gehörte und der ihn beim Vertrieb in der Musikbranche unterstützen sollte.

Aber das eigentliche Problem bestand darin, Piloten aufzutreiben. Jung war durch seine Flüge nach Los Angeles ausgebrannt. Der Anwalt aus Cape Cod zog sich zurück, nachdem er sein Geld eingestrichen hatte. Verzweifelt suchte Lehder nach Leuten, die für ihn Kokain einfliegen konnten.

Stephan Yakovac, der immer noch in dem kolumbianischen Gefängnis saß, bekam am 11. Juni 1978 unerwartet Besuch.

In seinem Tagebuch schrieb er darüber: „Es verschlug mir die Sprache. Der Mund blieb mir offen stehen, und meine Gedanken überschlugen sich. Carlos! Es waren fast anderthalb Jahre vergangen, daß wir miteinander gesprochen hatten. Was für ein Trip! Wir unterhielten uns über alte Zeiten. Er erzählte mir von seinen Erfolgen, und das hob meine Stimmung in unglaublichem Maße."

Einen Monat später wurde Yakovac freigelassen. Lehder ließ ihn durch einen Chauffeur abholen. Dann erzählte er ihm über Norman's Cay. „An die Arbeit!" sagte er. „Jetzt werden wir Millionäre."

Yakovac wohnte in Lehders Haus auf Norman's Cay, und einmal im Monat machte er als Begleiter einen Kokainflug von Norman's Cay in die USA mit. Pro Flug erhielt er 5000 Dollar ausgezahlt. Die Flüge fanden immer am Wochenende statt, wenn sich Lehders Maschine im üblichen Inselverkehr tarnen konnte. Das Wochenende war auch der günstigste Zeitpunkt, um durch den US-Zoll zu schlüpfen; die Inspektoren saßen vor den Fernsehgeräten, um sich die Sportübertragungen anzusehen. Bei seinen sieben Flügen im Jahre 1978 half er, 1358 Kilo Kokain in die USA zu schmuggeln.

Auf dem Rückflug nach Norman's Cay brachte Yakovac Geld mit, bis

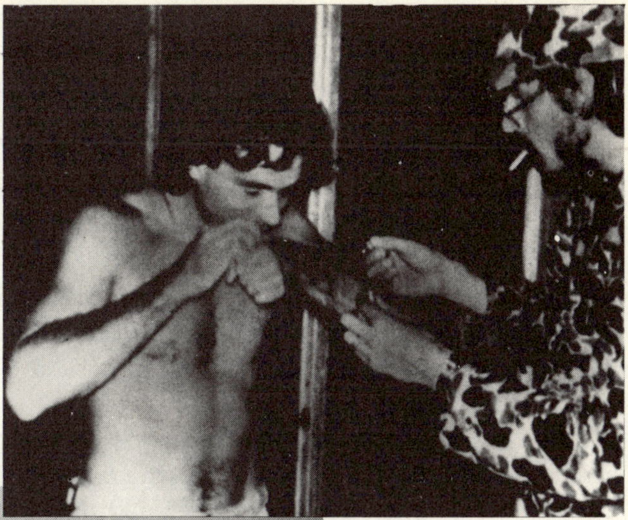

Ist die Qualität okay? Carlos Lehder (links) und sein Zellengefährte aus dem Gefängnis Bella Vista, Stephen Yakovac, prüfen das Kokain (1978).

Aus der friedlichen Idylle Norman's Cay wurde ein Mikrokosmos des Kokaingeschäfts.

Diese Luxusvilla kaufte Pablo Escobar 1980 für 762 000 Dollar. Ohne Umstände leistete er eine Anzahlung über 420 000 Dollar, den Rest zahlte er innerhalb von 67 Tagen.

zu 1,3 Millionen Dollar. Zuerst legten die Männer das Geld auf Lehders Bett und zählten es die ganze Nacht von Hand. Allmählich wurden sie gewiefter und benutzten elektronische Geldzählgeräte. Die Maschinen, die das Kokain von Kolumbien brachten, landeten nachts beim Schein von mobilen Funkfeuern. Yakovac überwachte das Abladen. Niemals wurde das Wort „Kokain" laut ausgesprochen. Lehder bezeichnete ein Kilo als „ein Kind", und die anderen taten es ihm nach. Bald bediente seine Pipeline die verschiedenartigsten Kunden von den Gringos, die in seinem Vertriebsnetz arbeiteten, bis zu den Kolumbianern, denen er nur als Transportunternehmen diente. Dazu gehörten Pablo Escobar und Jorge Ochoa.

ZU DIESER Zeit war Norman's Cay ein Mikrokosmos des Kokaingeschäfts. Mit den wachsenden Mengen an Kokain und dafür erlöstem Geld wurde er immer umfangreicher und unheilvoller. Alles hatte in einer gelösten Atmosphäre begonnen, als ginge es nur darum, daß eine Horde Männer in abgeschnittenen Jeans sich die Zeit auf angenehme Weise vertrieb und dabei eine Menge Geld machte. Da hatte die Operation noch etwas von dem Subkulturgefühl der sechziger Jahre an sich. Lehders Haus mit den fünf Schlafzimmern stand seinen Männern offen. Über Lautsprecher beschallte die Musik der Beatles, der Rolling Stones und Joan Baez' alle Zimmer. Um die Anspannung der Schmuggelreisen abzuschütteln, feierte man wilde Partys.

Und jeder bediente sich von dem Kokain. Sogar Carlos Lehder war schließlich seinem eigenen unerschöpflichen Vorrat verfallen. Schon eine geringe Menge Kokain regt das zentrale Nervensystem an und ruft ein Gefühl des Wohlbehagens und der Macht hervor. Größere Mengen führen mit der Zeit zu Wahnvorstellungen. Auf der Insel befand man sich in einer einzigartigen Lage. Zum erstenmal hatte eine große Gruppe freien Zugang zu reinem Kokain in unbegrenzter Menge. Es war, als hätte man ein riesiges Experiment in Bewegung gesetzt, um zu beobachten, wie Menschen reagieren.

Das Ergebnis zeigte sich rasch. Bald wurde aus der Insel ein bewaffnetes Lager voller gestreßter, verstörter Männer. Aus Südflorida wurden zahlreiche Waffen eingeflogen. Yakovac hatte immer eine 9-mm-Magnum bei sich und trug einen Kampfanzug der Armee. Lehder bevorzugte eine verchromte 45er Automatik.

Lehders schwerer Kokainmißbrauch verstärkte seinen Größenwahn, so daß er sich oft in der geistigen Stratosphäre wiederfand. Er nahm das Gehabe eines rücksichtslosen Despoten an. Seine Machtbesessenheit wuchs im selben Maße wie seine Faszination gegenüber allem Deutschen, besonders Hitler. Er studierte das Buch *Wie man ein erfolgreicher Redner wird* und plante eine Politikerlaufbahn in Kolumbien. Er hatte nun fast alles erreicht, was er sich in der Besserungsanstalt von Danbury ausgemalt hatte.

Yakovac und andere befürchteten, daß Lehders hochfliegende Phantasien außer Kontrolle geraten könnten. Manches, was Lehder unternahm, ging Yakovac gegen den Strich. Zum Beispiel, wie er Leute von der Insel verjagte. Das bedrohte ihrer aller Sicherheit. Jeder kannte die Geschichte von Walter Cronkite.

Er hat sich selber zum König der Insel gemacht, dachte Yakovac.

AM 16. AUGUST 1978 landete eine zweimotorige Turbopropmaschine mit der größten Kokainladung auf Norman's Cay. 16 Koffer mit 314 Kilo Kokain füllten das Flugzeug vom Boden bis zur Decke. Mitgeflogen war der Besitzer, der 28jährige Jorge Ochoa.

Nachdem alles ausgeladen war, prüfte Lehder selbst das Pulver, um von dem Teil mit der höchsten Qualität etwas für seinen persönlichen Gebrauch abzuzweigen. Das Kokain war von einer Reinheit zwischen 88 und 94 Prozent. „Das war über fünfzehn Millionen Dollar wert. Und alles auf einmal in einem Raum!" sagte Yakovac später. Zur gleichen Zeit war die DEA damit beschäftigt, auf den Straßen von Miami hier und da ein paar Gramm Kokain zu beschlagnahmen.

Lehders Männer verluden die Pakete in eine Cessna 206, das Arbeitspferd unter den Schmugglerflugzeugen, die in die Vereinigten Staaten flog. Ochoa blieb über Nacht auf der Insel.

Ochoa war nicht der einzige junge Drogenlord, der Lehder besuchte. Auch Pablo Escobar, sein Freund und gelegentlicher Schmuggelpartner, kam auf die Insel. Eines Tages fuhr Yakovac mit Escobar, Ochoa und ihren Frauen auf die Bahamas, wo sie Bankkonten eröffnen wollten. Da die Kolumbianer nicht englisch sprachen, machte Yakovac den Dolmetscher. Die Kolumbianer wollten die Banken der Bahamas als Durchgangsstation benutzen, von wo sie ihr Geld auf ihre Konten in Panama weiterschleusen konnten. Lehder sollte einfach ihr Bargeld auf den Bahamas einzahlen. Von dort würde es telegrafisch nach Panama transferiert werden. Eine solche auf Vertrauen gegründete Beziehung zwischen Ochoa, Escobar und Lehder schuf den Kern einer Koalition, die den Kokainhandel in der Periode seiner größten Ausweitung beherrschen sollte.

WÄHREND Carlos Lehders Geschäfte blühten, steigerte sich George Jungs Wut darüber, ausgeschlossen zu sein. Lehder war mittlerweile zur Legende geworden. Demgegenüber konnte Jung höchstens noch fünf bis zehn Kilo auf einmal verschieben. Das machte ihn verrückt.

Im Frühjahr 1978 begab sich Jung zu einem weiteren Treffen mit Lehder in Nassau. Diesmal kam Lehder in Begleitung von zwei deutschen Leibwächtern, die während der Besprechung hinter ihm standen.

Jung spürte, daß er es nicht länger mit einem Freund zu tun hatte, sondern mit einem Minidiktator. Jung wies darauf hin, daß er ihm geholfen habe, das Geschäft in Gang zu bringen. Er habe sein Leben aufs Spiel gesetzt, um das Geld für die Flugzeuge und die Grundstücke von Norman's Cay zusammenzubringen. Und jetzt verdiene er durch unbedeutende Kokaingeschäfte gerade 500000 Dollar im Jahr, während Lehder das Geld zehnmillionenweise scheffle.

„Ich lasse mir das nicht von dir bieten", warnte Jung.

Lehder blieb kühl. „Es ist vorbei", beschied er seinem Gegenüber. Jung reiste ab. Sobald er wieder in Boston war, machte er sich an einige Gangster heran, die er in Danbury kennengelernt hatte. Er hatte den Plan, Lehder zu ermorden. So ernst war es ihm, daß er eine Anzahlung von 125000 Dollar hinterlegte. Aber ein Freund redete ihm die Sache aus. Lehders Tod würde ungeheure Probleme mit den Händlern in Kolumbien aufwerfen. Der Mann war unangreifbar geworden. Jung erklärte den Kontrakt für ungültig, aber die Anzahlung konnte er nicht zurückfordern.

Nach Jung wurde auch Stephan Yakovac aus der Organisation hinausgedrängt. Lehder war ständig anspruchsvoller geworden, fand immer etwas zu kritisieren und erhob verrückte Anschuldigungen.

„Ich bin der Führer dieser Bande", sagte er. „Damit jeder klarsieht: Ich erlasse die Vorschriften. Entweder hältst du dich daran, oder du machst den Abmarsch."

Yakovac entschied sich für den Abmarsch.

4

Der König des Kokaintransports

Bei Carlos Lehders Bedarf an Piloten war es nur eine Frage der Zeit, bis er sich an Ed Ward wandte, einen der wenigen, die auf Norman's Cay bleiben durften.

Ward, Pilot und Marihuanaschmuggler, hatte die Insel zwei Jahre vor Lehder entdeckt und sie aus denselben Gründen für geeignet gehalten. Sie war einsam, ohne polizeiliche Aufsicht und lag zwischen Kolumbien und den USA. Kurz und gut, sie war die vollkommene Schmugglerbasis.

Die beiden Schmuggler hausten auf derselben Insel, doch konnte es keine größeren Gegensätze geben als Lehder und Ward. Ward war ein ehemaliger Marineinfanterist, der in den frühen siebziger Jahren in Jacksonville das Alltagsleben eines Angehörigen des Mittelstandes geführt hatte. Zuerst verkaufte er Möbel im Kaufhaus Sears, später Versicherungen. Es ging ihm gut, aber er wurde nicht reich dabei. Dann wurde er geschieden und merkte, daß ihm die Unterhaltszahlungen für seine Frau und die drei Kinder über den Kopf wuchsen. Mit ein paar Verwandten und einem anderen Verkäufer bei Sears stieg er in den Marihuanaschmuggel ein. Seine Partner und er waren über 30, konservativ und liebten ihre Familie. Sie betrieben den Schmuggel, als hätten sie nur mal eben eine andere gutbürgerliche Berufslaufbahn eingeschlagen. Ward lieh sich von seiner Mutter 30000 Dollar, um ein Schmuggelflugzeug zu kaufen, eine zwanzig Jahre alte zweimotorige Beechcraft Bonanza.

Die Ward-Bande begann Ladungen von jeweils 540 Kilo Marihuana von Kolumbien nach Florida und Georgia zu fliegen, für 111 Dollar das Kilo. Bald verdienten sie mehr Geld, als sie je erwartet hätten. Sie erwarben andere Geschäfte zur Tarnung, kauften in Jacksonville einen Jachthafen sowie Grundbesitz in North Carolina. Ward erwarb ein Haus an dem luxuriösen Admiral's Walk End in einem Vorort von Jacksonville.

Die Art und Weise, wie Wards Schmugglerbande mit dem Geld um sich warf, löste umfangreiche Observationen durch die Polizei aus. Bald durchsuchten sie seine Mülltonnen und beobachteten sein Haus rund um die Uhr. Inzwischen hatte Ward wieder geheiratet, eine einunddreißigjährige Zahntechnikerin, Emilie („Lassie"). Ward führte sie in sein Gewerbe ein, sie wurde seine Teilhaberin, zählte das hereinfließende Geld und spielte des Teufels Advokat, um Ed Mut zu machen.

ED WARD bemerkte Carlos Lehder zum erstenmal gegen Ende 1977 auf Norman's Cay. Sofort war ihm klar, daß Lehder ein Rauschgiftschmuggler sein mußte, als er Lehders teures Flugzeug Tag für Tag müßig herumstehen sah. Ward befürchtete, daß Lehder ihn für einen DEA-Agenten halten würde. Deshalb ging Ward eines Tages hinüber zu Lehders Haus und bat um eine Unterredung unter vier Augen. Die beiden Männer machten einen Spaziergang. Ward kam gleich zur Sache. Er sagte Lehder, daß er Rauschgiftschmuggler sei und von ihm das gleiche annehme. Er wolle nicht, daß Lehder meine, Wards Tätigkeit könne seine behindern. Lehder sagte kaum ein Wort. Und eine Zeitlang führten die beiden Schmugglerbanden eine friedliche Koexistenz auf der Insel.

Einige Monate später fragte Lehder an, ob Ward Kokainschmuggler werden wolle. Ward überlegte. Kokain bedeutete den Umgang mit viel härteren Männern und höhere Strafen, wenn man gefaßt wurde. Im Rauschgiftgewerbe gibt es eine Redensart: Ein Marihuanageschäft wird mit einem Handschlag besiegelt, ein Kokaingeschäft mit den Schießeisen. Aber Kokain brachte mehr Geld ein, und es war leichter zu befördern, weil es weniger Platz einnahm. Manchmal war man bei Marihuana gezwungen, die Maschine so vollzuladen, daß der Pilot nicht mehr aus dem Cockpit kam, wenn er gelandet war. Ed Ward war ein praktisch veranlagter Mensch. Er hatte miterlebt, wie Carlos Lehder ganz klein anfing und sich in sehr kurzer Zeit bereits Learjets leisten konnte. Und Ward meinte, er habe für die Mühe, die er aufgewendet hatte, nicht genug verdient. Er beschloß, es einmal mit Kokain zu versuchen.

Ed Ward mußte den anderen Mitgliedern seiner Marihuanaschmugglerbande Lehders Vorschlag erst schmackhaft machen. Am 6. September 1978 hielten acht von ihnen mit Lehder und Ward eine Konferenz auf Norman's Cay ab. Ward schlug seinen Männern den Einstieg ins Kokaingeschäft vor. Aber keiner war von der Idee begeistert. Bei Bier und Kartenspiel erwogen sie die Idee. Sie hielten sich für etwas anderes als die Kokainschmuggler, lässiger. Sie trugen Lehder freimütig ihre Bedenken vor.

„Wie steht es mit Gewalt?“ fragte einer von Wards Männern. „Haben Sie schon mal einen umgebracht?“

„Ab und zu“, sagte Lehder, „muß in diesem Geschäft mal einer sterben.“

Keiner von Wards Männern war bereit umzusteigen. Ward und Lehder schlossen eine Zehnpunktevereinbarung. Danach sollte Ward zehn Schmuggelflüge mit je 250 Kilo für jeweils 400000 Dollar machen. Lehder verlangte, daß er dazu ein neues Flugzeug kaufen müsse. Er lieh Ward 604 000 Dollar für eine Swearingen Merlin III, eine zwölfsitzige Firmen-Turboprop.

Im Januar 1979 unternahmen Ward, Lehder und Wards Kopilot, ein 55 Jahre alter Kriegsflieger der Marine namens Lev Francis, ihren ersten Flug mit der Merlin. Sie brachten 500 Kilo Kokain von Kolumbien nach Norman’s Cay. Der Landeplatz war schlammig, das Flugzeug trug viel mehr als die vereinbarte Ladung, der aufgetankte Kraftstoff war schlecht, und Ed Ward war wütend. Ward war bei der Arbeit bis in die letzte Einzelheit peinlich genau, und es widerstrebte ihm, mit einem so schlampigen, nachlässigen Menschen wie Lehder zusammenzuarbeiten. Er wollte nur so lange für ihn arbeiten, bis er selbst in das Kokaingeschäft einsteigen konnte.

Lehders Organisation wuchs. Seine Inselmannschaft zählte zwischen 30 und 50 Personen. Er hatte etwa drei kolumbianische und fünf amerikanische Piloten. Mehr als ein halbes Dutzend Maschinen drängten sich jetzt auf dem Flugplatz.

Ward meinte, daß sie auf der Insel zuviel Aufmerksamkeit erregten.

Ward, der aufrechte Exmarineinfanterist, hatte den Fehler gemacht, regelmäßig Kokain zu nehmen. Damit seine Kinder nicht sahen, was er tat, pflegte er sich ins Badezimmer seines Hauses auf der Insel zurückzuziehen. „Das Zeug bringt uns noch um“, sagte Ward zu seiner Frau Lassie. Dennoch konnte er nicht aufhören.

„Auch als wir die schlimmsten Nachwirkungen verspürten, war es immer noch viel zu gut, um sich davon frei zu machen. Denn man konnte sich noch so mies fühlen und echt niedergeschlagen sein – dann nahm man einfach Kokain, und die Niedergeschlagenheit war wie weggeblasen“, erinnerte sich Lassie.

Ed und Lassie Ward hatten einigen Grund, niedergeschlagen zu sein. Nachdem Ward erfahren hatte, daß die Steuerbehörde ihm auf den Fersen war, war er im Sommer 1979 mit der ganzen Familie auf Dauer nach Norman's Cay umgesiedelt. Kaum waren die Wards aus Jacksonville fort, klebten die Behörden einen Pfändungsbeschluß an sein Haus am Admiral's Walk und erhoben Anklage gegen ihn. Er sollte 1977 und 1978 900000 Dollar Einkommen zuwenig angegeben haben. Und jetzt näherte sich die Behörde auch ihrer Inselfreistatt.

Am 14. September 1979 führten mehr als neunzig Angehörige der Royal Bahamian Defense Force und der Polizei im Rahmen der „Operation Waschbär" eine Razzia auf Norman's Cay durch.

Um sieben Uhr morgens am Tag der Razzia landete ein bahamaischer Polizeikorporal in einem Schlauchboot am Strand von Norman's Cay. Er sah einen Mann zu einem Volkswagenbus laufen. Der Korporal feuerte Warnschüsse ab, doch der Mann, den er später als Carlos Lehder identifizierte, fuhr davon.

Eine Viertelstunde später befahl Lehder dem Steuermann seines zehn Meter langen Motorbootes *Fire Fall*, Kurs auf Nassau zu nehmen. Als die *Fire Fall* den Sund verließ, gab ihr ein Boot der Defense Force Signal zum Stoppen. Lehder, der am Ruder stand, beachtete das Signal nicht. Von einem Schlauchboot aus schossen zwei Marineinfanteristen auf ihn. Er beschleunigte nur das Tempo. Das andere Boot nahm die Verfolgung auf. Der Commander sah, wie ein Mann an Bord der *Fire Fall* eine weiße pulvrige Masse aus einem Kunststoffbeutel ins Wasser entleerte. Am Westufer der Insel geriet die *Fire Fall* in seichtes Wasser, und ein Polizeisergeant eröffnete vom Ufer aus das Feuer. Schließlich gab Lehder auf und ließ zu, daß die *Fire Fall* in Schlepp genommen wurde. Am Ufer wurde Lehder – er trug Blue jeans, eine dicke goldene Uhrkette und eine teure Armbanduhr – verhaftet. Bei der Haussuchung fand man im Schlafzimmer eine 9-mm-Magnum und kleine Mengen von Marihuana und Kokain. Auf dem Bett lag unübersehbar ein verschlossener roter Hartschalenkoffer.

Lehder, der die Durchsuchung beobachtete, beschwerte sich heftig. Man hörte ihn sagen, er sei im Begriff gewesen, fünf Millionen Dollar in die Insel zu investieren, aber nach diesem polizeilichen Übergriff werde er Schluß machen und die Insel verlassen. Er leugnete ab, irgend etwas von den in seinem Haus beschlagnahmten Gegenständen zu wissen, mit Ausnahme des roten Koffers, der nach seiner Behauptung die Gehälter für seine Angestellten enthielt. Der stellvertretende Polizeipräsident Howard Smith, der die Razzia leitete, ließ Lehder durch einen seiner Männer den Koffer aushändigen. Lehder öffnete ihn und begann das Geld vor den Augen der Polizeibeamten zu zählen.

INSGESAMT wurden 33 Personen festgenommen, auch die Wards und fast sämtliche Mitglieder von Lehders Organisation, mit Ausnahme von Lehder selbst und einem deutschen Leibwächter. Die bahamaische Polizei beschlagnahmte acht Handfeuerwaffen, zwei automatische Gewehre, eine Schrotflinte, 35 Sprengladungen und 618 Ladungen Munition. In einer DC-3 brachte die Polizei die Verhafteten nach Nassau. Vor dem Abflug sprach Lehder mit ihnen und versicherte ihnen, sie sollten sich keine Sorgen machen, er werde sie morgen abholen.

Mehrere Polizeibeamte wunderten sich, warum man Lehder nicht festgenommen hatte.

„Keine Sorge“, sagte der stellvertretende Polizeipräsident Smith. „Der kommt später nach.“

Aber er kam nie.

Nach einem Wochenende im Gefängnis wurden alle bei der Razzia festgenommenen Personen gegen Kaution wieder freigelassen. Nur ein Bahamaer wurde verurteilt, der eine nicht registrierte Schrotflinte in seinem Besitz hatte. Nach seiner Rückkehr auf Norman's Cay erkundigte sich Ward bei Lehder, wie er das bewerkstelligt habe.

„Ich habe mit Geld bezahlt“, antwortete Lehder.

DER Mann, der entschied, daß Joe Lehder nicht verhaftet wurde, war Howard Smith, der zweithöchste Polizeioffizier der Bahamas. Smith erklärte später, die Beweise gegen Lehder hätten nicht ausgereicht. Damit widersprach er sich selbst, denn die Beamten hatte er bei der Besprechung vor der Razzia ausdrücklich darauf hingewiesen, daß Lehder der „Boß“ von Norman's Cay sei und verhaftet werden müsse.

Aus Zeitungsberichten ging später hervor, daß während der Razzia etwas sehr Sonderbares geschehen war. Ein Polizeibeamter hatte bei der Durchsuchung eines Hauses auf der Insel in einer Mülltonne einen Plastikbeutel mit 80000 Dollar gefunden. Er sagte, er habe das Geld dem stellvertretenden Polizeichef Smith gegeben. Prompt verschwand das Geld. Smith stritt ab, es je erhalten zu haben. Aber der Polizist blieb bei seiner Geschichte.

Fünf Jahre später fielen einer Untersuchungskommission bei Ermittlungen über Drogenkorruption auf den Bahamas Smiths finanzielle Verhältnisse ins Auge. In den drei Jahren, die der Razzia auf Norman's Cay folgten, bezahlte Smith 7500 Dollar für einen Toyota, 17500 für einen Oldsmobile und 18000 in bar für ein Haus. Er investierte 30000 Dollar in eine Reederei, während sein Bankkonto 29500 Dollar aufwies. Die Kommission fand 57000 Dollar, über deren Herkunft er keine Angaben machen konnte. Bei der Befragung sagte Smith, er habe „bei Pferde- und Hunderennen und im Lotto gewonnen".

Die Kommission kam zu dem Schluß, daß „Lehder die Polizei bestochen hat, um sich seine Freiheit zu erkaufen, und nach unserem Ermessen muß eine Komplizenschaft mit dem stellvertretenden Polizeipräsidenten Smith und anderen höheren Polizeibeamten bestanden haben".

Nach der Razzia ging das Geschäft auf der Insel wie üblich weiter. Nur wenige Tage später flog Ward mit einer 250-Kilo-Ladung von Kolumbien nach Norman's Cay und von dort nach Reidsville, Georgia. Der Flug verlief ohne jeden Zwischenfall. Doch seine Probleme mit dem Finanzamt verfolgten Ward auch nach Georgia. Auf dem Flughafen Atlanta beschlagnahmten Finanzbeamte seine Maschine, die Beechcraft. Ward glaubte zuerst, er solle wegen Schmuggels verhaftet werden. Aber da die Behörde sich nur für seine Maschine interessierte, nahm er sein Gepäck und ließ sich wegfahren. Die Beechcraft war nur vorübergehend verloren. Über seinen Anwalt ließ Ward sie durch einen Strohmann von der Steuerbehörde zurückkaufen. Das kostete ihn 40000 Dollar. Nach einem Monat hatte Ward sein Flugzeug zurück. In vier Monaten brachte die Maschine dann weitere 350 Kilo über Norman's Cay in die USA. Insgesamt transportierte Ward 3 000 Kilo – das sind drei Tonnen – für Lehder. Dieses Kokain hatte in den USA einen Großhandelswert von 150 Millionen Dollar. Mehr als 22 Millionen schleuste Lehder durch bahamaische Banken. Große Summen von Lehders Geld landeten in den Taschen bahamaischer Beamter.

Im Jahre 1979 waren die Bahamas ein korrupter Staat, und Carlos Lehder war nicht der einzige, der das ausnutzte. Mehr als ein Dutzend Marihuana- und Kokainunternehmer hatten eigene Pipelines auf Bahamainseln installiert. Die siebenhundert Inseln erstrecken sich über 259000 Quadratkilometer Meeresfläche, und es war einfach unmöglich, sie polizeilich ausreichend zu überwachen. Dieser Staat war zum wichtigsten Umschlagplatz für Amerikas Drogennachschub geworden.

Lehders Rechtsanwalt, Nigel Bowe, der seine wohlhabenden süchtigen Klienten mit Drogen versorgte, stand dem Premierminister Lynden Pindling nahe. Ein DEA-Informant erzählte später, Bowe habe Norman's Cay am 22. jeden Monats aufgesucht, um jeweils 88000 Dollar abzuholen, die für Pindling bestimmt waren. Ein anderer Informant behauptete, daß Lehder glatte 200000 Dollar im Monat an Pindling gezahlt habe. Die Untersuchungskommission nahm Pindlings Finanzen unter die Lupe und kam zu dem Schluß, daß „die Ausgaben des Premierministers im Laufe der Jahre seine Einnahmen bei weitem überstiegen haben", konnte aber nicht feststellen, ob Pindling Drogengeld genommen hatte.

Es war auf den Bahamas wohlbekannt, daß auf Norman's Cay der Kokainschmuggel fortgesetzt wurde. Zwei Monate nach der Razzia sprach Norman Solomon, Parlamentsabgeordneter, im Abgeordnetenhaus. „Die Insel wird für eines der größten Rauschgiftschmuggelunternehmen in diesem Teil der Welt mißbraucht", warnte er. Später wurde Solomons Haus durch einen Bombenanschlag in Brand gesetzt.

Im Dezember 1979 wurde Carlos Lehder offiziell mitgeteilt, daß er die Bahamas zu verlassen habe. Zunächst rührte er sich nicht von der Stelle, und der Schmuggel ging weiter. Geheimnisvolle Dinge geschahen. Am 31. Juli 1980 entdeckten Motorbootfahrer die steuerlos dahintreibende Jacht *Kalia III*. Das Deck war blutbesudelt. Die Salve einer Schrotflinte hatte die Teakholzwand durchlöchert, und im Rettungsboot lag, mit dem Gesicht nach unten, die Leiche eines Mannes. Als die bahamaische Polizei einen Tag später aufkreuzte, war die Leiche verschwunden. Die *Kalia III* gehörte einem im Ruhestand lebenden Ehepaar aus Fort Myers, das zu einer sechsmonatigen Kreuzfahrt zu den Bahamas ausgelaufen war. Das Paar blieb spurlos verschwunden, und das Verbrechen wurde nie aufgeklärt. Jahre später sollte ein Mitglied von Carlos Lehders Schmugglerbande aussagen, daß Lehder zum Zeitpunkt des Unglücks der *Kalia III* seine deutschen Leibwächter ausgesandt habe, damit sie sich um ein Segelboot „kümmerten", das Norman's Cay zu nahe gekommen war.

Es erfolgten noch zwei Razzien der Polizei, 1980 und 1981, aber Lehder hatte jedesmal vorher einen Tip erhalten. Manchmal stieg er einfach in seinen Learjet und flog nach Kolumbien. Aber er kehrte immer wieder zurück, um das Geschäft anzukurbeln.

Zu dieser Zeit geschah es, daß ein alter Freund nach Kolumbien kam, um eine Audienz bei dem Mann zu erbitten, den er nun mit äußerstem Respekt Don Carlos nannte. George Jung hatte seinen alten Schmugglerpartner nie vergessen. Im Juli 1980 reiste er kleinlaut an. Er wollte Lehder bitten, ihn wieder aufzunehmen, nicht als Partner, sondern als Angestellten. Er meinte, daß Lehder ihm immer noch etwas schuldig sei. Nur war er jetzt bereit, sich mit weniger abzufinden.

Jung stieg im Hotel Intercontinental in Medellín ab und rief bei Auto-Lehder an. Nach wenigen Stunden tauchte Lehder in Jungs Hotelzimmer in Begleitung seiner Leibwächter auf. Sie trugen sämtlich, auch Lehder, Kampfanzüge. Lehder und Jung nahmen ein paar Drinks und schnupften Kokain. Schließlich brachte Jung seinen Wunsch vor.

Lehder stimmte zu. Er war in großmütiger Stimmung, und das Kokain machte ihn gesprächig. Er sagte, er transportiere das meiste Kokain aus Kolumbien in die Vereinigten Staaten. Er rühmte sich seines Einflusses auf den Bahamas und berichtete, Robert Vesco, der Finanzschwindler, der Anfang der siebziger Jahre amerikanische Investoren um 224 Millionen Dollar betrogen hatte, habe ihn mit Premierminister Lynden Pindling bekannt gemacht.

Lehder nannte Vesco ein Finanzgenie. Jetzt verberge er sich auf der Flucht vor dem Gesetz auf den Bahamas und unterrichte ihn in der Kunst, Geld bei den Banken entlang der Küste zu waschen. Und er habe ihn auch bei Fidel Castro eingeführt.

Lehder schien von sich sehr eingenommen. Er rühmte sich vor Jung, er habe mehrere 100 Millionen Dollar gemacht, und nannte sich den „König des Kokaintransports, den Kokainboß". Jung hatte selber einige Millionen durch Kokain gemacht, aber der Vergleich mit seinem früheren Partner schmerzte ihn. Doch die Besprechung nahm einen guten Verlauf, und Jung war voller Optimismus. Er fuhr wieder nach Massachusetts. Prompt wurde er wegen Übertretung der Drogengesetze festgenommen. Fünf Jahre sollten vergehen, bis er Lehder wiedersah.

Ed Ward verließ Norman's Cay im Sommer 1980. Er stand auf der schwarzen Liste der bahamaischen Einwanderungsbehörde: Wenn er auf einer der Inseln festgenommen wurde, konnte er ausgewiesen werden. Ward hatte nämlich erfahren, daß Lev Francis, sein Kopilot auf mehreren Kokainflügen, als Zeuge vor dem Gericht in Jacksonville ausgesagt hatte. In den USA konnte er sich also nirgends mehr blicken lassen. Deshalb versuchte Ward alles, um seine verzwickte rechtliche Lage auf den Bahamas in Ordnung zu bringen. Er nahm die Dienste von Nigel Bowe in Anspruch, dem Allzweckvermittler, und zahlte 100000 Dollar an Everett Bannister, den engen Freund Pindlings. Natürlich war er der Meinung, daß das Geld schließlich zu Pindling gelangen werde.

Lassie Ward erinnerte sich: „Diese Leute kamen zu uns und sagten, das sei eben bahamaische Lebensart, so werde hier Politik gemacht, und sie könnten uns helfen." Aber auch Schmiergelder lösten Wards Probleme nicht. Entscheidend war, daß Lehder ihn raushaben wollte. Wie Jung und Yakovac hatte Ward für ihn seinen Wert verloren.

Es war klar, daß die DEA sich auf Ward eingeschossen hatte. Er und seine Schmuggelflugzeuge waren „heiß". Daher zog Ward eines Tages mit seiner Familie nach Haiti, das keinen Auslieferungsvertrag abgeschlossen hatte. Von Haiti aus betrieb Ward Kokainschmuggel auf eigene Kappe und benutzte Norman's Cay als Auftankstation. Aber ohne Lehders Verbindungen brachte er nur kleine Ladungen von etwa einem Dutzend Kilo zusammen. Und das Gesetz war schon wieder im Anmarsch.

Am 8. Januar 1981 schlug der Blitz ein. Der Bundesgerichtshof in Jacksonville erhob Anklage gegen Carlos Lehder, Ed Ward, Lassie Ward und elf von Wards Schmugglerkollegen auf Grund von 39 Punkten, die Schmuggel, Verschwörung und Steuerhinterziehung betrafen.

Zwei Wochen später besuchten Ed und Lassie Ward und andere Ehepaare einen Nachtclub in Port-au-Prince. „Es war wie das letzte Aufgebot", erinnerte sich Lassie. „Wir hatten alle das Gefühl, das war's dann wohl."

Am nächsten Tag wurden Lassie, Ward und zehn seiner Männer von DEA-Agenten auf Haiti festgenommen. Die Polizei auf Haiti versuchte, von Ward Geld für seine Freilassung herauszuschlagen, aber Ed Ward lehnte ab. „Ich bezahle keine Regierung mehr dafür, daß sie mich in ihrem Land leben läßt. Da gehe ich lieber zurück und nehme den Prozeß auf mich", sagte er zu seiner Frau. Die Reise in die USA machten sie in Handschellen, aber in gehobener Stimmung.

Carlos Lehder entging natürlich der Festnahme. Noch vor Ablauf des Jahres erreichte Ward durch ein Schuldgeständnis das Versprechen milder Beurteilung. Er sollte schließlich fünf Jahre absitzen. Lassie wurde auf Bewährung entlassen. Vor dem Gericht sagte Ed Ward gegen seinen alten Partner aus. Damit war Carlos Lehder bei der DEA der meistgesuchte kolumbianische Rauschgiftverbrecher.

Im September 1981 setzte sich Lehder von Norman's Cay ab. Denn jetzt stand er auch auf der schwarzen Liste, und die Bahamaer hatten ein Polizeirevier auf Norman's Cay eingerichtet. Lehder verlegte aber nur seinen Aufenthaltsort, nicht sein Schmuggelunternehmen. Er kam oft nach Norman's Cay zurück, ließ ein ständiges Kontingent von Kolumbianern auf der Insel, die die Geschäfte fortführten, und bewies weiter seine heimliche Großzügigkeit gegenüber bahamaischen Beamten. Im Juli 1982 sagte ein auf Norman's Cay stationierter Polizeibeamter, sein Inspektor habe ihm mitgeteilt, daß Joe Lehder einen sechs- bis achtwöchigen Urlaub auf der Insel verbringe und die Polizei angewiesen sei, ihn zu schützen. Der Befehl komme von einer hochgestellten Persönlichkeit „im Kabinettsrang".

5

Miami 1982

IM JAHRE 1982 hatte sich die Lage in Miami erheblich zugespitzt. Seit der Dadeland-Schießerei vor drei Jahren hatte das Morden nicht aufgehört, und der Kokainhandel hatte sich rasch ausgebreitet. Südflorida litt noch unter den Folgen der Mariel-Schiffsbrücke von 1980 – so benannt nach dem kubanischen Hafen Mariel –, durch die weitere 12 500 kubanische Flüchtlinge – darunter Tausende früherer Gefängnisinsassen – zu einer bereits sehr impulsiven Horde schießwütiger Kokaincowboys gestoßen waren. Für eine kurze Zeitspanne hatte Castro die Emigration in die USA erlaubt. Auf diese Weise wurde er auch zahlreiche Kriminelle, politische Oppositionelle und Geisteskranke los. Mit jedem Jahr erreichte die Zahl der Morde eine neue Rekordmarke. 1979 waren es 349, 1980 schon 569 und 1981 sogar 621 Tote. Die Dienststelle des Amtsarztes von Dade County brauchte einen zusätzlichen gekühlten Transporter, um die vielen Leichen zu verfrachten.

Die hereinströmende Kokainmenge stieg in Rekordhöhen. Gleichzeitig floß Geld aus dem Lande. In den Banken Miamis wurde das

Waschen schmutzigen Geldes zur Epidemie. 1980 wurde in einer konzertierten Ermittlungsaktion des US-Zolldienstes und der Steuerbehörde auf dem Flughafen Miami eine junge Kolumbianerin gefaßt, die in sechs Monopolyschachteln 1,5 Millionen Dollar in bar aus dem Land zu schmuggeln versuchte. Das war ein Rekord, der jedoch schon nach drei Monaten übertroffen wurde, als die Polizei auf dem Flugplatz Opa-Locka in einer für Kolumbien bestimmten Privatmaschine 1,6 Millionen beschlagnahmte. Händler schleppten Millionen von Dollars in Koffern, Kartons und Dufflecoats in die Banken, und die Bankbeamten drückten beide Augen zu. Zollfahnder schätzten, daß 1981 in Südflorida 3,2 Milliarden Dollar an Bargeld unangemeldet durch die Kassenschalter flossen. Es gab Verhaftungen, doch die Bundesfahnder hatten nur Subunternehmer gefaßt. Die wahren Drogenbosse hielten sich in Medellín aus der Schußlinie.

Tod, Geld und Drogen: dieses grelle Kaleidoskop schürte die Angst, und die Angst setzte etwas in Bewegung. Miami war in der Hand von Mörderbanden. Im Dezember 1981 wandten sich vier einflußreiche Männer aus Miami an das Weiße Haus: Sie wollten Bundeshilfe. Der Wunsch wurde erfüllt. Am 28. Januar 1982 kündigte Präsident Reagan an, daß ein Kabinettsausschuß eine konzertierte Offensive von Bundesbehörden gegen das Rauschgiftverbrechen in Südflorida führen werde. Reagan beauftragte Vizepräsident George Bush mit der Leitung des sogenannten „Sonderkommandos des Vizepräsidenten". „Die fast zwei Millionen Einwohner von Südflorida tragen nicht nur ungerechte finanzielle Lasten", begründete Reagan seine Entscheidung, „sondern ihnen wird auch das von der Verfassung garantierte Recht verwehrt, ohne Angst und Einschüchterung in Frieden zu leben."

Ein gewaltiges Aufgebot setzte sich nach Südflorida in Bewegung – mehr als 200 Bundesbeamte, darunter 130 Zollfahnder, 60 DEA-Agenten und 43 FBI-Agenten. Ferner stellte das Bundesamt für Alkohol, Tabak und Feuerwaffen 45 Agenten zur Verfügung, um der Verbreitung von automatischen Schußwaffen ein Ende zu setzen. Die Steuerfahndung versprach, die Geldwäsche zu unterbinden. Cobra-Kampfhubschrauber der US-Army sollten Drogenflugzeuge jagen. Hawkeye-E2-C-Radarüberwachungsflugzeuge der US-Marine sollten das Aufspüren von Schmuggelflügen erleichtern. Kriegsschiffe der Marine erhielten die Erlaubnis, Schiffe zu entern, die Drogen schmuggelten. Die Schlagzeile des *Miami Herald* lautete: DIE US-KAVALLERIE KOMMT! ES WIRD AUCH ZEIT!

Doch in den Korridoren der Bundesverwaltung in Miami, wo man einen guten Einblick in den Fortschritt des „Drogenkriegs“ gewinnen konnte, herrschte nur gedämpfter Optimismus. Das Büro des US-Staatsanwalts stand bei den Bemühungen, den Rauschgiftverkehr einzudämmen, vor ernsten Problemen. Das Büro bearbeitete alle Fälle, die die DEA, der Zoll und andere Bundesbehörden im Drogenkrieg anhängig machten. Aber es war kläglich unterbesetzt. Nur sieben hauptamtliche Strafverfolger standen für große Rauschgiftfälle zur Verfügung. Beschlagnahmen wurden einzeln gemeldet und einzeln bearbeitet. Niemand verfolgte die Wege, die im Kokainhandel zur Spitze der Pyramide führten.

Niemand versuchte, sich einen Gesamtüberblick zu verschaffen. Die Agenten wurden nach der Menge des von ihnen beschlagnahmten Rauschgifts und Geldes bewertet, was eine Mentalität des „Leichenzählens“ förderte, ein reines Wettrennen darum, wer bei der nächsten Pressekonferenz das meiste „Pulver auf den Tisch“ legen konnte. Zwar stufte man die Agenten auch nach der Bedeutung der von ihnen festgenommenen Rauschgifthändler ein, aber hier galt jemand als hochkarätiger Händler – ein Gesetzesübertreter der Klasse eins –, der gerade in der Lage war, im Monat 100 Kilo einzuführen. Niemand nahm die Leute ins Visier, die das Zeug tonnenweise einschmuggelten. Die Bedeutung eines Jorge Ochoa oder eines Pablo Escobar war nur wenigen Agenten bekannt.

Erst im Frühjahr 1982, bei einer üblichen Ladegutüberprüfung eines Fluges aus Medellín durch drei Zollinspektoren auf dem Flughafen von Miami, bekam jedermann einen Einblick in das, was man zu erwarten hatte.

Die kolumbianische Luftfrachtgesellschaft *Transportes Aereos Mercantiles Panamericanos* – abgekürzt TAMPA – war von einem Informanten als Schmuggelpipeline bezeichnet worden. Und gerade zu dieser Zeit erhielt die DEA Hinweise aus Kolumbien, daß eine große Menge Kokain mit einer Ladung Blue jeans in einer Frachtmaschine von Medellín nach Miami geflogen werden sollte.

Als drei Zollinspektoren am 9. März 1982 um 15.15 Uhr zur Begrüßung des TAMPA-Flugs aus Medellín aufkreuzten, hatten sie keine Ahnung, was sie finden würden. In der TAMPA-Lagerhalle auf dem

Flugplatz waren bei ihrer Ankunft bereits keine 15 Meter von der Boeing 707 entfernt, die die Fracht von Kolumbien hergeflogen hatte, Hunderte von Pappkartons auf Paletten gestapelt. Die Arbeiter sahen die Inspektoren kommen und verzogen sich langsam von den Kistenstapeln. Den Inspektoren fiel auf, daß eine Anzahl der braunen Kisten mit dünnen gelben Plastikschnüren umwickelt war, aber mehrere hatten auch weiße Schnüre. Ein scharfer Krankenhausgeruch lag in der Luft – Äther! Inspektor Tony Knapik stieß einen Schraubenzieher in einen Karton mit weißen Schnüren, der mit JEANS ausgezeichnet war. Als er den Schraubenzieher wegzog, rieselte weißes Pulver aus der Schachtel. Inspektor Jerry Dranghon stand dabei, sah, auf was Knapik gestoßen war, und rief seinen Vorgesetzten Vann Capps an, den Chef des Anti-Schmuggel-Teams beim Zoll.

„He, Chef, wir haben einen Volltreffer bei TAMPA", meldete Dranghon. „Es sieht nach einer ordentlichen Ladung aus." Capps forderte sofort Verstärkung an, die das TAMPA-Lagerhaus umstellen sollte. Die Agenten untersuchten die restlichen Kartons. In sämtlichen 22 Kartons mit weißen Schnüren befand sich nur Kokain und nichts anderes. Fünf waren mit dem weißen Pulver bis zum Rand vollgefüllt und wogen je 88 Kilo. Die 17 anderen waren mit ein Kilo schweren rundlichen Paketen gefüllt, wie es im kolumbianischen Kokainhandel allgemein üblich war. Die Kilopäckchen steckten in

Ein Volltreffer für die Zollfahndung! Die in der TAMPA-Lagerhalle aufgebrachte heiße Fracht hatte einen Großhandelswert von 100 Millionen Dollar.

gelben Plastikhüllen mit rätselhaften Zeichen: RC, TOTO, M1, X100. Zuerst schätzte man den Fund auf 225 Kilo, dann auf 500 bis 1000 Kilo. Schließlich belief sich die bei TAMPA beschlagnahmte Ladung auf 1707 Kilo reines Kokain. Das bedeutete einen Großhandelswert von 100 Millionen Dollar und übertraf die bisherige US-Rekordmarke um das Vierfache.

Bemerkenswerter noch waren die Schlußfolgerungen, die sich daraus über den kolumbianischen Kokainhandel ziehen ließen. Ein einzelner Händler konnte nie und nimmer eine Zweitonnenladung zusammenbringen. Die Beschlagnahme bei TAMPA deutete auf eine Zusammenarbeit unter den Kolumbianern in einem Maße hin, das die US-Behörden nicht für möglich gehalten hätten. Die Ladung ließ alle früheren Vorstellungen über die Händler lächerlich erscheinen. Die Agenten zogen den Schluß, daß die Ladung von 15 verschiedenen Händlerorganisationen zusammengestellt worden war. Zum erstenmal hatte die DEA einen Blick auf das finstere Ungeheuer geworfen.

6

Johnny Phelps

Mitte des Jahres 1981 traf Johnny Phelps als neuer DEA-Chef für ganz Kolumbien in Bogotá ein. Er hatte 13 Mann in Bogotá und Zweigbüros in Cali und in Barranquilla an der nördlichen Karibikküste unter sich. Zusätzlich eröffnete er eine Zweigstelle in Medellín, die er mit einem Mann besetzte. Phelps' einziger Tresor quoll bald von den einlaufenden Berichten über.

Phelps, 37 Jahre alt, sah so aus, wie man sich beim Film einen Rauschgiftfahnder vorstellt: Er war 1,90 m groß, hatte rote Haare und Apfelwangen, sprach das typische schleppende Texanisch und wirkte stets lässig.

Er sah gut aus in einem dunklen Anzug und sprach ausgezeichnet Spanisch. Er war arm geboren und im westlichen Texas als mittelloser Landjunge aufgewachsen. Sein Spanisch hatte er von mexikanischen *Bracero*-Farmarbeitern gelernt.

Sein Berufsleben hatte er größtenteils bei der DEA verbracht, wo er Heroin- und Marihuanafälle an der mexikanischen Grenze bearbeitete.

Johnny Phelps, der Top-Rauschgiftfahnder 1981 bis 1984 in Kolumbien, war bekannt für seine Hartnäckigkeit und Zielstrebigkeit.

Er war so etwas wie ein Wunderkind und schnell in der Hierarchie der DEA aufgestiegen. Als getarnter Agent war es seine Spezialität, den wortkargen, leicht naiven *Gringo*-Käufer zu spielen, mit seinem Babygesicht und dem typischen „Ach, Quatsch"-Gehabe. Wohlgemerkt, dazu mußte er sich verstellen. Denn der echte Phelps war ausgebufft, hartnäckig, ehrgeizig und absolut zielstrebig. Er besuchte keine Partys, plauderte nicht und alberte nicht mit seinen Männern herum. Wenn er den Eindruck hatte, daß einer seiner Agenten nachlässig wurde, stauchte er ihn hart zusammen. So verfuhr er auch in Kolumbien.

Praktisch vom ersten Tag an war Phelps überzeugt, daß Kokain „im Kommen" war, und er wies seine Agenten an, sich ausschließlich der Kokainüberwachung zu widmen. Er wollte alles wissen. Wer es verkaufte, wieviel hinausgeschmuggelt wurde, wieviel es kostete, und wohin es transportiert wurde. Phelps war sich sofort darüber im klaren, daß die Möglichkeiten, den Drogenhändlern auf den Leib zu rücken, äußerst beschränkt waren. Die Armee und die Polizei waren dermaßen korrumpiert worden, daß er sie nicht mehr einsetzen konnte. Aber was Phelps geradezu zur Verzweiflung brachte, war die Laisser-faire-Haltung, die viele kolumbianische Beamte gegenüber dem Drogenhandel einnahmen. Marihuana und Kokain waren harmlose Laster – so argumentierten sie. Lange nicht so schlimm wie beispielsweise Waffen. Also was war schon an einem bißchen Schmuggel auszusetzen!

Phelps' örtlicher Agent in Medellín war der zweiunddreißigjährige Errol Chavez. Er hatte die Außenstelle zwei Monate vor Phelps' Eintreffen in Bogotá eröffnet, arbeitete vierzehn Stunden am Tag, sieben Tage in der Woche und schien trotzdem keine Fortschritte zu machen.

Örtliche Polizei- und Geheimdienstagenten berichteten Chavez vom

Tag seiner Ankunft an, daß Mengen von zwei bis fünf Tonnen Kokain regelmäßig aus Medellín in die Vereinigten Staaten gebracht wurden. Er erwähnte es zunächst nicht in seinen Berichten, weil er es selber nicht glaubte und nicht ausgelacht werden wollte. Sonst denkt noch jemand in Washington, daß ich das Zeug selber schnupfe, dachte er.

Chavez ging an das Identifizieren der Drogenhändler in Medellín. Er teilte die Händler in zwei Gruppen ein: „Makler" – etwa ein Dutzend Verbrecherfamilien, die von Ochoa und Escobar geführt wurden – waren imstande, eine große Ladung Kokain zusammenzustellen, die Sache zu finanzieren sowie für den Transport zu sorgen. Die „anderen" forderte man auf, ein oder zwei Kilo oder 50 oder 100 im Huckepackverfahren zu übernehmen. Der Makler berief eine Versammlung in einem Restaurant oder Hotel in Medellín ein und lud dazu alle ein, die sich an dem Transport beteiligen wollten. Jeder Händler, ob klein oder groß, verpackte sein Kokain kiloweise und schrieb seine Codezeichen in Farbe oder als Symbol darauf. Das waren die rätselhaften Zeichen, die die US-Zollinspektoren an dem Kokain bei der TAMPA-Fluggesellschaft gefunden hatten. Der Hauptmakler und seine Verteiler in Miami, Los Angeles, New York oder sonstwo hatten die Codes auf ihrer Liste, so daß sie die jeweilige Ladung richtig verbuchen konnten.

Chavez blieb zwei Jahre lang in Medellín und brachte es auf sechs Informanten. Sie wurden sämtlich ermordet. Jedem, der aus freien Stücken zu ihm ins Büro kam, hielt Chavez die gleiche Ansprache: „Wir wissen es zu schätzen, daß Sie der DEA helfen wollen. Aber rufen Sie uns nie direkt an, schleichen Sie sich nicht getarnt in die Organisation ein, und versuchen Sie keine Geschäfte abzuschließen!" Keiner befolgte seine Ratschläge.

Pablo Escobars Vetter, ein völlig heruntergekommener Mensch, der sein ganzes Geld in Peru verloren hatte, sprach bei der DEA vor und heuerte an. Chavez gab ihm etwas Geld und ermahnte ihn zur Vorsicht. Sofort versuchte er, ein 200-Kilo-Geschäft mit Escobar abzuschließen. Er wurde nackt mit auf dem Rücken gefesselten Händen und sechs Kugeln im Leib tot aufgefunden. Jorge Ochoas Schwager, ein Pilot, machte den Fehler, sich bei Chavez telefonisch zu melden und sich in aller Öffentlichkeit mit DEA-Agenten zu treffen. Als er eines Tages landete, erwarteten ihn bereits zwei von Ochoas angeheuerten Killern auf dem Flugplatz. Die Polizei fand die Leiche zwei Tage später in einem Abflußkanal. Man hatte ihm die Augen ausgequetscht.

Chavez, seine Frau Julia und seine drei kleinen Kinder wurden rund um die Uhr von sechs Polizisten bewacht. Zum Dienst fuhr Chavez mit Polizeieskorte in einem Jeep, auf dessen Boden zwischen seinen Füßen, von außen nicht sichtbar, eine Maschinenpistole versteckt lag. Am Gürtel hatte er eine 9-mm-Smith-&-Wesson-Pistole und einen 38er Revolver in einem Halfter am Fußgelenk. Er nahm die Eskorte überallhin mit.

Die Polizei warnte Chavez: „Jeder weiß hier, wer Sie sind." Und er hatte keinen Grund, daran zu zweifeln. Ein Händler rühmte sich in der Stadt, er habe Chavez' Telefon angezapft. Chavez ließ Techniker kommen und das Gebäude durchsuchen. Sie fanden viele Zapfstellen an seinen Telefonleitungen, sowohl im Büro wie auch außerhalb. Bei der Verhaftung der Frau eines Drogenhändlers in Miami wurde in ihrer Handtasche fast wörtlich der Text eines Telegramms gefunden, das er diktiert hatte, um es nach Bogotá zu schicken.

Als Chavez nach Medellín ging, begann es in seiner Ehe zu kriseln, und bald ging sie vollends in die Brüche. Er konnte Julia keinen Vorwurf machen. Medellín war nervenaufreibend. Aber verschiedene Umstände entschädigten für den ganzen Ärger. Von Chavez' Standpunkt aus war es entscheidend, daß seine Tätigkeit wichtig war und ihn faszinierte. Praktisch war die kleinste Information, die er aufschnappte, neu. Die Drogenhändler waren überall, und Chavez begegnete ihnen ständig. Er sah sie in Restaurants, Discos und Hotels. Er sah Ochoa bei einem Reitturnier. Beim Stierkampf sah José Ocampo einen anderen Händler. Jeden Tag hörte Chavez die Telefongespräche der Händler mit ihren Vertriebsleuten in Miami ab, bei denen übermittelt wurde, welche Farben- oder Zahlencodes zu welchem Kunden gehörten. Ständig waren Geschäfte im Gange, und zum erstenmal erhielt die DEA einen ständigen Informationsfluß aus Medellín. Und seitdem Johnny Phelps in Bogotá war, hatte Chavez die Gewißheit, daß jeder Bericht, den er abfaßte, in die richtigen Hände gelangte.

Phelps litt ständig Todesängste um das Schicksal seiner Agenten in den Außenstellen, besonders um Chavez. So oft wie möglich begab er sich selbst nach Medellín, um zu sehen, wie es Chavez erging, und um Flagge zu zeigen. Er wollte nicht, daß Chavez umgebracht würde.

Phelps suchte nach Wegen, den Händlern zu signalisieren, daß die DEA es ernst meinte. Diese Gelegenheit ergab sich im Februar 1982, als ein Marihuanahändler von der Nordküste zwei DEA-Agenten entführte und sie auf einer Straße außerhalb von Cartagena zu ermorden versuchte. Die beiden Männer kamen mit leichteren Verletzungen davon. Doch Phelps war zwei Monate lang unermüdlich unterwegs, bis er und die kolumbianische Polizei den Händler aufspürten und verhafteten. Dieses Ereignis verschaffte Phelps einen guten Ruf bei den kolumbianischen Justizbehörden und gewann dem großen Amerikaner mit dem mexikanischen Dialekt die uneingeschränkte Hochachtung seiner Agenten. Einer seiner Untergebenen sagte später: „Johnny Phelps versteht sein Geschäft."

7

Das goldene Zeitalter des Kartells

KURZ vor Johnny Phelps' Dienstantritt in Bogotá trafen sich am 18. April 1981 Kolumbiens aufsteigende Kokainbarone zu einem Gipfeltreffen auf der Ranch der Familie Ochoa, der *Hacienda Veracruz* an der Karibikküste in der Nähe von Barranquilla. Es ging um Expansion. Die Ochoas hatten so viel Kokain angehäuft, daß sie dringend mehr und bessere Transportwege in die USA brauchten.

Bei diesem Gipfeltreffen war Carlos Lehder Ehrengast. Obwohl er sich auf Norman's Cay bequem eingerichtet hatte, wußte er genausogut wie Ochoa und Escobar, daß die kleine Insel dem Handelsvolumen, das der Kokainhandel jetzt verlangte, nicht gewachsen war. Auf der Hacienda Veracruz wurden die Bande verstärkt, die unter den jungen Drogenhändlern zuerst auf Norman's Cay geknüpft worden waren. Die verbesserte Allianz markierte den Anfang dessen, was einmal unter dem Namen Medellín-Kartell bekannt werden sollte.

Ochoa erläuterte auf dem Gipfel seine Expansionspläne. Im vergangenen Jahr hatte er ein weitreichendes Navigations- und Kommunikationssystem in Acandi an Kolumbiens Nordwestspitze, nur einige Kilometer von Panama entfernt, aufgebaut. Mit diesem System und der anderthalb Kilometer langen betonierten Rollbahn der Ranch konnten die Ochoas all ihre Flüge in die Vereinigten Staaten dirigieren und überwachen.

Ochoa und Escobar hatten Interesse daran, Hand in Hand zu arbeiten, sich die Aufgaben zu teilen und das Geschäft besser zu kontrollieren. Escobar beherrschte die Kokainherstellung und den Schutzdienst. Er betrieb Labors, kaufte Kokapaste, bezahlte die nötigen Schmiergelder und ließ im Notfall jeden ermorden, der störte.

Lehders Unternehmen auf Norman's Cay warf noch immer riesige Gewinne ab, aber es war nur eines von mehreren. Allerdings hatte Lehder Verbindungen zu Verteilern und Piloten in der ganzen Karibik und in den USA. Keiner besaß ein Adreßbuch wie er, und als Berater war er von unermeßlichem Wert.

Aber nun hatte Jorge Ochoa deutlich Lehders alte Rolle als „König des Kokaintransports“ übernommen. Der Funkturm in Acandi, der Flugplatz auf der Hacienda Veracruz und der Bestand an Piloten und Flugzeugen, den der Clan in den USA und in Kolumbien unterhielt, waren einmalig im Kokaingeschäft. Ergebnisse zeigten sich sofort. In den Monaten nach dem Gipfel koordinierte einer von Ochoas Verteilern in Miami Flüge mit zusammen 17,2 Tonnen Kokain – wogegen sich die drei Tonnen, die Ed Ward im Jahr zuvor für Carlos Lehder über Norman's Cay eingeschmuggelt hatte, wie ein Kinderspiel ausnahmen. Und das war nur ein Vertriebsnetz. Zur gleichen Zeit brachten andere Ochoa-Schmuggler 450-Kilo-Ladungen nach Louisiana, Alabama, Tennessee und Georgia.

DIE Umwandlung der Kokainbranche in ein multinationales Unternehmen dauerte mehrere Jahre, aber es war auch eine Zeit aufsehenerregenden Wachstums für das Medellín-Kartell. Escobar und Ochoa sorgten für stärkere Zusammenarbeit mit der Industrie. Nur durch Zusammenarbeit konnte man Kokain tonnenweise schmuggeln. Aber die Neuordnung war auch geprägt von Entführungen, Folter und Morden, und die Polizei von Medellín war gegen das Blutvergießen machtlos. 1982 gehörte die Stadt den jungen Kokainhändlern. Polizeibeamte und Politiker strichen Schmiergelder ein und hielten den Mund. Wenn nicht, wurden sie umgebracht.

In dem neuen Schema hatten die alteingesessenen Schmuggler keinen Platz mehr, und in den meisten Fällen zogen sie sich mit Anstand zurück. Sie hatten weder die Ideen noch den Willen, um mit den Aufsteigern zu konkurrieren. Die meisten traten in den Ruhestand. Andere machten mit und paßten sich an. Wenn sie in der neuen Ordnung eine untergeordnete Rolle spielen durften, waren sie schon zufrieden. Die wenigen, die sich nicht anpassen wollten, wurden hinausgedrängt oder

KANADA
Seattle
San Francisco
Los Angeles
San Diego
VEREINIGTE STAATEN
Chicago
Detroit
Montreal
Washington
New York
New Orleans
Mobile
Brownsville
MEXIKO
GOLF VON MEXIKO
Miami
BAHAMAS
ATLANTISCHER OZEAN
KUBA
GUATEMALA
BELIZE
HONDURAS
EL SALVADOR
NICARAGUA
COSTA RICA
PANAMA
HAITI
DOMINIKANISCHE REPUBLIK
PUERTO RICO
KARIBISCHES MEER
Barranquilla
Caracas
VENEZUELA
Envigado
Medellín
Armenia
Cali
Bogotá
KOLUMBIEN
Äquator
GUYANA
SURINAM
FRANZ.-GUAYANA
Quito
ECUADOR
Tranquilandia
Rio Negro
Amazonas
PAZIFISCHER OZEAN
PERU
Lima
Madeira
BRASILIEN
La Paz
BOLIVIEN
CHILE
PARAGUAY
Rio de Janeiro
ARGENTINIEN
DAS KOKAIN-REICH
Transportrouten

ermordet. Eine neue Zeit der Mannschaftsspieler brach an. Einzelgänger hatten abgewirtschaftet.

Zunächst war es schwierig, die größten Bosse unter all den neureichen jungen Händlern auszumachen, die die Stadt unsicher machten. Pablo Escobar liebte Autorennen und wurde Sponsor eines lokalen Teams bei Rallyes. Jorge Ochoa und der alte Fabio, sein Vater, liebten Trabrennpferde und hielten sich große Stallungen. Der junge Fabio, Jorges Bruder, hatte Ambitionen als Stierkämpfer.

Aber die großen Drogenhändler waren in der Minderheit gegenüber dem wachsenden Korps von Medellín-Bürgern, die das Geld mit vollen Händen ausgaben. Geld strömte in die Stadt, und alle schienen darin wettzueifern, wer am großzügigsten damit umginge. Das goldene Zeitalter war angebrochen.

Bürogebäude, Apartmenthäuser, Hotels und Diskotheken schossen überall in der Stadt aus dem Boden, auch in den schönen Hügelvororten im Süden der Stadt.

Die Händler überboten sich gegenseitig in ihrem Bemühen, die auffallendsten Häuser in der Stadt zu kaufen oder zu bauen. Eines Morgens machte ein Hausbesitzer die Tür auf und sah sich einem etwa fünfundzwanzigjährigen Mann gegenüber, der ein Vermögen an goldenem Schmuck an sich trug und sich höflich erkundigte, ob die Möglichkeit bestehe, das Haus zu kaufen. „Oh, aber nicht unter einer Million US-Dollar", sagte der Eigentümer spontan. Er nahm den jungen Mann nicht ernst und dachte ohnehin nicht ans Verkaufen. Plötzlich hatte er einen Koffer in der Hand.

„Zählen Sie nach!" bat der junge Mann.

Die Händler liebten auffallende, überladene Möbel im Stil Ludwigs XIV., je grotesker, um so besser. Über jedem Kaminsims mußte ein Gemälde von Jesus mit dem blutenden Herzen hängen. Dies geschah wie praktisch auch alles andere, was sie mit ihrem Geld anstellten, aus dem Bestreben, sich Ehrbarkeit und Ansehen zu kaufen und als *Paisa*-Aristokratie anerkannt zu werden.

ZU DENEN, die es sich im Jahre 1980 in Kolumbien gutgehen ließen, gehörte auch Carlos Lehder. Er war zweimal geschieden, augenblicklich ledig und 31 Jahre alt. Es juckte ihn, seine Millionen auszugeben. Er entschloß sich, in seine Heimatstadt Armenia zu investieren, wo er seit fünfzehn Jahren nicht mehr wohnte.

Armenia, etwa 300 Kilometer südlich von Medellín gelegen, im Herzen des kolumbianischen Kaffeelandes, war eine hausbackene Provinzstadt. Aber was Armenia an Kultur fehlte, ersetzte die Stadt durch Wohlstand. Die Farmer waren reich und saturiert, aber sie hielten ihr Geld auf ihren Fincas. Die meisten ließen sich in der Stadt so wenig wie möglich blicken. Armenia war für sie nur der Ort, wo man Zugmaschinen kaufte.

1979 begann Lehder, gelegentlich Ausflüge nach Armenia zu machen. Dann fiel er mit einer ganzen Meute blendend gekleideter Freunde ein, um auf die Pauke zu hauen, Geld auszugeben, ein paar Geschäfte zu eröffnen und sich allgemein als internationaler Hansdampf in allen Gassen vorzustellen. Mit seinen schnellen Autos, dem Goldschmuck und den aufregenden Freunden war er der faszinierendste Mensch in Armenia. Er sprach Englisch, Deutsch, Portugiesisch und Italienisch. Über Nacht verwandelte er sich mühelos, dank seines selbstsicheren Auftretens, in den „deutschkolumbianischen Industriellen Carlos Lehder“.

1981 kaufte er große Flächen Ackerland im Norden der Stadt und verkündete, er werde dort einen gigantischen Touristenkomplex nach bayerischem Muster errichten. Dem besten Bildhauer Kolumbiens, Rodrigo Arenas Betancur, gab er den Auftrag für eine über zwei Meter hohe Bronzefigur von John Lennon, die im Zentrum seines Projekts aufgestellt werden sollte. Mit Hut und Stiefeln streifte er über seine Besitzungen und äußerte bedeutende Dinge über die wirtschaftliche Entwicklung. Er kaufte Stadthäuser, Bürogebäude und Apartmentblocks und löste damit eine Welle von Immobilienspekulationen aus. Auf diese Weise trieb er die Preise auf das Dreifache des ursprünglichen Werts hoch.

Das Hauptquartier des Lehder-Imperiums wurde „Cebu Quindio“, eine allen möglichen Zwecken dienende Holdingfirma an der Avenida Bolívar. Das Gebäude hatte einen großen Parkplatz, der sich bald mit exotischen Wagen füllte: gepanzerten Kombiwagen mit Vierradantrieb, Mercedes-Limousinen, Porsche-Sportwagen und langgestreckten Straßenkreuzern. Ständig kamen und fuhren die Autos ab, die ganze Woche über, und rasten über Armenias normalerweise leere Straßen.

Ein Jugendfreund wollte wissen, wie Lehder zu so viel Geld gekommen war.

„Ich habe in New York in einigen Restaurants gearbeitet“, sagte

Lehder. „Dann verkaufte ich Autos in den Vereinigten Staaten und später Flugzeuge." In den folgenden drei Jahren wurde Lehder diese Frage häufig gestellt, und er pflegte sie immer anders zu beantworten. Manchmal wäre er fast mit der Wahrheit herausgeplatzt.

Eine tiefgreifende Wirkung übte Lehder auf die Teenager der Stadt aus. Die Jungen ahmten seine zerzauste Frisur mit dem Mittelscheitel nach und redeten ihn auf der Straße mit Don Carlos an. Für die Frauen war Lehder ein Geschenk des Himmels. Denn er war immer charmant, höflich und elegant angezogen. Die Mütter liebten ihn fast ebenso wie die Töchter. Später änderten die Mütter ihre Haltung – einige Töchter hatten plötzlich Drogenprobleme, und vier, fünf Mädchen waren von Lehder geschwängert worden.

Aber zu Anfang war alles herrlich. Lehder hatte einen *Paisa*-Traum wahr gemacht. Er war in jungen Jahren ausgezogen, um sein Glück zu machen, und nun war er im Triumph heimgekehrt.

ES WAR bekannt, daß Pablo Escobar keine besonders gute Meinung von Lehder hatte. Das lag an Lehders deutlich wachsender Kokainsucht und seiner Neigung, dumme Sprüche abzulassen. Lehder hatte sich mit seinen großzügigen Spenden für die Liberale Partei und den Präsidentschaftskandidaten gebrüstet und sich und seine Kartellkollegen öffentlich mit dem politischen Establishment Kolumbiens in Verbindung gebracht. Zwar versuchten sämtliche Händler, sich Einfluß zu erkaufen, aber nur Lehder prahlte damit. Privat soll Escobar ihn *Bocón* (Großmaul) genannt haben.

Aber Lehders Indiskretionen waren nichts im Vergleich zu denen Escobars. 1982 wurde er als stellvertretender Abgeordneter von Envigado in den kolumbianischen Kongreß gewählt. Wenn Jairo Ortega, mit dem er als Zweigespann kandidiert hatte, krank oder sonst nicht in der Lage war, an einer Sitzung teilzunehmen, vertrat ihn Escobar. Der reichste Rauschgifthändler in Kolumbien war also jetzt Kongreßabgeordneter.

Escobar und Ortega waren mit Senator Alberto Santofimio Botero im Bunde, einem Parteiführer der Liberalen von gewaltiger Macht und großem Einfluß. Santofimio, der vom Kartell begünstigte Politiker, sollte zum Symbol des durch die Drogenhändler korrumpierten politischen Systems werden.

Escobar leistete Santofimio wertvolle Dienste. Schon vor seiner Wahl hatte sich Escobar häufig in den Slums im Norden von Medellín blicken lassen. Jetzt war er dort „Don Pablo", ein überzeugend sprechender, untersetzter Mann in Drillichhose und Polohemd, mit einer goldenen, diamantbesetzten Rolex-Uhr. Escobar ließ Fußballplätze mit Flutlicht ausstatten, Rollschuhbahnen bauen und verteilte Geld in den Slums.

Bald hatte er eine Rundfunksendung, „Bürgerrechte im Vormarsch", und ein soziales Aktionsprogramm, das er „Medellín ohne Slums" nannte. Er kündigte an, daß er auf einem Gelände im Norden von Medellín eine Siedlung mit tausend Wohnungen für Menschen mit niedrigem Einkommen errichten werde, die den passenden Namen „Barrio Pablo Escobar" erhalten solle.

Ein Korps von Publizisten und bezahlten Journalisten nahm sich seines Images in der Öffentlichkeit an. Ungefähr zwei Jahre lang stand diesen liebedienerischen Helfern das Glück zur Seite, wenn sie Escobar als bescheidenen Mann des Volkes porträtierten, dessen Augen sich mit Tränen füllten, weil es nicht genügend Brot zum Abendessen auf allen Tischen der Nation gab.

Semana, Kolumbiens führendes Nachrichtenmagazin, stellte Escobar als „einen Robin Hood der *Paisas*" dar. Der Artikel vermied es, Escobars Tätigkeit zu benennen, und ließ ihn sprechen: „Mit sechzehn Jahren hatte ich einen Fahrradverleih, dann begann ich einen Gebrauchtwagenhandel, und schließlich landete ich beim Immobilienmarkt." Es erschien nicht ein einziges Mal das Wort „Kokain".

Escobar hielt viele Menschen zum Narren, doch die Polizei wußte, daß er ungeachtet seiner Ambitionen im Herzen derselbe eiskalte Killer geblieben war, der früher einmal als bewaffneter Begleitschutz für Fünfkilotransporte gearbeitet hatte. Escobar mordete schon seit langer Zeit nicht mehr selber, aber er hatte immer eine Menge schmutziger Arbeit zu verrichten. Mehr als jeder andere im Kartell war Escobar als rücksichtslos bekannt. Er vergaß nie eine Beleidigung, war nachtragend im Haß und rachsüchtig.

FÜR den DEA-Agenten Errol Chavez wurde 1982 ein entscheidendes Jahr. Nach der Beschlagnahme bei TAMPA-Airlines begriffen seine Vorgesetzten in Washington endlich, daß der Kokainschmuggel nicht mehr in Größenordnungen von 100 Kilo, sondern von Tonnen zu messen war. Die DEA mußte ihr Bild korrigieren. Von Tag zu Tag verhielten sich die Kokainhändler mehr wie internationale Unternehmer und weniger wie abenteuerliche Pioniere. Kokain war Big Business geworden.

Wie schon früher übernahmen Escobar und Ochoa die Ladungen kleinerer Händler im Huckepackverfahren, aber neuerdings hieß es, die Großen seien „unglücklich“, wenn kleinere Händler unabhängig zu arbeiten versuchten. Ochoa und Escobar übernahmen kleinste Mengen Kokain, und jeder Transport war versichert. Sie ließen keine Ladung abgehen, wenn sie nicht noch einmal die gleiche Menge als Reserve im Lagerhaus hatten, die sofort in Marsch gesetzt werden konnte, falls der Transport beschlagnahmt wurde. Die US-Agenten bezeichneten diesen Service zuweilen als „Lloyd's von Medellín“. So machten die Händler das Geschäft für den Kleininvestor fast risikolos. Errol Chavez erfuhr, daß Escobar, die Ochoas und eine Handvoll anderer den Markt unter Kontrolle zu bringen versuchten, um ein echtes Kartell zu schaffen. Sie wollten nur so viel Kokain verkaufen, daß der Preis hoch blieb, und ihre Gewinnspanne war folglich enorm. Im Februar 1983 kostete Kokain in Medellín im Großhandel 8 000 Dollar das Kilo; es wurde in Miami für 42 000 Dollar verkauft.

Im Jahre 1982 stellte das Kartell Versuche mit einem neuen Produkt an. Die Ergebnisse waren erfolgversprechend. Mitte 1983 berichtete Chavez, daß achtzig Prozent der Drogenverbraucher in Medellín von Kokain auf eine oberflächlich raffinierte und in starkem Maß zur Sucht führende Form von Kokapaste umgestiegen waren, die *Bazuko* genannt wurde und sich rauchen ließ. Der Preis dafür stieg an, bis er den von Kokain übertraf. Zur selben Zeit sank der Kokainpreis unter 5000 Dollar pro Kilo, ein Anzeichen dafür, daß die Produktion sprunghaft hochgeschnellt war. Mit der Preissenkung hatten die Händler einen riesigen neuen Markt eröffnet: Kokain für die Massen. In den USA kam vor dem Massenabsatz von Kokain die Einführung von „Crack“, einer modifizierten Kokainbase, die man ebenfalls rauchen konnte (ein Produkt, das reiner war und noch suchtabhängiger machte als *Bazuko*). Crack war das Produkt der großen Überfülle von Kokain, die das Medellín-Kartell zu Beginn der achtziger Jahre geschaffen hatte. In den Straßen von Miami gab es im Sommer 1983 Kokain in größeren Mengen, reiner und billiger – 14 000 Dollar pro Kilo – als je zuvor.

8

Der Oberst und der Botschafter

BELISARIO BETANCUR CUARTAS gewann im März 1982 die Präsidentschaftswahl in Kolumbien und trat sein Amt im August an – zur selben Zeit, als Pablo Escobar Kongreßabgeordneter wurde. Betancur war eine Säule der Konservativen Partei und ein angeblicher Reformer, der sein Hauptaugenmerk darauf richtete, Frieden mit den zahllosen Guerillagruppen im Land zu schließen. Außerdem wollte er ehrgeizige wirtschaftliche und soziale Reformen in Gang setzen. Die Bekämpfung des Rauschgifthandels stand auf Betancurs Liste unter „ferner liefen" und wäre ganz in der Versenkung verschwunden, wenn sie die Gringos nicht so sehr beschäftigt hätte.

Für das Medellín-Kartell war Betancurs Wahl eine gute Nachricht, zumindest anfänglich. Der neue Präsident hatte erklärt, er sei aus „philosophischen Erwägungen" gegen die Auslieferung von kolumbianischen Staatsbürgern an die Vereinigten Staaten. Im Jahre 1982 war eine mögliche Auslieferung insgeheim die größte Sorge der Drogenhändler geworden – das einzige, was sie fürchteten. Die Vereinigten Staaten und Kolumbien hatten 1979 einen beiderseitigen Auslieferungsvertrag geschlossen. Mitte 1981 hatten beide Nationen ihn ratifiziert. Damals erregte das wenig Aufsehen. Auslieferung war eine politische Angelegenheit und nichts für Schlagzeilen auf Seite eins.

Bis 1982 hatten die Kokainbosse genügend Zeit zu der Erkenntnis, daß das Dokument im Hinblick auf sie verfaßt worden war. Der entscheidende Passus war in Artikel 8, Paragraph 1 verborgen. Ein kolumbianischer Drogenhändler konnte auch dann an die Vereinigten Staaten ausgeliefert werden, wenn er Kolumbien nie verlassen hatte. Alles, was er verbrochen haben mußte, war eine kriminelle Verschwörung gegen die USA – mit anderen Worten: wenn er Kokain dorthin geschmuggelt hatte.

Artikel 8 bedeutete, daß es den Strafverfolgern möglich war, die Auslieferung jedes Händlers zu beantragen, dem sie eine solche Straftat anhängen konnten, und genau das taten sie. Bosse wie Carlos Lehder, die jahrelang Tarngeschäfte als legalen Deckmantel aufgebaut hatten,

Der kolumbianische Präsident Belisario Betancur im Jahr 1983. Er wurde zum unerbittlichen Feind des Medellín-Kartells.

fanden ihre Namen und Adressen plötzlich in allen Zeitungen. Für die Händler war der Auslieferungsvertrag das gleiche wie das Kreuz für die Vampire. Sie lernten, ihn zu hassen und zu fürchten.

BETANCURS „philosophische Abneigung" gegen Auslieferungen hatte nichts mit seiner Meinung über den Drogenhandel an sich zu tun. Ihm ging es vielmehr um die nationale Souveränität. Was immer die Gründe waren, die Wirkung blieb dieselbe: Er setzte die Vorschriften des Vertrags nicht in Kraft. Trotz Betancurs weicher Welle unternahm seine Regierung eine Reihe kleiner bürokratischer Schritte, deren Wirkung in ihrer Gesamtheit gewaltig war.

Im Dezember 1982 übernahm Oberst Jaime Ramirez Gomez von der Nationalpolizei die Leitung der noch verhältnismäßig neuen Anti-Drogen-Einheit.

Ramirez war 41 Jahre alt, maß 1,60 m, hatte ein gemütliches Dackelgesicht und die Gewohnheit, zuviel und zu oft zu essen. Er redete viel, lachte viel, erzählte gerne Witze und machte sich gnadenlos über andere Leute lustig. Als Junge war er ein herausragender Fußball-Linksaußen gewesen; jetzt liebte er Tennis. Ramirez machte den Eindruck eines Mannes, der mit sich und seinem Beruf glücklich war. Das war verständlich, denn er war ein großartiger Polizist, und das wußte er auch. Ramirez genoß den Ruf eines hart durchgreifenden Beamten, und seine Kenntnisse über Verbrechen in Kolumbien waren umfassend.

Ramirez' Leidenschaft galt Informationen – sie zu sammeln, auszuwerten, aufzubewahren und nach ihnen zu handeln. Das war das Geheimnis seines Erfolgs. Er „sammelte" Menschen, und wenn er jemand kennenlernte, der etwas wußte, was er auch gern wissen wollte, blitzten seine Augen auf, und er rief mit einem breiten Lächeln: „Sie verstehen etwas von Hubschraubern? Ich weiß überhaupt nichts darüber! Nehmen Sie Platz, ich will alles wissen!" Er brauchte einem Informanten nur fünf, sechs Fragen zu stellen, um sicher zu sein, ob er log oder nicht. Seine Männer nannten ihn „den menschlichen Lügendetektor". Ramirez war nicht schüchtern, wenn es darum ging, Unterstützung anzufordern, und er fiel den Leuten – ob Gringos oder Kolumbianern – so lange auf den Wecker, bis er bekam, was er wollte. Johnny Phelps war fasziniert von Ramirez' Fähigkeit, seinen Vorgesetzten auf die Zehen zu treten oder sie, falls nötig, auszumanövrieren. Für Ramirez „ist nichts unmöglich", meinte Phelps. Sie arbeiteten gut zusammen.

RAMIREZ handelte schnell. Von seinem Dachgeschoßbüro im neuen Hauptquartier der Nationalpolizei in Bogotá begann er die Anti-Drogen-Polizei um das Dreifache auf 1 500 Männer zu verstärken. Danach testete Ramirez Spezialisten für sein Team im Hauptquartier. Er nahm jeden Bewerber einzeln auf den Prüfstand. Ramirez war entschlossen, seine Einheit von Korruption freizuhalten. Als wollte ihm das Kartell beweisen, daß seine Befürchtungen nicht grundlos waren, versuchte es ihn ständig in die Tasche zu stecken. Geld wirkte nicht, also schickten sie ihm schöne Frauen, die ihm ihre traurige Geschichte erzählen wollten, „aber das geht nur unter vier Augen, mit Ihnen allein".

Ramirez lud die Besucherinnen höflich ein, Platz zu nehmen. Nun füllte er das Büro mit seinen Mitarbeitern. „Sie können offen sprechen", sagte er zu den Frauen. „Dies sind alles treue Freunde von mir."

Dann wurden die Annäherungsversuche des Kartells massiver. Ramirez erhielt bis zu zehn Drohungen in der Woche. Über einige Drohungen lachte Ramirez nur, anderen schenkte er Beachtung. Er hatte immer das Gefühl, daß ihn sein Nachrichtenapparat vor jedem ernsthaften Komplott warnen würde. Er war zuversichtlich – vielleicht zu sehr.

IM APRIL 1983 traf US-Botschafter Lewis Tambs in Kolumbien ein. Er war 55 Jahre alt, ein starker Raucher und ein Mann von einem Charakter, der geradezu dafür prädestiniert schien, den überaus förmlichen Kolumbianern auf die Nerven zu gehen. Er war Professor für lateinamerikanische Geschichte an der Universität von Arizona und ein Konservativer auf der harten Welle Reagans zur Eindämmung des

Kommunismus in Lateinamerika. Er hielt sich nie zurück, wenn es darum ging, seine Meinung zu sagen, was seine Mitarbeiter zusammenzucken ließ.

Doch er kam damit durch, denn trotz allem war Tambs *simpático*, was in Kolumbien entscheidend ist. Er war ein warmherziger, freundlicher und stattlicher Mann, der sich über sich selbst lustig machen konnte und unbequemen Interviewern mit humoristischen Redensarten den Wind aus den Segeln nahm. Obwohl Betancur ein entschiedener Gegner von Reagans Südamerikapolitik war, konnte er Tambs gut leiden, was auf Gegenseitigkeit beruhte. Als er zur letzten Besprechung ins Weiße Haus kam, gab ihm Sicherheitsberater William P. Clark nur eines mit auf den Weg: „Wir wollen, daß Sie in Kolumbien alles tun, um das Drogenproblem in den Griff zu kriegen."

Und das war es dann. Tambs hatte, wie er sagte, bei seiner Ankunft in Bogotá „zwei Lieder auf meiner Harfe: Marihuana und Marxisten, Kokain und Kommunismus". Er veranstaltete Pressekonferenzen, hielt Ansprachen, ging zu Empfängen und lud Bekannte in kleinen Gruppen zu *Tertulias* ein. Das sind formlose Zusammenkünfte nach der Arbeit, das eigentliche gesellschaftliche Leben der gebildeten Berufsstände in Lateinamerika.

Tambs bemühte sich um Mittel und Wege, die Kolumbianer für die Bekämpfung des Drogenhandels zu gewinnen. „Bitte, wenn ihr unbedingt ewig ein unterentwickeltes Land bleiben wollt, dann macht nur weiter mit den Drogen!"

Aber sie waren nicht überzeugt.

Sie sahen in den Drogen überhaupt kein Problem für Kolumbien.

Genauso erfolglos blieben Tambs' Warnungen vor Drogenhändlern und Guerillas, die sich zu dem Ziel verbündet hätten, die kolumbianische Gesellschaft zu zerstören. Im Jahre 1983 hielt man das für eine empörende Idee, offensichtlich die Ausgeburt von Tambs' lebhaften antikommunistischen Phantasiegespinsten.

Doch Tambs war die Munition nicht ausgegangen. Im ersten Halbjahr 1983 hatten seine DEA-Agenten Informationen erhalten, nach denen Marihuanahändler eine große Menge „Gras" von den Guerillas gekauft und sie mit Waffen bezahlt hatten. Die kolumbianische Armee berichtete auch, daß Guerillas der moskautreuen Bewaffneten Revolutionären Streitkräfte Kolumbiens (FARC) in den östlichen *Llanos*, einer riesigen Wildnis aus Savanne und Tropenwald und dafür bekannt, daß es von Kokainlabors im Familienbetrieb wimmelte, ein Ausbildungslager errichtet hätten.

Tambs prägte für dieses Phänomen den Ausdruck Narco-Guerillas, erntete aber in der Öffentlichkeit dafür nur Hohn. Für viele war es noch unvorstellbar, in den Marxisten-Leninisten Verbündete der Drogenhändler zu sehen.

MITTE 1983 stellten sich drei entschlossene Männer – Tambs, Phelps und Ramirez – gegen das Medellín-Kartell und waren zum Kampf bereit. Was den drei Männern jedoch fehlte, war ein Sprecher, ein einflußreicher Politiker, der es fertigbrachte, Rauschgift in den Brennpunkt der nationalen Debatte in Kolumbien zu stellen. Tambs war stimmgewaltig und stark, aber er war ein Gringo. Ramirez war es als Polizist nicht gestattet, öffentlich politische Erklärungen abzugeben. Wenn Kolumbien einen Angriffskrieg gegen das Medellín-Kartell führen wollte, dann mußte ein fähiger kolumbianischer Politiker die Strategie verkünden.

Im August 1983 ernannte Betancur Senator Rodrigo Lara Bonilla zum Justizminister.

Lara Bonilla war 35 Jahre alt, ein gutaussehender, angriffslustiger Politiker mit Charisma, einer der leuchtendsten Sterne der Liberalen Partei. Die Ermittlungen, die aktuellste politische Streitfrage betreffend, fielen in sein Ressort: Es ging um Spenden der Drogenhändler an die Politiker. Während der Wahlen von 1982 hatten sich die verschiedenen Kandidaten gegenseitig vorgeworfen, sie hätten Schmiergelder genommen. Dabei wurden ganze Flügel der großen politischen Parteien verleumdet. Man hatte sich besonders auf zwei Personen eingeschossen: auf Jairo Ortega, den Kongreßabgeordneten für Envigado, und seinen Stellvertreter Escobar aus dem Kartell. Lara Bonilla übernahm die Aufgabe mit Enthusiasmus, als ehrlicher Reformer, doch auch als pragmatischer Politiker. Heißes Geld bedeutete heiße Artikel in der Presse, und Lara Bonilla war sich darüber im klaren, daß ein erfolgreicher Kreuzzug ihm politische Vorteile verschaffen würde.

Doch der neue Justizminister schätzte die Macht des Medellín-Kartells falsch ein. 1983 war allgemein bekannt, daß das Kartell sich in den letzten Jahren den Zugang zu den Sälen der Macht mit Geld erkauft hatte. Dennoch dachten alle, daß die Macht des Staates unvergleichlich stärker sei als die Macht des Kokains.

Dies war eine Fehleinschätzung. Zweit- und drittrangige Politiker hatten die Händler mit Samthandschuhen angefaßt, ihr Geld genommen und dann so getan, als wüßten sie nicht, woher es kam, oder als wäre das ohnehin egal. Sie begriffen den Machteinfluß des Kartells gar nicht. Das Kartell versuchte ja nicht, sich Gunstbeweise zu erkaufen. Das Kartell versuchte, die Regierung zu kaufen!

Lara Bonilla, der eifrige politische Reformer, tapste in diesen Dschungel hinein wie ein verirrtes Kind. Und schon waren die Händler wie die Leoparden hinter ihm her.

9

Heißes Geld

DER Abgeordnete Jairo Ortega begann seine Rede in langsamem Tonfall. Er begrüße die Gelegenheit, über heißes Geld zu sprechen, sagte er, weil ihm ein „Netz der Heuchelei" in der Regierung Sorge mache. Er habe „keine persönlichen Interessen zu verteidigen", aber die Wahrheit müsse an den Tag kommen. Außerdem wolle er den Vorwürfen wegen seiner angeblichen Beziehungen zu Drogenhändlern entgegentreten, darunter zu seinem eigenen Stellvertreter für Envigado, Pablo Escobar. Seine Stimme erklang im Kongreß, und Justizminister Rodrigo Lara Bonilla und andere Kabinettsangehörige, die zu der Debatte erschienen waren, vernahmen seine Worte. Ob dem Justizminister ein Bürger namens Evaristo Porras bekannt sei, fragte Ortega.

Nein. Der Minister schüttelte den Kopf.

Nun, sagte Ortega, Evaristo Porras habe in Peru eine Gefängnisstrafe wegen Drogenschmuggels abgesessen. Im April habe Porras einen Scheck über eine Million Pesos (12821 Dollar) zugunsten von Senator Lara Bonilla ausgestellt, zur Bestreitung von Wahlkampfkosten. Ortega hob die rechte Hand mit einer Fotokopie des Schecks.

„Der Kongreß möge sich seine Ansicht über das Verhalten des Ministers gegenüber dieser Person bilden, die ihm eine Million Pesos zukommen ließ. Mr. Porras ist ein internationaler Rauschgiftschmuggler. Aber mir liegt es fern, der glänzenden politischen Karriere des Justizministers Steine in den Weg legen zu wollen. Ich möchte ihn nur fragen, welche Art Moral er in Zukunft von uns verlangt."

Lara Bonilla war in Nöten. Den Namen Evaristo Porras hatte er noch nie gehört. Er wußte nichts von einem Millionen-Peso-Scheck. Das hatte allerdings nichts zu sagen. Wie alle Politiker war er über jede Wahlspende glücklich und fragte nicht allzu hartnäckig nach der Quelle. Nun erhob er sich zur Antwort. „Mein Leben ist ein offenes Buch", begann er. Er sei immer ohne Tadel gewesen. Er habe seinen Feinden keine Gelegenheit gegeben, ihn zu diskreditieren. „Es wurde von Moral gesprochen, aber es gibt zweierlei Moral. Es ist eine Sache, wenn Schecks benutzt werden, um Politiker mit Dreck zu bewerfen." Während Lara Bonilla sprach, fiel ihm sein Haarschopf in die Stirn. Er richtete anklagend den ausgestreckten Zeigefinger auf seine Feinde. „Aber es ist etwas anderes, wenn jemand seinen Wahlkampf ausschließlich aus solchen Fonds bestreitet."

„Was ist denn mit Pablo Escobar?" fragte er. Es sei sonderbar, wie Escobar „von einem Tag zum anderen ein gigantisches Vermögen" aus einem Fahrradverleih und anderen „geschickten Geschäften" gemacht habe. Mit dem Geld habe er „neun Flugzeuge und drei Hangars auf dem Flugplatz von Medellín gekauft", eine ganze Reihe gemeinnütziger Organisationen ins Leben gerufen, „die er dazu braucht, um Leute zu bestechen".

Lara Bonilla verließ sich ganz auf spontane Eingebungen und verwendete das wenige, was er wußte, zu einer umfassenden Anklage. Was er dem Kongreß erzählte, waren kaum welterschütternde Neuigkeiten. An seiner Beschreibung Escobars war nichts, was nicht jedem bereits bekannt war. Neu daran war nur die Tatsache, daß Lara Bonilla es laut ausgesprochen hatte. Kein anderer kolumbianischer Politiker hatte das zuvor gewagt. Lara Bonilla war bereit zum großen Spiel; nicht so die Händler.

DIE Kokainbosse waren Mitte 1983 fein heraus. Escobar, Jorge Ochoa und sein Clan sowie Carlos Lehder beherrschten das Geschäft und setzten die Regeln fest. Ihr Geld verstellte ihnen den Blick dafür, daß es zahlreiche ehrliche Kolumbianer gab, die haßerfüllt mit ansahen, was sie ihrem Vaterland antaten.

Als Pablo Escobar, „der Robin Hood der *Paisas*", konnte man ja so vieles leicht vergessen. Im ganzen Jahr 1983 waren „Medellín ohne Slums" und „Bürgerrechte auf dem Vormarsch" ständig in den Nachrichten. Gegen Jahresende sollten die ersten 200 Wohnungen des Barrio

Pablo Escobar fertiggestellt sein. Escobars Vermögen wurde auf zwei bis fünf Milliarden Dollar geschätzt, und überall in Medellín war er „Don Pablo“. Er konnte es sich leisten.

Seine vielleicht größte Leistung war es, daß es ihm gelang, einen Teil der römisch-katholischen Kirchenhierarchie für seine Sache zu gewinnen. Fast das ganze Jahr 1983 hindurch wurde er bei seinen bürgerrechtlichen Schlängelwegen von zwei Priestern aus Medellín begleitet: Elias Lopera und Hernan Cuartas. Sie saßen im Aufsichtsrat von „Medellín ohne Slums“ und gaben ihm als einem Mann der guten Taten das Wohlwollen der Kirche mit auf den Weg.

Nach Feierabend spielte Escobar den leutseligen Gastgeber auf einem seiner vielen Güter. Sein Lieblingsort war die Hacienda Los Napoles in Puerto Triunfo, einer 28 Quadratkilometer großen *Finca* etwa 130 Kilometer östlich von Medellín. Er hatte das Gelände mit künstlichen Seen, einem Straßennetz und einem Flugplatz versehen. Dann importierte er mehr als 200 exotische Tiere und ließ sie hier frei. Es gab Kamele, Giraffen, Bisons, Lamas, Nilpferde, ein Paar schwarzer Kakadus – jeder im Wert von 14000 Dollar –, ein fußballspielendes Känguruh und einen Elefanten, der den Besuchern Lebensmittel aus den Autos stahl. Die Einfahrt zur Hacienda Los Napoles bildete ein Tor aus Zement, auf dem ein Flugzeug montiert war. Angeblich war es die Maschine, mit der Escobar seine erste Kokainladung befördert hatte. Im Haupthaus, in dem hundert Gäste übernachten konnten, hatte Escobar Billardtische, einen Swimmingpool und eine Wurlitzer-Musikbox.

Die Ochoas machten nicht annähernd soviel Aufhebens. In Medellín hielt sich die Familie auf La Loma auf, einem prächtigen Anwesen auf einem Hügel im Süden der Stadt. Gäste stießen bei der Fahrt über die gewundene Bergstrecke in aller Regel auf eine Herde der Zwergponys des alten Fabio, die ihnen dann das Geleit gab. Sie fraßen den Leuten aus der Hand und schnupperten wie liebebedürftige Welpen. Der alte Fabio, seine Söhne, Juan David und Jorge, verbrachten auch viel Zeit auf der Hacienda Veracruz, wo sie Pferde züchteten und einen eigenen Zoo unterhielten. Jorges Hobby war eine Sammlung von alten Motorrädern. Der junge Fabio war oft in Portugal, wo er versuchte, Karriere als Stierkämpfer zu machen. Regelmäßig sah man die ganze Familie bei Reitturnieren in Medellín.

In Armenia hatte Carlos Lehders Einfluß seinen Höhepunkt erreicht. Unter großem bürgerrechtlichem Brimborium wurde Mitte 1983 die Posada Alemana eröffnet, ein riesiger Touristenkomplex mit Diskothek und Kongreßzentrum, 24 Kilometer nördlich von Armenia gelegen. Sie hatte ein rustikales Eingangstor im bayerischen Stil, doch alles übrige auf dem Gelände, das sich über viele Quadratkilometer schönen grünen Hügellands erstreckte, war im kolumbianischen *Campesino*-Stil erbaut: mit Stroh gedeckte und mit Stuck verzierte zweistöckige Bungalows, Restaurants und andere Gebäude inmitten von Gärten und Drahtvolieren voller exotischer Vögel.

Am 11. März 1983 gründete Lehder die Nationale Latinobewegung, eine neue politische Partei, die eine ultranationalistische Richtung mit einem erschreckenden Neonaziton einschlug. Die grundlegende Absicht der Partei war die Abschaffung des Auslieferungsvertrags zwischen den USA und Kolumbien. Zu dieser Zeit lag das Begehren vom Gericht Jacksonville auf Lehders Auslieferung bereits in Kolumbien, wo es durch den Obersten Gerichtshof geprüft werden sollte. Botschafter Tambs ließ keinen Zweifel daran, daß Lehder für die US-Justizbehörden die Nummer eins bei den Auslieferungsanträgen war.

Lehder war sich durchaus über die Probleme im klaren, die sich für ihn aus der Anklage ergaben. Es bestand nicht nur die Gefahr einer Auslieferung aus Kolumbien. Er konnte auch in jedem Land, das einen bilateralen Auslieferungsvertrag mit den USA abgeschlossen hatte, verhaftet und dorthin ausgeliefert werden. 1982 hatte Lehder seine Fühler zum US-Außenministerium ausgestreckt und sich sogar mit einem DEA-Agenten in Kolumbien getroffen. Er bot der US-Regierung Norman's Cay zum Preis von fünf Millionen Dollar an, wenn die Vereinigten Staaten den Prozeß gegen ihn einstellten. Vielleicht könnte die US-Marine die Insel zu einem Stützpunkt machen. Das Angebot wurde abgelehnt.

Lehder kannte in seiner Schamlosigkeit keine Grenzen. In einem Interview mit Radio Caracól in Bogotá in den letzten Julitagen verriet er: „Meine Bahamainsel habe ich für mehr als eine Million Dollar gekauft und sie in den Dienst der kolumbianischen Goldgrube gestellt." Ohne das Wort Kokain in den Mund zu nehmen, gab er zu, daß er ein Transportspezialist für seine Freunde sei. Er sei verhaftet und in ein US-Gefängnis gesteckt worden, weil „ich der Sprecher eines lateinamerikanischen Viertels war und meine Rasse, meine Grundsätze und mein

Kolumbianertum bewahren wollte". Er hoffe auf eine Senatorenlaufbahn, „um alle Kolumbianer, die Gewerkschaften und die Ärmsten der Armen zu vertreten. Man sagt, ich hätte gegen die Vereinigten Staaten gekämpft. Ich würde sagen, ich habe nicht nur gegen sie gekämpft, sondern ich werde weiter gegen sie kämpfen bis zu dem Tag, an dem der Auslieferungsvertrag für null und nichtig erklärt wird."

Aber anmaßendes Auftreten reichte allein nicht aus. Am 2. September 1983 entschied der Gerichtshof zugunsten der Vereinigten Staaten, und Lehders Auslieferung wurde für verfassungskonform erklärt. In Kolumbien wurde ein Haftbefehl erlassen. Lehder hatte einen Tip bekommen und war bereits verschwunden. Lara Bonilla befürwortete die Ausweisungsverfügung für Lehder und legte sie Präsident Betancur zur Unterschrift vor.

ALS nächster war Escobar an der Reihe. Mit dem Porras-Scheck hatte er Lara Bonilla zwar in die Defensive gedrängt, sich aber auch Blößen für Gegenangriffe gegeben. Lara Bonilla hatte, wie sich herausstellte, viel Unterstützung. Jaime Ramirez und Johnny Phelps lieferten ihm alle Informationen, die er nötig hatte. Andere waren schnell bereit, ihm zu folgen. Am 25. August brachte die Zeitung *El Espectador* aus Bogotá auf Seite eins eine Geschichte, in der in allen Einzelheiten geschildert wurde, wie Escobar bei seinem großen Kokaintransport 1976 in Medellín geschnappt worden war. Der Bericht enthielt auch aus dem Verbrecheralbum stammende Fotos von Escobar. *El Espectador* brachte täglich Fortsetzungen. Die Zeitung beschrieb, wie der Prozeß von einem Gericht ans nächste und von einem Richter zum anderen weitergereicht worden war, wie Escobar eingesperrt und wieder freigelassen wurde, wie die Gerichtsakten „verschwunden" waren.

Am 8. September eröffnete ein Untersuchungsrichter außerhalb von Medellín in aller Form erneut das Verfahren von 1976 gegen Escobar. Am 10. September ließ Senator Alberto Santofimio Escobar von der Liste seiner Hilfskräfte streichen und forderte ihn öffentlich auf, sich aus der Politik zurückzuziehen. Außerdem gab er ihm den dringenden Rat, auf seine parlamentarische Immunität zu verzichten und sich zu den gegen ihn vorgebrachten Beschuldigungen zu äußern. Zu diesem Zeitpunkt war die parlamentarische Immunität, das durch die Verfassung verbürgte Recht jedes amtierenden Kongreßabgeordneten, der einzige Umstand, der Escobar noch vor der Gefängniszelle bewahrte.

Am 11. September kappte Escobar seine Beziehung zu Santofimio. Dabei behauptete er, daß er nur deshalb in die Politik eingestiegen sei, „weil man dem Staat am besten dienen kann, wenn man sich an der Regierungsarbeit beteiligt". Jetzt habe ihm der Staat den Rücken zugekehrt. Er werde entsprechend reagieren, denke jedoch nicht daran, seinen Kongreßsitz oder seine Immunität aufzugeben.

Zwölf Tage später ordnete der Richter, der den Prozeß von 1976 wiedereröffnet hatte, Escobars Festnahme an. Die Anklage: Anstiftung zum Mord an den DAS-Agenten, die ihn ursprünglich verhaftet hatten. Zwei waren 1977 ermordet worden. Der dritte, der die Operation gegen Escobar geleitet hatte, wurde am 25. August 1981 ermordet.

Was Lara Bonilla zu diesem Zeitpunkt nicht weiterkommen ließ, war allein Betancurs wiederholte Weigerung, Drogenschmuggler auszuliefern. Der Ausweisungsbefehl für Lehder war noch ohne Unterschrift und sollte es monatelang bleiben. Die Botschaft aus dem Präsidentenpalais im Hinblick auf Auslieferungen war deutlich: Finden Sie ein anderes Verfahren!

Also drängte Lara Bonilla weiter. Am 26. September gruben die Zeitungen Escobars Verurteilung wegen Autodiebstahls im Jahre 1974 wieder aus. Mitte Oktober stimmte der Kongreß einer Entschließung zu, nach der die Möglichkeit geprüft werden sollte, Escobars Immunität aufzuheben. In einem Interview mit *El Tiempo*, Kolumbiens größter Tageszeitung, prangerte Tambs „das Eindringen von Rauschgiftschmugglern in die Politik" an und lobte Lara Bonilla, weil er Schritte unternommen habe, um die Machenschaften einzudämmen. „Wie kann die Demokratie in Kolumbien weiterhin funktionieren, wenn sie von diesen Verbrechern beherrscht und manipuliert wird?"

Endlich verhängte am 17. November das Nationalinstitut für Naturschutz eine Geldstrafe von 450 000 Pesos (5 000 Dollar) gegen Pablo Escobar wegen illegaler Einfuhr von 85 Zootieren. Auf der Liste standen Kamele, Elefanten, Wapitihirsche und ein Wasserschwein vom Amazonas.

Für Escobar war damit das Maß voll. Im Januar 1984 schickte er Ortega ein Schreiben, in dem er seinen Rückzug aus dem öffentlichen Leben ankündigte. „Die Haltung der Politiker ist sehr weit von den Ansichten und Hoffnungen des Volkes entfernt." Lara Bonilla war es endlich gelungen, Furcht in die Herzen des Medellín-Kartells zu pflanzen.

10

Die Äther-Spur

Am 9. Februar 1984 versammelte sich das Kartell oberhalb von Medellín in einer Disco, um die Taufe eines Sohnes von einem der wichtigsten Kokainverteiler Ochoas in Miami zu feiern. Ochoa war bei der Zeremonie als Pate aufgetreten. Zweitausend Gäste aßen Wachteleier in Honig, tranken Dom Pérignon, spazierten auf der Terrasse herum und schauten über die grünbewachsenen Berghänge auf die tief unten gelegene Stadt hinab.

Die Party dauerte eine Woche lang und war außerdem ein ununterbrochenes Gipfeltreffen des Kartells. Im allgemeinen führte Jorge Ochoa den Vorsitz, aber Pablo Escobar griff jederzeit ein, wenn er wollte. Beide benahmen sich zurückhaltend und tadellos höflich. Das war *Paisa*-Umgangsform, aber auch Vorsicht. Beide Männer besaßen inzwischen die Macht, jeden aus der Gruppe ermorden zu lassen, der ihnen mißfiel. Daher mußten sie sich in ihrem Auftreten und im Umgang mit ihren Untergebenen sehr im Zaum halten. Ein mißvergnügtes Stirnrunzeln konnte leicht als Todesurteil gedeutet werden. Wie immer drehte sich die Diskussion um Marktausweitung. Die Händler wollten zusätzliche Schmuggelwege benutzen und mehr Piloten einsetzen. Sie besprachen andere Transportsysteme – Containerladungen, Schiffe, U-Boote. Das Kartell verfügte jetzt über mehr Kokain denn je. Ein ausgedehnter Laborkomplex hatte im vergangenen September im kolumbianischen *Llano* die Arbeit aufgenommen und stellte im Monat fast 4000 Kilo Kokain her. In aller Stille hatte sich tonnenweise Kokain angesammelt, und Ochoa war bereit, es auf den Weg zu bringen.

Was Ochoa da ausmalte, war ohne Beispiel – eine Reihe miteinander verbundener Fabriken, die imstande waren, mehr als die Hälfte der auf 70 Tonnen geschätzten Kokainmenge herzustellen, die jedes Jahr in die Vereinigten Staaten gebracht wurde. Die Kokainherstellung ist kompliziert, selbst bei kleinen Mengen im Hinterhof. Aber in den neuen Einrichtungen des Kartells wurde sie zu einer gewaltigen logistischen Aufgabe. Man brauchte tonnenweise Chemikalien, darunter als Wichtigstes Äther.

DIE Kokainherstellung nimmt ihren Anfang an den Osthängen der Anden Perus und Boliviens. Dort steigt Wasserdampf aus den Regenwäldern Amazoniens empor und liefert Wärme und Feuchtigkeit in der richtigen Menge für die Kokablätter.

Wie Koffein, Nikotin, Kodein, Morphium und Heroin ist Kokain ein Alkaloid, eine die Psyche beeinflussende Verbindung, und ist in den Blättern der Kokapflanze enthalten, eines Strauches, der bis zu 3,60 m hoch werden kann. Die Blätter werden hauptsächlich von Frauen und Kindern geerntet, die sie in Säcke stopfen. Der Arbeitstag einer ganzen Familie erbringt 25 Kilo feuchte Blätter, die nach dem Trocknen in der Sonne noch 10 Kilo wiegen.

In Bolivien und Peru ist Kokaanbau erlaubt. Seit mehr als zweitausend Jahren haben die Indios Kokablätter gekaut, um Hunger und Kälte in den Anden besser ertragen zu können. Gegen Ende der siebziger Jahre übertraf Koka als wichtigste Einkommensquelle in Bolivien sogar Zinn. In Peru konnten die Familien an Koka viermal soviel verdienen wie an allen anderen landwirtschaftlichen Produkten.

Eine bestimmte Menge an Kokablättern wird für pharmazeutisches Kokain gebraucht, das man zur örtlichen Betäubung bei einigen Operationen verwendet. In den Vereinigten Staaten werden die Blätter an die Firma Stephan Chemical Co. in Maywood, New Jersey, geschickt, die das Kokain extrahiert und an die Pharmaindustrie liefert. Der Rest der Blätter – denen das Kokain vollständig entzogen ist – geht nach Atlanta, Georgia, wo sie immer noch eine Rolle bei der „Formel 7x" spielen, dem Geheimrezept für Coca-Cola.

Die Kokainpipeline beginnt, wenn die Erntearbeiter die Blätter zu den mobilen Pastenlabors in der Nähe der Kokafelder bringen. Die getrockneten Blätter werden mit einer alkalischen Lösung – Kalk oder Pottasche – behandelt, um die Trennung der vierzehn Alkaloide der Blätter in Gang zu bringen, von denen eines Kokain ist. Am nächsten Tag weicht man die Blätter in einem Faß mit Kerosin ein. Wenn das Kerosin die Alkaloide völlig ausgezogen hat, schöpft man die toten Blätter ab und setzt Schwefelsäure hinzu. Die Säure verbindet sich mit den Alkaloiden zu Salzen. Eines davon ist das Kokainsulfat. Das Kerosin wird abgesaugt. Um die Säure zu neutralisieren, fügt man alkalische Salze hinzu. Am Faßboden setzt sich dann eine gräulich gefärbte Masse ab. Das ist die Kokapaste. Tausend Kilo Kokablätter ergeben gerade zehn Kilo Paste.

Die Pastenhersteller in Bolivien und in Peru verkaufen ihr Produkt gewöhnlich an die Kolumbianer, die sie zu reiner Kokainbase aufarbeiten. Man braucht zweieinhalb Kilo Kokapaste, um ein Kilo Kokainbase herzustellen, die man rauchen, aber nicht schnupfen kann. Um ein Pulver zu erzeugen, das sich gut inhalieren läßt, muß die Base in Äther mit Salzsäure und Aceton gelöst werden, was nach erneutem Trocknen und Filtern Kokainhydrochlorid ergibt, jenes weiße Pulver, das im Jahre 1984 regelmäßig fünf Millionen Amerikaner nahmen.

Jedes Kilo Kokain erfordert zur Herstellung 17 Liter Äther.

DIESE Tatsachen waren Johnny Phelps zum größten Teil bekannt. Nicht lange nach seinem Eintreffen in Bogotá Mitte 1981 fand er nämlich in einer Akte einen Bericht, in dem festgestellt wurde, daß die Kokainhändler viele der zur Herstellung des Rauschgifts benötigten Chemikalien importieren mußten – darunter auch Äther. Um herauszufinden, wohin der Äther geliefert wurde, brauchten die Behörden eigentlich nur die Zollerklärungen zu studieren. Wenn man die Äthereinfuhr unterband oder drosselte, war man in der Lage, die Kokainproduzenten arbeitslos zu machen.

Um diese Idee zu überprüfen, ließ Phelps nun seine Männer die Einfuhr von Äther untersuchen. War Kokainherstellung die bescheidene Heimindustrie, wie man es nach dem in Kolumbien beschlagnahmten Kokain annehmen mußte? Oder sollte die DEA da etwas übersehen haben?

Phelps befragte Informanten, ließ, gerichtlich abgesichert, Telefonleitungen abhören und schickte getarnte Agenten in die chemischen Fabriken des Landes. Die Agenten prüften die Unterlagen über Ätherimporte vom 1. Januar 1978 bis zum 30. Juni 1981. Die Schlußfolgerung kam einer Enthüllung gleich. Wie aus der Studie hervorging, hatte in den dreieinhalb Jahren ein illegales Händlernetz 4000 Tonnen Äther ins Land gebracht, das zur Herstellung von 235 Tonnen Kokain ausreichte. Die höchste DEA-Schätzung des Kokainverbrauchs in den USA im Jahre 1981 belief sich aber auf nur 40 Tonnen.

Neunzig Prozent des Äthers kamen aus den USA und der Bundesrepublik Deutschland. Die Ätherexporte einer amerikanischen Firma, J. T. Baker Chemical Supply Co. in Pittsburg, New Jersey, gliederten sich wie folgt: 688,3 Tonnen an nicht befugte und höchst verdächtige Abnehmer und nur drei Tonnen an legitimierte Verbraucher. Die

Verstecktes Kokainlabor im kolumbianischen Dschungel

Durch Ausrottung versuchen die Behörden, dem Kokaanbau Herr zu werden.

Bevor die Kokablätter mit einer alkalischen Lösung behandelt werden, müssen sie trocknen.

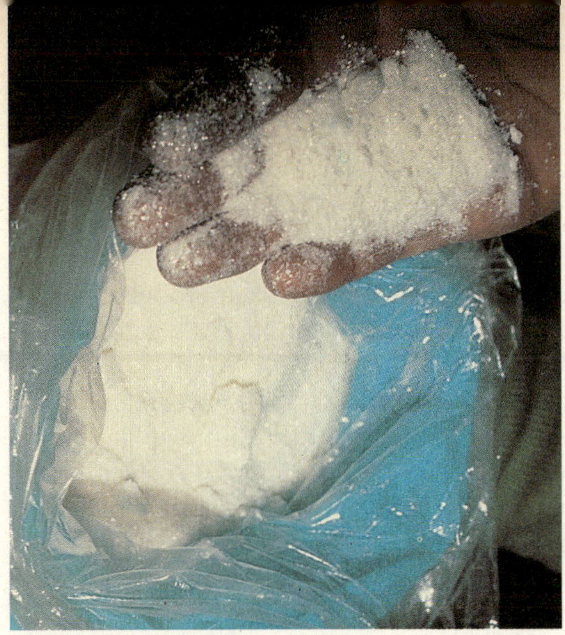

Oben: Kokain – diesem weißen Pulver waren 1984 fünf Millionen Amerikaner verfallen.

Rechts: Mit Waffengewalt werden Eindringlinge von den Kokainlabors ferngehalten.

Unten: Tausend Kilo Kokablätter ergeben gerade zehn Kilo Paste.

Folgerung der Studie: „J. T. Baker ist der größte Ätherlieferant für die Gemeinschaft der kolumbianischen Drogenhändler."

Phelps konnte kaum glauben, was er da las. Die Kokainproduktion in Kolumbien hatte eine nicht im entferntesten für möglich gehaltene Größe erreicht.

Die Studie empfahl: Die DEA solle Druck auf die Lieferfirmen des Äthers ausüben, mit dem Ziel, daß diese entweder Aufträge illegaler Vertreiber ablehnten oder bei verdächtigen Käufern der DEA einen Tip zukommen ließen. Außerdem wurde eine Hinhaltetaktik empfohlen: Man solle die Ätherlieferungen verzögern. Das werde zur Verknappung führen.

Phelps sammelte seine Statistiken und unterbreitete sie den beiden Regierungen. Die DEA in Washington war skeptisch. Man glaubte immer noch nicht an solche Mengen Kokain.

Ganz anders reagierte der kolumbianische Generalstaatsanwalt Carlos Jimenez Gomez. Phelps hatte mit ihm ein Treffen vereinbart, bei dem er die Zahlen vorlegte. Gomez prüfte sie selber, überlegte sich die Sache und faßte danach seinen Entschluß. „Sie haben völlig recht", sagte er zu Phelps. Auf der Stelle schränkte Jimenez Gomez Äther- und Acetonimporte ein. Bei den bereits in Kolumbien befindlichen Äthermengen würde es eine Weile dauern, bis die Händler ihre Vorräte verbraucht hatten und eine Verknappung eintreten würde. Bis dahin konnte man nichts tun als warten.

Am 22. November 1983 kam der Kolumbianer Frank Torres mit einer großen Bestellung zu J. T. Baker Chemical Supply – tausenddreihundert 250-Liter-Fässer hochwertigen Diäthyläther. Den Preis von etwa 400 000 Dollar wollte er in bar bezahlen. Die Fässer sollten ohne Aufschrift bleiben und an einen beliebigen Ort in den Vereinigten Staaten geliefert werden. Er werde den Transport selber in die Hand nehmen.

Die Menge Äther, die Torres haben wollte, war verhältnismäßig hoch. Sie belief sich auf fast 200 Tonnen, das war ungefähr die Hälfte des kolumbianischen Ätherimports von 1980. Die Aufträge von rechtmäßigen Verteilern lagen im allgemeinen unter einer Tonne.

Seit der von Jimenez Gomez erlassenen Verfügung, daß Einfuhrlizenzen nötig seien, hatte sich auf dem kolumbianischen Äthermarkt allerhand getan. Ein Faß Äther kostete auf dem Schwarzmarkt jetzt 4800 Dollar. Der Vorrat an Äther in Kolumbien schwand dahin.

Auch bei J. T. Baker war einiges geschehen. Die DEA hatte der Chemikalienfirma die Untersuchungsergebnisse offenbart, woraufhin die Firma ihre Handelsmethoden änderte. In den Vereinigten Staaten bestanden beim Verkauf von Äther keine Beschränkungen. Aber anstatt nun Torres' Auftrag ohne Rückfragen auszuführen, vertröstete ihn der Verkaufsleiter von J. T. Baker zunächst einmal und rief inzwischen die DEA an. Danach erklärte er Torres, daß er den Auftrag nicht sofort erledigen könne.

Eine Woche später wurde zu Torres ein Ferngespräch durchgestellt. Mel Schabilion stellte sich als Vertreter von North Central Industrial Chemicals (NCIC) in Chicago vor und bot Torres soviel Äther an, wie er haben wollte. Schabilion hatte von der Verzögerung bei J. T. Baker erfahren und wollte einspringen. Überglücklich ging Torres auf das Angebot ein.

Es war eine Falle. NCIC, in einem Chicagoer Ladengeschäft untergebracht, war eine DEA-Scheinfirma der beiden DEA-Agenten Mel Schabilion und Harry Fullett. Die Initialen ihres Ladens entsprachen der elektronischen Datenbank des FBI, in der die Unterlagen von Millionen von Straftaten gespeichert sind. Das war einer der Insiderscherze, wie sie DEA-Agenten lieben.

Vier Tage nach Schabilions Anruf traf sich Torres mit den beiden Agenten im Ramada Inn in Miami. Torres sagte, daß er dreihundert Fässer Äther sofort brauche. Er wollte die Fässeraufschrift geändert haben. Es sollte „Äthylformiat" oder „Äthylenglykol" draufstehen. In der folgenden Woche flog Torres nach Chicago, um sich mit den Leuten von NCIC zu treffen. Versteckte Kameras filmten ihn dabei, wie er eine Anzahlung von 15000 Dollar leistete.

Nach Torres' Anweisungen verschickte NCIC 76 Fässer Äther zum Hafen von New Orleans. Zwei davon waren von der technischen Abteilung der DEA mit elektronischen Sendern ausgestattet worden. Die „Piepser" hatten ungefähr die Größe von Zigarettenschachteln, waren in Styroporschaum eingelagert und von einer langlebigen Batteriepackung umgeben. Das Ganze war in den doppelten Boden der Fässer eingeschweißt. Dünne Drahtantennen verliefen an den Außenseiten der beiden Fässer. Einmal am Tag nahmen die Piepser Kontakt mit den um die Erde kreisenden Satelliten der National Security Agency auf. Der Satellit gab die genaue Position von Torres' Ätherladung an.

Als die Ladung in New Orleans ankam, empfingen die DEA-Agenten ein Signal. Zwei Tage danach funkten die Piepser aus der Umgebung von Barranquilla.

Ein kolumbianischer DEA-Agent verglich die Koordinaten. Sein Verdacht bestätigte sich, sie stimmten mit der Lage der Hacienda Veracruz überein.

Unterdessen bekam Torres, ein Familienvater mit Leib und Seele, der ein kleines Import-Export-Geschäft in Miami betrieb, Bedenken wegen seiner kolumbianischen Kunden. In seiner Nervosität wurde er gesprächig. Er sagte zu Schabilion und Fullett, daß er nichts mehr mit Äther zu tun haben wolle, aber seine Kunden bedrängten ihn, die Lieferung von 1300 Fässern durchzuführen. Seine Kunden seien Mörder, berichtete er. Menschenleben seien ihnen gleichgültig. Torres erzählte Einzelheiten über das Kokaingeschäft in Kolumbien.

Am 5. März war der Äther bereits von der Hacienda Veracruz auf dem Luftweg weiter nach Süden verfrachtet worden. Am 6. März kamen die Funksignale aus den östlichen *Llanos* Kolumbiens.

In Bogotá wartete Johnny Phelps noch einen Tag. Der Äther änderte seinen Aufenthaltsort nicht. Offenbar war die Fracht an ihrem Bestimmungsort angekommen.

Phelps fand, daß es Zeit sei zu handeln. Er fuhr ins Polizeihauptquartier zu Jaime Ramirez.

„Wir haben Grund zu der Annahme, daß es mitten im Dschungel ein Großlabor gibt“, sagte Phelps.

„Sie machen Witze“, entgegnete Ramirez. „Wo genau?“

„Hier.“

Phelps ging zur Wandkarte und wies mit dem Finger auf die entlegenen Südostgebiete der Provinz Caquetá, wo die Flüsse Yarí und Mesay sich vereinigen, mitten in der Dschungelwildnis.

Ramirez betrachtete die Stelle und fragte sich nicht zum erstenmal, wie und woher die DEA solche Informationen erhielt. Seine Leute hatten noch nie versucht, ein Labor mitten im Niemandsland auffliegen zu lassen. Es würde ein logistischer Alptraum werden. Er dachte an Flugzeuge, Hubschrauber und Kraftstoff. Die Vorbereitung würde zwei Tage kosten, aber …

Schließlich lächelte er: „Zum Teufel, wir machen es!“

11

Tranquilandia

RAMIREZ handelte schnell. Nachdem er sich die Genehmigung für die Aktion geholt hatte, forderte er eine Spezialeinheit an und beschaffte die Flugzeuge. Sein Plan sah vor, im Morgengrauen von Bogotá 260 Kilometer nach Südosten bis San José del Guaviare zu fliegen, dort auf der Armeebasis aufzutanken, wieder zu starten und so früh wie möglich das Zielgebiet zu erreichen. Dann gab es kein Zurück. Sobald die Bewohner der ländlichen Gebiete Hubschrauber in der Luft sahen, wußten sie, daß eine Militäraktion im Gange war. Wenn man den Händlern Zeit ließ, ihre Kumpane zu warnen, bedeutete es das Aus für das Unternehmen.

Am 10. März 1984, um 9.20 Uhr, erteilte Oberstleutnant Ernesto Gilibert Vargas, der zweithöchste Offizier in der Anti-Drogen-Einheit der Nationalpolizei, seinen Männern den Befehl, an Bord zweier Bell-212-Hubschrauber und einer Maschine vom Typ Havilland Twin Otter zu gehen. Es waren 42 Mann, altgediente Profis der Anti-Drogen-Einheit, verstärkt durch ein vollausgerüstetes kolumbianisches Sonderkommando. Der einzige Gringo, der als Gast dem Unternehmen beiwohnte, war Ron Pettingill, seit vier Jahren DEA-Agent in Kolumbien.

Phelps hatte Pettingill als Begleiter gewählt, weil dieser mit einer Videokamera umgehen konnte und bei der Suche nach Kokaplantagen schon zahlreiche Flüge über die *Llanos* gemacht hatte.

Jetzt war die Mittagszeit vorüber, und den Hubschraubern ging allmählich der Kraftstoff aus. Pettingill saß in der Twin Otter, die dem ersten Hubschrauber in großer Höhe außerhalb der Reichweite möglichen Geschützfeuers folgte.

Dann erblickten sie den Landeplatz. Er war mit Abfall übersät – mit Ölfässern und Baumstämmen. Pettingill sah Rauchwölkchen aufsteigen, doch das Gewehrfeuer hörte schnell auf. Der Angriff war tatsächlich überraschend gekommen. Ramirez und Phelps, die in Bogotá in Ramirez' Büro die Funksprüche abhörten, kamen ebenfalls zu diesem Schluß.

Die Hubschrauber zogen enge Kreise um den Landeplatz, gingen tiefer und setzten dann auf. Männer in Tarnjacken und mit Uzi-Maschinenpistolen schwärmten aus und umstellten das Gelände. Sie warteten, daß die Schießerei wieder losging, aber es herrschte Stille. Da machten sie sich an die Durchsuchung.

Es gab viel zu sehen. Zunächst Menschen, ungefähr 45, meist Männer unterschiedlichsten Alters. Dazwischen ein paar Frauen. Sie waren sämtlich ärmlich angezogen und unbewaffnet. Einige versuchten in den Dschungel zu laufen, aber die meisten schlenderten umher und harrten der Dinge, die da kommen sollten. Man trieb sie zu einem Haufen zusammen und fragte nach Papieren. Die Leute waren nicht gesprächig, aber das war auch nicht nötig. Ein paar Worte von ihnen genügten, und man wußte, daß die Mehrzahl aus Antiquia stammte. Es waren jene finsteren Burschen aus dem nördlichen Medellín, die vom Kartell angeheuert worden waren, um Dreckarbeit zu verrichten. Das Anti-Drogen-Team trieb die Gefangenen zur Arbeit an. Sie mußten den Landeplatz frei machen. Nun konnte auch die Twin Otter landen. Die Hubschrauber tankten auf und stiegen zu einem Aufklärungsflug auf. Wenn die Scharfschützen vorhatten, sich anzuschleichen, wollte das Team nicht kalt erwischt werden.

Auf der Westseite des Landeplatzes gab es zehn große Schuppen mit erhöhten Holzfußböden und Blechdächern. Einige Schuppen waren seitlich verschalt, andere waren offen. Mindestens drei sahen nach Büros aus. Einer war eine Schlafbaracke mit Feldbetten für hundert Personen. Hinter dem nördlichen Ende des Landeplatzes gab es noch weitere Schuppen. Einer davon war ein modernes, voll ausgestattetes Kokainlabor. An der Ostseite standen vier kleine Flugzeuge, neben dem Labor ein Hubschrauber.

Pettingill filmte wie wild. Das Team streifte durch das Lager, und Hochstimmung breitete sich aus. Dies war mehr als ein „Großlabor". Das war eine Kokainfabrik, in der hundert Menschen beschäftigt, verköstigt und eingekleidet wurden. Es gab Generatoren, Duschen, Wasch- und Trockenmaschinen. Am Landeplatz zählten die Männer 305 Fässer Aceton, 363 Fässer Äther, große Mengen Treibstoff und Chemikalien. Es waren gewaltige Vorräte. Und dann wurde auch der Grund dafür ersichtlich. Aus einem aufgefundenen Hauptbuch ging hervor, daß zwischen Dezember 1983 und Februar 1984 auf dem Flugplatz 15539 Tonnen Kokainpaste und Base eingetroffen waren. Und schließlich gab es auch Kokain. Pettingill filmte es in den Schuppen nahe dem Labor. Da standen rund hundert große Kunststoffmülltonnen, gefüllt mit schleimigem Kokainhydrochlorid, aus dem in einer unangenehm süßlich riechenden Wolke der Äther verdampfte. Das ist unglaublich, dachte Pettingill. Sie hatten ein Riesenlabor entdeckt.

Über Funk gab Gilibert nach Bogotá an Ramirez durch, was seine Männer bisher gefunden hatten. Er äußerte die Befürchtung, daß die Scharfschützen zurückkommen könnten, und forderte schnellstens Verstärkung an. Die Hubschrauberpiloten meldeten ihm, daß sie noch andere Landeplätze gefunden hätten, aber ohne Rückendeckung konnte Gilibert nichts unternehmen. Im übrigen, informierte er Ramirez, werde das Lager Tranquilandia genannt – Stilles Dorf.

AM NÄCHSTEN Tag hielt ein Wagen vor dem Haus von Francisco Ramirez, Jaimes jüngerem Bruder. Vier Männer stiegen aus und klingelten. Francisco, ehemaliger Polizist, trat zu den vier Männern auf die Straße. Sie waren höflich und überbrachten ihm eine Botschaft an seinen Bruder von Pablo Escobar.

„Sagen Sie ihm, er bekommt vierhunderttausend Dollar, wenn er seine Aktion abbricht", sagte einer der Männer. „Wir hinterlegen das Geld in Panama oder in den USA, wo immer Ihr Bruder es haben will."

„Ich werde es ihm ausrichten."

Francisco rief Jaime unverzüglich an.

„Misch dich da nicht ein!" sagte Jaime. „Am besten wär's überhaupt, wenn du für eine Weile verschwindest. Die Sache ist lebensgefährlich."

Am folgenden Tage sah Francisco auch, warum. Im Fernsehen konnte er verfolgen, wie sein Bruder, ein großes Aufgebot an Soldaten und das halbe kolumbianische Pressekorps die größte Kokainmenge betrachteten, die man je zu Gesicht bekommen hatte.

RAMIREZ kam mit der zweiten Einsatztruppe am 12. März in Tranquilandia an und übernahm das Kommando. Seine Männer berichteten ihm von einem zweiten Flugplatz etwa vierzig Kilometer weiter nördlich. Am nächsten Morgen schickte Ramirez vor Tagesanbruch Hubschrauber zu der angegebenen Stelle.

Die dort beschäftigten Leute ließen ihre Arbeit im Stich und flohen. Zurück blieben Plastikbeutel, Klebeband, Papier, Reagenzgläser, Pipetten, Thermometer, Feldbetten, Lebensmittel, Boote, Kettensägen und Maschinen. Außerdem eine Tonne Kokain in fünfzig großen Tontöpfen.

Es gab an diesem Ort namens Coquilandia zwanzig Hütten. Die Polizei folgte einem Weg zu einem weiteren Laborgebäude, das Coquilandia 2 getauft wurde.

Dort fand man 140 Eimer voll Kokain, insgesamt wiederum 500 Kilo. Man brachte es mit den Matratzen und Maschinen in die Hütten und verbrannte das ganze Zeug.

Am anderen Ufer des Rio Mesay gegenüber dem ersten Lager fand die Polizei vier Tonnen Kokain, in 250-Liter-Tonnen verstaut, das größte Versteck, das man je entdeckt hatte. Auch hier wurde alles verbrannt.

Alle gerieten in Ekstase. „Unglaublich", meldete Pettingill seiner Dienststelle. „Wir machen jeden Tag ein Labor dem Erdboden gleich."

Am 17. März fanden die Soldaten das Basislager einer Guerillaeinheit, die zu den bewaffneten Revolutionsstreitkräften von Kolumbien gehörte – der FARC. Wie bei den Kokainlabors gab es hier einen Schlafsaal, eine Küche und ein Kommunikationszentrum. Die Soldaten beschlagnahmten Waffen, Stöße leninistischer Broschüren, die Ausstattung einer Schneiderwerkstatt – Ballen von blauem und grünem Uniformstoff, Dreiecke aus gelbem Stoff mit den Insignien der FARC. Man zog den Schluß, daß die Guerillas die Rauschgifthändler schützen sollten. Es schien, als habe sich der seit langem von der Armee (und Botschafter Tambs) gehegte Verdacht einer „FARC-Narco"-Zusammenarbeit bewahrheitet.

In wenig mehr als zwei Wochen waren 13,8 Tonnen Kokain in Rauch aufgegangen, dazu 14 Labors und Lager, sieben Flugzeuge und 11 800 Fässer mit Äther und anderen Chemikalien. In einem Interview sprach Johnny Phelps von einem „Kokainindustriepark". Die kolumbianischen Behörden schätzten, daß die Dschungellabors die Geldvorräte des Kartells wahrscheinlich innerhalb von zwei Jahren um zwölf Milliarden Dollar erhöht hätten. Der ihnen von der Polizei zugefügte Schaden wurde auf 1,2 Milliarden Dollar geschätzt.

Phelps und Ramirez hatte die Razzia eines deutlich vor Augen geführt: daß das Kartell seine riesigen Kokaintransporte nicht mehr durch einen Gemeinschaftstransport zusammenbrachte, der aus dem Ausstoß von Dutzenden kleinster Hinterhoflabors gespeist wurde. Noch nie hatte Phelps solche Labors wie in Tranquilandia gesehen, und niemand bei der kolumbianischen Justiz hatte sich träumen lassen, daß es so etwas gab.

Die „Kokainfabrik“ Tranquilandia, 1984. Hier holte die Anti-Drogen-Einheit zu ihrem spektakulärsten Schlag gegen den Rauschgiftschmuggel aus. Der Schaden fürs Kartell: 1,2 Milliarden Dollar.

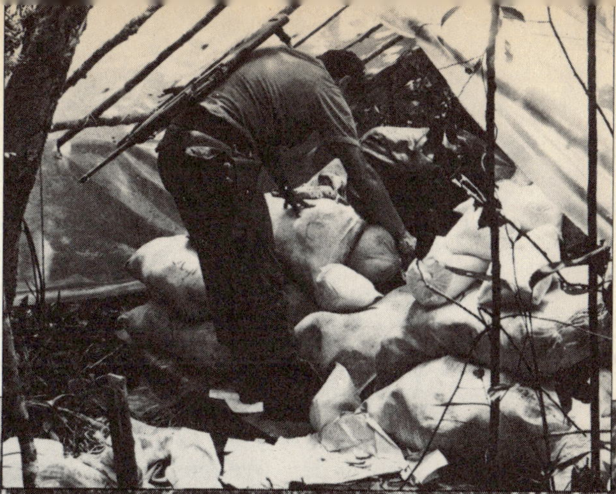

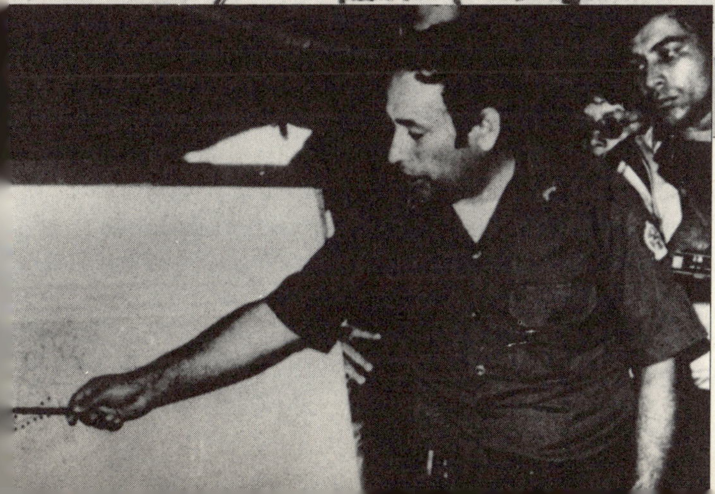

Oberst Jaime Ramirez informierte über den Coup von Tranquilandia. Dieser Erfolg machte ihn zum Polizisten der Nation.

Tranquilandia war eine Herausforderung. Wenn es hier einen solchen Laborkomplex gab, dann gab es wahrscheinlich auch noch andere. Ramirez fiel die Aufgabe zu, die Labors aufzuspüren. Und Phelps wurde beauftragt, Ramirez mit Geldern von der US-Regierung und allem zu versorgen, was er sonst brauchte. Der Coup von Tranquilandia machte plötzlich alles viel einfacher.

Ramirez war jetzt der Polizist der Nation. Er hatte den spektakulärsten Schlag der Weltgeschichte gegen den Rauschgiftschmuggel geführt. Seine Karriere war gesichert. Ramirez liebte das Rampenlicht, und eines Tages wollte er es zum Polizeichef von Kolumbien bringen. Doch hatte er nicht die Absicht, sich auf seinen Lorbeeren auszuruhen. Denn er war ein Jäger. Jeder Erfolg steigerte seinen Appetit auf weitere Erfolge. Er hatte den Drogenhändlern ins Gesicht getreten. Jetzt war es an der Zeit, sie zu zertreten.

Die Anwesenheit so vieler Menschen aus Antiquia in Tranquilandia sagte etwas über die Beteiligung des Medellín-Kartells aus. Und die Bemühungen von Pablo Escobar, Ramirez zur Einstellung seiner Aktion zu bewegen, sprachen Bände. Die Mitwirkung der Ochoas war durchaus erwiesen, da die Maschine mit den Ätherfässern auf der Hacienda Veracruz gelandet war. Aber die wichtigste Enthüllung dank Tranquilandia betraf den Kokainboß José Gonzalo Rodriguez Gacha aus Bogotá und seine riesigen Investitionen im Dschungel. Rodriguez Gacha hatte man bisher nur für einen zweitrangigen Händler gehalten. Er war untersetzt – 1,62 m groß, und allgemein als *El Mejicano* bekannt, weil er alles Mexikanische liebte.

Ein Flugzeugwrack auf einer der Landebahnen im Dschungel lieferte den ersten Hinweis darauf, daß „der Mexikaner“ eine wichtige Rolle spielte. Als Eigentümer war Justo Pastor Rodriguez Gacha, der Bruder des Mexikaners, registriert.

Als nächstes kam ein Brief des Polizeichefs von Leticia, der Stadt am Amazonas, wo das Kartell die peruanischen Kokablätter übernahm. In ihm stand, daß Rodriguez Gacha durch die Zerstörung Tranquilandias finanziell ruiniert worden sei. Rodriguez Gacha habe nämlich seit Mitte Dezember 1983 Paste und Base aus Peru eingeflogen und enorme Geldbeträge in seine *Llanos*-Labors investiert.

Rodriguez Gacha war bei der bisher umfangreichsten Aktion gegen das Kokaingeschäft der große Verlierer gewesen, und das reichte den untersuchenden Beamten, um ihn als Mitglied des Medellín-Kartells abzustempeln. Vor der Razzia in Tranquilandia hatte der Großhandelspreis für ein Kilo Kokain in Miami 14 000 Dollar betragen. Unmittelbar nach der Razzia stieg er an. Das war zum erstenmal nach drei Jahren ein Anzeichen der Verknappung. Die größte Beschlagnahme von Kokain in der Geschichte hatte dem Kartell Schaden zugefügt. Was würde das Kartell unternehmen?

12

Der weiße Mercedes

JUSTIZMINISTER Lara Bonillas Nervenkostüm war ausgedünnt. Das Kartell hatte seine Familie seit langem bedroht. Die Anspannung zehrte immer mehr an dem Minister.

Lara Bonilla hatte seine Amtszeit als Kreuzritter begonnen, nachdem Pablo Escobar ihn während der Debatte um die Schmiergelder zu verleumden versucht hatte. Damals war er zum Angriff übergegangen.

Seit diesen Tagen hatte der Justizminister fast täglich einen Skandal um das Kartell aufgedeckt, den die Zeitungen und Rundfunkkommentatoren jedesmal bis in die letzten Einzelheiten auswalzten.

Das hatte zu außergewöhnlichen Ergebnissen geführt. Carlos Lehder hielt sich seitdem verborgen. Der Ausweisungsbefehl lag auf dem Schreibtisch des Präsidenten Betancur. Lara Bonilla hatte die Lizenzen von den meisten kleinen Flugzeugen der Familie Ochoa für ungültig erklärt.

Und Anfang 1984 beschuldigte Lara Bonilla, gestützt auf Informationen von Oberst Jaime Ramirez, dreißig Politiker der Annahme von Schmiergeldern bei den Gemeindewahlen.

Am meisten hatte Pablo Escobar unter den Maßnahmen von Lara Bonilla gelitten. Durch dessen Anschuldigungen aus dem Kongreß vertrieben, mußte er mit ansehen, wie immer neue demütigende Einzelheiten über seine berüchtigte Vergangenheit ans Licht kamen. Wenn Escobar je den Anspruch auf eine Laufbahn im Staatsdienst erhoben hatte, so mußte er ihn nun fallenlassen.

Aber das ging nicht leise ab. Zunächst hielt sich Escobar bedeckt. Aber sobald der Druck nachließ, ging er wieder zum Angriff über. Als das Gericht am 13. Februar 1984 den Haftbefehl gegen ihn widerrief, kündigte er sofort an, falls die Regierung den Auslieferungsvertrag mit den Vereinigten Staaten nicht rückgängig mache, würden er und Lehder 1500 Unternehmen schließen und damit mehr als 20000 Menschen arbeitslos machen. Auf einer politischen Versammlung verleumdete er Lara Bonilla als Erfüllungsgehilfen des US-Imperialismus.

Er schrieb auch einen offenen Brief an US-Botschafter Tambs, in dem er jede Verbindung zu den Dschungellabors ableugnete, den Auslieferungsvertrag verurteilte und Lara Bonilla als „Vertreter Ihrer Regierung im kolumbianischen Kabinett" bezeichnete. Diese letzte Bemerkung fiel bei Johnny Phelps am stärksten ins Gewicht. Er hegte für Lara Bonilla äußerste Hochachtung und Bewunderung, aber gleichzeitig wuchs seine Verachtung für die kolumbianische Regierung täglich.

Präsident Betancur hatte in Sachen Auslieferung nichts unternommen und kaum den Eindruck erweckt, daß er mit Lara Bonillas Politik übereinstimmte. Jetzt saß er tatenlos herum, während der größte Kokainhändler der Welt – ein bekannter Mörder – seinen Justizminister beleidigte.

Als Polizist fand sich Phelps mit gewissen Risiken ab. Sie gehörten zu seinem Beruf. Aber um Lara Bonilla machte er sich Sorgen. Dem Justizminister stand das Wasser bis zum Hals, sein Chef nahm keine Notiz davon, und er selbst hatte keine rechte Vorstellung davon, wer es auf ihn abgesehen hatte.

Im August 1983 deckten Agenten der kolumbianischen Geheimpolizei das erste Mordkomplott gegen Lara Bonilla auf: ein simples Attentat, das von Medellín aus geplant worden war. Nach der Aufdeckung des Anschlags begaben sich Tambs und Phelps zu ihm. „Sie sollten das nicht auf die leichte Schulter nehmen", warnte ihn Tambs. Er bot Lara Bonilla seine eigene kugelsichere Weste an. Der dankte beiden Männern, spielte aber das Problem herunter. Als sie wieder draußen auf dem Korridor standen, sagte der hartnäckige Tambs zu Phelps: „Hier, nehmen Sie die Weste, und sehen Sie zu, daß er sie bekommt!" Phelps gab sie Lara Bonilla, konnte ihn aber nicht dazu bringen, sie auch anzulegen.

Als Phelps das nächste Mal mit Tambs ins Justizministerium ging, eröffnete er Lara Bonilla, die DEA habe entdeckt, daß sogar Personen aus dem Büro des Ministers Informationen an die Drogenhändler weitergäben. Wieder weigerte sich Lara Bonilla, die Gefahr zur Kenntnis zu nehmen.

KURZ nach der Razzia in Tranquilandia versammelte sich eine Gruppe von Drogenhändlern in dem Eiscafé „Cositas Ricas" („Kleine Leckereien") in Medellín, um die Ermordung von Lara Bonilla zu planen. Die ganze Sache, einschließlich Vermittlungsgeld und Honorar für die Beteiligten, sollte 50 Millionen Pesos (521 000 Dollar) kosten. Später würde ein Informant den DEA-Agenten erzählen, er habe Pablo Escobar den Mord persönlich anordnen hören.

Los Quesitos, eine der zahlreichen Mörderbanden in Medellín, übernahm den Auftrag.

Als Killer war der einunddreißigjährige Carlos Mario ausersehen, ein ausgeflippter Herumtreiber, der schon fünfzehnmal wegen Mordes, Raubüberfalls und tätlichen Angriffs verhaftet worden war. Fahrer sollte ein jugendlicher Handlanger Pablo Escobars sein, Byron Velasquez.

AM 30. APRIL 1984 bekam Tambs einen Telefonanruf von Lara Bonilla, der sehr erregt war. Als die Drohungen gegen ihn ständig zugenommen hatten, war er immer nervöser und besorgter um seine Familie geworden. Jetzt hatte er die beste Nachricht seit langem bekommen. Das Außenministerium schickte ihn nach Prag, als Botschafter Kolumbiens.

„Da werden Sie endlich sicher sein!" rief Tambs lachend. „Da sitzen die Terroristen alle in der Regierung."

Leider, sagte Lara Bonilla, werde es noch einen Monat dauern, bis das Einverständnis der Tschechoslowakei eintreffe. Während dieser Zeit brauchten er und seine Familie einen Platz, wo sie sich verkriechen könnten. Ob Tambs ihm helfen könne?

Tambs konnte. Er rief das Weiße Haus an und bat, eine Aktion in die Wege zu leiten. Ein Versteck in Texas wurde zur Verfügung gestellt.

Mit dieser Nachricht in Händen begab sich Tambs zu einem Mittagsempfang in die niederländische Botschaft. Er hinterließ die Anweisung, Lara Bonilla über die Unterkunft in Texas in Kenntnis zu setzen.

Um sieben Uhr an diesem Abend fädelten sich Byron Velasquez und Carlos Mario auf ihrem neuen Yamaha-Motorrad in den Verkehr ein, um nach einem weißen Mercedes Ausschau zu halten. Es fing gerade zu dämmern an, als sie ihn sichteten. Trotz des starken Verkehrs hatten Velasquez und Carlos Mario keine Schwierigkeiten, links und rechts zu überholen und sich wieder einzuordnen. Velasquez gab Gas und raste auf die Limousine zu, bis er direkt hinter dem rechten Kotflügel war.

Sie hatten freies Schußfeld und so viel Zeit, wie sie brauchten. Carlos Mario holte die MAC-10 unter der Jacke hervor, richtete sie auf den dunklen Schatten auf dem Rücksitz des Mercedes, drückte auf den Abzug und schoß das Magazin in Sekunden leer.

Rodrigo Lara Bonilla wurde am 30. April 1984 um 19.40 Uhr in der Shaio-Klinik für tot erklärt. Er hatte drei 45er Geschosse in den Kopf, zwei in die Brust, eines in den Hals und eines in den Arm bekommen. Tambs' kugelsichere Weste lag achtlos hingeworfen auf dem Rücksitz. Aber sie hätte ihn auch nicht gerettet.

Nach dem Überfall jagte Lara Bonillas Begleitlimousine hinter der Yamaha her. Mit einem Glückstreffer hatte ein Leibwächter den Benzintank getroffen. Das Motorrad fing Feuer, geriet außer Kontrolle und krachte gegen den Bürgersteig. Byron Velasquez erhielt einen Schuß in den Arm und stand unter Schock, als man ihn verhaftete. Carlos Mario lag tot auf der Straße. Die Kugeln aus der Maschinenpistole eines Leibwächters hatten ihm den Kopf abgerissen.

KURZ nach der Schießerei erschien Belisario Betancur mit dem Kabinett in der Klinik. Danach zogen sie sich in den Präsidentenpalast Nariño zurück. Die Minister waren entsetzt. Betancurs Miene war ernst. Kurz nach Mitternacht gab er eine Erklärung heraus, in der er den Ausnahmezustand über Kolumbien verhängte und versprach, „die nationale Würde wiederherzustellen". Dann verkündete er mit Nachdruck: „Wir werden kolumbianische Bürger ausweisen!"

Lara Bonillas Leichnam lag in der Rundhalle des Kapitols im geschlossenen Sarg aufgebahrt. Tausende von Kolumbianern erwiesen ihm die letzte Ehre. Am Vormittag des 2. Mai begleitete eine militärische Ehrenwache den Sarg unter strahlendblauem Himmel quer über die Plaza Bolívar zur Kathedrale. Die Plaza war voller Menschen – Reiche, Arme und Angehörige der Mittelschicht. Sie weinten und stimmten zornig Sprechchöre an: „Wir lieben dich, Rodrigo!" – *„Venganza, justicia!"* (Vergeltung, Gerechtigkeit!)

Es oblag Betancur, die Totenrede zu halten. Er war nicht in einer versöhnlichen Stimmung.

„Wir sind an einem Punkt angekommen, wo wir nachdenken müssen, was uns die Nation bedeutet, was das Wort ‚Bürger' heißt", sagte er. „Feinde der Menschlichkeit, wir gebieten euch Halt! Kolumbien wird in Zukunft die von anderen Ländern angeforderten Verbrecher auslie-

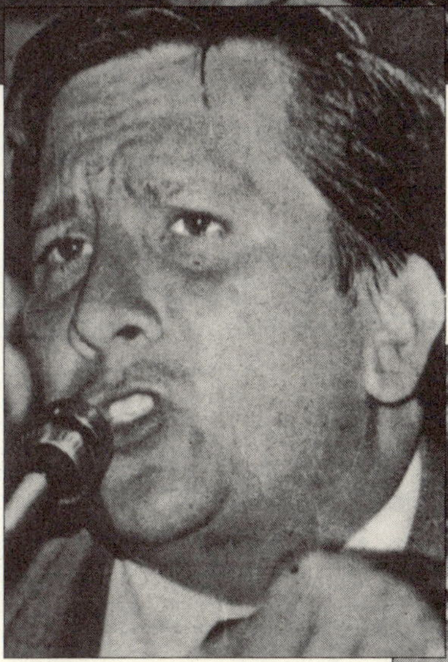

Der weiße Mercedes von Justizminister Rodrigo Lara Bonilla, fotografiert Sekunden nach dem Mordanschlag im April 1984.
Seinen erbarmungslosen Kampf gegen die Drogenmafia bezahlte Lara Bonilla *(links)* mit dem Leben.

Auf der Flucht vor Lara Bonillas Leibwächtern geriet die Yamaha der Mörder außer Kontrolle. Einer der Killer starb.

fern, damit man an ihnen ein Exempel statuieren kann." Die Zuhörer klatschten Beifall. Sechs Tage später, am 8. Mai 1984, unterzeichnete Betancur den Auslieferungsbefehl für Carlos Lehder.

13

Barry Seal

EINEN Monat nach der Razzia von Tranquilandia näherte sich eine zweimotorige Cessna Titan 404 der Küste von Kolumbien. Die Maschine war in Miami für Jorge Ochoa gekauft worden. Ellis MacKenzie saß als Kopilot an Bord. Gesteuert wurde die Maschine von einem honduranischen Freund der Familie Ochoa. Sie waren um zwei Uhr nachts von der südlichen Bahamainsel South Caicos abgeflogen und hofften, daß die frühe Stunde es ihnen ermöglichen würde, der kolumbianischen Luftwaffe zu entgehen.

„Wir fliegen direkt über Jorge Ochoas Ranch", sagte der Honduraner namens Felix Dixon Bates, ein Vietnamkämpfer und ehemaliger Verkehrspilot. „Willst du sie dir ansehen?"

„Aber sicher", meinte MacKenzie.

Die Cessna kreiste über der Hacienda Veracruz, und die beiden Piloten winkten einem Mann unten zu. Aber die Maschine landete nicht, sondern setzte ihren Flug zu einer Landebahn nördlich von Medellín fort. Ein Chauffeur holte sie ab und fuhr sie nach Süden in die Berge zu einem großen Gut mit einer gewundenen Auffahrt – La Loma, der Sitz Ochoas.

Man führte sie in ein Wohnzimmer, wo sie von Jorge Ochoa, Fabio Ochoa, Juan David Ochoa, Pablo Correa Arroyave, Jorge Ochoas Schwager, und Pablo Escobar willkommen geheißen wurden. Jorge Ochoa führte den Vorsitz. Er tauschte Höflichkeiten mit MacKenzie aus und bestätigte, daß sie schon miteinander telefoniert hätten.

„Ich freue mich sehr, Sie endlich persönlich kennenzulernen", sagte MacKenzie. Er hatte einen Auftrag. Eigentlich waren es sogar zwei. Aber wenn die Kolumbianer von seinem zweiten Auftrag etwas geahnt hätten, hätten sie ihn auf der Stelle umgebracht. Ellis MacKenzie war nicht der richtige Name des Piloten. Eigentlich hieß er Adler Berriman (Barry) Seal und war ein Informant der DEA.

Barry Seal, in Baton Rouge, Louisiana, geboren und aufgewachsen, war ein Riesenkerl. Er wog ungefähr 135 Kilo und trat immer so auf, als wäre er gerissener als jeder andere. Er war Nichtraucher und trank auch nicht. Frauen und Fliegen waren seine Leidenschaften.

Leute, die etwas vom Fliegen verstanden, sagten, er sei der beste Pilot, der ihnen je begegnet wäre. Mit knapp 26 war er der jüngste Pilot in der Geschichte der Trans World Airlines gewesen. Aber die Verkehrsfliegerei langweilte Seal bald. Er war eine Führernatur und konnte mit seinem Charme einen Eisberg auftauen. Er brauchte Abenteuer, und die fand er im Schmuggel. 1972 wurde Seal – im Alter von 32 Jahren – am Zoll in New Orleans verhaftet, als er sieben Tonnen Plastiksprengstoff für kubanische Castro-Gegner nach Mexiko fliegen wollte. Obwohl der Richter das Verfahren einstellte, kostete der Vorfall Seal seine Stellung bei TWA.

Danach wurde Seal „Flugmakler", eine schönfärberische Umschreibung für einen „Allroundschmuggler". 1976 begann er mit Marihuanaflügen, und sein Geschäft führte ihn oft nach Mittel- und Südamerika. 1979 ertappte ihn die Polizei in Honduras mit einer Handfeuerwaffe im Cockpit und schickte ihn für acht Monate ins Gefängnis. Auf dem Heimflug lernte er einen anderen Schmuggler namens William Roger Reeves kennen. Der erzählte ihm, daß er für die Familie Ochoa aus Medellín arbeite. Seal begann 1981, für die Ochoas Kokain zu fliegen. Seine Kontaktperson war einer von Ochoas Verteilern in Miami, der sich „Lito" nannte. Litos richtiger Name war wie der Seals ein streng gehütetes Geheimnis.

Inzwischen hatte sich Seal zu einem Schmugglergenie entwickelt. Er lernte aus den Fehlern, die andere Händler gemacht hatten. Dazu las er die Zeugenaussagen bei großen Rauschgiftprozessen, er nahm sogar als Zuhörer daran teil und saugte Informationen auf wie ein Student im Seminar. Er schuf ein System, das nahezu narrensicher war. Seine Flugzeuge starteten und landeten immer nachts von Stützpunkten in Louisiana. Wie alle Schmuggler flogen sie ohne Licht. Seal und seine Piloten trugen Nachtsichtbrillen, die Mond- und Sternenlicht fünfzigtausendfach verstärken. Über Kolumbien flogen seine Maschinen durch „Fenster" im dortigen Luftraum – zu genau festgelegten Zeiten, wenn das Militär in anderen Gebieten nach dem Rechten sah –, wofür er ein Schmiergeld von 25 000 Dollar zahlte. Sobald Seals Schmugglerpiloten den Luftraum der USA erreichten, gingen sie auf 150 Meter Höhe hinunter und verlangsamten auf 190 Stundenkilometer. Dann glichen sie auf den Radarschirmen den Hubschraubern, die von den Ölbohrtürmen im Golf von Mexiko zurückflogen.

Seals Maschinen folgten einem Radarleitstrahl zu einsamen Stellen im Bayou von Louisiana. An Fallschirmen schwebten Seesäcke voll Kokain in den Sumpf. Hubschrauber folgten, fischten die Säcke auf und beförderten sie zu den Ausladeplätzen. In Autos ging das Kokain dann an Verteiler in Miami. 1982 und 1983 brachte Seal mehr als 5000 Kilo herein und kassierte dafür 25 Millionen Dollar. Alle Anti-Drogen-Agenten in Louisiana kannten ihn als den größten Schmuggler im Staate.

Agenten beobachteten öfter, daß Seal zwei Münzfernsprecher auf einmal bediente. Er hatte eine kleine grüne Tragetasche mit Hunderten von Vierteldollarstücken bei sich. Mit Leuten in Kolumbien sprach er in einem Code, er liebte die Herausforderung durch das Strafgesetz. Einmal traf Seal in Baton Rouge auf einen Agenten der Staatspolizei von Louisiana und giftete ihn an: „Du bekloppter Hurensohn, du wirst mich nie schnappen."

Als Seal schließlich vor Gericht landete, geschah es in Südflorida und nicht in Louisiana. Dazu bedurfte es keiner hochtechnischen Ausrüstung, sondern nur eines Informanten. Gestützt auf die Aussage des Informanten und auf zahlreiche abgehörte Telefongespräche erhob ein Bundesschwurgericht im März 1983 Anklage gegen Seal wegen Schmuggels von 200000 Quaalude-Tabletten, einem starken, verschreibungspflichtigen Beruhigungsmittel. Sein Name erschien in den Zeitungen, aber nur kleingedruckt unter 75 anderen. Aus irgendeinem Grund wurde er sogar zweimal aufgeführt, als „Adler (Barry Seal, Bill Elders, Gordo) Seal" und als „Adler (Bill) Seal". Auf jeden Fall blieb seine Tarnung gewahrt. Für die Ochoas war er Ellis MacKenzie. Die Namen Barry oder Adler Seal sagten ihnen nichts.

Seal stellte sich freiwillig und wurde gegen eine Kaution von 250000 Dollar wieder auf freien Fuß gesetzt. Doch ihm drohten viele Jahre Gefängnis. Sofort versuchte er eine Vereinbarung mit der Regierung zu treffen. Er bot an „umzuschwenken", also Informant und Undercoveragent zu werden. Er machte große Versprechungen: mehr Kokain, als die Agenten je gesehen hätten. Doch Einzelheiten gab er nicht preis.

Der Staatsanwalt entschloß sich, Seal abzuweisen.

Während dieser ganzen Zeit hatte Seal es fertiggebracht, mit Lito in

Verbindung zu bleiben. Während er auf Kaution frei war, hatte er sogar noch drei Kokainladungen für die Ochoas transportiert. Aber als der Prozeßtermin näherrückte, hörte er mit dem Schmuggel auf und bereitete seine Verteidigung vor. Dabei tat er sein möglichstes, um seine Probleme vor den Kolumbianern geheimzuhalten. Das war schwierig. Lito war zum Beispiel ärgerlich darüber, daß MacKenzie nicht genug Kokain hereinbrachte. Litos Bruder hatte soeben 3000 Kilo für die Ochoas geschmuggelt. Warum schaffte MacKenzie das nicht?

Seal war völlig verdattert, als er hörte, daß die Ochoas so viel auf einmal hereinschmuggelten, und fragte nach Einzelheiten. Lito erkundigte sich, ob er auch so einen Flug machen wolle. „Aber klar", antwortete Seal. „Ich muß nur noch ein Flugzeug beschaffen."

Im Februar 1984 stand Seal in Fort Lauderdale wegen des Quaalude-Schmuggels vor Gericht. Er konnte dafür zehn Jahre Gefängnis bekommen. US-Bezirksrichter Norman C. Roettger galt als der Richter in Südflorida, der die härtesten Strafen verhängte. Obendrein stand Seal ja noch ein zweiter Prozeß bevor, bei dem ihm weitere 47 Jahre Gefängnis drohten. Dennoch fuhr Seal mit seinen Vorbereitungen für einen Transport von 3000 Kilo Kokain für die Ochoas fort. Am 9. März kaufte er eine zweimotorige Lockheed Lodestar, einen U-Boot-Jäger des Zweiten Weltkriegs, der eine Fracht von mehr als 3000 Kilo befördern konnte. Aber am nächsten Tag erfolgte die Razzia auf Tranquilandia, und Seals Flug wurde verschoben.

Inzwischen war Seal verzweifelt darum bemüht, zu einem Übereinkommen mit der Regierung zu kommen. Als sich die Lage zuspitzte, ging Seal aufs Ganze. Er nahm mit der DEA Kontakt auf und teilte den Agenten mit, er könne ein Geschäft mit den Ochoas über 3500 Kilo abschließen und diese Menge in zwei Transporten bei der DEA abliefern. Die Agenten blieben skeptisch. Er bot ihnen fast das Doppelte des TAMPA-Fangs von über anderthalb Tonnen an. Aber je länger Seal redete, um so überzeugender klang er. Seine Behauptungen stimmten mit DEA-Erkenntnissen überein. Dies konnte eine einzigartige Möglichkeit sein. Die Agenten beschlossen, sie zu nutzen.

Am 28. März unterzeichnete Seal eine Vereinbarung zur Zusammenarbeit mit der Regierung. Versprechen wurden nicht gemacht. Aber alle Beteiligten wußten, daß die Gefängnisstrafe beträchtlich herabgesetzt würde, wenn es Seal gelänge, das Kokain abzuliefern.

Barry Seal, das Schmugglergenie, wurde zum ersten DEA-Agenten, der in das Allerheiligste des Medellín-Kartells vordrang: La Loma, den Sitz von Jorge Ochoa.

VIER Tage später begrüßte Seal, getarnt als Ellis MacKenzie, Jorge Ochoa in La Loma und war damit der erste DEA-Agent, der in das Allerheiligste des Medellín-Kartells vordrang. Durch den Honduraner Felix Bates als Übersetzer ließ Ochoa verlauten, er habe einen unerschöpflichen Vorrat an Kokain in die Vereinigten Staaten zu fliegen. Er habe aber auch Probleme. Jeden Tag würde die Hälfte der 3000 Kilo, die er auf die Bahamas schicke, beschlagnahmt. Aber das sei nichts angesichts der Katastrophe von Tranquilandia.

Pablo Correa Arroyave, Jorge Ochoas Schwager, der sich auch an der Unterhaltung beteiligte, sagte, bei der Razzia in den *Llanos* seien Akten mit mehreren Namen gefunden worden.

„Es wird jetzt ziemlich eng für uns", sagte Correa zu Seal. „Man untersucht gerade das große Labor in den *Llanos*, das Mr. Lehder für uns leitet."

Seal war, wie allen Drogenpiloten, Lehders Name gut bekannt. Correa berichtete, daß Lehder den Rest des Kartellkokains in kleinen, unterirdischen Bunkern in ganz Kolumbien versteckt habe. Die Razzia in Tranquilandia und die nachfolgenden Durchsuchungen hätten das Kartell gezwungen, die Labors zu verlegen. Das Gespräch wurde im Flüsterton fortgesetzt. Das Kartell habe mit einigen Ministern der sandinistischen Regierung von Nicaragua ein Geschäft abgeschlossen.

Die Sandinisten halfen den Ochoas dabei, in Nicaragua einen Flugplatz zum Auftanken anzulegen. Das bedeutete, daß eine Maschine auf dem Weg von Kolumbien in die USA weniger Brennstoff und mehr Kokain mitführen konnte. Bates und Seal mußten einen heiligen Eid ablegen, daß sie den Namen Nicaragua nie in den Mund nähmen. Statt dessen würde nun immer Costa Rica genannt.

Seal drückte sein Erstaunen darüber aus, daß die Ochoas Geschäfte mit Kommunisten machten. „Nein, nein, nein, wir sind keine Kommunisten“, widersprach ein Händler. „Aber sie kommen unseren Zwecken entgegen und wir den ihren.“

„Ich könnte mir aber vorstellen“, bemerkte Seal, „daß ein amerikanischer Kokainschmuggler in Nicaragua nicht gerade willkommen ist.“

„Sie haben nichts zu befürchten“, wurde ihm bedeutet.

Ochoa erläuterte den Auftrag. Seal sollte innerhalb der nächsten zehn Tage zu dem Landeplatz nördlich von Medellín fliegen, dort die ersten 1500 Kilo an Bord nehmen und direkt Kurs auf die Vereinigten Staaten nehmen. Die Ochoas planten, einen Kokainvorrat für die Besucher der Olympischen Sommerspiele von 1984 in Los Angeles anzulegen. Dann sollten Seal und Bates nach Süden zu dem sandinistischen Landeplatz in Nicaragua fliegen und dort auf die Ochoas warten, um die nächsten 2000 Kilo zu übernehmen.

Eine Woche später war Seal wieder in Miami und traf sich mit Lito in „Auto-World“, dem Autohandel mit Luxusfahrzeugen. Lito sagte, daß er der Inhaber sei, gemeinsam mit Pablo Escobar, und daß Escobar über „Auto-World“ pro Woche 500 Kilo hereinbringe. Weiterhin erzählte er, daß Jorge Ochoa auf den Bahamas innerhalb von zwei Tagen sechs Flugzeuge verloren habe und jetzt sein Vertriebsnetz in Miami neu organisiere. Der Mann, den er für diese Aufgabe ausgewählt habe, heiße Lizardo Marquez Perez, ein ehemaliger venezolanischer Marineoffizier. In seiner Heimat hatte man Haftbefehl gegen Marquez wegen Schmuggels von 667 Kilo Kokain und Beteiligung an einem versuchten Staatsstreich erlassen. Die Ochoas sahen in Marquez einen Intellektuellen und nannten ihn El Professor.

Als Seal ihn Mitte April kennenlernte, teilte Marquez ihm mit, daß die Ochoas beunruhigt über Litos Unvorsichtigkeit seien. Er und seine Leute führten ständig Telefongespräche von zu Hause, statt Münzfernsprecher zu benutzen. Marquez kaufte für die Verteiler in Südflorida „Piepser“ mit Sicherheitscodes und machte sich Notizen für ein zukünftiges Sicherheitshandbuch. An diesem Abend erhielt die DEA dank Seal die Nummer von Marquez’ Piepser.

Als Seal und Bates zu einer Konferenz mit Ochoa, Pablo Escobar und anderen Händlern nach Panama flogen, brachte Seal Ochoa einen

Packen von Marquez' Tagesberichten mit. Die Kartellführer drängten Seal, so bald wie möglich die 1500-Kilo-Ladung zu transportieren. Aber Seal bestand darauf, vorher den Landeplatz in Nicaragua zu besichtigen.

WIEDER in Miami, kauften Seal und Bates einen Campingbus zum Transport des Kokains innerhalb der Vereinigten Staaten.

Die Aktion sollte innerhalb von zwei Tagen erfolgen, aber bei einem Testflug hatte Seal einen Motorschaden an der Lockheed Lodestar. Die Reparatur dauerte eine Woche und kostete 30000 Dollar. Die nächste Panne ereignete sich in Kolumbien. Das Kartell hatte den Mord an Lara Bonilla angestiftet und mußte nach Panama fliehen.

Schließlich traf Seal die Kartellbosse in Panama City wieder. Es war Mai 1984, wenige Tage nach dem Mord an Lara Bonilla, und in Kolumbien herrschte das Chaos. Alle drei Brüder Ochoa hausten mit ihren Frauen, Kindern und Angestellten in einem gemieteten Haus. Auch Pablo Escobar war in der Stadt. Er erzählte Seal, daß Carlos Lehder sich in Brasilien versteckt halte und daß alle Kokainlabors in Kolumbien demontiert und nach Nicaragua verlegt würden.

Trotz der augenblicklichen Pechsträhne waren die Ochoas entschlossen, die 1500 Kilo umgehend loszuschicken.

Bei dem Treffen stellte Escobar einen Mann vor, den Seal nicht kannte, Federico Vaughan, einen Regierungsbeamten aus Nicaragua.

Escobar sagte, Vaughan werde Seal und Bates zu dem Flugplatz in Nicaragua begleiten, damit Seal ihn besichtigen könne. Wenn sie seinen Anweisungen folgten, würde ihnen kein Haar gekrümmt werden. Vaughan erklärte Seal, seine Regierung sei bereit, die gesamte Kokainbase, die die Kolumbier liefern könnten, weiterzuverarbeiten. Der nötige Äther komme aus der DDR.

Im Laufe dieses Tages nahmen Seal und Bates ein Flugzeug nach Managua, Nicaragua. Auf dem Flughafen ging Vaughan vor und regelte alles mit der Einwanderungsbehörde, so daß Seal und Bates einreisen konnten, ohne daß ihre Pässe abgestempelt wurden. Vaughans Frau Marquesa holte sie ab. Sie fuhren in nordwestliche Richtung. Ungefähr zehn Kilometer außerhalb der Stadt kamen sie an einer großen Ölraffinerie vorbei. Dies, erklärte Vaughan, sei die einzige Raffinerie des Landes. Jede Maschine, die über die Raffinerie fliege, ob Freund oder Feind, werde sofort abgeschossen. Seal horchte auf.

Sie fuhren weiter und bogen ab nach Los Brasiles, einem Militärflughafen mit einer einzigen befestigten Landebahn. Sie passierten mehrere Kontrollpunkte, dann zeigte Vaughan ihnen den Hangar und innen auch Pablo Escobars private Piper Cheyenne. Seal erkundigte sich nach der Länge der Landebahn und dem Untergrund. Während des Gesprächs schritten Seal, Bates und Vaughan die gesamten neunhundert Meter der Landebahn ab, wie es Seal vor jedem Schmuggelflug tat. Einmal wichen Seal und Bates ins hohe Gras ab, um sich einen Abflußgraben westlich der Landebahn anzusehen. Vaughan schrie ihnen nach, sie sollten stehenbleiben.

Er riet ihnen zur Vorsicht. „Das Gelände ist vermint. Wenn Sie beim Landen Schwierigkeiten haben, dürfen Sie nie nach Westen abweichen. Sonst fliegen Sie in den Tod."

Auf einer Karte von Nicaragua zeichnete Vaughan Pfeile ein, die die Ein- und Ausflugsrouten für die Schmuggelunternehmen darstellten. Außerdem sagte er ihnen den Codespruch für den Eintritt in den nicaraguanischen Luftraum. Sie sollten den Tower auf einer bestimmten Frequenz rufen und sich als Yankee November Whiskey X-ray Yankee – YNWXY – identifizieren. Seal kritzelte außerdem Vaughans Telefonnummer und die Codes, unter denen sie ihn über Funk erreichen konnten, auf die Karte. Vaughan wies sie darauf hin, daß alle Einflugschneisen auf die Stadt Managua zum Schutz gegen Nachtangriffe der Contras von Flakkanonen bewacht würden. Auf dem Teil der Karte, der Managua zeigte, malte Seal Kreise um die Geschützstellungen, die Raffinerie, Vaughans Haus und das Hauptquartier der sandinistischen Volksarmee.

Dann flogen Seal und Bates nach Panama City zurück, wo Escobar Seals Auftrag änderte. Er sollte nach erfolgter Lieferung der ersten 1500 Kilo in den USA nicht nach Nicaragua zurückkehren, sondern statt dessen nach Bolivien fliegen, um 6000 Kilo Kokainbase für die neuen Labors des Kartells in Nicaragua abzuholen.

Mit einem Privatflugzeug kehrten Seal und Bates nach Südflorida zurück. Sofort nach der Landung raste Seal zum Bundesgericht in Fort Lauderdale, wo ihm Richter Roettger das Strafmaß verkündete. Niemand hatte daran gedacht, Roettger zu sagen, daß Seal inzwischen ein wertvoller Informant der Regierung geworden war. Roettger verurteilte ihn zur Höchststrafe, zu zehn Jahren Haft, und ordnete an, daß er sofort ins Gefängnis von Broward County gebracht werde. Nun schmachtete

Seal zwei Tage lang verzweifelt im Gefängnis, bevor DEA-Agenten in einer nichtöffentlichen Anhörung Richter Roettger überredeten, Seal auf Kaution freizulassen.

14

Das Nicaragua-Geschäft

SOBALD Barry Seal aus dem Gefängnis kam, rief er Felix Bates an. Sie mußten etwas unternehmen. Die 1500-Kilo-Ladung war für den nächsten Tag vorgesehen. Bates fragte Seal, wo er gewesen sei. Geschäftlich unterwegs, war die Antwort.

Dann erzählte Bates, er glaube, daß seine Frau Informantin der Regierung sei. Als Bates und Seal in Panama waren, hatte man sie wegen Kokainbesitzes verhaftet. Aber bei seiner Heimkehr stellte Bates fest, daß sie freigelassen worden war. Er befürchtete, daß sie sich mit Informationen die Freiheit erkauft hatte. Bates, der häufig Kokain schnupfte und an Wahnvorstellungen litt, wollte nur unter der Bedingung mit Seal fliegen, daß er seine Frau mitnehmen könne, damit er sie unter Aufsicht habe. Seal gab zähneknirschend nach. Er flog nach Louisiana und wartete zwei Tage. Aber Bates kam nicht. Schließlich bewog Seal seinen besten Freund, Emil Camp, als Kopilot mitzufliegen. Am 28. Mai starteten sie um 2.30 Uhr nachts in Seals Lockheed Lodestar von einem kleinen Flugplatz in Arkansas. Mehrere Stunden später landeten sie auf dem grasbewachsenen Platz der Ochoas nördlich von Medellín.

Wie Seal befürchtet hatte, war der Boden durch kürzliche Regenfälle in Matsch verwandelt worden. Als Seal das Bodenpersonal befragte, sagte man ihm, er solle auf Don Carlos warten. Bald erschien ein langhaariger Mann zu Pferde. Er schwenkte eine Maschinenpistole und brüllte Befehle. Don Carlos, stellte sich heraus, war Carlos Lehder. Er zeigte mehr als den normalen Streß eines Mannes, der seit einer Woche auf einer Kokainladung gesessen hatte. Der Lehder, von dem Seal gehört hatte, war eine Legende im Kokaingeschäft. Aber der Lehder, den Seal jetzt zu sehen bekam, war ein gequälter, verzweifelter Mann, der vor Wut über die Verspätung fauchte. Aus dem einstigen „König des Kokaintransports“ war jetzt ganz offensichtlich ein Untergebener Ochoas und Escobars geworden, der zur Bewachung ihres Kokains abgestellt war.

Lehder gab laut seiner Besorgnis Ausdruck, daß man Seals Maschine aus der Luft entdecken könne. Er wollte, daß sie sie auftankten und dann sofort starteten.

Das, sagte Seal, sei unmöglich. Das überladene Flugzeug würde nie von der matschigen Rollbahn abheben können.

„Wir beladen die Maschine, und Sie machen, daß Sie mit ihr wegkommen“, schnauzte ihn Lehder an und wedelte mit der Maschinenpistole.

Seal tat, was ihm gesagt wurde. Das Bodenpersonal brachte 1500 Kilo Kokain in Seesäcken an Bord. Seal ließ die Lockheed Lodestar über die schlammige Startbahn rollen. Sie kam nicht auf die notwendige Geschwindigkeit. Beim Abheben machte Seal Bruch. Er und Camp blieben unversehrt. Aber alle mußten fieberhaft arbeiten, um das Kokain zu retten, bevor das Flugzeug explodierte. Als es in die Luft flog, erlitten zwei Arbeiter schwere Verbrennungen.

Barry Seal winkt dem Fotografen zu, der ihn und seinen Kopiloten Emil Camp nach der Bruchlandung der Lockheed Lodestar aufnimmt.
Die Maschine war mit 1500 Kilo Kokain völlig überladen gewesen.

FÜNF Tage später rief Seal bei der DEA an. Er werde am nächsten Tag nach Nicaragua fliegen. Am folgenden Abend erhielt die DEA einen rätselhaften Funkspruch: Seal sei in Nicaragua gelandet und habe irgendwelche Probleme mit dem Gesetz. Erst als Seal drei Tage später in die Vereinigten Staaten zurückkehrte, bekam die DEA eine ausführliche Erklärung.

Seal und Camp hatten Kolumbien am 3. Juni mit einer Titan 404 und einer reduzierten Ladung von 700 Kilo Kokain verlassen. Sie landeten wie geplant in Los Brasiles. Nach dem Auftanken startete Seal im Dunkeln und flog ohne Licht. Nördlich von Managua zertrümmerte eine Granate den linken Motor. Das Flugzeug verlor schnell an Höhe. Seal funkte Mayday an den Flughafen von Managua, nebst dem Code, den Vaughan ihm gegeben hatte. Nach der Landung kamen Soldaten angerannt. Seal sagte ihnen, er müsse mit Vaughan sprechen. Ein Anruf wurde ihm gestattet, aber Vaughan war nicht zu Haus. Dann erschien ein Sergeant der sandinistischen Armee, der für Vaughan arbeitete, und lud das Kokain aus Seals Flugzeug aus. Der Sergeant bedeutete Seal und Camp, den Mund zu halten. Er sagte, es werde alles in Ordnung gehen.

Über Nacht wurden Seal und Camp auf einem Militärgelände in Managua eingesperrt. Am nächsten Tag erreichte Vaughan, daß die beiden freigelassen wurden, und brachte sie zu einer Hacienda im Südosten von Managua. Dort traf Seal wieder mit Pablo Escobar zusammen, der von Panama nach Nicaragua übergesiedelt war, um die Kokaingewinnung in den Labors zu überwachen. Laut Vaughan war es zu dem Mißgeschick gekommen, weil er einen Schmuggelflug in der Dunkelheit überhaupt nicht vorgesehen hatte. Die Soldaten hatten Seal gehört und einfach nach Gehör geschossen. Offenbar verlangte das Unternehmen bessere Verständigungsmöglichkeiten. Seal äußerte sein Erstaunen darüber, daß er Vaughan nicht aus der Luft erreichen konnte. Er schlug vor, Walkie-talkies anzuschaffen.

Escobar sagte ihm, der neue nicaraguanische Kokainlaborkomplex sei auf einer *Finca* südlich von Managua angesiedelt und werde bald die volle Produktion aufnehmen. Escobar bezog sich auf die bolivianische Kokainbase, die Lehder jetzt in Kolumbien ansammelte und die in Nicaragua verarbeitet werden sollte. Es handelte sich um zehn bis fünfzehn Tonnen – grob geschätzt ein Fünftel des Kokains, das in den Vereinigten Staaten im ganzen Jahr verbraucht wurde.

„Na, dafür benötigt man aber ein wirklich großes Flugzeug“, meinte Seal. Er schlug vor, eine Militärfrachtmaschine zu kaufen, wie er sie in der Anzeige eines Luftfahrtmagazins gesehen habe. Escobar war von der Idee begeistert und ordnete an, Seal solle das Flugzeug erwerben und dann zum Transport der ersten 700 Kilo zurückkommen.

SEAL und Camp flogen in Pablo Escobars Piper Cheyenne zurück, die Escobar zur Inspektion in die Vereinigten Staaten schickte. Dort ging Seal mit Escobars Einkaufsliste los: Zum Teil handelte es sich um praktische Dinge, Flugzeugteile, Nachtsichtbrillen und ein Dutzend ITT-McKay-Hochfrequenzfunksender. Diese erstklassigen Geräte kosteten pro Stück 12 000 Dollar. Aber es standen auch Konsumgüter darauf, die in Nicaragua schwer zu beschaffen waren: Videorecorder, Zehn-Gang-Fahrräder, Whisky der Marke Johnny Walker und Marlboro-Zigaretten.

Als nächstes schaffte Seal eine Fairchild C-123K Provider an, eine zweimotorige Militärtransportmaschine, die wie ein Wal aussieht und im Vietnamkrieg oft eingesetzt worden war. Seal nannte sie die „dicke Dame“. Er bekam sie im Austausch für eine andere Maschine bei einem Flugzeughändler, der für seine CIA-Kontakte bekannt war.

Inzwischen hatte sich nämlich die CIA in Seals Mission eingeschaltet. Ihr Beitrag war hauptsächlich technologischer Natur. Am 18. Juni flog Seal die C-123K zum Luftstützpunkt Rickenbacker in Ohio. Hier bauten Techniker eine von der CIA zur Verfügung gestellte 35-mm-Kamera in die Nase des Flugzeugs und eine zweite im Inneren der Maschine in einem falschen Elektronikkasten über dem Schott vor den rückwärtigen Frachttüren ein. Der Kasten hatte eine winzige Linse, so daß die versteckte Kamera jeden filmen konnte, der das Flugzeug belud.

Drei Tage später war Seal wieder in Miami und rief Vaughan in Managua an. Heimlich nahm er das Telefongespräch für die DEA auf Band auf. „Ich besuche am Sonntagmittag meine Großmutter“, sagte Seal. Das war der Codespruch für das Abholen des Kokains.

Dann berichtete Seal über den Ankauf der C-123K. „Es ist ein großer Cadillac ..., ein sehr, sehr großer Wagen ... Ich wollte nur sichergehen, daß meine Großmutter, äh, der Wirt soll nicht, äh, erschrecken, wenn er ihn sieht.“

Der „Hauswirt“, das waren die Sandinisten. Seal machte sich Sorgen, sie könnten ihn wieder abschießen.

„Nein, nein, nein", beruhigte ihn Vaughan. „Das geht alles okay."

Seal startete von Key West und landete die C-123K am 25. Juni 1984 um ein Uhr mittags in Los Brasiles. Als das Aufladen begann, nahmen die versteckten Kameras Seal auf, wie er gemeinsam mit Pablo Escobar und Federico Vaughan Kokain in 25 Kilo schweren Seesäcken auflud.

Um 4.50 Uhr am nächsten Morgen landete Seal die C-123K mit 700 Kilo Kokain an Bord auf dem Luftstützpunkt Homestead südlich von Miami. Noch in der Luft setzte er sich mit Lito in Verbindung und verabredete ein Treffen im Einkaufszentrum Dadeland. Auf dem Parkplatz besprachen sich die beiden Männer in Litos Wagen.

„Wo ist die Ladung?" fragte Lito.

„Sie liegt gleich da drüben in dem Campingbus", antwortete Seal.

Seal trennte sich am Bus von Lito. Ein Team von DEA-Agenten beobachtete, wie ein weißer Chevy-Campingwagen heranfuhr. Ein Mann stieg aus, schloß die Tür des Campingbusses auf und fuhr los.

Nicaragua: Aufnahme aus der versteckten 35-mm-Kamera in Seals Flugzeug. Federico Vaughan (im gestreiften Hemd) und Barry Seal (ganz rechts) laden Kokain in 25 Kilo schweren Seesäcken in die Maschine, deren Ziel Florida ist.

Agenten folgten dem Bus in mehreren Wagen und einem Hubschrauber auf den US-Highway 1. Im verabredeten Augenblick krachte ein DEA-Agent in einer alten weißen Buick-Rostlaube in den Campingwagen. Auf dieses „Signal“ hin erschien ein Streifenwagen der Florida-Highway-Patrol.

Die DEA war auf einen verwegenen Plan verfallen, um Seals Ermittlungen so lange wie möglich geheimzuhalten. Nach dem Gesetz ist es US-Agenten nicht gestattet, Rauschgift ungehindert durchzulassen. Sie mußten es beschlagnahmen, selbst wenn dies das vorzeitige Ende einer Undercoveraktion bedeutete. Die 700 Kilo Kokain mußten also beschlagnahmt werden. Aber um die Ermittlungen weiterführen zu können, hatte die DEA einen Unfall inszeniert: das Rammen des Campingbusses und das Auftauchen des Streifenpolizisten. Der Mann hatte Anweisung, den Fahrer des Campingwagens entkommen zu lassen.

Beinahe hätte der Plan geklappt. Der junge Kolumbianer im Campingbus zeigte seinen Führerschein vor, konnte aber die Wagenpapiere nicht finden. Er fragte den Polizisten, ob er eben mal über die Straße gehen könne, um einen Telefonanruf zu machen. Der Polizist sagte ja. Der Mann begab sich über die Straße in einen Schnellimbiß. Einer der observierenden Agenten spielte am Sprechfunk den Reporter, als der Mann zur Rückfront des Restaurants ging und dann türmte. „Er hat die Straße überschritten. Jetzt geht er um die Ecke. Und … jetzt … ist er weg!“

Aber niemand konnte damit rechnen, daß ein Zivilist den Unfall gesehen hatte. Er verfolgte den jungen Kolumbianer und warf sich auf ihn. Die beiden kämpften miteinander, bis ein Polizeiwagen von Coral Gables dazukam. Nun hatte die Polizei keine Wahl. Sie mußte ihn festnehmen.

Um zwei Uhr morgens erhielt Seal einen Anruf von Paul Etzel, einem Kolumbianer, der in Miami Autos verkaufte und in Litos Diensten stand.

„Haben Sie es schon gehört?“ fragte Etzel. „Die Ladung wurde geschnappt.“

Am nächsten Tag bekam Seal die Mitteilung, daß Lito ihn sofort zu sehen wünsche. Seal glaubte sein Leben in Gefahr und bat die DEA, eine Überwachung aufzubauen. Er traf sich mit Lito in einem Restaurant unweit des Dadeland-Einkaufszentrums. Lito teilte ihm mit, daß der höchste Mann von Ochoas Organisation in Miami, ein Mann mit dem Namen Jota, alle Beteiligten sprechen wolle.

„Einer unserer Männer folgte dem Campingbus“, erklärte Lito. „Er sagt, es war eine Falle.“

Seal stieg mit Lito und Etzel in einen Kombiwagen. Sie fuhren nach Miami zu einem Apartmenthaus. Dort wurden sie von Jota und einer Gruppe Kolumbianern erwartet. Der junge Mann, der dem Campingbus gefolgt war, sagte, er habe gesehen, daß ein Autofahrer den Bus absichtlich gerammt habe.

„Er weiß nicht, wovon er spricht“, meinte Lito, der als Konstrukteur der Übergabe ein Interesse daran hatte zu beweisen, daß die Beschlagnahme durch einen Unfall zustande gekommen war.

Jota fragte Seal nach seiner Meinung. Seal sagte, wenn Jota meine, da stimme etwas nicht, sollten sie sofort ihren Betrieb einstellen. Dann forderte Jota Seal auf, ihm seinen Führerschein zu zeigen. Seal zog einen seiner falschen Ausweise hervor. Er werde wieder auf ihn zukommen, meinte Jota. Alle wurden gezwungen, sitzen zu bleiben, bis Jota die Wohnung verlassen hatte. Er wollte verhindern, daß ihm jemand folgte.

Einen Tag später rief Lito an und verkündete, alles sei geregelt. Er fragte Seal, ob er noch bereit sei, nach Nicaragua zurückzufliegen und weiteres Kokain zu holen. Seal sagte zu und rief dann Vaughan in Managua an. Er erzählte ihm von dem Zwischenfall und sagte, jemand mit Befehlsgewalt müsse Änderungen veranlassen. Vaughan erwiderte, daß jeder auf Seal hören werde.

„Sie haben alle eine sehr, sehr gute, eine besonders gute Meinung von Ihnen“, lobte ihn Vaughan und fügte hinzu, daß „unser gemeinsamer Freund“ – Pablo Escobar – um einen Gefallen gebeten habe.

Escobar wollte, daß Seal ihm noch mehr Luxusgüter mitbrachte. Außerdem wollte Escobar 1,5 Millionen Dollar in bar haben. Er brauchte das Geld, um den Sandinisten die Landerechte in Nicaragua zu bezahlen. Lito ließ sich mit der Geldbeschaffung Zeit.

Doch schließlich brachte er es in drei Koffern und einem Pappkarton. Als er wieder weg war, rief Seal bei der DEA an. Die schickte einen Agenten in sein Hotelzimmer, um das Bargeld zu fotografieren.

Am 7. Juli flog Seal mit der C-123K nach Nicaragua. Als die Maschine in Los Brasiles gelandet war, sagte Seal zu Vaughan, er habe noch in der Luft von einem seiner Leute in Mississippi einen Funkspruch erhalten, wonach die Ausladestelle unter polizeilicher Beobachtung stehe. Er wollte die Ladung deshalb vorerst in Nicaragua lassen. Vaughan nahm ihn mit zu Escobar. Der hörte sich Seals Argumente an und dankte ihm für seine Umsicht. Die zweite nicaraguanische Ladung von 900 Kilo blieb in Los Brasiles.

Seals Bedenken waren aber nur vorgetäuscht. Wenn er nämlich die Ladung in die USA brachte, würde die DEA sie beschlagnahmen müssen. Die Agenten wollten den Fall noch viel weiter verfolgen. Doch nach dem Vorfall mit dem Campingbus wußten sie nicht, wie eine zweite Beschlagnahme im stillen vor sich gehen könnte. Daher wollte die DEA, daß Seal die bolivianische Kokainbase von Kolumbien herüberbrachte. Dann könnte sie die Kokainlabors des Kartells in Nicaragua lokalisieren. Doch der größte Wunsch der DEA war, daß es Seal gelänge, Ochoa und Escobar in ein Land zu locken, in dem sie festgenommen werden konnten.

Jetzt, da Seal mit leeren Händen in die Vereinigten Staaten zurückzukehren drohte, sprach Escobar wieder über die für die nicaraguanischen Kartellabors bestimmte bolivianische Kokainbase. Seal sollte später das fertige Kokain in der C-123K von Nicaragua zu einem Flugplatz in Nordmexiko fliegen, den Rodriguez Gacha, der Boß des Vertriebssystems an der Westküste, erworben hatte. Danach würden Piloten mit kleineren Maschinen das Kokain aus Mexiko in die USA bringen. Escobar wünschte, daß Seal die Landeplätze in Mexiko besichtigte, und Seal war einverstanden. Indessen hoffte man bei der DEA, die Kartellbosse dort festzunehmen.

DAMIT stand die DEA vor einem sensationellen Coup. Doch dann platzte der Fall. Die Beteiligung der Sandinisten war ein so heißes politisches Eisen, daß weiteren Ermittlungen ein Ende gesetzt wurde. Am 26. Juni, als Seal mit den 700 Kilo auf dem Luftstützpunkt Homestead südlich von Miami eingetroffen war, kamen Einzelheiten seines Auftrags Lieutenant Colonel Oliver North zu Ohren, dem Mann des Nationalen Sicherheitsrats, der die Geheimgelder an die Contras in Nicaragua verwaltete, mit denen die Reagan-Regierung ihren Kampf gegen die Sandinisten unterstützte.

An diesem Tag kritzelte North den Namen „Freddy Vaughan“ in den Kalender auf seinem Schreibtisch. Darunter schrieb er: „Fotos zeigen Vaughan und Nic. Int. Soldaten“. Schließlich fügte er noch hinzu: „750 Pfund Kokain.“

Ron Caffrey, der Chef der DEA-Kokainabteilung in Washington, hatte North persönlich von Seals Flügen nach Nicaragua in Kenntnis gesetzt. Ende Juni oder Anfang Juli war North jedoch schon – laut Caffrey – im Besitz der Seal-Fotos. Caffrey geriet über diesen Verrat in Wut.

Drei Jahre später erinnerte sich Caffrey bei den Anhörungen im Kongreß, daß North ihn damals gefragt habe, ob man die Geschichte der Presse zuspielen könne. Es stand nämlich gerade eine Abstimmung über die Contra-Hilfe bevor, und wenn Beweise für die Komplizenschaft der Sandinisten mit den Drogenhändlern vorlägen, konnte das der Sache der Contras förderlich sein.

Doch Caffrey antwortete North, eine Veröffentlichung würde Seal für die DEA wertlos machen, seine Mission wärc damit zwangsläufig beendet. Man trennte sich dann im Einverständnis darüber, daß Seal seine Undercoveraktionen fortsetzen und mit den 1,5 Millionen Dollar Schmiergeld für die Sandinisten nach Nicaragua zurückfliegen werde.

Als Seal am 8. Juli aus Nicaragua zurückkehrte – 900 Kilo hatte er dort zurückgelassen –, erhielt die DEA die Nachricht, daß die rechtsgerichtete Zeitung *Washington Times* im Begriff war, Einzelheiten über Seals Auftrag zu veröffentlichen. Die DEA hatte keinen Zweifel, wer die Quelle war.

Da wußte die DEA, daß sie den Fall jetzt schnell abwickeln mußte. Sie beauftragte Seal, eine Konferenz mit Lito und dessen Partner Paul Etzel anzuberaumen. Am 17. Juli verhaftete die DEA die beiden Männer im Motel Skyways in Miami. Lito wies einen Führerschein vor, der auf den Namen Jorge Negrete ausgestellt war, aber inzwischen kannte die DEA schon seinen richtigen Namen: Carlos Bustamante. Einen Paß hatte er nicht. Den Agenten sagte er, er bestreite seinen Lebensunterhalt damit, daß er Wagen wasche.

Bates wurde von den Agenten im Miami Airport Hilton festgenommen. Man fand 20000 Dollar. Das Medellín-Kartell Vaughan, Escobar, Ochoa, Lehder und Rodriguez Gacha wurde zum erstenmal gemeinsam beschuldigt, doch die Männer waren außerhalb der USA in Sicherheit.

Am Tag der Festnahme erschien die *Washington Times* mit ihrer Geschichte. Dieser Artikel und die dadurch angeregten Serien in anderen Zeitungen lenkten die Aufmerksamkeit im ganzen Land auf die

Rolle der Sandinisten im Drogenhandel, während die Kartellführer in den Hintergrund traten. Die Politik beherrschte die Schlagzeilen. Dadurch entgingen die Kartellbosse zunächst der öffentlichen Beachtung.

15

Großrazzia

Als Folge des Attentats auf Lara Bonilla war das Medellín-Kartell zum erstenmal seit seinem Bestehen gezwungen, sein Heil in der Flucht zu suchen. Die Schwierigkeiten in Nicaragua waren nur das Symptom einer viel größeren Krise. In den ersten drei Monaten nach der Ermordung von Lara Bonilla endete alles, was das Kartell unternahm, mit Fehlschlägen.

Was aber am schlimmsten war: das Kartell hatte die Ehre der Nation beschmutzt und seinen Präsidenten über die Maßen beleidigt. Mit Lara Bonilla war zum erstenmal in der Geschichte Kolumbiens ein amtierender Minister ermordet worden. Die unerhörte Arroganz dieses Verbrechens war erschreckend. Belisario Betancur konnte es sich nicht erlauben, darüber hinwegzugehen.

Nach dem Mord an Lara Bonilla erkannte man zum erstenmal im Medellín-Kartell den Feind: rücksichtslose, grausame Mörder, die bereit waren, die Grundlagen des kolumbianischen Staates zu erschüttern. Jetzt sagte niemand mehr, der Drogenhandel sei „ein Problem der USA“.

Unter dem am 1. Mai von Betancur verkündeten Ausnahmezustand stellte man Angeklagte wegen Rauschgiftverbrechen vor Militärgerichte, ohne daß Kaution gewährt wurde. Bei Verurteilungen gab es hohe Gefängnisstrafen ohne Bewährung. Die Polizei erhielt weitgehend Recht auf Durchsuchung, Festnahme und Haft. Sie konnte jeden Bürger auch ohne einleuchtenden Grund vernehmen. Innerhalb von wenigen Tagen wurden Hunderte von verdächtigen Drogenhändlern ins Gefängnis gesteckt. Die Polizei durchsuchte mehr als hundert Häuser, die den Kartellmitgliedern gehören sollten. Flugzeuge, Autos, Lastwagen und anderer Besitz wurden überall im Land beschlagnahmt. In Medellín unternahm die Polizei eine Razzia in einer von Pablo Escobars

Wohnungen. Offenbar hatte ihn jemand gewarnt, denn er war gerade noch rechtzeitig geflüchtet. Außerdem drang die Polizei in Escobars Hacienda Los Napoles ein. Bald beschwerten sich Kolumbiens Tierschützer, daß Escobars Zootiere dem Hungertod nahe wären. Die Regierung übernahm den Zoo und machte daraus eine Touristenattraktion.

Auch Carlos Lehder hatte sein Lieblingsspielzeug eingebüßt. Er war im Dschungel untergetaucht, nachdem Betancur den Auslieferungsbefehl unterzeichnet hatte. Seitdem hatten die Angestellten der Posada Alemana kein Gehalt mehr bekommen. Jetzt zogen sie in Scharen davon – rund zweihundert Familien. Das Anwesen begann zu verwahrlosen. Bungalows und Außengebäude erlitten Schäden durch Regen und Feuer. Nur John Lennon hielt aus: Die Statue blieb als einzige Erinnerung an den vergangenen Ruhm.

WIE Barry Seal bereits festgestellt hatte, entschloß sich die überwiegende Mehrheit des Kartells, die Großrazzia im benachbarten Panama auszusitzen. Das war aus verschiedenen Gründen eine kluge Entscheidung. Panama City ist auf dem Luftweg nicht mal eine Stunde von Medellín entfernt, und die Händler kannten sich hier aus. Seit Jahren hatten sie die Stadt als Konferenzort genutzt und ihr Geld von panamaischen Banken waschen lassen.

Was jedoch noch wichtiger war: das Kartell hatte einen Schirmherrn in Panama. General Manuel Antonio Noriega war Chef der Streitkräfte von Panama und der starke Mann im Lande. Wenn ein Ausländer in Panama Noriega zum Freund hatte, brauchte er keinen anderen.

Einige Händler waren mit Noriega seit 1982 persönlich bekannt, als Escobar mit ihm ein Abkommen getroffen hatte, durch das er Panama als Zwischenlandeplatz für Kokainlieferungen nach den Vereinigten Staaten nutzen durfte.

Aus Gerichtsakten in Miami ging später hervor, daß Noriega 100000 Dollar pro Ladung erhielt. Escobar ließ Noriegas Pilot an seiner eigenen Piper Cheyenne ausbilden, damit dieser die Maschine, mit Kokain beladen, von seiner Ranch nach Panama und zurück fliegen konnte. Die Dokumente besagen, daß Escobar bis Ende 1982 400 Kilo Kokain nach Panama verfrachtet hatte und Noriega die Gebühr für den nächsten Transport auf 150000 Dollar heraufsetzte. Beide Seiten schienen zufrieden zu sein.

Der panamaische Diktator General Manuel Noriega

Irgendwann gegen Ende 1983 trat das geschäftliche Unternehmen zwischen Noriega und dem Kartell in eine noch ehrgeizigere Phase. Die Händler errichteten im Darién-Dschungel im Süden Panamas ein Kokainlabor, achtzig Kilometer von der kolumbianischen Grenze entfernt. Mitglieder des Kartells zahlten fünf Millionen Dollar an hochrangige Offiziere der panamaischen Streitkräfte. Dafür sollten sie nicht belästigt werden. Es war nicht klar, ob Noriega das Geld direkt erhielt. Aber unmöglich konnte ein Labor von dieser Größe ohne Wissen und Zustimmung des Generals gebaut werden.

Es war ein gefährliches Spiel für Noriega. Aber wenn überhaupt einer sich das erlauben konnte, so war er es. Er war ein zwergenhaft kleiner Berufsoffizier mit einem von Akne gezeichneten Gesicht, das ihm endlosen Verdruß und den Spitznamen *Cara de Piña* (Ananasgesicht) eingebracht hatte. Er zeigte sich auf der politischen Bühne als glänzender Drahtzieher und Seiltänzer, der es fertigbrachte, sich als Führer der Dritten Welt und Freund des kubanischen Kommunistenchefs Fidel Castro darzustellen und zur gleichen Zeit den USA sowie der CIA als Helfer zu dienen. Jahrelang umschwirrten ihn Gerüchte – Korruption, Drogenhandel, Waffenschmuggel und Schlimmeres. Aber er überstand jeden Sturm, weil die Gringos in ihm die Schlüsselfigur für die politische Stabilität seines Landes und den ungestörten Betrieb des Panamakanals sahen.

Nach dem Mord an Lara Bonilla nahm Noriega die Exilanten des Kartells unter seine Fittiche. Er stellte ihnen Leibwachen und stand ihnen mit Rat und Tat zur Seite. Ochoa hatte ein Haus nahe dem Hotel Marriott gemietet; Escobar hielt sich im El Valle, in Bambito-Hotels oder im Holiday Inn auf. Die Kosten für dieses Asyl betrugen allein für Escobar eine Million Dollar, zahlbar an den General.

UNTER der Schirmherrschaft von Noriega verfolgte das Kartell eine ehrgeizige „zweigleisige" Genesungspolitik. Einerseits betrieben die Händler in Panamas Darién-Dschungel ein großes Labor, sprachen davon, auch in Nicaragua neue Labors zu errichten, und berieten mit Barry Seal über die Einzelheiten eines Kokaintransports von 1500 Kilo. Wenn Kolumbien sie also nicht haben wollte, würde Nicaragua sie aufnehmen. Oder Panama. Oder irgendein anderes Land. Kokain kannte keine Grenzen. Das Kartell strebte einen Waffenstillstand mit der Regierung von Kolumbien an.

Über Unterhändler sandte das Kartell einen sechsseitigen Brief an Belisario Betancur. Die Händler nannten dieses außerordentliche Dokument eine „einseitige Erklärung", in der „wir offen und ehrlich Stellung nehmen" und den Präsidenten baten, „die Möglichkeit unserer Wiedereingliederung in die kolumbianische Gesellschaft zu erwägen".

Der erste Teil des Memorandums bestand aus einem kurzen geschichtlichen Abriß des Drogenhandels in Kolumbien. Darin enthalten war die Erklärung, „daß unsere Organisationen ... heute zwischen siebzig und achtzig Prozent des Gesamtvolumens im kolumbianischen Drogenhandel kontrollieren, was uns ein jährliches Einkommen von ungefähr zwei Milliarden Dollar einbringt". Danach sprach das Memorandum die Versicherung aus, daß „die von uns vertretenen Organisationen weder direkt noch indirekt" für den Mord an Lara Bonilla verantwortlich seien. Darüber hinaus erklärten die Händler, sie wollten „das in Kolumbien derzeit herrschende demokratische und republikanische System" keineswegs ändern.

Der zweite Teil des Memorandums erläuterte den Vertragsvorschlag der Händler. Sie würden sämtliche versteckten Landebahnen und Laboratorien übergeben und ihre Infrastruktur auflösen, ihr Geld ins Heimatland transferieren, bei der Entwicklung von Projekten helfen, die den Ersatz von Koka- und Marihuanaanbau durch andere Pflanzen zum Ziele hätten, und „mit der Regierung ... bei Feldzügen gegen den Drogenmißbrauch im eigenen Lande und für die Therapie von Süchtigen zusammenarbeiten". Im Gegenzug verlangten die Händler von Betancur die Aufhebung des Ausnahmezustandes und seine Zusage, den Auslieferungsvertrag nicht auf Verstöße anzuwenden, die vor dem Zeitpunkt dieses Briefes begangen worden seien. Mit anderen Worten: Amnestie. Wenn die Händler pro Jahr zwei Milliarden Dollar verdienten und davon einen großen Teil außerhalb des Landes angelegt hatten, so konnten sie eine kaum vorstellbare Geldmenge nach Kolumbien zurückbringen. Das war nichts anderes als eine kolossale Bestechung.

Die Händler hörten weder von Betancur noch von irgend jemand sonst etwas über ihren Vorschlag und blieben weiter in Panama, während rund um sie ihre Unternehmen zusammenbrachen. Am 15. Juni beschlagnahmte der US-Zoll auf dem Flughafen von Miami 1,2 Tonnen Kokain, die ein Frachtjet einer panamaischen Chartergesellschaft in versiegelten Kühlschränken und in Kartons mit dem Aufdruck „Parfüm“ eingeflogen hatte. Eine Woche später konfiszierten panamaische Anti-Drogen-Agenten in der Freihandelszone des Kanals 6159 Fässer Äther. Und dabei hatte man doch geglaubt, die Beziehungen zu Noriega wären wieder eingerenkt. Was ging also hier vor?

Die Kartellmitglieder konnten sich nicht wehren. Sie saßen im Ausland fest, während sich rings um sie ein Unglück nach dem anderen ereignete und Skandale aufgedeckt wurden.

Es war klar, daß das Kartell Panama verlassen mußte. Escobar und Ochoa fühlten sich außerhalb Kolumbiens nicht wohl. Zudem wußten sie, daß sie letztlich zu Hause am sichersten waren. Dort konnten sie sich mit ihrem Geld den notwendigen Schutz erkaufen und sich ihre Feinde durch bezahlte Mörder vom Leibe halten.

Aber Betancur gab nicht zu erkennen, daß er den Druck lockern werde. Als Nachfolger von Lara Bonilla ernannte er einen weiteren Hardliner im Kampf gegen Drogen zum Justizminister, Enrique Parejo Gonzales. Parejo war genauso unnachgiebig wie sein Vorgänger. Doch im Gegensatz zu ihm konnte er mit Betancurs voller Unterstützung rechnen. Im Spätsommer hatten die Vereinigten Staaten Auslieferungsverfahren gegen mehr als sechzig kolumbianische Gesetzesbrecher eingeleitet.

Und am 14. August erließ in Bogotá Tulio Manuel Castro Gil, Richter des Obersten Gerichtshofs, Vorladungen zur vorläufigen Verhandlung gegen vierzehn verdächtige Personen im Zusammenhang mit dem Mord an Lara Bonilla. Dazu gehörten die mutmaßlichen „geistigen Urheber“ des Verbrechens: Pablo Escobar, die drei Brüder Ochoa und Gonzalo Rodriguez Gacha. Gegen Escobar existierten fünf verschiedene Haftbefehle: zwei wegen Mordes an den beiden DAS-Agenten in Medellín, einer zum Zweck der Vernehmung im Mordfall Lara Bonilla, einer wegen Tierschmuggels für seinen Zoo und einer zur Auslieferung als Drogenhändler an die USA. Am 19. Oktober erhob Castro Gil wegen des Mordes an Lara Bonilla Anklage gegen Escobar und benannte die Ochoas und Rodriguez Gacha als wichtige Zeugen.

Die Anklage gegen Escobar stützte sich zum großen Teil auf Aussagen von Jaime Ramirez. Die Mitglieder des Kartells wußten davon, sie waren an eine Kopie von Ramirez' Aussagen gekommen. Doch Ramirez war dies gleichgültig. Er fühlte sich mitschuldig an Lara Bonillas Tod und versprach, „von jetzt an noch erbitterter zu kämpfen".

Und genau das tat er. Bis Mitte 1984 hatte Ramirez die Anti-Drogen-Einheit der Polizei auf 1200 Mann gebracht. Ständig entdeckte er Kokainlabors, und nach der Tranquilandia-Razzia konnten Ramirez und Phelps feststellen, daß Erfolg weitere Erfolge nach sich zieht. Neue Informanten kamen zur Polizei und zur DEA. In den ersten sieben Monaten des Jahres 1984 beschlagnahmte die Polizei 26 Tonnen Kokain und Kokainbase und 37 Tonnen *Bazuko*. Das bedeutete eine Steigerung der gesamten Kokainbeschlagnahmen in den letzten vier Jahren um das Elffache. Außerdem zerstörte die Polizei 84 Labors und konfiszierte 144 Flugzeuge der Drogenhändler. Doch enttäuscht mußte Ramirez einsehen, daß es fast unmöglich war, einen der großen Händler dingfest zu machen. Sie erfuhren immer rechtzeitig vom Anrücken der Polizei. Einmal kamen Ramirez' Männer nur um vier Tage zu spät, um Carlos Lehder zu schnappen.

Für Ramirez war Lehder zum Sonderfall geworden. Im Gegensatz zu Escobar, Ochoa und Rodriguez Gacha, die in Panama hockten, hielt Lehder sich in Kolumbien auf. Als Realist wußte Ramirez eines: Selbst bei einer Festnahme Escobars oder Ochoas wäre es ein Wunder, wenn sie nicht alsbald wieder aus dem Gefängnis freikämen. Doch bei Carlos Lehder lag der Fall anders. Betancur hatte den Auslieferungsbefehl schon unterzeichnet. Alle Revisionsmöglichkeiten waren erschöpft. Wenn Ramirez Lehder festnahm, brauchte er ihn nur in ein Flugzeug zu setzen und konnte ihn ohne bürokratische Schwierigkeiten in die Vereinigten Staaten verfrachten.

Ramirez begann sein Opfer zu umkreisen. Er setzte seine Männer an, Spitzel anzuwerben und Informationen zu sammeln. Im November führte Lehders Spur Ramirez' Männer zur *Finca* Chipre, ungefähr 160 Kilometer südöstlich von Cartagena, wo er eine neue Schmuggelbasis aufgebaut hatte. Die Polizei überrumpelte das Lager und beschlagnahmte 230 Kilo Kokain. Aber Lehder war fort.

Ende des Jahres spürten Ramirez' Spitzel Lehder in Colón auf, wo er in einem Haus am Panamakanal wohnte. Vor etwas über einer Woche sei er noch in Medellín gewesen, sagten die Informanten. Offenbar hatte er wieder Verbindung mit seinen Kollegen aufgenommen.

Schließlich gab Lehder im Februar 1985 dem spanischen Fernsehen in einem seiner Verstecke in den *Llanos* ein Interview. Er hatte einen Bart und wirkte ungepflegt, trug Drillichhosen und eine ärmellose schwarze Weste und erzählte den Fernsehreportern, daß er plane, „zur Verteidigung der nationalen Unabhängigkeit eine fünfhunderttausend Mann starke Armee aufzubauen“. Er sagte, das Problem der Auslieferung sei zu einer Sache der nationalen Befreiung geworden. „Das Volk hat Lara Bonilla erschossen, bevor er – mit Unterstützung der Imperialisten – mehr als dreihundert Kolumbianer auf einmal zur Aburteilung in die USA abschieben konnte.“ Von sich selbst sagte Lehder: „Ich stehe als Symbol für jene Menschen, die den Imperialismus bekämpfen. In diesem Kampf heiligt der Zweck jedes Mittel.“

16

Unheil zieht auf

FÜR Lewis Tambs und Johnny Phelps bedeutete der Sieg – das Ausweisungsverfahren –, daß sie einen ihrer beiden wichtigsten Aufträge erfüllt hatten. Tambs nannte 1984 „das Jahr des Durchbruchs“. Trotz aller Skepsis war der vorsichtigere Phelps im Grunde mit Betancur zufrieden. Der Präsident hatte keine Hand gerührt, bis Lara Bonilla ermordet worden war. Aber nachdem er sich jetzt endlich zum Handeln entschlossen hatte, „blieb er auch bei der Stange“.

Doch Phelps erkannte auch, daß sich durch den Mord an Lara Bonilla die Einsätze im Drogenkrieg dramatisch erhöhten. Wenn Kolumbien die Händler festnehmen wollte, brauchte es für die Strafverfolgung angemessenere Gesetze und für die Haftstrafen sicherere Gefängnisse. Und der Staat mußte die Kraft haben, den Drohungen des Kartells zu trotzen. Das Justizsystem würde auf eine Probe gestellt werden wie nie zuvor.

Plötzlich wurde es in Kolumbien wesentlich gefährlicher. Die Drogenhändler, die in Panama hockten oder sich in Dschungel-*Fincas* verborgen hielten, hatten nicht die Absicht, einen Rückzieher zu machen.

Im Juli erklärte Betancur, daß er über seinen privaten Telefonanschluß im Präsidentenpalast von den Drogenhändlern bedroht worden sei. Eigentlich konnten nur seine engsten Berater diese Nummer kennen. Früher hatte Betancur das Volk gesucht, um in den Hochrufen der Massen zu baden. Jetzt fuhr er nur noch in gepanzerten Limousinen umher und erschien unerwartet zu Verabredungen.

Auch Lewis Tambs forderte weitere Verstärkung für seinen Schutz an. Bei seiner Ankunft in Kolumbien fuhr der Botschafter in einer gepanzerten Cadillac-Limousine der US-Armee, der ein Wagen mit Sicherheitsagenten als Rückendeckung folgte. Er hatte stets einen 9-mm-Magnum-Revolver bei sich.

Allmählich verlängerten Tambs' Sicherheitsberater seinen Wagenkonvoi. Zur Zeit des Mordes an Lara Bonilla bestand der Konvoi aus fünf Fahrzeugen: einem „Spähwagen", einem „Vorauswagen", seiner Limousine und zwei Nachhutwagen.

Die übrigen Botschaftsangehörigen fuhren in schweren gepanzerten Autos mit Vierradantrieb. Die Kinder wurden in Bussen zur Schule gebracht, die eine Eskorte von Armeejeeps mit hinten aufmontierten Maschinengewehren begleitete. Tambs stellte jedem bewaffnete Wachposten zur Verfügung. Ende Mai 1984, kurz nach der Ermordung von Lara Bonilla, rollte ein leeres Auto einen Hang hinunter auf die US-Botschaft zu, wo es beim Aufprall am Rinnstein explodierte. Die Flammen schossen fast hundert Meter hoch empor. Hätten die Urheber des Anschlags die Richtung nur ein wenig besser berechnet, so wäre der Wagen im Portal der Botschaft gelandet.

Weiterhin trafen Drohungen ein, durchs Telefon und mit der Post. Im Oktober 1984 war Tambs der Ansicht, daß die Botschaft sich im Belagerungszustand befinde, und Washington stimmte ihm zu und wies ihn telegrafisch an, die offizielle US-Delegation auf das äußerste Minimum zu beschränken. Tambs reduzierte die Belegschaft um dreißig Prozent.

Johnny Phelps fuhr nun im gepanzerten Lieferwagen, trug eine Maschinenpistole mit sich herum, wohnte in einem streng bewachten Apartment und hörte praktisch jede Nacht, wie in der Nachbarschaft Feuergefechte ausgetragen wurden. Seine Töchter hatten vom Schulbus aus eine Schießerei beobachtet, und sein achtjähriger Sohn hatte auf der Straße einen toten Mann liegen sehen. Doch nun war Phelps' Dienstzeit nahezu um, und Mitte 1984 reiste er aus Kolumbien ab.

PHELPS' Erfolg in Kolumbien zeitigte in den Vereinigten Staaten keine nachhaltigen Folgen. Nach der Razzia von Tranquilandia war der Kilopreis für Kokain in Miami auf über 25000 Dollar gestiegen. Fünf Monate später war er schon wieder bei 14000 Dollar angekommen und fiel danach tiefer als je zuvor. Enttäuscht über das Ausbleiben von Fortschritten, beschwerte sich der kolumbianische Außenminister wiederholt bei Tambs. „Wir haben mehr Rauschgift beschlagnahmt als irgendein anderes Land auf der Welt, warum könnt ihr den Drogenmißbrauch nicht stoppen?"

Tambs wußte keine Antwort.

Inzwischen waren alle Drogenhändler bis auf die großen Bosse nach Medellín zurückgekehrt. Im September bekam der dort ansässige DEA-Agent Mike Vigil, der Erol Chavez ersetzt hatte, beim Stierkampf Pablo Escobar mit Frau und einem Gefolge von Leibwachen zu Gesicht. Aus einer streng geheimen Polizeimeldung ging hervor, daß Escobar und Gonzalo Gacha ein Haus in einer vornehmen Gegend von Medellín bewohnten.

Die Drogenhändler hatten jedoch so viele Leibwächter und bezahlte Revolvermänner, daß jeder Versuch einer Festnahme sinnlos gewesen wäre. Wer Pablo Escobar zum Verhör abholen wollte, hätte schon mit einer ganzen Armee aufkreuzen müssen.

Im Laufe des Jahres wurde deutlich, daß das Anti-Drogen-Unternehmen ein Fehlschlag gewesen war. Der Zustrom des Kokains in die Vereinigten Staaten war nicht gestoppt worden. Man hatte die Drogenhändler weder verscheucht noch ausgeliefert oder auch nur in größerer Zahl verhaftet.

Nach mehreren Monaten wurden die Kolumbianer der ständigen Spannung müde. Die öffentliche Meinung schwankte zwischen Empörung und Resignation, zwischen dem Schrei nach Taten und dem Wunsch zum Einlenken. Als *El Tiempo* in Bogotá die Nachricht von dem Vorschlag des Kartells vom Mai über Verhandlungen und eine Amnestie brachte, wirkten die Enthüllungen sensationell.

Zuerst verurteilten einflußreiche Kreise in Kolumbien diese Annäherung. Ein Senator sagte, mit Drogenhändlern zu sprechen sei „das gleiche, als lüde man Bankräuber zu einem Symposion über Sicherheitsmaßnahmen in Banken ein".

Betancur wurde genötigt, eine Erklärung abzugeben, und verdammte den Vorschlag des Kartells: „Unter keinen Umständen wird es zu einem

Dialog kommen ... Es hat nie Verhandlungen zwischen der Regierung und den Verfassern dieser Denkschrift gegeben, und es wird auch nie welche geben."

Doch damit konnte Betancur niemanden überzeugen. *El Tiempo* stellte fest, daß mehr Leserbriefe eintrafen, die für Gespräche mit den Rauschgiftbossen waren, als ablehnende Stimmen. Bei einer Fernsehumfrage befürworteten 48 Prozent der Zuschauer solche Gespräche.

Die Basis dieser Debatte war das Wissen der Öffentlichkeit um die Erfolglosigkeit der harten Welle. Escobar bereute nichts, er war am Leben, und es ging ihm gut. Der Vorschlag des Kartells stellte sich als die friedliche Lösung eines unlösbaren Problems dar. Die Regierung mochte nur Hohn für den Vorschlag übrig haben, aber viele Kolumbianer meinten, sie sollte ihn lieber ernst nehmen.

IM NOVEMBER bekam DEA-Agent Mike Vigil einen Tip, daß die Drogenhändler einen Kontrakt abgeschlossen hätten, um ihn ermorden zu lassen. Man machte ihn darauf aufmerksam, daß er von bestimmten Leuten beobachtet und verfolgt werde. Vigil rief in Bogotá an und sprach mit Phelps' Nachfolger George Frangullie. Der redete mit Tambs, und noch vor Weihnachten wurde das DEA-Büro geschlossen.

Gleichzeitig ergriff Tambs auch in Bogotá weitere Vorsichtsmaßnahmen. Nach der Reduzierung des Botschaftspersonals bestimmte er, daß nur noch Junggesellen oder kinderlose Paare bleiben durften. Am 26. November explodierte vor der US-Botschaft ein kleiner weißer Fiat. Entlang der Avenida gingen zahlreiche Fenster zu Bruch, und im weiten Umkreis waren die Straßen von Scherben übersät. Sechs Personen wurden schwer verletzt. Einer Passantin wurde von einer umherfliegenden Fensterscheibe der Kopf abgetrennt.

Anfang Dezember wurde Tambs von seinen Sicherheitsbeamten gewarnt, einer seiner Leibwächter sei bestochen worden und wolle ihn ermorden. Das Außenministerium setzte alles daran, Tambs außer Landes zu schicken. Tambs nahm „Urlaub" und flog am 26. Dezember mit seiner Familie nach Hause. Nach seiner Abreise unterzogen die Sicherheitsbeamten das gesamte Personal einem Lügendetektortest. Ein Mann weigerte sich. Es war der, der verdächtigt worden war. Er quittierte den Dienst, ging zu seiner Bank und hob eine Menge Geld ab.

In den Vereinigten Staaten erfuhr Tambs, daß seine Frau und die Kinder nicht mehr nach Kolumbien zurückkehren dürften. Ein paar

Links: Erfolgreiche Razzien in Dschungellabors ließen den Kilopreis für Kokain kurzfristig in enorme Höhen schnellen.
Unten: Personenüberprüfung und Durchsuchung nach Waffen

Die Kokainhändler sind ausgeflogen – zurückgelassen haben sie Rauschgift im Wert von Millionen von Dollar.

Tage später bekam er die Mitteilung vom Außenministerium, daß sein Dienst in Kolumbien beendet sei.

Von Mitte 1981 bis Anfang 1985 hatten vier Männer das Medellín-Kartell gnadenlos verfolgt. Ihre Leistung war eindrucksvoll, aber ebenso offensichtlich war ihr Scheitern. Das Kartell hatte Schaden erlitten, aber dann doch ein Unentschieden erkämpft. Es hatte Lara Bonilla ermordet. Es hatte Johnny Phelps überdauert. Und jetzt hatte es Lewis Tambs aus dem Land gejagt.

Damit blieb nur noch Jaime Ramirez übrig.

17

Die Audiencia

Im Herbst begann das Medellín-Kartell Macht und Einfluß zurückzuerobern. Pablo Escobar und Gonzalo Rodriguez Gacha waren nach Kolumbien zurückgekehrt. In aller Stille nahmen sie die Produktion wieder auf und reorganisierten ihr Vertriebsnetz. Carlos Lehder, der die unangenehme Gewohnheit hatte, zuviel zu reden, und versucht hatte, dem Kartell als Kokainhersteller Konkurrenz zu machen, blieb in seinem selbstgewählten Exil in den *Llanos*. Doch hatten sich Escobar und Rodriguez Gacha seiner Hilfe versichert – als Aufsichtsperson über die wachsenden Kartellunternehmen im Dschungel und als diplomatischen Mittelsmann in den Beziehungen zu den M-19-Guerillas, der „Bewegung 19. April“, einer linksgerichteten Gruppierung, die für Drogenhändler oder jeden, der gut zahlte, gelegentliche Unternehmungen ausführte. Niemand hatte seit Mai mehr etwas von Jorge Ochoa gesehen oder gehört. Als das nicaraguanische Geschäft in einer Skandalwolke aufgeflogen war, schien Jorge Ochoa sich in Luft aufgelöst zu haben.

In Wirklichkeit war Ochoa im Juli oder Anfang August nach Spanien ausgewandert. Er tauchte in Madrid als „Moisés Moreno Miranda“ auf, reiste mit seiner Frau und wirkte ausgesprochen ehrbar.

Kurz nach der Ankunft begann seine Frau, große Beträge in US-Dollar bei verschiedenen Banken einzuzahlen. Ochoa kaufte ein Landhaus mit 740 Quadratmeter umbauter Fläche in einem der vornehmsten Vororte Madrids. Dazu gehörten ein Swimmingpool, Tennisplätze, ein Lagerhaus und eine Diskothek, und in der Garage standen vier Mercedes-Limousinen. Seinen fünfjährigen Sohn schickte Ochoa auf die zweisprachige amerikanische Schule.

Ende August meldete sich ein Informant bei dem spanischen Sonderstaatsanwalt für die Verhinderung und Verfolgung des Drogenhandels und gab ihm einen Tip: „Moreno Miranda" sei nicht der, der er vorgab zu sein.

Die Polizei ermittelte und stellte fest, daß „Moreno Miranda" wahrscheinlich ein Rauschgifthändler war, der in Spanien ansässig werden wollte. Bis zum 25. September hatte die Polizei Ochoa identifiziert und Wanzen in seinem Telefon installiert. Ochoa führte Gespräche mit Kolumbien, London, Panama und Belgien.

Die Gerichtspolizei informierte das DEA-Büro in Madrid, und die DEA telegrafierte in die Heimat. Das US-Justizministerium stellte wegen des Nicaragua-Falls einen Auslieferungsantrag für Ochoa und übergab ihn der Botschaft in Madrid. Am 17. Oktober überbrachte der Botschafter dem spanischen Außenministerium eine „mündliche Note", in der die Festnahme Ochoas verlangt wurde.

Die spanische Polizei beobachtete Ochoa mehrere Monate lang und wurde immer nervöser. Im November fanden die Ermittler heraus, daß Ochoa vierzig Quadratkilometer Ackerland in Südspanien erwerben wollte. Die Polizei ahnte, daß die Ranch in Spanien das Zentrum des weltweiten Kokainschmuggels werden sollte.

Am 15. November 1984 nahm die spanische Polizei Ochoa und seine Frau fest und fror ihre gesamten Bankkonten ein. Die DEA sorgte dafür, daß Ochoas Sohn von der amerikanischen Schule genommen werden mußte.

FÜR die Reagan-Regierung schien die Festnahme Jorge Ochoas ein Geschenk des Himmels zu sein. Es waren noch keine vier Monate seit dem Tag vergangen, als die US-Regierung Ochoa und die anderen vom Medellín-Kartell als verbrecherische Komplizen der sandinistischen Regierung bezeichnet hatte. Jetzt war die Möglichkeit außerordentlich hoch, daß Ochoa an die USA ausgeliefert würde.

Die Spanier schienen zur Mitarbeit bereit. Sie hatten allerdings keine große Erfahrung im internationalen Drogenhandel, aber dafür kannten sie sich mit Terrorismus und ideologischen Extremisten aller Art aus, und Ochoas Verbindung zur marxistischen Regierung in Nicaragua war ein politischer Gesichtspunkt, den sie verstanden. Außerdem konnte die US-Regierung Ochoa auch mit dem Großlabor in Tranquilandia in Verbindung bringen, das von M-19-Guerillas bewacht worden war. Für die Spanier paßte das alles zusammen. Kokain, Terrorismus, der sowjetische Block – der dreifache Alptraum der westlichen Welt.

Es wurde bekanntgegeben, daß Ochoa bis zur Verhandlung der gegen ihn erhobenen Beschuldigungen auf Grund der Sondergesetze gegen Terroristen festgehalten werde.

Kurz nach Ochoas Festnahme in Madrid verlangten die USA in aller Form seine Auslieferung auf Grund der Anklage im Nicaragua-Fall. Wenige Tage später forderte Kolumbien die Auslieferung Ochoas wegen Urkundenfälschung – dabei handelte es sich um die Einfuhrlizenz für 128 spanische Stiere, beziehungsweise ihr Einschmuggeln nach Cartagena im Jahre 1981. Der Kampf hatte begonnen.

Zu Beginn des Falles Ochoa schienen die Vereinigten Staaten in der stärkeren Position. Rauschgifthandel ist ein schwereres Verbrechen als die illegale Einfuhr von Stieren. Außerdem hatten die USA ihren Antrag zuerst eingereicht, und die spanische Regierung schien ihrem Ersuchen gegenüber dem kolumbianischen den Vorzug zu geben.

Das Team von Ochoas Verteidigern mußte diese Gesichtspunkte entweder allmählich zersetzen oder sie umgehen. Innerhalb von sechs Monaten hatte Kolumbien ein zweites Auslieferungsbegehren für Ochoa eingereicht. Diesmal kam es aus Medellín und wurde mit der in Miami erhobenen Anklage wegen der Nicaragua-Angelegenheit begründet. Was geschehen war, schien klar. Ein Freund Ochoas hatte öffentlich zugängliche Akten in Miami eingesehen, die Anklageschrift fotokopiert, die Kopie nach Kolumbien gebracht und sie an das Bezirksgericht in Medellín geschickt. Als Folge davon hatte Kolumbien jetzt zwei Anträge gegenüber dem einen der USA gestellt, darunter einen, der genauso schwer wog wie die US-Anklage. Es handelte sich ja schließlich um ein und dieselbe Anklage. Viele Spanier hielten ihre Polizei und die DEA ebenso wie die Reagan-Regierung für so stark antikommunistisch, daß sie ihnen zutrauten, sie würden vor nichts zurückscheuen, um das sandinistische Regime in Mißkredit zu bringen – und ihm deshalb auch Drogenhandel in die Schuhe schieben. Rasch ergriffen Ochoas Anwälte die günstige Gelegenheit und schlachteten sie aus.

Ein Anwalt Ochoas zog über den „schmutzigen Krieg" der Reagan-

Regierung gegen Nicaragua her und porträtierte seinen Klienten als hilflosen Bauern in einem ehrlosen politischen Schachspiel.

Die Anklage hatte auch einige Tricks auf Lager. Einmal machte die Geschichte die Runde, daß Freunde Ochoas versucht hätten, ihn mit einer tollkühnen Hubschrauberaktion aus dem Gefängnis zu befreien. Und wenige Tage später vernahm eine spanische Nachrichtenagentur aus „politischen Quellen", daß Ochoa versucht hätte, die mit dem Fall befaßten Polizeibehörden zu bestechen. Die Agenturstory nannte Ochoa „Vizekönig des weltweiten Kokainhandels" nach Escobar.

Der Fall Ochoa wurde vor der Strafkammer der *Audiencia Nacional* verhandelt, dem „Nationalgerichtshof".

Fast neun Monate lang prüfte die *Audiencia Nacional* das Beweismaterial. Ochoa erklärte sich bereit, sich einem Prozeß wegen der unberechtigten Einfuhr von Stieren nach Kolumbien zu stellen. Dagegen plädierte er in den Rauschgiftanklagen auf unschuldig und weigerte sich, sein Einverständnis zu einem Drogenprozeß in Kolumbien oder in den Vereinigten Staaten zu geben. Seine Anwälte stellten weiterhin die politische Natur der Anklagen in den Vordergrund und versuchten mit Gewalt, die US-Position zu schwächen, indem sie den Zeugen der Anklage, Barry Seal, der Lächerlichkeit preisgaben und ihn als verlogenen Verbrecher hinstellten. Seal war zwar der einzige Zeuge der Anklage, aber die Verteidigung konnte nichts gegen die beeideten Aussagen der beiden DEA-Agenten unternehmen, die Seal angeworben hatten. Im Grunde wiederholten die Agenten nur die Geschichte, die Seal seinen Vernehmern erzählt hatte – also nur Fakten aus zweiter Hand. Aber nach spanischem Recht waren diese Aussagen zulässig. Daher hatte die Anklage jetzt drei Zeugen, von denen einer ein umgedrehter Kapitalverbrecher war.

DIE öffentliche Verhandlung über die Auslieferungsanträge fand am 17. September 1985 in der *Audiencia Nacional* statt. Ochoa wurde während des gesamten Falles genau wie ein festgenommener baskischer Separatist behandelt – als ein äußerst gefährlicher Mann mit äußerst gefährlichen Freunden. Was wahrscheinlich klug war. Eine fast ein Meter hohe Holzschranke nebst einer kugelsicheren Glasscheibe, die vom Fußboden bis zur Decke reichte, trennte das Publikum von Richtern, Angeklagten und dem Ankläger. Damit schreckte man politische Aktivisten davon ab, Prozesse durch eine Handgranate oder Kugeln zu unterbrechen. Auf dem Holzpodium an der Stirnseite des Saals thronten die drei Richter. Der Angeklagte nahm mit dem Rücken zur Glasscheibe auf einer niedrigen Holzbank vor seinen Richtern Platz.

Am Verhandlungstag war der Zuschauerraum fast ausschließlich von Kolumbianern besetzt – unter ihnen Mitglieder der Familie Ochoa. Anfangs herrschte eine laute und irgendwie unbehagliche Stimmung. Aber die Zuhörer wurden sofort still, als die Verhandlung begann. Ochoa saß im dunklen Anzug ruhig da, von zwei Polizisten eingerahmt. Er sah gut aus, hatte viel Gewicht verloren, wirkte gepflegt, hatte eine anständige Frisur. Ganz der erfolgreiche junge kolumbianische Geschäftsmann.

Die Verhandlung dauerte etwa drei Stunden – länger als üblich. Die Strafrichter eröffneten den Prozeß und forderten die Anklage auf, ihren Standpunkt kurz darzulegen. Dann war die Verteidigung an der Reihe. Darauf erwiderte die Anklage, und die Verteidigung schloß mit ihrer Entgegnung. Die Richter stellten einige Zwischenfragen, aber das war im Grunde nur eine Formsache. Der Fall war bereits in drei umfangreichen Bänden in Großformat zusammengefaßt und gewürdigt. Die Richter würden sie später zu Rate ziehen.

Die Richter schlossen die Verhandlung, entließen alle Anwesenden und zogen sich zur Beratung zurück. Am 24. September sprachen sie das Urteil. Mit drei Stimmen ohne Gegenstimme lehnten sie das US-Begehren auf Auslieferung wegen des „politischen Zusammenhangs" ab. Ochoa sollte nach Kolumbien abgeschoben werden, um dort wegen unberechtigter Einfuhr von Stieren vor Gericht zu erscheinen.

In der Begründung hieß es: „Stimmte man dem Begehren der Vereinigten Staaten zu, so würde der Beschuldigte Gefahr laufen, seine Lage aus politischen Erwägungen verschlechtert zu sehen."

Nicht überzeugend fand das Gericht die US-Einlassung, daß die Regierung von Nicaragua in den Fall verwickelt sei, und zwar in Anbetracht „der notorischen Feindseligkeit zwischen der gegenwärtigen US-Regierung und jener mittelamerikanischen Republik".

Ochoas Anwälte hatten das Spiel gewonnen, indem sie die antiimperialistische Karte ausspielten, Seal in Mißkredit brachten und ihre Zustimmung zu einer etwaigen Auslieferung nach Kolumbien aussprachen. Die Anklage legte Revision ein, und unglaublicherweise hob dieselbe Strafkammer der *Audiencia Nacional* am 21. Januar 1986 ihr eigenes Urteil auf und gab die Zustimmung zur Auslieferung Ochoas an die Vereinigten Staaten. Die Richter sagten, „die unbezweifelbare Tatsache“ von unerfreulichen Beziehungen zwischen den Vereinigten Staaten und Nicaragua „begründe“ kein rechtliches Hindernis für eine Auslieferung. Ochoa sei wegen Rauschgifthandels angeklagt, was man nicht als „Verbrechen mit politischem Charakter bezeichnen kann“. Die Verteidigung legte sofort Revision ein.

18

Onkel Sam will dich!

Als Jorge Ochoa in Spanien festgenommen wurde, stieg Barry Seals Wert für die US-Regierung ins Unermeßliche. Falls Ochoa an die Vereinigten Staaten ausgeliefert werden sollte, um vor Gericht gestellt zu werden, würde Seal der einzige Augenzeuge seiner Verbrechen sein. Doch obwohl Seal beim wichtigsten Fall in der DEA-Geschichte maßgeblich beteiligt gewesen war, hatten Bundesbeamte in Baton Rouge und New Orleans nie aufgegeben, ihn wegen Rauschgiftschmuggels in Louisiana unter Anklage zu stellen. Diese Vergehen fielen in die Zeit, bevor er in Florida zum Informanten geworden war. Für den Staat Louisiana war Seal ein gerissener, arroganter Gangster, der tonnenweise Kokain geschmuggelt und die Behörden in Baton Rouge zum Narren gehalten hatte. Dagegen galt er in Florida als reuiger Informant, der einen Gesinnungswandel durchgemacht und sich zum erfolgreichsten Undercoverspitzel der DEA gemausert hatte. Beide Staaten hatten von ihrem Standpunkt aus recht. „Miami hält den Kerl für das Größte seit der Erfindung der Waschmaschine“, sagte ein Staatsanwalt aus Louisiana. „Und Baton Rouge hält ihn für den schlimmsten Drogenhändler in der Geschichte von Louisiana, was er auch tatsächlich ist.“

Gegen Drogenhändler ermitteln die Bundesbehörden im allgemeinen unter Mithilfe von Spitzeln. Die Strafverfolger suchen verurteilte Drogenhändler auf und versuchen, sie „umzudrehen“. Andere werden mit der Drohung eingeschüchtert, man werde sie vor ein Bundesschwurgericht stellen, das jeden zur vereidigten Zeugenaussage zwingen und ihn ins Gefängnis werfen kann, wenn er sich auch nur bei einer einzigen Lüge ertappen läßt.

Im August 1984 entdeckte Seal, daß ein Bundesschwurgericht in Baton Rouge anfing, seine Freunde vorzuladen. Getreu seiner Art ging er in die Offensive. Zuerst versuchte er, seine Freunde aus den Bundesbehörden in Miami zum Eingreifen zu bewegen. Das schien logisch. Die Ermittlungen von Bundesbehörden gegen Seal in Louisiana waren für die Bundesbehörden in Florida unangenehm. Eine Anklage gegen Seal in Louisiana konnte seinen Wert als Zeuge in Florida stark mindern. Aber die Kollegen in Louisiana waren der Überzeugung, daß sie gegen Seal etwas Konkretes in Händen hätten, und davon wollten sie auch Gebrauch machen. Die Lage war außerordentlich heikel. Es war eine schwierige Aufgabe, die Interessen der drei beteiligten Parteien – die des Bundes in Louisiana, des Bundes in Miami und Barry Seals eigene – unter einen Hut zu bringen.

Die Lösung war ein Schuldgeständnis. Alle hofften, eine Vereinbarung zustande zu bringen, die Seal und den Staat Louisiana zufriedenstellte, dabei aber Seals Glaubwürdigkeit als Zeuge der Behörden in Miami nicht minderte. Der Mann, der diese Aufgabe zu bewältigen hatte, war Seals Anwalt, Thomas D. Sclafani. Doch die Verhandlungen scheiterten. Danach vertiefte sich der Bruch zwischen Louisiana und Südflorida. Die Staatspolizei Louisiana war der Meinung, daß Seal immer noch Drogen nach Louisiana schmuggelte, und hielt sein Luftfahrtbüro in Baton Rouge unter Beobachtung, noch lange nachdem er ein Informant für Florida geworden war. Sie sagten einem Freund von Seal, sie würden alles tun, um ihn zu kriegen, und wenn sie ihm Kokain in die Lenksäule seines Wagens stopfen müßten. Als Seal erfuhr, daß die Staatspolizei ihn in die Enge treiben wollte, erfaßte ihn, der sich normalerweise in stetem Clinch mit den Behörden befand, Empörung. In seiner Verzweiflung schmiedete Seal einen Plan. Im September 1984 wandte er sich an John Camp, einen Reporter beim Fernsehsender WBRZ, und erzählte ihm von seinen Abenteuern als Undercoverspitzel für DEA-Agenten in Miami und für die CIA. Dann erhob er alle möglichen Anschuldigungen gegen die US-Staatsanwaltschaft in Baton Rouge wegen ihrer Methoden, mit denen sie ihm ein Bein stellen wollte. Camp war zunächst skeptisch. Aber vieles von dem, was Seal erzählte, hielt Nachforschungen stand.

Als es sich herumsprach, daß Camp einen Dokumentarfilm mit Seal drehte, entkrampfte sich die Lage etwas. Die Gespräche über ein Schuldgeständnis kamen wieder in Gang, und im November 1984 traf sich Standford Bardwell, der US-Staatsanwalt im Mitteldistrikt von Louisiana, mit Seal und seinen beiden Anwälten, Sclafani und Lewis Unglesby aus Baton Rouge.

Die Parteien kamen zu einem Übereinkommen. Seal würde sich in Baton Rouge für schuldig im Sinne der Anklage erklären, und zum Ausgleich würde er nur die gleiche Strafe erhalten, die Richter Roettger in Fort Lauderdale ihm nach der Verurteilung im Quaalude-Schmuggelfall auferlegen würde. Roettger saß gerade über einem Antrag, Seals Strafe von zehn Jahren im Hinblick auf seine Zusammenarbeit mit der DEA in Miami zu verkürzen. Nun sollte der Schuldspruch in Baton Rouge also nicht höher ausfallen als das endgültige Roettger-Urteil. In gehobener Stimmung reiste Bardwell ab. Seiner Ansicht nach würde Seal mindestens drei Jahre im Gefängnis verbringen müssen. Auch Seal war zufrieden. Wieder einmal hatte er seine Probleme mit der Justiz gelöst. Seal war bereit, sich in zwei Fällen für schuldig zu erklären: versuchter Schmuggel von 209 Kilo Kokain und Verstoß gegen das Gesetz über die Registrierung von finanziellen Transaktionen in bezug auf 51 006,04 Dollar auf den Konten von vier Banken in Baton Rouge. Das Strafmaß in der Drogenanklage würde ebenso hoch ausfallen wie das von Richter Roettger schließlich verhängte Strafmaß. Im Fall zwei, der Anklage wegen Geldwäsche, würde Seal keine Haftstrafe bekommen. Distriktrichter Frank Polozula von Baton Rouge durfte nur die Bewährungsauflagen festsetzen.

Am 20. November wurde Camps Dokumentation unter dem Titel „Onkel Sam will dich!“ gesendet. „Barry Seal ist ein Rätsel“, sagte Camp vor der Kamera. „Auf der einen Seite hat er eng mit den Drogenfahndern in Miami zusammengearbeitet. Er ist Kronzeuge in einer der bedeutendsten Drogenermittlungen, die je in Südflorida angestellt wurden. Doch zu gleicher Zeit ist der ehemalige Verkehrsflieger hier in seiner Heimatstadt Baton Rouge selber das Ziel einer intensiven und, wie er meint, unfairen Ermittlungsaktion.“

Auf dem Bildschirm erschien Seal mit Sonnenbrille und im Fliegeroverall. Er bewegte sich mit aufreizender Arroganz.

„Ich bin kein Drogenschmuggler“, erklärte er. „Weist mir doch was nach! Wo sind die Beweise? – wenn es so gute Fahnder sind und ich so groß bin, der größte Drogenschmuggler auf der ganzen Welt! Nein, Sie wissen, auch der Größte auf der ganzen Welt kann Recht und Gesetz nicht entgehen.“

Dann beschuldigte Seal die Fahnder aus Baton Rouge, sie hätten ihn aufgefordert, ihnen eine Ladung Drogen zur Beschlagnahme in die Hände zu spielen. Als er das ablehnte, hätten sie versucht, ihm eine Falle zu stellen.

„Es kam auf folgendes hinaus: ‚Wie wäre es, wenn du uns zu einer Beschlagnahme verhilfst? Wie wäre es, wenn du jemand in die Falle laufen läßt? Spiel uns eine Ladung zu! Wir lassen dich dann auch laufen. Wenn du uns nicht helfen willst, kriegen wir dich sowieso.‘ Ich habe gesagt: ‚Na, es wird nicht einfach für euch werden, wenn ihr nachts bei dreihundertzwanzig Stundenkilometern an die Tür meines Flugzeugs klopfen wollt, um mir zu sagen: Du bist festgenommen. Es wird euch nicht gelingen, mich irgendwo reinzuziehen.‘“

Camp erklärte, die Ermittler in Baton Rouge seien in ihren Bemühungen, Seal als großen Luftfrachtschmuggler hinzustellen, „überaus weit“ gegangen. Dann zeigte er einen Bericht über die Ermittlungen in Louisiana. Für Standford Bardwell mußte es ein Alptraum sein.

„Ich glaube, die bisher von Mr. Bardwell geleiteten Ermittlungen sind gescheitert“, sagte Seal. „Ich bin mir sicher, daß man keinen Beweis für einen Gesetzesverstoß hat.“

Seal warf den ortsansässigen Strafverfolgern des Bundes vor, Zeugen vor dem Schwurgericht zu unwahren Aussagen zu zwingen, und kündigte die Erklärung eines Freundes an, der sagte, die Bundesregierung habe Druck auf ihn ausgeübt, damit er alles tue, „was nötig ist“, um Seal reinzulegen.

Seal drückte immer mehr auf die Tube.

„Meiner Meinung nach sitzen in den Bundesbehörden meistenteils gute Leute. Aber nach meiner Meinung haben die örtlichen Bundesbeamten im Mitteldistrikt von Louisiana in ihrem Übereifer eine Grenze überschritten. Auch sie wandeln zwischen Recht und Unrecht.“

Seal bezeichnete sich als „Autorität in Fragen der Luftfahrt“ und verbreitete sich über sein abenteuerliches Leben.

„Ein aufregendes Leben zu führen ist kostspielig. Man kann nicht in Baton Rouge sitzen und montags bis freitags von neun bis fünf Uhr arbeiten und dann am Samstagabend ein Footballspiel besuchen und am Sonntag in die Kirche gehen und dabei ein aufregendes Leben führen. Für mich ist das Leben aufregend, wenn ich in eine lebensgefährliche Situation gerate. Sie können mich einen Glücksritter nennen oder sonstwas, mir gefällt es so, und ich werde auch weiter so leben.“

Camp fragte ihn nach den Gerüchten, daß die Familie Ochoa 350000 Dollar für seine Ermordung ausgesetzt habe.

„John, ohne Risiko geht es in dieser Branche nicht ab“, sagte Seal. „Darum wird man ja auch so gut dafür bezahlt. Wer keine Hitze verträgt, sollte nicht in der Küche arbeiten. Ich vertrage sie. Um das Mordkomplott gegen mich mach ich mir keine Sorgen. Wenn's passiert, dann passiert's eben.“

Camp faßte zusammen: „Es ist nicht die Absicht dieser Reportage, den Eindruck zu erwecken, Barry Seal sei unschuldig oder schuldig an anderen Verbrechen als denen, für die er schon verurteilt worden ist. Sicherlich hat sich Seal für ein Leben entschieden, das ihn verdächtig macht. Seine Beziehungen zu Kokainherstellern und seine Verwicklung in exotische Verschwörungen, die von der DEA und der CIA ausgebrütet wurden, haben ihn mit einer gewissen geheimnisvollen Aura umgeben. Er behauptet, daß es diese geheimnisvolle Aura ist, die ihn zur Zielscheibe übereifriger Fahnder gemacht habe. Wir haben mehrmals“, fuhr Camp fort, „den US-Staatsanwalt Bardwell und andere Beamte um eine Stellungnahme zu den Vorwürfen des Fehlverhaltens bei Ermittlungen und Strafverfolgung gebeten. Sie haben jedes Interview verweigert und ihren starken Unwillen darüber bekundet, daß Seal überhaupt ein Forum geboten wurde, auf dem er seine Beschwerden vortragen kann. Aber Barry Seal und andere haben Vorwürfe erhoben, die weit über persönliche Schwierigkeiten mit bestimmten Strafverfolgern hinausgehen. Wenn Einzelpersonen aufs Korn genommen werden, wenn Druck auf Zeugen ausgeübt und wenn das Verfahren des Schwurgerichts mißbräuchlich genutzt wird, dann werden auch Fragen nach der Redlichkeit unseres Rechtssystems laut. Und diese Fragen, gleichgültig, wer sie stellt, verdienen Antwort!“

Die Sendung brachte die Bundesbeamten in Baton Rouge in erhebliche Verlegenheit. Bardwells Ablehnung eines Interviews hatte zwangsläufig dazu geführt, daß die Dokumentation einseitig ausgefallen war. Seals Anwalt, Lewis Unglesby, meinte, dies laufe auf eine Kriegserklärung gegen die hiesigen Bundesbehörden hinaus. „Man kann aber dem Hurrikan nicht ins Auge spucken, wenn man keinen Evakuierungsplan vorbereitet hat.“

19

Max Mermelstein

DIE Bundesbeamten in Louisiana waren nicht die einzigen, die „Onkel Sam will dich!" gesehen hatten. Kurz nach der Sendung steckte ein Privatdetektiv in Baton Rouge eine Videokassette mit der Aufzeichnung der Dokumentation in einen Postsack, der für Fabio Ochoa in Medellín bestimmt war.

Ein paar Tage später fuhr Max Mermelstein, ein stämmiger Ingenieur, vor Rafael Cardonas Büro in einem Haus im Norden von Miami. Mermelstein arbeitete für Cardona im Kokainhandel. Im Haus begrüßte Mermelstein seinen Boß und mehrere andere Kolumbianer, darunter Carlos Arango, besser bekannt als Cumbamba, einer der gefürchtetsten Killer in Miamis Kokainkriegen, sowie einen Mann namens Cano, der aus Kolumbien mit einem Videofilm von Fabio Ochoa angereist war. Cano war in die USA gekommen, um zu sehen, ob er die Angelegenheit Ellis MacKenzie in Ordnung bringen könne. Denn der Mann, den sie unter dem Namen MacKenzie kannten, sollte als Zeuge gegen Jorge Ochoa und Pablo Escobar aussagen.

Rafa Cardona steckte die Kassette in den Videorecorder. Er, Cano und Max nahmen Platz, um sich den Film anzusehen. Während der Vorführung hörte Max zum erstenmal, daß MacKenzies richtiger Name Adler Berriman Seal war.

Danach sprachen sie darüber, daß Seals Aufenthalt ausfindig gemacht werden müsse. Cano hatte MacKenzie/Seal mehrere Male als Navigator auf seinen Schmuggelflügen nach Kolumbien begleitet. Er gab die Adresse Seals in Baton Rouge an und die Marken der Autos, mit denen seine Frau und seine Sekretärin fuhren, und nannte die Namen der Restaurants, die er aufzusuchen pflegte. Cano sagte, sie hätten es lieber, wenn MacKenzie entführt würde. Für die Entführung würden sie eine Million Dollar zahlen. Aber wenn das nicht zu bewerkstelligen sei, dann müßten sie alles tun, um ihn zum Schweigen zu bringen. Für die Ermordung MacKenzies würden sie 500 000 Dollar zahlen. Die Summe hatten Fabio Ochoa und Pablo Escobar ausgesetzt.

Allmählich dämmerte es Mermelstein, was man von ihm erwartete.

Er sollte MacKenzie umbringen! Sie hatten Max Mermelstein ausgesucht, weil er Amerikaner war. Kolumbianer würden zu sehr auffallen. Mermelstein nahm den Auftrag an. Er hatte den Eindruck, daß bei einer Ablehnung sein Leben verwirkt gewesen wäre.

Dann stellte Rafa Cardona eine Telefonverbindung nach Kolumbien her und gab Mermelstein den Hörer. Der merkte, daß er mit Fabio Ochoa verbunden war. Fabio dankte ihm dafür, daß er den Auftrag angenommen hatte, und wünschte ihm viel Glück. Escobar kam ans Telefon. Auch er dankte Max Mermelstein. Danach übernahm Fabio wieder den Hörer und fragte ihn, ob er Geld für Spesen brauche. Mermelstein bejahte. Sie fragten ihn, wieviel, und er antwortete, das überlasse er ihnen.

Nach dem Telefongespräch bemerkte Cano noch, daß Seal verheiratet sei und kleine Kinder habe. Woraufhin Mermelstein erklärte, mit dem Mord an Frauen und Kindern wolle er auf keinen Fall etwas zu tun haben.

Was getan werden muß, das muß getan werden, antwortete Rafa.

MAX MERMELSTEIN war für das Medellín-Kartell so etwas wie ein Mehrzweck-Gringo-Faktotum. Nach seiner Kindheit in Brooklyn war sein Leben in großen Schlangenlinien verlaufen. Sein Vater hatte ihn mit 13 Jahren arbeiten lassen, „damit du lernst, was Geld bedeutet". Er sparte sich selbst das Geld zusammen, um das städtische New Yorker College zu besuchen, wo er 1963 nach dem ersten Examen in einem naturwissenschaftlichen Studium abging. Er arbeitete für verschiedene technische Berater, aber es wurde ihm zu langweilig, den ganzen Tag am Schreibtisch zu sitzen. Er versuchte sich als Verkaufsleiter. Er verkaufte Klimaanlagen und Heizungsgeräte, aber auch das langweilte ihn. Nach seiner Scheidung wollte er einen Schlußstrich ziehen und siedelte Anfang der siebziger Jahre nach Puerto Rico um. Nach sechs Jahren wechselte er, als Chefingenieur, ins Hotel Princess in Freeport auf den Bahamas.

Inzwischen hatte er eine Kolumbianerin geheiratet, die er in Puerto Rico kennengelernt hatte. Im Bestreben, ihre Familie aus dem Land zu schaffen, richtete er einen Transport ein, in dem er illegale ausländische Einwanderer über die Bahamas in die Vereinigten Staaten schmuggelte.

Im Jahr 1978 fand sich Max Mermelstein in Miami wieder. Dort hatte er die Chefingenieurstelle im Aventura Country Club bekommen. Doch kolumbianische Auswanderer benutzten weiterhin die von ihm eingerichtete Durchlaufstrecke. Einer von ihnen war Rafael „Rafa“ Cardona aus Medellín. Als Rafa, damals Mitte Zwanzig, in den Vereinigten Staaten angekommen war, suchte er Mermelstein auf. Cardona gestand Mermelstein, daß er Kokain schmuggle. So zog er allmählich Max Mermelstein ins Kokaingeschäft.

Eines Tages erschien ein langhaariger junger Mann namens Fabio mit einem Kilo Kokain für Cardona bei Max Mermelstein im Haus. Für Mermelstein sah er wie ein Schuljunge aus. Er war wie ein Punker gekleidet und hatte sich das Haar lang wachsen lassen. Aber er hatte gute Manieren und sprach ein elegantes Spanisch.

Ein paar Wochen später begleitete Mermelstein Rafa zu einem Drogenversteck in einem Apartmentkomplex. Dort wollte Cardona noch ein Kilo abholen. Er ging in ein Apartment und ließ Mermelstein im Auto sitzen. Während Mermelstein noch auf ihn wartete, tauchte Fabio mit einem anderen Mann auf und bat ihn in das Apartment. Rafa führte Mermelstein in ein Zimmer. Dort zeigte er ihm zwei Schiffskoffer, in denen Hunderte von Kilo Kokain verpackt waren. Im Jahre 1978 war das eine unerhörte Menge.

Max Mermelstein hatte keine Ahnung, was für eine bedeutende Persönlichkeit der langhaarige Junge war. Erst als sie das Apartment verließen, klärte Rafa ihn auf. Es war Fabio, einer der Brüder Ochoa aus Medellín. Mermelstein erfuhr, daß die Ochoas so groß im Kokaingeschäft waren wie sonst niemand. Fabio war in die Vereinigten Staaten geschickt worden, um den Vertrieb in Miami zu übernehmen. Cardona selber leitete den Vertrieb der Ochoas für den Südwesten der Staaten.

Einige Monate lang befaßte sich nun auch Mermelstein ein wenig mit dem Kokaingeschäft und verkaufte hier und da ein Kilo. Dann kam der Weihnachtsabend 1978, der sein ganzes Leben verändern sollte. An diesem Abend gab Max Mermelstein eine Party in seinem Haus im Westen von Miami. Unter den Gästen war auch Rafa Cardona. Als alle schon gegangen waren, kam Rafa mit seinem Freund „Chino“ noch einmal zurück. Um zwei Uhr morgens rissen sie Mermelstein aus dem Schlaf. Sie hatten getrunken und Kokain geschnupft, und Rafa bat Mermelstein, sie nach Hause zu fahren.

Max Mermelstein setzte sich in Rafas weißem Lieferwagen ans Lenkrad, und die drei Männer fuhren durch die leeren Vorortstraßen von Dade County. Rafa saß auf dem Beifahrersitz, und Chino, der für Rafa arbeitete, saß hinten. Die beiden stritten sich. Dabei stellte sich heraus, daß Rafa an diesem Abend bei einer anderen Party einem Mann eine Kugel mitten ins Gesicht geschossen hatte. Nur weil der Mann etwas gesagt hatte, das Rafa mißfiel, hatte er ihn erschossen. Chino warf Rafa vor, der Schuß sei eine Dummheit gewesen.

Rafa hatte seine Waffe noch im Lieferwagen. Plötzlich drehte er sich um und schoß Chino fünf oder sechs Kugeln aus seinem 38er Revolver in den Leib.

„Ich habe nur feurige Blitze gesehen", sagte Max Mermelstein später. „Mein Fuß stand wie festgewachsen auf dem Gaspedal. Ich war zu keiner Bewegung fähig, bin einfach nur immer geradeaus gefahren." Sie warfen die Leiche auf ein Feld. Danach begann Rafa zu erzählen. In einer Drogenladung hätten drei Kilo gefehlt. Er hatte Chino und einen anderen Mann in Verdacht.

„Im Grunde hat er von diesem Augenblick an mein Leben unter Kontrolle gehabt", sagte Mermelstein. „Ich sah, wie er einen Mord beging, und er ließ mich am Leben. Es war ein gut ausgedachter Plan."

Danach verschwanden Mermelstein und Rafa eine Zeitlang aus Miami. Rafa ging nach Medellín zurück, Max Mermelstein nach New York, wo er für die Kolumbianer arbeitete. Er wußte, daß er überwacht wurde.

So vergingen zwei Jahre. Im Februar 1981 rief Rafa ihn schließlich nach Miami. Max Mermelstein sollte für ihn arbeiten.

Im April 1981 nahm Mermelstein an dem Gipfeltreffen der aufsteigenden jungen Kokainbarone auf Ochoas Hacienda Veracruz teil. Jorge Ochoa ging so einfühlsam auf Mermelstein ein, daß der geradezu bewegt war. Es war schwer, Jorge Ochoa etwas abzuschlagen.

Wieder in Miami, koordinierte Mermelstein 38 Kokainflüge für die Ochoas und brachte in den letzten sieben Monaten des Jahres 1981 nicht weniger als 19 Tonnen ins Land. Mindestens einmal in der Woche telefonierte Mermelstein mit Jorge Ochoa, um Flugpläne festzulegen, den Bestand zu überprüfen oder über den Vertrieb und die Bezahlung zu diskutieren. Im Januar 1982 nahmen Mermelstein und Rafa in Cali an einer Planungskonferenz für die Labors in Tranquilandia teil. Dort hörte Mermelstein zum erstenmal den Namen des Gringopiloten MacKenzie, der im Begriff war, eine große Ladung für das Kartell zu schmuggeln. Die Händler nannten ihn *El Pajarito* – den kleinen Vogel.

Mermelsteins Transportgruppe stand mit der von MacKenzie in

Konkurrenz. Von Rafas Autorität gestützt, hatte Mermelstein eine Gruppe amerikanischer Piloten und Besitzer von Schnellbooten als Unterlieferanten verpflichtet, tonnenweise Kokain für das Kartell zu befördern. Von September 1982 an flog die Maschine der Schmugglertruppe, eine Piper Navajo, von Kolumbien zur Bahamainsel Long Cay, wo das Kokain ins Meer geworfen wurde. Die Mannschaften der Schnellboote fischten das umherschwimmende Kokain auf. Diese Boote bewältigten die 127 Kilometer lange Strecke mit Geschwindigkeiten bis zu 145 Stundenkilometern. Im Schutz der Dunkelheit glitten die Boote dann in die Biscayne Bay, während im elften Stock eines nahe gelegenen Apartmenthauses ein Wachposten mit dem Nachtsichtglas vom Fenster aus aufmerksam das Meer beobachtete. Ein Funkzentrum in Miami überwachte die Tätigkeit der Polizei und diente als Funkleitstelle für die Flugzeuge und Boote. Ladung für Ladung kam unentdeckt herein.

Sobald das Kokain Miami erreicht hatte, kümmerte sich Mermelstein um die Buchhaltung und den Vertrieb. Als Rafas Angestellter verdiente er im Jahr ungefähr 500000 Dollar, einen Bruchteil des Geldes, das durch seine Hände ging. In drei Jahren hatte er die illegale Einfuhr von weit mehr als 30000 Kilo Kokain für seine Bosse organisiert und über 200 Millionen Dollar nach Kolumbien geschickt. Er lebte angenehm, aber nicht auf übermäßig großem Fuß. Er hatte ein 350000-Dollar-Haus, eine 80000-Dollar-Jacht, einen 30000-Dollar-Wagen, dazu für 30000 Dollar Schmuck, mehrere kleine Geschäfte und noch einmal 275000 Dollar im Versteck. Dennoch hatte Max Mermelstein manchmal das Gefühl, daß er nur ein gutbezahlter Sklave war. Mehrmals hatte er versucht, aus dem Geschäft auszusteigen.

Doch Rafa hatte ihm gesagt: „Es gibt nur zwei Wege auszusteigen – entweder gehst du ins Gefängnis, oder du wirst umgelegt!“

Eines Tages bekam Max in seinem Haus in Golden Beach Besuch von Rafa und dem Mann mit vorspringendem Kinn, Cumbamba, der jetzt für Ochoa arbeitete. Cumbamba hatte einen schwarzen Diplomatenkoffer mitgebracht. Er machte ihn auf, und darin lag eine MAC-10-Maschinenpistole. Sie war in Klötze eingespannt und mit einem Abzugmechanismus versehen, der es gestattete, sie abzufeuern, ohne daß man den Koffer aufzuklappen brauchte. Seitlich am Koffer war ein Loch für die Mündung der MP, das von einer Geschäftskarte abgedeckt wurde. Die Seriennummer der Waffe war ausgefräst, so daß man sie nicht identifizieren konnte. Rafa wollte ein paar Testschüsse am Swimmingpool abgeben. Mermelstein fand diese Idee hirnrissig. Er ging in die Garage und kam mit fünf Telefonbüchern und einem Bierkühler aus Plastik zurück. Er füllte den Kühler zur Hälfte mit Wasser und steckte die Telefonbücher hinein. Dann schleppte er den Kühler hinter die Garage. Jetzt konnte Rafa loslegen. Rafa nahm die Waffe aus dem Koffer. Der selbstgemachte Schalldämpfer verschluckte fast jedes Geräusch. Man hörte nur das Klacken des Schlagbolzens, nicht lauter als ein Händeklatschen. Die Geschosse hatten eine so große Durchschlagskraft, daß Mermelsteins improvisierter Schutzwall nicht ausreichte. Mehrere Kugeln durchschlugen das Plastik und die Telefonbücher und bohrten sich in die Wand. Als Mermelstein einige Monate später aus dem Haus auszog, ließ er die Löcher zugipsen.

20

Frontwechsel

MAX MERMELSTEIN hatte noch nie einen Menschen getötet, und der Barry-Seal-Auftrag brachte ihn in ein Dilemma. Aber er glaubte zu wissen, an wen er sich wenden konnte. Er rief einen Freund und Kollegen im Kokainhandel an. Der hatte ihm einmal gesagt, wenn er jemand aus dem Weg geräumt haben wolle, so könne er das organisieren. Mermelstein erzählte ihm von dem Auftrag und führte ihm „Onkel Sam will dich!“ vor. Der Freund sagte, er werde sich darum kümmern.

Dann erhielt Mermelstein eine Schachtel voll Bargeld. Ein junger Kolumbianer hatte sie ihm von Fabio Ochoa überbracht. In der Schachtel waren 100000 Dollar in Zwanzigerscheinen. Max sollte das Geld für die Finanzierung des Mordes verwenden.

Ende Januar 1985 flog Mermelstein mit einem Mitarbeiter seines Freundes von Miami nach Louisiana. Sie wollten Barry Seal ausfindig machen. Sie hatten alles ausgespäht, was Cano auf die Liste gesetzt hatte, die Restaurants und bevorzugten Aufenthaltsorte, ausgenommen Seals Hubschraubergeschäft. Auf einmal waren sie sich nicht mehr sicher, ob die Restaurants wirklich die richtigen waren. Mermelstein fragte, ob man nicht Cano noch einmal aus Kolumbien zur Unterstützung herschicken könne.

Als Cano in Baton Rouge war, zeigte er Mermelstein Barry Seals

Carlos „Cumbamba" Arango, ein Killer des Kartells

Haus, sein Büro und mehrere Restaurants, in denen Seal verkehrte. Außerdem sahen sie seinen weißen Cadillac. Es dauerte fast einen ganzen Tag, aber dann stießen sie auch auf sein Hubschraubergeschäft. Doch Seal fanden sie nicht. Schließlich kehrten sie nach Miami zurück.

Mermelstein fragte sich allmählich, ob die Kolumbianer schon dahintergekommen waren, daß er sie hinhielt. Eines Tages saß er in seinem Ladengeschäft für importierte Schuhe im Hotel Four Ambassadors, als Rafa und Cumbamba hereinschauten. Rafa wollte wissen, warum es so viel Mühe kostete, Seal aufzuspüren. Er sprach davon, daß Escobar und die Ochoas ihm mächtig Dampf machten.

Mermelstein antwortete, die Sache brauche Zeit, und Rafa solle sich gedulden. Als Rafa ging, blieb Cumbamba noch. Cumbamba war verärgert. Er fühlte sich übergangen. Wie kam es, daß der Seal-Mord in Auftrag gegeben worden war, ohne ihn mit einzubeziehen? Er fragte Mermelstein, wie hoch die angesetzte Prämie sei, und als er die Summe erfuhr, wurde er noch zorniger. Woran es liege, daß Mermelstein so viel Mühe hatte, die Sache durchzuführen?

Mermelstein erklärte ihm, daß Seal auf einem unzugänglichen Grundstück wohne. Es gebe nur eine Ein- und Ausfahrt. Die Straße sei eine Sackgasse. Er könne nur umgelegt werden, wenn man zusammen mit ihm alle im Hause Anwesenden umlegte, und er, Mermelstein, wolle das nicht übernehmen.

Cumbamba sagte, das würde ihm nicht das geringste ausmachen.

Mermelstein meinte, er sei nicht berechtigt, den Auftrag weiterzuvergeben. Cumbamba müsse mit Rafa, Fabio Ochoa und Pablo Escobar sprechen. Worauf Cumbamba sagte, das werde er tun.

EIN Sonderkommando von Drogenfahndern des Bundes und des Countys nahm Max Mermelstein am 5. Juni 1985 fest. Er fuhr gerade in seinem Jaguar durch eine spärlich besiedelte Gegend westlich von Fort Lauderdale. Widerstandslos ergab er sich. Später sagten die Agenten, es sei ihnen beinahe so vorgekommen, als habe er einen Seufzer der Erleichterung ausgestoßen. Im Haus, in dem Max Mermelstein mit Frau und zwei Kindern wohnte, fanden die Agenten Waffen, 73 000 Dollar in einem Wandsafe und 200 000 Dollar in einer Einkaufstasche unter seinem Bett.

Einige Tage zuvor hatte Rafa ihm gesagt, daß die Polizei ihnen auf den Fersen sei. Aber während Rafa nach Kolumbien floh, entschloß sich Mermelstein zum Bleiben. Seit drei Monaten hatte er gewußt, daß man ihm folgte. Aber er hielt es für an der Zeit, aus dem Geschäft auszusteigen. Und die einzige Möglichkeit, die er kannte, wenn man am Leben bleiben wollte, war die, sich festnehmen zu lassen.

Gegen Max Mermelstein und Rafael Cardona war Anfang 1985 in Los Angeles Anklage erhoben worden. Ein Informant hatte ausgesagt, sie hätten 750 Kilo Kokain nach Kalifornien eingeschmuggelt.

Die Anklage beschuldigte Mermelstein „fortgesetzter krimineller Handlungen" – ein schwerwiegender Vorwurf, den alle Drogenhändler fürchteten, weil er sie lebenslänglich ohne Aussicht auf Bewährung ins Gefängnis bringen konnte. Mermelstein sah keinen Ausweg mehr. Entweder kooperieren oder Jahrzehnte hinter Gitter verbringen.

Als Mermelstein auspackte, war er ein noch besserer Informant als Barry Seal. Seal hatte als Pilot Kokain transportiert. Mermelstein aber war ein vertrauenswürdiges Mitglied des inneren Kreises. Er geleitete die Bundesagenten tiefer als je zuvor in ein unbekanntes Land des organisierten Verbrechens. Während dieser Besprechung beschrieb Mermelstein, wie das „Medellín-Kombinat" den Kokainhandel beherrschte. Er nannte die Mitglieder: unter anderem die Ochoas und Pablo Escobar. Er schätzte den monatlichen Anteil der einzelnen am Kokainschmuggel: Rafa – 1000 Kilo. Fabio Ochoa – 1500 Kilo. Escobar – 1500 Kilo. Er beschrieb die „Cali-Gruppe", ein weiteres starkes kolumbianisches Kombinat, das im Einvernehmen mit der Medellín-Gruppe arbeitete, und entlarvte eine ihrer Schmuggeltechniken: Sie versteckten Kokain in den Nasen der Düsenmaschinen von Eastern Airlines.

Mermelstein redete und redete. Er hatte ein phänomenales Gedächtnis für Namen, Orte und Daten. Bei seinem zweiten Geständnis hatte er erheblich mehr Zuhörer. Da kamen DEA-Agenten aus Fort Lauderdale, Miami und Cleveland. Das FBI schickte ebenso wie der Zoll einen Mann. Al Singleton von der Mordkommission Metro Dade County tauchte auf. Mermelstein befriedigte die vielen individuellen Interessen dieser Agenten und verknüpfte manche losen Fäden. Für Singleton berichtete er über die Dadeland-Schießerei und identifizierte einen der kolumbianischen Mörder im „Schlachtschiff".

Von Mermelstein erfuhren die Agenten, daß jedem Kilo Kokain ein Identifizierungszettel beilag, den man allerdings nur fand, wenn man das Paket vorsichtig aufmachte. Er enthielt den Namen des Mannes, der den Kokainvertrieb in den Südweststaaten übernommen hatte.

Es war eine eindrucksvolle Vorstellung.

WÄHREND Max Mermelstein die Geheimnisse des Kartells enthüllte, arbeitete Barry Seal an seinem Ruf als DEA-Informant, indem er trotz des Mordkomplotts gegen ihn weiter als Undercovermann tätig blieb. Am 24. Januar 1985 ermöglichte Seal in Las Vegas die Beschlagnahme von 90 Kilo Kokain und die Festnahme von neun Kolumbianern. Es war die größte Kokainbeschlagnahme in der Geschichte Nevadas.

Weniger als einen Monat später landete Seal bei einem Treffen in Miami erneut einen erstaunlichen Coup. Er übergab Norman Saunders, dem Premierminister der Turks- und Caicosinseln, einer britischen Kolonie südlich der Bahamas, Schmiergeld in Höhe von 20 000 Dollar. Das Geld sollte Drogentransporte absichern.

Die ganze Szene wurde von der DEA mit einer versteckten Videokamera gefilmt. Unmittelbar nach einem zweiten Treffen mit Seal in Miami wurden Saunders und zwei weitere Regierungsbeamte verhaftet. Es war das erstemal, daß ein ausländisches Staatsoberhaupt wegen Drogenverbrechens in den Vereinigten Staaten festgenommen wurde.

Am 28. Juni 1985 begab sich Seal zur Polizei, um die zehnjährige Haftstrafe anzutreten, die Richter Norman Roettger wegen des Quaalude-Schmuggels in Fort Lauderdale gegen ihn verhängt hatte. Seal hatte die Strafe im Rahmen des Zeugenschutzprogrammes des Bundes abzubüßen, weil inzwischen sein Leben zweifellos in Gefahr schwebte.

In den ersten fünfzig Tagen wurde er in einer fensterlosen, unterirdischen Kammer mit Bett, Fernsehapparat und Badezimmer festgehalten, fern der Außenwelt. Er durfte keine Besucher empfangen und nahm alle Mahlzeiten in seiner Unterkunft ein. Seine Frau Debbie unternahm mit ihren beiden kleinen Kindern eine Flugreise von 2400 Kilometern, um ihn zu besuchen, wurde aber abgewiesen, weil die Namen seiner Familienangehörigen nicht auf der Besucherliste verzeichnet waren. Seal, ein freier Geist, der Eingesperrtsein haßte, hielt es allmählich nicht mehr aus.

Sein Leben verwandelte sich in eine Serie von Auftritten vor Gericht. Im Sommer 1985 war er in Miami Kronzeuge bei den Fällen von Nicaragua, den Turks- und Caicosinseln sowie von Las Vegas wegen der Rekordbeschlagnahme von Kokain. Dick Gregorie von der US-Staatsanwaltschaft steuerte Seals Zeugenaussagen für die Anklage bei den beiden Prozessen in Miami.

Gregorie, ein leidenschaftlich engagierter Mann Ende Dreißig mit dunklen Augen, war von Jesuiten erzogen worden und konnte sich über Kokainhändler noch moralisch entrüsten. Das Medellín-Kartell versetzte ihn in Wut. Gregorie mahnte Seal eindringlich, ihm jede Einzelheit zu berichten und nichts auszulassen, was der Anklage im Prozeß schaden könnte. „Barry, wenn Sie mit irgendwas hinterm Berg gehalten haben, und sei es die kleinste Kleinigkeit, werden die Anwälte der Verteidigung es herauskriegen und Sie kreuzigen", sagte Gregorie zu ihm. „Ich will über alles Bescheid wissen."

Seal erwies sich als unerschütterlicher Zeuge mit einem lexikalischen Gedächtnis für die winzigsten Einzelheiten des Drogenschmuggels. Sein Auftreten fand Anklang bei mehreren erstklassigen Strafverteidigern, die sich in dem Gerichtssaal drängten. „Dieser Bursche ist wirklich toll", sagte Jay Hogan, einer der besten Verteidiger in Miami. Seal hatte bei den Geschworenen einen Bombenerfolg und erreichte vier Verurteilungen, darunter die von Norman Saunders.

Dann sagte Seal im Nicaragua-Fall aus – dem Prozeß gegen Carlos „Lito" Bustamente, Lizardo Marquez Perez, Felix Bates und Paul Etzel in Miami. In seinem Eröffnungsplädoyer nannte Gregorie die Angeklagten Mitglieder „einer der größten Kokainorganisationen der Welt".

Seal saß zwei Tage lang im Zeugenstand, und seine Aussagen waren vernichtend. Schon nach dem ersten Tag erklärten sich Bustamente und Bates im Widerspruch zu ihren ursprünglichen Erklärungen für schuldig. Nur Etzel harrte bis zum Ende aus. Die Jury verurteilte auch ihn. Bustamente und Marquez erhielten je vierzig, Bates zwölf Jahre und Etzel neun. Unmittelbar danach wurden die Häftlinge in das Hochsicherheitsgefängnis nach Atlanta gebracht.

Als nächstes sagte Seal in Las Vegas aus, was sieben Verurteilungen zur Folge hatte. In drei Fällen führten Seals Aussagen also zu siebzehn Verurteilungen.

21

„Das ist Betrug"

Barry Seal, der es so perfekt verstand, andere zu manipulieren, sollte sich zum Schluß selbst austricksen. Zuerst sah es so aus, als hätte er es wieder einmal geschafft, als hätte er seine Probleme durch ein erneutes Schuldgeständnis aus der Welt geschafft und könnte seine Feinde in den Justizbehörden von Louisiana am Ende auslachen. Im Dezember 1984, einen Monat nach der Sendung der Dokumentation „Onkel Sam will dich!", hielt Standford Bardwell, der US-Staatsanwalt für Baton Rouge, eine Pressekonferenz ab und kündigte dabei die Anklageerhebung gegen Barry Seal an.

In Wirklichkeit handelte es sich nur um die formelle Abwicklung der Schuldanerkennung Seals, aber Bardwell machte aus dieser Ankündigung einen Sieg für seine Dienststelle – der Versuch, nach dem „Onkel Sam"-Debakel sein Image aufzupolieren. Statt Seals Schuldbekenntnis zu erwähnen, legte er Nachdruck auf die Feststellung, man hätte durch „fünfzehnmonatige Ermittlungen" Seal zur Strecke gebracht. Und wieder war es John Camp, der Reporter, der die peinlichen Fragen stellte.

„Hat es nach dem Schuldbekenntnis von Mr. Seal eine Vereinbarung gegeben, die ihm zusicherte, daß er zusätzlich zu seiner Strafe in Florida nicht mehr Zeit abzusitzen braucht?" wollte Camp von Bardwell wissen.

„Ich bin nicht bereit, in diesem Augenblick dazu einen Kommentar abzugeben", antwortete Bardwell.

Camp zog daraus den Schluß, daß man Bardwell nicht über die Versprechen ins Bild gesetzt hatte, die Seal in Florida gemacht worden waren. Seal hatte Camp unter vier Augen mitgeteilt, daß man ihm in Miami versichert habe, er brauche nicht ins Gefängnis.

Als Seal im folgenden Monat vor dem Bundesgericht in Baton Rouge erschien und sich im Sinne der Bardwellschen Anklagepunkte für schuldig erklärte, fragte ihn US-Distriktrichter Frank Polozola nach seinen

Erklärungen in „Onkel Sam will dich!“. Der Richter, ein guter Freund Bardwells, wollte von Seal gezielt wissen, ob er über irgendwelches Fehlverhalten von Bundesbeamten im Mitteldistrikt Kenntnis habe. Doch diesmal hielt Seal den Mund.

AM 24. OKTOBER 1985 erschien Barry Seal vor Richter Roettger zur „Anhörung nach Vorschrift 35“. Bei diesem Verfahren wägt der Richter ab, was ein Informant für die Regierung geleistet hat, um danach zu entscheiden, ob er sein Strafmaß herabsetzen kann. Für die Informanten ist es die Gegenleistung dafür, daß sie ihr Leben aufs Spiel gesetzt haben.

Inzwischen war Barry Seal zum berühmtesten Informanten in der Geschichte der DEA geworden. Er hatte, ganz allein auf sich gestellt, die erfolgreichsten Ermittlungen durchgeführt und bei den nachfolgenden Prozessen einen glänzenden Zeugen abgegeben. Er hatte unter Druck beträchtlichen Mut bewiesen und sich großen persönlichen Gefahren ausgesetzt.

Es war also keine Überraschung, daß zur Anhörung nach Vorschrift 35 im Fall Seal eine eindrucksvolle Schar an Zeugen aus den Reihen der Polizeibehörden aufmarschierte. Für die DEA in Miami erschien Bob Joura. „Die DEA hält die Ermittlungen im Ochoa-Fall für die wichtigsten, die wir je durchgeführt haben“, erklärte Joura dem Richter. „Ich habe in meiner Laufbahn mit vielen Informanten zusammengearbeitet, doch mir ist keiner begegnet, der so viel geleistet hat wie Mr. Seal. Er hat ausführlich Bericht erstattet, und ich habe ihn nie bei einer Lüge ertappt. Seit er sich zur Zusammenarbeit mit uns entschlossen hatte, war er mit voller Kraft dabei. Er hat inzwischen erkannt, welche verhängnisvolle Wirkung Kokain auf das Gesellschaftsgefüge der USA ausübt, was er vor seiner Festnahme, als er noch Kokain ins Land flog, meiner Ansicht nach nicht voll erkannt hat. Ich glaube, erst jetzt durch die Zusammenarbeit mit der DEA ist ihm dies klargeworden, und er tut alles, um die Taten seiner Vergangenheit, so gut es geht, wiedergutzumachen.“

Richter Roettger hörte sich die Aussagen von Joura und anderen Zeugen an und verkündete dann seinen Beschluß. Er erinnerte noch einmal an den Tag, als er Seal ursprünglich zu zehn Jahren Gefängnis verurteilt hatte. „Zu Beginn dieses Prozesses“, begann Roettger, „war ich der Ansicht, die Beweislage habe einen Angeklagten vorgeführt, der intelligent, gerissen und völlig unmoralisch ist. Ich hielt ihn für bösartig. Ich lasse mich", fuhr Richter Roettger fort, „durch Versprechungen zur Zusammenarbeit niemals erweichen. Und ich erlasse nur dann jemandem die volle Haftstrafe, statt sie herabzusetzen, wenn seine Zusammenarbeit so weit geht, daß er sich in Lebensgefahr begibt. Wer das tut, der verdient auch gebührend dafür belohnt zu werden."

Als freier Mann verließ Barry Seal den Gerichtssaal.

DIE Reaktion in Baton Rouge war kalte Wut. Einer der zornigsten Gegner war Distriktrichter Frank Polozola, ein beinharter Mann, für den nur Recht und Ordnung galten. Jetzt waren ihm die Hände durch Roettgers Beschluß gebunden. Er konnte Seal zu keiner höheren Gefängnisstrafe verurteilen als Roettger. Das bedeutete überhaupt kein Gefängnis.

Als Seal am 20. Dezember 1985 zur Strafverkündung vor Richter Polozola trat, begleitete ihn nur Anwalt Lewis Unglesby.

Polozola machte seinem Ärger über Roettgers Beschluß Luft. „Wenn ich auch nur die leiseste Ahnung, die geringste Idee gehabt hätte, daß Mr. Seal in Florida keine Gefängnisstrafe erhalten würde, dann hätte ich dieser Vereinbarung unter keinen Umständen zugestimmt. Von meinem Standpunkt aus müßten Drogenhändler wie Sie, Mr. Seal, in einem Zuchthaus Zwangsarbeit leisten. Zwangsarbeit in der heißesten Sonne und an den kältesten Tagen – das wäre das Richtige für Drogenhändler wie Sie."

Dann legte Polozola die Bewährungsauflagen fest. Falls Seal gegen eine davon verstieß, konnte er zu fünf Jahren Gefängnis verurteilt werden. Erstens brauchte Seal für jede Reise außerhalb des Staates Louisiana eine richterliche Genehmigung. Die Auflage galt für jede Reise, auch wenn er sie als Informant der Regierung unternahm. Danach verurteilte er Seal zu einer Geldstrafe von 35000 Dollar und untersagte ihm, weiterhin die Leibwächter zu beschäftigen, die er zu seinem Schutz angestellt hatte. Der Richter rasselte die anderen üblichen Auflagen herunter. Und dann kam der Knüller. „Und als weitere Bewährungsauflage soll der Aufenthaltsort des Angeklagten für die Dauer von sechs Monaten das Gemeindezentrum der Heilsarmee, Airline Highway 7361, Baton Rouge, Louisiana, sein."

Auf diese Überraschung waren Seal und sein Anwalt völlig unvorbereitet. Keiner hatte etwas über einen Zwangsaufenthalt gesagt. Aber mit dieser Bestimmung gab der Richter Barry Seal praktisch zum Abschuß durch Killer frei.

„Das ist Betrug von seiten der Regierung", widersprach Unglesby.

„Das ist kein Betrug von seiten der Regierung", sagte Polozola. „Lesen Sie mal die Vereinbarung über Anklagepunkt zwei."

„Ich habe sie gelesen", entgegnete der Anwalt. „Ich kenne sie sehr gut, denn ich habe sie ja selber mitverfaßt. Darin steht: kein Freiheitsentzug."

„Das ist kein Freiheitsentzug", erklärte Polozola.

Seal war in eine Falle der Regierung getappt. Bei der Abfassung der Vereinbarung wollten sich die Bundesbehörden in Louisiana nicht völlig die Kontrolle über das Geschick Barry Seals durch Richter Roettger in Fort Lauderdale aus der Hand nehmen lassen. Die Bundesbehörden in Louisiana hatten sich bereit erklärt, keine höhere Strafe gegen Seal zu verhängen als Roettger. Aber unter Anklagepunkt zwei hatten sie sich das Recht vorbehalten, die Bewährungsauflagen festzusetzen. Das hatte damals harmlos geklungen. Doch die Bundesbehörden von Louisiana hatten die entfernte Möglichkeit mit einkalkuliert, daß Roettger Seal auf freiem Fuß belassen würde. Als Seal zur Straffestsetzung vor Polozola trat, schnappte die Falle zu.

Nach Polozolas Urteilsverkündung drohte Unglesby, er werde Einspruch erheben.

„Ich möchte Ihnen nur eines sagen", erwiderte Polozola. „Nichts wäre mir lieber, als wenn die Vereinbarung zurückgenommen würde." Er machte Seal das Angebot, die Vereinbarung zurückzunehmen.

Der Richter hatte Seal über den Tisch gezogen. Wenn Seal sein Schuldbekenntnis zurückzog, würde er seine augenblickliche Immunität für alle früher begangenen Verbrechen verlieren.

Lächelnd verließ Bardwell den Gerichtssaal. Endlich hatte er Barry Seal geschlagen. Unbemerkt verließ auch ein von den Ochoas bezahlter Privatdetektiv den Saal.

Nach der Sitzung fragte Lewis Unglesby einen von Bardwells Mitarbeitern, ob ihm das Ausmaß von Seals Zusammenarbeit mit der DEA in vollem Umfang bekannt sei. „Wissen Sie, was er zu mir gesagt hat?" berichtete Unglesby später. „Er sagte: ‚Das betrifft Florida. Für uns in Baton Rouge hat Seal nichts getan.'"

In seinem ganzen Schmugglerleben hatte sich Barry Seal immer darauf verlassen, daß er die Behörden überlisten konnte. Bis zu der Sitzung bei Polozola hatte er fast jede Runde gewonnen. Obwohl die Staatspolizei ihn unter Beobachtung gestellt hatte, hatte er tonnenweise Kokain hereingebracht. Im Nicaragua-Fall hatte er Jorge Ochoa und Pablo Escobar übers Ohr gehauen, die größten Kokainschmuggler der Welt. Er hatte Carlos Lehder und Federico Vaughan an der Nase herumgeführt. Er hatte sie alle aufs Kreuz gelegt. Und jetzt, als er die Freiheit vor Augen hatte, rückte sie plötzlich wieder in die Ferne.

BARRY SEAL ging nicht sofort zur Heilsarmee. Seine Anwälte beantragten einen neuen Termin, der auf den 24. Januar 1986 festgesetzt wurde. Aber drei Tage vor dem Termin geschah etwas, das die Dringlichkeit der Angelegenheit deutlich werden ließ. Ein spanisches Appellationsgericht hatte das US-Begehren auf Auslieferung Jorge Ochoas mit dem Ziel eines Strafprozesses in Miami bewilligt. Urplötzlich wurde Seal, der einzige Augenzeuge gegen Ochoa, noch viel wertvoller für die Bundesregierung – und viel gefährlicher für das Medellín-Kartell.

Thomas Sclafani, Seals Anwalt, reichte einen Antrag auf „Berichtigung“ der von Polozola festgesetzten Bewährungsauflagen ein. Darin bezeichnete er Seal als „den zur Zeit wichtigsten Zeugen der Anklage in den Vereinigten Staaten“. In dem Antrag führte er aus, daß Polozolas Beschluß „Seal in eine lebensbedrohende Lage bringen würde, in Anbetracht der bevorstehenden Auslieferung Jorge Ochoas nach Florida“.

Sclafani wies darauf hin, daß auf „Seals Leben eine Prämie ausgesetzt war“. Inzwischen stehe der Preis auf 500000 Dollar für seine Ermordung und auf eine Million, wenn ihn jemand lebend nach Kolumbien bringe.

Dagegen stellten die Strafverfolger von Louisiana den Antrag, die Bewährungsauflagen nicht zu ändern. „Die Anklage sieht nicht ein, warum der Aufenthalt bei der Heilsarmee für Mr. Seals Leben gefährlicher sein soll als der Aufenthalt in seinem Haus in Baton Rouge.“

Bei einer Unterredung in Polozolas Richterzimmer machte der Richter Anwalt Sclafani von Anfang an klar, daß sich Seal am folgenden Tag um ein Uhr mittags stellen müsse.

Sclafani beschuldigte den Richter, ihm sei es gleichgültig, ob Seal ermordet werden könnte. Nun war es an dem Richter, Anstoß zu nehmen. Sclafani berichtete, daß der Richter sich in eine Tirade hineingesteigert habe, wobei er mit hochrotem Kopf immer lauter geworden sei. „Ich will Ihnen etwas über Ihren Klienten sagen!“ rief Polozola. „Ihr

Klient erzählt Fernsehreportern, daß Richter Polozola nicht das letzte Wort haben wird. Sagen Sie Ihrem Klienten, wenn er das nächstemal vor den Fernsehkameras den Mund aufreißt, um über Richter Polozola herzuziehen, dann soll er gefälligst aufpassen, was er von sich gibt!" Dann fügte der Richter nach einer Pause hinzu: „Ihrem Klienten muß man mal eine Lehre erteilen." Sclafani erwiderte, die Lehre könne darin bestehen, daß Seal mit einer Kugel im Kopf ende.

Am nächsten Tag wurde Seal direkt vom Gerichtsgebäude zur Heilsarmee gebracht. Er hatte nicht einmal Zeit, zu packen und sich von seiner Familie zu verabschieden.

22

Im Haus der Heilsarmee

NIEMAND erwartete, daß Barry Seal lange im Haus der Heilsarmee bleiben würde. Es war ja auch zu absurd. Und zu gefährlich. Dafür war Seal ein viel zu wichtiger Zeuge. Aber Seal war einfach entschlossen, die sechs Monate im Gemeindezentrum der Heilsarmee durchzuhalten, um hinterher ein freier Mann zu sein. Er glaubte nicht, daß die Kolumbianer versuchen würden, ihn zu ermorden. „Denen geht's nur um das Geschäft", sagte er. In Baton Rouge fühlte er sich verhältnismäßig sicher. Jeder Kolumbianer, der in diesem Teil Louisianas auftauchte, würde sofort auffallen.

Seal meldete sich jeden Abend um sechs Uhr im Haus der Heilsarmee. Tagsüber war er sein eigener Herr, bis er abends in das Gemeindezentrum zurückkehren mußte. Er verbrachte einen großen Teil seiner Zeit damit, mit Anwälten eine Lösung seiner Steuerprobleme zu finden, die er sich selbst mit seiner Aussage, seine Einnahmen aus dem Drogenhandel beliefen sich auf 75 Millionen Dollar, eingebrockt hatte.

Seal war 15 Tage in dem Haus, als drei Männer aus Medellín über Panama nach Mexiko flogen und illegal die Grenze in die USA überschritten. Vier Tage später stieg der im Norden von Miami lebende Kubaner Bernardo Vasquez unter seinem richtigen Namen im Hilton-Hotel am Flughafen außerhalb von New Orleans in Zimmer 270 ab. Weitere vier Tage später erschien Cumbamba. Er hatte Max Mermelsteins Auftrag, Barry Seal zu ermorden, im Mai 1985 übernommen.

Aber einen Monat später war Seal im Zeugenschutzprogramm in Miami verschwunden, und der Auftrag wurde vorläufig auf die lange Bank geschoben. Jetzt, da Jorge Ochoa die Auslieferung drohte und Seal an einem zugänglichen Ort war, wurde der Auftrag erneuert.

Cumbamba mietete sich unter dem Namen Miguel Velez in Zimmer 312 ein. Am nächsten Tag trafen die drei Kolumbianer aus Medellín im Hotel ein, und Vasquez kaufte einen grauen Buick, Jahrgang 1982. An diesem Abend fuhr Vasquez mit einem der Kolumbianer aus Medellín nach Baton Rouge und bezog im Jay-Motel, das freie Sicht auf den nur wenige hundert Meter entfernten Parkplatz der Heilsarmee hatte, das Zimmer 228.

Am folgenden Tag mietete Vasquez außerdem bei Avis einen roten Cadillac Sedan DeVille. Tags darauf, am 19. Februar, fuhr Vasquez zu Anthony's, einem Herrenausstatter, und kaufte drei Baseballmützen und Regenmäntel. An diesem Nachmittag fuhr Cumbamba mit einem der drei Kolumbianer aus Medellín, Luis Carlos Quintero Cruz, im Buick zu dem Parkplatz der Heilsarmee. Cumbamba parkte rückwärts ein, drei Stellplätze von den drei großen weißen Containern der Heilsarmee für Altkleiderspenden entfernt. Die Container standen mitten auf dem Parkplatz. Zeugen sagten später aus, Cumbamba und Quintero Cruz seien ausgestiegen und hätten etwas in einen der Container gelegt. Dann stieg Cumbamba wieder in den Buick, um auf Barry Seal zu warten. Dabei rauchte er Zigaretten.

Am Morgen des 19. Februar stand Seal wie üblich früh auf und verließ das Haus der Heilsarmee um sieben Uhr.

Er aß mit Debbie und den Kindern zu Hause zu Mittag. Kurz vor sechs an diesem Abend kam er auf dem Parkplatz der Heilsarmee an. Er fuhr direkt an dem parkenden grauen Buick vorbei und lenkte den Cadillac rückwärts in eine Lücke bei den Containern. Die standen nun zwischen ihm und dem Buick. Wenn er auf der Fahrerseite ausstieg, würden sie ihm Deckung bieten. Er befand sich nur neun Meter von der Tür der Heilsarmee entfernt.

Die Zeugen, die gesehen hatten, wie Quintero Cruz etwas zu den Containern getragen hatte, hatten sich nicht geirrt. Wenige Minuten vor sechs hatte er etwas, das in einen Regenmantel gewickelt war, in einen der Container gelegt. Dann versteckte er sich hinter ihnen. Er hatte nichts in den Händen, als Seal eintraf.

Sobald Seal die Wagentür aufstieß, griff Quintero Cruz in den Container und wickelte eine MAC-10 mit Schalldämpfer aus einem Regenmantel. Dann sprang er auf Seal zu. Die Mündung war nur noch einen halben Meter von Seals Kopf entfernt, als Quintero Cruz zwölf Schüsse in zwei Sekunden abfeuerte. Trotz des Schalldämpfers hörte es sich an, als explodierten Feuerwerkskörper. Drei Kugeln trafen Seal in die linke Kopfseite. Eine vierte Kugel hinterließ eine rote Furche in der Kopfhaut. Die fünfte Kugel durchbohrte seinen Oberarm und den Rippenbogen. Die sechste durchschlug seine Brust. Alle Kugeln traten wieder aus.

Nach den Schüssen sackte Seal stark blutend auf dem Sitz im Cadillac zusammen, die Hände an den Ohren, als wollte er nichts mehr hören.

Im Haus der Heilsarmee vernahm Major Bennie Lewis die dumpfen Knallgeräusche. Er rannte ins Freie zu dem Cadillac, beugte sich über Seal.

„Barry, kannst du mich hören?“ fragte Lewis.

Er bekam keine Antwort.

In einem hatte Barry Seal recht behalten: Kolumbianer mußten in Baton Rouge auffallen. Seal hatte die Männer nicht kommen sehen. Doch in dem Höllenspektakel nach dem Mord brauchte das FBI nur 48 Stunden, um sechs verdächtige Personen aufzuspüren, zu identifizieren, zu verhaften und unter Anklage zu stellen.

Unmittelbar nach der Schießerei rannte Quintero Cruz, der Mann mit dem Gewehr, zum Buick zurück. Ein Zeuge sah, wie er die Waffe Cumbamba auf dem Fahrersitz übergab. Der Buick stieß aus der Parklücke und hätte dabei fast einen anderen Zeugen überfahren. Ein dritter Zeuge hatte Cumbamba deutlich sehen können. Dieser Zeuge sagte aus, der Fahrer des Buick habe grüne Hosen wie ein Chirurg getragen.

Vierhundert Meter weiter stoppte der Buick quietschend auf dem Parkplatz eines Kinderspielplatzes. Zwei Männer stiegen aus. Der Motor lief weiter, und die MAC-10 blieb drinnen auf dem Fußboden liegen. Die Männer rannten zu einem zweiten Fluchtwagen, einem roten Cadillac, der in der Nähe geparkt war. Sie lachten.

Auf der anderen Straßenseite wurden zwei dienstfreie Deputy Sheriffs, die als Wachmänner für ein Bingospiel engagiert worden waren, aufmerksam. Sie konnten die beiden Männer beschreiben.

Sofort schickte das FBI zahlreiche Agenten zum Flughafen. Andere untersuchten die Meldebücher in den Hotels nach Gästen mit spanisch klingenden Namen. Das Mörderteam hatte sich außergewöhnlich unvorsichtig benommen. Vasquez und andere waren unter ihrem richtigen Namen aufgetreten. Zum Mieten des Fluchtwagens hatte Vasquez sogar seine American-Express-Kreditkarte benutzt.

Um 19.30 Uhr verließen Vasquez und ein anderer Angehöriger des Mörderteams ihre Zimmer im Hilton in New Orleans. Den Cadillac parkten sie später auf dem Flughafen von New Orleans. Er war um 20.36 Uhr auf dem Parkplatz eingetroffen.

Um 20.45 Uhr beobachteten zwei FBI-Agenten, wie sich ein Latino dem Ticketschalter von Eastern Airlines näherte. Der Mann schwitzte, offenbar aus Nervosität. Er hatte keinen Direktflug nach Miami bekommen können. Die Agenten stellten ihn zur Rede. Er spielte den naiven, verwirrten Reisenden und antwortete zögernd und unsicher. Aber er besaß einen gültigen Paß auf den Namen Miguel Velez. Die Agenten hatten noch nicht die Personenbeschreibung des Zeugen erhalten, der den Mann in den grünen Chirurgenhosen gesehen hatte. Sie hatten auch keinen plausiblen Grund für eine Festnahme. Deshalb mußten sie Velez laufenlassen. Er sagte ihnen, er werde ins Hotel zurückgehen und sich dort ein Taxi nehmen, um zu einem anderen Flughafen zu fahren. Als ungefähr eine Viertelstunde später eine Personenbeschreibung der Mörder über Funk eintraf, wurde den FBI-Agenten klar, daß sie eben einen von ihnen vor sich gehabt hatten. Sie fragten in den Hotels nach und stellten fest, daß Velez ein Taxi genommen hatte. Eine Suchmeldung nach dem Taxi wurde herausgegeben.

Um 2.20 Uhr nachts sah ein Polizeibeamter in Meridian, Mississippi, auf dem Highway ein stark beschädigtes Taxi stehen. Es war mit einem Reh zusammengestoßen. Der Beamte vernahm den Fahrgast, der grüne Hosen trug. In den Taschen des Mannes befanden sich 3270 Dollar in Zwanzigern und der Schlüssel des gemieteten Cadillac, des Fluchtwagens. Der Polizeibeamte nahm Miguel Velez alias Cumbamba auf der Stelle fest.

Bernardo Vasquez verbrachte die Nacht in einem Haus, das einem Freund gehörte, in Algiers, einem Vorort von New Orleans. Was er nicht wußte: Der Freund war ein Informant des FBI. Am nächsten Tag wurde Vasquez vom FBI verhaftet. Cruz wurde in einem Haus in Marrero, einem anderen Vorort, festgenommen.

AM TAG nach Seals Ermordung berief US-Staatsanwalt Bardwell eine Pressekonferenz ein. „Er hat es verdient, daß man ihm den Prozeß machte“, erklärte er vor den versammelten Journalisten. „Und er hat es verdient, daß man ihn verurteilte.“

„Haben Sie ihm eine Lektion erteilen wollen?“ fragte Reporter John Camp zornig, dem erzählt worden war, was der Richter in seinem Zimmer gesagt hatte.

Gepeinigt verzog Bardwell das Gesicht. „Sicher“, sagte er. Dann fuhr er etwas zu rasch fort: „Aber seinen Tod wollte ich nicht.“

EINEN Tag nach den Festnahmen fand Barry Seals Beerdigung statt. Seine Angehörigen legten ihm ein Telefonbuch und eine Rolle Vierteldollarmünzen im Wert von zehn Dollar in den Sarg. Was war Barry Seal ohne Geld für seine dauernden Telefonate an Münzapparaten? Pfarrer Joe Hurston verlas als Nachruf einen Satz, den Seal sich vor langer Zeit ausgesucht und in seine Bibel geschrieben hatte. „Er war ein rebellischer Abenteurer, jenen Männern gleich, die Amerika einst großgemacht hatten.“ An der Beerdigung des bedeutendsten Drogeninformanten in der DEA-Geschichte nahm kein einziger Drogenfahnder teil. Die Bosse in Washington meinten, daß es keine gute Idee sei.

VIER Monate nach Barry Seals Tod fuhren Dick Gregorie und Al Winters von der US-Staatsanwaltschaft zu einer Geheimadresse außerhalb von Miami, die sie „Unterseeboot“ nannten, eine kleine fensterlose Behausung. Sie war so genannt worden, weil ein Bewohner nicht wissen konnte, ob er sich unter der Erde oder unter Wasser befand. Es war der sicherste Ort in ganz Südflorida für Max Mermelstein.

Seals Tod hatte eine große Bedeutung für Mermelstein, denn jetzt war er der wichtigste Zeuge gegen Jorge Ochoa und Pablo Escobar und damit Barry Seals Nachfolger als kenntnisreichster Drogeninformant in den USA. Die beiden Bundesstrafverfolger waren gekommen, um Mermelstein aus verschiedenen Gründen zu vernehmen. Nach Seals Tod brauchte Gregorie einen Zeugen, um den Prozeß gegen Jorge Ochoa neu aufzurollen, dessen Auslieferung durch weitere rechtliche Manöver seiner Anwälte in Spanien wieder zweifelhaft geworden war. Und Winters oblag es, Beweise gegen Seals Mörder in Baton Rouge zusammenzutragen. Winters sagte Mermelstein, daß die Mordwaffe eine MAC-10 gewesen sei.

Plötzlich bestürmte Mermelstein ihn mit Fragen. Ob die Seriennummer aus der Waffe ausgefräst worden sei? Winters bejahte.

„Ich kann sie identifizieren, und außerdem hat man mit ihr in meinem Haus ein Probeschießen veranstaltet."

Sofort wurden Agenten zu dem Haus geschickt, das Max Mermelstein in Golden Beach gemietet hatte. Sie untersuchten die Wände und fanden tatsächlich fünf Kugeln vom Kaliber 45. Die Kugeln entsprachen denen, die Barry Seal getötet hatten. Mermelstein hatte damit die Verbindung vom Medellín-Kartell zum Mord an Seal hergestellt. Gestützt auf Mermelsteins Information, erhob ein Bundesschwurgericht in Baton Rouge im folgenden Monat Anklage gegen Fabio Ochoa, Pablo Escobar und Rafael Cardona.

Die Beschuldigung lautete: Anstiftung zur Verletzung von Barry Seals Bürgerrechten durch ein Mordkomplott gegen ihn.

23

Der Justizpalast

EINES Tages im August 1985 erhielt der Oberste Bundesrichter Alfonso Patiño in seinem Zimmer im Justizpalast in Bogotá einen Telefonanruf. Eine Stimme sagte: „Wir wollen, daß Sie den Auslieferungsvertrag für unrechtmäßig erklären!"

„Was?" fragte Patiño ungläubig. „Wer ist denn da?"

„Wir wollen, daß Sie den Auslieferungsvertrag für unrechtmäßig erklären!" Und das war alles. Patiño fand es merkwürdig. Wer waren diese Leute, und wie hatten sie sich seine Telefonnummer beschafft? Er zerbrach sich den Kopf darüber und beschloß, seiner Frau Maria Cristina nichts davon zu erzählen. Dann sagte er aber doch zu ihr: „Sei vorsichtig!"

„Wieso?" fragte sie. Patiño sagte, der Vorfall sei wahrscheinlich unwichtig. Der Gerichtshof sei gerade dabei, einen verfassungsrechtlichen Einspruch gegen den Auslieferungsvertrag mit den Vereinigten Staaten zu prüfen. Einige Verbrecher – Drogenhändler, glaube er – seien durch diesen Vertrag besonders getroffen. Das gehe ihn aber weiter nichts an. Seine Sache sei es, sich über Rechtsfragen den Kopf zu zerbrechen.

Anfang September erhielt Patiño drei Briefe. Alle enthielten dieselbe Forderung wie der Telefonanruf, und alle waren unterzeichnet: „Die Auszuliefernden". Patiño erzählte seinen Kollegen in der verfassungsrechtlichen Kammer des Obersten Gerichtshofes nichts davon.

„Ich habe einige kleine Schwierigkeiten", sagte er zu Maria Cristina. „Du solltest tagsüber bei deinen Fahrten jedesmal einen anderen Wagen benutzen. Außerdem darfst du mit mir am Telefon niemals darüber sprechen, was du demnächst vorhast. Und du mußt wirklich sehr, sehr vorsichtig sein."

Zuerst waren Alfonso und Maria Cristina Patiño über die Briefe und Telefonanrufe mehr empört als verängstigt. Die Patiños gehörten zu den erlauchtesten konservativen kolumbianischen Familien, und ihre Mitglieder hatten seit Generationen im öffentlichen Dienst gestanden. Um Verbrecher kümmerten sich Menschen wie die Patiños nicht.

Am 14. September kam der nächste Brief. Alfonso erhielt zwei Kopien, und Maria bekam drei ins Haus geschickt. Der Brief begann mit *„Hello, Perro"* (Hallo, du Hund) und teilte mit, daß „wir alles über Euer Leben wissen". Dabei lag eine Tonbandkassette mit Ausschnitten aus mehreren privaten Telefongesprächen Alfonsos und Marias. Die Patiños suchten das Justizministerium auf. In der Folge bekam Alfonso eine vierköpfige Sicherheitseskorte und Maria Cristina, eine höhere Beamtin des Außenministeriums, einen Leibwächter. Die Patiños erkundigten sich bei den anderen Richtern, welche Aufmerksamkeiten „die Auszuliefernden" denn ihnen erwiesen. Es stellte sich heraus, daß alle vierundzwanzig Richter Briefe und Telefonanrufe bekommen hatten. Ein Richter hatte mit der Post einen elegant gearbeiteten Minisarg mit einer Messingplatte erhalten, auf der sein Name stand.

Die dritte Sendung von Briefen an die Patiños kam am 15. Oktober an. Sie waren alle an Maria Cristina persönlich adressiert und ins Haus gebracht worden. „Du mußt Deinen Mann dazu überreden, daß er den Vertrag für ungültig erklärt", hieß es. „Bedenke, wir sind dieselben Leute, die mit Lara Bonilla abgerechnet haben! Ihr mögt so viele Leibwächter haben, wie Ihr wollt, sie können Euch auch nicht retten."

Die Patiños gingen abends nicht mehr aus, und Alfonso riet Maria Cristina, nicht mehr mit ihm zur Arbeit zu fahren, sondern ihren eigenen Wagen zu benutzen.

Dann kam Alfonso an einem Dienstag Anfang November nach Hause und vertraute ihr an, daß der Gerichtshof am nächsten Tag über die verfassungsrechtliche Zulässigkeit der Auslieferung beraten werde. Beide taten in dieser Nacht kein Auge zu. Morgens zogen sie sich an, frühstückten zusammen und plauderten. Dann küßte Alfonso seine Frau und stieg in seinen Wagen. „Paß heute gut auf dich auf!" sagte er zum Abschied. Es war der 6. November.

IN DER Anfangszeit der kolumbianischen Kokainkriege waren Streitigkeiten zwischen den Drogenbaronen und der Justiz persönliche Angelegenheiten, die auf persönlicher Basis geregelt wurden. Ein Drogenboß kaufte sich die Polizisten, die er brauchte, und wenn er trotzdem festgenommen wurde, dann kaufte er eben auch den Richter, dem sein Fall übertragen war. In diesen frühen Tagen kostete die Entlassung aus der Haft umgerechnet 30000 Dollar. In letzter Zeit war die Gebühr auf 50000 Dollar angestiegen. Wurden Schmiergelder zurückgewiesen, dann versuchten es die Drogenhändler mit Drohungen. Oder sie bezahlten Angestellte, die Akten zu stehlen. Wenn das alles nicht klappte, brachten die Händler den Richter um. Mit einem aufrechten Richter konnte man einfach nicht anders umgehen.

Mit dem Aufkommen des Medellín-Kartells jedoch wurden die Einschüchterungsmethoden zur Norm. Im Jahre 1985 hatte das Kartell zielsicher das Justizwesen als das schwächste Glied in der kolumbianischen Drogenbekämpfung ausgemacht. Die Richter waren überarbeitet, wurden schlecht bezahlt, unzureichend beschützt. Im Jahre 1985 hatte die Richterschaft schließlich die Grundregel verstanden, die ein junger Strafverfolger so formulierte: „Nimm die 50000 Dollar oder stirb!"

Die Auslieferungspraxis hatte für die Drogenhändler neue Komplikationen geschaffen. Aus der gewohnten, leicht manipulierbaren kolumbianischen Umgebung sahen sie sich in eine Welt versetzt, in der die Richter englisch sprachen und den Status von Göttern hatten. Die ganze Rechtsordnung war in den Vereinigten Staaten anders. Nach Ansicht der meisten Kolumbianer war sie gnadenlos. Man brauchte nur einen Kolumbianer vor ein Gringogericht zu stellen, und er verschwand für immer im Gefängnis.

Das Kartell konnte sich nicht damit abfinden – die Sache war zu fremdartig. Deshalb hatte es vom Inkrafttreten des Auslieferungsvertrages im Jahre 1982 an wütend seinen ganzen Einfluß geltend gemacht, damit der Vertrag für verfassungswidrig erklärt werden sollte.

Aber die Regierung Betancur blieb standhaft. Bis zum September 1985 wurden sechs Angeklagte ausgeliefert, neun weitere befanden sich in Haft, und die USA hatten 105 „Anträge auf vorsorgliche Festnahme" in Kolumbien gestellt. Justizminister Parejo Gonzalez unterstützte unerschütterlich die Auslieferungen und erklärte, die Vereinigten Staaten und Kolumbien „arbeiten wunderbar zusammen".

Das Medellín-Kartell war offenbar zu der gleichen Erkenntnis gelangt. Blieb als einzige Möglichkeit, sich den ganzen Auslieferungsvertrag wieder vom Hals zu schaffen. Und deshalb entschlossen sich die Händler, den Obersten Gerichtshof aufs Korn zu nehmen.

Um 11.40 Uhr sprangen ungefähr 35 M-19-Guerillas, mit Maschinenpistolen, Schnellfeuergewehren und Handgranaten bewaffnet, von der Ladefläche eines überdeckten Lastwagens und drangen in den Justizpalast ein, ein unansehnliches, blockartiges, vierstöckiges Gebäude an Bogotás zentral gelegener Plaza Bolívar. Innerhalb von Minuten hatten sie das ganze Gebäude besetzt und mehr als 250 Geiseln genommen. Darunter befanden sich der Oberste Richter Alfonso Reyes Echandia und die Mehrzahl der beigeordneten Richter. Alfonso Patiño und die übrigen Angehörigen der Kammer für Verfassungsrecht waren gerade in einem Konferenzzimmer im dritten Stock in eine Diskussion über den Auslieferungsvertrag verwickelt.

In den nächsten 26 Stunden griffen Hunderte von Soldaten, Polizisten und Sonderkommandos das Gebäude an und versuchten die Guerillas zu überwältigen. Auf den ersten Blick sah es nach einem ungleichen Kampf aus. Denn die Soldaten hatten Panzerwagen, Raketen und Hubschrauber zur Verfügung und setzten sie auch rücksichtslos ein. Sie schossen große Breschen ins Mauerwerk des Palastes. Aber die Guerillas hatten gut vorausgeplant. Schon vor dem Angriff der Stoßtruppe waren unauffällig weitere Kämpfer in Zivilkleidung ins Haus gesickert, und so waren mehr als genügend Gewehrschützen vorhanden, um die wichtigsten Eingänge und Fenster zu verteidigen. Entscheidend war jedoch, daß die Guerillas überall in den Treppenhäusern des Palasts mit Hilfe von Möbelstücken und Aktenschränken provisorische Stellungen für ihre schweren Maschinengewehre errichtet hatten. Von diesen MG-Nestern aus konnten die Schützen gefahrlos die Polizei- und Armee-Einheiten unter Feuer nehmen. Der Kampf entwickelte sich rasch zu einem Patt.

Yesid Reyes Alvarado, ein Rechtsanwalt, der im Norden von Bogotá eine Praxis hatte, hörte im Radio von dem Handstreich. Er versuchte seinen Vater, den Obersten Richter Alfonso Reyes Echandia, etwa um 13.30 Uhr telefonisch zu erreichen. Doch die Leitung war ständig besetzt. Deshalb rief er das Sekretariat im Nebenzimmer an. Die Frauen waren verängstigt, aber einigermaßen gefaßt. Sein Vater sei in Ordnung, er habe seine Leibwächter bei sich, und außerdem seien in den vierten Stock, wo die Büros von Reyes und den meisten anderen Richtern lagen, noch keine Guerillas eingedrungen.

Ein halbe Stunde später rief Yesid wieder an, erhielt mehr oder weniger die gleiche Auskunft. Gerade wollte er auflegen, als er einen Tumult hörte, und dann schrie die Sekretärin: „Sie brechen durch die Wand!"

Mehr als eine Stunde später kam Yesid auf der Privatleitung seines Vaters durch. Eine aufgeregte, zornige Stimme schrie: „Sag der Polizei, sie sollen aufhören zu schießen!"

„Wer ist da?" wollte Yesid wissen. „Lassen Sie mich mit meinem Vater sprechen!"

Dann kam sein Vater an den Apparat. Bei ihm sei M-19-Comandante Luis Otero, sagte er. Otero sei der Führer des Guerillakommandos. Reyes' Stimme war ruhig. „Ich bin in Ordnung, aber sorge dafür, daß die Polizei nicht mehr schießt."

Otero schaltete sich ein. „Wenn sie nicht in einer Viertelstunde das Feuer einstellt, werden wir alle draufgehen!"

Yesid rief die Polizei an, um Verhandlungen einzuleiten. Danach telefonierte er wieder mit Otero und seinem Vater. Otero war wie rasend und kaum zu verstehen. Die Regierung wolle nicht verhandeln, und die Guerillas steckten im Palast fest, und keiner wolle ihre Forderungen anhören.

Auf demselben Korridor kauerte Richter Humberto Murcia Ballen in seinem Zimmer auf dem Fußboden. Seine Furcht wuchs von Minute zu Minute. Nach dem Eindringen der Guerillas war sein erster Gedanke gewesen, daß sie „ein bißchen rumknallen, die Wände bekritzeln, ein paar Fenster zerschlagen und dann abziehen" würden. Als die Armee kam, erwartete er die Aufnahme von Verhandlungen. Aber statt dessen pfiffen nun überall Kugeln durchs Haus. Murcia hatte infolge Krankheit vor mehreren Jahren ein Bein verloren, und in den ersten Stunden der Besetzung hatte eine Kugel sein künstliches Bein zerschmettert. Seitdem hatte er sich nicht vom Fleck rühren können, was jedoch im Augenblick kein Problem war. Er wollte sowieso niemanden darauf aufmerksam machen, wo er war und womit er seinen Lebensunterhalt verdiente.

Die Brände brachen etwa um sieben Uhr abends aus. Nachdem alles vorbei war, behaupteten einige Regierungsbeamte sowie Mitglieder der US-Botschaft, daß die Guerillas sie gelegt hätten, um die Auslieferungsakten zu verbrennen. Gegner der Regierung behaupteten wiederum, daß die Polizei Feuer gelegt habe, um Akten über die Tätigkeit der Todesschwadronen und über andere Sünden der Sicherheitsstreitkräfte zu verbrennen.

Im Feuer verbrannten tatsächlich Auslieferungsakten, Akten über die Todesschwadronen und vieles, vieles mehr, aber im Grunde erschienen die gegenseitigen Anschuldigungen nicht glaubhaft. Der Palast bestand vor allem aus Sälen, die durch hölzerne Trennwände in viele Zimmer verwandelt worden waren. Das Gebäude war eine Feuerfalle. Wenn mehrere hundert Männer eine neun Stunden dauernde Schlacht mit Handgranaten und Leuchtspurmunition führten, war ein Feuer unausbleiblich.

Es war der Rauch, der Richter Murcia schließlich dazu brachte, sein Versteck aufzugeben. Nach Atem ringend und von Angst gejagt, kroch er an den oberen Treppenabsatz im vierten Stock und ergab sich

Der Justizpalast in Bogotá, November 1985. Regierungseinheiten stürmten das Gebäude und versuchten, die vom Kartell angeheuerten Guerillas zu überwältigen. Dabei starben 95 Menschen.

den Guerillas unten. Sie schleppten ihn in eine Toilette und warfen ihn zu ungefähr sechzig Geiseln, die darin eingepfercht waren. Nun war sich Murcia sicher, daß er sterben würde.

Am frühen Nachmittag des nächsten Tages begann der letzte Angriff. Zu diesem Zeitpunkt war die Toilette voller Geiseln und Guerillas, lebenden und toten. Die Verzweiflung der Guerillas wuchs. Sie befahlen den noch lebenden Geiseln aufzustehen. Dann stießen sie sie zur Tür hinaus. Gestützt von einer anderen Geisel, drängte sich Murcia vor, als plötzlich eine Handgranate explodierte. Betäubt und im Gesicht blutend fiel er zu Boden. Die meisten um ihn herum waren tot. Die überlebenden Guerillas warfen die Leichen die Treppe hinunter – auch Murcia. Dann machten sie sich davon. Murcia wartete eine Weile und kroch dann in den Keller. Ihm fiel ein, daß im Erdgeschoß ein Wassertank war. Also schleppte er sich wieder eine Treppe höher und spähte um die Ecke in die Halle. Dann faßte er sich ein Herz, zog sich in die Höhe, streckte die Arme hoch und schrie: „Nicht schießen!“

MINDESTENS 95 Menschen fanden im Justizpalast den Tod, unter ihnen der Oberste Richter Alfonso Reyes Echandia, seine beiden Leibwächter und Comandante Luis Otero. Auch Alfonso Patiño und alle übrigen Richter der Kammer für Verfassungsrecht starben. Wahrscheinlich waren sie sogar unter den ersten, die getötet wurden. Insgesamt starben elf Richter.

Offenbar überlebte kein einziger Guerilla. Elf Polizisten und Soldaten wurden getötet sowie 32 andere Personen: Hilfsrichter, Sekretärinnen, Rechtsanwälte und zufällig Anwesende.

Belisario Betancurs Präsidentschaft sollte sich von diesem schrecklichen Ereignis nie erholen. Die anfänglichen Lobesworte für seine „harte“ Haltung gegenüber den Guerillas wichen bitteren Vorwürfen. Warum hatte man nicht ernsthaft versucht, Verhandlungen aufzunehmen? Verzweifelt klagten überlebende Richter wie Humberto Murcia die Regierung an.

Justizminister Parejo Gonzales vertrat die Ansicht, die Besetzung sei wahrscheinlich ein Akt des Kartells gewesen. Aber er blieb das einzige hochgestellte Regierungsmitglied, das diese Meinung öffentlich äußerte. Anfangs hielten die Einwohner Kolumbiens die Theorie von der Verantwortung des Kartells nur für Propaganda, durch die man von dem Auftreten der Regierung ablenken wollte. Aber mit der Zeit wuchs die Überzeugung, daß das Kartell tatsächlich daran beteiligt gewesen war. Ein Jahr später vertrat bereits jeder Kolumbianer in einer wichtigen politischen Position die Ansicht, daß die Drogenhändler den Angriff auf den Justizpalast angeordnet und dafür Geld gezahlt hatten und daß es ein gemeinsames Unternehmen mit M-19-Kräften gewesen war.

Aber diese Nachbetrachtung konnte Belisario Betancur auch nicht mehr helfen. Als er am 10. November bei der Gedächtnismesse für die toten Richter eine Ansprache hielt, blieben die Überlebenden voller Abscheu fern.

24

Betancur im Zwielicht

IM FEBRUAR 1986 begann das letzte halbe Jahr von Präsident Belisario Betancurs Amtszeit. Seine Präsidentschaft hatte in den vergangenen Monaten einen massiven Vertrauensverlust in der Öffentlichkeit erlitten. Acht Tage nach dem Blutbad im Justizpalast begruben ein verheerender Vulkanausbruch und ein Erdrutsch die Stadt Armero am Rio Magdalena, wobei 22000 Menschen ums Leben kamen. Die Hilfsmaßnahmen liefen zu langsam an und waren unzulänglich. Man hatte das Ausmaß der Tragödie nicht richtig erfaßt. Kübel voll beißender Ironie wurden über die Regierung ausgeschüttet. Man streute Salz auf Betancurs schwärende politische Wunden.

Im Jahre 1986 war das Kartell auf Kollisionskurs mit der kolumbianischen Regierung gegangen. Es nahm jede Einrichtung, die es nicht nach seinen Wünschen umgestalten konnte, unter Beschuß und mordete nach Belieben. Die Killer wurden kaum jemals verfolgt, geschweige denn gefaßt. Die Richter arbeiteten unter unzumutbaren Bedingungen. Richter Fernando Uribe Restrepo, der Nachfolger von Alfonso Reyes Echandia als Oberster Richter, trat im März nach nur vier Monaten im Amt wegen der Morddrohungen des Kartells zurück. Sein Nachfolger, Nemesio Camacho Rodriguez, sollte im Januar 1987 aus dem gleichen Grund aufgeben. Am 31. Juli 1986 lauerten Motorradkiller Hernando Baquero Borda, einem der letzten Hardliner der alten Garde, der für die Auslieferung eintrat, auf und ermordeten ihn.

Mitte des Jahres faßte ein ehemaliger Richter den traurigen Zustand, in dem sich Kolumbiens Oberster Gerichtshof befand, mit den Worten zusammen: „Vor einem Jahr war es noch der Ehrgeiz jedes Rechtsanwalts, Richter zu werden. Heute verstecken sich alle, damit man sie nicht beruft."

Die Gerichte, die politischen Parteien, der Kongreß und die Polizei wurden vom Kartell korrumpiert.

Trotz alledem fuhr man mit den Auslieferungen fort, und Justizminister Parejo Gonzales, dem Betancur eisern zur Seite stand, blieb in der Verfolgung der Drogenhändler unerbittlich. Ende 1986 hatte Kolumbien insgesamt dreizehn Personen ausgewiesen. Bis auf einen hatten alle mit Verbrechen im Zusammenhang mit Drogen zu tun gehabt.

Aber die Kartellbosse waren bislang davongekommen. Escobar und Gonzalo Rodriguez Gacha wurden regelmäßig in Bogotá gesichtet. Carlos Lehder sah man manchmal in den Städten, doch meistens blieb er im Dschungel. Jorge Ochoa war in Spanien im Gefängnis, aber seine Organisation war noch intakt. Seine Brüder leiteten sie jetzt, und alles klappte bestens.

DAS Jahr begann mit einer Vendetta in Medellín. Gerüchten zufolge hatten die Ochoas in den Vereinigten Staaten eine riesige Ladung eingebüßt, und aus irgendeinem Grunde weigerten sie sich, ihren Lieferanten die „Versicherung" zu zahlen. Darüber erbost, versuchten die Lieferanten in altehrwürdigem Kartellstil zu ihrem Geld zu kommen. Sie setzten auf Entführungen und hielten die Opfer so lange gefangen, bis die Schuldner zahlten. Funktionierte diese Vorgehensweise nicht, wurde gemordet. Zu den bekanntesten gekidnappten Opfern gehörte Jorge Ochoas Schwager Rodrigo Pardo. Pablo Correa Arroyave, ein weiterer Schwager Ochoas, geriet in einen Hinterhalt und wurde auf offener Straße umgebracht.

Solche Gewalt hatte seit langer Zeit zu den üblichen Gepflogenheiten in Medellín gehört, aber in den beiden letzten Jahren hatte sich die Stadt selber übertroffen. Im Jahre 1985 wurden in Medellín 1698 Morde begangen. Das war die höchste Mordrate einer Stadt in einem Land, in dem insgesamt 11000 Morde verübt worden waren, mehr als in jedem anderen Land der Welt, in dem nicht gerade ein Bürgerkrieg tobte. (Die USA, wo zehnmal so viele Menschen wie in Kolumbien leben, hatten 1986 dagegen 16000 Morde zu verzeichnen.)

1986 stellte Medellín einen weiteren Rekord auf. Mord wurde die häufigste Todesursache bei männlichen Personen im Alter zwischen fünfzehn und vierzig. Für die ersten sechs Monate dokumentierte man 1155 Morde in der Stadt, davon waren 80,4 Prozent mit Schußwaffen begangen worden. Am Ende des Jahres waren 3500 Morde in Medellín geschehen – also zehn pro Tag.

Recht und Gesetz waren in der Stadt gelähmt. In Bogotá sprach man von „20 000 ungeklärten Morden in Medellín bei nur 20 Angeklagten".

IN SPANIEN schleppte sich der Ochoa-Prozeß durch ein Labyrinth rechtlicher Winkelzüge, die schon lange kein Kolumbianer mehr begriff. Wie erwartet, war das Urteil der *Audiencia Nacional*, das die Auslieferung Ochoas an die Vereinigten Staaten anordnete, noch lange nicht die endgültige Entscheidung. Die Verteidigung ihrerseits legte Revision ein, mit der Begründung, die Anklage habe gegen die Verfassung verstoßen.

Am 31. Januar 1986 stimmte das Gericht der Prüfung dieser Revision zu, und am 12. Februar entschied es zugunsten von Kolumbien. Den amerikanischen Beamten schien es immer wahrscheinlicher, daß Ochoa den Gringos eine Niederlage bereiten und in die Heimat zurückkehren werde.

AM 25. MAI 1986 wählte Kolumbien Virgilio Barco Vargas, den Kandidaten der Liberalen Partei, zum neuen Präsidenten. Er gewann mit 58 Prozent der abgegebenen Stimmen und schlug seinen Gegner von der Konservativen Partei mit noch nie dagewesenem Vorsprung. Barco, ein Ingenieur ohne besondere Charakterzüge, hatte seine Ausbildung an der Technischen Hochschule von Massachusetts erhalten. Er galt als ehrenhafter Mensch, fähiger Beamter und Freund der Vereinigten Staaten. Allem Anschein nach war er ein strenger Gegner des Drogenhandels und befürwortete energisch die Auslieferung.

Aber Barco ließ wie Betancur das Medellín-Kartell außer acht. Er erkannte nicht, daß der Justizapparat in ein gefährliches Fahrwasser steuerte und daß die Drogenhändler dabei waren, die staatlichen Institutionen zu zerstören. Nach Barcos Wahl begannen die Händler eine erschreckend erfolgreiche Politik der Attentate. Wie immer zielten sie darauf ab, die Justiz weiterhin einzuschüchtern und den Obersten Gerichtshof zur Abschaffung des Auslieferungsvertrags zu veranlassen.

Am 16. Juli wurde Luis Roberto Camacho, der Korrespondent von *El Espectador* in Leticia, ermordet. Er hatte mit Drogenhändlern einen längeren Kampf um die Kontrolle der örtlichen Handelskammer ausgefochten. Zwei Wochen später wurde Richter Baquero umgebracht.

Am 30. August schossen Motorradkiller in der Stadt Barrandcabermeja am Rio Magdalena León Posada Pedraza, einen stellvertretenden Kongreßabgeordneten der Kommunistischen Partei, nieder. Am 1. September erschossen Motorradkiller Senator Pedro Nel Jimenez von der Patriotischen Union. Er wollte gerade zu Posadas Beerdigung fliegen. Etwa zur selben Zeit wurde der Chefredakteur der Zeitung *El Occidente* in Cali, ein überzeugter Befürworter der Auslieferung und Anhänger der Todesstrafe für Drogenhändler, von zwei Revolvermännern vor seinem Haus niedergeschossen.

Motorradkiller ermordeten den Sicherheitsschef der Avianca Airlines, der wenige Tage vorher 200 Kilo Kokain beschlagnahmt hatte. Sie waren in einem Flugzeugreifen versteckt gewesen.

Während dieser Morde verließ Lara Bonillas Nachfolger Parejo Gonzalez das Land unter Bewachung und größter Geheimhaltung, um in Budapest Botschafter zu werden. Zwei Jahre zuvor hatte Betancur versucht, Lara Bonilla nach Prag zu entsenden, aber das Kartell war ihm zuvorgekommen. Parejo Gonzales schien mehr Glück zu haben.

NACH 20 Monaten, nach sechs verschiedenen Gerichtsurteilen und einer Folge von verwirrenden Anträgen und Einsprüchen, kam Jorge Ochoa am 13. Juli 1986 aus Spanien zurück. Nach der Landung auf Bogotás Flughafen El Dorado brachte man ihn zum Polizeipräsidium, wo man ihm Fingerabdrücke abnahm und ihn für das Verbrecheralbum fotografierte. Sein Vater weinte vor Freude. „Ich bin sehr glücklich darüber, daß mein Sohn heimgekehrt ist. Endlich hat die Gerechtigkeit gesiegt."

In ihrem vorletzten (fünften) Urteil hatte die spanische *Audiencia Nacional* ihre Entscheidung mit der Tatsache begründet, daß den kolumbianischen Ansprüchen letztlich ein größeres Gewicht als denen der Vereinigten Staaten zugemessen werden müßte. Es war vorgesehen, daß Ochoa zunächst nach Cartagena reisen würde, wo er wegen „Urkundenfälschung" vor Gericht käme – mit anderen Worten, für das Einschmuggeln von Kampfstieren 1981 nach Kolumbien. Danach sollte er sich in Medellín wegen der Drogenanklage verantworten, die im

Nicaragua-Fall erhoben worden war. Anschließend drohte ihm die Auslieferung in die Vereinigten Staaten.

In Wirklichkeit aber war das Aufrollen des Nicaragua-Falls in Medellín gleich doppelt gefährdet. Das machte es äußerst unwahrscheinlich, daß er jemals ausgeliefert werden würde. Denn wie konnte man jemanden zweimal für die gleiche Sache verurteilen?

Ochoa wurde nach Cartagena gebracht und erschien am 1. August zum erstenmal vor einem kolumbianischen Gericht. Zollrichter Fabio Pastrana Hoyos verlas die Anklage auf Schmuggel mit Stieren und verfügte, daß Ochoa bis Prozeßbeginn im Gefängnis zu verbleiben habe.

Justizminister Parejo Gonzales, der in Bogotá auf seine Abreise nach Budapest wartete, wußte sehr wohl, was auf dem Spiel stand, und hatte sich alle Mühe gegeben, Ochoa sämtliche erkennbaren Möglichkeiten zu verbauen, dem Gesetz zu entkommen. Die wichtigste seiner Maßnahmen war eine Botschaft an Pastrana, in der er den Richter anwies, seinen berüchtigten Häftling unter keinen Umständen freizulassen.

Doch wenige Tage nach diesem Hinweis war Parejo Gonzales nach Ungarn abgereist, die Regierung Betancur hatte ihre Schreibtische geräumt, und am 7. August wurde Virgilio Barco als neuer Präsident ins Amt eingeführt. Mit sich brachte er eine Schar unerfahrener Beamter.

Am 15. August befand Richter Pastrana Ochoa für schuldig im Sinne der Anklage und verhängte zwanzig Monate Gefängnis. Doch inzwischen war etwas anderes geschehen, von dem kaum ein Mensch im ganzen Land etwas erfuhr. Ochoa war bereits freigelassen worden! Zwei Tage vorher nämlich hatte Pastrana ihn gegen eine Kaution von 2,3 Millionen Pesos (11500 Dollar) auf freien Fuß gesetzt. Sechs Tage vor dem ersten Meldetermin, am 21. August, wurde Pastrana gefeuert. Ochoa dachte gar nicht daran, sich je irgendwo zu melden.

25

Mordkontrakt Ramirez

AM 25. JANUAR 1986 erschien ein Mann mittleren Alters im Hauptquartier der kolumbianischen Geheimpolizei in Bogotá. Die Polizei kannte den Mann als guten Informanten, der enge Beziehungen zu den M-19-Guerillas in Medellín unterhielt.

Die Geschichte, die er an diesem Samstagvormittag erzählte, betraf Pablo Escobar. Er berichtete, daß Escobar vor zwei Monaten einen Mordkontrakt auf einen ungenannten „Polizeioberst" ausgeschrieben hatte. Es war ein großer Auftrag: 25 Millionen Pesos (152000 Dollar) plus Spesen. Die Medellín-Abteilung der Brigade Ricardo Franco, eine besonders grausame linksgerichtete Splittergruppe, hatte den Kontrakt angenommen. Die Brigade hatte den „Exekutionschef" Carlos Espinosa Osorio alias *Cuco* („Der Listige") mit dem Polizistenmord beauftragt.

Escobar, fuhr der Informant fort, habe Cuco einen Vorschuß von zwei Millionen Pesos (12000 Dollar) ausgezahlt. Diesen Betrag habe Cucos Mörderteam für den Kauf von vier 9-mm-Pistolen, einem Ruger-Revolver gleichen Kalibers und einer MAC-10-Maschinenpistole Kaliber 45 genutzt. All dies liege im Kofferraum eines roten Renault, der vor einem Haus in der Stadt Chia geparkt sei, einer Schlafstadt, die im Norden an Bogotá grenzt.

Der Informant kannte den Namen des Opfers nicht, wohl aber Escobar und Cuco. Vieles habe ein Polizeileutnant ausgeplaudert, „der das Vertrauen des Obersts" besitze, ihn aber jetzt für fünf Millionen Pesos (30000 Dollar) verraten habe. Cuco wußte zum Beispiel, daß der Oberst am 25. „eines nicht genannten Monats" einen Militärlehrgang für den Generalsposten beginne, daß die Anti-Drogen-Polizei in einem Club in Bogotá für ihn eine Abschiedsparty gegeben habe; daß er ein Landhaus im Norden der Hauptstadt besitze und daß er einen Toyota-Campingwagen fahre.

Er führte weitere Einzelheiten an, und die Polizei schrieb alles auf. Aber sie wußte schon, wer das Opfer war: Jaime Ramirez Gomez.

Ramirez war am 31. Dezember 1985 offiziell als Chef der Anti-Drogen-Einheit abgelöst worden. Er hatte vierzig Tage Urlaub genommen und sich im Februar 1986 wieder zum Dienst gemeldet. In diesen Tagen fühlte er sich besonders unternehmungslustig. Und warum auch nicht? In den drei Jahren als Chef der Anti-Drogen-Einheit hatten seine Männer 27 Tonnen Kokain geschnappt, 7941 Männer und 1405 Frauen festgenommen, 2783 Lastwagen, 1060 Autos, 83 Schiffe und 116 Flugzeuge beschlagnahmt. Seine Männer hatten 1985 allein 54 Prozent des gesamten in der Welt beschlagnahmten Kokains aufgebracht.

Ramirez' Einheit wurde 1985 als die beste der Polizei ausgezeichnet. Er selbst war zum General ausersehen und zur baldigen Beförderung vorgeschlagen worden. Er war der berühmteste Drogenfahnder der

Welt – sein Rat war begehrt bei der Polizei von Lima bis Washington.

Gesucht wurde er auch vom Medellín-Kartell – das ihn dringender liquidieren wollte als je irgend jemand anders. Es war nicht überraschend, daß Escobar den Mord angeordnet hatte. Niemand hatte Escobar mehr Geld gekostet als Ramirez, und jetzt würde Ramirez dafür zahlen. Es würde ein schwieriger Mord werden. Vielleicht der schwierigste, den das Kartell je versucht hatte. Das Opfer war ein hervorragender Polizeiprofi. Er würde mit großer Sicherheit von dem Komplott erfahren und außergewöhnliche Maßnahmen zu seinem Schutz treffen. Aber gerade diese Herausforderung war nach Escobars Geschmack.

Escobar verkaufte den Kontrakt teilweise an andere Kartellmitglieder weiter, als Anteilscheine an der Rache. Gonzalo Rodriguez Gacha kaufte sich ein, um Vergeltung für seine in Tranquilandia verlorenen Millionen zu üben. Auch Carlos Lehder erwarb einen Anteil.

Er hatte wahrscheinlich mehr Grund als jedes andere Mitglied des Medellín-Kartells, Ramirez den Tod zu wünschen. In seinem glanzvollen letzten Jahr an der Spitze der Anti-Drogen-Einheit hatte Ramirez Lehder gnadenlos gejagt. Zweimal hätte er ihn beinahe erwischt. Im April 1985 führten mehrere Dutzend Mitglieder der Anti-Drogen-Einheit Razzien auf sechs Anwesen in den *Llanos* durch. Sie blieben tagelang, suchten Hunderte von Quadratkilometern Dschungel ab und vernahmen Dutzende von Personen. Ja, die Besitzungen gehörten Lehder. Ja, er sei hier gewesen. Nein, seit einiger Zeit habe er sich nicht mehr blicken lassen. Das alte Lied: Es war leicht, Labors, Anlagen, ja auch Kokain zu beschlagnahmen, aber es war fast unmöglich, sich an eine bestimmte Person heranzuschleichen.

Doch die Polizei ließ es ihn büßen. Auf einer *Finca* fand sie Walkietalkies und vergraben 355 Kilo Kokain. Und in einem weißen Haus mit Stuckfassade fand man 1678680 Dollar in bar, in Kartons für Rumflaschen verpackt.

Und auf einem anderen Anwesen entdeckte die Polizei Lehders deutschen Paß. Sie nahm zehn Personen fest, darunter eine von Lehders Freundinnen.

Nach den Razzien im April verzog sich Lehder auf eine andere *Finca* namens La Abundancia. Laut Auskunft von Ramirez' Spitzeln schnupfte Lehder eine Menge Kokain, trainierte Gewichtheben und fuhr mit Geländemotorrädern umher.

Am 5. August 1985 griffen Ramirez' Männer La Abundancia an. Sie verpaßten Lehder nur um Minuten. Zwei Freundinnen wurden festgenommen und sagten aus, sie hätten ihn zuletzt gesehen, wie er in seiner roten Unterwäsche mit einer Maschinenpistole auf den Rio Uva zugerannt sei. Die *Finca* war voller nützlicher Dokumente, Fotos und anderer Beweisstücke.

Ein Packen Briefe von Lehder und Pablo Salah, dem Drogenanwalt in Bogotá, deutete darauf hin, daß Lehders Hauptinteresse verständlicherweise dem Verlassen des Dschungels durch eine Lösung seiner Probleme mit der Justiz galt.

Salahs Antwortschreiben – mit der Anrede „Lieber Charlie" – waren gleichbleibend salbungsvoll und gönnerhaft. Er riet Lehder, den Mund zu halten. „Deine ganzen Probleme begannen, als Du Dich in die Politik eingemischt hast. Du mußt Dich jetzt totstellen und wie ein Phantom verschwinden – bis die Gringos und die Kolumbianer Dich vergessen haben ... Es ist nicht wichtig, als reicher Mann zu sterben. Wichtig ist es, als reicher Mann zu leben – wie früher."

Es war Ramirez nicht gelungen, Lehder festzunehmen. Aber er hatte ihn länger als ein Jahr zum gehetzten Flüchtling gemacht. Im September 1985 zirkulierte in den Nachrichtenredaktionen in Bogotá das Foto eines zotteligen, hohläugigen und leicht verrückt wirkenden Mannes – Lehder –, das als Beweis dafür dienen sollte, daß er unter dem Kriegsnamen „Rambo" einer Guerillagruppe beigetreten sei. Lehder war zu einem Niemand geworden. Und das war hauptsächlich Jaime Ramirez' Verdienst.

IM FEBRUAR 1986 bezog Ramirez mit seiner Frau Helena und den Söhnen Jaime, „Jimy", und Javier eine neue Wohnung auf dem Gelände der Polizeiakademie General Santander in Bogotá. Als dienstältester Oberst hatte Ramirez Anspruch auf eine Dienstwohnung, aber es war auch eine Frage der Sicherheit. Zwar war es einengend und oft langweilig, auf dem Akademiegelände zu wohnen, aber es bot Sicherheit, wenigstens für die Familie. Ramirez selbst mußte ja jeden Tag zur Kriegsakademie fahren. Dennoch machte er sich keine großen Sorgen. Erst als er den Informanten getroffen und ihm die berühmten Ramirez-Fragen vorgelegt hatte, wurde er anderen Sinnes. Die Antworten machten ihn sichtlich bestürzt. „Dieser Mann lügt nicht", sagte er zu seiner Familie. „Dieser Mann sagt die Wahrheit."

Jaime Ramirez' Leben änderte sich auf drastische Weise. In den nächsten acht Monaten pendelte er zwischen Kriegsakademie und Polizeiakademie, in einem gepanzerten Ford, den die DEA ihm zur Verfügung gestellt hatte. Er führte jetzt ständig einen 38er Revolver und eine MAC-10 bei sich und trug eine kugelsichere Weste. Auch sein Fahrer hatte einen 38er und wechselte täglich die Wegstrecke. Dabei paßte er besonders gut an den Stellen auf, die der Informant als vorgesehene Hinterhalte genannt hatte.

Die Anspannung brachte der Familie einen schrecklichen Streß. Helena, eine attraktive Frau und sieben Jahre jünger als Ramirez, war von Natur aus nervös und reagierte außerordentlich sensibel auf die Stimmungen ihres Mannes. Sie hatte sich immer seinetwegen Sorgen gemacht und war manchmal in großer Angst gewesen. Sie sah sich als leichte Beute. Die Söhne fuhren in einem gepanzerten Bus zur Schule, und bei den seltenen Gelegenheiten, wenn die Familie zum Essen ausging, trugen alle kugelsichere Westen. Zum Glück schlug der junge Jimy nach seinem Vater und war für seine 16 Jahre erstaunlich kaltblütig, intelligent und selbstbewußt. Jimy hatte gelernt, mit der MAC-10 umzugehen, und wenn die Familie ausfuhr, spielte er den Bewacher. Im Restaurant legte er die Maschinenpistole zwischen seine Füße auf den Boden.

Doch das war auf die Dauer kein Leben. Ramirez wurde allmählich verrückt. Er schäumte vor Wut. „Immer bin ich der Jäger gewesen, und jetzt jagen sie mich", sagte er zu seinem Bruder Francisco.

DER Informant berichtete mehr oder weniger regelmäßig und übermittelte der Polizei eine recht eingehende Beschreibung von Cucos augenblicklichen Schachzügen. Es waren keine guten Nachrichten. Gerüchten zufolge hatte das Mörderteam jetzt eine unbeschränkte Menge Sprengstoff, Raketenwerfer, sieben Autos, einen Kleinbus und ein Taxi zur Verfügung.

Doch nach zwei Monaten rief der Informant nicht mehr an, und damit war die Nachrichtenquelle plötzlich versiegt. Die Polizei war besorgt. Sie verstärkte Ramirez' Sicherheit und verdoppelte ihre Anstrengungen, neue Informationen zu bekommen. Aber ihre Spitzel brachten nichts bei. Ramirez hatte jetzt einen Unteroffizier, drei Polizisten und einen Motorradbegleiter als ständige Wache.

DER Militärlehrgang endete im August 1986, und die Teilnehmer gingen auf eine einmonatige Besichtigungsreise nach Europa, wo man verschiedene Polizeiorganisationen und Seminare besuchte. Ramirez kam mit Koffern voller Vorschriften und Berichte nach Bogotá zurück und sprühte vor neuen Ideen, wie er aus seiner Polizeitruppe die beste und modernste der Welt formen könne.

Jetzt mußte er aber erst einmal auf der Stelle treten, während er auf seine zum Jahresende fällige Beförderung zum General wartete und im Polizeihauptquartier die Zeit totschlug. Oft unterbrach er die Langeweile – und die Anspannung –, indem er als Berater arbeitete. Er wurde nach Peru eingeladen, um Seminare abzuhalten. Man bat ihn nach Bolivien, um in Ostboliviens Wildnis Labors auszuheben. Ramirez konnte beim Aufspüren von zwei Labors mithelfen, die Escobar gehörten. Er sah mit Begeisterung zu, wie die einheimische Polizei sie niederbrannte. Es war das erste Mal nach fast einem Jahr, daß er zurückschlagen konnte. Er besuchte Washington und unterhielt sich mit alten Freunden, darunter Johnny Phelps, der jetzt im DEA-Hauptquartier die Kokainabteilung leitete. Phelps fand, daß Ramirez abgehärmt, nervös und voller Sorge um seine Familie war. Dafür hatte er Verständnis. Ramirez war aggressiver als die meisten Polizisten. Er haßte erzwungene Tatenlosigkeit.

Am 21. Oktober gab es einen Lichtblick für Ramirez. Er erhielt die Nachricht, daß Cuco – „Der Listige“ – in einem Feuergefecht in Medellín den Tod gefunden hatte. Jetzt war anzunehmen, daß Escobar den Mordauftrag gegen Ramirez zurückgezogen hatte. Auch Cucos Ende machte es weniger wahrscheinlich, daß in naher Zukunft jemand versuchen würde, Ramirez umzubringen. Denn wer immer den Auftrag übernahm, würde einen Großteil von Cucos Vorarbeiten wiederholen, wenn nicht noch einmal ganz von vorn anfangen müssen.

Ramirez freute sich so sehr über die Nachricht, daß er den Sicherheitsdienst anrief und bat, man möge seine Leibwächter zurückziehen. Er fühlte sich viel ungefährdeter, und es gab keine Anzeichen dafür, daß Killer seiner Familie nahegekommen waren. In zwei Monaten würde diese Tortur beendet sein. Dann durfte er sich wieder in die Arbeit stürzen.

Francisco Ramirez hatte erfahren, daß sich die Lage für seinen Bruder verbessert hatte. Deshalb lud er ihn am Donnerstag, dem 13. November 1986, zusammen mit Helena und den Jungen für den kommenden Montag zu einem Familientreffen auf seiner *Finca* ein. Das würde der dritte Tag eines langen Feiertagswochenendes sein. Es wäre eine kurze, verhältnismäßig ungefährliche Fahrt zu Franciscos Grundstück in Sasaima, ungefähr 50 Kilometer nordwestlich von Bogotá.

Am Sonntagabend fuhr die Familie Ramirez aus Bogotá ab. Sie ließ den gepanzerten Ford in der Garage und benutzte den weißen Toyota-Kleinbus. Ramirez durfte die Gefahr nicht außer acht lassen, aber sie würden meist auf der Landstraße bleiben, wo wegen der Feiertage starker Verkehr herrschte. Da würde es schwer sein, einen Hinterhalt zu legen. Und für alle Fälle hatte Jimy die MAC-10 auf dem Boden vor den Rücksitzen.

Die Familie fuhr ungefähr eine Stunde in nordwestlicher Richtung nach Villeta. Dort verbrachte sie die Nacht im Haus eines Freundes. Am Montag fuhr sie zu Franciscos *Finca* in Sasaima. Alle waren schon da: Eltern, Brüder, Schwestern, Nichten und Neffen. Ramirez verbrachte wundervolle Stunden. Er war von Natur aus gesellig, ein Spaßvogel und großer Erzähler, der nichts Schöneres kannte, als draußen auf dem Rasen im Kreis der Familie zu sitzen und zu plaudern. Es sah jetzt danach aus, als sollte er Polizeichef werden, und er war voller Pläne.

Aber ist die Gefahr wirklich vorbei? dachte Francisco.

Um 16.30 Uhr rief Ramirez die Familie zusammen. An diesem Abend würde alle Welt nach Bogotá zurückkehren. Da war es am besten, früh aufzubrechen.

Als sie abfuhren, ließen die Fahrer mehrerer anderer Autos, die scheinbar zufällig in der Nähe geparkt hatten, die Motoren an und setzten sich hinter den Toyota. Nachbarn sollten sich später erinnern, daß die Fahrer mit ihren Autos mehrere Stunden lang dort herumgelungert hatten. Sie hatten keinen davon gekannt.

Am 17. November 1986 um 17.43 Uhr fuhr der Toyota der Ramirez' auf eine Autobahnbrücke über den Rio Bogotá, der die Grenze zur Hauptstadt bildet. Der Verkehr war stark, sie fuhren aber stetig auf der äußeren rechten Fahrbahn. Kurz hinter der Brückenmitte setzte ein roter Renault dazu an, den Toyota links zu überholen. Aber als er auf gleicher Höhe war, verlangsamte er seine Fahrt. Im Beifahrerfenster des Renault erschien eine MAC-10-Maschinenpistole, die einmal bockte, ehe sie eine längere Salve ausspuckte.

Jaime Ramirez war auf der Stelle tot. Er brach über dem Lenkrad zusammen. Helena, am rechten Knie leicht verwundet, griff ins Lenkrad, drehte es nach rechts und fuhr den Toyota auf die Seite der Brücke. Am Rinnstein blieb er stehen. Javier hatte nur einen Streifschuß an der Hand bekommen, aber Jimy hatte Durchschüsse in beiden Oberschenkeln und blutete stark. Trotzdem tastete er nach der MAC-10. Er hatte sie versteckt hingelegt, damit seine jungen Vettern in Franciscos Haus sie nicht sehen sollten. Jetzt, da er sie brauchte, konnte er sie nicht finden.

Der Renault zog vor und hielt vor dem Kleinbus. Die Türen öffneten sich, und drei Männer stiegen aus. Sie waren zwischen zwanzig und dreißig, gutgekleidet und gepflegt. Daran konnten sich nachher alle erinnern. Sie hatten Maschinenpistolen.

Einer der Schützen bezog Stellung vor dem Renault, der zweite hinter dem Toyota. Der dritte Mann ging zur Fahrertür des Toyota, riß sie auf, zielte auf Jaime Ramirez, drückte auf den Abzug seiner MAC-10 und leerte das ganze Magazin.

Helena warf die Beifahrertür auf und ließ sich draußen zu Boden fallen. Halb geduckt, halb kriechend erreichte sie das Heck des Kleinbusses, wo sie sich plötzlich von Angesicht zu Angesicht einem Posten gegenübersah. „Bitte erschießen Sie mich nicht!" flehte sie. Der Mann sah sie an. Dann drehte er sich um, stieg in den Renault und fuhr mit seinen Freunden davon.

26

Die Anklage gegen das Kartell

LANGE Zeit hatten sich die US-Behörden der Einsicht verschlossen, daß eine einzige Gruppe kolumbianischer Kokainhändler einen so großen Teil des Markts beherrschte. In den siebziger Jahren betrachtete man die in den USA auftauchenden Händler als eine strukturlose Masse krimineller Unternehmer.

Doch erst nach der Tranquilandia-Razzia im März 1984 erkannten die DEA-Spezialisten die Größenordnung des kolumbianischen Kokainhandels. Und erst gegen Ende jenes Jahres, als Barry Seal die ersten Beweise für die Zusammenarbeit von Escobar, Ochoa und Lehder beibrachte, begann die Bezeichnung „Kartell" innerhalb der DEA zum Schlagwort zu werden. Aber die Hunderte von Beschlagnahmen und Geheimberichten über Jorge Ochoa, Pablo Escobar und Carlos Lehder ließen keinen Zusammenhang erkennen, blieben Teile eines Riesenbildes, die zusammengesetzt werden mußten.

Im Sommer 1985 wurden die Teile allmählich im Büro der US-Staatsanwaltschaft in Miami zusammengefügt. Zu jener Zeit hatten die Justizbehörden bereits große Fortschritte im Kampf gegen den Kokainhandel in Südflorida erzielt. Der andauernde Druck durch die DEA und den Zoll hatte die Händler in den Untergrund getrieben. Wilde Schießereien in Einkaufsvierteln gehörten der Vergangenheit an. Centac 26 – jene DEA-Dade-Polizeitruppe, die sich auf die kolumbianischen Kokainmorde konzentrierte – verfolgte methodisch alle Kokaincowboys.

Neue amerikanische Gesetze wurden gegen das Geldwaschen erlassen. Drogenverbrecher konnten in Untersuchungshaft gehalten, Kautionen nicht mehr verhängt werden. Die gegen kolumbianische Drogentäter verhängten Gefängnisstrafen wurden länger und länger.

Doch trotz der Fortschritte in den USA blieb das Medellín-Kartell in seinen sicheren kolumbianischen Stützpunkten unangefochten. Und das Kokain floß herein wie nie zuvor. Im Januar 1985 beschlagnahmten Polizei und Bundesdrogenfahnder innerhalb von zwei Wochen 2250 Kilo, mehr als im ersten Viertel des Jahres 1984 und mehr als im ganzen Jahr 1981. Und dann wurde 1985 zum Jahr der Crack-Epidemie. Wie eine Seuche verbreitete sich das Rauchen einer rohen Form von Kokainbase in Amerikas Städten. Bis Jahresende übertraf die Menge des in Südflorida beschlagnahmten Kokains 25 Tonnen, das war mehr als doppelt soviel wie der bestehende Rekord. Trotzdem fielen die Preise von 35000 Dollar pro Kilo auf 20000. Ein Beweis, daß trotz aller Beschlagnahmen mehr Kokain die Straßen erreichte als früher.

Kokain, das Rauschmittel des Jet-sets, hatte sich zu einer Droge der amerikanischen Mittelschicht entwickelt.

In dieser Zeit machte sich eine kleine Gruppe von Bundesstrafverfolgern daran, dem Medellín-Kartell eine Überraschung zu bereiten.

Im Büro des US-Staatsanwalts in Miami begannen Beamte, die an ganz unterschiedlichen Fällen arbeiteten, zu erkennen, daß diese Fälle verschiedene Teile eines einzigen großen Falles waren, der die Verbrecher Ochoa, Escobar, Lehder und andere betraf.

„Warum behandeln wir eigentlich diese ganzen Fälle getrennt?“ wurde gefragt. „Wäre es nicht besser, sie zu einem großen Fall zusammenzulegen? Als ein großes ‚RICO‘?“

RICO war die Abkürzung für „Racketeer Influenced Corrupt Organisations Act“ – das Gesetz, das sich als wirkungsvolle Handhabe gegen die Mafia erwiesen hatte. Es gestattete Strafverfolgern, „Unternehmen“ zu erkennen, Organisationen, die zur Ausführung von Verbrechen gegründet waren. Sowie ein RICO identifiziert war, konnte man in einem einzigen Prozeß alle Verbrechen seiner Mitglieder aufrollen und das gesamte Vermögen der Organisation beschlagnahmen.

Dick Gregorie, dem Chef der Rauschgiftabteilung, gefiel die Idee. „Das machen wir!“ sagte er.

Im „Kartellfall“, wie er später allgemein genannt wurde, sichtete die DEA das Beweismaterial und ging daran, die einzelnen Fälle miteinander zu verbinden. Lange Gespräche mit Max Mermelstein ließen Aufbau und Ausmaß des Kartells erkennen.

Ende 1985 legte ein Bundesschwurgericht Beweise für die Tätigkeit des Kartells vor und erhärtete sie durch Zeugenaussagen. Das war ein notwendiger erster Schritt zur Anklageerhebung.

Die Agenten arbeiteten in ihrer Freizeit an diesem Mammutfall. Im Büro hatte er keinerlei Vorrang. Ein Grund dafür war die Tatsache, daß alle Verbrecher nach Kolumbien geflüchtet waren. Die Anklageerhebung würde also keine aufsehenerregende Festnahme zur Folge haben.

Aber als Richter Partano im August 1986 Jorge Ochoa in Cartagena auf freien Fuß setzte, rückte der Kartellfall blitzartig in den Brennpunkt. Erbittert über die Ochoa-Affäre, wollten Gregorie und Martinez von der US-Staatsanwaltschaft eine Erklärung abgeben, die ihnen die Aufmerksamkeit der Weltöffentlichkeit sicherte.

Zur Ausarbeitung der Anklageschrift verschmolzen sie Max Mermelsteins Geschichte über seine Schmuggeltätigkeit für Rafa Cardona mit dem Teil des Tranquilandia-Falles, der den Ätherkauf über Frank Torres betraf. Dazu kamen noch Barry Seals Nicaragua-Anklage und Mermelsteins Bericht über das Mordkomplott gegen Barry Seal. Entscheidend aber war, daß hier zum erstenmal die Arbeitsweise des Kartells beschrieben wurde.

Der erste Anklagepunkt begann: „Schon seit 1978 existiert eine internationale Rauschgiftverbrecher-Organisation, die ihr Zentrum in

Medellín, Kolumbien, hat. Sie ist unter verschiedenen Namen bekannt, unter anderem als Medellín-Kartell – im folgenden Kartell genannt –, und kontrolliert die Mitglieder der großen Kokainherstellungs- und Vertriebsorganisationen. Mit Hilfe des Kartells konnten die Kokainorganisationen Rohstoff- und andere Vorräte, geheime Kokainlabors, Flugzeuge, Schiffe, Transportmöglichkeiten, Verteilernetze und das Kokain selbst in einem Pool zusammenfassen, um den internationalen Rauschgiftschmuggel zu fördern."

Das Kartell, fuhr die Anklageschrift fort, habe Kontrolle über sämtliches Inventar, besteche ausländische Regierungsbeamte und führe Mordtaten aus, „um seine Geschäftstätigkeit zu schützen und seine Anordnungen durchzusetzen".

Die Anklageschrift führte die Brüder Ochoa, Pablo Escobar, Carlos Lehder und Gonzalo Rodriguez Gacha als Leiter des Kartells auf.

Schließlich brandmarkte die Schrift das Kartell als die größte Kokainschmugglerorganisation der Welt. Die Strafverfolger hatten selber keine Ahnung gehabt, um welche Mengen Kokain es ging, bis sie sich die Zeit nahmen, alles zusammenzurechnen. Das Ergebnis überraschte auch sie: Dem Kartell wurde vorgeworfen, in den Jahren 1978 bis 1985 nicht weniger als 58 Tonnen Kokain hergestellt zu haben. Das war der größte Kokainfall der US-Geschichte, der alles bisher Dagewesene um das Siebenfache übertraf.

Und doch war nur aufgeführt, was man mit absoluter Sicherheit beweisen konnte. Die Zahl von 58 Tonnen war wahrscheinlich gerade ein Drittel des beschlagnahmten Kokains, das man bis zu Jorge Ochoa, Pablo Escobar, Rodriguez Gacha und Carlos Lehder zurückverfolgen konnte.

DIE Anklage gegen das Kartell wurde am 18. November, einen Tag nach dem Mord an Jaime Ramirez, veröffentlicht. In den Vereinigten Staaten erzielte sie nur gedämpfte Wirkung. Die meisten Amerikaner wußten nichts über Ramirez und hatten seit Jorge Ochoas Entlassung aus dem Gefängnis nur noch wenig aus Kolumbien gehört. Die öffentliche Entlarvung des Medellín-Kartells erregte daher nicht mehr Aufmerksamkeit als jede andere große Drogenanklage. Sie versprach keine dramatischen Zeugenaussagen und keine großen Verhaftungen, sondern nur einen ziemlich bruchstückhaften Bericht über ein riesiges illegales Geschäftsunternehmen.

In Kolumbien war die Anklage jedoch eine Sensation. Die Redakteure rissen sich um Kopien der Anklage, die alle faulen Eier Kolumbiens in einen Korb geworfen hatte. Die Zeitung *El Espectador* brachte einen zweiteiligen Sonderbericht. Wer über das Kartell schrieb, begab sich in Gefahr und mußte ungewöhnlichen Mut besitzen. Nirgends ließ man sich bereitwilliger auf diese Risiken ein als bei *El Espectador*. Pablo Escobar widmete ihr seine erhöhte Aufmerksamkeit, seit sie im August 1983 auf Seite eins Artikel über die erste Verhaftung des „Paten" wegen Drogenschmuggels gebracht hatte. Nichts hatte Escobars vielversprechender politischer Laufbahn mehr geschadet als die Veröffentlichung seines Fotos aus dem Verbrecheralbum an auffallender Stelle in Kolumbiens zweitgrößter Zeitung.

Den Antikartell-Kreuzzug von *El Espectador* führte der Chefredakteur Guillermo Cano Isaza in seiner Kolumne *Libreta des Apuntes* (Notizbuch). Cano, weißhaarig und vornehm, hatte einen langen, einsamen Kampf für härtere Gesetze gegen den Drogenhandel geführt. Es hatte ihn verstört, als mehrere angesehene Kolumbianer die Legalisierung des Drogenhandels vorgeschlagen hatten, als ein Mittel, das Anwachsen der Gewalttätigkeit zu verhindern. „Den Drogenhandel legalisieren?" Diese rhetorische Frage stellte er in einer Kolumne. „Das hieße das Waschen schmutzigen Geldes, die Ermordung von Richtern des Obersten Gerichtshofs, von Kabinettsministern, von einfachen Richtern und von so vielen anderen Menschen legalisieren, die in der Erfüllung ihrer Pflicht den Rauschgifthändlern und ihren Mietkillern zum Opfer gefallen sind."

Am 17. Dezember 1986, einem Mittwoch, verließ Cano wie gewöhnlich um 19.30 Uhr die Redaktion. Er ging zum Parkplatz, stieg in seinen Subaru-Kombiwagen und fuhr los.

Cano wollte rasch zur äußersten linken Fahrbahn hinsteuern, um dort um den grasbewachsenen Mittelstreifen der Avenida del Espectador herum in die andere Fahrtrichtung zu wenden. Es war kein ganz einfaches Manöver, aber Cano führte es fünfmal in der Woche durch. An diesem Abend übersah Cano jedoch das auf dem Mittelstreifen parkende Motorrad.

Während er auf eine Lücke zum Wenden wartete, stieg ein junger Mann vom Soziussitz des Motorrads, legte einen Gegenstand auf die Erde, der wie ein Geigenkasten aussah, klappte ihn ohne Eile auf und entnahm ihm eine stupsnasige MAC-10-Maschinenpistole. Dann richtete er sich auf, lief zum Fenster an der Fahrerseite des Subaru und drückte ab. Guillermo Cano Isaza war auf der Stelle tot.

27

Die Jungfrau lächelt

DER Mord an Guillermo Cano Isaza stachelte den Volkszorn gegen das Medellín-Kartell an wie kein Ereignis seit dem Attentat auf Rodrigo Lara Bonilla zweieinhalb Jahre vorher. Nichts empört und entsetzt Reporter mehr, als wenn einer der ihren wegen eines Artikels oder einer Sendung ermordet wird. Und keiner ist so gut in der Lage wie ein Journalist, daraus einen Riesenskandal zu machen.

Am Donnerstag, einen Tag nach dem Mord, führte Präsident Virgilio Barco den Trauerzug an, der Canos Sarg zu einem Friedhof außerhalb von Bogotá brachte. Tausende säumten den Weg. Sie winkten mit Taschentüchern und Landesfahnen. Die Medien berichteten über jede kleine Einzelheit.

Am Freitag rief der Presseverband von Bogotá einen nationalen Nachrichtenboykott aus. Kolumbiens Reporter, Redakteure und alle übrigen Vertreter der Medien versammelten sich zu Schweigemärschen in Bogotá und anderen Städten. In Ansprachen wurde der mehr als zwanzig Journalisten gedacht, die das Kartell in den vergangenen vier Jahren ermordet hatte.

Für Präsident Barco war Canos Ermordung das Signal zum Handeln. Die Drogenhändler hatten seine Regierung wie die seines Vorgängers Betancur unerträglich gedemütigt. Begonnen hatte es mit der Ochoa-Affäre in Cartagena, einer nationalen Schande, die die gesamte Justiz zum Gespött gemacht hatte. Dann der Mord an Ramirez. Und jetzt Cano. Es sah so aus, als könne sich das Medellín-Kartell ungestraft alles erlauben.

Die Zeit war reif. Zuerst erließ Barco ein Bündel von Ausnahmegesetzen. Sicherheitskräfte durften nun Festgenommene bis zu zehn Tagen in Gewahrsam halten, ohne Gründe anzugeben. Die Höchststrafe für die Unterhaltung eines illegalen Flugplatzes wurde auf zehn Jahre, die für illegalen Waffenbesitz auf acht Jahre Gefängnis heraufgesetzt. Der Verkauf von Motorrädern mit mehr als 125 ccm Hubraum ohne Sondergenehmigung wurde verboten.

Die Regierung führte ein Zeugenschutzprogramm und ein Prämiensystem für wichtige Hinweise ein. Schließlich verteilte die Regierung an alle Polizei- und Justizorgane zum erstenmal eine Geheimliste der 128 meistgesuchten Drogenhändler. Darin waren alle bedeutenden Namen verzeichnet. Hinzu kamen die Namen von 56 Gesuchten, nach denen zur Zeit zwecks Auslieferung an die USA gefahndet wurde.

Danach gab Barco den Sicherheitskräften Befehl zu einer Serie von Großrazzien. Das Ergebnis war nicht schlecht. In den ersten drei Wochen nach den Ausnahmegesetzen verhaftete die Polizei 360 Personen, fand 243 Kilo Kokain, zerstörte fünf Labors und beschlagnahmte mehr als 400 Waffen. Außerdem konnte sie danach acht Namen von der Liste der Meistgesuchten streichen, darunter die von zwei Auszuliefernden.

Nach den Schrecken von 1986 verbreitete der bescheidene Erfolg der Großrazzien eine hektische Stimmung im Lande. Gangster wurden verhaftet, die Polizei beschlagnahmte Rauschgift. Eine Zeitlang sah es zur Abwechslung gut aus.

Aber die Erfolgswelle ebbte ab. Am 13. Januar 1987 erreichte Bogotá die Schreckensmeldung, daß Kolumbiens Botschafter in Ungarn, Enrique Parejo Gonzalez, der frühere Justizminister, der zwei Jahre lang dem Kartell erfolgreich die Stirn geboten hatte, im Schneesturm in Budapest auf der Straße angesprochen und fünfmal ins Gesicht geschossen worden war.

Es gab keinen Zweifel, wer hinter dem Attentat stand. Seitdem Parejo im vergangenen August in Budapest eingetroffen war, hatte er eine Flut schriftlicher Todesdrohungen erhalten, deren Motto in ständiger Wiederholung lautete: „Du kannst wegrennen, aber verstecken kannst du dich nicht." Und nun der Beweis: Am Tag des Attentats übernahm das Hernan-Botero-Kommando die Verantwortung für das Verbrechen. Botero war der erste Kolumbianer, der nach den Bestimmungen des Vertrags von 1979 ausgeliefert worden war. Sein Auslieferungsbefehl war der erste von dreizehn, die Parejo unterzeichnet hatte.

Parejo überlebte das Attentat, dank der Kunstfertigkeit der ungarischen Ärzte, die die Kugeln in zwei Operationen entfernten.

Aber in Kolumbien war nun dringend ein wirklicher Erfolg vonnöten.

MAJOR William Lemus von der Nationalpolizei wußte, daß Carlos Lehder sich in der Nähe von Medellín aufhielt. Er vernahm diese Nachricht auf den Straßen. Er hörte es überall. Er konnte den Mann förmlich riechen. Lemus hatte im Dezember 1986 den Posten des Polizeichefs in Rionegro übernommen, einer Stadt ungefähr 50 Kilometer östlich von Medellín. Und von dem Augenblick seines Eintreffens an hatten ihm die Leute immer dieselbe Geschichte erzählt: Carlos Lehder sei in der Stadt. Er habe sein Dschungelversteck verlassen, um einige geschäftliche Besprechungen mit Pablo Escobar zu führen. Lehder wolle ein paar Labors rund um Medellín aufbauen und versuche, den „Paten" für ein gemeinsames Unternehmen zu gewinnen. Escobar habe ihn in einem Haus in Rionegro untergebracht.

Von da an hatte Lemus ihn ständig gesucht.

Rionegro liegt inmitten der Fichtenwälder der Anden, die Medellín umgeben, eine riesige Wildnis, durch die sich nur ein paar kleine Nebenstraßen ziehen – eine Fahndung in diesem Teil Kolumbiens war nicht gerade einfach. Wahrscheinlich hat Escobar Lehder in einem der Ferienhäuser versteckt, die das Kartell in den Bergen für Wochenendaufenthalte gebaut hat, dachte Lemus. Aber er wußte nicht, in welchem. Nicht einmal, zu welcher Stadt es gehören mochte.

Am 3. Februar 1987 gegen Mittag erschien bei Lemus der Dorfpolizist Ceja mit einem *Campesino*-Informanten, den Lemus beauftragt hatte, einem Hinweis auf ein im Hinterland verstecktes Wochenendhaus nachzugehen. Der *Campesino* hatte es beobachtet und einen „Haufen Männer" gesehen, die herumgrölten, Musik hörten und sich schon zwei Tage lang wie Rowdys aufführten. Der *Campesino* erzählte, er habe mit dem Verwalter der *Finca* gesprochen. Der sei sehr ärgerlich über die Unordnung gewesen, die die Besucher anrichteten. „Vielleicht, *mi Mayor*", meinte der Polizist, „könnten Sie mal einen Blick darauf werfen."

Warum nicht?

Gegen 16 Uhr näherte sich Lemus mit zwei jungen Polizeibeamten vorsichtig dem Haus. Es war ein zweistöckiges Ferienhaus, hübsch angestrichen, mit einer kleinen Rasenfläche davor. Die Rückseite des Hauses konnte Lemus nicht sehen. Aber von dem Verwalter wußte er, daß dahinter ein tiefer, überwachsener Graben verlief, in dem ein Bach dahinströmte. Auf der anderen Seite des Grabens erhob sich ein mit Fichten bedeckter Hang. Immergrüne Bäume schirmten das Haus ab, so daß es von der Straße aus nicht zu sehen war. Ein schmaler Fahrweg war der einzige sichtbare Zugang.

Zwei Stunden lang knieten Lemus und seine Männer zwischen den Bäumen und beobachteten, wie sechzehn Männer vom Haus in den Garten und wieder zurück gingen. Um 18 Uhr kam ein kleiner, untersetzter Kerl mit einem Feldstuhl in der Hand aus der Haustür. Er ging auf die Rasenfläche und setzte sich auf den Stuhl. Es war Lehder.

Das brachte Lemus in ein Dilemma. Er hatte seinen Leuten nämlich gesagt, sie wären hinter Guerillas her. Kolumbianische Sicherheitskräfte kämpften mit großer Begeisterung gegen Guerillas. Aber mit Drogenhändlern wollten sie lieber nichts zu tun haben. Die Guerillas waren anonyme Fremde. Drogenhändler brachten die ganze Familie um. Lemus glaubte nicht, daß seine beiden jungen Beamten wußten, wer der Mann vor ihnen war.

„Kennen Sie diesen Kerl?" flüsterte er dem Polizisten zu, der neben ihm hockte.

„No, mi Mayor", erwiderte der Polizist. Lemus sagte nichts dazu, sondern schickte den anderen Beamten zum Flugplatz, um Verstärkung zu holen.

Er und der zweite Polizist blieben im Wald, um das Haus weiter zu beobachten. Nach kurzer Zeit kehrte der ausgesandte Melder zurück. Er brachte 36 Polizisten mit, darunter auch Männer eines Sonderkommandos.

Lemus verteilte die Männer auf alle vier Seiten des Hauses. Besonders wichtig erschien ihm der Hang jenseits der Schlucht. Denn von dort oben konnten gute Schützen das Haus unter Feuer nehmen und außerdem noch auf den Rasen vorn sehen. Also schickte er ein Dutzend Männer dort hinüber in Stellung. Andere ließ er die möglichen Fluchtwege blockieren. Er selbst blieb mit zwei Scharfschützen vorn.

Dann machte er sich auf längeres Warten gefaßt. Er hatte zwei Probleme. Lehder hatte drei Wachen aufgestellt, auf dem Rasen und an beiden Seiten des Hauses. Von Zeit zu Zeit verschwand ein Posten im Haus und holte seine Ablösung. Jeder, den Lemus hinein- und hinausgehen sah, hatte eine Maschinenpistole. Wenn sie insgesamt nur die drei Waffen hatten, war es für die Polizei ein leichtes Spiel. Wenn sie aber 16 hatten, würden sie ihn und seine Männer an Feuerkraft weit übertreffen. Das andere Problem war: Er hatte keinen Durchsuchungsbefehl. Selbst unter den Ausnahmegesetzen durfte Lemus nicht vor

6 Uhr morgens in das Haus eindringen, und er mußte einen Durchsuchungsbefehl vorweisen können.

In der Nacht wurde es kalt und neblig, aber bei Tagesanbruch verjagte die Sonne den Nebel, und die Temperatur stieg schnell. Um 6.30 Uhr half Lemus ein Zufall. Einer von Lehders Wachposten erspähte einen Polizeischarfschützen und schoß auf ihn. Der Polizeibeamte erwiderte das Feuer, verwundete den Posten, und die Schlacht begann. Da die Polizei angegriffen worden war, brauchte sich Lemus wegen des Durchsuchungsbefehls keine Gedanken mehr zu machen. Lehders *Pistoleros* hatten sich alle im Obergeschoß versammelt und beschossen die im Wald jenseits des Grabens in Deckung liegenden Beamten. Offenbar, dachte Lemus, wollen sie damit Lehder Feuerschutz geben, damit er ungesehen aus der Hintertür schleichen kann. Er mußte also mit seinen beiden Scharfschützen so schnell wie möglich ins Haus, oder Lehder würde ihnen entkommen.

Mit gezogener Waffe stürmte Lemus zusammen mit den Scharfschützen auf das Haus zu. Er riß die Haustür auf und sprang hinein. Nun stellte sich heraus, daß die Schießerei aus dem Obergeschoß keinen Feuerschutz, sondern eine Ablenkung darstellen sollte. Während Lehders Männer in den Wald hinter dem Haus knallten, rannte Lehder nach unten zur Vordertür. Doch nicht in die Freiheit, sondern geradewegs auf Lemus zu. Und dessen Revolvermündung zeigte genau auf die Stelle zwischen Lehders Augen.

„Kleiner Chef, erschieß mich nicht!“ rief Lehder.

„Wir sind keine Killer“, antwortete Lemus. „Die Hände auf den Kopf! Und dann runter auf den Boden!“

Lehder gehorchte. Im Knien griff er in die Tasche und warf Lemus einen dicke Rolle von 2 000-Peso-Scheinen vor die Füße. „Das sind eine Million Pesos“, sagte er.

„Heben Sie sie wieder auf“, erwiderte Lemus. „Sie werden sie noch für alkoholfreie Drinks brauchen.“

Lemus nahm alle in Augenschein, die sich unten im Haus befanden, ließ sie durchsuchen und sich in einer Reihe aufstellen. Allmählich kam er sich großartig vor.

„Meine Herren“, sagte er zu seinen eigenen Männern, „darf ich bekannt machen – Carlos Lehder!“

Totenstille.

Das störte Lemus nicht, denn diese Reaktion war zu erwarten

gewesen. Er ließ alle nach draußen bringen und noch einmal für ein gemeinsames Verbrecherfoto aufstellen. Die Kamera bediente er selbst, und er sagte, ohne sich an jemand besonders zu wenden: „Wo ist der Fußball? Wir machen jetzt eine Mannschaftsaufnahme." Lehders Leute lachten, und Lemus schoß das Foto.

Um 10 Uhr kamen zwei Polizeilastwagen und holten Lehders Helfershelfer zu der einstündigen Fahrt nach Medellín ab. Lemus fuhr mit Lehder in seinem Wagen hinterher.

Aus einer Telefonzelle am Straßenrand rief Lemus den Polizeichef der Provinz Antiquia an, um ihn vorzuwarnen. Zu diesem Zeitpunkt war er fast atemlos vor Aufregung. Er konnte kaum an sein Glück glauben. Was für ein Coup!

„Mi Coronel, mi Coronel!" sprudelte Lemus hervor. „Wir haben ihn!"

„Ja, ja, beruhigen Sie sich doch!" antwortete der Oberst. „Wen haben Sie?"

„Der Himmel war uns wohlgesinnt!" rief Lemus. „Wir haben Carlos Lehder gefangen!"

Lemus' Euphorie hielt bis lange in den Nachmittag hinein an. Ohne Schwierigkeiten brachte er Lehder auf die Polizeiwache. Im Mannschaftsraum besorgte er Lehder Wasser und ein Mittagessen. Dann landete etwa um 14 Uhr ein Armeehubschrauber auf dem Hof, nahm den Gefangenen auf und flog mit ihm weg. Kurz danach rief der Chef der Nationalpolizei an, um Lemus seine Glückwünsche auszusprechen. Danach gab er ihm den Rat, so schnell wie möglich aus der Stadt zu verschwinden.

Lemus holte seine Familie ab, packte die Koffer und flog für zehn Tage nach Bogotá. Dann schaffte ihn die US-Botschaft außer Landes.

DER Hubschrauber brachte Lehder zum Flugplatz von Rionegro, wo eine C-130 der Armee darauf wartete, ihn nach Bogotá zu fliegen. In der Zwischenzeit telefonierte man im Verteidigungsministerium mit der US-Botschaft. Wenn ihr ihn haben wollt, sagten die Beamten, dann könnt ihr ihn haben. Als einziger Kartellführer, dessen Auslieferung unterzeichnet war, hatte Lehder auf weitere Rechtsmittel keinen Anspruch mehr. Er konnte sofort in die Vereinigten Staaten überstellt werden. Und das geschah auch.

Lehder wurde in Bogotá nach einem Minimum an Formalitäten in

Das hübsche Ferienhaus in den Wäldern in der Nähe von Medellín, in dem die Polizei 1987 Carlos Lehder festnahm.

Oben: Aufstellen zum Gruppenfoto! „Wo ist der Fußball?“ fragte Major Lemus von der Nationalpolizei. „Wir machen jetzt eine Mannschaftsaufnahme.“

Rechts: Carlos Lehder auf dem Weg in die Vereinigten Staaten. „Jetzt habt ihr mich“, sagte er nur.

Eile zu einer DEA-Aerocommander gebracht. Das Flugzeug mit Lehder und zwei DEA-Agenten an Bord hob mit Ziel Tampa, Florida, ab. Der Gefangene wirkte müde und verkatert und war nicht besonders gesprächig. Von Zeit zu Zeit seufzte er auf und bestätigte: „Jetzt habt ihr mich."

28

Zeugen aus der Hölle

DREI US-Marshals brachten Max Mermelstein in den Gerichtssaal in Louisiana, wo er als Zeuge im Barry-Seal-Mordprozeß auftrat. Die Marshals drängten sich dicht an Mermelstein und ließen die Zuschauer nicht aus den Augen, die zwei Schleusen mit Metalldetektoren passiert hatten. Der 43 Jahre alte Mermelstein sah wie ein stämmiger Englischlehrer aus, der sich etwas gehenließ: lange graue Haare, weißer Bart, blauer Blazer, grellbuntes Hemd, keine Krawatte. Er saß auf dem Zeugenstuhl und nahm aus der Hand der Staatsanwältin Premila Burns eine MAC-10-Maschinenpistole mit Schalldämpfer entgegen.

„Mr. Mermelstein, würden Sie sich bitte die beiden Beweisstücke der Staatsanwaltschaft mit den Nummern vierzehn und fünfzehn anschauen?" fragte sie. Nr. 14 war die MAC-10; Nr. 15 war der Schalldämpfer. „Haben Sie die Beweisstücke vierzehn und fünfzehn schon einmal gesehen?"

„Ja", sagte Mermelstein.

Während seiner Zeugenaussage starrten ihn die drei Angeklagten und ihre Rechtsanwälte vom Tisch der Verteidigung aus an. Carlos „Cumbamba" Arango trug eine Brille mit dicken Gläsern und einen aquamarinblauen Sweater. Sein dichtes schwarzes Haar war glatt zurückgekämmt, seine Miene war steinern, und seine Augen blickten kalt. Bernardo Vasquez, der einen braunen Sweater trug, blickte um sich, als begreife er nichts von der Bedeutung des Schauspiels, das vor ihm abrollte. Luis Carlos Quintero Cruz, der die tödlichen Schüsse auf Barry Seal abgegeben hatte, hatte eine Brille auf und trug einen grauen Anzug von konservativem Zuschnitt. Da er kein Englisch verstand, mußte er der Verhandlung durch einen Dolmetscher folgen.

Premila Burns wollte die MAC-10 jedem Geschworenen in die Hand geben. Sie sollten ihr Gewicht merken und ihren tödlichen, fremdartigen Charakter spüren. Die Waffe wog 3,4 Kilogramm und war 56 cm lang. Mehr als die Hälfte ihrer Länge – 29 cm – entfiel auf den selbstgemachten Schalldämpfer.

„Würden Sie dem Gericht erzählen, unter welchen Umständen Sie die Waffe zum erstenmal gesehen haben?" fragte Premila Burns Mermelstein.

„Irgendwann im April oder Mai 1984 brachte man sie mir in mein Haus", erwiderte Mermelstein.

„Wer hat sie Ihnen gebracht?" fragte Premila Burns.

„Rafael Cardona."

„Und warum hatte er diese Waffe bei sich?" wollte die Staatsanwältin wissen.

„Er sagte, er wolle mit ihr ein Probeschießen veranstalten", antwortete Mermelstein.

DER Prozeß gegen die des Mordes an Barry Seal Beschuldigten begann am 6. April 1987, mehr als ein Jahr nach Seals Ermordung. Drei Männer des Mörderteams waren angeklagt – Cumbamba, Quintero Cruz und Vasquez. Die Staatsanwaltschaft forderte die Todesstrafe – auf dem elektrischen Stuhl im Staatsgefängnis von Louisiana. Der Prozeß gegen den vierten, der eine geringere Rolle gespielt hatte, war abgetrennt worden. Bei den beiden übrigen Männern reichten die Beweise nicht aus. Sie wurden einfach nach Kolumbien abgeschoben.

Zunächst war der Prozeß in Baton Rouge eröffnet worden. Aber dort hatte man keine zwölf unparteiischen Geschworenen zusammenbringen können, so voreingenommen waren die Meinungen über Barry Seal. Daher verlegte man den Prozeß 275 Kilometer nach Westen, nach Lake Charles, eine Stadt der Ölraffinerien nahe der Grenze von Texas.

Die Jury, die schließlich gewählt wurde, bestand aus zehn Frauen und zwei Männern. Das gefiel Premila Burns ganz und gar nicht. In Fällen, in denen die Todesstrafe verhängt werden konnte, war ihr eine überwiegend männliche Jury lieber. Weibliche Geschworene hatten eine Abneigung gegen die Todesstrafe. Die Staatsanwältin führte die Anklage mit großer Leidenschaft. In ihren zwölf Jahren im Amt war sie nur in drei Prozent ihrer Fälle Geschworenenrichtern unterlegen, aber noch nie in einem Mordprozeß. Sie war kaum größer als 1,50 m, hatte rabenschwarzes Haar und ein heftiges Temperament. Bei den Verteidigern hieß sie „die schwarze Witwe“. Der Fall war ihr am Tag nach Seals Tod übertragen worden. Vom Medellín-Kartell hatte sie nie etwas gehört. Aber je mehr sie von dessen Macht und Einfluß erfuhr, desto größer wurde ihr Wunsch, den Prozeß zu führen.

Als der Prozeß seinen Anfang nahm, verfolgte die Verteidigung die Strategie, auf Seals Charakter herumzureiten, der dem eines Machiavelli gleiche. „Der Mann schillerte in allen Farben“, sagte Rechtsanwalt Richard Sharpstein aus Miami. „Er hatte nicht nur zwei Charaktere, recht und unrecht, er hatte viele Gesichter. Barry Seal war ein Rauschgiftschmuggler. Er war ein Glücksritter, und er war ein käuflicher Söldner. Er war ein Mann, der alles zu tun bereit war, was ihm nützte. Er ließ sich immer eine Hintertür offen. Die Kugeln in seinem Kopf hat er sich selbst zuzuschreiben. Er ist selbst dafür verantwortlich, daß er dort landete, wo er jetzt ist!“

Max Mermelsteins Zeugenaussage war vernichtend. Er bewies, daß die MAC-10 vom Kartell stammte, und er konnte Cumbamba identifizieren. Sharpstein tat sein möglichstes, um den Zeugen unglaubwürdig zu machen. „Mermelstein ist ein zweiter Barry Seal, ein geklonter Seal, vielleicht sogar noch schlimmer als Seal.“

Doch Mermelstein faszinierte die Geschworenen. Er sagte aus, er habe 38 Schmuggelflüge mit je 450 Kilo an Bord organisiert. Insgesamt habe er 50 000 Kilo ins Land geschmuggelt – oder, wie Sharpstein es ausdrückte, ungefähr „zwanzig Müllfahrzeuge“ voll Kokain.

„Wieviel Geld haben Sie aus den Vereinigten Staaten abzuziehen geholfen?“ fragte ihn Sharpstein.

„Annähernd dreihundert Millionen Dollar“, erwiderte Mermelstein.

Den Geschworenen blieb die Luft weg.

Die übrigen Zeugen und die Indizien waren überwältigend. Man hatte die Fingerabdrücke von Quintero Cruz, Vasquez und Cumbamba sowohl im Buick wie in dem als Fluchtwagen benutzten roten Cadillac gefunden. Ein Test, der nach Cumbambas Festnahme in Mississippi bei ihm durchgeführt wurde, ergab, daß er kurz vorher eine Schußwaffe abgefeuert hatte. Und die Schlüssel des roten Cadillac hatte man in seiner Tasche gefunden.

Ein Zeuge vom Heilsarmeehaus sagte aus, Cumbamba sei der Fahrer des Buick, des Fluchtwagens, gewesen. Ein Autoverkäufer erkannte in Vasquez den Mann wieder, der bei ihm den Buick gekauft hatte.

Premila Burns nahm sich fünf Wochen Zeit, um ihr Beweismaterial auszubreiten und 118 Zeugen zu verhören. Die Verteidigung hatte keine Zeugen benannt. In ihrem Schlußplädoyer vor den Geschworenen rechtfertigte Premila Burns die Benennung eines Zeugen wie Max Mermelstein: „Wer über den Teufel zu Gericht sitzt, muß seine Zeugen eben aus der Hölle holen."

PREMILA BURNS plädierte für die Todesstrafe. Sie schwenkte die MAC-10 vor den Geschworenen. „Warum mußten sie eine Maschinenpistole benutzen", fragte sie, „statt ihn mit einem Revolver zu erschießen? Die Antwort ist: Sie wollten ein Exempel statuieren. Sie wollten andere Spitzel abschrecken. So handeln Gangster!"

Die Geschworenen brauchten dreißig Minuten, um sich für eine lebenslange Gefängnisstrafe zu entscheiden. Cumbamba, Vasquez und Quintero Cruz hörten den Spruch ohne äußere Bewegung. Drei Frauen in der Jury schluchzten.

Mehrere Wochen später ging das Gerücht um, daß eine siebenstellige Summe auf den Kopf Max Mermelsteins ausgesetzt worden sei.

29

Die Schlußoffensive

ES BEGANN als ein kurzer Strom von rechtlichen Winkelzügen, eines dieser unglaublich komplizierten, aber offenbar bedeutungslosen Beispiele von pedantischer Justizausübung, für die Lateinamerika berüchtigt ist. Der Oberste Gerichtshof von Kolumbien beriet wieder einmal über einen der mehrere Dutzend Einwände gegen den Auslieferungsvertrag. Und am 12. Dezember 1986 entschied er, daß die Wirksamkeitsklausel des Vertrags nicht vertragskonform sei. Der Grund: Sie war nicht vom Präsidenten selber unterzeichnet worden, sondern von einem Interimspräsidenten. Plötzlich konnte der Vertrag in Kolumbien nicht mehr angewendet werden.

Immerhin schlug der Oberste Gerichtshof einen Ausweg aus der Sackgasse vor: Vielleicht wäre der amtierende Präsident Virgilio Barco bereit, von sich aus die Wirksamkeitsklausel „noch einmal zu unterzeichnen". Barco tat dies am 14. Dezember. Damit war der Vertrag wieder in Kraft und die Sache, wie es schien, ausgestanden. US-Botschafter Richard Gillespie erklärte seine „Befriedigung über Barcos Entschlossenheit“, den Vertrag erneut in Kraft zu setzen. „Wir haben“, sagte er, „zu keiner Zeit daran gezweifelt, daß der Vertrag weiterhin anzuwenden ist.“

WAS der Botschafter als eine flüchtige Unannehmlichkeit ansah, war in Wirklichkeit das Eröffnungsgefecht eines viel größeren Feldzugs: die Schlußoffensive des Medellín-Kartells gegen den Auslieferungsvertrag.

Fünf Jahre lang hatte das Kartell gegen den Vertrag angekämpft. Es hatte mehr als dreißig Richter ermordet und Dutzende von Politikern auf seine Gehaltsliste gesetzt. Es hatte sich ein öffentliches Forum erkauft, um den Vertrag als eine Verletzung der nationalen Souveränität hinzustellen.

Es hatte alles nichts genutzt – bis jetzt. Zu Weihnachten hatte das Kartell neun neue Prozeßverfahren eingeleitet, in denen Barco das Recht bestritten wurde, die Wirksamkeitsklausel des Vertrags „noch einmal zu unterzeichnen“. Barco habe seine Befugnisse überschritten, so argumentierten die Kartellvertreter, oder es sei zumindest erforderlich, seinen Entscheid vom Kongreß ratifizieren zu lassen. Wenn Barco den Vertrag dem Kongreß vorlegte, würde der ihn nicht ratifizieren. Die Drogenhändler hatten bereits viele Gesetzgeber in der Tasche. Zahlreiche andere hatten zuviel Angst, um für die Auslieferung zu stimmen. Blieb also der einzige Ausweg, den Vertrag noch einmal zu unterzeichnen. Dafür gab es keinen Präzedenzfall, und vielleicht verstieß es auch gegen die Verfassung. Es würde mit Sicherheit Einsprüche hageln, aber vielleicht kam man durch. Zunächst brachte es jedenfalls einen Zeitgewinn.

Der Kampf, der sich nun entspann, fand in einer Stimmung heimlicher Verzweiflung statt. In seinem Verlauf wurde aus Barco der letzte Champion der Auslieferung. Indessen schlich das Kartell wie ein Schakal umher, der wittert, daß das Opfer schwer verwundet ist. Inmitten der Falle der Umstände gefangen war der Oberste Gerichtshof. Bis zum 12. Dezember bekamen die Richter – vor allem die aus der verfassungsrechtlichen Kammer – täglich ihre reichlich bemessene Portion an Drohungen mit der Post und am Telefon. Die Atmosphäre war fast genauso wie in den Monaten vor dem Angriff auf den Justizpalast. Nur war es diesmal natürlich noch schlimmer, weil inzwischen jedem Richter deutlich vor Augen stand, was ihm zustoßen konnte, wenn er die Drohungen des Kartells nicht beachtete.

Doch es gab auch Verbesserungen. Zum Beispiel war jetzt effizienter für den Schutz der Richter gesorgt. Sämtliche Richter hatten rund um die Uhr Leibwachen und fuhren nur im Konvoi mit Polizeieskorte.

Aber das war doch kein Leben! Schon gar nicht für Juristen im mittleren und höheren Alter. Statt die Berufung zum Obersten Gerichtshof als hohe Ehre genießen zu können, wie es gedacht war, mußten sie sie als schreckliche Belastung fürchten.

Das Klima in Kolumbien war vergiftet. Das Volk hatte zu dieser Zeit kaum noch Vertrauen in die Redlichkeit der Richter oder der Regierung. Schließlich war das Jahr 1986 so blutig, so demütigend verlaufen und hatte so viele Fehlschläge gebracht, daß das Pendel der öffentlichen Meinung wieder zurückgeschwungen war: weg von der Konfrontation mit dem Kartell, hin zur Beschwichtigungspolitik.

IM VERLAUF des Jahres fällte der Oberste Gerichtshof eine Reihe von Urteilen, die die Regierung Stück für Stück in ihrem Handlungsspielraum einschränkten. Am 17. Februar lehnte das Gericht eine Entscheidung über sieben schwebende Auslieferungsverfahren ab, weil die Frage der Wirksamkeitsklausel nicht gelöst war. Im März hob das Gericht das Ausnahmegesetz Barcos vom Dezember auf.

Am 1. Mai schien der Staatsrat dem Präsidenten Luft zu verschaffen, als er die Meinung äußerte, der Auslieferungsvertrag sei immer noch in Kraft, und der Oberste Gerichtshof müsse die schwebenden Fälle verhandeln. Das Gericht antwortete, daß der Vertrag nicht angewendet werden könne, weil die Wirksamkeit nicht ordnungsgemäß geregelt sei.

Doch das war nur ein Scheingefecht. Die Regierung suchte nach einem Ausweg aus der Falle, in der das Kartell sie fangen wollte. Schließlich würde der Vertrag mit der Beantwortung der Frage stehen oder fallen, ob Barco im Recht gewesen war, als er die Wirksamkeitsklausel des Vertrags noch einmal unterzeichnete. Am 28. Mai gaben die Richter ihren Spruch bekannt: eine Stimmengleichheit von 12 zu 12. Um aus der Sackgasse herauszukommen, mußte ein zeitweiliger „zusätzlicher Richter" bestimmt werden.

In diesem Augenblick war der Vertrag erledigt. Dem Medellín-Kartell war es gelungen, den Auslieferungsvertrag auf die einsame Entscheidung eines einzelnen Menschen zu reduzieren. Man konnte bei vernünftiger Betrachtung nicht erwarten, daß ein Jurist, der als Berater nur zu diesem einen Fall herangezogen wurde, bei seiner Entscheidung den Druck des Kartells außer acht lassen würde.

Und so kam es auch. Aus einer Liste hervorragender Juristen, die eigens für Fälle von Stimmengleichheit bereitlag, bestimmte das Gericht nacheinander drei zum Zusatzrichter. Und einer nach dem anderen lehnte die Berufung ab, indem er Interessenkonflikte vorschützte. Auch der vierte, Alfonso Suarez de Castro, erklärte sich für verhindert. Aber das Gericht bestimmte ihn endgültig. Am 25. Juni entschied er, Präsident Barco habe nicht verfassungskonform gehandelt, als er die Wirksamkeitsklausel noch einmal unterschrieb. Mit 13 zu 12 Stimmen hatte der Oberste Gerichtshof den Auslieferungsvertrag außer Kraft gesetzt. Das Medellín-Kartell hatte den Sieg davongetragen.

Ohne Auslieferungsvertrag setzte Pablo Escobar mit charakteristischer Tüchtigkeit alles in Bewegung, um die gegen ihn schwebenden Verfahren loszuwerden. Diesmal schaffte er es mit Hilfe des Rechtssystems. Am 22. Juli wurden drei von den USA ausgehende „Ersuchen auf vorsorgliche Festnahme“ als nicht durchsetzbar abgelehnt. Am 9. August kam die Presse dahinter, daß ein Richter die Haftbefehle für Escobar und andere wegen des Mordes an *El-Espectador*-Chefredakteur Guillermo Cano widerrufen hatte. Drei Tage später ließ ein anderer Richter die Anklage gegen Escobar in dem Mordfall Bonilla fallen.

Blieb Jorge Ochoa. Als einziger vom Kartell war er noch auf der Flucht. Er hatte erhebliche Schwierigkeiten mit der Justiz. Wegen des Schmuggels mit den Kampfstieren hatte er immer noch zwanzig Monate Gefängnis zu verbüßen, und die Kautionsbedingungen hatte er überdies nicht erfüllt. Außerdem schwebte stets der Medellín-Fall wegen Drogenhandels über seinem Haupt. Zwar waren es im Vergleich zu der Sammlung von Mordanklagen, denen sich Escobar einmal gegenübergesehen hatte, alles kleine Fische. Aber wenn Ochoa gefaßt wurde, war er dran.

Präsident Barco gab nach der Entscheidung des Obersten Gerichtshofs nicht auf. Sein neuer Justizminister Enrique Low Murtra war ein früheres Mitglied des Staatsrats und ein Überlebender der Justizpalasttragödie. Er haßte Drogenhändler und machte kein Geheimnis aus seinen und Barcos Absichten. „Die Regierung will die Auslieferungen fortsetzen“, sagte Low Murtra kurz nach seiner Ernennung zu *El Tiempo*.

In aller Stille nahm die Regierung mit den Vereinigten Staaten Gespräche über mögliche neue Maßnahmen auf. Sollte man den stumpf gewordenen alten Vertrag wiedereinsetzen, einen neuen abschließen oder ältere Pakte wiederaufleben lassen? Dabei zog man ein multilaterales Abkommen für den Bereich der amerikanischen Hemisphäre von 1933 und ein bilaterales Abkommen von 1988 in Betracht. Beide Dokumente waren theoretisch anwendbar. Aber bei beiden war vorher eine Menge Arbeit erforderlich, ehe man sie ins Spiel bringen konnte. Das Kartell bekam Wind von den Gesprächen und verfolgte sie aufmerksam.

Inzwischen konnte das Kartell von sich sagen, daß es besser dastand als seit Jahren. Sicher, es hatte Lehder verloren, aber dafür hatte es den Auslieferungsvertrag zu Fall gebracht. Es schien so, als solle das Kartell der Zukunft mehr der US-Mafia ähnlich sein – allgemein bekannt, gefestigt und unermeßlich mächtig, dabei zurückhaltend und jede Konfrontation vermeidend.

ES WAR am 21. November 1988 gegen 16.30 Uhr, als ein Verkehrspolizist den Fahrer eines neuen weißen Porsche mit einer Handbewegung aufforderte, am Straßenrand zu halten. Der Porsche mußte sich wie alle anderen Wagen nördlich von Palmira vor der Zahlstelle auf der Cali-Autobahn einreihen.

Die Zahlkabinen von El Cerrito waren für die Polizei der geeignete Ort, Autofahrer zu kontrollieren, und das taten sie denn auch. Es war eine Routinekontrolle, wie ein Polizeisprecher später bekanntgab.

Der Polizist und sein Kollege näherten sich dem Wagenfenster auf der Fahrerseite und wollten den Personalausweis sehen. Es wurde nie geklärt, was der Fahrer ihnen schließlich zeigte. Was er auch getan haben mochte, es reichte ihnen nicht aus. Die Beamten sagten ihm, daß er, seine Begleiterin und der Porsche mit ihnen nach Palmira kommen müßten. Das gefiel dem Fahrer gar nicht. Er schlug vor, sich mit ihnen für, „sagen wir, dreitausend Pesos“ (12 Dollar) zu einigen. Die beiden Beamten erhoben Einwände. „Na schön“, meinte der Fahrer, „wie wär's mit fünfzigtausend Pesos?“ (200 Dollar.) „Hören Sie“, antwortete ein Polizist, „bringen Sie sich nicht in Schwierigkeiten!“ Wie es mit zwölf Millionen Pesos (48000 Dollar) sei. „Nein? Na dann sagen wir hundert Millionen Pesos.“ (400000 Dollar.)

Die Polizisten wollten kein Geld annehmen. Es wurde nie eine

Jorge Ochoa nach seiner Festnahme an Bord einer C-130 der Luftwaffe

offizielle Erklärung über den Vorfall abgegeben, und die Vorgesetzten gaben klugerweise auch nie die Namen der Beamten bekannt. Vielleicht waren es junge Idealisten oder vielleicht ehrliche, ehrgeizige Polizisten, die Gangster verhaften wollten. Was immer ihre Motive waren, sie hatten zweifellos einen Riesenfisch an Land gezogen. Denn der Porschefahrer war Jorge Ochoa.

Im Revier der Verkehrspolizei in Palmira begrüßte eine Juristin aus der Dienststelle des Generalstaatsanwalts Ochoa mit einer freundschaftlichen Umarmung und versprach ihm, gleich würde alles wieder ins Lot kommen. Dann ging sie zum Telefon und rief nacheinander mehrere militärische und polizeiliche Stellen an, um zu fragen, ob jemand Ochoa vor dem Gefängnis bewahren könne. Bei der Verkehrspolizei machte sie wenig Eindruck. Die Polizei hatte den Haftbefehl eines Zollrichters aus Cartagena. Darin stand, daß Ochoa zu zwanzig Monaten Gefängnis wegen Schmuggels von Stieren verurteilt worden sei, jedoch seinen Kurzurlaub zur Flucht benutzt habe.

Die Polizei nahm Ochoa fest und brachte ihn zu einem Militärquartier am Stadtrand von Palmira. Hier verbrachte er die Nacht und den größten Teil des nächsten Tages im Gewahrsam. In der Abenddämmerung des Sonntags fuhr man ihn zu einem nahe gelegenen Flugplatz, wo er an Bord einer C-130 der Luftwaffe gebracht und nach Bogotá geflogen wurde. Als er landete, erwartete ihn eine Motorradstaffel der Polizei. Sie ließen ihn in einen gepanzerten Mannschaftswagen steigen. Dann flammten Scheinwerfer auf, Sirenen heulten, und der Konvoi jagte über die Autobahn zu einem militärischen Komplex am Stadtrand.

Um neun Uhr abends war Ochoa in einem Hochsicherheits-Militärgefängnis eingesperrt. Dort sollte er bleiben, bis die Regierung ihre nächsten Schritte beschlossen hatte. Polizei und bewaffnete Streitkräfte hatten ihre Aufgabe erfüllt. Sie hatten Ochoa festgenommen und an einen sicheren Platz befördert. Jetzt war die Regierung am Zug.

Ochoa hatte gleich doppeltes Glück. Erstens, weil er noch eine unbedeutende Gefängnisstrafe in Kolumbien zu verbüßen hatte, bevor überhaupt irgendwelche Anstalten zu einer Auslieferung getroffen werden konnten. Und zweitens war der Auslieferungsvertrag von 1979 wirkungsvoll eingefroren. Es gab keine rechtlich zulässige Handhabe, um in dieser Richtung überhaupt etwas einzuleiten.

Das alles wußte Präsident Virgilio Barco. Doch er war unsicher, was getan werden konnte. Die Öffentlichkeit in Kolumbien erwartete, daß Ochoa sofort nach Florida geflogen wurde. Die Vereinigten Staaten vertraten diesen Standpunkt laut und deutlich. „Wenn der Präsident von Kolumbien Mut hat, könnte er seinem Lande einen großen Dienst erweisen, indem er Jorge Ochoa hinauswirft“, sagte ein DEA-Sprecher in Miami. „Sobald Jorge Ochoa in den USA eintrifft, wird er ebenso wie Carlos Lehder keine Gelegenheit mehr haben, sich durch Bestechung, Mord oder Einschüchterung dem polizeilichen Gewahrsam zu entziehen.“

Am Ende griff die Regierung zu der einzig möglichen kurzfristigen Maßnahme. Sie beschloß, Ochoa wegen des alten Urteils in der Stierschmuggelaffäre in Haft zu behalten – das reichte, wenn nötig, für zwanzig Monate Gefängnis. In der Zwischenzeit wollte man versuchen, seine Auslieferung zu erreichen.

Um mit Rat zur Seite zu stehen, schickte die US-Regierung ein sechsköpfiges Team des Justiz- und des Außenministeriums nach Bogotá. Gemäß ihrem Auftrag sollten die Juristen Kolumbien drängen, „einen Mechanismus zu finden“, der es erlauben würde, Ochoa und andere unter Anklage stehende Drogenhändler an die Vereinigten Staaten auszuliefern.

Das Team hatte Bedenken hinsichtlich der Kolumbianer. Viele Beamte suchten nur nach Möglichkeiten, jede Aktion zu vermeiden. Für Präsident Barco hegten die Amerikaner jedoch wachsende Bewunderung. Sicher, er hatte anfangs genau wie Betancur nicht wahrnehmen wollen, welchen Schaden das Kartell anrichtete. Aber als ihm das Kartell einen Schlag ins Gesicht versetzt hatte, war er zornig geworden. Jetzt war er der größte Befürworter der Auslieferung.

Der einzige, zu dem das US-Team volles Vertrauen hatte, war Generalstaatsanwalt Hoyos, ein ruhiger *Paisa* aus Medellín, der seine Dienststelle in aller Stille an die vorderste Front im Drogenkrieg geführt hatte. Er war Junggeselle, in den Fünfzigern, hoffnungslos schüchtern. Nie sah man ihn auf einer Party. Die Wochenenden verbrachte er mit Mutter und Verlobter auf seiner *Finca* in der Umgebung von Medellín. Von dem Chaos, in dem seine Heimatstadt zu versinken drohte, schien er unberührt.

Lange vor Ochoas Festnahme hatten Vertreter des US-Juristenteams mit ihm Gespräche darüber geführt, wie man wieder Auslieferungen ermöglichen könnte. In der ganzen Zeit, so sagte einer der US-Juristen, „war Hoyos der einzige, zu dem wir Vertrauen hatten, und der einzige, der die Sache ernst nahm".

AUCH das Kartell nahm die Sache ernst, viel ernster als damals bei Lehders Verhaftung. Lehder war ein Außenseiter gewesen, ein Englisch sprechender Eindringling, der schon halb im Ruhestand lebte, als die Polizei ihn erwischte. Bei Ochoa war das etwas ganz anderes. Es war *El Gordo*, der bedeutendste Mann des Kartells. Er durfte nicht ausgeliefert werden.

Das Kartell reagierte auf Ochoas Festnahme fast sofort. Kaum 24 Stunden nach dem Vorfall hielten zwei kleine Lastwagen mit Gangstern in Medellín vor dem Haus von Juan Gomez Martinez, einem Redakteur bei *El Colombiano*, der größten Tageszeitung der Stadt. Eine Gruppe hämmerte gegen die Haustür. Gomez Martinez' Sohn spähte hinaus. Dann warnte er seinen Vater, daß draußen Leute stünden, die ihn ermorden wollten.

Gomez hatte, mit dem Rücken zur Tür, ferngesehen. Jetzt drehte er den Sessel um, ging dahinter in Deckung, schnappte sich seinen Revolver und drückte ab.

Die Gangster erwiderten das Feuer nur zu gerne. Die zweite Gruppe versuchte, um Gomez Martinez' Stellung zu umgehen, mit dem Fahrzeug durch das Garagentor zu brechen. Das Tor aus Stahl gab aber nicht nach.

Nach einer Viertelstunde hielten die Nachbarn es nicht mehr aus.

„He, Leute!“ schrie einer. „Sie wollen Gomez Martinez umbringen! Wir müssen was dagegen tun!“

Und dann eröffnete die gesamte Nachbarschaft das Feuer. Zehn Jahre einer Beinahe-Anarchie hatten sie gelehrt, wie man als *Paisa* sein Leben schützt.

Schließlich traf jemand einen Gangster, was deren Begeisterung merklich dämpfte, und sie traten den Rückzug an.

Eine Stunde später traf bei den Medien eine Botschaft der Bande ein. Ihre Absicht sei gewesen, Gomez Martinez für kurze Zeit zu entführen, damit sie ihm die Botschaft persönlich mitteilen konnten. Das hatte nicht geklappt, und nun machten sie es eben auf diese Weise. „Falls der Bürger Jorge Luis Ochoa an die Vereinigten Staaten ausgeliefert wird, werden wir den politischen Führern dieses Landes den totalen Krieg erklären.“ Unterschrieben war das Kommuniqué mit: „Die Auszuliefernden“.

HATTE die Regierung die erste Schlacht um Ochoa gewonnen, indem sie ihn festnahm und einsperrte, so gewann das Kartell die zweite. Denn nach wenigen Tagen war klar, daß der Gefangene nicht an die Vereinigten Staaten ausgeliefert werden würde – oder konnte –, ohne daß man die bestehenden Verträge neu formulierte. Das bedeutete Aufschub. Und Aufschub bedeutete, daß Ochoa Gelegenheit erhielt, die kostspielige Rechtsstrategie anzuwenden.

Am Ende der ersten Woche hatte er sechs Anwälte, die für ihn arbeiteten, darunter waren drei ehemalige Richter des Obersten Gerichtshofs. Während Ochoa in La Picota, dem zivilen Hochsicherheitsgefängnis in Bogotá, eingesperrt war, machte sich sein Anwaltsteam daran, die Pläne der Regierung zu durchkreuzen. Die Regierung war anfangs äußerst wachsam. Doch als die Weihnachtszeit näher kam, ließ ihre Aufmerksamkeit nach. Mitte Dezember reiste das US-Juristenteam aus Bogotá ab, und unmittelbar darauf löste sich der Fall Ochoa in Wohlgefallen auf.

Am 30. Dezember suchte Ochoas leitender Anwalt den Strafrichter Andrés Enrique Montañez in Bogotá auf. Er trug ihm vor, daß Ochoa bereits seine Strafe für den Stierschmuggel abgesessen habe, wenn die Gerichte die Gefängnisaufenthalte in Spanien, Cartagena und Bogotá anrechneten. In Wirklichkeit habe er sogar 21 statt 20 Monate verbüßt, aber man wolle nicht kleinlich sein.

„Worüber sprechen wir eigentlich?“ erkundigte sich Strafrichter Montañez.

„Über einen Haftprüfungstermin“, antwortete der Anwalt.

Ohne weitere Formalitäten unterzeichnete Montañez die Verfügung zur Haftentlassung.

Nachmittags erschien Ochoas Verteidigerteam in La Picota, legte das Schriftstück vor und forderte Ochoas Entlassung. Gefängnisdirektor Alvaro Camacho blieb drei Stunden standhaft, schließlich gab er nach. Ochoa, in einem blauen Flanellanzug, eine Reisetasche in der Hand, fuhr mit seiner Frau und den Anwälten in einem Kleinbus ab. Bald darauf bestieg er eine Chartermaschine und flog mit unbekanntem Ziel davon, um das neue Jahr einzuläuten.

WIE vorauszusehen war, gab es in Kolumbien und in den Vereinigten Staaten die üblichen bedauernden Erklärungen über die Freilassung Ochoas. Natürlich war damit nichts mehr zu retten. Es wurde berichtet, daß Ochoa sich in Brasilien verborgen hielt. Obwohl das Jahr 1988 mit lebhaften Regierungsaktivitäten begann, schlug das Kartell weiterhin erbarmungslos zurück.

Am 25. Januar verabschiedete sich Generalstaatsanwalt Hoyos im Morgengrauen von seiner Verlobten, stieg in einen Mercedes und ließ sich die kurze Strecke zum Flugplatz von Medellín bringen. Er hatte das Wochenende auf seiner *Finca* verbracht und nahm wie an jedem Montag die Frühmaschine nach Bogotá, um dort die Arbeitswoche zu beginnen.

Kurz vor 7 Uhr hämmerten am Rand des Flugplatzes aus drei Autos voll bewaffneter Männer MP-Geschosse in seinen Wagen. Entsetzt wurden die Fahrgäste eines Busses Zeugen des Überfalls. Fahrer und Leibwächter waren auf der Stelle tot. Der schwerverwundete Hoyos wurde blutend aus dem Wagen gezerrt, in eines der drei Autos geworfen und weggefahren.

Präsident Barco setzte in dem Gelände rund um den Hinterhalt ein Massenaufgebot von Polizei ein. Gegen 16 Uhr teilte ein unbekannter Anrufer der Polizei im Namen der „Auszuliefernden“ mit, sie könnten die Überreste des Generalstaatsanwalts in einem Feld finden.

„Wir haben den Generalstaatsanwalt, Carlos Mauro Hoyos, als bezahlten Verräter hingerichtet“, sagte der Anrufer zur Polizei. „Hören Sie genau zu! Der Krieg geht weiter.“

30

Der Henry Ford des Kokains

CARLOS LEHDERS Verhaftung und Auslieferung erregten gewaltiges Aufsehen. Nie zuvor hatte man einen Kokainhändler von solcher Bedeutung in die Vereinigten Staaten gebracht. Erstmals würde die amerikanische Justiz in der Lage sein, einen der Führer des Medellín-Kartells vor Gericht zu stellen. Weltweit erhielten DEA-Agenten Anweisung, sich auf mögliche Vergeltungsmaßnahmen einzustellen.

Als am 5. Februar 1987 um 2 Uhr früh die AeroCommander mit Lehder an Bord auf einer abseits gelegenen Rollbahn des internationalen Flughafens Tampa landete, wurde sie von Bundespolizisten mit automatischen Waffen umstellt. Innerhalb von zehn Sekunden schaffte man Lehder aus dem Flugzeug in eine blaue Limousine. Mit vier weiteren Fahrzeugen raste der Wagen im Konvoi zur Stadtmitte, wo Lehder im Bundesgerichtsgebäude eingeschlossen wurde.

Bei seiner ersten Vorführung vor einer US-Untersuchungsrichterin zeigte Lehder bemerkenswerte Gelassenheit. Er grinste und sprach gutes Englisch mit leichtem Akzent. Zur allgemeinen Überraschung sagte er: „Ich habe kein Geld."

„Ist das wahr?" fragte Richterin Elizabeth Jenkins.

„Ja, Euer Ehren", antwortete Lehder ruhig. „Den größten Teil meines Vermögens hat die Regierung von Kolumbien eingefroren."

Für Lehders nächsten Auftritt vor Gericht bestimmte ihm Richterin Jenkins einen Pflichtverteidiger. Bei diesem Termin sollte darüber entschieden werden, ob er bis zum Prozeßbeginn in Jacksonville, wo gegen ihn wegen der Anklage von 1981 verhandelt werden würde, in Untersuchungshaft bleiben müsse. Lehder war ausschließlich wegen der Jacksonville-Anklage ausgeliefert worden. Bei einem Schuldspruch drohte ihm eine Höchststrafe von lebenslanger Haft plus 135 Jahre.

BEI dem Haftprüfungstermin in Tampa bekam Lehder zum erstenmal den US-Staatsanwalt Robert W. Merkle zu Gesicht, der vor fast vier Jahren nach Bogotá geflogen war, um das Auslieferungsbegehren zu überbringen.

Kein Bundesstaatsanwalt war geeigneter, es mit dem Medellín-Kartell aufzunehmen, als Robert W. Merkle, der dreiundvierzigjährige erstklassige Justizbeamte aus Florida. Merkle brachte eindrucksvolle 110 Kilo auf die Waage und hatte früher als Verteidiger in einem Footballteam gespielt. Er trug das blonde Haar kurzgeschnitten und hatte ein stark gerötetes Gesicht. Als Strafverfolger hatte er Korruptionsfälle im öffentlichen Dienst mit einem Eifer aufgedeckt, der ihm den Spitznamen „Toller Hund" eingetragen hatte. Privat war er der geborene Familienvater. Er hatte neun Kinder, spielte gern Gitarre und sang dazu. Er verdiente 70000 Dollar im Jahr, ein Butterbrot gegen das, was er mit einer Anwaltspraxis hätte verdienen können. Aber er war ein Mann, der mit Haut und Haaren von seinem Job in Anspruch genommen wurde. Jetzt sah Bob Merkle zum erstenmal Carlos Lehder ins Auge.

Bei dem Termin in Tampa vertrat Merkle mit Nachdruck den Standpunkt, daß eine Freilassung bis zum Prozeß gegen Kaution überhaupt nicht in Frage komme, weil Richter mit dem Tod bedroht worden seien.

„Das ist eine Lüge!" schrie Lehder.

„Er hat gesagt, wenn er verhaftet wird, würde er jede Woche einen Bundesrichter ermorden lassen – so lange, bis er wieder frei ist", entgegnete Merkles Stellvertreter.

Nach dem Termin brachten US-Marshals Lehder zu einem Militärstützpunkt in der Nähe von Jacksonville und steckten ihn in eine Einzelzelle. Seinen genauen Aufenthaltsort hielt man sogar vor den Pflichtverteidigern geheim.

Der Haftprüfungstermin in Jacksonville am 9. Februar vollzog sich unter beispiellosen Sicherheitsvorkehrungen. Zuhörer mußten durch Metalldetektoren. Ein Bombenspürhund prüfte die Flure des Gerichtsgebäudes. Auf den Straßen rund um das Gericht war Parken verboten.

Lehder sagte aus, er habe kein Geld zur Verfügung, weil die kolumbianische Regierung sein Vermögen eingefroren habe. Merkle fiel die Rolex-Uhr an seinem Handgelenk auf: „Ist Ihnen bewußt, daß diese Uhr da ungefähr sechstausend Dollar wert ist?"

„Nein", antwortete Lehder.

Der Richter ordnete die Fortsetzung der Haft bis zum Prozeßende an. An diesem Tag kam es für Lehder noch schlimmer. Die Steuerfahndung erließ gegen ihn einen Pfändungsbeschluß über 70 Millionen Dollar.

Die Summe ergab sich aus einem geschätzten Einkommen von 300 Millionen Dollar durch Kokainschmuggel allein in den Jahren 1979 und 1980. Lehder wurde nach dem Termin in ein Hochsicherheitsgefängnis verlegt.

Carlos Lehder hatte nicht die Absicht, sein zukünftiges Schicksal Pflichtverteidigern anzuvertrauen. Seine Sendboten umschwärmten einige der talentiertesten Anwälte in Miami. Nach Schätzungen in juristischen Kreisen sollte das Honorar zweieinhalb Millionen Dollar betragen, also das Dreißigfache von Robert Merkles Jahresgehalt.

Schließlich konnte Lehder zwei Spitzenverteidiger aus Miami gewinnen, Ed Shohat und José Quiñon. Shohat hatte viele Kolumbianer in großen Rauschgiftprozessen in Miami verteidigt. Die Kollegen nannten ihn einen „Anwalt der Anwälte – kompetent, sittlich einwandfrei und äußerst gewissenhaft“. Er würde im Prozeß Wortführer der Verteidigung sein. Quiñon, ein früherer Staatsanwalt, war ein gebürtiger Kubaner, der sich mit dem Klienten auf Spanisch unterhalten konnte. Er war bekannt dafür, daß er sich mit den Geschworenen und den Zeugen immer ausgezeichnet verstand.

Durch mehrere Vertagungen wurde der Prozeßbeginn immer weiter hinausgeschoben, vom Spätfrühling bis zum Frühherbst. Dann geschah während eines eintägigen Termins im Vorverfahren im Mai 1987 etwas Merkwürdiges. Merkle machte eine überraschende Mitteilung: Carlos Lehder habe einen Brief an Vizepräsident Bush geschickt, in dem er ihm Zusammenarbeit anbot, falls ihm dafür Immunität gewährt werde. Merkle sagte: „Der Brief erreichte das Weiße Haus.“ Mehr könne er über den Inhalt nicht sagen, weil durch richterlichen Beschluß Geheimhaltung angeordnet sei. Er selbst halte den Brief für wertlos. Er hatte nicht die Absicht, mit Lehder irgendein Geschäft auszuhandeln. Nach dem Termin bestritten Lehders Anwälte, daß ihr Klient wirklich Informant werden wolle. „Der Brief war wohl eine Folge seiner Isolierhaft“, sagte Quiñon. Doch am nächsten Tag machte der Brief Schlagzeilen: *Angeklagter kolumbianischer Rauschgiftboß bietet Mitarbeit an – Staatsanwalt: Er ist wertlos!*

George Jung las den Artikel, und Ekel stieg in ihm hoch. Jung, Lehders früherer Partner aus der Besserungsanstalt Danbury, saß in einer Zelle des Bundesgefängnisses in North Dade ein. Er war zu 15 Jahren Gefängnis verurteilt worden, weil er 300 Kilo Kokain in die USA geschmuggelt hatte.

Oben und rechts: Die Antwort auf den Kampf der Behörden heißt Terror. Anschläge auf Fabriken und blutige Schießereien sind an der Tagesordnung.

Links: Medellín, einst malerische „Stadt des ewigen Frühlings", ist zur Drehscheibe des Kokainschmuggels geworden, aus dem Händler wie Pablo Escobar ihre Villen und Leibwächter finanzieren.

Der Zeitungsartikel bestätigte ihm das Gefühl, von Lehder verraten worden zu sein.

Wenn nun Lehder seine Schmugglerkollegen verpfeifen wollte, dann konnte er, Jung, auch mit einigen Sachen aufwarten. Er rief das FBI an. Später setzte er sich hin und schrieb einen ausführlichen Brief über das Thema „Carlos Lehder".

ALS der Prozeß gegen Carlos Lehder schließlich am 17. November 1987 begann, hatte Merkle eine gewaltige Menge an Beweismaterial zusammengetragen, die die Zeit von Danbury 1978 bis Medellín 1985 umfaßte. Merkle verfolgte eine kühne Strategie. Er hatte einen Kurs eingeschlagen, der weit über die Jacksonville-Anklage hinausführte. Sie bezog sich ja nur auf Schmuggeltaten zwischen 1978 und 1980. Merkle plante jedoch, Lehders gesamte Karriere anzuprangern: als den gigantischen Versuch, die Vereinigten Staaten mit Kokain zu überschwemmen.

Merkles Eröffnungsplädoyer war entsprechend eindrucksvoll.

„Dieser Fall wird Sie bis in die Zeit von 1974 zurückführen und Sie von da an über die vielen Jahre hinweg geleiten, in denen Carlos Lehder einen einzigen Traum zu verwirklichen suchte. Er wollte der König des Kokainhandels werden. Und tatsächlich wurde er für den Kokaintransport, was Henry Ford für die Autoindustrie war. Lehder sah in Amerika eine dekadente Gesellschaft. Und er sah die zukünftige Kokainwelle in den Vereinigten Staaten voraus."

Am nächsten Tag war die Verteidigung an der Reihe. Sie nannte ihren Klienten „Joe Lehder" und stellte ihn als einen kecken jungen Kolumbianer vor, der amerikanischen Marihuanaschmugglern ins Netz gegangen war.

Shohat führte aus, Lehder habe Norman's Cay erworben, um aus der Insel ein Ferienparadies zu machen. Dort habe er sich mit Ed Ward angefreundet. Als die DEA Ward auf die Schliche gekommen sei, habe Ward Lügen über Lehder erzählt, um seinen Kopf zu retten.

Carlos Lehder muß der Prozeß in Jacksonville wie eine lange Alptraumversion von *Das ist Ihr Leben* vorgekommen sein. Ed Ward war Kronzeuge gegen Lehder, aber nach Lehders Verhaftung waren Zeugen aus seiner Vergangenheit wie die Pilze aus dem Boden geschossen. George Jungs Brief kam der Anklage zur Kenntnis, und sie machte ihn zum ersten Zeugen. Steve Yakovac – ehemals Lehders Zellengenosse in

Bella Vista –, der jetzt als Kraftfahrzeugmechaniker für ausländische Wagen in Fort Lauderdale arbeitete, schrieb ebenfalls einen Brief und wurde als Zeuge verpflichtet. Eben Mann, ein Pilot von Continental Airlines, sagte aus, daß er vor neun Jahren Schmuggelflüge für Lehder durchgeführt habe. Walter Cronkite, der jetzt im Ruhestand lebende Fernsehmoderator von CBS, erhielt eine Vorladung, um als Zeuge auszusagen, wie man ihn vor fast einem Jahrzehnt von der Insel Norman's Cay verjagt hatte.

Jung wurde als erster in den Zeugenstand berufen. Er erzählte die ganze Geschichte. Er begann mit Danbury, berichtete alles über Norman's Cay und schloß mit seinem letzten Gespräch mit Lehder 1985. Jung war ein kleiner Mann mit glattem braunem Haar und vielen Falten. Mit 45 sah er alt und verlebt aus. Sein Gesicht zeigte die verheerenden Wirkungen der Kokainsucht. Er hatte mit Kokain ein Vermögen gemacht und wieder verloren, nach eigener Schätzung zehn Millionen Dollar. Zuletzt hatte er nichts mehr zu verlieren gehabt. Bei seiner Aussage lächelte er häufig. Er kostete die Rache gründlich aus, auf die er so viele Jahre hatte warten müssen.

Ed Ward sagte eine ganze Woche lang aus. Während er die Geschichte seiner Schmuggeltouren für Lehder von Norman's Cay aus erzählte, schüttelte der Angeklagte häufig angeekelt den Kopf.

Lehder hatte mit 38 Jahren noch etwas von seinem hübschen jungenhaften Aussehen behalten. Aber er hatte Tränensäcke unter den Augen, und da er nie an die Sonne kam, war er totenbleich. Mit seinem gutfrisierten Haar und seinen Maßanzügen wirkte er am Tisch der Verteidigung wie ein junger Bankier. Während der Zeugenaussagen klopfte er rhythmisch mit der rechten Hand auf den Tisch, lutschte Bonbons, lächelte zu den Reportern hinüber und machte sich Notizen in einem Notizbuch. Direkt hinter ihm saßen drei US-Marshals. Jeden Tag nach Verhandlungsende brachten die Marshals Lehder vom Gerichtssaal in die nahe gelegene Arrestzelle.

DIE vielen Stränge der Geschichte des Medellín-Kartells vereinigten sich am Ende des Prozesses gegen Lehder. US-Staatsanwalt Robert Merkle hatte sechs Monate lang 115 Zeugen der Anklage aufmarschieren lassen. Mehrere Zeugen behaupteten, Lehder habe Beamte der Bahamas bezahlt. Einer sagte aus, Ministerpräsident Lynden O. Pindling habe monatlich 100 000 Dollar von Lehder erhalten. Gegen Ende des Prozesses bereitete Merkles Dienststelle Ermittlungen gegen Pindling vor.

Vielleicht wirkten sich für Lehder am vernichtendsten seine eigenen Rundfunk- und Fernsehinterviews aus, die er in Kolumbien gegeben hatte. Sie gehörten zu den letzten Beweisstücken, die den Geschworenen präsentiert wurden. In einem berühmten Interview mit Radio Caracól aus Bogotá hatte Lehder am 28. Juni 1983 gesagt, er bestreite nicht, daß er Kolumbiens Schmuggelgoldgrube genutzt habe.

„Es war unsere Pflicht, die Dollars zu unseren Leuten zurückzubringen, auf welche Weise auch immer", sagte Lehder. „Na schön, das wär's. Man kann es Mafia nennen, man kann es nennen, wie man will. Jedenfalls ist es eine klare Tatsache, und jetzt ist sie heraus. Kolumbien kann nicht mehr ableugnen, daß es bei der Herstellung von Marihuana und Kokain an erster Stelle in der ganzen Welt gestanden hat."

Die Schuld am Drogenproblem schob Lehder den Vereinigten Staaten in die Schuhe, „wo es vierzig Millionen Marihuanaraucher und fünfundzwanzig Millionen Kokainkonsumenten gibt".

Nachdem Merkle sein Beweismaterial präsentiert hatte, machten Lehders Anwälte eine überraschende Ankündigung: Sie würden keine Zeugen aufrufen. Das hieß, daß sie sich ganz auf das Schlußplädoyer des Chefverteidigers Ed Shohat verließen.

Die Schlußplädoyers der beiden Parteien begannen am 10. Mai 1988. Zufälligerweise fielen sie in die nationale „Sag nein zu Drogen"-Woche.

Merkle hatte beschlossen, in seinem Plädoyer zwei Thesen in den Vordergrund zu stellen, die sich während des Prozesses herauskristallisiert hatten: die Mittäterschaft von amerikanischen Bürgern beim Aufstieg des Carlos Lehder und die zerstörerische Natur des Kokains.

„Carlos Lehder und Henry Ford hatten eine Menge gemein", begann er. „Henry Ford perfektionierte die Massenherstellung von Automobilen für den amerikanischen Verbraucher. Carlos Lehder perfektionierte den Massentransport von Kokain für den amerikanischen Verbraucher. Und an diesem Punkt beginnt der entscheidende Unterschied zwischen den beiden Männern. Mr. Ford wollte die Lebensweise des amerikanischen Verbrauchers verbessern. Mr. Lehder sollte die Lebensweise des amerikanischen Verbrauchers zerstören."

Merkle griff das Bild des ehrbaren Geschäftsmanns an, das die Verteidigung von Lehder gezeichnet hatte. Er hob eine MAC-10 in die Höhe. Würde ein ehrbarer Geschäftsmann solche Waffen zum Schutz seines Eigentums benutzen? Merkle bezeichnete die Belastungszeugen als „menschliche Wracks", die unter den Nachwirkungen ihrer Kokainsucht litten. „Wir haben eine tragische Existenz nach der anderen diesen Gerichtssaal betreten sehen", sagte Merkle. „Sie haben zusammen mit Mr. Lehder einen Krieg gegen die Gesellschaft geführt. Er führt ihn immer noch. Er hat ihn nie beendet ... Mr. Lehder hat eine breite Spur von Bestechung, Korruption, Gewalt und menschlicher Erniedrigung hinterlassen. Zu diesen Trümmerresten gehören Mr. Lehders eigene Kinder. Und dazu gehören auch offene Wunden in Kolumbien, auf den Bahamas und in den Vereinigten Staaten, Wunden, die auch durch Vergeltung nicht heilen werden. Diese Wunden können nur durch Gerechtigkeit und Wahrheit und Versöhnung heilen."

An diesem Punkt hob Merkle einen Kokainlöffel hoch und erklärte, daß ein solcher Löffel ein dreißigstel Gramm Kokain aufnehmen könne. Carlos Lehder habe 18 Millionen Gramm ins Land gebracht. Zu fünfzigprozentiger Reinheit verschnitten, bedeute das mehr als eine Milliarde Dosierungen.

„Mr. Lehder verkörperte eine Gelegenheit, die sich wie gerufen zu einer anderen gesellte – der Nachfrage nach Drogen in den USA", sagte Merkle. „Seine Stärke, *Ladies and Gentlemen,* war seine Fähigkeit, aus der Schwäche der anderen Kapital zu schlagen ... der Enttäuschten, der Spitzbuben, der Unterprivilegierten."

Nach Merkle ergriff Shohat das Wort. Wie er es schon während des ganzen Prozesses getan hatte, griff der Anwalt die Glaubwürdigkeit der Belastungszeugen an. Wo Merkle beinahe geflüstert hatte, schrie Shohat zu den Geschworenen hinüber. Er gestikulierte, er schwang die Arme wie Dreschflegel, er regte sich vor Empörung so auf, daß er einem Schlaganfall nahe schien.

„In diesem Prozeß hat die Regierung neunundzwanzig gekaufte Zeugen in den Gerichtssaal gebracht", erklärte Shohat. Damit nahm er auf die verschiedenen Versprechungen Bezug, die man den Zeugen für ihre Aussagen gemacht hatte.

Danach kam Merkle mit seiner Erwiderung. „Mr. Shohat sagte gestern, ich versuchte, Sie glauben zu machen, daß Mr. Lehder die Ursache des amerikanischen Drogenproblems wäre." Er sprach behutsam, fast milde. „Nein, diese Vorstellung möchte ich nicht erwecken. Vielmehr genau das Gegenteil. Auffallend an diesem Prozeß ist die Tatsache, daß Amerika, ein beträchtlicher Teil Amerikas, sich zum aktiven Handlanger Mr. Lehders gemacht hat. Es trifft zwar zu, daß Mr. Lehder Ihnen in den Fernsehaufzeichnungen in tragischem Ton erklärt hat, seine Taten hätten ihren Ursprung in seinem bitteren Haß auf die Vereinigten Staaten gehabt. Aber es trifft auch zu, daß Mr. Lehders ganzes Geld und alle seine Waffen und seine gesamte Macht keinen amerikanischen Piloten dazu zwingen konnten, für ihn zu fliegen, die Opfer von Mr. Lehders Verbrechen nicht zwingen konnten, Kokain zu schnupfen oder es sich in die Venen zu spritzen! Also ist Ihr Urteilsspruch ein Akt der Versöhnung mit der Wahrheit. Sie haben die Pflicht und das Vorrecht, ein gerechtes Urteil zu sprechen, und vor dieser Pflicht dürfen Sie sich weder drücken noch sich davor fürchten."

Als die Geschworenen den Gerichtssaal verlassen hatten, wandte sich Carlos Lehder den Journalisten auf den Pressebänken zu und hielt ein Plakat hoch, auf dem handschriftlich geschrieben stand: „Sag nein zum Rassismus!"

AM ERSTEN Tag der Beratung gelangte die Jury zu keinem Urteilsspruch – auch nicht am zweiten und dritten. Am vierten Tag schließlich wollte sie sich die Aufzeichnungen von Carlos Lehders Interviews im kolumbianischen Fernsehen noch einmal vorspielen lassen. Die beiden Aufzeichnungen zeigten das Miniaturporträt eines Carlos Lehder, der sich verteidigte, die Dinge vereinfachte, lächelte und die Schuld anderen zuschob. Außerdem zeigten die Interviews einen Geist, der sich unter dem Einfluß des Kokains zu zersetzen begann.

Der Interviewer stellte die erste Frage. „Jedes Land, jede Nation beruft sich auf moralische Grundsätze, und, nun ja, das gilt natürlich auch für Kolumbien. Glauben Sie nicht, daß diese moralischen Grundsätze wichtiger sind als Geldverdienen?"

„Der Zweck heiligt die Mittel", sagte Lehder. „Um mein Land vorwärtszubringen und damit diese Menschen, die drangsaliert werden, es ist einfach so, daß ich meine Befürchtungen draußen an die Tür hänge, wenn ich ins Haus gehe, und sie wieder mitnehme, wenn ich hinausgehe."

Als nächstes sah die Jury das Interview für das spanische Fernsehen vom Februar 1985. Lehder saß im Dschungel auf einem thronähnlichen Sessel. Die Haare hingen ihm bis auf die Schultern. Bewaffnete und maskierte Männer standen Wache. Es war ein deutlicher Unterschied zum ersten Interview. Er sprach erregt, mit vielen Abschweifungen und in einer halb verrückten Redeweise. Er drosch Phrasen: „Kokain ist zu einer revolutionären Waffe im Kampf gegen den US-Imperialismus geworden. Die Stimulanzien aus Kolumbien sind die Achillesferse des Imperialismus. Wenn wir verfolgt werden, so ist das keine rechtliche, sondern eine politische Maßnahme."

Aber seine Slogans konnten die junge Spanierin, die ihn interviewte, nicht überzeugen. „Woher haben Sie denn so viel Geld, wenn nicht durch Drogenhandel?"

„Ich, ich bin Pilot, klar?" sagte Lehder. „Und ein sehr teurer."

Und er lächelte unergründlich.

Nach 42 Stunden Beratungen, die sich über eine Woche hinzogen, gab die Jury bekannt, daß sie zu einem Urteilsspruch gelangt war: Carlos Lehder war schuldig in allen Punkten. Der Angeklagte blickte zu Boden und zeigte keine Bewegung. Im Zuschauerraum blieb auch sein Bruder Guillermo gelassen sitzen.

Hinterher griff ein sehr erschöpfter Ed Shohat den Schuldspruch als ein weiteres Anzeichen für den Abbau der Bürgerrechte des einzelnen durch den Drogenkrieg an. Das Traurigste daran sei, sagte er, daß mit dem Urteil nichts erreicht werde. „Ehe wir das Drogenproblem nicht von den Schulhöfen runterbekommen", sagte Shohat, „können Sie so viele Carlos Lehders einsperren, wie Sie wollen. Was haben wir denn erreicht? Wird auf den Straßen durch diese Anklage ein Gramm weniger angeboten?"

Auch Robert Merkle hielt eine Pressekonferenz ab. Er lächelte breit, als er vor die Fernsehkameras trat und sagte: „Dies ist ein Sieg für die guten Menschen, und mit den guten Menschen meine ich das amerikanische Volk." Den Schuldspruch kommentierte er: „Er bedeutet, daß das Medellín-Kartell nirgendwohin fliehen, sich nirgendwo verstecken kann. Seine Tage sind gezählt."

Jemand fragte, welche Auswirkung das für den Drogenhandel habe.

„Der Drogenkrieg ist nicht nach der Menge des beschlagnahmten Rauschgifts zu beurteilen", erwiderte Merkle. „Es ist ein Krieg des menschlichen Geistes ... Entscheidend ist der Wille. Der Wille des amerikanischen Volkes gegen den Willen des Kartells."

Das Medellín-Kartell, sagte Merkle, werde eines Tages an seinem Hang zur Gewalttätigkeit zugrunde gehen. „Alles übrige liegt bei den Amerikanern. Weder Carlos Lehder noch irgendein anderer, der an seine Stelle tritt, kann Amerika die Pistole auf die Brust setzen und es zwingen, Kokain zu nehmen."

Epilog

Am 20. Juli 1988 wurde das über Lehder verhängte Urteil verkündet. Aber es war ein anderer Carlos Lehder als der aus dem sechs Monate dauernden Prozeß. Verschwunden war der glattrasierte „Geschäftsmann“. Jetzt trug er Vollbart. Er sprach eine halbe Stunde lang in freier Rede auf englisch.

„Ich fühle mich wie ein Indianer vor dem Gericht des weißen Mannes“, sagte Lehder. Er bezeichnete sich als politischen Gefangenen, als Opfer eines ehrgeizigen Bundesstaatsanwalts. Die Zeugen in seinem Prozeß betrachtete er als „29 geständige Verbrecher gegen einen Latino. Ich wurde gegen meinen Willen aus meinem Land entführt. Das ist ein viel schwereres Verbrechen als alles, was man mir vorwirft. Ich bin auch gegen Drogenmißbrauch. Aber ich bin ebenso gegen Entführung und Auslieferung. Dieser Prozeß ist unrechtmäßig.“

Dann sprach Richter Melton. „Wahr ist, daß Ihr Hauptziel war, Geld zu machen. Und das taten Sie auf Kosten anderer. Ihr Komplott hat eine breite Schneise der Zerstörung und Verzweiflung von den Kokastrauchfeldern Südamerikas bis zu den Straßen dieses Landes geschlagen. Das Strafmaß, das ich Ihnen heute auferlegen werde, ist als Warnung für alle Drogenhändler gedacht. Unser Land wird alles tun, um das Drogenproblem im Rahmen der Gesetze zu bekämpfen, denn es bedroht unsere Gesellschaft.“ Danach verurteilte er Lehder zur Höchststrafe, lebenslänglich ohne Bewährung plus 135 Jahre.

DEA-Agent Doug Driver hatte die Ermittlungen im Fall Carlos Lehder geleitet. Im August 1988 erhielt er während einer Feierstunde in Washington die höchste Auszeichnung des Justizministeriums, die Generalstaatsanwaltsmedaille für außerordentliche Verdienste. Generalstaatsanwalt Edwin Meese lobte den einundvierzigjährigen Agenten für seine „unerbittliche Verfolgung des Medellín-Kartells“. Zehn Jahre waren vergangen, seitdem Driver die Ermittlungen aufgenommen hatte, die schließlich zu Lehders Festnahme führten.

Pablo Escobar Gaviria machte 1988 harte Zeiten durch. Am 13. Januar explodierte kurz vor Morgengrauen in dem vornehmen Viertel El Poblado in Medellín eine gewaltige Autobombe vor dem Monaco-Gebäude, einem luxuriösen achtstöckigen Apartmenthaus, das dem

„Paten“ gehörte. Die Bombe tötete zwei Nachtwächter, riß ein vier Meter tiefes Loch ins Straßenpflaster, zerschmetterte die Fensterscheiben in Häusern der Nachbarschaft. Escobar war nicht zu Hause gewesen. Dieses Ereignis war der Höhepunkt in einem Kampf um Kokainmärkte, Macht und Vorherrschaft zwischen Pablo Escobar und dem „Cali-Kartell“.

Zur gleichen Zeit setzte die kolumbianische Armee zu einer großangelegten Suchaktion in der gesamten Provinz Antiquia an. Zweimal entkam Escobar mit Mühe und Not. Da die Armee die Händler aus Cali nicht mit dem gleichen Eifer verfolgte, folgerte Escobar daraus, daß Cali mit der Regierung gemeinsame Sache gegen das Medellín-Kartell mache. Er antwortete auf die einzige Art, die er kannte. Bis zum September 1988 hatte der Krieg der Kartelle achtzig Todesopfer gefordert. Mehr als sechzig waren aus Cali.

Jorge Luis Ochoa wurde nicht in diese Auseinandersetzung hineingezogen. Nach seiner Entlassung zum Jahresbeginn 1988 aus La Picota, dem zivilen Hochsicherheitsgefängnis in Bogotá, war Ochoa spurlos verschwunden. DEA-Agenten erhielten Berichte, nach denen er sich vom täglichen Management seines riesigen Kokainreiches „zurückgezogen“ habe, weil sein Bekanntheitsgrad es ihm unmöglich mache, sich in Kolumbien noch blicken zu lassen. Nach anderen Quellen benahm sich Ochoa einfach, wie er es immer tat, wenn es brenzlig wurde. Während Escobar bei der Großrazzia der Armee alles niederwalzte, was sich ihm in den Weg stellte, zog Ochoa den Kopf ein.

José Gonzalo Rodriguez Gacha hatte wie Ochoa keine Fehde mit Cali auszutragen. 1988 wurde das erfolgreichste Jahr des Mexikaners. Escobar war mit seinem Bandenkrieg beschäftigt, Ochoa von der Bildfläche verschwunden. Nun trat Rodriguez Gacha aus dem Schatten hervor, um das Medellín-Kartell bei seiner stürmischen Expansion in die Südweststaaten der USA und nach Europa anzuführen. Im Jahre 1988 tauchten Escobar und Ochoa erstmalig in dem exklusiven Verzeichnis der Milliardäre im Magazin *Forbes* auf.

George Jung wurde für seine Zeugenaussagen im Lehder-Prozeß belohnt. Seine Haftstrafe von 15 Jahren wurde auf die bereits verbüßte Zeit herabgesetzt. Heute sagt er, er bedauere nur eines: daß er Carlos Lehder damals seine kalifornischen Verbindungsleute, darunter den Friseur, genannt habe. „Ich ärgere mich einfach darüber, daß ich mich um zweihundert Millionen Dollar linken ließ.“ Dafür ist er stolz darauf, daß seine zehnjährige Tochter an dem Programm „Sag nein zu Drogen“ teilnimmt. Er denkt noch oft an seinen früheren Partner. „Ich weiß, daß er hinter mir her ist“, sagt Jung. „Er hat das Geld, und Geld ist Macht.“

Nach seinem Auftritt als Kronzeuge im Barry-Seal-Prozeß mußte Max Mermelstein noch einmal zu einer Verhandlung gegen zwei Kolumbianer antreten. Die beiden wurden beschuldigt, 21 Millionen Dollar für das Kartell in Miami gewaschen zu haben. Mermelstein, als sachverständiger Zeuge geladen, erklärte die Zahlen und Namen, die in den von Agenten beschlagnahmten Büchern des Kartells standen. Die beiden Angeklagten wurden verurteilt. Sechs Monate später sprengten Zollbeamte und DEA-Agenten die Bande von Piloten und Schnellbootbesitzern, die für Mermelstein gearbeitet hatte. Zusammen mit 16 Familienangehörigen wurde Max Mermelstein anschließend in das Zeugenschutzprogramm aufgenommen. Er lebt heute mit neuer Identität in einer entlegenen Gegend der Vereinigten Staaten.

Schon drei Wochen nach dem Attentat in Budapest wurde der ehemalige Justizminister Enrique Parejo Gonzales zum Vorsitzenden der 32. UN-Kommission für Rauschgiftfragen gewählt. Später ging er als Botschafter nach Prag. Aber ob im Ausland oder in Kolumbien, Parejo blieb ein unerbittlicher Kämpfer gegen Drogen.

Der Mann, der Lehder festnahm, Major William Lemus von der Nationalpolizei, verließ zehn Tage später Kolumbien. Man verlieh ihm als „Polizeiattaché“ diplomatischen Rang und gab ihm in einer ausländischen Stadt Scheinarbeit. Mit dem mageren Gehalt eines Polizeimajors geriet Lemus Mitte des Jahres 1988 in finanzielle Schwierigkeiten. Die Verhaftung von Carlos Lehder hat Lemus zu seinem eigenen Gefangenen gemacht.

José Gonzalo Rodriguez Gacha (Der Mexikaner) wurde im Dezember 1989 von der Polizei in dem Karibikort Tolu erschossen. Die nationale Presse feierte den Tod Gachas als großen Schlag der Regierung Barco gegen die Rauschgiftmafia.

In der Folgezeit führte der verschärfte Kampf gegen die Kokainbosse zu kaum erhofften Erfolgen. Seit Juni 1991 befindet sich die gesamte Führungsspitze des Medellín-Kartells hinter Schloß und Riegel – einschließlich des „Staatsfeindes Nummer eins“, Pablo Escobar. Die entscheidenden Stationen dieser Entwicklung spiegeln sich in den Schlagzeilen auf der folgenden Seite wider.

Drogenboß stellt sich kolumbianischen Behörden

BOGOTA (rtr). Die Nummer zwei in der Hierarchie des berüchtigten kolumbianischen Rauschgiftkartells von Medellin hat sich den Behörden gestellt. Unter Berufung auf Regierungskreise meldete der Sender RCN, Jorge Luis Ochoa habe von einem Angebot der Regierung Gebrauch gemacht, das den Bossen der Kokainmafia für den Fall ihrer Aufgabe eine Aburteilung in Kolumbien und Strafminderung zusichert. Die USA fordern die Auslieferung Ochoas und anderer führender Mitglieder des Kartells von Medellin, das zusammen mit dem Calikartell rund 80 Prozent des Kokainschmuggels in die USA kontrolliert. Die Aufgabe Ochoas, der in den USA wegen illegaler Einfuhr von etwa 58 Tonnen Kokain gesucht wird, werteten Beobachter als Sieg der Politik von Präsident Cesar Gaviria. Vermehrt wird darüber spekuliert, ob mit der Politik der Nichtauslieferung und Strafminderung auch der dickste Fisch der kolumbianischen Drogenszene, der Boß des Medellinkartells, Pablo Escobar, ins Netz geholt werden kann.

Drogenkartell läßt Journalisten frei

BOGOTÁ, 21. Mai (AFP). Die kolumbianische Rauschgiftmafia hat in der Nacht zu Montag zwei Journalisten freigelassen, die vor Monaten vom bewaffneten Arm des Kokain-Kartells von Medellín verschleppt worden waren. Der Chefredakteur der Tageszeitung „El Tiempo", Santos, sagte nach seiner Freilassung in Bogotá, Frieden mit dem Rauschgifthändler Pablo Escobar sei möglich. Die Rauschgiftmafia sei bereit, mit der Regierung von Präsident Gaviria zu verhandeln, sagte Santos weiter.

Voraussetzung für Frieden
i aber das Ende der A
tgenommenen D
Vereinigt
Herr
te,
eine
Der
Woche
be verhand
dungsfotos w
sichtszügen E

Fabio Ochoa stellt sich

Rauschgiftbosse kompromißbereit?

BOGOTA, 19. Dezember (dpa). Einer
der zwölf meistgesuchten Anführer der ko-
lumbianischen Rauschgiftmafia hat sic
als erster im Rahmen der neuen Gesetz
die Strafminderung vorsehen und e
Auslieferung an die Vereinigten Staa
ausschließen, den Behörden in Bogota
stellt. Der 33 Jahre alte Fabio Ochoa
Mitglied der Führungsspitze des
nannten Kokainkartells von Me
Das im September erlassene Dekr
vor, daß den Rauschgifthändler
Terroristen, die sich der Justiz
stellen, in Kolumbien der Prozeß
wird. Dabei können die Gefäng
bis auf die Hälfte verringert we
Schon vor einigen Wochen h
waffnete Gruppe des Rausch
die mit blutigen Anschläge
Auslieferung von Rauschgi
die Vereinigten Staaten gek
erkennen gegeben, daß etw
lieder sich im Rahmen de

Drogenmafia will den bewaffneten Kampf einstellen

BOGOTÁ, 4. Juli (AFP). Der bewaffne
m der kolumbianischen Drogenmaf
os Extraditables" will aufgeben. In eine
Mittwoch in Medellin veröffentlichten
lungnahme des berüchtigten Killerkom
dos hieß es, nachdem das Verbot der
ieferung in die Vereinigten Staaten in
neuen Verfassung festgeschrieben sei,
die Organisation aufgelöst. Die Mit
r der „Extraditables", die für unzähli-
rde und Anschläge verantwortlich ge-
werden, hatten wiederholt erklärt, sie
„ein Grab in Kolumbien, einer Zelle
rika vor". Gegen den Willen der Re-
des liberalen Präsidenten Gaviria
Verfassungsgebende Versammlung
em beschlossen, die gängige Praxis
ten, festgenommene Drogenmafiosi
reinigten Staaten auszuliefern.

Drogenkönig Pablo Escobar stellte sich der Polizei. Doch er bleibt der Boß des Kokain-Kartells

Fünfzig Drogenbosse vor Gericht

Erfolg der US-Fahnder gegen die Rauschgiftkartelle in Kolumbien und S

Von unserem Korrespondenten

br NEW YORK. US-amerikanische Polizeibehörden haben in letzter Zeit wiederholt
Erfolge im Kampf gegen Rausch-
bien und Südostasien
fünfjähri-

lose Jagd der amerikanischen und kolumbianischen Behörden erheblich an Wirksamkeit verloren hat. Medellin-Kartell-Chef Pablo Escabar und führende Drogenbosse seiner Organisation haben sich letzte Woche der kolumbianischen Polizei ge-
dem das Landesparlament per
den von den Rausch-
ungsver-

pro Woche
sind die lok
organisiert
einzelnen
getrennt, u
schweren.
Die ame
Einkünfte
40 Millia
beziffern

Günter Seuren

SCHÄTZE DIESER ERDE

Abenteuer, Glück und Gold

Das Autorenteam hat die Geschichte der geheimnisvollsten Goldverstecke nacherzählt: Sie berichten von Pirateninseln, dem englischen Admiral, der auf den Scilly-Islands Gold und Leben verlor, von der größten Goldader der Welt, die ein Mann im australischen Busch entdeckte und nie wiederfand, von den Millionen des mexikanischen Rebellen Pancho Villa. Ein Buch, spannend wie ein Krimi.

Welt am Sonntag

Einladung zur Schatzsuche

BRITISCHE Piraten entdeckten im Jahr 1709 auf den Juan-Fernández-Inseln im Stillen Ozean einen verwilderten Mann, etwa dreißig Jahre alt, in Ziegenfelle gekleidet. Er hatte seine Sprache verloren und stammelte nur unverständliche Laute.

Es war der Schotte Alexander Selkirk. Zwischen ihm, dem Steuermann der *Cinque Ports,* und Kapitän Stradling hatte es Streit gegeben, und der Kapitän hatte ihn auf der menschenleeren Insel Más a tierra ausgesetzt. Vier Jahre und vier Monate lebte Selkirk mit einer Meute hungriger Katzen zusammen, die bettelten, wenn er mit Ziegenfleisch von der Jagd kam.

Die Piraten wunderten sich über Selkirks ausgezeichnete körperliche Verfassung. Ihr Kapitän, Woodes Rogers, schrieb über Selkirk einen Bericht, in dem es heißt: „Mit wunderbarer Behendigkeit lief er durch die Wälder und über die Felsen in den Bergen, wie wir selbst sahen, als er für uns Ziegen fangen sollte. Wir hatten eine Bulldogge, die wir mit verschiedenen unserer schnellsten Läufer ausschickten, um ihm beim Ziegenfang zu helfen; aber er ließ Hund und Mensch weit hinter sich und wurde nicht müde wie sie, sondern fing die Ziegen und brachte sie uns auf seinem Rücken."

Eine Zeitlang war Alexander Selkirk wohl der glücklichste Mann unter der Sonne, auch wenn die Ratten an seine Fleischvorräte gingen. Dann verließ er seine Insel und segelte mit den Piraten, die in der reichen Hafenstadt Guayaquil an der Küste Ekuadors die Spanier überfielen und sich mit der Beute auf die Galapagosinseln zurückzogen, wo jeder seinen Lohn bekam.

Selkirk kehrte 1711 nach England zurück, und weil er kein Geld mehr in der Tasche hatte, schrieb er sein Inselabenteuer auf, in der Hoffnung, es als Buch gut zu verkaufen. Er brachte das Manuskript einem Schriftsteller namens Daniel Defoe, um sich bei ihm Urteil und Rat zu holen. Defoe las die Erinnerungen des Verbannten, witterte die große Geschichte, gab dem armen Selkirk aber das Manuskript mit der

Bemerkung zurück, es sei nichts wert. Ein paar Monate später erschien auf dem Buchmarkt Daniel Defoes unsterblicher Bestseller „Robinson Crusoe". Der hinterhältige Defoe wurde ein reicher Dichter, Selkirk starb als armer Mann.

Selkirk hatte einen Schatz besonderer Art mitgebracht. Heute steht „Robinson Crusoe" neben Robert Louis Stevensons „Schatzinsel" in unzähligen Bücherregalen. So ist Selkirk zu einem abenteuerlichen Vorgänger unserer eigenen Träume und Sehnsüchte geworden. Einmal alles anders machen, die Enge der vier Wände abschütteln, Neuland betreten …

ICH sitze an meinem Schreibtisch in München, werfe einen Blick aus dem Fenster: Schneegestöber, ein eiskalter Tag im Dezember. Vor mir liegt die aufgeschlagene Landkarte von Südamerika, links von der Landmasse das tiefe Blau des Stillen Ozeans, Inseln unter der heißen Sonne des Äquators: die geheimnisvollen Lavafelsen der Galapagosinseln.

Ich werde Weihnachten nicht zu Hause sein, das steht fest. Der Flug nach Lima ist schon gebucht. Wenn in München die Schneepflüge ihre Runden drehen, werde ich am anderen Ende der Welt an Bord eines Schiffes gehen, das einen besonderen Auftrag hat.

Seit Tagen denke ich an eine lebensgroße Madonna mit Kind aus purem Gold. Sie ist das Prunkstück eines spanischen Schatzes, der 1821 aus Lima verschwand und auf der Kokosinsel im Stillen Ozean vergraben wurde, knapp dreihundert Seemeilen vor der Küste von Costa Rica, dem Staat, zu dem diese geheimnisvolle Schatzinsel gehört. Sie ist ein kleines, steil aus dem Pazifik aufragendes, gebirgiges Eiland, nur etwa dreißig Quadratkilometer groß. In ihrem Urwald wachsen Riesenfarne, Orchideen und Kokospalmen.

Hier verscharrten die Piraten ihre Beute, dann löschten sie ihren Durst mit vergorener Kokosmilch und bekamen einen solchen Rausch, daß sie, wie der britische Piratenarzt Dr. Lionel Wafer im 17. Jahrhundert schrieb, „mit vollen Bäuchen zum Schiff zurückwankten".

Ein ehemaliger Pirat namens Peg Leg Benton erzählte 1881 in einer Hafenbar in San Francisco für ein paar Whiskeys seine Erlebnisse auf der Kokosinsel. Und sein aufmerksamer Zuhörer, der Schotte Robert Louis Stevenson, schrieb das unsterbliche Abenteuerbuch „Die Schatzinsel", das jung und alt noch immer begeistert.

Der Schatz der goldenen Madonna, der auf der Kokosinsel versteckt wurde, wurde bis heute nicht gefunden. Experten schätzen den Wert der Kostbarkeiten auf mehr als fünfhundert Millionen Dollar. Tonnen von Gold, Silber und Juwelen lagen im Sand dieser gottverlassenen Pirateninsel. Wo sind sie geblieben?

Ich sollte an der Schreibmaschine sitzen und an meinem nächsten Roman arbeiten. Aber nichts hält mich mehr in meinen vier Wänden. Ich habe einen Termin im Stillen Ozean. Ich habe eine Einladung zu einer Schatzsuche angenommen.

Draußen wartet das Taxi. „Fahren Sie mich zum Flughafen!“ sage ich.

Die Taxifahrerin steuert vorsichtig über das Glatteis, fragt nicht, wohin ich fliegen will. Die Schreibmaschine wird verstauben. Die Post bleibt ungeöffnet liegen. Wie soll man das nennen? Schriftsteller steigt aus Alltag aus? Schreibpause?

Am Flughafen steige ich in die Maschine, die kurze Zeit später auf die Startbahn rollt. Eine Stimme aus dem Lautsprecher: „Meine Damen und Herren, hier spricht der Kapitän. Unsere Flugzeit nach Lima beträgt siebzehneinhalb Stunden. Wir wünschen Ihnen einen angenehmen Flug.“

Ich fliege und träume: Einen fünfzigkarätigen Smaragd müßte man finden und ihn bei Christie's oder Sotheby's in London versteigern lassen … Was mache ich dann mit den zwei Millionen Mark?

Ich bin bei klirrendem Frost in die Maschine gestiegen und lande im peruanischen Sommer. Im Park an der Prachtstraße von Lima, der Avenida Arequipa, dreht ein alter Indio seinen Leierkasten. Ein kleiner Affe kassiert und verteilt Glückslose.

Ich kaufe ein Los, auf dem steht: „Sie werden in nächster Zeit eine große Chance bekommen.“

Hinter den Mauern des Goldmuseums liegt eine der umfangreichsten und kostbarsten Privatsammlungen von Meisterwerken der altperuanischen Goldschmiedekunst. Hier ruhen die Schätze, die die Inkas vor dem Zugriff der spanischen Eroberer retten konnten. Sie nannten das Gold „Tränen der Sonne“.

Als der blutige Eroberer Pizarro im Jahr 1535 Lima gründete, zeichnete er mit dem Schwert den Stadtplan in den Sand. Später trugen die Konquistadoren dort das Gold der besiegten Inkas zusammen. Sie schmolzen es zu Barren und brachten die Beute auf ihren Galeonen nach Spanien. Aber sie bauten auch Dankeskirchen, Paläste und eine Kathedrale, in der die lebensgroße Goldmadonna stand, mit Smaragden und Diamanten geschmückt und mehr als eine Tonne schwer. Ein spanischer Meister hatte sie aus dem eingeschmolzenen Gold der Inkas geschaffen. Sie war ein Symbol des christlichen Triumphes über die „gottlosen Wilden".

Ich bin am „Tatort", folge den Spuren der goldenen Madonna, die ein Drama von Mord und Totschlag hinterlassen hat. Besessene Schatzjäger scheuten kein Risiko und keinen Mordplan, um die goldene Jungfrau zu finden, die in Callao, dem Hafen von Lima, in einer düsteren Augustnacht im Jahre 1821 verschwand.

Im Hafen darf ich mich nicht frei bewegen. Wo einst Gold verladen wurde, bewachen heute Militärposten Chemiefässer. An den Maschinenpistolen komme ich nicht vorbei. Doch als sich im Jahr 1821 die Kanonen des Revolutionsführers Simón Bolívar den Mauern Limas näherten, war es höchste Zeit für die Spanier gewesen, ihre Schätze in Sicherheit zu bringen. In diesen verworrenen Tagen ankerte der britische Zweimaster *Mary Dear* im Hafen von Callao. Der schottische Kapitän Jack Thompson hatte bis dahin immer gute Geschäfte mit den Spaniern gemacht und galt als zuverlässig.

Eines Nachts klopfte jemand an die Tür der Kapitänskajüte. Es war ein Abgesandter des Vizekönigs von Lima. Er versprach Thompson eine fabelhafte Prämie, falls dieser bereit sei, die Schätze der Spanier zu retten. Thompson witterte das Geschäft seines Lebens und war einverstanden. Es machte ihn am Ende zu einem unglücklichen, von bösen Erinnerungen geplagten Mann.

In jener Nacht räumten die in Panik geratenen Spanier ihre Paläste und Kirchen, sie schleppten ihre Schatztruhen und die goldene Madonna mit Kind in die Laderäume der *Mary Dear.*

Im Morgengrauen flohen die Würdenträger des Staates und der Kirche an Bord des Schiffes; auch der Bischof von Lima war unter den noblen Passagieren. Eine militärische Eskorte begleitete den Schatz.

Thompson hatte den Auftrag, so lange vor der Küste zu segeln, bis die Gefahr überstanden wäre. Dann sollte er den Schatz in den Hafen von Callao zurückbringen. Aber die Mannschaft der *Mary Dear* hatte anderes im Sinn. Die Seeleute sahen die Chance ihres Lebens, über Nacht reich zu werden, und das brachte sie auf mörderische Gedanken.

Im Hafen von Callao herrschte Ruhe vor dem Sturm. Das letzte

Aufgebot der Spanier hatte sich in der Seefestung Real Felipe verschanzt und wartete auf den Angriff von Bolívars Rebellen. Sie saßen in der Falle. Die Kreuzer der Revolutionsflotte sperrten den Hafen. Bolívars Kanonen standen schußbereit vor den Festungsmauern. Die Spanier beteten zu ihrem Gott, dem sie jahrhundertelang den Goldsegen verdankten. Aber der erhörte sie nicht mehr. Die Zeit ihrer Herrschaft ging zu Ende, der Tag der Rache an den Ausbeutern war gekommen. Für die Eingeschlossenen begann die letzte Schlacht.

Die *Mary Dear* konnte entkommen. Mit vollen Segeln steuerte sie in den Stillen Ozean hinaus. Aber die Ruhe an Bord täuschte. Die Engländer metzelten alle Spanier nieder und warfen sie den Haien vor, auch den Bischof von Lima. Dann segelten sie zur Kokosinsel, wo sie den Schatz versteckten.

Kurz danach traf eine spanische Fregatte auf die *Mary Dear.* Es kam zu einem peinlichen Verhör. Die Mannschaft endete am Galgen, und nur Kapitän Thompson konnte fliehen – der einzige Überlebende, der das Versteck kannte. Er landete im Hafennest Saint John's auf Neufundland, fand Zuflucht im Hause seines Freundes John Keating, eines Fischers, und ertränkte sein schlechtes Gewissen im Whisky.

Keating rechnete sich aus, daß der alte Thompson ihm eines Tages sein Geheimnis anvertrauen würde. Als es ans Sterben ging, verlangte Thompson, geplagt von seinen Erinnerungen an das Geschehen auf der *Mary Dear,* noch einen Whisky.

Keating spendierte ihm den letzten Whisky auf dem Sterbebett. Der Kapitän grinste bissig. „Ich weiß, du bist ein wahrer Freund, wenn du dir für einen Whisky den Himmel auf Erden verdienen kannst. Bevor ich in der Hölle lande, vermache ich dir alles, was ich habe." Er holte eine zusammengerollte Schatzkarte unter der Bettdecke hervor und machte den letzten Atemzug.

Auf diesen Tag hatte Keating gewartet. Er segelte 1846 zur Kokosinsel und fand den Schatz. Sein Begleiter, ein Geschäftsmann namens Boag, der die Reise finanziert hatte, kehrte nicht zurück. Keating wurde wegen Mordes angeklagt. Es hieß, er habe seinen Partner ermordet, um den Schatz nicht mit ihm teilen zu müssen. Das Gericht hatte keine Beweise, und Keating wurde freigesprochen. Aber die Leute auf der Straße hielten ihn für einen Mörder, denn er hatte die Taschen voll alter spanischer Goldmünzen. Aus dem armen Fischer wurde ein reicher Mann, Herr über eine Fischereiflotte. Den größten Teil des Schatzes hatte er jedoch auf der Kokosinsel zurücklassen müssen, weil er ihn nicht transportieren konnte.

Wo ist die Goldmadonna geblieben?

Experten gehen davon aus, daß es mindestens noch einen Mitwisser gab, den Keating nicht kannte und der dafür sorgte, daß der Schatz Mitte des 19. Jahrhunderts in ein anderes Versteck gebracht wurde. Und das liegt nach den bisherigen Erkenntnissen ein paar hundert Seemeilen südwestlich von der Kokosinsel – auf den Galapagosinseln.

Mit dem Jet fliege ich von Lima in die ekuadorianische Hafenstadt Guayaquil. Von da startet eine andere Maschine zur kleinen Galapagosinsel Baltra, wo sie auf einer Betonpiste mitten im roten Lavastaub landet. Ich bin auf den geheimnisvollsten Inseln dieser Erde angekommen.

Die Spanier gaben ihnen den Namen „Galapagos" – so nannten sie die Riesenschildkröten, die zu den Ureinwohnern der Inseln zählen, ebenso wie die rußschwarzen Meeresleguane, die letzten Drachen, die das alte Piratengold in den Lavaspalten hüten.

Mit der Fähre setze ich zur großen Nachbarinsel Santa Cruz über, wo mich ein Indio mit einem offenen Lastwagen abholt.

Die Räder des Lastwagens, der mich nach Puerto Ayora bringt, wirbeln den Staub der Jahrhunderte und der endlosen Versuche auf, hier einen Platz an der Sonne zu finden. Aber die Menschen mußten hier meistens ihre Träume begraben. Die Küste ist heiß und trocken, doch über den Berggipfeln ziehen oft Regenwolken auf, aus denen es nieselt. Über die Hänge erloschener Vulkane ist ein feuchtschwüler Paradiesgarten gewachsen.

Puerto Ayora, der Haupthafen von Santa Cruz. Wo ist die Motorjacht *Beagle III?* Wo sind die anderen, mit denen ich auf Schatzsuche gehen will?

Ich bin gespannt auf den Expeditionsleiter Rolf Sievers und auf Robert Schiess, den alten Schatzsucher, der die Höhlen, Winkel und Irrwege der Galapagosinseln kennt wie kein anderer.

Sievers, ein gebürtiger Hamburger, lebt seit vielen Jahren auf Santa Cruz; ihm gehört das Hotel „Delphin", in dem Gäste aus aller Welt ein- und ausgehen. Sievers ist Geschäftsmann, der den Streß des Managers hinter sich läßt, wenn er seine *Beagle III* zu dem vergrabenen Schatz steuert.

Robert Schiess ist Mitte Siebzig, er macht vielleicht seine letzte Tour.

Mit dreiundzwanzig Jahren hat er seine Heimat, die Schweiz, verlassen, ist fortgegangen aus dem Appenzell und auf den Galapagosinseln hängengeblieben. Er wurde Fischer, Leiter einer Plantage und Schatzgräber. Jetzt züchtet er Rinder. Am bemoosten Hang eines erloschenen Vulkans steht sein Haus, auf den saftigen Weiden grasen seine Rinder. Als er Land gekauft hatte, wünschte er sich eine Frau. Er inserierte von den Galapagosinseln aus im *Appenzeller Boten:* „Frau mit Traktor gesucht." Sie sollte in guten wie in schlechten Tagen an seiner Seite kämpfen, damit Haus und Farm auf einem festen Boden standen. Helen kam und ist bei ihm geblieben am Ende der Welt.

Aber den Traum vom Gold hat er nie aufgegeben. Er ist ein Schatzsucher der alten Garde, einer der Männer, die die Pistole stets im Gürtel tragen, um beim Verteilen der Beute nicht plötzlich eine Kugel im Rücken zu haben.

Er weiß, daß der Schatz auf den Galapagosinseln, daß die goldene Jungfrau greifbar nahe ist. 1944 besuchte er in Guayaquil die Witwe des Schatzgräbers Cea. Unter der Bedingung, daß Schiess kein Sterbenswort darüber sagen würde, zeigte sie ihm einen goldenen, mit Juwelen geschmückten Dolch und alte spanische Goldmünzen. Das meiste liege noch im Versteck, hatte sie gesagt, aber wo, verriet sie ihm nicht.

Die Witwe ist tot, der Dolch und die spanischen Münzen sind verschwunden. Robert Schiess ist der einzige auf den Galapagosinseln, der je einen Abglanz des Schatzes von Lima erblickt hat.

Wir gehen durch den heißen Sand. Robert Schiess erzählt mir, wie er sich als Schatzgräber auf den Galapagosinseln durchschlug.

„Da drüben siehst du das Haus von Mrs. Divine", sagt er und zeigt auf das alte Holzhaus an der Küste, auf dem eine Funkantenne in den Himmel ragt, Mrs. Divines einzige Verbindung zur Außenwelt. In dem Haus wohnte früher der norwegische Fischer Stampa, dem der Schatzgräber Cea eines Nachts das Motorboot stahl. Cea steuerte zum Schatzversteck auf Santa Cruz oder auf der Insel James, das weiß Schiess nicht mit letzter Sicherheit.

Jedenfalls überschüttete Cea seine Frau in Guayaquil mit spanischen Goldmünzen. Aber der Schatz brachte Cea kein Glück, der Schatzsucher wurde von einer explodierenden Sauerstoffflasche zerrissen.

Mrs. Divine ist Amerikanerin, eine sportliche ältere Frau, die gern am Strand Volleyball spielt. Mit dem Schatz will sie nichts zu tun haben.

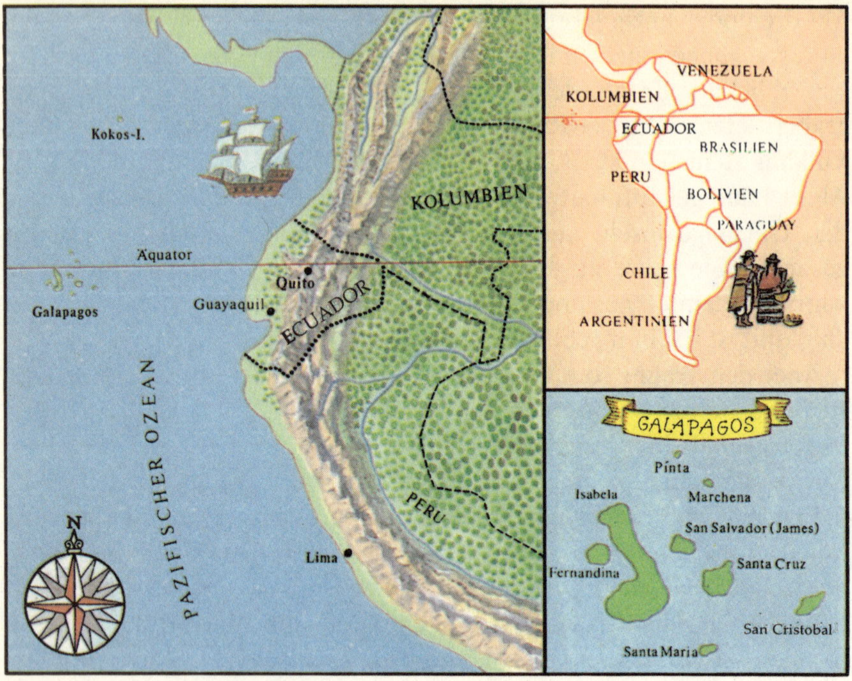

Sie lächelt spöttisch über unsere Goldträume. „Ihr Männer seid verrückt. Warum müßt ihr immer irgendwelchen Phantomen nachjagen?“

Ein Mann, der nicht träumen kann, stirbt. Der Mann von Mrs. Divine konnte die überwältigende Einsamkeit der Galapagosinseln nicht mehr ertragen und erschoß sich.

Im Holzschuppen, wo Cea auch die Benzinkanister für seine Fahrt zum Schatzversteck stahl, herrscht ein gespenstisches Durcheinander. Spinngewebe wehen von den Holzbalken, alte Piratenmesser liegen herum, und ein verrostetes Bajonett hängt am Nagel.

„Das waren die Schätze meines Mannes“, sagt Mrs. Divine. Armer Mr. Divine! Da haben wir es besser. Irgendwo da draußen im roten Staub erloschener Vulkane liegt eine Goldmadonna und wartet auf uns.

Als junger Mann hatte Schiess wie ein besessener Liebhaber nach der goldenen Jungfrau Maria gesucht. Er gehörte zur Expedition des Italieners Carlo Demick, der mit einem abenteuerlichen Metalldetektor ausgerüstet war, einer Erfindung wie von Jules Verne.

Schiess traute dem Ding nicht viel zu. Eines Tages versteckte er seine Machete im Sand, um den Detektor zu testen. Carlo Demick suchte mit seinem Apparat das Gelände ab, und plötzlich wurde der Detektor nervös, zeigte Metall in der Erde an. Die Männer schaufelten wie verrückt und fanden – die Machete von Robert Schiess. Eine Prügelei konnte im letzten Moment verhindert werden, aber die Atmosphäre war vergiftet. Von dem Tag an trugen die Männer ihren Revolver offen im Gürtel.

Das war 1954. Schiess ist ein alter Mann geworden. Und trotzdem will er noch einmal losfahren und im Sand graben. „Ich habe viele Verrückte in meinem Leben gesehen", sagt er. „Du bist auch einer, weil du hier bist. Auf diesen Inseln zählt ein Menschenleben nicht viel, du brauchst gute Nerven. Vergiß die Zeit. Als ich hierherkam, habe ich meine Schweizer Armbanduhr abgelegt und die Hemdsärmel hochgekrempelt. Wenn du schlappmachst, bist du verloren. Du willst nach Hause, aber da drüben schwimmen die Haie. Und wenn du kein Geld für die Heimreise hast und nicht mal eine Pistole, um Schluß zu machen, gehst du den kurzen, den billigen Weg – du schwimmst hinaus zu den Haien. Der Madonna ist das egal, der nächste kommt ganz bestimmt. Los, lassen wir sie nicht länger warten."

MIT der *Beagle III* tuckern wir hinaus in den Stillen Ozean. Der Motor stampft und gibt uns das Gefühl der Sicherheit. Wir haben keine zerknitterte alte Schatzkarte im Reisegepäck, aber an Bord ist ein Metalldetektor. Er heißt „Treasure Master" und ist ein hochmodernes Präzisionsgerät, das wie ein Roboter summt, wenn es Metall unter der Erde entdeckt.

Nach den Fischmahlzeiten könnten wir mal wieder ein saftiges Steak gebrauchen. Die Piraten hielten sich auf den Galapagosinseln Esel, Schweine und Ziegen, damit sie Frischfleisch hatten, wenn sie von ihren Kaperfahrten in ihre Schlupfwinkel zurückkehrten. Die Nachkommen der „Haustiere" aus der Piratenzeit sind verwildert und haben sich in das Dickicht unter den erloschenen Vulkanen zurückgezogen.

Wir landen auf der Insel James. Ziegen stehen auf einem riesigen schwarzen Lavafeld und flüchten bei unserem Anblick in den Wald hinter den Vulkanschloten, die vor Jahrhunderten feurige Schlacke spuckten. Sievers schießt zwei der Tiere. Und als der ekuadorianische Koch und sein Helfer die besten Stücke herausgeschnitten haben, setzen sich Galapagosbussarde auf die tiefhängenden Äste und schreien erregt, weil der Tisch auf einmal so reich gedeckt ist. Sie sehen

Menschen so selten, daß sie keine Angst kennen; ich kann die Bussarde mit vorsichtig ausgestreckter Hand fast streicheln. Keiner hackt nach mir. Es ist ein tödliches, aber auch großzügiges Paradies, in dem einer mit dem anderen die Beute teilt.

Aber was ist, wenn wir Gold finden? Werden wir uns wie zivilisierte Menschen verhalten? Oder will dann jeder den größten Brocken haben?

An Bord ist auch Godfrey Merlen, ein englischer Biologe von der Darwin-Station auf Santa Cruz. Er ist unser Führer durch das Schutzgebiet der Galapagosinseln; niemand darf dort ohne Erlaubnis die Reservate der Riesenschildkröten und Meeresleguane betreten. Das Berühren der Drachen ist verboten.

Merlen bringt uns zu einigen kleineren Inseln, auf denen die bleichen, verwitterten Skelette von Eseln und Ziegen liegen. Unser Metalldetektor summt zwischen den Tierknochen und rostigen Blechdosen. Wir graben in dem ausgetrockneten Boden, brechen in der staubigen Erdkruste bis zu den Fußknöcheln ein, Schweiß im Nacken, die Zunge trocken. Nichts.

Abends kommen wir abgekämpft auf die *Beagle III* zurück. Schiess kennt die wütende Enttäuschung nach einem langen heißen Tag, wenn man nach rostigem Blech geschaufelt hat, das Fischer, Jäger oder andere Schatzgräber hinterlassen haben, die von einem Lagerfeuer zum anderen zogen.

Die *Beagle III* steuert die Insel Charles an, die auch Floreana heißt. Hier hat sich 1934 eine Mordaffäre ereignet, die bis heute ein Rätsel geblieben ist. Auf der kleinen Insel lebte am Hang eines erloschenen Vulkans seit 1929 der deutsche Mediziner Dr. Friedrich Ritter aus Berlin und schrieb ein Buch über das Leben im Paradies. Er wollte fleischlos leben und über hundert Jahre alt werden. Seine Lebensgefährtin Dore Strauch war Ritter auf die Insel gefolgt, aber ihre Liebe wurde bitter enttäuscht. Der Mann saß nur noch an der Schreibmaschine und hämmerte Sätze in die Tasten wie diesen: „Es könnte so schön sein auf der Erde, wenn die Menschen keine Tiere wären.“ Ritter fürchtete, daß eines Tages „die gezähmten Bestien der Zivilisation“ auf Floreana landen und sein Paradies zerstören würden.

Drei Jahre später kam die Baronin Wagner-Bousquet aus Paris mit ihren beiden Liebhabern auf die Insel. Sie suchte einen Piratenschatz, denn sie hatte kein Geld mehr und träumte davon, auf Floreana ein

Hotelparadies zu errichten, um amerikanische Dollarmillionäre anzulocken. Die lebenshungrige Hochstaplerin mit der verlebten Schönheit einer Pariser Salonlöwin trieb ihre Männer an, in den Lavaspalten nach dem Gold der berühmten Piraten William Dampier, Woodes Rogers und Edward Davis zu suchen. Vergeblich.

Ritter haßte diese Frau, die sich zur Herrin der Insel aufspielte, eine Pistole im Gürtel trug und ihn mit der Reitpeitsche bedrohte. Dann kam ein Hollywood-Regisseur nach Floreana und machte Probeaufnahmen von der Pariser Lebedame: Die Baronin und ihr Liebhaber Philippson spielten Piraten, schwer bewaffnet mit Flinte und Pistole.

Eines Tages waren die beiden spurlos verschwunden. Die Weltpresse schrieb 1934: „Mord auf einer Insel im Stillen Ozean“. Hatte Ritter den eifersüchtigen zweiten Liebhaber der Baronin, den gedemütigten Rudolf Lorenz, zum Mord angestiftet? War es eine Verschwörung Ritters mit dem Deutschen Heinz Wittmer aus Köln, dem die Baronin die Vorräte stahl? Mußte sie sterben, weil sie die männliche Ordnung im Paradies zerstörte?

Lorenz wurde später auf der wasserlosen Insel Marchena verdurstet gefunden, seine Leiche war unter der glühenden Äquatorsonne zur Mumie erstarrt. Ritter starb an einer Fleischvergiftung. Die Presse vermutete, seine Lebensgefährtin Dore Strauch habe ihm aus bitter enttäuschter Liebe verdorbenes Fleisch vorgesetzt. Dore Strauchs Erinnerungen erschienen in den USA als Zeitungsserie unter dem Titel „Satan kam nach Eden“. Sie kehrte nach Berlin zurück und starb seelisch zerrüttet.

Die einzige Überlebende des Dramas ist die heute dreiundachtzigjährige Margret Wittmer. Weiß die alte Dame mit der blütenweißen Schürze, wer der Mörder war?

Sie schweigt und füttert ihre Riesenschildkröten, die sich im Gehege drängen und die Hälse nach der Hand der „Königin von Floreana“ recken.

Dr. Ritters Grab ist leer. Das Holzkreuz steht noch da, aber Souvenirjäger haben im Lauf der Zeit auch den letzten seiner Knochen ausgegraben.

Wenn man über die Lavafelsen wandert, hat man das Gefühl, von den Augen der Ermordeten beobachtet zu werden. Fahles Licht liegt wie ein Totenschleier über den Hängen der Vulkane. Auch unser Metalldetektor schweigt über den leeren Lavaspalten: kein Gold in der

Tiefe, dort, wo vielleicht zwei Skelette ruhen, das der Baronin und Philippsons – zwei, die vom Piratengold träumten.

Wir verlassen Floreana, die verlockend schöne Paradiesfalle im Stillen Ozean, und fahren weiter zu menschenleeren Inseln, wo vor langer Zeit Piraten mit ihren Entermessern ihre Teller und Schüsseln aus dem Panzer erbeuteter Riesenschildkröten schnitzten. Am Himmel schweben Fregattvögel, schwarz, stumm und unbeteiligt. Unten gehen merkwürdige Zweibeiner über die Erde, wirbeln Staub auf.

Wir haben es nicht leicht mit der Jungfrau Maria aus Gold, Smaragden und Diamanten. Nachts steht Schiess abgekämpft an der Reling, raucht seine Pfeife und schweigt. Aber er gibt nicht auf. Er ist fest davon überzeugt, daß ein englischer Pirat namens Levick im 19. Jahrhundert den Schatz von der Kokosinsel holte und auf den Galapagosinseln vergraben hat.

„Robert, ich wollte dich schon lange mal was fragen", beginne ich. „Du hast oben in den Bergen eine große Rinderfarm, dreihundert Stück Vieh. Du hast Frau und Kinder. Vielleicht hast du deinen Schatz schon gefunden?"

„Ja, aber weißt du, ich habe so viele Nächte wach gelegen, als ich nur ein Taschengeld hatte, und habe an die goldene Madonna gedacht. Die hat mir fast den Kopf verdreht. Das kann man nicht einfach unter den Teppich schieben und sagen: aus und vorbei. Und du, warum bist du denn hier? Du willst doch auch den Schatz finden."

Der Wind streicht vom Stillen Ozean über den Friedhof der Esel und Ziegen auf den Galapagosinseln, über Leben und Tod, als wäre diese Erde nur ein Irrgarten, in dem Tier und Jäger kurze Zeit ihren Platz an der Sonne suchen.

Da kommt ein fremdes Schiff, es segelt hinter einer Klippe hervor und mitten in meine Träume. Wenn ich ein fremdes Schiff sehe, habe ich immer den Verdacht, es könnten andere Goldsucher sein, die hinter unserem Schatz her sind. Haben sie Suchgeräte an Bord? Oder sind es Touristen, die nur die alten Piratenhöhlen besichtigen wollen?

Hier gingen Freibeuter an Land wie der englische Pirat und Schriftsteller William Dampier, der berüchtigte Kapitän John Cook und der Chirurg Dr. Lionel Wafer, der so manches verlorene Piratenbein durch einen Holzstumpf ersetzte. In einem alten englischen Reisebericht steht, daß Anfang dieses Jahrhunderts auf den Galapagosinseln zwei kleinere Schätze gefunden worden waren, wahrscheinlich die Beute der

Piraten Davis, Rogers und Dampier. Einer der beiden glücklichen Finder baute ein Hotel in Guayaquil und sonnte sich im plötzlichen Reichtum. Der andere trank sich so schnell wie möglich mit Whisky tot.

Aber meist zogen sich die Piraten auf die Galapagosinseln nur zurück, um in den rußgeschwärzten Kochnischen der Lavahöhlen ihren Ziegenbraten zu verzehren – ihre Beute verscharrten sie am liebsten auf der Kokosinsel.

Dort schaufelte ab 1889 August Gissler aus Altdamm bei Stettin mit deutscher Gründlichkeit nach dem Schatz von Lima. Er verkaufte Aktien, um seine Schatzsuche zu finanzieren. Als der Erfolg ausblieb, forderten die enttäuschten Aktionäre von dem „verrückten Deutschen" ihr Kapital zurück.

Aber Gissler war von seinem Traum besessen. Er gefiel sich als „König der Schatzsucher" und Gouverneur der Kokosinsel, er trug eine Phantasieuniform und Pistolen, um andere Schatzjäger zu vertreiben.

Eines Tages glaubte er, das Versteck des Schatzes gefunden zu haben. Aber plötzlich sah er in der Rinde einer Kokospalme die eingekerbte Inschrift: „*The Bird is Gone* – der Vogel ist ausgeflogen." Gissler war zu spät gekommen, die Schatzhöhle war leer. Alles, was er in fast zwanzig Jahren Schatzsuche fand, war eine lächerliche Beute: dreißig alte spanische Goldmünzen und ein goldener Handschuh. Enttäuscht verließ er 1908 die Schatzinsel und starb 1935 in New York, fünfundsiebzig Jahre alt. Der alte Mann hatte bis zum letzten Atemzug geglaubt, daß der Schatz noch auf der Kokosinsel ruhte.

Davon war auch der britische Admiral Henry Palliser überzeugt, der 1897 mit dreihundert Marineinfanteristen die Kokosinsel stürmte. Mit Dynamitladungen jagten sie nach dem Schatz, sprengten die Basaltfelsen und machten aus der Kokosinsel eine Kraterlandschaft. Gisslers Frau, die eine Zeitlang allein auf der Insel lebte, weil Gissler auf dem Festland Proviant holte, wurde fast wahnsinnig. Aber die Engländer fanden nicht eine Goldmünze, und Henry Palliser dampfte mit seinem Flaggschiff wieder davon. Costa Ricas Regierung protestierte in London gegen die Verletzung ihres Hoheitsgebietes, und der Admiral verlor wegen unehrenhaften Verhaltens seinen Posten als Chef der britischen Pazifikflotte.

Aber wo ist der Schatz, von dem John Keating im Jahr 1846 nur einen Sack alter spanischer Goldmünzen mitgebracht hat, weil es, wie er sagte, für einen einzigen Mann zu beschwerlich war, Tonnen von Gold,

Silber und Juwelen nach Hause zu schleppen? Robert Schiess wußte doch, daß ein Engländer namens Levick den Schatz von der Kokosinsel holte und auf den Galapagosinseln versteckte.

Ich sitze im Schlauchboot und treibe vor der Küste der Galapagosinsel James. Liegt der Schatz hier ganz in der Nähe? Was verbirgt sich hinter diesen Felsen? Ich versuche, mir den Moment vorzustellen, wenn meine Schaufel auf die Schatztruhe stößt, der Deckel aufgeht und wir im Gold wühlen …

Und plötzlich ist alles anders, ein gefährlicher Traum – das Paddel ist mir aus der Hand gerutscht; Boot und Paddel treiben mit der Strömung auf den Stillen Ozean hinaus. Das zweite Paddel nützt mir nichts, ich drehe mich nur im Kreis.

Niemand sieht das Schlauchboot, die *Beagle III* ankert hinter einer Klippe, es hat keinen Sinn zu schreien, gegen Wind und Wellen. Ein Riffhai zieht ruhig abwartend unter dem Boot seine Kreise, ich schätze seine Länge auf vier Meter. Sie werden sich das Gold ohne mich holen! Entweder treibe ich auf den Pazifik hinaus, oder der Hai greift an, wenn ich hinter dem Paddel herschwimme.

Ich springe ins Wasser, ziehe das Boot am Seil hinter mir her und hole mir das verlorene Paddel zurück. Der Hai hat so etwas noch nie gesehen; er verpaßt die Chance seines Lebens. Vielleicht, denke ich, will mir die Goldmadonna doch ihren kleinen Finger schenken – sonst hätte sie mich wohl zum Teufel geschickt.

Wie viele sind vor uns gescheitert, die mit Hacke und Schaufel in diesem Felsenlabyrinth dem Gold nachjagten? Seit Tagen suchen und graben wir auf verschiedenen Inseln – nichts. Die Stimmung ist gereizt. Wir brauchen ein Erfolgserlebnis.

EINE andere Insel, eine neue Chance. Wir bewegen uns auf den Spuren von Charles Darwin. Er sammelte 1835 auf den Galapagosinseln den Stoff für sein Lebenswerk „Die Entstehung der Arten“. Auf diesen Inseln kam Darwin der Gedanke, daß nicht Gott die Arten erschuf, sondern daß sie durch Anpassung an die jeweiligen Lebensbedingungen, durch Entwicklung spezieller Merkmale und Fähigkeiten im Kampf ums Dasein entstanden. Über die schwarzen Lavafelder wanderte der Sechsundzwanzigjährige und sammelte tagelang Insekten; die Matrosen des Expeditionsschiffes *Beagle* nannten ihn „Fliegenfänger“. Gold interessierte ihn nicht.

Alte Fischer und Siedler erzählen, daß der Engländer Levick im Kaktuswald ein Schatzversteck angelegt hat. Er soll Schiffsjunge auf einem Piratensegler gewesen sein, dessen Mannschaft einen großen Schatz gekapert hatte und dafür gehängt wurde. Die Spanier ließen den Schiffsjungen laufen, weil er zu jung war zum Sterben.

Was die Spanier nicht wußten: Levick kannte das Versteck auf der Kokosinsel. Als aus dem Schiffsjungen ein Mann geworden war, holte er den Schatz auf die Galapagosinseln und gab später sein Wissen um das Versteck an seinen Enkel Thomas Levick weiter.

Dieser Thomas Levick trieb sich auf verschiedenen Inseln herum, und wenn er in einem Hafen auftauchte, ging er zu den amerikanischen Schiffen und kaufte Whiskey. Er bezahlte mit alten spanischen Goldmünzen. Manchmal verschwand er tagelang im Hinterland und kam mit den Taschen voller Münzen zurück.

Levick starb 1928 auf der Insel San Cristóbal. Sein Geheimnis nahm er mit ins Grab.

Und sein Vorgänger, sein Großvater, dem er alles verdankte? War dieser Levick zuvor bereits Schiffsjunge auf der *Mary Dear* gewesen, dem Schiff, dessen Mannschaft den Schatz von Lima vor den peruanischen Revolutionären in Sicherheit bringen sollte und auf der Kokosinsel vergraben hat?

Robert Schiess geht davon aus, daß Levicks Schatz und der Schatz von Lima ein und derselbe sind. Er ist überzeugt, daß die beiden Handlungsfäden des Dramas hier auf diesen staubigen Quadratmetern am Ende der Welt, wo wir jetzt stehen, zusammenlaufen.

Der Metalldetektor summt. Wir graben.

Schiess stopft seine Pfeife, er schaufelt und qualmt. Der Alte steht über den Dingen: Es kann schöner sein, einen Traum zu haben als einen Sack voll Gold. Doch die Goldmadonna hätte sicher nichts dagegen, wenn er nach einer lebenslangen Schatzsuche auf seiner vielleicht letzten Tour Hand an sie legen würde. Vielleicht belohnt sie das lange Warten des Robert Schiess? Vielleicht streckt sie ihm plötzlich aus der Erde die goldene Hand entgegen?

Sievers scharrt mit den Händen im Staub. „Da ist was …, genau hier." Er hält das vordere Stück eines alten Löffels zwischen den Fingern. Vielleicht haben ihn die Piraten benutzt.

Schiess gräbt tiefer. Wir ziehen eine spanische Amphore aus dem Sand, in der Öl aufbewahrt wurde. Wir graben wie besessen. Der Sand

Im Goldmuseum von Lima ruhen die Schätze, die die Inkas vor den spanischen Eroberern retten konnten.

Baumkakteen auf den Galapagosinseln, die auch „Verwunschene Inseln" genannt werden

Autor Günter Seuren (links) mit dem alten Schatzsucher Robert Schiess

Endlich erfolgreich? Der vermeintliche Schatz erweist sich als eine spanische Amphore.

Margret Wittmer aus Köln lebt auf der kleinen Galapagosinsel Floreana. Zu der Mordaffäre von 1934 schweigt sie beharrlich.

Schillernde Gestalten: Baronin Wagner-Bonsquet aus Paris und ihr Begleiter Philippson. Zuerst beteiligten sie sich an der Schatzsuche, später spielten sie Piraten in einem Hollywoodfilm, der auf den Galapagosinseln gedreht wurde. Auch sie fanden dort den Tod.

rutscht immer wieder in das Loch zurück. Es wird Abend, die Mücken kommen und stechen in Gesicht und Arme. Der Mond steht über der Grube. Wir brauchen mehr Licht, zünden Pechfackeln an und stecken sie in den aufgeworfenen Sand.

Das Loch ist jetzt etwa fünf Meter tief und damit so groß, daß wir zu dritt darin stehen und schaufeln können; die Fackeln brennen hoch über unseren Köpfen.

Und plötzlich stößt eine unserer Schaufeln auf Holz, ein dumpfer Laut, als würde der Deckel einer Schatztruhe getroffen. Wir verlieren die Fassung, einer drängt den anderen weg. Will jeder der erste an der Beute sein?

Ich vergesse meine zivilisierte Haltung, schiebe den Alten weg, der sich vordrängt, reiße ihm die Schaufel aus der Hand. Er fällt gegen die Grubenwand, Sand rutscht über ihn. Wenn wir nicht aufpassen, werden wir alle verschüttet.

Schiess flucht auf spanisch. Aber ein Grinsen liegt auf seinem Gesicht, als wollte er sagen: Hoffentlich ist sie ganz woanders, die Madonna. Sonst können wir nie wieder von ihr träumen …

Unsere „Schatztruhe“ ist eine große, alte, verwitterte Schiffsplanke von einem Wrack, das der Stille Ozean vor langer Zeit an Land gespült hat. Wind und Sand haben es begraben. Vielleicht ein Stück von der *Mary Dear,* wer weiß?

Die Fackeln über der Grube sind abgebrannt. Der Mond am Himmel aber leuchtet klar über unseren blanken Schaufeln, dem verstummten Metalldetektor und dem Loch, das aussieht, als habe eine Riesenschildkröte, so groß wie ein Panzer, hier eine Grube für ihre Eier gescharrt. Wir buddeln das Loch zu, damit nichts mehr an uns erinnert. Die Küste gehört wieder den Seeschildkröten und den Leguanen mit ihrem unergründlichen Eidechsenlächeln.

Wir fühlen uns nicht wie Verlierer, als wir mit der *Beagle III* in den Hafen von Santa Cruz zurückkehren. Es ist ein seltsames Spiel, das die Goldmadonna mit denen, die sie suchen, treibt, und es kann sowohl Himmel als auch Hölle sein. Im heißen Sand einer gottverlassenen Pirateninsel wartet der Schatz von Lima noch immer auf seinen glücklichen Finder. Und noch viele Besessene, deren Puls schneller schlägt, wenn sie an die Goldmadonna denken, werden kommen und nach ihr graben. Mancher wird zu Hause alles stehen- und liegenlassen, weil er sich sagt: Ich habe einen Termin im Stillen Ozean.

Als wir am Hafen entlangschlendern, denke ich daran, wie wir am Vorabend unserer Schatzsuche den Vertrag der „Treasure Hunting Expedition" unterzeichnet hatten. Die Anteile am Schatz waren festgelegt: zehn Prozent für das Team aus Deutschland, für TV-Regisseur, Kameramann, Assistent und Schreiber. Auf dem Papier waren wir eine Zeitlang steinreiche Männer.

Wir haben andere Schätze gefunden – die Galapagosinseln und die Menschen, die dort am Ende der Welt zu Hause sind. Sie brauchen keine goldenen Türklinken.

Im Hafen von Santa Cruz, vor dem kleinen Laden des Korallenschnitzers, sitzt Flaco García mit seiner Bierflasche. Er ist Mitte sechzig, hat die großporige Gesichtshaut eines Trinkers und lacht, solange noch ein Schluck in der Flasche ist.

„Na? Habt ihr die Madonna gefunden?" fragt er, als wir an ihm vorbeikommen.

Die Sonne brennt, wir sind abgekämpft. Flaco erwartet keine Antwort. Er macht eine Handbewegung, die irgendwo weit draußen auf eine Stelle zwischen Himmel und Erde weist, als wolle er sagen: „Ich weiß es besser, denn ich kenne das Versteck."

Heute sitze ich wieder an meinem Schreibtisch in München und weiß: Wenn man einmal Staub geschluckt hat auf der Schatzsuche, dann will man immer weitermachen. Schätze suchen macht süchtig. Inseln, Wüsten, Gebirge, Meere – sie bildeten die dramatische Kulisse, als die großen Schätze vergangener Jahrhunderte erbeutet, verschleppt, versenkt, verscharrt und mit mörderischer Leidenschaft gesucht oder gehütet wurden.

Ich gebe die Einladung zur Schatzsuche, die ich von den Schatzgräbern auf den Galapagosinseln erhalten habe, an den Leser weiter. Auf unserer Schatzsuche, an vielen Orten der Welt, werden wir Eroberern und Traumtänzern, Beutemachern und Paradiessuchern, Tätern und Opfern auf ihren verlockenden Irrwegen begegnen. Wir folgen ihren abenteuerlichen Spuren. Wir werden sehen, wie glücklich oder verzweifelt die Großen und Kleinen dieser Welt mit den Schätzen dieser Erde waren – und wie alle Schatzsucher noch immer von ihrer Leidenschaft getrieben werden.

Vor uns liegt ein grenzenloses Suchgebiet. Gehen wir …

Der Tod wartet am Goldriff

Das Grab auf dem Friedhof in Melbourne ist verwildert, Gras ist über den Toten gewachsen – hier ruht Fred, einer meiner Freunde, der in den fünfziger Jahren Deutschland verließ, um in Australien sein Glück zu finden.

Wir waren damals zwanzig Jahre alt. „Komm doch mit“, sagte Fred zu mir, „was willst du hier in diesem Wirtschaftswunderland? Karriere machen? Das ist nicht das Leben.“

Ich hatte andere Pläne, ich wollte schreiben.

„Kannst du davon leben?“ fragte er.

Fred war ein Jäger, hatte mit achtzehn den Jagdschein gemacht und besaß eine Doppelflinte. Er wollte mich überreden, zu zweit in einer riesigen, menschenleeren Wildnis auf die Jagd zu gehen. Sein Plan war, australische Wildhunde zu schießen, Dingos, die den Farmern die Schafe raubten. Für einen toten Dingo zahlten die Farmer damals, wie er behauptete, eine Kopfprämie von zwanzig Dollar. Fred wollte mir, sobald wir in Sydney angekommen wären, eine Winchester schenken.

Aber ich wollte kein Kopfgeldjäger werden.

Da versuchte er es mit Gold. „Ich weiß eine Stelle in Australien, wo die größte Goldader der Welt liegt.“ Er nannte Lasseters Goldriff.

Lasseter? Nie gehört.

Fred hatte in irgendeiner Zeitung etwas über diesen Lasseter gelesen; es waren auch Skizzen abgedruckt, auf denen Lasseter den Weg zu seiner Goldader markiert hatte.

Aber ich wollte auch kein Goldgräber werden. Ich hatte nicht vor, der australischen Presse Schlagzeilen zu liefern: „Tod im Outback“, wie die Australier das weite, mörderische Hinterland nennen.

Fred flog allein nach Australien. Er wurde in Sydney Vertreter einer Waffenimportfirma, verdiente viel Geld und verspielte es mit Frauen beim Roulette. „Ich reite oft auf meinem Pferd“, schrieb er mir eines Tages. „Wenn das Tier plötzlich stehenbleibt, weiß es mehr als du. Es sieht die Giftschlange im Gras und verläßt sich darauf, daß man im nächsten Moment schießen wird. Solltest Du Erfolg haben mit Deiner Schreibmaschine, denk daran: Willst Du Deinen Freund erretten, schick ihm Schnaps und Zigaretten.“

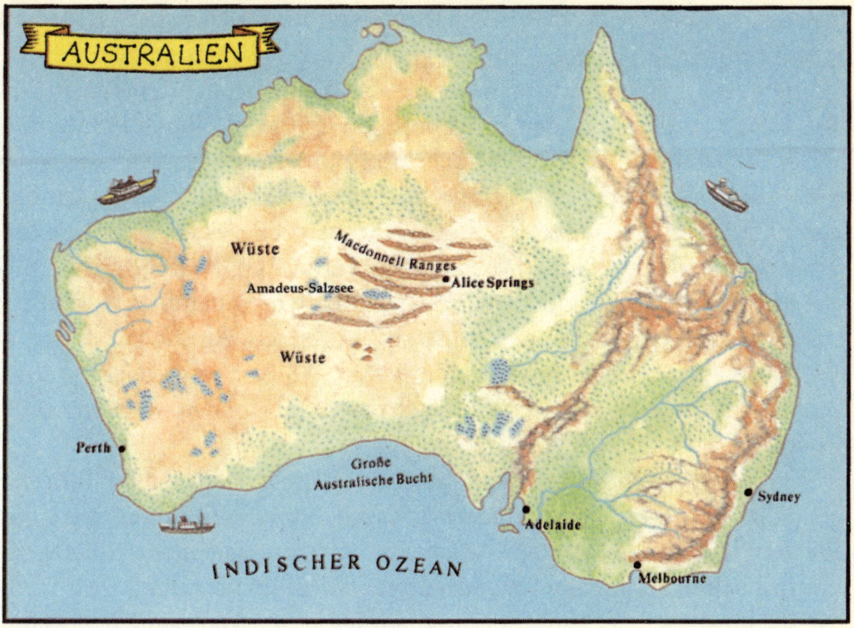

Er war auf dem besten Weg, seine Jugend prächtig zu verschwenden. Offenbar hatte er nicht vor, alt zu werden auf der Suche nach dem Glück.

Zuletzt, als er auf die Fünfzig zuging, war er ein einsamer Wolf. „Mir wird langsam klar“, schrieb er, „daß ich keine Rehe mehr reißen kann, sondern mich von Mäusen ernähren muß.“

Der Jäger in ihm starb, übrig blieb der tägliche Griff nach der Whiskyflasche – bis zum letzten, tödlichen Schluck.

Zuvor hatte er noch versucht, mich zu einer anderen schnellen Lösung der Geldfrage zu überreden: „Wir schießen Krokodile in Nordaustralien. Für die Häute bekommen wir einen Haufen Dollars. Ältere Damen tragen gern Krokoledertaschen.“

Fred hat sein Abenteuer erlebt; er hat mich übertrumpft.

Jetzt sitze ich an meinem Schreibtisch, und mir wird bewußt, daß Fred es doch noch geschafft hat, mich zu überreden. Nach mehr als dreißig Jahren und langen Umwegen folge ich den Spuren, die zu Lasseters Goldriff führen. Wer war dieser Lasseter?

Lewis Harold Bell Lasseter forderte, wie viele andere nach ihm, die alten Götter der Eingeborenen heraus. Die Götter sprechen vom heiligen Berg Ayers Rock zu den Ureinwohnern, den Aborigines. Die Eingeborenen umkreisten von Beginn an mit Mißtrauen die weißen Männer, die auf der Suche nach Gold, Rubinen oder Opalen in ihr Buschland vordrangen. Die Eingeborenen lebten hier noch immer wie in der Steinzeit, sie jagten mit Speer und Bumerang.

Generationen haben die Erinnerung an die Eroberung ihres Landes durch die Weißen weitergegeben. Der britische Seefahrer Captain James Cook rammte im Mai 1770 die Fahne Seiner Majestät König Georgs III. in den Boden Australiens und nahm damit den fünften Kontinent für Großbritannien in Besitz. Aber das Land war wüst und leer, deshalb schickten die Briten im Jahr 1788 Sträflinge nach Australien. Und diese sahen in der Wildnis ihre einzige Chance, sich eine neue Existenz aufzubauen.

Sträflinge waren die ersten, die um 1838 beim Bau von Straßen Goldklumpen im Gestein fanden. Die Wächter rissen ihnen das Gold aus der Hand und drohten mit Auspeitschen, wenn sie nicht schwiegen. Die britischen Kolonialherren fürchteten einen Goldrausch.

Es gelang aber nur eine Zeitlang, die Funde zu verheimlichen, dann witterten Journalisten das australische Geheimnis, und das Gold machte Schlagzeilen im „Sydney Morning Herald“: Am Summerhill Creek wurden 1851 große Goldmengen entdeckt. Der glückliche Finder war ein Hufschmied namens Edward Hammond Hargreaves, der in den Jahren zuvor den Goldrausch in Kalifornien erlebt hatte. Dort war das meiste Gold schon in den Satteltaschen der kalifornischen Goldgräber verschwunden, als der Australier Hargreaves auf seinem Pferd den Sacramento River erreichte. Er fand nur noch ein bißchen Goldstaub, doch als er enttäuscht und frierend an seinem Lagerfeuer saß, kam ihm eine glänzende Idee. Vielleicht versteckten sich auch in den australischen Bergen unberührte Goldadern? Er segelte mit dem nächsten Schiff nach Hause, begann mit der Suche – und hielt eines Tages faustgroße Goldbrocken in der Hand.

Der Hufschmied löste mit seinen Goldfunden eine Staatskrise aus. Die Australier ließen alles stehen und liegen und marschierten durch die steinige Wildnis zu den verheißungsvollen Bergketten. Wirtschaft und Verkehr brachen zusammen, die Straßen waren wie leergefegt; vom Lehrer bis zum Postbeamten, von der Bartänzerin bis zum Polizisten – alle waren besessen von der Aussicht, auch einen Goldklumpen zu finden.

Die Eingeborenen griffen nicht an. Sie hofften, ihre Götter würden die Weißen bestrafen, sie in eine mörderische Falle locken, wo sie entweder vor Hunger und Durst zusammenbrechen oder im Wahnsinn enden würden. Tatsächlich blieben viele Goldsucher auf der Strecke, andere kamen mit vollen Satteltaschen zurück und sagten: „Nie wieder, es war die Hölle!"

1858 wurde ein hundert Kilo schwerer Goldbrocken gefunden. Australien hatte zu dieser Zeit bereits Kalifornien mit seinen Goldfunden übertroffen: Nirgendwo waren die Nuggets so groß und so rein wie auf den australischen Goldfeldern. Eine Einwanderungswelle nach der anderen überschwemmte das Land. Die Schiffe brachten Abenteurer und Glückssucher.

Diese verwegene Schar baute ihre Wellblechhütten auf und verbrachte ihre Tage damit, Gold vom Boden aufzulesen, als wäre es vom Himmel gefallen. An einem einzigen Tag wurden zwanzig Kilo puren Goldes gefunden; man brauchte sich nur zu bücken und hatte die Nuggets zwischen den Fingern.

1893 tauchte der Matrose Lewis Harold Bell Lasseter auf der Szene auf. Er ahnte nicht, daß er alles übertrumpfen würde, was australische Goldsucher vor ihm erbeutet hatten.

Lasseter interessierte sich nicht für die ausgetretenen Wege, die zu den Goldfeldern führten. Er dachte gar nicht an Gold. Er hatte als Matrose von einem Küstendampfer abgemustert, weil ihm ein Freund ein Gebiet in Zentralaustralien empfohlen hatte, wo es Unmengen von Rubinen geben sollte: die Macdonnellkette, eine Bergregion von abschreckender Einsamkeit.

Kein Weißer wagte es, seinen Fuß in diese von Nomadenstämmen bewohnte Wildnis zu setzen. Nirgendwo im australischen Outback war es so mörderisch heiß und so menschenfeindlich wie in der Wüste am Amadeussalzsee.

Lasseter nahm mehrere Pferde mit, die Wasser und Proviant trugen. Unterwegs sah er, wie die nackten dunklen Gestalten der Eingeborenen im Busch standen, Speer und Bumerang in der Hand. Einmal schleuderte einer der Jäger seinen Speer vor die Hufe von Lasseters Reitpferd, eine letzte Warnung: bis hierher und nicht weiter. Aber Lasseter ließ sich durch die verschiedenen Drohungen nicht aufhalten.

Nach einem wochenlangen Ritt erreichte er sein Ziel in der Macdonnellkette. Aber er entdeckte kein Rubinfeld, sondern fand nur minderwertige Granate. Wütend und enttäuscht schleuderte er seine Schaufel in den Staub.

Lasseter beschloß, nach Süden zu reiten, um irgendwann die Küste zu erreichen. Dort wollte er das nächste Schiff besteigen und nie wieder einen Fuß in diese schweigende Hölle setzen, in der ihm immer wieder Bergketten und buckelartige Felsen den Weg versperrten.

Als er den letzten Schluck Wasser getrunken hatte, glaubte er bereits, das leise Gelächter der Eingeborenen zu hören, die in ihm einen geschlagenen Mann sahen. Es war nur noch eine Frage der Zeit, wann ihn die glühende Sonne töten würde.

Er träumte wie ein Wahnsinniger von einem Glas Wasser, sein Körper schwankte im Sattel, er ritt weiter mit geschlossenen Augen, und erst als sein Pferd stehenblieb, sah Lasseter, daß es ihn zu einem Wasserloch getragen hatte. Er rutschte aus dem Sattel, steckte den Kopf in das Wasser und trank wie ein Tier. Er füllte seine Wassersäcke und ritt weiter nach Süden.

Irgendwann hatte er den Eindruck, auf einer Strecke zu reiten, die wie eine Straßenbaustelle aussah; Lasseter bemerkte eine lange Reihe Steine, die wie aufgestapelt dalagen. Aber weit und breit waren keine Arbeiter zu sehen. Eine Straße mitten in der Wüste? Unmöglich, dachte Lasseter und starrte auf die grünlich gefärbten Steine, die ihn zugleich mit verzweifelter Wut erfüllten und ihn magisch anzogen. Lasseter hob seinen Hammer und schlug auf das Steinriff ein, das aus dem Wüstensand ragte. Und plötzlich blendete ihn ein Glanz. Aus den Steinen, die sein Hammer gespalten hatte, schimmerte es ihm entgegen – Gold.

Langsam ritt er an der Steinschicht entlang, immer wieder zertrümmerte er ein paar der dunkelgrünen Steine und sah, wie die Goldader sich durch das Gestein schlängelte, manchmal im Sand verschwand und ein paar Meter weiter wiederauftauchte.

Lasseter wußte zu dieser Stunde, daß er den Farmer Patrick Hannan übertroffen hatte, der 1893 in der Nähe von Coolgardie, Westaustralien, Gold in einer langen Gesteinsschicht entdeckt hatte. Aber er hatte nicht mehr die Kraft, seine Goldader bis zum Ende zu verfolgen und ihre Länge zu messen, sie verlor sich irgendwo in der flimmernden heißen Luft über dem Wüstensand.

Lasseter füllte Gesteinsproben in einen Sack, ritt weiter nach Süden und schmiedete Pläne. Er würde Geschäftspartner finden, ein Syndikat gründen, das den Abbau des Goldes finanzieren sollte. Er, der Sieger, würde den nackten Wilden im Busch zuwinken, die ihn ausgelacht hatten, als er schon wie der sichere Verlierer aussah. Lasseter träumte von seinem Triumph, aber die Pferde waren zu Tode erschöpft; gepeinigt von Hunger und Durst, brachen sie zusammen und verendeten.

Mit seiner Steinlast marschierte Lasseter weiter, um der Welt zu beweisen, daß er die größte Goldader gefunden hatte. Dann war auch er am Ende, er stürzte, kroch in den Schatten des Sacks mit den Gesteinsproben und wartete auf den Tod.

Lasseter hatte noch einmal Glück. Er wachte aus seiner Bewußtlosigkeit auf und fand sich im Lager des Landvermessers Harding wieder. Ein Kameltreiber hatte Lasseter gefunden und in Hardings Zelt gebracht.

Harding untersuchte die Gesteinsproben und errechnete einen Goldgehalt von 850 Gramm pro Tonne, eine Sensation. Lasseter war ein steinreicher Mann. Aber der Schock, dem Tod knapp entgangen zu sein, saß tief: Lasseter mied die australische Wüste jahrelang, er arbeitete wieder als Matrose auf einem Handelsschiff. Brieflich blieb er jedoch mit Harding in Verbindung, der darauf wartete, daß Lasseter ihn eines Tages zum Goldriff führen würde.

Die beiden Männer wurden nie Freunde, nur das gemeinsame Interesse an der Goldader hielt sie zusammen. Außerdem war Lasseter ein reizbarer, mißtrauischer Kerl, der immer eine Pistole im Gürtel trug und überall Feinde witterte. Seine Nerven hatten auf der zermürbenden Tour durch die Wüste gelitten.

Im Jahr 1900 machten sich Lasseter und Harding schließlich auf den Weg, mit ein paar Kamelen, die sie mit Proviant, Wasser und Arbeitsgerät beladen hatten. Das Goldriff lag nach Lasseters Beschreibung im Gebiet der Petermannkette, eines Gebirges, das aus der roten Sandwüste aufragte.

Noch einmal gelang es Lasseter, seine Goldader zu finden. Der Landvermesser Harding notierte die Maße: zwölf Kilometer lang und drei bis vier Meter breit. An manchen Stellen ragte das Goldriff zwei Meter hoch aus dem Sand.

Die beiden Männer steckten es mit Holzpflöcken ab, wie es die Vorschrift verlangte, ein riesiges Claim, dessen Ausbeutung die Gegend völlig verändern würde. Die Weißen würden kommen, Goldgräberhütten bauen und die Eingeborenen aus ihren Jagdgründen vertreiben.

Haben die Götter vom Ayers Rock, diesem geheimnisvollen roten

Felsenbuckel mitten in der australischen Wüste, die Bitten der Aborigines erhört, den weißen Mann für sein Eindringen in ihr Land zu bestrafen?

In dem Drama gab es zu diesem Zeitpunkt und später so viele Ungereimtheiten und irrwitzige Pannen, daß man meinen könnte, die Götter aus grauer Vorzeit hätten tatsächlich an der Uhr des weißen Mannes gedreht. Denn nach dem wochenlangen Rückmarsch in die Zivilisation stellte Harding fest, daß seine Taschenuhr fünfundsiebzig Minuten nachging.

Das bedeutete: Wenn die Uhr schon in der Petermannkette nachgegangen war, dann waren Hardings Berechnungen, die er mit Hilfe seiner Uhr vorgenommen hatte, falsch. Die Position des Goldriffs blieb weiterhin ungewiß. Harding hatte seine Ersparnisse in die Expedition gesteckt, er war ruiniert. An einen erneuten Marsch zum Goldriff war nicht zu denken, auch ihre Nerven waren überstrapaziert. Lasseter ging Harding an den Kragen und nannte ihn einen Versager. Die beiden trennten sich als Feinde.

Lasseter heuerte wieder auf einem Schiff an. Harding starb wenige Jahre später in dem Provinznest Kalgoorlie. Lasseter träumte weiter von seinem Goldriff. Über einen Fernkursus bei einem amerikanischen Institut eignete er sich 1909 Kenntnisse in der Landvermessung an, um in Zukunft ähnlich katastrophale Berechnungsfehler zu vermeiden.

1916 ließ er sich in Sydney nieder und arbeitete in der Landwirtschaft. Er heiratete und war seinen Kindern ein treusorgender Vater. Manchmal erzählte er ihnen, er besitze in der Petermannkette den größten Schatz der Welt. Eines Tages werde er ihn holen. Seine Kinder hielten seine Schilderungen für ein Märchen.

Der Erste Weltkrieg kam, Lasseter wurde Soldat. Nach dem Krieg trieb er sich in England und den Vereinigten Staaten herum, 1921 kehrte er nach Sydney zurück und startete eine weitere Expedition zu seinem Goldriff. Das Unternehmen scheiterte, weil die Gruppe nach wochenlangen Strapazen den Mut verlor und umkehrte.

Lasseter beschloß, die nächste Expedition mit Spezialisten durchzuführen. 1930 wandte er sich an einflußreiche Männer, die Verbindungen zu Regierungskreisen hatten. John Bailey, der Vorsitzende der australischen Arbeitergewerkschaft, unterstützte Lasseters Plan, mit Lastwagen und Flugzeug einen Großangriff auf die Goldader zu unternehmen. Bailey hatte wissenschaftliche Sachverständige eingeschaltet, die sich Lasseters Aussagen anhörten und zu dem Schluß kamen, daß der Mann tatsächlich eine riesige Goldader gefunden hatte.

Die Welt steckte damals in einer Finanzkrise, Australien brauchte Dollars. Unternehmer und Politiker hofften, mit Lasseters Goldriff die wirtschaftliche Talfahrt zu beenden. Sie schlossen sich zu einem Syndikat zusammen, einer Finanzierungsgesellschaft namens „Central Australian Gold Exploration Company", die die Kosten der Expedition übernahm. Aktienpakete wurden verkauft, Lasseter war der Mann der Stunde, und die Presse feierte ihn schon als künftigen Retter der Wirtschaft.

Lasseter, ein Mann, der gern dunkle Krawatten und schwarze Westen trug, hatte bereits graues Haar, als die Expedition im Juli 1930 in Alice Springs, Zentralaustralien, startete. Das Team war mit einem Lastwagen für schwieriges Gelände ausgerüstet und einem Flugzeug vom Typ de Havilland Gipsy Moth, das auf den Namen „Golden Quest", Goldsuche, getauft wurde.

Der mißtrauische Lasseter hatte im Geländewagen eine Waffensammlung aus Flinten und Pistolen untergebracht, als fühle er sich nicht nur von den Wilden im Busch, sondern auch von seinen Partnern bedroht. „Vor wem haben Sie Angst?" fragte ihn der Geologe Fred Blakely eines Tages.

„Wenn Sie Streit mit mir vermeiden wollen", erwiderte Lasseter gereizt, „dann stellen Sie nie wieder solche Fragen."

Die Stimmung war von Anfang an gespannt. Fünfhundert Kilometer westlich von Alice Springs sollte das Basislager errichtet werden; hier lag an einer Quelle das Dorf Ilbilba, durch das verwilderte Hunde streunten. Die Eingeborenen waren in den Busch abgewandert. In der Nähe der Siedlung sollte ein Landeplatz für das Flugzeug angelegt werden, das der Pilot Erroll Coote steuerte.

Aber alles ging schief. Der zweite Lastwagen blieb mit einem technischen Schaden im Sand stecken, Ersatzteile mußten beschafft werden. Das Flugzeug hatte Motorschaden und machte eine Bruchlandung in der Wüste; Coote saß tagelang im Schatten des Wracks, um sich vor der glühenden Sonne zu schützen, dann fand ihn ein Fahrer des Teams. Der Pilot übernahm in Alice Springs eine neue Maschine. Nach einer Zwischenlandung in der Wüste konnte er wieder nicht mehr starten; bei der Landung hatte die Maschine kleine Steine aufgewirbelt, die den Propeller beschädigten.

Erroll Coote mußte in der Nähe des Götterberges Ayers Rock tagelang auf seine zweite Rettung warten. Sein größtes Problem waren nicht Hunger und Durst – er hatte ein wenig Proviant und Wasser in der Maschine –, sondern die Eingeborenen, die ihn immer mehr einkreisten. Er feuerte ein paar Schüsse ab, um die Wilden zu vertreiben, sie schleuderten ihre Bumerange gegen seine Maschine. Das Krachen der Wurfhölzer auf dem Metall machte ihn fast wahnsinnig. Wie lächerlich die ganze Technik war, wenn sie versagte und die Wilden sich über den Schrott lustig machten! Wütend feuerte Coote in die Luft.

Endlich kam ein Wagen aus Alice Springs, in dem der Ingenieur Taylor saß. Er reparierte den Propeller, und Coote flog mit der Maschine zum Basislager Ilbilba. Von dort aus unternahm der Pilot mit Lasseter mehrere Erkundungsflüge über die Bergketten, aber Lasseter stellte fest, daß sie vom Gebiet des Goldriffs noch weit entfernt waren.

Die technischen Pannen und die menschlichen Spannungen hatten die Nerven der Expeditionsteilnehmer zermürbt. Die Männer beschlossen, nach Alice Springs zurückzukehren; Proviant und Benzinvorräte waren fast verbraucht und reichten nur noch für den Rückweg. Aber Lasseter wollte nicht aufgeben.

„Ich hatte gehofft, Sie wären keine Versager, meine Herren", bemerkte er verächtlich. „Aber Sie sind nicht besser als meine früheren Begleiter. Gehen Sie nach Hause, und richten Sie den Herren vom Syndikat aus, daß Lasseter sich an den Vertrag hält ..." Er stand mit der Flinte in der Hand vor ihnen und zielte auf ihre Fußspitzen, für den Fall, daß seine beleidigten Partner ihn verprügeln wollten.

Aber die Herren dachten schon an ein kühles Bier in Alice Springs. Und dann kam der Dingojäger Paul Johns vorbei und befreite sie von dem Problem Lasseter. Johns war ein Deutscher, der mit ein paar Kamelen durch das Buschland zog, ein Einzelgänger, der von den Eingeborenen geduldet wurde, weil er sie nicht störte.

Lasseter wollte mit Johns weiter in Richtung Petermannkette ziehen. Das Syndikat, so versprach Lasseter dem Dingojäger, würde ihn für die Unterstützung bei der Suche nach dem Goldriff reich entlohnen, dann könne er sich zur Ruhe setzen.

Die beiden ritten auf den Kamelen zum Amadeussalzsee, schlugen dort ihre Zelte auf, um Kräfte zu sammeln, bevor sie in das feindselige Felsmassiv der Petermannkette vorstießen.

Es dauerte nicht lange, da ging der Dingojäger dem reizbaren Lasseter auf die Nerven, denn Johns zeigte ein allzu großes Interesse an dem Goldriff und fragte immer wieder danach. Lasseter hüllte sich in Schweigen, und Johns wurde ungeduldig.

„Nichts als Berge, Lasseter!“ schrie er eines Tages. „Dein Goldriff existiert wahrscheinlich nur in deiner Phantasie. Weiß der Teufel, was für grüne Steine du gesehen hast. Alles Schwindel, und das Syndikat gibt dir auch noch Geld dafür!“

„Verschwinde, du fragst zuviel“, entgegnete Lasseter. „Gib mir zwei Kamele, ich reite allein weiter. Laß sie dir in Alice Springs vom Syndikat bezahlen.“

Johns sah ein, daß es besser war, sich von dem unberechenbaren Lasseter zu trennen. Er ging auf den Handel ein und überbrachte dem Syndikat in Alice Springs die letzten Nachrichten von Lasseter. Seitdem wartete man vergeblich auf dessen Rückkehr.

Im Dezember 1930 wurde ein Suchtrupp ausgeschickt, angeführt von dem erfahrenen Spurenleser und Fallensteller Bob Buck. Ein paar Pfadfinder aus einem Eingeborenendorf begleiteten ihn. Buck stieß immer tiefer in die Petermannkette vor – es war Dezember, Hochsommer in Australien, glühende Hitze. Und endlich, im Januar 1931, fand er Lasseters Spur: Neben der Asche eines Lagerfeuers lag ein Packsattel, in dem ein Zettel mit einer Botschaft steckte. Lasseter hatte erschöpft und verzweifelt hingekritzelt: „Die beiden Kamele mit Proviant und Wasser haben sich losgerissen und sind im Busch verschwunden. Keine Chance, sie einzufangen. Die Sonne brennt mörderisch. Wie soll es weitergehen?“

Buck traf ein paar Tage später auf einen Eingeborenenstamm, aber die Nomaden, die mit ihren Speeren und Bumerangen leicht den Suchtrupp hätten vernichten können, schüttelten nur die Köpfe: Nein, der weiße Mann namens Lasseter sei ihnen nicht begegnet.

Buck wußte sofort, daß das eine Lüge war. Denn Lasseters Spur endete im Lager dieser Eingeborenen. Der Goldsucher mußte sich mit letzter Kraft zum Feuer dieser schweigsamen Urmenschen geschleppt haben.

Der Spurenleser hielt sich in der Nähe ihres Lagers auf und hoffte, doch noch etwas von den Aborigines zu erfahren. Und eines Tages kam ein alter Mann auf ihn zu, die leere Hand ausgestreckt, ein Zeichen, daß er unbewaffnet war.

Der Alte führte Bob Buck zu einer Stelle im Busch, wo ein Skelett lag.

may drive me to
shoot myself I think
it the worst possible
with one experience of
this country I should
never have gone alone
but I relied on Paul to
follow me what good a
reef worth millions I
would give it all for
a loaf of bread and
to think that only a

In den Petermann Ranges suchte der Trapper Bob Buck 1931 nach dem verschwundenen Lasseter und entdeckte dessen Tagebuchaufzeichnungen.

Vor der Expedition zur reichsten Goldader der Welt: Lasseter (rechts unten, mit Hut) und seine Mannschaft

Kannten sie Lasseters Geheimnis? Aborigines im australischen Busch

Es waren Lasseters Gebeine. In Sand und Asche verstreut lagen Briefe, zum Teil vom Feuer versengt. Hier hatte Lasseter an seinem letzten Lagerfeuer gesessen und geschrieben, und manche Briefseite war ihm vor Erschöpfung aus den Händen geglitten und in die heiße Asche gefallen.

Bob Buck sah, daß die Frauen der Eingeborenen ihr Haar mit Fotos geschmückt hatten. Es waren Familienfotos, die den Goldsucher in die Einsamkeit begleitet hatten; Lasseters Frau und seine Kinder lächelten Buck entgegen.

Der Spurenleser schaufelte Lasseter ein Grab und ritt nach Alice Springs zurück. Der Tote war gefunden, aber noch wußten die Herren vom Syndikat nicht, ob Lasseter sein Goldriff noch einmal gesehen hatte.

Eine zweite Suchexpedition im Jahr 1931 sollte diese Frage klären. Die Spurenleser fanden eine Höhle in der Petermannkette, wo Lasseters Tagebuchnotizen in einer Konservendose lagen. Er hatte Skizzen gezeichnet, die den Weg zum Goldriff markierten. Es war ihm also gelungen, seine „goldenen Meilen" wiederzufinden.

Man fand einen Brief an seine Frau: „Wir sind reich, mein Schatz. Ich liebe Dich und die Kinder. Entschuldige, meine Hand zittert beim Schreiben. Ich habe das Goldriff fotografiert, die Filme liegen in einer Blechdose."

Und in einem zweiten Brief, der einige Zeit später datiert war, schrieb er: „Ich esse nur noch wildwachsende Feigen. Es ist vorbei. Ich umarme Dich. Ich habe Meilen von Gold gesehen. Ich erblinde, mein Liebling."

Als er auf den Eingeborenenstamm traf, war er vom Tod gezeichnet und versprach den Wilden Gold und Dollars für seine Rettung. Sie gaben Lasseter zu essen und zu trinken, doch als sie merkten, daß er immer schwächer wurde und seine Versprechungen nie würde erfüllen können, nahmen die Frauen dem dahindämmernden Goldsucher die Familienfotos ab und schmückten damit ihr Haar.

1967 versuchte noch einmal eine Expedition, Licht in Lasseters dunkle Tage zu bringen. Die Gruppe wurde angeführt von Neville Harding, dem ehemaligen Bürgermeister von Sydney. Harding hatte Geologie studiert und kannte sich in der Wüste und den Bergketten Zentralaustraliens aus. An der Expedition nahm auch Erroll Coote teil, der Bruchpilot der Expedition von 1930. Hardings Team fand die Blechdose mit den drei Filmrollen, auf denen Lasseter das Goldriff und das abgesteckte Claim festgehalten hatte. Aber die Sonne hatte die Filme zerstört.

Das Goldriff wurde trotz intensiver Suche verschiedener Expeditionen nie wieder gefunden. Vielleicht hat der Wind Lasseters „goldene Meilen“ mit Sand zugeweht, vielleicht hat ein Erdbeben, das im fernen Alice Springs die Cocktailgläser zittern ließ, das Goldriff verschüttet.

1988 feierten die weißen Australier den zweihundertsten Geburtstag ihres Landes. Doch die Nachkommen jener schwarzen Eingeborenen, die in den vergangenen zwei Jahrhunderten zusehen mußten, wie die Weißen die Zivilisation einführten – erst Wellblechhütten für Sträflinge und Goldsucher, dann Asphaltstraßen, Kühlschränke und Fernseher –, die Aborigines, die das Goldfieber des weißen Mannes nie verstehen konnten, sie erklärten das Jubiläumsjahr 1988 zum „Jahr der Trauer“.

Damals, als Lasseter starb, hatten die Eingeborenen alle Pfähle aus der Erde gerissen, mit denen Lasseter sein Claim abgesteckt hatte. Sie wollten alle Spuren vernichten, denn das Goldriff lag auf ihrem Territorium, in einem Gebiet, das sie ihren Göttern geweiht hatten. Das Holz der Pfähle benutzten sie für ihr Lagerfeuer, mit der Asche rieben sie Stirn und Brust ein. So feierten sie ihren lautlosen Sieg über den weißen Mann.

Der Admiral, der seinen Goldfinger verlor

MAN schrieb das Jahr 1782. Ein Schiff taumelte mit zerfetzten Segeln im Sturm. Noch zweihundert Meter bis zum Aufprall an einer Felsenküste, wo eine Meute Plünderer wartete.

Der Steuermann sah die zusammengerotteten Gestalten. Wenn wir diesem gierigen Gesindel in die Hände fallen, dachte er, reißen sie uns die Kleider vom Leib, ganz gleich, ob wir tot sind oder noch lebendig. Er starrte auf die Granitfelsen der Scilly-Inseln und machte mit einer verzweifelten Handbewegung das Kreuzzeichen. Diese Inseln vor der Südwestspitze Englands hatte er immer gefürchtet, jetzt würden sie ihn töten.

Die grauen Klippen, die so plötzlich aus der stürmischen See auftauchten, daß es für eine Kursänderung meist zu spät war, waren jahrhundertelang das Entsetzen der Seeleute. Viele Segelschiffe wurden von einem der Riffe aufgeschlitzt und krachend an Land geworfen. Dort zogen die Inselbewohner die Toten auf den Strand und raubten ihnen Gold und Schmuck. Sie stürzten sich auf das Wrack und schleppten die Fracht in ihre kleinen, schiefergedeckten Häuser.

Die meisten Bewohner der Scilly-Inseln waren arme Schlucker, die vom Fischfang lebten, etwas Vieh besaßen und vielleicht einen kleinen Garten. Im 18. Jahrhundert blühte daher der Schmuggel, an dem sich gelegentlich sogar der Gemeindepfarrer beteiligte, um sich ein Taschengeld zu verdienen. Pfarrer John Troutbeck zum Beispiel mußte im Jahr 1796 die Inseln fluchtartig verlassen, weil die Polizei hinter ihm her war.

Die Inselbewohner jedenfalls freuten sich über Gottes „Geschenke". „Wir bitten dich, o Herr", beteten sie, „daß kein Schiff versinken möge, aber wenn es sein muß, dann führe es zu den Scilly-Inseln, zum Wohl der armen Leute. Amen." Doch das Plündern eines Wracks, das zwischen den Klippen eingeklemmt war oder am Strand in der aufgewühlten See lag, war lebensgefährlich, und mancher Strandpirat verlor sein Leben in der Brandung.

John Pickwell stellte eine Liste der bis 1967 gesunkenen Schiffe zusammen und kam auf 546 Wracks, in denen noch immer kostbare Fracht ruht. Vielleicht sind es aber auch mehr als tausend Wracks, die auf diesem riesigen Schiffsfriedhof liegen. Denn ein Dokument im Schiffsmuseum auf der Insel Tresco besagt, daß in diesen Gewässern 1100 Schiffskatastrophen passierten. Die kostbarsten Schätze versan-

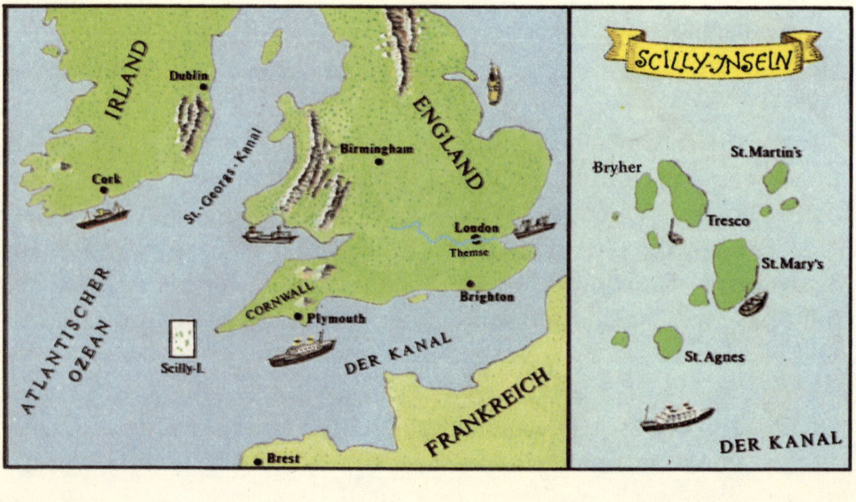

ken zwischen dem 17. und 19. Jahrhundert – ein Traum für alle Schatztaucher.

Die Scilly-Inseln liegen fünfundvierzig Kilometer südwestlich von Land's End, der Südwestspitze Englands, in den warmen Fluten des auslaufenden Golfstroms, der für ein mildes Klima auf den hundertvierzig Inselchen und Klippen sorgt, die wie hingeworfen im Meer liegen. Nur fünf Inseln sind bewohnt: Saint Mary's, Tresco, Saint Martin's, Bryher und Saint Agnes. Ihre Bewohner haben sich im Lauf der Zeit von Strandräubern in friedliche Gärtner verwandelt, die Londons Blumenmärkte mit Narzissen beliefern. Um Weihnachten blühen auf den einst so gefürchteten Inseln die Osterglocken.

Das Meer rund um die Scilly-Inseln ist klar und tiefblau, ganz anders als die graue See an der britischen Kanalküste. Seehunde und Delphine teilen sich die stillen Buchten, und gelegentlich kurvt ein Riesenhai, der aus den Tiefen des Atlantiks kommt, langsam durch die Wasserstraßen zwischen den Inseln.

In den Terrassengärten der Insel Tresco wachsen Palmen, Zitronen und Bananen; man könnte meinen, in einem Paradies am Rande Europas zu sein. Der Zauber verfliegt jedoch, wenn ein atlantisches Tief aufzieht und Sturm bringt.

Zu der Zeit, als die armen Leute auf den Scilly-Inseln noch über die Wracks herfielen und Schiffbrüchige erschlugen, um ihnen die Goldmünzen aus der Tasche zu ziehen, beteten sie oft vergeblich. Wochenlang schickte Gott kein Schiff auf ihre Klippen. Dann wandten sie sich in ihrer Not an Warna, eine Heilige aus grauer Vorzeit. Sie besaß die Macht, Schiffe ins Verderben zu locken. Wenn man kleine Geschenke an ihrem Brunnen darbrachte, schmetterte sie im nächsten Sturm ein reichbeladenes Schiff gegen die Felsen.

Der 21. Oktober 1707 sollte ein großer Tag für die armen Leute auf den Inseln werden. Damals segelte eine Flotte britischer Kriegsschiffe, die von Gibraltar kam, nach England zurück. Das Kommando hatte Admiral Sir Cloudesley Shovell auf dem Flaggschiff *Association.* Zufrieden beobachtete er seine stolzen Schiffe, die mit vollen Segeln im Wind lagen: die *Eagle, Romney, Firebrand* und *Phoenix.*

Er war überzeugt, daß seine Flotte auf dem richtigen Kurs segelte. Aber irgendwann kamen dem Admiral und seinen Offizieren Zweifel. Ein Sturm jagte die Schiffe, die Sicht war schlecht. Wo waren die Scilly-Inseln? Die Herren studierten die Seekarten und einigten sich darauf, daß die Richtung stimmte und sie an den gefährlichen Granitfelsen vorbeisegeln würden. Ein tödlicher Irrtum.

Ein Matrose soll, wie man noch heute in den Hafenkneipen der Scilly-Inseln erzählt, dagegen gemeutert haben, daß sein Admiral und die Schiffskommandanten auf dem Kurs weitersegelten. Der Namenlose, der es offenbar besser wußte, sagte immer wieder, daß die Scilly-Inseln ganz nah und alle Schiffe todgeweiht seien. Und weil dem Admiral die verzweifelten Warnungen des Matrosen auf die Nerven gingen, ließ er ihn wegen Mißachtung seiner Befehle am nächsten Mast aufhängen.

Dafür wurde Sir Cloudesley Shovell bitter bestraft. Seine Flotte steuerte mit vollen Segeln auf die Klippen von Gilstone zu. Als der Admiral die grauen Granitfelsen sah, war es für ein Wendemanöver zu spät, seine Schiffe krachten auf das Riff. Zweitausend Mann ertranken in der aufgewühlten See. Das Tafelsilber des Admirals, der gern vornehm und üppig speiste, versank in den Fluten. Mit den silbernen Fleischplatten ging auch die Kasse der Flotte unter, Tausende von Gold- und Silbermünzen.

Die Leute auf den Scilly-Inseln sahen die Katastrophe kommen. Sie rannten zum Strand, fielen über die angeschwemmte Beute und über die Leichen her.

Der Admiral wurde bei Porth Hellick auf Saint Mary's an Land gespült. Er lebte noch, streckte hilfesuchend die Hand aus. Am Finger trug er einen wunderschönen Goldring. In alten Berichten heißt es, daß die Frau eines armen Fischers Sir Cloudesley Shovell erwürgte und ihm den Finger abhackte, weil sich der Ring des wohlgenährten Admirals nicht abstreifen ließ.

Seit dem Untergang der Flotte gaben die Leute das Wissen um die Schätze der königlichen Marine in der Tiefe des Meeres von einer Generation zur anderen weiter, ohne Hoffnung, dem Meer jemals die Kostbarkeiten entreißen zu können. Dazu brauchte man moderne Froschmänner, die mit der Technik des 20. Jahrhunderts ausgerüstet waren: mit Sauerstoffflaschen, mit Druck- und Zeitmeßgeräten, die anzeigen, wann der menschliche Körper in der Tiefe des Meeres die Belastungsgrenze erreicht.

Die große Suche nach dem Flaggschiff *Association,* die einem Unterwasserrennen glich, begann 1964. Verschiedene Gruppen britischer Taucher holten sich beim zuständigen Verteidigungsministerium die Erlaubnis, die gesunkene *Association* zu suchen und auszuschlachten.

Im Juli 1967 entdeckten Marinetaucher das Wrack. Aber den Schatz fanden sie nicht.

Roland Morris war ein ehemaliger Taucher, der in Penzance an der Küste Cornwalls ein Feinschmeckerlokal besaß. Die Kasse stimmte, er hätte sich ein sorgenfreies Leben leisten können, aber der Schatz in der Tiefe lockte ihn. Er unterschrieb einen Vertrag mit dem Verteidigungsministerium, der ihm die Rechte am Wrack sicherte.

Aber nicht nur er bekam einen Vertrag, sondern auch zwei andere Teams. Wer die Beute zuerst fand, bekam die Erfolgsprämie. Auch Schatzsucher, die keine amtliche Erlaubnis besaßen, drangen in den vermoderten Schiffskörper der *Association* ein – Piratentaucher.

Die britische Presse rechnete mit einem Unterwasserkrieg, der mit Tauchermessern und Harpunen Mann gegen Mann geführt werde. Aber solange die Beute noch nicht gefunden war, blieb es still am Meeresgrund. Ein paar Silbermünzen und verrostete Kanonen, die man aus dem Schlamm zog, waren es nicht wert, daß man mit Harpunen aufeinander losging.

Einige Taucher arbeiteten mit Dynamit, um das Wrack aufzubrechen, das in den gefürchteten Strömungen der Gilstone-Klippen lag. Diese Felsen sind die letzten Vorposten der Scilly-Inseln; der offene Atlantik erzeugt einen gewaltigen Druck auf den Unterwassersockel der Klippen. Tauchen ist hier eine lebensgefährliche Sache, auch wenn man nicht gerade von einem anderen Schatzsucher mit dem Messer angegriffen wird.

Fast zwei Jahre dauerten die Tauchversuche am Wrack der *Association.* Dann fand die Tauchergruppe von Morris 1400 Silbermünzen in einer Felsspalte, die von den staunenden Männern „Aladins Höhle" genannt wurde.

Die Morris-Gruppe suchte weiter, und eines Tages kam einer der Taucher vom Meeresgrund zurück und hielt eine große Silberplatte mit dem Wappen von Sir Cloudesley Shovell in den Händen – sie gehörte zum Tafelsilber des Admirals.

Als die Konkurrenten sahen, was Morris geborgen hatte, erwachte ihr Jagdtrieb. Sie versuchten, Morris vom Wrack zu verdrängen, um sich den Rest des Schatzes zu sichern. Morris bekam anonyme Drohbriefe und Telefonanrufe: Man werde ihn und sein Feinschmeckerlokal in die Luft jagen, wenn er nicht die Finger vom Wrack lasse. Aber Morris konnte das nicht abschrecken; seine Gruppe arbeitete weiter.

Das Flaggschiff der gesunkenen englischen Kriegsflotte, die *Association,* und ihr Admiral, Sir Cloudesley Shovell. Die wertvollen Goldschätze in den Wracks locken immer wieder Abenteurer in die Tiefe.

Auf den Spuren verlorener Schätze: der Filmemacher Sylvio Heufelder (rechts) und Roland Morris. Der britische Schatztaucher gehört zu den großen Gewinnern bei der Suche nach versunkenen Reichtümern.

Lenkten die Galionsfiguren die Unglücksschiffe an die gefährlichen Klippen der Scilly-Inseln? Die „Schiffsbraut in Blau“, eine schön geschnitzte und prächtig restaurierte Vertreterin ihrer Zunft, stammt ebenfalls aus einem der Wracks.

Im Sommer 1969 wurde ein Teil der geborgenen Kostbarkeiten im Londoner Auktionshaus Sotheby's versteigert. Morris kassierte seine Prämie, die er mit dem Verteidigungsministerium ausgehandelt hatte. Auf einer zweiten Auktion, 1970, ersteigerte er die Silberplatte des Admirals, und das prächtige Stück wurde zur besten Reklame für sein Feinschmeckerlokal. Mit leisem Schaudern bewunderten die Gäste die silberne Fleischplatte des erwürgten Admirals, die Morris gern zeigte.

Obwohl viele Piratentaucher das Wrack der *Association* plünderten – eine Tauchergruppe, die allerdings mit amtlicher Erlaubnis arbeitete, fand sogar 7000 Silbermünzen –, wollte Morris seine Schatzsuche fortsetzen. Sein Interesse am Flaggschiff des Admirals endete erst, als er im Jahr 1974 ein anderes berühmtes Wrack fand. Es war das Kriegsschiff *Colossus,* das zur Flotte des britischen Admirals Nelson gehört hatte.

Als das Schiff 1798 vor den Scilly-Inseln unterging, hatte es eine kostbare Sammlung griechischer Vasen an Bord, 2500 Jahre alt. Der Schatz gehörte Sir William Hamilton, der Diplomat in Neapel war und seine Vasensammlung nach England in Sicherheit bringen wollte, als die Armee des französischen Revolutionsgenerals Napoleon in Italien einmarschierte. Die Scilly-Inseln machten aus den griechischen Vasen jedoch einen Scherbenhaufen.

Fast zweihundert Jahre lang lagen die zerschmetterten Vasen im Meer, bis Morris das Wrack fand und die Wissenschaftler des Britischen Museums die Scherben in mühsamer Kleinarbeit zusammensetzten.

Aber noch ein anderer Schatz lag auf dem Meeresgrund, der die Phantasie der Taucher beflügelte: Die *Hollandia* war ein Schiff der Ostindischen Kompanie, unterwegs von Holland nach Indien; an Bord befand sich sehr viel Geld, mit dem die Handelsherren Gewürze, Baumwolle, Edelhölzer, Kokosnüsse und Reis kaufen wollten.

Die Bewohner der Insel Saint Agnes waren wie immer am Strand, um ihre Beute abzuholen. Aber die *Hollandia* war schnell gesunken, und die angeschwemmten Leichen gaben nicht viel her; die Strandpiraten gingen enttäuscht nach Hause.

Die *Hollandia* stand schon lange auf der Suchliste des Londoner Rechtsanwalts Rex Cowan, der 1967 seine Anwaltspraxis aufgab und sich auf der Insel Saint Mary's niederließ, wo er eine Tauchergruppe zusammenstellte. Er holte sich bei der niederländischen Regierung, die alle Rechte am Wrack besaß, eine Bergungserlaubnis. Cowans Taucher fanden 1971 die Überreste der *Hollandia.* Aus dem schlammbedeckten Wrack bargen die Männer 3000 Gold- und Silbermünzen. Sie entdeckten auch ein paar Kanonen, mit denen sich die Besatzung der *Hollandia* gegen Piraten im Indischen Ozean verteidigt hatte, als das Schiff noch der Stolz der Ostindischen Kompanie gewesen war.

Dieser Handelsgesellschaft gehörte ebenso das holländische Schiff *Princess Maria,* das 1686 an den Klippen der Scilly-Inseln zerbrach. Cowans Tauchergruppe fand auch dieses Wrack und brachte noch ein paar Goldstücke und Silbermünzen ans Tageslicht, doch den größten Teil des Schatzes hatten seinerzeit schon die Inselbewohner geholt, die sich angeseilt und eine Menschenkette aufgestellt hatten, um in der aufgewühlten See an die *Princess Maria* heranzukommen.

So wollte es das Gesetz: Wenn keiner an Bord eines gestrandeten Schiffes die Katastrophe überlebte, dann gehörte den Bewohnern der Scilly-Inseln alles, was sie in Sicherheit bringen konnten. Deshalb halfen sie manchmal mit einem Würgegriff oder mit dem Messer nach, wenn sie Überlebende fanden. In diesem Fall hätte das Gesetz nämlich bestimmt, daß sie nur ein Drittel der Beute behalten durften. Aber wer konnte kontrollieren, ob sich die Inselbewohner an Gesetze hielten? Die Beute war längst im Versteck untergebracht, wenn Untersuchungsbeamte am Ort der Katastrophe eintrafen.

Dem Pfarrer blieb meist nur noch die traurige Pflicht, das Unglück in die Kirchenchronik einzutragen, wie im Fall des britischen Handelsschiffes *Susan and Rebecca,* das im Sturm fast der Katastrophe entgangen war. Aber als alle an Bord schon dem Himmel für die Rettung dankten, warf eine riesige Welle den Segler auf die Klippen von Halzephron an der Küste von Cornwall.

Der achtzigjährige Edward Cornish, der in seiner Jugend oft zum Fischen in die Gewässer der Scilly-Inseln gesegelt war, erzählte 1870 dem Pfarrer von Gunwalloe an Cornwalls Küste Einzelheiten über das seltsame Unglück: Der Segler *Susan and Rebecca* war von Argentinien zurückgekommen. An Bord waren die leichten Dragoner des Generals Whitlock, die eine Expedition in Südamerika unternommen hatten, und auch Frauen und Kinder – insgesamt etwa 190 Menschen. Als das Schiff auf den Klippen von Halzephron Stück für Stück auseinanderbrach, füllten die Reiter die Goldmünzen aus der Schiffskasse in ihre Helme und versuchten, an den Strand zu schwimmen.

„Die Leute wollten das Wrack nicht verlassen, weil sie ihr Gold nicht aufgeben mochten", berichtete Cornish, der alles vom Strand aus beobachtet hatte. „Dann knickten die Masten um und zerschmetterten die Rettungsboote. Die Dragoner hatten ihre Helme bis zum Rand mit Gold gefüllt. Sie waren die ersten, die ertranken, weil sie sich an das Gold klammerten, als wären ihre Hände an den Helmen festgewachsen."

Im Kirchenbuch von Gunwalloe steht: „Es ertranken 10 Matrosen, 3 Kinder und 28 Reiter."

An der Küste der Scilly-Insel Bryher ist der Atlantik wild und tückisch, in der „Höllenbucht" sucht man besser nicht nach Schätzen, wenn man keine Erfahrung hat und nur ein bißchen in Europas größtem Schiffsgrab herumtauchen will. Die Einheimischen wissen, wie leichtsinnig die angereisten Hobbytaucher sind. Deshalb vermieten sie ungern Boote, wenn der Gast allein hinausfahren will. Es ist besser, man mietet den Bootsmann gleich dazu, der sich in den unberechenbaren Gewässern auskennt.

Hier liegen noch immer Schatzschiffe, zu denen auch die erfolgreichen Schatzsucher Morris und Cowan nie vorgedrungen sind. In den Hafenkneipen der Scilly-Inseln kennt man die Namen der gesunkenen Schiffe: Die *Apollon,* eines der zwei Kriegsschiffe, die Napoleon im Jahr 1800 ausschickte, um die Inseln zu besetzen, sank mit 600 Mann und der Kriegskasse vor der Insel Saint Agnes. Die *Cayenne* ging 1780 mit einer Schiffskasse voll Goldmünzen unter. Der große holländische Überseedampfer *Schuier* zerschellte 1875 an den Scilly-Inseln, mit einer großen Menge Golddollars an Bord. Aufsehen erregte auch die Schiffskatastrophe der *Thames,* die 1841 mit 62 Menschen an Bord unterging. 1875 war das Passagierschiff *Schiller* unterwegs von New York nach Hamburg, es sank mit 335 Menschen vor den Scilly-Inseln. 1910 strandete der Überseedampfer *Minnehaha:* Die Besatzung warf die Fracht über Bord, und tatsächlich gelang es ihr, das Schiff wieder flottzumachen. Die *Minnehaha* steuerte mit der nächsten Flut aufs offene Meer hinaus. Die Inselbewohner jedoch machten noch einmal reiche Beute, als sie die über Bord geworfene Ladung bargen – fast so wie in den besten Zeiten der Strandpiraten.

Wer hier sein Glück sucht, muß sich Mr. Pickwells Wrackliste ansehen und die Wracks aussuchen, die ihm die größten Schätze versprechen. Aber die britische Regierung hat strenge Vorschriften erlassen, die es Tauchern ohne amtliche Erlaubnis verbieten, in den Gewässern der Scilly-Inseln nach den Schätzen gesunkener Schiffe zu suchen. Trotzdem kommt es immer wieder zu heimlichen Tauchaktionen. Die Behörden in London sind weit weg. Die Insulaner in ihren einsamen Häusern aus Granit und in den Whiskykneipen haben schweigen gelernt: Sie sind die Nachfahren der Plünderer, die Admiral Sir Cloudesley Shovell ins Jenseits befördert hatten. Wer hier taucht und etwas findet, der schweigt und teilt nicht mit der Königin von England, die sowieso in ihrem Schmuckkästchen kaum noch Platz für das Gold und die Juwelen der Scilly-Inseln hätte.

Die Scilly-Inseln waren und bleiben ein Ort der verschwiegenen Hoffnung. Kaum jemand, der nach dreistündiger Überfahrt mit dem Fährschiff *Scillonia* ankommt, kann sich der geheimnisvollen Ausstrahlung dieser Granitfelsen entziehen. Das „Valhalla Maritime Museum" auf der Insel Tresco zeigt dem Besucher, was von der Pracht der stolzen Schiffe übrigblieb, die vor den Scilly-Inseln untergingen: eine Sammlung schönster Galionsfiguren. Aber diese vollbusigen Damen aus Holz, die den Bug schmückten und immer geheimnisvoll lächelten, vergaßen oft ihre eigentliche Aufgabe, das Schiff glücklich durch alle Gefahren zu bringen, und rissen statt dessen das Gold, die Seemänner und die letzte Schiffsratte mit sich in die Tiefe.

Geronimos letzter Kampf

COCHISE, der große alte Häuptling der Apachen, war kriegsmüde. Sein schulterlanges Haar war in jahrelangen Kämpfen gegen die US-Kavallerie, gegen Siedler und Goldgräber grau geworden. Er trug ein Stirntuch, damit es ihm nicht in die Augen fiel.

Der Häuptling war fast sechzig Jahre alt, als er 1872 mit General Gordon Granger in den heimatlichen Bergen der Apachen zusammentraf, den Chiricahua Mountains in Arizona. Der General forderte, daß die Apachen ihre Waffen niederlegten.

Die Indianer besaßen nie genug Flinten, deshalb schossen sie noch immer mit Pfeilen aus Schilfrohr. Die US-Kavallerie hatte mit ihren Kanonen so manches Indianerlager in Schutt und Asche gelegt, um zu demonstrieren, daß die Zeiten von Pfeil und Bogen vorbei waren. Der Große Vater in Washington, wie die Indianer den amerikanischen

Präsidenten nannten, schickte seine Generale gegen Häuptlinge, die bis zum letzten Atemzug für ihr Land kämpften.

Die Apachen waren die letzten Kämpfer in den Bergen an der Grenze zwischen Mexiko und den USA. Die Goldminen in Arizona wurden ihnen zum Verhängnis, denn die Bleichgesichter forderten Land und Gold.

Deshalb hatte Cochise im Jahr 1872 bereits alle Hoffnungen begraben: „Als ich jung war und durch dieses Land streifte", sagte er zu General Granger, „sah ich im Osten und Westen keine anderen Menschen als die Apachen. Es vergingen viele Sommer, und ich zog wieder durch dieses Land und sah eine andere Menschenrasse, die gekommen war, uns unser Land zu nehmen. Warum? Warum warten die Apachen in ihrem Land auf das Sterben? Einst waren die Apachen ein großes Volk. Viele sind im Kampf gefallen, jetzt sind es nur noch wenige. Und deshalb sehnen sie den Tod herbei."

General Granger meinte, die Apachen müßten in ein Reservat ziehen.

„Wir wollen nicht in den Bergen leben, die kahl und feindselig sind", antwortete Cochise. „Dort sind Fliegen, die unseren Pferden die Augen auffressen. Böse Geister warten in jenem Land auf uns. Wir bleiben hier an unseren Quellen, die immer unseren Durst gestillt haben. Sag dem Großen Vater, wir lieben unsere Erde und sind bereit, auf ihr zu sterben."

Die Rede des Häuptlings Cochise erregte in der Goldgräberstadt Tucson in Arizona die Gemüter. Tucson war ein Nest, in dem sich Revolverhelden, Bartänzerinnen, Geldverleiher und Kartenspieler herumtrieben. Vor allem die Goldgräber, die in den Bergen die sagenhaften Goldadern aus der Zeit der spanischen Kolonialherrschaft suchten, forderten die Umsiedlung der Apachen in ein Reservat. Wenn sie nicht gehorchten, würde man sie zusammenschießen und ihre Häuptlinge am nächsten Baum aufhängen.

Cochise starb 1874, seine Kräfte waren verbraucht. Aber unter den Apachen waren zwei Krieger, die in den nächsten Jahren mit kleinen, beweglichen Guerillatrupps die Siedlungen und Goldgräberlager in Angst und Schrecken versetzten. Die beiden hießen Victorio und Geronimo und wurden durch ihren Widerstand berühmt.

Die Katastrophe für die Apachen in den Bergen an der Grenze zu Mexiko begann mit der Entdeckung der Goldminen durch die Spanier. Die erste Begegnung zwischen spanischen Mönchen und den kriegerischen Apachen im 16. Jahrhundert verlief noch friedlich. Die Apachen zeigten den Mönchen die Goldadern, weil sie glaubten, die Spanier würden das Eigentum der indianischen Götter nicht antasten. Tatsächlich interessierten sich die Mönche nicht für die wertvollen Bodenschätze. Doch die mächtige spanische Familie Peralta de Córdoba dehnte im Lauf der nächsten beiden Jahrhunderte ihren Landbesitz bis in die Berge der Apachen aus. Und es dauerte nicht lange, da wußten die Peraltas, daß die Apachen Goldadern besaßen, die sie nicht ausbeuteten – für die Spanier ein unverständliches Verhalten, ja eine Dummheit, aber die „Wilden" verstanden eben nichts vom verführerischen Reiz und der Macht des Goldes.

Die Peraltas besetzten im 19. Jahrhundert eine Mine nach der anderen und begannen mit dem Abbau des Goldes. Die Apachen hatten das Eindringen der Mexikaner in ihre Stammesgebiete bisher ohne größeren Widerstand hingenommen, doch als ihnen klar wurde, daß immer mehr Weiße kommen und ihnen mit der Zeit das ganze Land wegnehmen würden, begann ihr verzweifelter Abwehrkampf.

Inzwischen führten Mexiko und die USA einen Landkrieg, in dem es um die Gebiete von Kalifornien, Nevada, Utah, New Mexico und Arizona ging. Die Mexikaner unter Präsident Santa Anna verloren den Krieg, ihre Provinzen fielen 1848 an die USA. Die amerikanische Kavallerie besetzte das alte Indianerland, dann kamen die Siedler und Goldgräber. Der Kampf zwischen Indianern und Weißen, der nun erst richtig begann, wurde zum unvergeßlichen Drama der amerikanischen Geschichte.

Die Indianer führten den Krieg gegen die Weißen, die zu den Goldadern vorstießen, mit bisher ungekannter Härte. Nun kehrte sich die jahrhundertelang erlittene Brutalität gegen die Bleichgesichter. Als erste wurden die Peraltas für die Ausbeutung der indianischen Goldadern erbarmungslos bestraft: 1848 griffen die Apachen die mexikanische Goldgräbermannschaft des Don Pedro Peralta an und metzelten sie nieder.

Es war das Massaker in den Superstition Mountains, die zu Recht den Namen „Berge des Aberglaubens" tragen. In dieser geisterhaften Gebirgslandschaft hat man noch heute das Gefühl, daß damals nicht nur um Gold gekämpft wurde, sondern auch um die Ehre der alten indianischen Götter, deren Gesichter in den Felsen zu sehen sind.

Die steinernen Augen der Götter blickten auf den Kampfplatz, wo

Don Pedro Peralta tot neben seinem verängstigten, goldbeladenen Maulesel lag. Die Apachen schlitzten mit ihren Messern die Säcke auf, schütteten die Goldklumpen verächtlich in Felsspalten, und der Wind wehte den Goldstaub in alle Himmelsrichtungen. Sie legten keinen Wert darauf, Goldketten um den Hals zu tragen, sondern zogen Ketten aus Bärenzähnen vor. Doch wenn sie einen Bären töteten, entschuldigten sie sich: „Verzeih mir, daß du es warst, den ich erlegen mußte."

Dem weißen Mann verziehen sie nie. Er hatte Frauen und Kinder getötet, um zu den Goldadern vorzudringen. Er hatte Schienen für das „eiserne Pferd" gelegt, und nun reiste er im Salonwagen durch die Prärie und schoß aus seinem Plüschsofa die Büffelherden zusammen, damit die Indianer keine Nahrung mehr hatten.

In den Superstition Mountains von Arizona hatten die Apachen die erste Abwehrschlacht gegen die mexikanischen und nordamerikanischen Goldgräber gewonnen. Die Indianer deckten die Eingänge zu den Goldminen mit Steinen und Erde zu und bepflanzten die verschlossenen Höhlenlöcher mit Bäumen und Sträuchern. Sie glaubten daran, daß Gold und Silber ihren Göttern gehörten und die Weißen kein Recht hatten, es den Göttern zu nehmen.

Erst 1865 gestatteten die Apachen dem amerikanischen Militärarzt Dr. Abraham D. Thorne, der auch die Indianer medizinisch betreute und ihr Vertrauen besaß, eine Reise zu ihren versteckten Goldadern. Thorne brach von Fort McDowell auf, das am Westufer des Rio Verde lag. Die Apachen erwarteten ihn und legten ihm eine Augenbinde an, damit er sich den Weg zu den Goldminen nicht einprägen konnte. Der Arzt ritt durch einen Fluß, den Salt River. In einem Canyon nahmen die Apachen ihm die Augenbinde ab und belohnten Thorne für seine medizinischen Verdienste: Er durfte einen Sack voll Gold mitnehmen.

Das geschah an einer Goldader in der Nähe des spitz aufragenden Berges „Weaver's Needle", der später zum Wegweiser vieler Goldjäger wurde. 1883 versuchte Thorne, die Goldader der Apachen bei der „Webernadel" wiederzufinden, aber seine Suchmannschaft hatte kein Glück.

Auch zwei Soldaten aus Fort McDowell, deren Dienstzeit zu Ende war, ritten in die Superstition Mountains. Sie jagten einen Hirsch und stießen dabei auf eine Goldader, etwa vierzig Zentimeter dick. Einem Mann namens Mason erzählten sie von ihrem Fund, zeigten ihm Gesteinsproben, und Mason witterte sofort, daß die beiden auf eine prächtige Goldader gestoßen waren. Er schickte sie los, um das Claim abzustecken. Von diesem Ritt kehrten sie nie zurück. Wenige Wochen später fand ein Suchtrupp, den Mason ausgeschickt hatte, die Leichen der beiden jungen Männer – sie waren erschossen worden.

Der deutsche Auswanderer Jakob von Walzer aus Württemberg kam 1862 nach Arizona. Er arbeitete in der Provinzstadt Prescott als Bergbauingenieur. Jakob von Walzer lernte den Deutschen Jakob Wisner kennen, der in Florence lebte. Von 1871 an arbeiteten die beiden Deutschen für Don Miguel Peralta, den Sohn des von den Apachen getöteten Pedro Peralta. In seinem Auftrag zogen von Walzer und Wisner zu den Goldadern der Peraltas.

In den Bergen ging ihnen der Proviant aus, von Walzer ritt zu einer Siedlung am Gila River, um Vorräte zu holen. Wisner wartete mit geladener Flinte am Lager. Als von Walzer nach ein paar Tagen mit Proviant zum Lager zurückkehrte, fand er tote Packesel und Pferde vor, Wisner war spurlos verschwunden. Die Apachen hatten angegriffen.

Von Walzer lernte in den Wäldern ein Apachenmädchen kennen, die beiden verliebten sich, und sie zeigte ihm die Goldader ihres Stammes. Ein Verrat, der unter Apachen nur mit dem Tod bestraft werden konnte. Aber die Liebe war auch in den Wäldern des Wilden Westens mächtiger als ein Stamm gnadenloser Rothäute. Die schöne Apachensquaw folgte dem Deutschen nach Hill City.

Doch die Apachen vergaßen die Schande nicht. 1874 überfielen sie Hill City und töteten die treulose Squaw. Von Walzer schaufelte ihr ein Grab und trauerte um seine Geliebte, die ihm das Geheimnis ihrer Götter anvertraut hatte.

Ein paar Jahre ruhte sich von Walzer von den Strapazen der Goldsuche aus; er saß gern in den Bars von Hill City und sprach dem Whiskey zu. Die Leute versuchten, ihn auszuhorchen, wenn er einen zuviel getrunken hatte. Aber von Walzer war zu schlau, um Tips für den Weg zu seiner Goldader auszuplaudern. Als er 1882 wieder mit Pferd und Packesel in die Superstition Mountains zog, verschwand er ein paar Jahre lang in der Wildnis. Er holte Gold und machte Zwischenstation in einem Hotel in Tucson, dann ritt er weiter und kam 1887 nach Sacramento in Kalifornien, wo er sein Gold zu Barren einschmelzen ließ.

Er erzählte, daß das Gold aus seinem Claim in den Apachenbergen stammte. Die Chiricahua-Apachen ließen ihn ziehen; es war gerade die Zeit, in der sie zu Ehren ihrer Berggötter tanzten. In ihren Tänzen brachten sie zum Ausdruck, wie die Götter von den Gipfeln herunterstiegen. Sterne hatten sich in ihren Federkronen verfangen, Sterne lagen funkelnd auf ihren Schultern, als sie zu den Apachen kamen. Die Tänzer beschworen die Berggötter, ihnen viele Sterne zu schicken, die Glück brachten für Heirat und Geburt.

1889 kehrte von Walzer nach Hill City zurück. Die Stadt war gewachsen und hieß nun Phoenix. Von Walzer ritt über die staubige Hauptstraße zur nächsten Whiskeybar. Seine Drinks bezahlte er mit Goldnuggets, doch die Leute sahen auch, daß von Walzer alt und müde geworden war.

Als Phoenix 1891 von sintflutartigen Regenfällen überschwemmt wurde, saß er mit klappernden Zähnen in einem Baum neben seinem Haus. Er klammerte sich an die Äste, nur sein Kopf ragte noch aus den trüben Fluten.

Die Brüder Reinhard und Hermann Petrasch, Söhne eines deutschen Bäckermeisters, holten den Alten aus dem Baum und brachten ihn in das kleine Hotel von Mrs. Julia Thomas. Von Walzer dankte seinen Rettern und versprach, mit ihnen zu einer großen Goldader in den

Superstition Mountains zu reiten, sobald er sich von den Schrecken der Sintflut erholt habe.

Zunächst aber schickte er die Gebrüder Petrasch zu den Trümmern seines Hauses. „Dreht jeden Stein und jeden Balken um“, sagte er, „bis ihr meine Goldsäcke gefunden habt. Bringt sie mir, und dann zahle ich euch einen guten Finderlohn.“

Die beiden Deutschen zogen mehrere Säcke mit Rohgold aus Trümmern und Schlamm; das Gold hatte einen Wert von 30000 Dollar. Von Walzer kam nicht mehr dazu, in die Berge zu reiten. Er starb, 81 Jahre alt, am 25. Oktober 1891 an einer Lungenentzündung.

Von diesem Tag an wurde die geheimnisumwitterte Goldader das Ziel zahlloser Schatzsucher. Von Walzer hatte seiner Pflegerin, Mrs. Thomas, eine Schatzkarte hinterlassen, die den Weg zum Berg Weaver's Needle am Salt River beschrieb. Auf der Karte war ein Pferdekopf eingezeichnet, ein Felsen namens „Rock Horse“. Dieses „Steinerne Pferd“ sollte zu der größten Goldader führen, die von Walzer gekannt hatte.

Mrs. Thomas und die Gebrüder Petrasch überquerten 1892 den Salt River und ritten auf steilen Bergpässen durch das alte, totenstille Gebirge der Chiricahua-Apachen. Kein Pfeil flog ihnen entgegen, kein Schuß trieb ihre Pferde in kopflose Flucht, wie es noch einige Jahre zuvor weißen Eindringlingen passiert war. Die Apachen waren inzwischen von der Armee in Reservate getrieben worden.

Aber wo lag das Gold? Die Eingänge zu den Goldadern waren nicht mehr zu finden. 1887 waren die Berge von einem Erdbeben heimgesucht worden. Das „Steinerne Pferd“, den Wegweiser zu von Walzers Goldader, fand Mrs. Thomas nicht.

Mrs. Thomas erbte die Säcke mit von Walzers Rohgold, sie tauschte sie gegen Dollars ein und eröffnete 1893 in Phoenix eine Bar. Für ein paar Dollar verkaufte sie den Gästen Kopien der Schatzkarte von Walzers. Sie fragte nie nach dem Namen des Käufers. „Viel Glück, Mr. Nobody. Reiten Sie los. Und keine Angst, die Apachen tun Ihnen nichts. Die sind tot oder sitzen irgendwo im Reservat und leiden an gebrochenem Herzen.“

Mrs. Thomas' Witz war nicht zum Lachen. Nach dem Tod des großen Häuptlings Cochise im Jahr 1874 hatte der Kriegshäuptling Victorio eine Guerillatruppe von etwa zweihundert Mann aufgestellt, die Siedlungen in Schutt und Asche legte, erbarmungslos Weiße tötete,

△

Die Southern-Pacific-Bahn brachte 1886 gefangene Apachen nach Florida. In der unteren Reihe dritter von rechts: Häuptling Geronimo

△

Der durchlöcherte Schädel des Goldsuchers Adolph Ruth. Wer war der Todesschütze?

▷

Jakob von Walzer zog 1871 zu den Goldadern der Apachen.

◁

Von Walzers glückloser Gefährte Jakob Wisner

Nuggets, Goldkörner – eine Beute, die in den Bergen Arizonas manchem Goldsucher zum Verhängnis wurde

folterte und verstümmelte. Victorio war damals der meistgehaßte Apache, aber man vergaß, daß die Vertreibungsstrategie der Amerikaner ihn dazu zwang, gegen die Vereinigten Staaten einen Krieg ohne Gnade zu führen.

Die Behörden versprachen demjenigen, der Victorio tötete, eine Kopfprämie von 3000 Dollar. Aber erst einem großen Aufgebot amerikanischer und mexikanischer Soldaten gelang es am 14. Oktober 1880, Victorios Guerillatruppe in den Tres Castillos Hills bei El Paso zu umzingeln und zu vernichten.

Nach Victorios Tod betrat Geronimo, der letzte Kriegshäuptling der Apachen, den alten Kampfplatz zwischen Rothäuten und Bleichgesichtern in den Chiricahua Mountains. Geronimo floh 1885 mit seinen Kriegern aus dem ungeliebten Reservat von San Carlos. Die Apachen durchschnitten die Telegrafendrähte und ritten nach Mexiko. Dort verschanzten sie sich in der Sierra Madre, ihrem alten Schlupfwinkel in Notzeiten. Zuletzt kämpfte Geronimo mit vierundzwanzig Apachen gegen eine Armee von zehntausend US-Kavalleristen, bewaffneten Siedlern, die sich die Kopfprämie verdienen wollten, und Mexikanern.

Geronimos Lage war aussichtslos. 1886 legte er die Waffen nieder und wurde mit seinen letzten Kriegern nach Florida gebracht. Der Große Vater in Washington wollte den Häuptling hängen lassen, aber Geronimo wurde zu lebenslanger Haft begnadigt. 1903 zeigten die Amerikaner ihren berühmten Gefangenen auf der Weltausstellung von St. Louis. Der alte Indianer hatte einen gewöhnlichen amerikanischen Straßenanzug an, aber auf seinem Kopf trug er den Häuptlingsschmuck mit den Adlerfedern.

Geronimo, der letzte Kriegshäuptling der Apachen, hatte nur noch einen Wunsch: in seinen geliebten Chiricahua Mountains zu sterben, in den Bergen seiner Väter. Es heißt, der alte Häuptling habe seine Gefängniswärter bestechen wollen und ihnen eine Goldader angeboten, wenn sie ihm zur Flucht in die Berge verhelfen würden. Aber das ist unwahrscheinlich, Geronimo hätte nie seine Götter verraten. Er starb 1909 in Fort Sill in Oklahoma als Gefangener der Vereinigten Staaten.

Als die Apachen besiegt waren, stürzten sich Horden von Goldgräbern in die Superstition Mountains, auf der Suche nach den Goldadern, die die Apachen vor dem Zugriff der Weißen getarnt hatten. 1912 verletzte ein alter Indianer, der in Phoenix lebte, die Ehre und das Geheimnis der Götter. Apache Jack beschrieb seinem weißen Freund

George Scholey den Weg zur Goldader am „Steinernen Pferd“, dem Wegweiser, den Mrs. Thomas während ihrer Expedition 1892 nicht gefunden hatte. Den Pferdekopf hatten Apachen in den Felsen gemeißelt, ein geheimes Markierungszeichen für verschiedene Goldadern in diesem Gebiet.

Apache Jack und George Scholey ritten in die Berge; unterwegs bekam der alte Indianer jedoch Angst vor der Rache der Götter und kehrte um. Ein paar Tage später wurde er tot aufgefunden, jemand hatte ihm Gift gegeben. Scholey ging nie wieder auf die Suche nach Goldadern.

Aber welcher beherzte Goldgräber, der nicht an böse Geister, Götter und Teufel glaubt, läßt sich von Warnungen abschrecken? Immer mehr Abenteurer zog es in die unheimlichen Superstition Mountains. Und die Zahl der geheimnisvollen Todesfälle erhöhte sich von Jahr zu Jahr.

1931 versuchte der sechzigjährige Adolph Ruth aus Washington sein Glück. Er war Beamter und in seiner Freizeit leidenschaftlicher Schatzsucher. Mit Jack Keenan und L. F. Purnell, zwei Cowboys von der Ranch, die Tex Barkley gehörte, ritt Adolph Ruth in die Berge. Die Cowboys schlugen an den Willow Springs, einer Quelle im West Boulder Canyon, das Zelt für Ruth auf, der mit seiner alten Schatzkarte aus der Zeit der Peraltas weiterritt.

Nach ein paar Tagen kehrten die Cowboys zur Ranch zurück, holten Proviant und ritten mit dem Rancher Tex Barkley wieder zum Lager. Das Zelt war unberührt, von Adolph Ruth fehlte jede Spur. Barkley informierte die Polizei, aber die Suchexpedition, die von Flugzeugen unterstützt wurde und die Bergwälder um Weaver’s Needle durchkämmte, hatte keinen Erfolg.

Ein paar Monate später war eine kleine Gruppe Archäologen in den Bluff Springs Mountains unterwegs. Plötzlich lief ihr Jagdhund davon und stöberte im Gebüsch, bis er bellend vor einem Totenschädel stehenblieb. Jemand hatte dem früheren Besitzer dieses Schädels eine großkalibrige Kugel in den Kopf gefeuert.

Das Skelett blieb zunächst verschwunden, bis Tex Barkley eine Suchexpedition startete. Knapp einen Kilometer von der Stelle entfernt, wo der Schädel gelegen hatte, fand der Suchtrupp die Gebeine mit den vermoderten Fetzen von Adolph Ruths Kleidung.

Die alte Schatzkarte und die Personalpapiere, die Ruth bei sich getragen hatte, waren verschwunden – vermutlich hatte der geheimnisvolle

Todesschütze sie mitgenommen. Aber in den Resten des Anzugs steckte noch ein Notizbuch, in dem Ruth die Position einer Goldmine beschrieben hatte. Allerdings waren die Notizen unvollständig, so daß Barkley mit den Zeilen nichts anfangen konnte.

Auch der Fotograf James Cravey, der 1947 in den Superstition Mountains die Goldadern der Apachengötter suchte, wurde enthauptet aufgefunden. Sein Schädel war von einer Kugel aus einem großkalibrigen Revolver durchlöchert.

1955 waren vier junge Männer aus Tucson auf Hirschjagd. Einer von ihnen, Charles Massey, verlor die Verbindung zu seinen Freunden, er verirrte sich und muß geheimnisvollen, in den Fels gemeißelten Zeichen gefolgt sein. Der Mörder, der das Gold in den Superstition Mountains gnadenlos hütete, feuerte auch Charles Massey eine Kugel in den Kopf.

War der gespenstische Mörder ein Apache, der in unzugänglichen Schlupfwinkeln überlebt und den Weißen Rache geschworen hatte? Die Jagd mit Spürhunden und Hubschraubern nach dem Mörder blieb bis heute ergebnislos. Die Todesstatistik ist inzwischen bei sechzig toten Goldsuchern angekommen, in den meisten Fällen tötete der Scharfschütze seine Opfer mit Kopfschüssen.

Wenn es ein Apache war, dann hatte er perfekt die Methode des weißen Mannes übernommen, der für eine Handvoll Dollar Menschenjagd betrieb. Allerdings kämpften die Apachen im allgemeinen nicht für Geld, sondern für ihr Land.

Crazy Horse, der große Kriegshäuptling der Sioux, hat die gleiche Erfahrung mit weißen Goldsuchern gemacht wie die Apachen. Die Weißen raubten den Sioux die heiligen Götterberge, die Black Hills in Dakota, weil es dort Goldadern gab. Crazy Horse wurde 1877 in der Gefangenschaft von dem Wachsoldaten William Gentles mit dem Bajonett getötet, bei einem „Fluchtversuch", wie es hieß. Crazy Horse war fünfunddreißig Jahre alt. Die Sioux begruben sein Herz und seine Knochen am Ufer des Flusses Wounded Knee.

Jahre später hob der alte Siouxhäuptling Yellow Hair eine Handvoll Erde auf, als er die Waffen niederlegte. „Ihr Weißen habt fast unser ganzes Land genommen", sagte er zu dem amerikanischen Unterhändler Dr. Valentine McGillycuddy und hielt ihm die Handvoll Erde hin. „Nehmt auch das – da habt ihr den Rest!"

Eine Hölle für die weißen Frauen

DIE Sonne über dem Indischen Ozean war an diesem Augusttag des Jahres 1782 zu heiß für die zarte Haut der blonden englischen Ladies, die an Deck des Dreimasters *Grosvenor* im Schatten ihrer Sonnenschirme saßen. Noch zweihundert Seemeilen bis zur felsigen Küste Südostafrikas, hatte Captain Coxon erklärt; dort lag das dunkle, wilde Pondoland. „Tut mir leid, meine Damen", scherzte der Käpt'n im Vorbeigehen, „einen Landspaziergang kann ich nicht empfehlen. Soviel ich gehört habe, gibt es in Küstennähe Menschenfresser."

Die Ladies lächelten über die derben Scherze, die der einundvierzigjährige John Coxon zu machen pflegte. Sie waren überzeugt, daß das Schiff bei ihm in den besten Händen war, er würde es elegant und sicher an diesem unheimlichen Afrika vorbeisteuern.

Doch Captain Coxons Berechnungen waren falsch. Die *Grosvenor* lief mit vollen Segeln auf die afrikanische Küste südwestlich von Madagaskar zu, wo der Indische Ozean mit unwiderstehlicher Gewalt auf die Landschwelle prallt. Ein Schiff, das zu spät abdrehte, wurde von der Brandung auf das nächste Riff geschleudert und zerbrach wie eine alte englische Hutschachtel.

Die *Grosvenor* hatte am 13. Juni 1782 den Hafen Trincomalee auf Ceylon verlassen und war auf der Heimreise nach Portsmouth. Die Ladies gehörten zur besten Londoner Gesellschaft; einige entstammten dem Adel und waren mit hohen Kolonialbeamten verheiratet, die ein paar Jahre in Indien verbracht hatten. Nun saßen die Beamten mit den Offizieren beim Kartenspiel; für sie war der Kolonialdienst beendet, in London warteten neue Aufgaben und Pflichten auf sie. Mit Frau und Kind kehrten sie nach England zurück. Fast alle hatten gespart, und in ihrem Reisegepäck lagen indische Diamanten, Rubine und Saphire – man plante, sich in London ein stolzes Haus zu bauen und das Leben zu genießen.

Der Dreimaster *Grosvenor* gehörte der geschäftstüchtigen Ostindischen Kompanie, die 1600 von den Engländern gegründet worden war. Die Gesellschaft pflegte einen blühenden Handel mit Indien, versorgte England mit den Reichtümern des Fernen Ostens, mit Gold und Silber, Juwelen, Gewürzen, Edelhölzern, Seide und Elfenbein.

Die vierzig Meter lange *Grosvenor* war damals eines der besten und schnellsten Handelsschiffe: Sie hatte sechsundzwanzig Kanonen an Bord, mit denen angreifende Piraten vertrieben werden konnten. Rumpf und Masten des Seglers waren aus britischer Eiche – er konnte es mit jedem Sturm aufnehmen. Aber nicht mit dem Riff, das in der unruhigen See auf den Dreimaster lauerte. Ein geübtes Auge hätte die Flutwirbel erkennen müssen, doch Captain Coxon rechnete nicht damit, daß die tödliche Gefahr so nah war.

Die Ladies in ihren leichten weißen Tropenkleidern freuten sich auf das Leben in London, auf das Wiedersehen mit ihren Familien und Freunden. Die Kinder spielten auf den Deckplanken, alles war wie ein schöner Traum, durch den die *Grosvenor* segelte, mit einhundertfünfzig Seelen an Bord und beladen mit einem fabelhaften Schatz: 720 Goldbarren, 1450 Silberbarren, Kisten voller Goldmünzen, Edelsteine und Elfenbein.

Hinter einer geheimnisvollen Tür aber, zu der es nur einen einzigen Schlüssel gab, den der Captain verwahrte, stand angeblich ein Prunkstück, wie es die westliche Welt noch nie gesehen hatte: der Pfauenthron des Großmoguls von Delhi. Der Thronsessel aus Gold und Juwelen war geschmückt mit radschlagenden Pfauen aus Diamanten, Rubinen, Perlen und Smaragden, verziert mit Löwen aus Saphiren und Türkisen. Ein strahlendes, unschätzbares Wunderwerk, das schon im Jahr 1665 den französischen Forschungsreisenden Jean-Baptiste Tavernier geblendet und zu schwärmerischer Bewunderung hingerissen hatte.

1738 überfielen die persischen Horden des Schahs Nadir Indien und plünderten die Paläste Delhis; seitdem war der Pfauenthron verschwunden. Entweder hatten ihn die Getreuen des Großmoguls rechtzeitig in ein sicheres Versteck gebracht, oder er war in den Schatzkammern des Schahs Nadir gelandet. Die Kaufherren der Ostindischen Kompanie hatten anscheinend die besten Beziehungen zu den späteren Besitzern des Pfauenthrons, denn bis heute hält sich das Gerücht, daß die Briten den Pfauenthron für eine stolze Summe kauften und ihn mit der *Grosvenor* nach England bringen wollten. Er ist nie in London angekommen.

Wenn der Pfauenthron an Bord der *Grosvenor* war, und dafür sprechen viele Anzeichen, dann liegt er vor der Küste Südostafrikas auf dem Meeresgrund. Denn in der Nacht des 4. August 1782 trieb ein Sturm die *Grosvenor* auf die afrikanische Küste zu. Was Captain Coxon und seine Männer für leuchtende Luftspiegelungen hielten, war ein Feuerschein – hinter der Küste brannte das ausgetrocknete Buschland.

Im Morgengrauen glaubten die Matrosen John Hynes und Thomas Lewis, Land zu sehen. Aber die anderen hielten die graue Masse für Nebel und wollten den Captain nicht mit derartigen Beobachtungen belästigen. Lewis erkannte als erster die bedrohlichen Flutwirbel am Riff, er sah die scharfkantigen Felsen und rief den Käpt'n. Coxon befahl in höchster Gefahr: „Abdrehen!" Zu spät, ein scharfes Geräusch wie von einer riesigen Säge zog am Rumpf der *Grosvenor* entlang, dann wurde das Schiff von einer mächtigen Welle hochgehoben und kippte nach vorn, es krachte in eine Riffspalte und blieb dort eingeklemmt liegen.

Die Brandung begann sogleich, das Schiff zu zertrümmern. Die Küste war etwa hundertfünfzig Meter entfernt; am Strand liefen die Eingeborenen zusammen, schwarze Gestalten, die auf den Untergang des Dreimasters warteten. Sie konnten Holz und Nägel für den Bau ihrer Hütten gebrauchen. Die Verzweiflung der Weißen berührte sie nicht, sie hatten schlechte Erfahrungen mit eingewanderten Weißen gemacht, die ihnen das Weideland geraubt und Getreidefelder daraus gemacht hatten. Man mußte sich nur gedulden, bis die Schreie im Meer verstummten.

Die weißen Frauen überlebten allen Aussagen nach den Untergang des Seglers, aber auch sie kamen nie in London an. Nachdem das Schiff in zwei Teile zerbrochen war, trieb ein Teil des Wracks, auf dem sich die Passagiere zusammengedrängt hatten, in ruhiges Wasser. Hundertdreiundzwanzig Menschen konnten sich an Land retten. Der Schatz der *Grosvenor* lag verstreut in den Riffspalten, am Pfauenthron zogen Haie vorbei.

Und dann begannen die Geretteten am 8. August 1782 ihren Marsch durch das Pondoland. Sie hörten, wie die Trommeln der Schwarzen die Nachricht vom Unglück der Weißen verbreiteten, mal nah, mal fern, ein unheimliches, nervenzermürbendes Trommeln.

Nur der Matrose Joshua Glover und der ehemalige Soldat John Bryan blieben am Strand, weil sie hofften, sich mit den Eingeborenen anzufreunden. Sie wollten sich als Schmiede nützlich machen und aus Eisenteilen des Wracks, die im seichten Wasser lagen, Werkzeuge und Kochtöpfe für die Schwarzen herstellen.

Die anderen gerieten von einem Unglück ins andere. Sie teilten sich in drei Gruppen, marschierten nach Süden, in der Hoffnung, die Siedlungen holländischer Einwanderer zu erreichen, die Höfe der Buren. Aber gerade die Buren hatten den Schwarzen das Land geraubt. Und jetzt zahlten es die Eingeborenen den verhaßten Weißen heim. Die hatten zwar mehrere Gewehre gerettet, aber ihre Munition war unbrauchbar, weil das Schießpulver naß geworden war.

Und so fielen die Eingeborenen über die Verzweifelten her, zogen den Frauen die Goldringe von den Fingern und nahmen ihnen den Ohrschmuck ab. In den Dörfern verweigerte man den Weißen Wasser und Nahrung, sie wurden mit Steinwürfen in den Busch getrieben. Dort ernährten sie sich von Schlangen und Schnecken, wehrten sich nachts mit brennenden Fackeln gegen angreifende Raubkatzen.

Captain Coxon führte die Gruppe der Frauen und Kinder an, begleitet von einigen Offizieren und Matrosen. Man hörte oder sah nie wieder etwas von dem unglücklichen Kapitän, dem man später schwere navigatorische Fehler vorwarf und die Schuld an der Katastrophe gab. Die meisten der Gestrandeten starben vor Hunger und Durst; in der Savanne hinter der weitgedehnten Bucht von Algoa ließen viele ihr Leben, von der heißen Sonne in den Wahnsinn getrieben. Andere wurden von Eingeborenen erschlagen oder mit Giftpfeilen getötet. Die Stärksten schleppten sich weiter; nach hundertzwanzig Tagen erreichten sechs Männer eine holländische Siedlung in der Gegend des heutigen Port Elizabeth.

Holland und England befanden sich damals zwar im Kriegszustand, aber die Holländer schickten am 21. Dezember 1782 eine Suchexpedition in den Busch, die noch andere Überlebende fand. Insgesamt sechzehn Männer überstanden den Todesmarsch von fünfhundert Kilometern.

Wo waren die weißen Frauen?

Es hielten sich Gerüchte, daß die Frauen und Kinder in die Eingeborenendörfer verschleppt worden waren. 1785 fand der britische Oberst Jacob Gordon eine Spur. Ein Eingeborener erzählte ihm, daß in seinem Dorf eine weiße Frau mit einem Kind lebte. „Sie weint immer“, berichtete der Schwarze. Dann ging er in den Busch zurück und kam nie wieder, obwohl Oberst Gordon ihm einen Brief an die weiße Frau mitgegeben hatte. Die Suche endete ergebnislos in dem weiten, unerforschten Buschland.

Beinahe eineinhalb Jahrhunderte vergingen – keine Spur, keine Nachricht von den britischen Ladies. 1927 reiste der dänische Forscher C. Redsted Peterson, Professor der Völkerkunde, ins Pondoland. In den Buschdörfern traf er hellhäutige Neger mit blauen Augen und hellbraunen Haaren. Die Eingeborenen erzählten ihm jene alte Geschichte, die von Lagerfeuer zu Lagerfeuer weitergegeben worden war: Vor langer Zeit hatte man alle weißen Männer getötet und die Frauen und Kinder in die Dörfer gebracht. Die weißen Frauen waren „Geschenke" für die schwarzen Häuptlinge, die mit den britischen Ladies Hochzeit feierten.

Peterson erfuhr, daß die Holländer, die ab 1800 das Land beherrschten, mit den Häuptlingen über die Freigabe ihrer Gefangenen verhandelt hatten. Die Schwarzen waren bereit, gegen Geschenke oder ein Lösegeld die weißen Frauen ziehen zu lassen. Aber die Frauen fürchteten die Schande, das falsche Mitleid, die Demütigung und Verachtung, die sie bei ihrer Rückkehr in die Zivilisation erwarteten, und entschlossen sich, bei ihren kleinen „weißen Negern" zu bleiben, deren Mütter sie waren.

Am 10. April 1927 berichtete der Londoner *Observer* unter der Schlagzeile „White Negroes" über das erschütternde Ergebnis von Professor Petersons Reise in eine dunkle Vergangenheit.

Und was war aus dem Schatz der *Grosvenor* geworden?

Um 1860 begann die Suche nach der versunkenen Fracht. Immer häufiger hatten weiße Siedler von den Eingeborenen gehört, daß an der Küste Gold- und Silbermünzen gefunden wurden, vom Meer ausgespuckt. Die Schwarzen zeigten ihre Fundstücke: Goldringe, Münzen, Pistolen und silberne Knöpfe.

1880 führte Captain Sidney Turner eine Expedition zur Bucht von Algoa, schaufelte im Sand und fand etwa tausend Gold- und Silbermünzen. 1900 kam Captain Turner noch einmal in die Bucht und durchsuchte abermals den Küstenstreifen. Seine Beute: silberne Löffel und Messer, Flintenkugeln aus Blei, silberne Schuhschnallen, verrostete Offiziersdegen und goldene Halsketten.

Der Pfauenthron aber blieb verschwunden. Mancher Taucher glaubte, in der Tiefe einer Riffspalte das Glitzern und Funkeln der zahllosen Diamanten und Rubine zu sehen, die die Rückenlehne schmückten, oder die vier goldenen Löwenklauen, auf denen der Pfauenthron stand.

Im Lauf der Zeit wurden immer wieder Bergungsgesellschaften

gegründet, die mit wechselndem Erfolg in der Unglücksbucht arbeiteten. 1907 war es die „Grosvenor Treasure Recovery Company" aus Johannesburg, deren Teilhaber große Pläne hatten: Mit Hilfe eines Krans und mit Ketten wollten sie das zerbrochene Wrack aus der Tiefe ziehen. Aber man mußte es erst einmal finden.

Die starken Strömungen hatten das Wrack im Lauf der Zeit unter weißem Sand begraben. Man schickte Taucher hinab, die Porzellanscherben und Kanonen entdeckten. Einer der Männer starb am Meeresboden, als eine scharfe Riffkante seinen Sauerstoffschlauch zerschnitt. Haie versammelten sich in der Bucht, als sie merkten, daß Schatztaucher eine leichte Beute waren.

1919 gründete der Ingenieur Webster aus Johannesburg eine Gesellschaft namens „Grosvenor Bullion Syndicate", der als Aktionär auch der berühmte englische Kriminalschriftsteller Sir Arthur Conan Doyle angehörte. Aus London schickte der Erfinder des unsterblichen Detektivs Sherlock Holmes einen aufmunternden Brief: „Kann mich leider wegen der großen Entfernung nicht aktiv an Ihrem Unternehmen beteiligen. Die Schwierigkeiten sind gewiß sehr groß, doch ich denke, daß sich der Einsatz lohnt."

Der Taucher Richard Foley behauptete 1923, er habe im Sand die Umrisse eines Wracks von vierzig Meter Länge entdeckt. Wer weiß, welchen Streich ihm seine Phantasie gespielt hat – er muß sich geirrt haben. Denn das Wrack war, wie wir wissen, auseinandergebrochen, und ein Teil war davongetrieben.

Trotzdem gab diese Nachricht den Schatzsuchern neuen Schwung. Da man das Wrack nicht von oben erreichen konnte, weil es unter Sandmassen begraben lag, bohrte man einen Tunnel durch den felsigen Untergrund der Küste, der 1923 eine Länge von hundertzehn Metern erreichte. Aber alles ging schief, das Meer überflutete den Tunnel. Und Sir Arthur Conan Doyle verlor sein Geld, da die Aktien wertlos wurden.

Mehr Erfolg hatte 1925 der deutsche Einwanderer Johann Bock, der im Sand der Bucht nach Goldmünzen schaufelte. Er fand 1038 Rohdiamanten, die wahrscheinlich einer der Passagiere dort vergraben hatte, um sie später zu holen, falls er den Marsch durch den Busch überlebte.

Die Liste der Bergungsversuche ist lang; auch die Amerikaner versuchten ihr Glück. 1927 ließ der amerikanische Millionär Pitcairn aus Chicago einen neuen Tunnel anlegen, der jedoch nur Dollars schluckte. Das Wrack der *Grosvenor* wurde nicht gefunden.

Gemälde vom Untergang der *Grosvenor* vor der südostafrikanischen Felsenküste

Die Überreste der Hütte von Joshua Glover und John Bryan, die nach dem Schiffbruch in Pondoland geblieben waren.

Andere versuchten mit technischen Tricks die gewaltige Brandung des Indischen Ozeans zu überwinden. So bauten zum Beispiel die Holländer 1938 einen Wellenbrecher. Aber auch dieses Unternehmen endete mit einer Pleite.

Die Engländer begannen 1951 einen neuen Bergungsversuch, angeführt von Dr. Bartman und Commander Keeble, der früher der britischen Kriegsmarine angehört hatte. Ein Taucher namens Devonshire fegte mit einem Gebläse den Sand aus der Riffspalte, in der das Wrack vermutet wurde, doch er fand es nicht.

1968 reisten drei junge Deutsche zur Bucht von Algoa; im Reisegepäck hatten sie einen Metalldetektor, mit dem sie den Küstenstreifen abtasteten. Aber der Sand gab keine Gold- und Silbermünzen mehr frei. Statt dessen fanden die Deutschen eine zerfallene Steinhütte.

Hier hatten jene zwei Briten gelebt, die nach dem Untergang der *Grosvenor* am Strand zurückblieben, als die anderen losmarschierten: der Matrose Joshua Glover und der ehemalige Soldat John Bryan. Sie hinterließen im Staub ihrer zerfallenen Hütte eine geheimnisvolle Kupfertafel, in die sie Zeichen geritzt hatten: die Sonne, einen geschlängelten Fluß, Riffe und einen Dreimaster – die *Grosvenor.* Aber mit dieser rätselhaften „Schatzkarte" konnte niemand etwas anfangen. Vermutlich waren die beiden gar nicht daran interessiert gewesen, der Nachwelt eine Schatzkarte zu hinterlassen, sondern hatten nur aus einer Laune heraus den Untergang der *Grosvenor* aufgezeichnet.

Joshua Glover und John Bryan waren im Pondoland hochgeehrte Schmiede geworden und bis an ihr Lebensende dort geblieben. Sie saßen im Schatten ihrer Hütte und hämmerten aus den Eisenteilen des Wracks Messer, Bratpfannen und Pfeilspitzen, die sie bei den Eingeborenen gegen Fleisch und Früchte tauschten. Manchmal tauchte draußen in der Bucht ein Wal auf. Die beiden hatten viel Zeit und sahen zu, wie der Wal Atem holte und sein riesiger dunkler Rücken im Ozean schaukelte. Und keiner wollte zurück in das enge, alte, nebelgraue London.

Reise zu einem Menschenfresser

DAS Schweigen, das über der kleinen Insel Oak Island vor der Ostküste Kanadas liegt, wird nur gestört vom unheimlichen Klappern der Holztüren in den menschenleeren Schatzgräberhütten. Ein paar

Enten fliegen über eine Geisterlandschaft, die aussieht wie ein Schlachtfeld: In den Kratern steht das Wasser, verrostete Flaschenzüge ragen in den Himmel, Eisenteile einer zerstörten Pumpanlage und leere Ölfässer liegen herum.

Alle, die hierherkommen, haben ein besonderes Ziel: Sie wollen den Ort sehen, an dem sich das wahnwitzigste Schatzversteck aller Zeiten befindet. Die Besucher, die mit ihren Straßenkreuzern über den Highway 103 rollen und zur Mahone-Bucht abbiegen, fahren über einen zweihundert Meter langen Damm, der die Insel mit der Küste von Nova Scotia, Neuschottland, verbindet.

Neben dem Parkplatz steht das verwitterte kleine Oak-Island-Museum, in dem man Dokumente und Geräte aus den Schatzgräbertagen besichtigen kann, die Schaufeln und Hacken, mit denen die Schatzsucher schufteten. „Manchmal hört man Stimmen in den Bohrlöchern“, sagt der Museumswärter und will damit den Nervenkitzel der Touristen steigern, die sich über die mit Brettern zugedeckten Schächte beugen, den Kopf schief halten, als würden sie tatsächlich die Stimmen längst verblichener Schatzgräber hören.

Die Hunde der Besucher schnüffeln an den Schächten, weichen mit gesträubtem Haar zurück. Wenn sie nicht an der Leine wären, würden sie davonlaufen. Nein, ein Spielplatz ist das nicht. Nirgendwo wurde so verbissen gekämpft wie an dieser Stelle.

„Jetzt hören Sie es“, fährt der Museumswärter fort. „Das ist der Wind, der sich im Schacht dreht ... Oder hören Sie Stimmen?“ Er tippt grüßend an seine Mütze und geht langsam weiter.

Die Insel ist nur 1,2 Kilometer lang und 800 Meter breit. Früher standen hier mächtige Eichen, die der Insel den Namen gaben. Aber der Eichenwald war schon Ende des 19. Jahrhunderts abgeholzt worden, die Stämme wurden im Schiffsbau und in der Möbelindustrie verarbeitet. Über die kahlgeschlagene Erde ist Gestrüpp gewachsen, die Natur hat die häßlichen Narben mit Farn und Brombeeren, verkrüppelten Kiefern und windschiefen Birken zugedeckt.

Oak Island gehörte einmal zum Gebiet der Micmac-Indianer, die ihr Land an den sanften Hügeln der Halbinsel Nova Scotia „die fruchtbare Erde“ nannten. Die Micmac-Indianer waren ein Stamm des großen Algonkinvolkes, und ihr Gott Glooscap herrschte über diese paradiesische Wildnis. Mensch und Tier lebten in Frieden zusammen, erzählt die Sage der Algonkin, die mit der Vertreibung aus dem Paradies endet.

Aber nicht die Schlange, sondern ein teuflischer Biber hat hier im Norden Unglück über die Menschheit gebracht.

Den Besuchern auf Oak Island weht der steife kalte Wind vom Atlantik ins Gesicht. Sie kaufen sich heiße Würstchen, eine Cola und eine Landkarte der Insel mit Schatzversteck, als Erinnerung an die berühmteste Narreninsel der Erde. Wie Maulwürfe wühlten sich hier die Schatzgräber in die Erde, bis in eine Tiefe von sechzig Metern stießen sie vor – vergeblich. Aber mit jedem Spatenstich ritzten sie in den Lehmboden: Der Schatz ist da!

Das Meer riß an der Küste Kanadas Tausende von Schiffen in die Tiefe, ein paar hundert versanken allein vor Sable Island, einem der größten Schiffsfriedhöfe im Atlantik. Die Kanadier sprechen von ihrer „Goldküste", an der so berühmte Piratenkapitäne wie Henry Morgan und William Kidd vor Anker gingen. In den Fischerdörfern erzählt man heute noch, daß Kidd seine Beute auf Oak Island versteckte, bevor ihn die Engländer schnappten und am 23. Mai 1701 in London hinrichteten. Der Henker mußte Kidd zweimal an den Galgen hängen, beim erstenmal riß der Strick. Es gibt jedoch keine Beweise, daß Captain Kidd es war, der auf Oak Island das komplizierte Versteck baute, an dem so viele Schatzsucher scheiterten. Kidd war nur einer von vielen, die vor Oak Island Anker warfen.

Die Insel hatte schon immer einen schlechten Ruf. Im Jahr 1700 verschwanden hier drei Fischer spurlos. Sie hatten eines Tages einige Männer auf der Insel gesehen, die mit Flinten bewaffnet waren und Schaufeln in der Hand hielten. Als die Fischer dem Strand zu nahe kamen, verschwanden die Fremden im Eichenwald, der damals noch auf der Insel stand und Geheimaktionen vor neugierigen Blicken schützte. Die Fischer bemerkten, daß die Fremden hinter den dreißig Meter hohen Eichen standen und mit den Flinten auf ihr Boot zielten.

Die drei bekamen es mit der Angst zu tun und segelten davon. Ihr Fehler war, daß sie eines Nachts zur Insel zurückkehrten und an Land gingen, um das Geheimnis zu lüften. Sie wurden nie mehr gesehen.

Die Trümmer ihres Bootes wurden an Land gespült – jemand hatte es mit der Axt zerschlagen. Die Fremden verließen dann die Insel, vermutlich wurden sie nachts von einem Schiff abgeholt, denn eines Morgens war Oak Island wieder menschenleer wie zuvor. Lange Zeit traute sich niemand, die düstere Eicheninsel zu betreten. Die Leute glaubten, daß die Geister der drei toten Fischer dort spukten.

Für Enten und andere Seevögel war Oak Island ein Paradies. Gespenster konnten sie nicht davon abhalten, dort zu brüten. Aber dann kam der Tag, der die Insel aus ihrer Ruhe riß.

Daniel McGinnis, sechzehn Jahre alt, wollte Enten schießen; sein Vater hatte ihm eine Jagdflinte geschenkt. An einem klaren, sonnigen Tag des Jahres 1795 ruderte der Junge mit seinen beiden Freunden Anthony Vaughan und Jack Smith in einem kleinen Boot zur Eicheninsel hinüber. Unter den 365 winzigen, unbewohnten Inseln in der Mahone-Bucht war McGinnis die Wahl nicht schwergefallen. Auf Oak Island gab es die meisten Enten.

Die Jungen zogen das Boot auf den Strand und wunderten sich, daß sie im Dickicht einen Pfad fanden, über den nur stellenweise Gestrüpp gewachsen war. Es hieß doch immer, daß in den letzten Jahrzehnten kein Mensch die Insel betreten hätte. Die drei stiegen auf einen Hügel, auf dem eine einzelne, riesige Eiche stand. Von dort wollten sie erst einmal die Enten beobachten und überlegen, wie man sich am besten an sie heranpirschen konnte.

Als McGinnis unter der Eiche stand, fiel ihm auf, daß die Rinde mit Narben bedeckt war. Der Baum hatte offenbar vor langer Zeit bei einer Arbeit gedient, er war von Ketten und Seilen aufgeschürft worden. Außerdem hatte jemand mit dem Messer pfeilförmige Zeichen und Buchstaben in den Stamm geschnitzt.

Und dann sah McGinnis etwas, das ihn die Entenjagd vergessen ließ: Etwa fünf Meter über ihm ragte ein abgesägter Ast aus dem Eichenstamm. Daran hing ein Flaschenzug, wie man ihn auf Schiffen benutzte. Als der Junge nach dem Seil griff, zerfiel es zwischen seinen Fingern. McGinnis verlor das Gleichgewicht, mit einem Fuß brach er in der lockeren Erde ein und stürzte in eine kreisförmige Mulde, die etwa zwei Meter breit war.

Seine beiden Freunde wollten ihm auf die Beine helfen, aber McGinnis wühlte bereits mit den Händen in der Erde. „Da hat einer ein Loch gegraben und es wieder zugeschüttet“, meinte er.

Als er weitergrub und die Ränder und Wände der Mulde freilegte, fand er Spuren von Schaufeln und Hacken; deutlich waren Kerben und Schrammen an einigen größeren Steinen zu sehen.

Die drei Freunde hatten oft zugehört, wenn die alten Leute im Hafenstädtchen Chester von Piraten und Schmugglern berichteten, die früher an der Küste ihre Schlupfwinkel hatten. Dabei war auch der Name des in London gehängten Captain Kidd genannt worden. Die Jungen glaubten, die Spuren entdeckt zu haben, die auf einen alten Piratenschatz schließen ließen.

„Das bleibt unter uns", sagte McGinnis. „Wenn wir das in Chester erzählen, lachen sie uns aus. Oder, was viel schlimmer wäre, die Alten rudern selber rüber und schnappen sich unseren Schatz." Er hängte sich die Entenflinte über die Schulter und verwischte seine Spuren in der Mulde. Dann kehrten die drei zum Strand zurück.

In einer Bucht entdeckten sie einen Felsen, in dem ein Eisenring befestigt war. „Wenn ihr mich fragt", erklärte Jack Smith, „hat hier mal ein großes Schiff angelegt."

Die drei sagten in Chester kein Sterbenswort. Sie hatten eine schlaflose Nacht und träumten hellwach von ihrem Piratenschatz. Am nächsten Tag nahmen sie Schaufeln mit, ruderten zur Insel und begannen mit der Arbeit. Sie gruben, bis sie auf eine Schicht Eichenbalken stießen. Aber darunter war keine Schatzkiste, nur aufgeschüttetes Gestein.

McGinnis und seine Freunde ruderten nun fast jeden Tag zur Eicheninsel und arbeiteten in der Schatzgrube. Das blieb ihren Eltern nicht verborgen. Als die Väter den Jungen Prügel androhten, weil sie so verbissen schwiegen, entschloß sich McGinnis, die Wahrheit zu sagen.

Die Entdeckung sprach sich in Chester und an der Küste schnell herum. Die Leute hatten noch immer Angst vor der unheimlichen Insel, und schlau, wie sie waren, überließen sie es den drei abenteuerlustigen Jungen, sich immer tiefer in die Erde zu wühlen. Ganz Chester wartete auf das Ergebnis.

Aber der Winter kam. Sturm und Frost zwangen zu einer langen Arbeitspause. McGinnis und seine Freunde hatten hart gearbeitet, waren jedoch immer nur auf eine neue Schicht Eichenbalken gestoßen, und darunter war nichts als Erde zum Vorschein gekommen. Jedesmal war die Enttäuschung der Jungen groß gewesen. Aber wenn jemand ein derart tiefes Versteck anlegt, dachten die jungen Schatzsucher und die ängstlichen alten Herrschaften in dem Fischernest Chester, dann muß der Schatz ungeheuer wertvoll sein.

Auch im nächsten Sommer schaufelten die drei vergeblich. Der Schacht war inzwischen neun Meter tief. Doch nebenbei mußten McGinnis und seine Freunde auch beim Fischfang mithelfen. So kam es zu immer größeren Arbeitspausen bei der Schatzsuche. Der dunkle

Schacht war wie eine Sanduhr, in der die Zeit verrieselte – bodenlos.

Aus den jugendlichen Entenjägern und enttäuschten Schatzgräbern wurden erwachsene Männer, die heirateten und eine Familie gründeten. Sie mußten ihre Familien ernähren – und die Grube fiel langsam in sich zusammen.

Im Jahr 1803 zeigten sie dem jungen Arzt Dr. John Lynds ihren Schacht. Dr. Lynds kannte sich in der Geschichte Neuschottlands aus und wußte, daß Piraten in der Karibischen See die „Silberflotten" der spanischen Eroberer angegriffen und ausgeplündert hatten, die mit reicher Ladung von den Silberminen in Mexiko und Kolumbien nach Europa segelten. Die Piraten waren mit ihrer Beute nach Norden gefahren und irgendwo im Insellabyrinth an der Küste Kanadas verschwunden.

Dr. Lynds hielt es für möglich, daß sie ein Versteck auf Oak Island angelegt hatten, und unterstützte die Schatzsuche. Er sah, daß man für diese Arbeit eine besondere technische Ausrüstung und viel Geld brauchte. Deshalb sprach er wohlhabende Bürger in den Küstenstädten Halifax und Lunenburg an, die bereit waren, sich mit großen Summen an einer Bergungsgesellschaft zu beteiligen.

McGinnis und Jack Smith hatten Eichen gefällt und auf der Insel Blockhäuser gebaut, in denen sie mit ihren Familien lebten und auf den Tag warteten, an dem die große Schatzsuche beginnen würde.

1804 war es soweit. Dr. Lynds hatte namhafte Geldgeber gefunden, die für ein ehrenwertes Unternehmen bürgten: Thomas Harris, den Sheriff von Pictou, Kapitän David Archibald und Oberst Robert Archibald. Auf Oak Island begann die große Suche nach dem Phantom in der Tiefe. Arbeiter schaufelten und hackten im Schacht, zehn Meter, fünfzehn, zwanzig … Die Temperaturen tief in der Erde stiegen, der Schweiß lief den Männern über den nackten Oberkörper, die Spitzhakken zerschlugen den Kalkstein. „Money Pit", Geldgrube, nannten die Männer den kräftezehrenden und geldverschlingenden Schacht, in der Hoffnung, daß sich das finstere Loch eines Tages in eine Goldgrube verwandeln würde.

In 22 Meter Tiefe stießen sie wieder auf eine Schicht Eichenbalken, die Erde war mit einer Lage Holzkohle vermischt. Vielleicht war hier eine Feuerstelle gewesen, eine Kochnische, wo die geheimnisvollen Unbekannten, die den Schatz so tief versteckten, in den Arbeitspausen eine warme Mahlzeit verzehrten? Unter der Holzkohle wurde eine

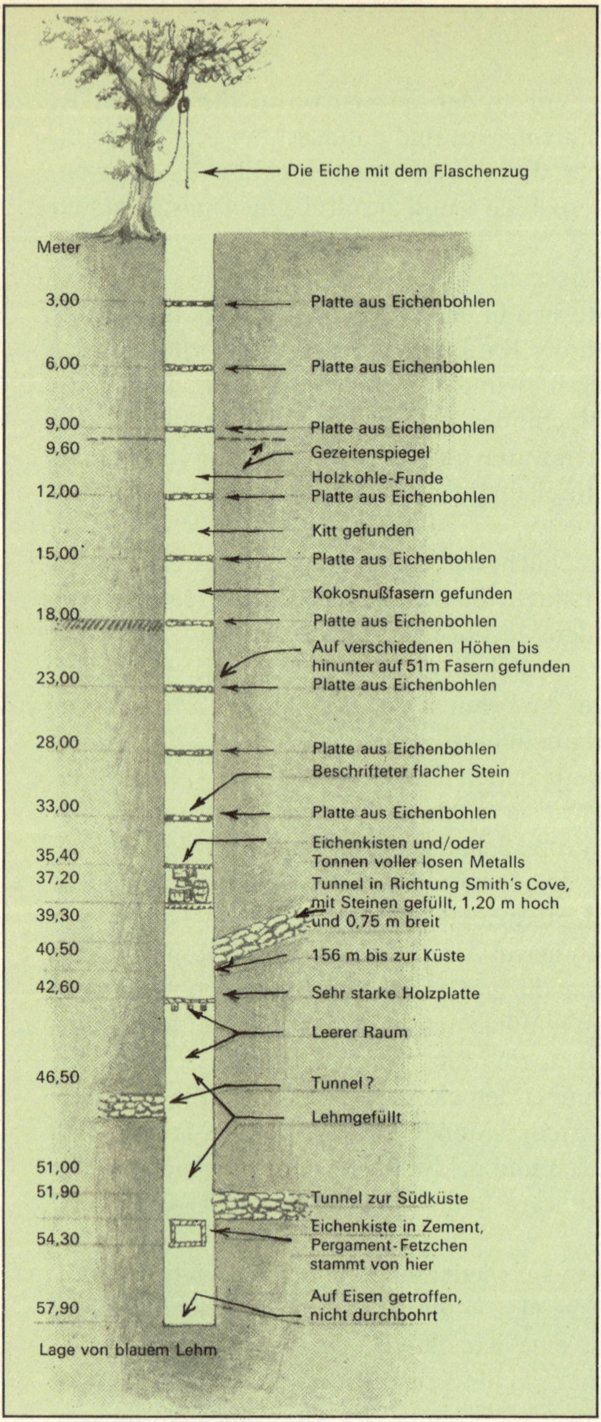

◁ Das „verrückteste Loch der Welt" im Querschnitt

▷ Einer der zahlreichen verfallenen Schächte, mit denen die Schatzsucher dem Geheimnis des Money Pit buchstäblich auf den Grund kommen wollten.

△ Spuren einer zweihundertjährigen fieberhaften Jagd nach Gold: die aufgewühlte Erde von Oak Island

Schicht Kokosfaser gefunden. Aber in Kanada wuchsen keine Kokospalmen. Hatten Piraten die Kokosmatten aus ihrem paradiesischen Jagdrevier in der Karibik mitgebracht?

Unter dem Polster aus Kokosfaser lag eine Sandsteinplatte mit eingemeißelten Schriftzeichen, die niemand lesen konnte. Jack Smith brachte die 60 Zentimeter lange und 35 Zentimeter breite Platte in sein Haus und schmückte damit seinen offenen Kamin. In all den Jahren, die er an der „Geldgrube" schuftete – zuerst als Junge, der vom Schatz träumte, dann als Teilhaber einer Schatzsuchergesellschaft, die Unsummen von Dollars in die Ausgrabungen steckte –, war diese Sandsteinplatte mit der unleserlichen Botschaft das einzige, was Money Pit ihm schenkte. Wenn er die Botschaft nur hätte entziffern können! Vielleicht war sie der einzige Hinweis auf die Schatzkammer? Abends saß Jack Smith stundenlang vor seinem Kamin und starrte auf die Schriftzeichen.

Die Schatzgräber gaben nicht auf. Aber Money Pit spielte ihnen immer neue Streiche. In 30 Meter Tiefe lief Wasser in den Schacht. Die Männer schöpften es mit Eimern ab, doch von irgendwoher floß es immer wieder nach. Eine Pumpe wurde eingebaut. Eine Zeitlang arbeitete sie mit Erfolg, dann krachte sie, vom Rost angenagt, zusammen. Der Winter kam, die Schatzsucher reisten ab, und die Insel verfiel wieder in ihr rätselhaftes Schweigen. Abends starteten die Enten ungestört zu ihren Staffelflügen über den Eichenwald und die einsamen Buchten.

Im Frühjahr 1805 legten die Arbeiter einen zweiten Schacht an, bis in eine Tiefe von 35 Metern. Man hoffte, daß dieser Schacht trocken blieb. Aber eines Tages brach ein Wasserschwall aus der Wand und überflutete den Schacht. Vier Arbeiter ertranken, die anderen konnten sich über Leitern und Seile retten.

Die Gesellschaft war moralisch und finanziell am Ende. Niemand wagte es mehr, sein Geld in den Money Pit zu stecken. Der Traum war ausgeträumt.

Jack Smith verließ mit seiner Familie die Insel. Die Sandsteinplatte mit der geheimnisvollen Inschrift verkaufte er einem Buchhändler in der Hafenstadt Halifax, der das steinerne Rätsel zwischen seine Bücher ins Schaufenster stellte, um Kunden anzulocken.

Am Money Pit wuchs das Gras über die aufgewühlte Erde, vier Jahrzehnte lang geschah nichts auf Oak Island. Dann brach 1848 der Goldrausch in Kalifornien aus. Er frischte an der kanadischen Küste alte Erinnerungen an den Schatz auf, der tief in der Erde von Oak Island liegen mußte. 1849 begann eine neugegründete Schatzsuchergesellschaft, die „Truro Company", wieder mit der Arbeit am alten Schacht des Money Pit. Leiter dieser Gruppe war der Bergbauingenieur James Pitbaldo.

Er setzte einen Bohrer ein, der von Pferden angetrieben wurde. Der Bohrer stieß bis in eine Tiefe von 33 Metern vor, drang dann zum Jubel aller in lockeres Material vor – in einen Haufen Goldmünzen?

Als die Bodenprobe nach oben gebracht wurde, fand man in dem Material aus Lehm, Gestein und Holzsplittern drei Glieder einer schmalen, zierlichen Goldkette. War der Bohrer endlich durch den Deckel der langgesuchten Schatzkiste gestoßen?

Pitbaldo untersuchte die Bodenprobe. Die Mannschaft beobachtete, wie er etwas in seine Hosentasche steckte. Auf alle Fragen antwortete Pitbaldo nervös und gereizt, als hätte er etwas zu verbergen. Wenige Tage später reiste er ab und kam nie zurück. 1852 wurde Pitbaldo ermordet. Man erfuhr nie, wer der Mörder war.

Die Arbeiten im Money Pit gingen weiter. Die Pferde schufteten, drehten den Bohrer bis zum Umfallen. Schließlich versuchte man über einen dritten Schacht an die Schatzkammer heranzukommen, um dem immer wieder nachströmenden Wasser zu entgehen. Tatsächlich blieb der Boden des Schachtes zunächst trocken, und man glaubte kurz vor dem Durchbruch zur Schatzkammer zu stehen.

Aber wieder kam die Flut aus dem zusammenbrechenden Gestein. Die Männer rannten um ihr Leben. Einem stand das Wasser schon bis zum Hals, und als er es schluckte, merkte er, daß es Salzwasser war.

Diesem Mann verdankte man die wichtigste Entdeckung in all den Jahren harter Arbeit: Wer immer den Schatz versteckt hatte, er hatte ein ausgeklügeltes Kanalsystem angelegt, das mit dem Meer verbunden war und die Schächte offenbar immer dann überflutete, wenn man dem Schatz zu nahe kam.

Die Mannschaft suchte den Strand von Oak Island ab und entdeckte die Eingänge zum Kanalsystem. Sie waren mit Matten aus Kokosfaser zugedeckt, die verhinderten, daß die Kanalöffnungen im Lauf der Zeit mit Sand zugeschwemmt wurden.

Warum hatte jemand eine so komplizierte Anlage geschaffen, wenn er selbst dadurch den Schatz nicht mehr erreichen konnte? Waren es die Inkas, wie vermutet wurde, die vor den spanischen Eroberern bis zu den Galapagosinseln im Pazifik oder über das Karibische Meer bis nach Kanada geflohen waren und ihre Schätze mitgenommen hatten? Waren die drei Glieder der Goldkette, die der Bohrer ans Tageslicht gebracht hatte, das Eigentum eines toten Inkaherrschers?

Ziemlich sicher ist, daß diese kleine Kette nicht das Handgelenk des Piratenkapitäns William Kidd schmückte. Piraten waren Männer, die gern das süße Leben genossen; sie versteckten ihre Beute so, daß sie sich jederzeit bequem das nötige Taschengeld holen konnten oder eine Smaragdkette für den Hals einer schönen Frau.

Es blieb auch ein Rätsel, woher das Material kam, das beim Bau des Verstecks und des Überflutungssystems verwendet wurde. Im Money Pit wurde eine Schicht Eichenbalken gefunden, die mit einem in Kanada unbekannten Kitt überzogen war. An den Kokosmatten, die als Filter für den Meerwasserkanal dienten, waren Steine und Sand aufgeschüttet, die auf Oak Island nicht vorkamen.

1854 brach der dritte Schacht zusammen. Die Männer waren gerade draußen, machten eine Arbeitspause und verzehrten ihre übliche Portion Bohnen mit Speck. So wurde niemand getötet, als die Wände des Schachts mit donnerndem Krachen zusammenstürzten. Eine Staubwolke stieg aus dem Money Pit und hüllte die Mannschaft ein; die zwanzig Pferde, die abwechselnd an den Pumpen und Bohrern arbeiteten, rissen sich los und mußten im Dickicht der Insel mühsam eingefangen werden.

Nun war auch die Truro Company am Ende ihrer finanziellen Mittel und stellte die Arbeit ein. Alle, die im Lauf der nächsten Jahrzehnte ihr Glück versuchten, scheiterten an den Tücken in der Tiefe der Erde.

1897 wurde bei Bohrungen ein Fetzchen Pergament von der Größe eines Fingernagels ans Tageslicht befördert, das mit Federkiel und schwarzer Tinte beschrieben war. Aber die wenigen Buchstaben, die auf dem Pergament zu sehen waren, ergaben keinen Hinweis auf den Schatz.

1909 suchte ein junger Mann namens Franklin Delano Roosevelt auf Oak Island nach dem Schatz. Doch die Teilhaber seiner Gesellschaft trennten sich nach einem erbitterten Streit. Roosevelt zog es vor, in die Politik zu gehen, und wurde später Präsident der Vereinigten Staaten.

Zahllose Schatzsucher haben den Pfad beschritten, der zu der riesigen Eiche auf dem Hügel führte und den die jungen Entenjäger 1795 entdeckt hatten. Das konnte unmöglich ein Pfad aus den Tagen des Piraten William Kidd sein, der angeblich 1699 auf der Insel war. Längst wären Gras und Dickicht über den Pfad gewachsen, so daß McGinnis und seine beiden Freunde ihn nicht mehr gesehen hätten.

Deshalb glaubten manche Schatzsucher, die in unserem Jahrhundert am Money Pit arbeiteten, es könnte sich bei dem Schatz um die Kronjuwelen des französischen Königspaares handeln, das während der Revolution von 1789 enthauptet wurde. Angeblich gelang es einer Hofdame, mit dem Schatz nach England zu fliehen; dort brachte man die geheime Fracht auf ein Schiff, das nach Kanada segelte, wo königstreue Franzosen den Schatz versteckten.

Piratenschatz, Inkaschatz, die Kronjuwelen des geköpften französischen Königspaares – das Rätsel vom Money Pit hat die Nerven von Generationen leidenschaftlicher Schatzsucher verschlissen. Männer verließen Frau und Kind, um ein Loch bis in 60 Meter Tiefe zu treiben, doch nicht ein einziger kam mit einer Goldmünze nach oben. Vielleicht trugen gerade sie, die sich wie in einem riesigen Sandkasten immer tiefer in die Erde wühlten, unfreiwillig dazu bei, daß auch der Schatz immer tiefer rutschte und schließlich vor elektrisch angetriebenen Bohrern und Hochleistungspumpen in unergründliche Spalten im Kalkstein „abwanderte".

Einen der letzten großen Versuche, den „wandernden Schatz" einzuholen, unternahm 1960 der fünfzigjährige Robert E. Restall aus Hamilton in der kanadischen Provinz Ontario. Restall hatte eine Karriere als Sensationsartist hinter sich: Er war Steilwandfahrer auf einem Motorrad, seine Frau Mildred Beifahrerin.

Restall kratzte seine letzten Dollars zusammen, um die Schatzsuche auf Oak Island zu finanzieren, und zog mit seiner Familie – seine Söhne Robert und Ricky waren achtzehn und acht Jahre alt – in eine Holzbaracke auf der Insel.

Der Mann verbrauchte seine Energie und seinen letzten Rest Verstand in der durchlöcherten Erde. Am 17. August 1965 ereignete sich die Katastrophe, die in der Weltpresse Schlagzeilen machte: Restall, sein Sohn Robert und zwei Arbeiter starben im Schacht an den giftigen Abgasen einer Benzinpumpe. Robert hatte seinen bewußtlosen Vater retten wollen, war aber betäubt zusammengebrochen und erstickt wie die anderen.

Restalls Witwe hatte genug von der Insel, die schon so viele Träume vernichtet, Männer erschlagen, ertränkt oder in den Wahnsinn getrieben hatte. Sie ließ sich auf dem Festland in Martin's Point nieder. Von dort konnte sie Oak Island sehen, und sie erlebte mit, wie wieder Männer kamen, die sich von Restalls Tod nicht abschrecken ließen und auf der Insel arbeiteten.

Der Amerikaner Robert R. Dunfield startete 1965 einen Großangriff mit Raupenbaggern. Er ließ einen Damm zur Insel bauen, um seine Superbagger auf das Schlachtfeld zu bringen. Sie walzten das unterirdische Kanalsystem nieder und stoppten das Einströmen des Meerwassers. Die riesige alte Eiche, die den Baggern im Weg stand, wurde abgesägt.

Aber das alles nützte Dunfield nichts. Die Insel rächte sich auf ihre Weise: Regenfälle brachten die Schächte erneut ins Rutschen. Die Superbagger hatten die Schlacht verloren und rollten geschlagen über den Damm davon. Dunfield hatte 140000 Dollar in den Sand von Money Pit gesetzt.

Im Lauf weniger Jahrzehnte hatte das gefräßige Loch ein Kapital von mehr als vier Millionen Dollar verschlungen, das mehr als dreißig Bergungsgesellschaften investiert hatten. Das Ergebnis: zerwühlte Erde, eine verlassene, totenstille Narreninsel.

Auf einem Felsen ist die Inschrift eingemeißelt: „Zur Erinnerung an Captain Kidd, 1701". Aber das hat kein Pirat geschrieben, sondern im Jahr 1909 der amerikanische Bauingenieur Harry L. Bowdoin aus New York, der auch daran glaubte, daß Kidd einen Schatz auf Oak Island versteckt hatte. Männer wie Bowdoin wollten daran glauben. Der große Freibeuter war das Vorbild ihrer abenteuerlichen Träume von einem freien, ungebundenen Leben.

Aber Captain Kidd war sicher nicht der Mann, der für seinen Schatz ein abgrundtiefes Versteck schaufeln ließ. Er und seine Männer liebten Inseln unter Palmen, die Sonne der Karibik. Nein, die Halunken an Bord der Piratenschiffe haben sicher nichts mit dem Versteck auf Oak Island zu tun – sie wären gewiß zu faul gewesen, im Schweiße ihres Angesichts ein so ausgeklügeltes Versteck zu bauen.

Wer bleibt übrig? Wer war der große Unbekannte, der das Versteck konstruierte?

Es müssen Bauherren mit besonderen technischen Kenntnissen gewesen sein. Eine Theorie sagt: Im Krieg zwischen Franzosen und Engländern räumten die französischen Truppen 1750 ihre Festung

Louisbourg auf der Insel Cap-Breton und brachten die Goldvorräte der Garnison nach Oak Island, 400 Kilometer weiter südwestlich. Französische Pioniere, so heißt es, hätten das verblüffende System von Schächten und Überflutungskanälen gebaut.

Aber Soldaten, die einen solchen Auftrag ausführen, hinterlassen keine Spuren, die ihre Geheimaktion verraten könnten. Da stand die riesige Eiche mit den Zeichen in der Rinde, der Flaschenzug hing vom halb abgesägten Ast ... Vielleicht hatte aber auch schon vor den drei jungen Entenjägern jemand hier ein Schatzversteck vermutet und einen Bergungsversuch unternommen?

Die Suche nach dem Schatz geht weiter. Reiche Geschäftsleute an der Küste von Nova Scotia planen einen neuen Großangriff. Modernste Technik soll eingesetzt werden, unter anderem elektronisch gesteuerte Fernsehkameras, die bis in den letzten unterirdischen Winkel blicken, in Erdspalten, wohin bisher noch kein Schatzsucher vordringen konnte.

Vielleicht liegt aber auch ein Fluch auf der Insel. Wie verhalten sich Fernsehkameras, wenn sie diesem Fluch begegnen? Es sieht ganz so aus, als habe sich vor Jahrhunderten ein Fluch auf der Insel eingenistet, den weder die Raupenbagger und Fernsehkameras künftiger Schatzsuchergesellschaften noch die weggeworfenen Cola-Dosen der Besucher vertreiben können.

Auf dem Hügel, wo die Eiche stand, pfeift der Wind durch die verfallene Hütte des ehemaligen Steilwandfahrers Robert E. Restall, der im Schacht erstickte. Wenn die Touristen am Spätnachmittag in ihren Straßenkreuzern über den Damm zurückfahren, haben sie das zerwühlte Schlachtfeld schon fast vergessen. Vom Festland aus wagen sie einen letzten Blick über die Mahone-Bucht ...

Was ist das? Ein Mann bückt sich – wühlt er etwa in einer Schatzkiste? Die Sonne geht unter, sie blendet und verwirrt das Auge. Es ist nur der Museumswärter, der Feierabend macht. Er schließt seine Baracke ab und steckt den Schlüssel in die Hosentasche.

Morgen ist die Insel wieder das Ziel von Schulklassen und Touristen, der Schatz ist wie immer anwesend, den Fluch gibt es täglich – kostenlos. Inzwischen verstehen es die kleinen Geschäftsleute auf der Insel, mit dem Loch, das Menschen frißt, Geschäfte zu machen.

„Was so ein richtiger Fluch ist, der belebt das Geschäft", sagt der Museumswärter. „Die meisten haben einen unheimlichen Hunger, wenn sie das hier alles gesehen haben. Es ist wie nach einem Begräbnis, da braucht man was zwischen die Zähne und einen guten Schluck hinterher. In Chester gibt es einen gegrillten Lachs, um den uns die Toten beneiden. Gute Reise, Sir."

Über die Insel weht ein leichter Abendwind, und in den Fenstern der Fischerlokale auf dem Festland schimmern die alten Schiffslampen.

Das Tal der letzten Chance

Im Dezember 1848 saß in Philadelphia ein junger Journalist an seinem Schreibtisch. Er zerriß das Blatt, auf dem nur wenige Zeilen standen, und warf die Fetzen in den Papierkorb. Richard Stoddard hatte keine Lust mehr, für seine Zeitung zu schreiben. Er dachte an das ferne, sonnige Kalifornien, wo der Goldrausch begonnen hatte. Männer, ausgerüstet mit Schaufeln, Sieb und Flinte, zogen nach Westen. Im American River, einem Nebenfluß des Sacramento, lag Gold; man brauchte nur danach zu greifen und war ein reicher Mann.

Lange Wagenkolonnen rollten durch die Prärie nach Kalifornien. Die Politiker in Washington versprachen sich vom kalifornischen Gold Macht und Wohlstand für Amerika. „Die Reichtümer Amerikas", so verkündeten sie, „sind von der Vorsehung Gottes als Belohnung für die tapferen Männer bestimmt, die Amerika die Zivilisation bringen. Wo immer sich uns Indianer in den Weg stellen, die den Fortschritt der weißen Rasse aufhalten, werden wir die Wilden töten. Frauen und Kinder sind zu schonen, soweit es die Umstände erlauben. Die Überlebenden werden in Gefangenschaft zu guten Amerikanern erzogen."

Stoddard erkannte, daß die Indianer gegen die Übermacht der Weißen keine Chance hatten. Als Journalist wußte er, daß sich die kalifornischen Indianer schon vor langer Zeit den spanischen Kolonialherren unterworfen hatten. Sie waren keine Kämpfer, die Chimarikos, Alonas, Nipewais und Chilulas. Deshalb waren sie ausgerottet worden.

Die einzigen, die ihr Land den Weißen nicht kampflos überlassen wollten, waren die Modocs im nördlichen Kalifornien, an der Grenze von Oregon. Es war ein weites Land, in dem es für die Indianer genug Wild zum Leben gab, Bisons, Hirsche und Scharen von Enten. Die Modocs teilten Wälder und Seen mit dem Bär und dem Fischadler. Das Leben war gut, bis mit dem Goldrausch die Horden der Siedler und Goldgräber über das Land der Modocs herfielen.

Stoddard war einer unter Hunderttausenden, die vom schnellen Reichtum träumten; der Zeitungsreporter nahm Abschied von Tintenfaß und Feder, kaufte sich eine Flinte, eine Winchester, und außerdem eine komplette Goldgräberausrüstung: Zelt, Hacke, Schaufel, Sieb und Kochgeschirr. Im Frühjahr 1849 schloß er sich einem der vielen Trecks an, die mit ihren Planwagen nach Westen rollten. Ein Freund, dessen Name nicht überliefert ist, begleitete ihn.

Stoddard sah nicht aus wie ein Draufgänger, eher wie ein Stubenhokker; er trug einen Schnurrbart und einen kleinen, spitzen Kinnbart, er hatte dunkle, etwas verträumte Augen. Die Revolvermänner, die den Treck beschützten, lachten über den davongelaufenen Zeitungsschreiber, der mit seiner Winchester auf dreißig Schritt an einer leeren Whiskeyflasche vorbeischoß.

Aber das Lachen verging ihnen. Der Treck verließ am Humboldt River in Nevada den Weg, um einen angeblich bequemen Gebirgspaß zu benutzen. Irgendein Trapper, der sich in der Gegend herumtrieb und hinter einem großen Bären her war, hatte ihnen diesen Paß empfohlen.

Von dem Tag an begannen schlimme Zeiten für den Treck. In den Bergen ging der Proviant zur Neige. Stoddard wurde mit seinem Freund ausgeschickt, um Wildbret zu besorgen. „Jetzt kannst du beweisen", riefen ihm die lässigen Revolvermänner nach, „daß du mit deiner verdammten Winchester umgehen kannst! Wenn ihr nicht mit einem saftigen Braten zurückkommt, könnt ihr allein weiterziehen."

Das war tödlicher Ernst. Die beiden Männer aus Philadelphia waren nicht gerade beliebt. Man hielt sie für verweichlichte Nichtstuer aus der eleganten Stadt, die nur das Abenteuer suchten. Für die beiden Freunde ging es bald ums nackte Überleben. Sie hatten zwar Glück auf der Jagd und schossen einen Hirsch. Als sie aber mit der Beute zum Lager zurückkehren wollten, fanden sie den Weg nicht mehr.

Nach stundenlanger vergeblicher Suche gaben sie auf. Die Nacht brach herein, sie machten ein Feuer und stärkten sich mit dem Hirschbraten. Ein schwacher Trost. In dieser prächtigen, aber menschenfeindlichen Bergwildnis waren sie verloren, wenn sie den Treck verpaßten. Bald würde ihnen die Munition ausgehen, und das bedeutete, daß sie verhungern oder langsam an Erschöpfung sterben würden, während die Wölfe ihren Tod witterten.

Tage vergingen. Stoddard rechnete nach: Die Wagenkolonne hatte sich monatelang durch die Prärie und über Gebirgspässe gequält; es

In der Sierra Nevada endete die Suche nach
dem sagenhaften kalifornischen Goldsee.

Im Zuge des Goldrausches war der Journalist
Richard Stoddard an die amerikanische West-
küste gekommen. Nach seinem abenteuerlichen
Nuggetfund verschwand er spurlos.

Kalifornische Goldsucher bewachen ihre Ausbeute.

mußte November sein. Der erste Schnee fiel, die Nächte waren bitterkalt. Die beiden Freunde krochen unter Blätter und Zweige, um ein paar Stunden zu schlafen.

Tagelang schleppten sich die beiden durch die Wildnis, erschöpft und verzweifelt. Eines Mittags erreichten sie eine Felsenkante, und dann sahen sie im Tal einen kleinen See, der sie blendete, weil sich die Sonne in ihm spiegelte; ein leichter Wind trieb Wellen über die smaragdfarbene Wasserfläche. Stoddard und sein Freund taumelten ins Tal und knieten an dem See nieder.

Plötzlich sah Stoddard, daß im seichten Wasser des Ufers gelbe Steine schimmerten. Er hob einen auf, der ungefähr so groß war wie sein Tintenfaß auf dem verlassenen Schreibtisch in Philadelphia. Der Stein glänzte schöner als die Sonne. „Gold … Gold …“, flüsterte Stoddard.

Die beiden holten die Goldklumpen aus dem See und füllten ihre Hosentaschen und Rucksäcke. Stoddard fluchte, weil er nichts zum Schreiben dabeihatte, um die Lage des Sees aufzuzeichnen. Sie versuchten, ihrem Gedächtnis bestimmte Berggipfel einzuprägen, die Landschaft, durch die sie sich zum See durchgekämpft hatten.

Am nächsten Tag war das Wetter schlecht. Im Schneegestöber stolperten sie mit den goldgefüllten Rucksäcken weiter, fast am Ende ihrer Kräfte. Stoddard hatte noch einen Rest Patronen in seinem Lederbeutel, doch die Winchester lag schwer in seiner Hand. Sein ganzer Körper schmerzte, das Gold im Rucksack beugte seine Wirbelsäule, aber er, der kleine Zeitungsreporter Stoddard, hatte das Ziel seiner Wünsche erreicht.

„Wir sind steinreich“, sagte er zu seinem Freund.

„Ich baue mir eine Villa in Kalifornien“, antwortete dieser, „hoch über der Küste; ich will jeden Tag den Stillen Ozean sehen.“

„Das ist die Belohnung für die tapferen weißen Männer, die Amerika die Zivilisation bringen!“ schrie Stoddard lachend in das Schneegestöber.

Er wußte, daß es ein schlechter Witz war. Doch das war ihm im Moment gleichgültig, er spürte die schmerzende, aber auch beglükkende Last des Goldes auf seinem Rücken. In ihrem Freudentaumel vergaßen die beiden jede Vorsicht, dachten nicht mehr daran, daß sie ihre Beute durch altes Indianerland schleppten.

Dann sah Stoddard die Modocs hinter den Bäumen und Büschen. Sie schossen zuerst ihre Pfeile ab, dann krachten Schüsse. Stoddards Freund brach zusammen, von einem Pfeil ins Herz getroffen.

Stoddard schoß sich den Fluchtweg frei und warf den Rucksack weg – ohne Gold konnte er schneller um sein Leben laufen. Er folgte einem Fluß, der durch Wälder und zwischen schroffen Felsen dahinrauschte. Irgendwann muß der Fluß in einem Tal ankommen, dachte Stoddard, wo vielleicht Hütten stehen und Weiße leben, dann bin ich gerettet. Erst jetzt spürte er den Schmerz, er hinkte, eine Flintenkugel hatte sein Bein getroffen.

Tage und Nächte war er unterwegs, mehr tot als lebendig. Er warf auch das Gold weg, das er in den Hosentaschen hatte, und behielt nur eine Handvoll Goldkörner.

Schließlich erblickte er die Dächer des Goldgräbernestes Downieville. Die Leute auf der Straße blieben stehen, als der bärtige, zerlumpte Fremde an ihnen vorbeiwankte und seine Flinte wie eine Krücke benutzte, die Augen starr auf das „Eldorado" gerichtet, eine armselige Blockhütte, in der zu dieser Stunde eine Horde Goldgräber saß und sich mit Whiskey und Gin wärmte: Mexikaner, Iren, Deutsche, Chinesen, Franzosen. Stoddard taumelte durch den Tabakrauch zur Bar, legte mit zitternder Hand ein paar Goldkörner hin und bestellte Whiskey.

Der Wirt starrte auf das Gold. Es wurde still im „Eldorado". Die meisten Männer hatten schon Gold gefunden, manchmal verdiente man zweihundert Dollar und mehr am Tag, wenn man die Goldnuggets eintauschte. Aber das Leben in den Goldgräbernestern Hangtown, Downieville oder Poker Flat war teuer: Ein Ei kostete fünfzehn Dollar, ein Bett in einem lausigen Hotel war nur für vierhundert Dollar pro Monat zu haben. Die Goldgräber verspielten ihre restlichen Dollars am Kartentisch.

Im „Eldorado" legte Teresa, eine Mexikanerin, ihre Hand zärtlich auf Stoddards Schulter. „Hast du noch mehr von diesen kleinen gelben Dingern?" fragte sie.

Aber die Goldgräber, die an der Bar standen, drängten Teresa beiseite. Sie wollten wissen, wo Stoddard das Gold gefunden hatte.

Er erzählte ihnen seine Geschichte. Er schätzte, daß er hundertvierzig Kilometer mit dem angeschossenen Fuß gehumpelt war, die Tage hatte er nicht gezählt, die Zeit war ihm endlos vorgekommen. Wäre er nicht dem Fluß gefolgt, hätte er es nicht geschafft. In den Bergen der

Sierra Nevada waren Stoddard und sein Freund ohnehin schon tagelang im Kreis gelaufen.

Die Goldgräber trauten ihm nicht. Wer allein mit Gold im Saloon erschien und wie ein bleiches Gespenst aus der Sierra Nevada kam, der hatte etwas zu verbergen. „Du hast deinen Freund umgelegt“, sagten sie. „Es waren nicht die Indianer. An deinem Gold klebt Blut. Aber das stört uns nicht, wenn du uns verrätst, wo der See liegt. Wenn nicht, wird sich der Sheriff für deine verdammten Lügen interessieren.“

Stoddard hatte keine andere Wahl, er mußte den Goldgräbern die Lage des Sees genau beschreiben und ihnen sogar versprechen, sie hinzuführen. Zunächst brauchte er jedoch ein paar Wochen, um sich von den Strapazen zu erholen. Im Frühjahr 1850 war die Schußwunde im Bein ausgeheilt. Aber in der Sierra Nevada lag der Schnee meterhoch, erst nach der Schneeschmelze konnte man mit der Suche nach dem Goldsee beginnen.

Vielleicht sind die Leute vom Treck inzwischen in San Francisco, dachte Stoddard. Seine Goldgräberausrüstung war auf einem der Wagen geblieben, er wollte sie holen. Aber die Männer in Downieville ließen ihn nicht ohne weiteres gehen. Erst als er ihnen sein Ehrenwort gab wiederzukommen, durfte er nach San Francisco reisen.

Im Hafen von San Francisco ankerten die Schiffe aus Europa, die Tausende von Einwanderern brachten. Zeitungen hatten die Nachricht vom kalifornischen Goldrausch rund um den Globus verbreitet. Die Iren, Deutschen, Franzosen, Italiener, die von Bord gingen, träumten vom Land der unbegrenzten Möglichkeiten.

Den Treck fand Stoddard nicht, und es hielt ihn auch nicht lange in der Stadt. Er fühlte sich fremd und einsam in der goldgierigen Menschenmasse, er dachte an die Petroleumfunzel im „Eldorado“, unter der die Goldgräber saßen und auf seine Rückkehr warteten. Ihnen hatte er ein Versprechen gegeben, und er war bereit, mit ihnen zu teilen.

Im April 1850 stand er wieder im Saloon, die Männer schüttelten ihm die Hand. „Mann, Stoddard, wir haben schon gedacht, du läßt uns sitzen. Jetzt glauben wir auch, daß du deinen Freund nicht umgelegt hast. Die Modocs haben ihn getötet. Ja, so war es. Und nun bring uns zu deinem Goldsee.“

Stoddard plante mit einer kleinen Gruppe die Expedition. Um das Unternehmen geheimzuhalten, traf man sich zu den Besprechungen nicht in Downieville, sondern in Nevada City.

Die Mannschaft verließ eines Nachts heimlich den Ort und marschierte in die Berge. Aber schon bald mußte Stoddard feststellen, daß sich das Unternehmen herumgesprochen hatte und ihnen Hunderte von Goldgräbern auf den Fersen waren, die sich auch durch Warnschüsse nicht abschrecken ließen.

Stoddard und seine Männer erreichten nach etwa drei Wochen den Lassen Peak, den höchsten Gipfel in diesem Teil der Sierra Nevada, in dessen Nähe sie ihr Zeltlager aufschlugen. Stoddard wollte von hier aus Streifzüge unternehmen, in der Hoffnung, bald die ihm vertrauten Felsformationen rund um den Goldsee wiederzufinden.

Tagelang quälte er sich durch die Berge, und jedesmal, wenn er einen Felsgrat erreicht hatte und ins Tal schaute, war da gähnende Leere – nichts als Felsen und Wälder. Die High Sierra war kalt und abweisend, nirgendwo spiegelte sich wie damals die Sonne in einem Goldsee. Vielleicht hatte nach der Schneeschmelze ein riesiger Erdrutsch das Tal verschüttet, in dem der See lag?

Die Goldgräber aus Downieville wollten Stoddard am nächsten Baum aufhängen, als er abgekämpft erklärte, der See sei wie vom Erdboden verschwunden. Sie glaubten, er wollte sie irreführen. Hatte er seinen Goldsee wiedergefunden und es sich anders überlegt? Wollte er nicht mehr mit ihnen teilen?

Einer der Männer legte ihm die Schlinge um den Hals. „Du kannst dir den Baum sogar selbst aussuchen, Stoddard."

Doch Stoddard erreichte mit viel Überredungskunst, daß sie ihm eine Galgenfrist von vierundzwanzig Stunden einräumten. Er werde noch einmal auf die Suche gehen, versprach er. Er werde den Goldsee finden – oder sie könnten den Strick bereithalten.

„Deine letzte Chance", sagten die Goldgräber.

In der nächsten Nacht verließ Stoddard heimlich das Lager, weil er wohl die Hoffnung aufgegeben hatte, den See wiederzufinden. Wahrscheinlich wollte er lieber irgendwo in der Sierra Nevada ganz allein mit seinem unerfüllten Traum sterben, als mit dem Strick am Hals von einem Ast baumeln. Er blieb für immer verschwunden.

Die Goldgräber suchten weiter nach dem Gold, ohne Erfolg. Zahllose Versuche in späteren Jahren, den See wiederzufinden, scheiterten. In den Felsen der High Sierra verläuft man sich wie in einem Labyrinth und kann froh sein, wenn man mit heiler Haut den geisterhaften Bergen entkommt. Das Tal, in dem die Goldgräber Stoddard aufhängen wollten, ihm dann aber noch eine Galgenfrist gewährten, heißt bis auf den heutigen Tag „Last Chance Valley“ – Tal der letzten Chance.

Im Jahr 1896 wiederholte sich der Wettlauf zum Gold, diesmal in Alaska; an den Flüssen Yukon und Klondike verfielen Hunderttausende in einen menschenverschlingenden Goldrausch. Es herrschte das Faustrecht: Mit Messer und Flinte gingen die Goldgräber aufeinander los, um sich die Nuggets abzujagen. Auf dem Fußmarsch über den eisigen Chilcootpaß endeten viele noch vor dem Ziel. Sie bezahlten, wie vermutlich auch der Zeitungsschreiber Richard Stoddard, den amerikanischen Traum mit dem Leben. Die Goldgräber dagegen, die ihn hängen wollten, ließen sich in der Gegend um Downieville nieder. Sie jagten am Ufer des Rabbit Creek Kaninchen und fanden gelegentlich Gold. In den fruchtbaren Tälern Kaliforniens bauten sie Häuser und wurden gesetzestreue Amerikaner.

Goldkrieg im Land der Hyäne

ER WAR elf Jahre alt und hatte noch nie einen Menschen getötet. Aber wenn er leben wollte, dann mußte er jetzt schießen. Seine Hände zitterten, als er die Flinte hob und auf die schwarzen, nackten, speerschwingenden Gestalten zielte, die aus dem afrikanischen Busch kamen und gegen die Pferdewagen und Ochsenkarren der weißen Eindringlinge anstürmten.

Er sah ihre bemalten Gesichter – tödliche Masken. Der Junge stand neben seinem Vater und dachte: Er ist bei mir, ich werde nicht sterben. Und jedesmal, wenn der Vater abdrückte, fiel ein Angreifer.

Mit seinen zitternden Händen konnte der Junge das Ziel nicht finden; die unzähligen Schwarzen preschten in einer staubaufwirbelnden Angriffswelle heran, die kein festes Ziel bot. Aber er durfte nicht länger warten.

Er hörte, wie sein Vater sagte: „Warum schießt du nicht? Was ist los mit dir?“

Da krümmte der Junge den Finger und drückte ab. Einer fiel in den Staub, blieb liegen, mit dem Gesicht nach unten, den Speer in der Faust. Es war ein Krieger vom Stamm der Matabele in Südafrika.

Das war am 16. Oktober 1836 in der Schlacht von Vegkop. Der Burenjunge hieß Paul Krüger. Aus ihm wurde ein großer, am Ende aber verzweifelter Mann, der das Rennen um erbittert umkämpfte Goldfelder verlor.

Nachts schlief der Junge mit der schußbereiten Flinte im Arm unter Afrikas Sternen und träumte von einem Paradies, in dem er und seine Leute frei und glücklich lebten. Aber die Matabele verteidigten ihr Land gegen die Buren, die seit 1836 mit Planwagen und Viehherden, mit Bibel, Flinte und Gottvertrauen in den Norden vorstießen. 15000 Buren suchten Neuland, denn im Süden, in der Kapkolonie, herrschten die Briten. Und die Buren wollten keine Untertanen sein. Sie waren Nachkommen holländischer Siedler und nannten sich „Voortrekkers“, als sie in die Wildnis zogen.

Fünf Jahre lang waren sie in der Wagenkolonne unterwegs, bis sie die neue Heimat fanden. Nachdem die Matabele besiegt und nach Norden ausgewichen waren, gründeten die Buren die Staaten Transvaal und Oranje.

Aus dem abgehärteten jungen Vortrekker wurde Ohm Krüger, der weißbärtige Präsident der Republik Transvaal, der gern im schwarzen Gehrock auftrat und einen Zylinder trug. Die Buren nannten ihn liebevoll „Ohm“, weil er wie ein guter Oheim seine schützende Hand über das Land hielt.

Von 1883 an regierte er Transvaal. Seine Landsleute waren zufrieden, wenn sie im Pferdesattel saßen und ihre Viehherden hüteten. Zwar wurde gelegentlich Gold gefunden, aber die gottesfürchtigen Buren wollten mit dem teuflischen Metall nichts zu tun haben. Schon lange vor Krügers Amtszeit hatten die Väter der Republik ein Schürfverbot erlassen, weil sie fürchteten, der Goldrausch könnte ihren afrikanischen Traum zerstören.

Andererseits hatte Transvaal Geldprobleme. Die Republik war nach fünfjähriger Amtszeit unter dem unversöhnlichen Britenhasser Ohm Krüger ausgeblutet. Und Krüger wußte, daß ein armes Transvaal schwach war – eine leichte Beute für die landhungrigen Briten, die nur auf den Bankrott seiner Politik warteten.

Da passierte im März 1886 etwas Ungeheuerliches: Südlich von Pretoria wurde am Witwatersrand eine riesige Goldader gefunden. Transvaal war plötzlich reich.

Die Sünden der Väter, sagt man, rächen sich an den Söhnen. Die Buren hielten sich immer für Gottes auserwählte Pioniere. Nach ihrem Sieg über die Matabele hatten sie die Schwarzen versklavt, Viehhirten und Hausknechte aus ihnen gemacht, die den Herren der großen Rinderherden das Ochsensteak servieren durften. Die Farbe Schwarz war und blieb in Südafrika die Dienerfarbe.

Ohm Krüger sah, wie der Goldrausch sein Land veränderte. Horden von Goldgräbern aus aller Welt zerstörten den ländlichen Frieden, hackten und schaufelten, sprengten mit Dynamit. Sie waren genauso raffgierig und hemmungslos wie die Diamantensucher, die an den Flüssen Vaal und Oranje in der Erde wühlten. Diese Armee von Abenteurern, Halunken und Halsabschneidern war nicht aufzuhalten.

Aber Ohm Krüger war bereit, noch einmal zu kämpfen – wenn die Briten den Griff nach dem Gold, nach seinem Land wagen sollten. Und sie kamen.

Cecil Rhodes, seit 1890 Ministerpräsident der britischen Kapkolonie, plante ein vereinigtes Südafrika unter britischer Führung. Er war kein Träumer, sondern ein kühler Rechner, der auch an die reichen Bodenschätze dachte.

Rhodes, ein Pfarrerssohn, litt mit siebzehn Jahren an Tuberkulose. Der Arzt verschrieb ihm Luftveränderung, und die Eltern schickten den blassen jungen Mann nach Südafrika zu seinem älteren Bruder, der Baumwollpflanzer in Natal war. Das afrikanische Klima bekam Rhodes ausgezeichnet. Er wurde ein schlauer Händler und verdiente auf den Diamantenfeldern von Kimberley ein Vermögen.

Für die Buren war Rhodes der Kriegstreiber. Krüger hoffte, daß die europäischen Mächte, Deutschland oder Rußland, eingreifen würden, wenn die Briten ihre überlegene Kriegsmaschinerie gegen sein Land einsetzten. Aber Europa sah tatenlos aus der Ferne zu, als die Briten an den Grenzen der Burenrepubliken aufmarschierten.

Die Briten waren fest entschlossen, zuerst die stolzen Buren zusammenzuschießen und sie dann mit ihrer Goldader von Witwatersrand, mit ihren Goldfeldern von Radjeslaagte und Doornfontein, von Turffontein und Johannesburg für ihren Hochmut bezahlen zu lassen.

Der letzte Versuch Ohm Krügers, die Briten zum Rückzug ihrer Truppen zu bewegen, war das Ultimatum vom 10. Oktober 1899. In London löste das Schreiben nur Gelächter und Verachtung aus.

Am 12. Oktober griffen die Buren zu Pferd, mit Infanterie und Krupp-Kanonen die unbewegliche Armee der Briten an. Sie hatten hervorragende Generäle, Männer, die ein natürliches Talent für den Überlebenskampf besaßen – das Erbe ihrer Väter, die beim Vordringen in

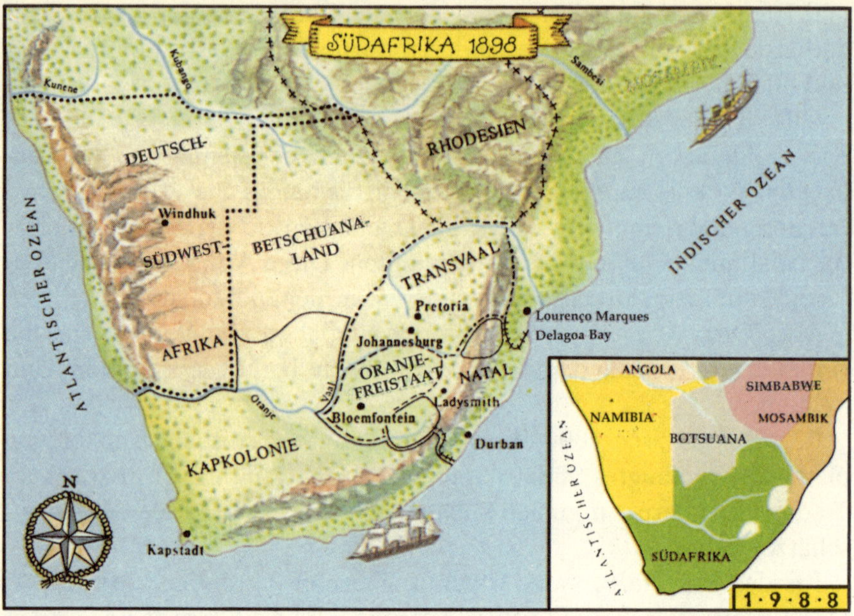

dieses Land mit allen Gefahren der Wildnis gekämpft hatten. Die unerschütterliche Kampfmoral der Buren war dem britischen Sendungsbewußtsein überlegen.

Bald merkten die Briten, daß aus der schnellen Strafexpedition gegen die Buren nichts wurde. Und der Krieg war teuer. Mit der Eisenbahn mußten sie ihre riesigen Schiffsgeschütze von Kapstadt an die Front transportieren. Teuer waren auch die afrikanischen Läufer, die wichtige Nachrichten durch die Stellungen der Buren brachten; sie verlangten für ihren lebensgefährlichen Nachrichtendienst nach Meinung der Briten Wucherpreise. Aber vierzig Pfund für einen Lauf, der tödlich enden konnte, schien den Eingeborenen nicht zuviel.

Auf lange Sicht hatten die Buren jedoch keine Chance, den Krieg zu gewinnen, denn sie kämpften gegen eine Übermacht. Die Zeit war auf seiten der Weltmacht Großbritannien. Als britische Panzerzüge an die Front rollten, wandte sich das Kriegsglück. Die Buren zogen sich zurück. Hier und da begannen sie, ihr Vermögen zu vergraben, legten Verstecke für ihre Goldmünzen und Diamanten an.

Auf dem Vormarsch fanden britische Truppen Kisten mit den Schätzen der Buren. Noch heute liegen Kisten mit Gold und Edelsteinen in

Verstecken zwischen den Flüssen Vaal und Oranje, weil ihre Besitzer in den Wirren der letzten Kriegstage ihr Leben verloren und keiner mehr sagen konnte, wo die Schätze lagen.

Ein britischer Journalist interessierte sich 1899 für diesen Krieg. Er war fünfundzwanzig Jahre alt, schrieb für die Londoner *Morning Post* und hieß Winston Churchill. Im Zweiten Weltkrieg wurde er der felsenfeste Premierminister der Briten und große Gegenspieler Adolf Hitlers. Aber am 15. November 1899 stand Winston Churchill noch als kleiner Kriegskorrespondent in einem britischen Panzerzug, der von den Buren angegriffen wurde.

Die Buren setzten den Panzerzug außer Gefecht und nahmen den Pressemann gefangen. Sie brachten Churchill nach Pretoria in eine Schule, in der britische Kriegsgefangene untergebracht wurden. Es heißt, daß ein Deutscher namens Theo Wild, der damals bei den Buren Lagerwächter war, Churchill eines Nachts zur Flucht über den Stacheldraht verhalf. Und tatsächlich bedankte sich Churchill einige Jahre später in einem Brief bei Theo Wild, der auch in dem Drama um Ohm Krügers Schatz eine geheimnisvolle Rolle spielte.

Churchills Flucht wurde berühmt und begeisterte die britische Nation. Für die Briten, denen ein schneller Sieg nicht gelungen war, stellte sie einen Triumph über die Buren dar. In Pretoria wurde Churchill steckbrieflich gesucht, 25 Pfund waren auf ihn ausgesetzt, tot oder lebendig.

Am 10. Januar 1900 traf der neuernannte britische Oberbefehlshaber Lord Frederick Roberts of Kandahar auf einem Schiff im Hafen von Kapstadt ein. Sein Stabschef war Lord Kitchener, und diese beiden Strategen entschieden den Krieg. Bald lief an allen Fronten die Kriegsmaschinerie der Briten auf Hochtouren. Mit riesigen Kanonen schossen sie in die fliehenden Reitertruppen der Buren. Selbst reiterlose Pferde, die dem Gemetzel entkamen, wurden mit Maschinengewehrsalven niedergemäht, damit die Buren keine Pferde mehr besaßen, um Krieg führen zu können.

Am 5. Juni 1900 marschierten die Briten in Pretoria, der Hauptstadt Transvaals, ein. Die Verzweiflung Ohm Krügers muß grausam gewesen sein. Ein Leben lang hatte er für dieses Land gekämpft, jetzt war sein afrikanischer Traum zerstört. Mit Kisten voll Gold, Silber und Diamanten floh er nach Osttransvaal, wo er in Nelspruit bis zum 1. September blieb und dann auf dem holländischen Kreuzer *Gelderland* sein

Südafrika für immer verließ. Im Schweizer Exil starb Ohm Krüger am 14. Juli 1904.

Als Pretoria in die Hände der Briten fiel, meldeten die internationalen Presseagenturen, Präsident Ohm Krüger habe den Staatsschatz in seinem Sonderzug mitgenommen. Sein Berater, der Jurist und General Jan Smuts, habe die Angestellten der Staatsbank von Pretoria aufgefordert, ihm alles verfügbare Gold, das Silber und die Diamanten auszuhändigen. Smuts sei bereit gewesen, mit Waffengewalt die Übergabe des Staatsschatzes zu erzwingen.

Die Frau des Burengenerals erklärte später vor der Presse, daß der Schatz nicht so groß gewesen sei, wie allgemein vermutet wurde. Nur ein paar Kisten seien in den Sonderzug verladen worden. Aber nach dem verlorenen Krieg versuchten die Buren natürlich, den Umfang und den Transportweg des Schatzes zu verschleiern, um die Briten nicht auf seine Spur zu bringen. Daher wird die Aussage der Generalswitwe Smuts als Täuschungsmanöver gewertet.

Nach heutiger Schätzung hatte der Burenschatz einen Wert von mehr als einer Milliarde Mark. Frau Smuts hatte angegeben, daß die Kisten das Land nicht verlassen hätten, und Augenzeugen berichteten, daß die Schatzkisten, die auf den Kreuzer *Gelderland* verladen wurden, mit Steinen und Stroh gefüllt gewesen seien. Frau Smuts reagierte auf diese Aussagen nur mit einem zustimmenden Lächeln. Was sie sonst noch wußte, nahm sie mit ins Grab.

Die Welt atmete auf, als am 31. Mai 1902 in Pretoria der Friedensvertrag unterzeichnet wurde. Die Republiken Transvaal und Oranje waren verwüstet. Der afrikanische Traum der Buren – vom Winde verweht.

Als die verwilderten Männer mit den Schlapphüten nach Hause kamen, waren die Hyänen fett geworden. Überall lagen Skelette von Pferden und Rindern, darüber kreisten die Geier. Schakale schnüffelten an den leeren Schatzkisten. Wer seine Goldmünzen nicht tief genug vergraben hatte, verlor alles an die Sieger, die in der Asche und den Trümmern mit dem Bajonett nach Schätzen stocherten.

In den Berichten der britischen Soldaten, die die Gefangenenlager bewachten, ist immer wieder von einem oder mehreren großen Schätzen die Rede. Zum Beispiel hätten einige gefangene Buren, so wird berichtet, versucht, die Lagerposten zu bestechen. Sie erzählten von Schatzverstecken und versprachen, den genauen Weg zu einer Höhle in den Bergen am Komati oder zu einer Grube am Ufer des Vaal zu beschreiben, wenn die Briten sie laufenließen. Andere gaben an, daß sie eine doppelte Wand in ihrem Haus gebaut hätten, bevor sie in den Krieg gezogen waren. In dem Hohlraum, versicherten sie, müßten noch immer Kisten mit Goldmünzen versteckt sein.

Die Lagerposten schauten bewußt weg, wenn die Buren den Sprung über den Zaun wagten, zuvor hatten sie sich den Weg zu den Schätzen beschreiben lassen. Aber die fliehenden Buren liefen in eine Feuersalve britischer Soldaten. Die Briten fanden die Schätze nie, auch nicht den Schatz Ohm Krügers.

Gesehen hat diesen Schatz ein gewisser H. W. Seaward, der damals, als das Gold und die Edelsteine verladen wurden, ein kleiner Junge gewesen war. 1953 machte er Schlagzeilen, als er der Presse in Johannesburg erzählte, was in jener Nacht angeblich passiert war: Er hatte den Kanonendonner der britischen Offensive vor den Toren Pretorias gehört und Angst gehabt. Sein älterer Bruder hatte ihn daraufhin in einem Zug untergebracht, der mit dampfender Lokomotive auf die Abfahrt wartete.

Der Junge sah aus seinem Versteck in einem der Waggons, wie ein großer Karren hielt, der von Mauleseln gezogen wurde. Seawards Bruder überwachte das Verladen eisenbeschlagener Kisten; es waren so viele, daß der Junge sie nicht zählen konnte.

Dann rollte der Zug in die dunkle Nacht. Er hielt an einem Fluß. Die beiden letzten Wagen, in denen die Kisten gestapelt waren, wurden abgehängt, während der elegante Salonwagen weiterfuhr. „Da vorn sitzt Ohm Krüger“, hörte Seaward seinen Bruder sagen. „Bete für ihn.“

Aber der junge Seaward vergaß das Beten und starrte auf die Kisten, die von einem Trupp Buren am Flußufer vergraben wurden. Jahrzehntelang schwieg er. Erst als Fünfundsechzigjähriger ging er mit seiner Geschichte an die Öffentlichkeit und bat die Regierung der Südafrikanischen Union um die offizielle Erlaubnis, den Schatz bergen zu dürfen. Das Versteck, sagte er, würde er jederzeit wiederfinden; er habe sich aus dem Gedächtnis genaue Aufzeichnungen gemacht, die soviel wert seien wie eine Schatzkarte.

Die Regierung kannte diese alten Narren, die behaupteten, dabeigewesen zu sein, die Veteranen, die in irgendwelchen Altersheimen saßen und eines Tages anfingen zu plaudern, heimgesucht von wilden Erinnerungen an die Schrecken des Krieges. Immerhin glaubte man

Burenpräsident Ohm Krüger, unversöhnlicher Feind der Briten: „Sie wollen unsere Goldminen und unser Land."

▷
Was weiß der Deutsche Theo Wild über Ohm Krügers legendären Schatz, der in den Bergen Osttransvaals vergraben sein soll?

Der Traum vom schnellen Reichtum lockte 1884 Scharen von Abenteurern an den Oranjefluß: Goldrausch in Südafrika.

Frau und Kind
Abendpost
Churchill ist tot
Preis und Protest

auch in Pretoria, daß Ohm Krügers Schatz noch immer in einem Versteck auf dem Gebiet Transvaals lag; im Fall einer erfolgreichen Schatzsuche verlangte der Staat die Hälfte des Schatzes.

Seaward war vorsichtig. Er hatte einen Mann gekannt, der auf Schatzsuche gegangen war und mehrere Munitionskisten gefunden hatte, die mit Goldbarren gefüllt waren. Als er einen Goldbarren zersägen wollte, stellte er fest, daß dieser und alle anderen nur mit einer Goldlösung überzogen waren – darunter kam Blei zum Vorschein. Dennoch schaufelte er weiter, stieß auf weitere Munitionskisten, alle leer.

Eines Tages wurde er tot im Busch gefunden, mit einem Fetzen Papier in der Brusttasche: einer durchgeschwitzten, unleserlichen Schatzkarte. Der Mann war gestürzt und hatte sich das Genick gebrochen. Oder hatte jemand nachgeholfen?

Seaward wollte nicht so enden, deshalb wartete er einen günstigen Zeitpunkt ab, um mit der Regierung ins Geschäft zu kommen. Aber die lehnte seine verschiedenen Anträge, die Schatzsuche zu finanzieren, höflich und leidenschaftslos ab.

„Die tun so, als wäre ich ein alter Narr“, erklärte Seaward vor der Presse. „Aber ich bin nicht verrückt. So wahr ich hier stehe – ich habe Ohm Krügers Gold gesehen. Der Zug hat am Ufer des Vaal gehalten, an der Stelle, wo er in den Vrystaatsesee fließt. Ich bin zu alt, um allein hinauszugehen. Und selbst wenn ich es könnte, ich würde es nicht tun. Da draußen hat Ohm Krüger seine Wächter ...“

Und dann war da noch jemand, der Ohm Krügers Schatz gesehen hatte: Theo Wild, der deutsche Lagerkommandant, der dem jungen britischen Journalisten Churchill im Jahr 1899 zur Flucht verhalf. Die Buren ahnten, daß er es gewesen war, aber der Lagerkommandant konnte ihm nichts nachweisen.

Gegen Ende des Krieges wurde Wild zu einem Sondereinsatz abkommandiert. Seiner Aussage nach beobachtete er eines Nachts im Buschland nahe bei der Stadt Vereeniging, wie neben dem Zug, den seine Gruppe zu bewachen hatte, ein zweiter Zug hielt und schwere Munitionskisten auf Mauleselkarren verladen wurden.

Wild hörte Kanonendonner, die Briten standen hinter den dunklen Hügeln und feuerten in Richtung Pretoria und Johannesburg. Da riefen die anderen ihm zu: „Steh nicht so in der Gegend herum! Faß mal mit an!“

Er merkte, daß die Munitionskisten so schwer waren wie nie zuvor. Was konnte schwerer sein als Granaten?

Gold, meinte Theo Wild viele Jahre später, als er in einer Whiskybar in der Kleinstadt Naboomspruit saß, 190 Kilometer von Pretoria entfernt. Seiner Schätzung nach waren es zehn bis zwanzig Tonnen, vielleicht auch mehr, der alte Mann wollte sich da nicht festlegen. „Die Briten marschierten in Pretoria ein", sagte er zum Wirt. „Sie wollten ihrer Königin Victoria Ohm Krügers Schatz zu Füßen legen. Aber das haben sie nicht geschafft."

Der alte Wild war leicht betrunken, aber bei klarem Verstand, trotz seiner achtzig Jahre. Das Gold, versicherte er, wurde auf den Mauleselkarren in die Gegend von Naboomspruit gefahren. Wild begleitete den Transport und schaufelte mit den anderen eine tiefe Grube. Es war aber nicht der einzige Schatz, der in diesen Nächten, als die Welt der Buren unterging, vergraben wurde. Ein zweiter Schatz lag, wie Wild gehört hatte, dort, wo der Vaal in den Vrystaatsesee fließt, der ein Vogelparadies ist. Und das ist genau die Stelle, die auch H. W. Seaward 1953 in Johannesburg den sensationshungrigen Journalisten genannt hatte.

Warum hat Theo Wild nie versucht, einen der beiden Schätze aus seinem Versteck zu holen?

Auf diese Frage gab er immer nur ausweichende Antworten. „Es ist ungefährlicher, einen Löwen zu schießen", sagte er, wenn er seinen Whisky getrunken hatte und zufrieden war, „als Ohm Krügers Gold auszugraben."

Theo Wild lebte von seiner Rente. An der Wand in seinem kleinen Haus hingen Gewehre. Aber er war zu alt geworden für die Jagd, Löwen und Elefanten hatten nichts mehr von ihm zu befürchten. Wenn Besucher kamen, Deutsche und Briten, die der Wirt in Naboomspruit zu ihm schickte, dann zeigte er ihnen den Dankesbrief von Winston Churchill.

„Das war mein Krieg", erklärte er. „Man soll die Toten ruhen lassen – und das, was ihnen gehört ...", das Gold, das Silber, die Diamanten Südafrikas, die in dunklen Kriegsnächten verschwunden waren.

Doch Theo Wild hielt sich nicht an seine Worte. Eines Tages setzte er sich ans Steuer seines Wagens und fuhr nach Pretoria. „Er wollte dort etwas Geschäftliches erledigen", glaubt der Wirt in der Bar von Naboomspruit. „Mehr hat der alte Wild nicht gesagt, er ist einfach losgefahren. Bis Pretoria sind es immerhin hundertneunzig Kilometer, und das bei brütender Hitze ... Er muß einen besonderen Grund gehabt haben."

„In dem Alter holt man sich leicht einen Hitzschlag", meint einer der Gäste.

Der Wirt putzt Gläser. „Und dann knallt das Auto gegen den nächsten Baum, denken Sie ... Aber daran war kein Hitzschlag schuld."

„Nein?"

„Eher Wilds Geschäftspartner."

Die Deutschen und Briten in der Bar von Naboomspruit hören gespannt zu. „Der alte Narr wäre besser zum Vrystaatsesee gefahren", fährt der Wirt fort. „Da liegt einer seiner großen Schätze vergraben. Und Flamingos spazieren im See. Der alte Mann hätte die herrliche Aussicht genießen können. Denn unser Land ist wunderschön, müssen Sie wissen."

Aber Theo Wild sah das alles nicht mehr. Er hatte nach dem Treffen in Pretoria zurückkommen und in der Bar eine Runde Drinks spendieren wollen – auf den Geschäftsabschluß.

„Es schien das Geschäft seines Lebens zu sein", sagt der Wirt, „vielleicht wollte er sein Geheimnis verkaufen. Aber seine Partner haben ihn reingelegt. Als sie alles wußten, was sie in Erfahrung bringen wollten, brauchten sie ihn ja nicht mehr. Vielleicht bricht demnächst einer dieser Herren zu einer Expedition auf – ohne den armen Wild."

Wilds Wagen stand am Straßenrand in der Nähe von Pretoria. Der alte Mann saß am Steuer und hatte eine Kugel im Kopf.

Es wird still in der Bar von Naboomspruit. Die deutschen und britischen Gäste bestellen noch einen Whisky mit Eis und gehen dann in die sternenklare afrikanische Nacht hinaus.

Als Theo Wild begraben wurde, legten ihm die letzten Freunde sein bestes Jagdgewehr in den Sarg. Die anderen alten Waffen, die eigentlich ins Museum gehörten, kaufte der Wirt und schmückte damit seine Bar.

Wie hatte Wild immer gesagt? Man soll die Toten ruhen lassen. Aber er fand keine Ruhe, nicht einmal im Grab. Denn schon bald begann ein verrücktes Spiel mit doppelten Rollen.

In Deutschland machte 1965 ein anderer Theo Wild Schlagzeilen. Er erzählte haargenau dieselbe Geschichte wie der alte Löwenjäger in Naboomspruit. Auch er hatte Ohm Krügers Schatz vergraben. Auch er hatte Winston Churchill im Gefangenenlager bewacht, ihm zur Flucht verholfen und besaß einen Dankesbrief von Churchill. Als junger Mann hatte er in Kimberley und Witwatersrand nach Diamanten und Gold gesucht. Dann war er in die Polizeitruppe der Buren eingetreten, und später hatte er als Wachsoldat Ohm Krügers Sonderzug und den Schatz bis zum Versteck begleitet.

Jetzt saß er in einem Altersheim in Idar-Oberstein und wunderte sich, daß er im fernen Südafrika einen Doppelgänger hatte.

Wer war der Tote am Steuer des Wagens auf der Straße nach Pretoria? Wer hat den Mann getötet? Wer war der richtige Theo Wild? Der im Grab von Naboomspruit? Oder der im Altersheim von Idar-Oberstein?

Der eine war Löwenjäger, der andere Diamantenschleifer in Pretoria. Spielte da jemand ein doppeltes Spiel, um die Spur von Ohm Krügers goldenen Millionen für alle Zeiten zu verwischen?

So hat der alte Burenpräsident seinen Goldkrieg doch noch gewonnen. Nachts hört man auf den ehemaligen Schlachtfeldern das heisere Lachen der Hyänen. Bis heute hat Ohm Krüger alle, die seinem Schatz nachjagten, auf eine falsche Fährte gelockt.

Gehängt um fünf Uhr abends

EINE große Menschenmenge hatte sich um den Galgen versammelt. Es war der 17. Juli 1730, vom nahen Indischen Ozean wehte der Wind herüber. Der Galgen war am Strand von Saint-Denis auf der Insel Réunion aufgebaut, die damals noch Île Bourbon hieß. Alles wartete auf die Hinrichtung des französischen Piraten Oliver Le Vasseur, „La Buse" genannt, der Bussard, weil er sich in seinem einst so erfolgreichen Piratenleben mit seinem Schiff wie ein Raubvogel auf die Beute gestürzt hatte. Zuletzt hatte er sich in der Gegend von Madagaskar herumgetrieben.

Le Vasseur war vierzig Jahre alt. Erhobenen Hauptes schritt er zum Galgen, mit dem Lächeln eines Mannes, der für das Publikum noch eine Überraschung bereithält. Als er nur noch wenige Schritte vom Galgen entfernt war, griff er in die Falten seines Büßerhemdes, warf mit einer großzügigen Handbewegung ein Bündel Pergamente in die sensationslüsterne Zuschauermenge. „Finde meinen Schatz, wer kann!" rief er.

Die Leute stürzten sich auf die fliegenden Blätter, die der Wind über den Strand wirbelte, Kinder, Frauen und Männer rannten um den Galgen herum, als wäre alles ein Volksfest. Le Vasseur stand an der Treppe zum Galgen und sah dem Treiben mit boshaftem Lächeln zu.

Die Richter Gachet, Villarmoy und Chassin, die das Todesurteil unterzeichnet hatten, waren verärgert über die Verzögerung. Der Henker beeilte sich, zog den Strick fest um Le Vasseurs Hals, der Pirat schmeckte ein letztes Mal die salzige Meeresluft auf der Zunge, dann krachte die Falltür. „Gehängt um fünf Uhr abends", heißt es im Hinrichtungsprotokoll, das in der Pariser Nationalbibliothek aufbewahrt wird.

Le Vasseur war der berühmteste und am meisten gefürchtete Pirat im Indischen Ozean. Er überfiel die Handelsschiffe der Engländer, Portugiesen und Holländer, die von Indien nach Europa zurücksegelten und reich mit Gold, Edelsteinen, Seide und Silber beladen waren. Seine Beute versteckte Le Vasseur auf der Seychelleninsel Mahé. Dorthin führen auch die geheimnisvollen Pergamente, die er in das Publikum warf.

Le Vasseur entstammte einem alten Korsarengeschlecht, das „sich um das Vaterland verdient gemacht hatte". Sein Vater Paul Le Vasseur segelte mit einer Lizenz des französischen Staates und brachte gekaperte britische Schiffe nach Calais. Die Beute teilte der Vater mit dem Staat, die Familie lebte im Wohlstand.

Oliver Le Vasseur wurde 1690 in Calais geboren. Er war ein kluger, wohlerzogener Junge, hatte die besten Lehrer und hätte Minister werden können. Aber das Leben unter der schwarzen Flagge mit dem Totenkopf reizte ihn mehr als die Aussicht, eines Tages gutbürgerlich, mit Orden und Ehren überhäuft, im Bett zu sterben.

Als er sechsundzwanzig Jahre alt war, beschaffte er sich bei der französischen Regierung eine Korsarenlizenz und segelte zum Indischen Ozean. Dort verbündete er sich mit den britischen Piraten Francis Cocklyn und Howel Davis. Sie lauerten den Schiffen der Ostindischen Kompanie auf, enterten die schwerfälligen Drei- und Viermaster und säbelten jeden nieder, der sich ihnen in den Weg stellte.

Le Vasseur war ein vorzüglicher Fechter, er galt als tollkühn und erbarmungslos, und weil er so einen glänzenden Start hatte, sah er nicht ein, daß er seine Beute mit dem französischen Staat teilen sollte. Er hielt sich nicht an den Pakt mit der Regierung und überfiel auch französische Schiffe.

1720 wurde er in Frankreich zum Staatsfeind Nummer eins erklärt, doch in den nächsten zehn Jahren blieb ihm das Glück treu. Seine Verfolger sahen meistens nur noch das Heck seines schnellen Piratenschiffes hinter dem Horizont verschwinden.

Wenn sich Piratenschiffe auf hoher See begegneten und sich die Freibeuter nicht sicher waren, ob Freund oder Feind auf sie zusegelte, hißten sie die schwarze Flagge. Dann gab es großes Gelächter und eine freudige Begrüßung. So gewann Le Vasseur einen neuen Freund, den britischen Piraten John Taylor.

Der 22. April 1721 war ein Glückstag für die beiden: Im Hafen von Saint-Denis auf der Insel Bourbon erbeuteten sie das portugiesische Schiff *Vierge du Cap.* Es hatte zwar 72 Kanonen an Bord, aber die Portugiesen verloren den Mut, als sie erkannten, daß Le Vasseur sich ihnen näherte. An Bord hielten sich hohe Würdenträger auf: der Erzbischof von Goa und der Vizekönig von Indien, Graf d'Ericeira. Die Herren waren auf der Heimreise nach Portugal und hatten ihre in Indien gesammelten Schätze an Bord – goldene Becher, aus denen der Erzbischof seinen Wein trank, Rohdiamanten, silberne Kerzenleuchter, Schatztruhen voll Gold- und Silbermünzen, Geschmeide für die Damen, denn Erzbischof und Vizekönig waren galante Herzensbrecher ihrer Zeit.

Die Prunkstücke der Sammlung waren das Schwert des Vizekönigs, geschmückt mit Diamanten und Smaragden, sowie das prächtige Feuerkreuz von Goa, dessen Rubine wie die Glut eines Feuers funkelten. Nach heutigen Berechnungen war der Schatz der *Vierge du Cap* mehr als eine Milliarde Mark wert.

Le Vasseur kam das neue, schnelle Schiff der Portugiesen sehr gelegen; er taufte es in *Victorieux* um, „die Siegreiche", und segelte wieder zu den Seychellen, um auf seiner Lieblingsinsel Mahé seine Beute zu verstecken.

Drei Jahre später wollte er sich zur Ruhe setzen und seine Schätze genießen. 1724 schrieb er dem Gouverneur der Insel Bourbon einen Brief: Man möge ihn begnadigen, da er beabsichtige, sich aus dem Piratengeschäft zurückzuziehen. Er schickte dem Gouverneur kostbare Geschenke: Diamanten und goldene Weinbecher. Aber die Franzosen verziehen ihrem ungehorsamen Sohn nicht und jagten ihn mit ihren schnellen Kriegsschiffen über den Indischen Ozean.

Kann sein, daß Le Vasseur abgekämpft und müde war, jedenfalls begann er, Fehler zu machen. Ein tödlicher Fehler war, daß er in der Bucht von Antongil mit Freunden ein Fest feiern wollte. Er lief dem französischen Kapitän d'Hermitte in die Arme, der die *Meduse* kommandierte und sich eine Belohnung verdienen wollte. Beim Landgang erkannte er Le Vasseur und hetzte die Polizei auf ihn. Der Pirat starb am Galgen, doch irgendwo in einer Höhle unter den Küstenfelsen der Seychelleninsel Mahé ruhte noch sein prächtiger Schatz.

Im Jahr 1756 ließen sich französische Siedler auf Mahé nieder, darunter die Familie Savy. Im Gebiet von Bel Ombre besaß sie fruchtbare Äcker und hielt sich Hühner und Ziegen. Die Savys und ihre Nachkommen lebten in einer heilen Welt, bis in den zwanziger Jahren dieses Jahrhunderts die Gespenster der Piratenzeit die Gemüter erregten.

Madame Savy, die gern Spaziergänge machte, entdeckte eines Tages an der Küste seltsam geformte Felsen, die bei Ebbe wie die Pfeiler einer Festung aus dem Meeresboden ragten und ihre Phantasie bald nicht mehr ruhen ließen. Madame Savy erinnerte sich an die Beutefahrten Le Vasseurs und begann mit der Schatzsuche. Tatsächlich fand sie mehrere Skelette; neben den Totenschädeln lagen goldene Ohrringe, wie Piraten sie gerne trugen.

1949 machte Madame Savy die Bekanntschaft des achtunddreißigjährigen Engländers Herbert Cruise-Wilkins, der auf den Seychellen seine Malaria auskurieren wollte, die er sich als Großwildjäger in Ostafrika geholt hatte. Madame Savy und Wilkins wurden verschworene Partner auf der Suche nach dem Schatz von Le Vasseur, die unermüdliche alte Dame und der bleiche, kränkelnde Engländer, den der Gedanke an den Schatz mit neuem Leben erfüllte.

Wilkins entdeckte Spuren von Hammer und Meißel an den Klippen – Zeichen, die zu einer unterirdischen Schatzkammer führten? Madame Savy besaß alte Dokumente mit einer verschlüsselten Botschaft: Es waren Kopien der Pergamente, die Le Vasseur in seiner Todesstunde in die Zuschauermenge unter dem Galgen geworfen hatte. Wie diese Kopien auf vielen dunklen Umwegen in den Besitz ihrer Familie gekommen waren, wußte Madame Savy nicht. Manche Felszeichen stimmten mit den Markierungen in den Dokumenten überein. Daraus ergaben sich bestimmte Wortkombinationen.

Wilkins gelang es, die verschlüsselte Botschaft zu übersetzen. Die erste Zeile lautete: „Fordere eine gewisse Frau heraus, die im Wasser gefangen liegt."

Auf der Seychelleninsel Mahé versteckte Le Vasseur seine Piratenbeute.

Nach langem Nachdenken glaubte Wilkins, eine Verbindung zur griechischen Sagenwelt herstellen zu können. Die Königstochter Andromeda war mit Ketten an einen Felsen im Meer gefesselt und sollte einem Meeresungeheuer geopfert werden. Perseus, ein Held, der auf Flügelschuhen über die Erde flog, befreite Andromeda.

Wilkins arbeitete weiter an der Geheimschrift und übersetzte die nächste Zeile: „Befreie die Scheide der Frau, damit sie mit dem Mann, der der ihre ist, schlafen kann." Die Sage erzählt, daß Andromeda Perseus' Frau wurde, nachdem er sie von ihrer Gefangenschaft erlöst hatte.

Allmählich fand Wilkins heraus, daß Le Vasseur den verschlüsselten Wegweiser zu seinem Schatz mit einem weiteren Abenteuer der griechischen Sagenwelt verbunden hatte: So wie Herkules zwölf mühsame Werke vollbringen mußte, hatte auch Wilkins zwölf Aufgaben zu lösen, um das Versteck zu finden.

Mit zwei Dutzend Arbeitern begann er zu graben. Unter einer meterhohen Sandschicht fand er die steinerne Figur einer Frau – stellte sie Andromeda dar? Er schaufelte tiefer, aber das Meer überflutete das sandige Bett der Frauenstatue.

Später fand Wilkins die Knochen eines Ebers und weitere Zeichen, die in die Felsen gemeißelt waren. Darin erkannte er Hinweise auf die zwölf Heldentaten des Herkules: auf seinen Kampf mit dem wilden Eber aus dem Erymanthischen Gebirge, mit dem Löwen Nemea, mit der vielköpfigen Riesenschlange Hydra, dem Stier von Kreta und dem Höllenhund Zerberus.

Wilkins brauchte Jahre, um sich den Weg zu all diesen Hinweisen freizuschaufeln. Er benutzte Dynamit, um in dem Felsenlabyrinth voranzukommen, und beschaffte sich Geld von Aktionären, die sich von Le Vasseurs Schatz großen Gewinn versprachen. Aber der lachende Dritte war der tote Pirat, der mit seinen Zeichen und Figuren Wilkins in Atem hielt.

Wilkins ließ sich von dem Verwirrspiel des Piraten nicht entmutigen. Im Gegenteil, er wollte beweisen, daß er das Duell mit dem Toten, das sich immer mehr zu einer hochkomplizierten Schachpartie entwickelte, gewinnen konnte. Der Engländer fand runde, von Menschenhand behauene Felsen, die aussahen wie große Äpfel. Das Zeichen für die zwölfte Aufgabe des Herkules? Der griechische Sagenheld mußte die goldenen Äpfel der Hesperiden holen, jener drei schönen Nymphen in einem Paradiesgarten, der von einem Drachen bewacht wurde.

Wilkins hatte zwanzig Jahre lang geschuftet und glaubte, kurz vor dem Durchbruch zu stehen. Aber er war ein armer Mann geworden. Die Aktionäre zahlten nicht länger, Wilkins mußte seine Arbeit beenden. Manchmal in einsamen Stunden, wenn er in seinem Bungalow an der Küste saß und das Rauschen des Indischen Ozeans hörte, fragte er sich, ob Le Vasseur ihm überhaupt eine echte Chance gegeben hatte. Vielleicht wollte der tote Pirat nur sein Spiel mit der Nachwelt treiben und sich mit einem höllischen Gelächter dafür rächen, daß man ihn, den großen Le Vasseur, am Galgen aufgehängt hatte.

1970 versuchte Wilkins noch einmal, den Toten in seinem einsamen Duell zu schlagen: Auf Mahé wurde ein Flughafen gebaut, und die Bauherren unterstützten Wilkins kurzfristig mit Bulldozern, die Tonnen von Sand und Gestein bewegten, um den Zugang zur Schatzhöhle zu finden.

Schließlich zeigte ein Magnetometer in einer Tiefe zwischen acht und zehn Metern Metall an. Vielleicht eisenbeschlagene Schatzkisten? Doch die Behörden auf Mahé waren zu dieser Zeit schon mehr am Geschäft mit dem aufblühenden Tourismus interessiert als an einem Unternehmen, das sich wahrscheinlich nur als das Hirngespinst eines alten Mannes erwies. Der Flughafen war ihnen wichtiger, die Jets würden Urlauber und Geld auf die Insel bringen – das war der neue Schatz von Mahé.

Die Bulldozer rückten ab, und Wilkins streifte wieder allein in der Nähe der Klippen umher. Immer noch war er fest davon überzeugt, daß unter seinen Füßen Le Vasseurs Schatzkammer lag. Er kannte nun alle Tricks des toten Piraten. Sie hatten beide in ihrem Leben um alles oder nichts gespielt, und manchmal dachte Wilkins: Es war eine verdammt schöne Zeit. Eigentlich waren wir beide glückliche Verlierer.

Der Reiter auf dem mexikanischen Pferd

ER SCHOB den alten, zerbeulten Sombrero tiefer in die Stirn, um die Augen vor der Sonne zu schützen. Im Gras sangen die mexikanischen Grillen. Der Mann war schwer bewaffnet, zwei Colts hingen an seinem Patronengürtel, und ein Mausergewehr steckte im Lederfutteral an der Flanke des Pferdes.

Er trug einen Schnurrbart, sein Kinn war unrasiert, den Blick hatte er auf das Gras und die Steinhügel gerichtet, als rechnete er mit dem plötzlichen Angriff einer Klapperschlange – oder dem eines weitaus gefährlicheren Feindes: eines aus Mexiko City angereisten Mörders, der sich hinter einem Felsen versteckte.

Der Mann grinste. Sollten sie doch kommen und versuchen, ihn zu töten! Eines Tages würde es ihnen vielleicht gelingen. Aber nicht heute. Heute meinte es das Schicksal gut mit ihm, denn er war unterwegs zu seinem Goldversteck.

Als die Leute aus dem staubigen Bauernnest Parral sahen, daß der Mann in die Sierra Madre ritt, grüßten sie ihn respektvoll. „Pancho Villa reitet wieder zu seiner Bank", flüsterten sie hinter vorgehaltener Hand.

Die Dorfbewohner hatten sich daran gewöhnt, daß er manchmal tagelang verschwand und dann mit prall gefüllten Satteltaschen zurückkam. Sie wußten, daß der große Mann der mexikanischen Revolution, ihr Volksheld Pancho Villa, seit dem Ende des Revolutionskrieges ein Schatzversteck in den Bergen besaß.

Es war ein friedlicher Tag des Jahres 1920. Ein paar Wolkenfetzen trieben am blauen Himmel über der Sierra Madre, die Leute blickten Pancho Villa nach, schauten sich dann ängstlich um, als könnten fremde Reiter dem Mann folgen, um sein Geheimnis herauszufinden und ihm die Beute aus den Tagen der Revolution nach jahrelangem Warten doch noch abzujagen. Aber Pancho Villa war schon in der Sierra Madre verschwunden. Die Leute wünschten, daß er mit vollen Satteltaschen zurückkehrte.

Denn der Revolutionär war immer großzügig gewesen; er steckte den Campesinos, den armen Kleinbauern, Goldmünzen in die Taschen. Sie hatten mit ihm für Gerechtigkeit und Freiheit gekämpft. 1910 hatten sie sich gegen die Reichen erhoben, die das Land fest im Griff hatten. Zwei Drittel des Bodens gehörten ihnen, und die Bauern arbeiteten für die Herren wie Sklaven. Wer sich beklagte oder vor Hunger umfiel, wurde ausgepeitscht. Wer die Faust gegen seinen Herrn hob, wurde auf der Stelle erschossen.

„Wir haben einen schiefen Mund, weil wir nichts zu essen haben", sagten die Mexikaner. Auch Pancho Villa hatte zum Heer der Hungernden gehört. Damals hieß er noch Doroteo Arango und arbeitete auf den Baumwollfeldern des Großgrundbesitzers Negrete. Am 22. September 1894 änderte sich das Leben des sechzehnjährigen Jungen dramatisch. Es heißt, der Landherr Agustín López Negrete habe Martina, Arangos

Schwester, vergewaltigt. Da holte der junge Mann seinen Revolver und schoß Negrete nieder wie einen tollwütigen Hund.

Damit begann eine mexikanische Karriere. Der Junge floh auf seinem Pferd in die Berge, wurde erst Viehdieb und schloß sich später Banditen an, die Banken und Eisenbahnzüge überfielen. Er lernte schnell, wie man den reichen Herren die goldene Uhr aus der Tasche zog und den feinen Damen die Diamantringe von den Fingern streifte.

Arangos Haß auf die Landherren war abgrundtief. Anfangs war er nur ein gewöhnlicher Räuber, aber in seinem Herzen hatte er längst allen Reichen den Krieg geschworen. Sie sollten für das Leid bezahlen, das sie den ausgebeuteten Mexikanern angetan hatten.

Bis zum Jahr 1900 führte er in Mexiko das Leben eines freien Banditen, dann stieß die Polizei auf seine Spur. In Mexiko wurde Arango der Boden zu heiß; er ritt nach El Paso in Texas und tauschte das erbeutete Gold und die Diamanten gegen US-Dollars ein. In den folgenden Jahren unternahm er mit verschiedenen Banden immer wieder Überfälle im Norden Mexikos und zog sich mit der Beute über den Rio Grande in die USA zurück. In zwielichtigen texanischen Hotels tauchte er unter, spielte den politischen Flüchtling: ein Mann mit schwarzem Haar und dunklem Schnauzbart, der mit einem Glas Tequila an der Bar saß und auf die Revolution in Mexiko wartete.

„Ist dir dein Mädchen davongelaufen, Amigo?“ sprach ihn eines Tages ein angetrunkener Amerikaner an, dem der grübelnde Mann aufgefallen war.

Arango trank rasch seinen Tequila aus, er wollte mit diesem Gringo nichts zu tun haben.

Jetzt schaute ihm der Amerikaner ins Gesicht. „Du hast Feuer in den Augen“, fuhr er fort, wobei er ganz ernst wurde, „und das kommt nicht vom Tequila, wenn ich richtig sehe ...“

So begann an diesem Herbsttag des Jahres 1909 ein Gespräch, das für den Mexikaner ungeahnte Folgen haben sollte. Der Gringo war ein kleiner Zeitungsreporter, der Berichte über die angespannte Lage in Mexiko schrieb. Er wußte, daß die Revolution nicht mehr aufzuhalten war. Das Volk war bereit, den Diktator Porfirio Díaz, einen alten Mann von neunundsiebzig Jahren, und seine dickbäuchigen Politiker und Generale zum Teufel zu jagen.

Dem Heer der Hungernden fehlten nur noch einige mitreißende Führer. Im Süden Mexikos war schon einer dabei, sich einen Namen zu machen: Emiliano Zapata, ein Heißsporn, der die Befreiungsarmee des Südens organisierte.

Der amerikanische Journalist redete auf Arango ein. „Du bist der richtige Mann für den Norden. Du und Zapata, ihr werdet diese fetten alten Männer in Mexiko City von Norden und Süden angreifen und mit Hilfe eurer Armeen aus den Betten jagen. Ich werde dich im Auge behalten und über deine Siege schreiben, Amigo." Schließlich feuerte er den Mexikaner noch mit einem bösartigen Zitat des greisen Diktators Díaz an: „Gott sei Dank, ich kann noch töten."

Dieser Satz wirkte auf Arango wie eine Kampfansage, ein Ansporn, die Bauern zu befreien. Er legte sich einen neuen, klangvollen Namen zu, Pancho Villa, kehrte 1910 nach Mexiko zurück und trommelte seine Banditen zusammen. Bald wurde aus der kleinen Bande von Desperados, die nichts zu verlieren hatten, ein Heer von Revolutionären. Gesetzlose Halunken und bewaffnete Bauern schlossen sich zu der abenteuerlichen Armee des Nordens zusammen, der gefürchteten „División del Norte". Auch bewaffnete Frauen marschierten mit, die „Soldaderas", die zornigen Mütter, die für ihre hungrigen Kinder ein besseres Mexiko erkämpfen wollten.

Pancho Villa wurde für seinen Mut und seine Grausamkeit berühmt. Wenn seine Reiter vor den Türen der Großgrundbesitzer auftauchten, legten die Reichen ihre Schätze Pancho Villa zu Füßen, um ihr Leben zu retten. Die Revolutionäre erbeuteten Gold- und Silberbarren, Juwelen und US-Dollars aus den Geldschränken der einstigen Sklavenhalter. Villa streute mit vollen Händen das Schmerzensgeld unter die armen Bauern. Sie fragten nicht danach, ob Blut an der Beute klebte. Für die Armen war Pancho Villa ein großer, tapferer, barmherziger Guerillero, ein mexikanischer Robin Hood.

Andere lernten nur seine Grausamkeit kennen. Eines Tages ritt Pancho Villa mit einem Trupp Rebellen los und überfiel eine Bank. Als sie das Gebäude verließen, erschoß Pancho Villa zwei unbewaffnete Bankbeamte und blies lässig den Rauch seines Colts in die Luft.

Einer der Rebellen wagte es, ihn darauf anzusprechen. „Warum tötest du wehrlose Männer?" fragte er.

„Quién sabe? – Wer weiß?" entgegnete Villa und jagte ihm eine Kugel in die Stirn, weil er eine Frage zuviel gestellt hatte.

Gefangene, die seine Beute zu den zahllosen Verstecken schleppen mußten, waren die letzten, die sein Gold sahen. Wenn die Schätze im

Versteck untergebracht waren, mußten die Augenzeugen ihr Grab selbst schaufeln. Villa erschoß einen nach dem anderen, scharrte das Massengrab zu und ritt zu seiner Truppe zurück. So gab es niemals Überlebende, die seine Verstecke hätten verraten können.

Von 1910 bis 1920 erschütterten Revolution und Gegenrevolution das Land, die Präsidenten wechselten, wurden ermordet, die revolutionäre Armee zerfiel in einzelne Trupps, die sich erbittert bekämpften. Die Politiker, denen die Revolution zur Macht verholfen hatte, fürchteten stets den Unwillen der Revolutionäre, und am meisten fürchteten sie Pancho Villa, der wieder kämpfen würde, wenn sie ihr Versprechen nicht erfüllten: Land für die Armen, ein Leben ohne Hunger und ohne die Peitsche der Sklavenhalter.

Villa und Zapata hörten nicht auf, den Machthabern in Mexiko City zu mißtrauen. „Niemals haben Sie, meine Herren, daran gedacht", warf Zapata der Regierung des Präsidenten Carranza vor, „daß die Revolution für die breiten Massen Verbesserungen bringen sollte."

1919 wurde Emiliano Zapata in Chinameca von einem Mordkommando erschossen. Als ihn die tödlichen Kugeln trafen, saß er auf seinem Pferd, das „As de oro" hieß – das goldene As. Der Verräter, ein Mann namens Guajardo, hatte es ihm geschenkt.

Pancho Villa dagegen blieb wachsam und deshalb am Leben: Er hielt sich eine Leibgarde von fünfzig Mann, die man die „Dorados" nannte, die Goldenen. Nach dem Revolutionskrieg zog er sich auf seine große Ranch in der Nähe des Provinznestes Parral zurück. Ab 1920 begann er, seine Schätze aus den verschiedenen Verstecken zusammenzuholen und sie an einen zentralen Ort in der Sierra Madre zu bringen.

Wenn Villa für sich und seine Leibgarde Geld brauchte, unternahm er seine einsamen Ritte in die Sierra Madre. Er wußte, daß es nur eine Frage der Zeit war, bis die Politiker in Mexiko City ein Mordkommando schicken würden, um den unbequemen Volkshelden, der jederzeit eine Regierung stürzen konnte, für immer loszuwerden.

Präsident Álvaro Obregón befahl das Attentat auf Pancho Villa, das von Diputado Salas ausgeführt werden sollte. Dessen Todesschwadron nistete sich 1923 in der Nähe von Villas Kommandozentrale in der Provinz Chihuahua ein. Dort unterhielt Villa Kontakte zu den ehemaligen Revolutionskommandeuren.

In der Stadt Jiménez wartete am 20. Juli 1923 eine Frau auf Pancho Villa – seine Geliebte. Der Revolutionär fuhr jedoch in seinem Dodge

Nach der Revolution zog sich Pancho Villa auf seine Hazienda in Canutillo zurück.

Die Angehörigen von Zapatas Rebellenarmee kämpften für die Befreiung der armen mexikanischen Bauern.

Das Ziel der einsamen Ritte Pancho Villas: die Sierra Madre in Nordwestmexiko

Pancho Villa zu Pferde (rechts) und sein Sattel (oben), an dem er die Goldsäcke festgebunden haben soll

zuerst nach Parral, um mit seinem Rechtsanwalt ein neues Testament aufzusetzen. Pancho Villa saß am Steuer, umgeben von seinen Leibwächtern. Der Dodge rollte auf einer einsamen Bergstrecke in die Falle. Hinter einem Felsen stürmte das Mordkommando hervor, Handgranaten flogen, ein Maschinengewehr hämmerte seine Salven in den Wagen. Pancho Villa kam nicht mehr dazu, seine beiden Colts zu ziehen. Als die Ärzte später seine Leiche untersuchten, zählten sie 47 Einschüsse.

Mit ihm starb der Traum der Revolution: „Land und Freiheit" war der Schlachtruf der Rebellen gewesen. Die alte Herrschaft wurde nur durch eine neue ersetzt, die sich genauso bereicherte wie die gestürzten Machthaber. Die alten Kämpfer dagegen mußten von einer Behörde zur anderen laufen, bis sie endlich eine monatliche Rente von 15 000 Pesos bekamen, etwa 75 Mark, ein Hungerlohn dafür, daß sie ihr Leben aufs Spiel gesetzt hatten. Die Politiker und Generale genossen die Macht und das süße Leben, während die Armen um ihre vergebliche Revolution trauerten.

In einem Krankenhaus in El Centro, Kalifornien, erzählte 1956 Dolores Vasquez, eine alte Mexikanerin, sie sei von 1913 bis 1917 Oberst im Schwesternkorps der Armee von Pancho Villa gewesen. Die Achtundsiebzigjährige berichtete, wie sie und ihre hilfreichen Engel die Verwundeten auf dem Schlachtfeld versorgt hatten, aber sie erinnerte sich auch an die „Geschäfte" Pancho Villas und zählte seine Verstecke auf, die er während des Revolutionskrieges am Rio Grande, an der Grenze zwischen Texas und Mexiko, angelegt hatte.

Ihren Angaben zufolge war er gelegentlich nach Texas geritten und hatte seine Beute auf amerikanischen Friedhöfen versteckt, in San Antonio und Corpus Christi, dicht bei den alten Kirchen.

Die alte Frau wurde von den Ärzten behandelt, sie verließ die Klinik und wurde nie wieder gesehen. Unter scharfen Sicherheitsvorkehrungen untersuchten die amerikanischen Behörden die genannten Friedhöfe – und schwiegen über das Ergebnis. Strenge Nachrichtensperre für die Presse.

Haben die Amerikaner einen Teil von Pancho Villas Beute unter texanischen Grabsteinen gefunden? Oberst José Maria Juarrieta, der ehemalige Stabschef von Pancho Villa, erklärte 1956: „Warum sollte Villa seine Schätze in den USA vergraben haben? Mexiko ist groß – und die Sierra Madre ist ein besseres Versteck als ein amerikanischer Friedhof in Texas."

In der Stadt Chihuahua gibt es ein Revolutionsmuseum und die „Historische Gesellschaft", der auch Veteranen aus Pancho Villas Tagen angehören. Einige von ihnen sind über neunzig Jahre alt. Die Männer der Revolution haben meist noch ihr Gewehr unter den Fußbodenbrettern versteckt – für den Tag, an dem Pancho Villa zurückkehrt. Aber im Innern wissen sie selbst, daß das nur ein Traum ist.

Wenn man die Einheimischen in der Gegend von Parral, wo die Erinnerung an Pancho Villa und seine Leibgarde, die „Goldenen", weiterlebt, nach Pancho Villa fragt, zeigen sie mit der ausgestreckten Hand zur Sierra Madre. „Da oben, auf einem Felsen, sitzt Pancho Villa mit dem Gewehr über den Knien und ruht sich nur ein wenig aus. Aber eines Tages kommt er wieder. Und wir können warten, das haben wir gelernt."

Sie wagen es nicht, in der Sierra Madre nach seinen Schätzen zu suchen. *Quién sabe?* Wer weiß? Es könnte ein Unglück passieren, wenn man Pancho Villa reizt. Auch nach über sechzig Jahren ist der Respekt vor ihm ungebrochen.

Gemächlich gehen die Männer und Frauen auf der Straße davon. Fliegen sitzen träge auf Türrahmen, kriechen vor der heißen mexikanischen Sonne in den Schatten.

Heute schenkt den armen Leuten niemand mehr Goldmünzen wie einst Pancho Villa. Ihren von der Arbeit und der Sonne gezeichneten Gesichtern sieht man an, was sie denken: Wenn Sie noch Fragen haben, Señor, dann gehen Sie den harten, staubigen Weg in die Sierra Madre. Vielleicht finden Sie die Antwort, die Sie suchen. *Quién sabe?* Wer weiß?

Der König, den sie Elefant nannten

IM FRÜHEN 19. Jahrhundert, als es noch schwarze Könige in Südafrika gab, nannte man eine kurze, aber leidenschaftliche Liebe zwischen Mann und Frau in der Zulusprache *„ama hla endlela"*, was soviel heißt wie „Freude abseits des Weges".

Es begann wie ein Märchen und endete mit Angst und Schrecken: Nandi, das schöne Langenimädchen, wurde von Senzangakona, dem Sohn eines Zulukönigs, verführt. Dieser Liebelei verdankte Shaka Zulu sein Leben. Doch er wurde nicht als Königssohn und Stammeserbe anerkannt, denn die schöne Nandi wurde verstoßen und mußte mit ihrem Kind fliehen.

Die Irrwege, auf denen Shaka Zulu schließlich doch an die Macht gelangte, ließen aus dem gedemütigten Kind einen Herrscher von unerbittlicher Härte werden. Mit einer schonungslosen Kriegführung, neuen Kampftechniken und Strategien unterwarf er die Nachbarstämme und vergrößerte sein Reich.

1827 zeigten sich erste Anzeichen des Wahnsinns in seinem Gemütszustand. Nach dem Tod seiner Mutter Nandi, die er über alles liebte, erließ er ein irrsinniges Verbot – ein Jahr lang durfte auf den Äckern kein Korn ausgesät werden. 1828 wurde Shaka Zulu, einundvierzig Jahre alt, von seinem Halbbruder Dingane erdolcht.

Shaka Zulu war der letzte machtvolle Führer der südafrikanischen Stämme. Nach seiner blutigen Diktatur drangen die weißen Siedler, die holländischen Buren, in Shaka Zulus Reich ein und verdrängten die Schwarzen nach Norden. Die Gewehre der Weißen waren stärker als die Speere der Schwarzen. Außerdem besaßen die Nachfolger Shaka Zulus nicht mehr den leidenschaftlichen Kampfwillen und die strategische Begabung ihres Vorgängers.

Der letzte verzweifelte Verlierer unter den schwarzen Herrschern, die den Weißen – Buren und Engländern – nur hinhaltenden Widerstand leisten konnten, hieß Lobengula, was „schnell wie der Wind" bedeutet. Seit 1868 war er König der Matabele, jenes Zulu-Stammes, der im Land zwischen den Flüssen Sambesi und Limpopo lebte, im heutigen Simbabwe.

Lobengula wurde auch „Ndhlovu" genannt, Elefant, und manchmal auch „Großer Menschenfresser", obwohl er kein blutrünstiger Tyrann und Kannibale war wie sein Vater. Er hatte den christlichen Glauben angenommen und war von dem englischen Missionar Moffat getauft worden.

Lobengula liebte das Leben, er war ein Genießer. Diener wedelten mit Straußenfedern, damit den König stets ein kühles Lüftchen umwehte. Er freute sich über Geschenke, die ihm die Weißen brachten: bunte Glasperlen und billigen Schnaps, den er für Zauberwasser hielt. Das „Goldwasser" stieg ihm in den Kopf, kitzelte in seiner Kehle und brachte ihn zum Lachen.

Dabei besaß er viel mehr als die Weißen, die ihn mit ihren Geschenken bestechen wollten. In seinem Land befanden sich alte Goldminen, die schon die Araber im 9. Jahrhundert entdeckt und ausgebeutet hatten. Die Legende erzählt, daß hier das Goldland „Ophir“ lag – König Salomos Goldadern.

Die Matabele fanden in den verfallenen Minen immer noch Gold, mit dem die Herrscher ihre Schatzkammern füllten. Die Briten grübelten schon lange darüber nach, wie sie die Goldadern ausbeuten könnten. Sie boten Lobengula ein Schutzbündnis gegen die vordringenden Buren an, verwöhnten den trinkfreudigen König mit „Goldwasser“ und hofften, er würde ihnen eines Tages die Schürfrechte an seinen Minen verkaufen. Lobengula zögerte, er fürchtete die weißen Goldgräber. Sie würden kommen und Dörfer bauen. Erst würden sie das Gold nehmen und dann sein Land. Lobengulas Angst war berechtigt, denn hinter den Interessen der Briten stand der geschäftstüchtige, nach Macht strebende Cecil Rhodes, der spätere Ministerpräsident der britischen Kapkolonie.

Der König der Matabele ahnte, daß die Engländer irgendwann mit Waffengewalt in sein Land eindringen würden, wenn er ihre Wünsche nicht erfüllte. 1888 schloß er daher einen Vertrag mit den britischen Kolonialherren und verkaufte ihnen die Schürfrechte an den Goldminen. Lobengula erhielt auf Lebenszeit eine monatliche Summe von 100 Pfund Sterling in Gold. Seine Armee wurde mit 1000 Gewehren ausgerüstet, aber die Engländer waren schlau und zeigten Lobengulas Kriegern nicht, wie man mit den Gewehren richtig zielt.

Cecil Rhodes gründete 1889 die „British South Africa Company“ und verkaufte Aktien. Das Geschäft blühte, man versprach sich große Gewinne von den Erträgen der Goldminen. Die Briten traten wie die neuen Herren auf. Sie erklärten Lobengula, daß sie auf Grund einer Verfügung der britischen Königin Victoria Telegrafenverbindungen und die Eisenbahn einführen müßten. Lobengula erkannte voll Zorn: Wenn man den Briten die Hand reichte, nahmen sie das ganze Land.

Als Lobengula sah, daß die Briten auch das nördlich gelegene Maschonaland an sich reißen wollten, endete seine Geduld. Denn er betrachtete die Maschona als seine Untertanen; ihr Land war eine Kolonie seines Reiches.

Die Briten lachten nur über die Warnungen und Drohungen Lobengulas und gründeten 1890 im Maschonaland ihre erste Siedlung, Fort Salisbury; die britische Flagge wehte über dem Land, ohne daß ein Schuß gefallen war.

Es herrschte eine trügerische Stille. Lobengula wollte nicht länger der gutmütige schwarze König sein, der sich mit Straußenfedern frischen Wind um die Stirn fächeln ließ. In ihm erwachte „Ndhlovu“ – der Elefant, der zornig wird.

Aber zunächst wollte er seine Reichtümer in Sicherheit bringen. Er besaß Schatztruhen voller Goldklumpen und Rohdiamanten – die Abgaben seiner Untertanen, die in den Goldminen und auf den Diamantenfeldern arbeiteten. In seinen Schatzkammern lagerte außerdem das Elfenbein aus mehreren Jahrzehnten; wenn im Matabelereich ein Elefant erlegt wurde, mußten die Stoßzähne an den Herrscher abgeliefert werden. Lobengula ließ den Schatz auf Ochsenkarren verladen und nach Norden abtransportieren, ins heutige Angola.

Dort, im afrikanischen Busch, rodeten die Matabele ein Stück Land, sprengten mit Dynamit den steinigen Untergrund und legten Schatzkammern in den unterirdischen Felsen an. Als das Versteck fertig war, wurden die Arbeiter getötet, damit sie das Geheimnis nicht verraten konnten. Lobengula informierte nur einige Zauberer und seinen Berater, einen hellhäutigen Mischling namens John Jacobs, in dessen Adern das Blut weißer Einwanderer floß, über die Lage des Verstecks.

Immer zahlreicher wurden nun die Überfälle der Matabele auf die Siedlungen der britischen Eindringlinge. Die Briten zogen ihre Truppen zusammen und marschierten auf Bulawayo zu, um Lobengula endgültig Respekt vor der britischen Fahne beizubringen. Zwei Unterhändler der Matabele, die Lobengula mit einem Friedensangebot zu den Briten schickte, wurden „irrtümlich“ erschossen, und Lobengula stellte verbittert fest: „Die Weißen sind die Väter der Lüge.“

Der offene Kampf war nicht mehr zu vermeiden. Tausende von Matabelekriegern, die mit den britischen Gewehren in die Luft knallten, weil sie das Zielen nicht gelernt hatten und auf den „Zauber“ der Feuerwaffen vertrauten, fielen im Kugelhagel der Briten.

Als Lobengula und seine letzten Getreuen Bulawayo verließen, zündeten sie die Stadt an; hinter den Fliehenden stiegen die Rauchwolken in den Himmel. Am 4. November 1893 marschierten die Briten in die Ruinen von Bulawayo ein und hißten ihre Fahne über der Asche.

Lobengula zog mit seinem Treck in die Wildnis. Unterwegs schickte er den Briten 1000 Goldmünzen und bat um Frieden, aber seine Boten wurden von zwei britischen Soldaten abgefangen, die das Gold in die eigenen Taschen steckten.

Ein Suchtrupp unter dem Kommando von Major Allan Wilson folgte den Spuren von Lobengulas Treck. Am Ufer des Shangani wurde Wilsons Truppe von den Matabele umzingelt. Die Briten kämpften verbissen, wurden aber niedergemetzelt. Ein letzter blutiger Sieg der vertriebenen Matabele.

Lobengulas Treck blieb im Urwald stecken. Die Matabele waren am Ende ihrer Kräfte, sie starben am Fieber oder verirrten sich in ausweglosen Sümpfen. Am 23. Januar 1894 nahm der König der Matabele Gift und starb. Seine Krieger hüllten den Toten in die Haut eines schwarzen Ochsen, dann wurde Lobengula aufrecht sitzend begraben.

Die Briten hatten Lobengulas Berater, den Mischling John Jacobs, gefangengenommen. Er saß in einer Zelle von Fort Salisbury und wollte sich die Freiheit erkaufen: Er bot den Briten an, ihnen Lobengulas Schatzversteck zu verraten. Aber die Briten nahmen ihn nicht ernst und ließen ihn schließlich laufen.

1906 fand Jacobs mehrere Geldgeber, die bereit waren, eine Expedition zum Schatzversteck zu finanzieren. Er machte sich mit einigen Männern auf den Weg. Am Ufer des Sambesi wurden sie von den Matabele überfallen, konnten den Angriff aber abwehren. Es war nicht die Angst, die Jacobs eines Tages veranlaßte, die Expedition abzubrechen. Er behauptete, der Geist des toten Lobengula habe ihm befohlen umzukehren, andernfalls würden ihn die Geister der Toten schwer bestrafen. Jacobs fürchtete die Rache des toten Königs und war auch durch Peitschenhiebe seiner Geldgeber nicht zu bewegen, die Schatzsucher zum Versteck zu führen.

Danach streunte Jacobs wie ein herrenloser Hund durch verschiedene Städte; er wurde in Livingstone und Johannesburg gesehen, und immer wieder erzählte er die Geschichte von Lobengulas Schatzkammern. Die Briten steckten ihn ein paarmal ins Gefängnis, weil sie ihn für einen Hochstapler und Betrüger hielten, der leichtgläubigen Schatzgräbern das Geld aus der Tasche ziehen wollte.

Aber Jacobs blieb hartnäckig bei seiner Behauptung, der Schatz sei nach Norden abtransportiert worden, auf mehr als zehn Ochsenkarren. Die Ladung bestand aus Truhen voll mit Rohgold, ungeschliffenen Diamanten und großen Mengen Elfenbein. Jacobs erzählte auch, er habe seine Partner deshalb in die Irre geführt, weil er glaubte, sie würden ihn töten, falls sie den Schatz fänden.

1921 startete der südafrikanische Major Leipoldt eine Expedition. Er

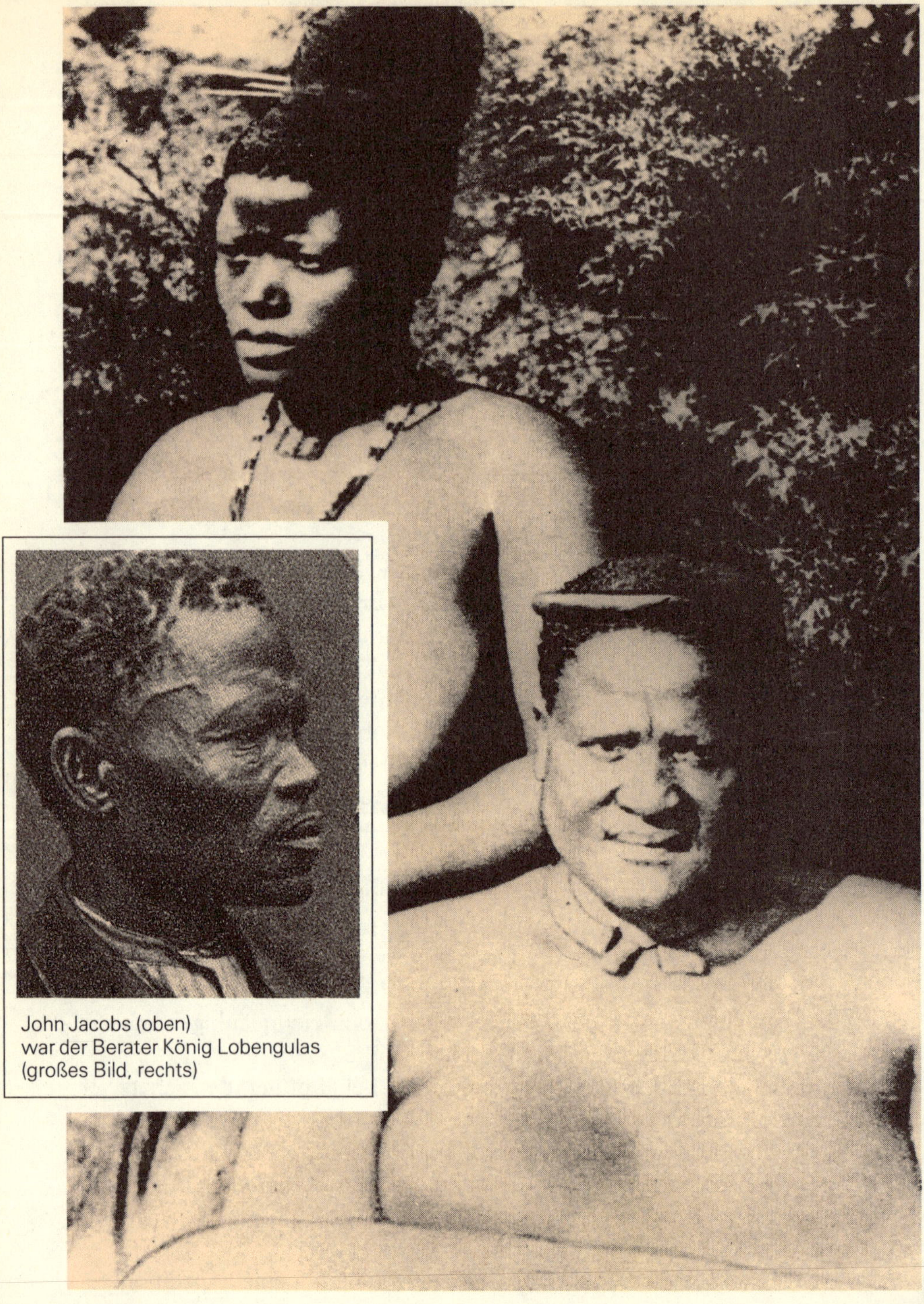

John Jacobs (oben)
war der Berater König Lobengulas
(großes Bild, rechts)

Zulukrieger beim Angriff auf einen Planwagentreck der heranrückenden Siedler. „Die Weißen sind die Väter der Lüge", hatte Lobengula, der König der Matabele, vor seiner Flucht erklärt.

Der Zauber des Goldes hat manches Rätsel hinterlassen: In Abessinien, dem heutigen Äthiopien, soll es Hyänen gegeben haben, die einen Goldring im Ohr trugen. Wirklichkeit oder Legende?

verließ sich auf die mittlerweile bekannten Hinweise, die Jacobs ausgeplaudert hatte. Angeblich sollten die Zeichen, die von den Matabele seinerzeit in die Felsen gemeißelt wurden, zu einer Lichtung im Busch führen, wo der Schatz vergraben war.

Leipoldt fand die Felsen mit den geheimnisvollen Markierungen, aber die Lichtung war mehr als 2000 Quadratmeter groß und fast völlig überwuchert, so daß der Major sich wie in einem Irrgarten vorkam. Die Geheimzeichen in den Felsen waren nutzlos. Die Wildnis hütete Lobengulas Schatz offenbar besser als ein Sonderkommando von Geistern aus dem Jenseits, deren Rache der Verräter John Jacobs so gefürchtet hatte.

Aber Leipoldt gab nicht auf. In Johannesburg fand er 1929 den alten John Jacobs, der Geheimtips für ein Trinkgeld verkaufte. Jacobs zeichnete für Leipoldt eine Schatzkarte. Und 1930 zog der Major noch einmal in den Busch.

Leipoldts Arbeiter schufteten auf der Lichtung, schaufelten und hackten wie besessen. Dann kam die Regenzeit und verwandelte den Schauplatz in einen Sumpf. Major Leipoldt lag in seinem Zelt und wurde von Fieberschauern der Malaria geschüttelt. Die Schatzsuche scheiterte im Tropenregen.

Die schwarzen Träger schleppten den Major auf einer Tragbahre aus Ästen und Lianen in die Zivilisation zurück. Leipoldt überlebte, aber er hatte nicht mehr die Kraft zu einem neuen Versuch, Lobengulas Gold der Erde zu entreißen.

John Jacobs murmelte noch als weißhaariger Greis seine Sprüche von Gold, Diamanten und Elfenbein. Und es gab genug Abenteurer unter den Weißen, die den Worten des listigen Afrikaners lauschten, der so gern Vorschüsse kassierte und dann die Gutgläubigen in die Irre führte. Vermutlich blieb Jacobs seinem ehemaligen König zeitlebens treu ergeben und tat nur so, als würde er das Schatzversteck verraten. Die Weißen zahlten und standen am Ende ihrer Bemühungen mit leeren Händen da. John Jacobs starb 1937 – der Geist des toten Lobengula konnte mit seinem schlauen Diener zufrieden sein.

Heute wandern wieder Elefanten über die Lichtung, auf der Lobengulas Schatz vergraben liegt. Manchmal reibt sich der Schakal das Fell an den Felsen mit den eingemeißelten Geheimzeichen, wo die Schatzsucher rostige Schaufeln hinterließen. Am Ufer des Sambesi kann man sich das Goldfieber holen – oder die Malaria, wie Major Leipoldt.

WIR kommen ans Ende unserer langen Reise. Träume und Verzweiflung, Leidenschaft und Irrtum, Glück und Tod – sie waren unsere Begleiter. Das Geheimnis bleibt.

In Afrika hat der Zauber des Goldes dem Menschen noch ein seltsames Rätsel hinterlassen. Alte Berichte von Forschungsreisenden, die zu Anfang des 19. Jahrhunderts in Afrika unterwegs waren, erzählen von den Goldschmieden in Abessinien. Es heißt, daß die Tebbib in Tigré und die Buda in Amhara, geheimnisvolle Zünfte der Goldschmiede, Zauberkräfte besaßen. Angeblich konnten sie mit Blicken Krankheiten erregen und sogar Menschen töten. Die Leute gingen ihnen ängstlich und respektvoll aus dem Weg.

Als Zeichen ihrer Zunft trugen die abessinischen Goldschmiede einen goldenen Ring im Ohr. Man sagte auch, sie könnten sich in Hyänen verwandeln. Und manchmal, wenn ein Jäger eine Hyäne getötet hatte, fand er im Ohr des Tieres einen goldenen Ring.

War es ein Trick der Goldschmiede, die ihren Ruf als unheimliche Meister der Magie wahren wollten? Fingen sie die Hyänen ein und schmückten sie mit goldenen Ringen? Doch ein Floh ist leichter zu fangen als eine bissige Hyäne.

Niemand weiß, wie der Goldring ins Ohr der Hyänen kam.

HERBST-
MILCH
Lebenserinnerungen
einer Bäuerin
von ANNA
WIMSCHNEIDER

Jetzt ist mein Wunsch doch in Erfüllung gegangen, den ich seit meiner Kindheit hatte, ich kann mich nun ausschlafen, ich darf schlafen, so lange ich mag …

Wenn ich noch einmal zur Welt käme, eine Bäuerin würde ich nicht mehr werden.

Anna Wimschneider

1

IM LANDKREIS Rottal-Inn steht an einem leichten Osthang ein Bauernhof mit neun Hektar Grund. Drinnen wohnten Vater und Mutter und der Großvater, das war Mutters Vater, und dazu noch acht Kinder. Franz war der Älteste, dann kam der Michl, der Hans und nun ich, das erste Mädchen, nach mir Resl, Alfons, Sepp und Schorsch und später dann noch ein Bub.

Wir Kinder hatten ein fröhliches Leben. Die Eltern waren fleißig, Großvater arbeitete auch noch mit, obwohl er schon weit über achtzig Jahre alt war. Wenn er sich rasierte, mit einem langen Messer, schauten wir Kinder zu, denn das war sehr lustig. Der Spiegel hing an der Wand, und der Großvater schnitt ganz komische Gesichter. Die Knie hat er gegen die Bank gestemmt, und weil er so zitterte, machte die Bank so lustige Geräusche.

Im Frühling lag draußen vor der Hofeinfahrt ein großer Wiedhaufen*, den die Mutter mit dem Hackl** in Bündel hackte. Dort spielten wir Kinder und krabbelten auf dem Haufen herum. Die Zapfen von den Fichten, das waren unsere Rosse, die Reigerl*** von den Föhren unsere Kühe, die Eicheln unsere Schweine. Aus den großen Rindenstücken wurde dann ein Hof gebaut. Rindenstücke waren auch unsere Wagen, an die mit einem Faden oder einer dünnen Schnur unsere Tiere eingespannt wurden. Als Getreide nahmen wir Spitzwegerich, Breitwegerichblätter waren unser Geld, und alle möglichen Gräser hatten ihre Bedeutung und machten unsren Spielzeugbauernhof reich.

Die Eltern freuten sich an ihren Kindern. Gegen Abend spielten wir meist Fangen, schüttelten eine Menge Maikäfer von den Kirschbäumen und wurden vor dem Schlafengehen noch einmal richtig munter. Einmal zog mir die Mutter ein schönes rotes Samtkleid an, setzte mich auf den Schubkarren und ging, um zum Getreidedreschen

---

* Reisighaufen

** Hackbeil

*** Kiefernzapfen

Scheps* zu holen. Auf dem Weg ins Dorf hat sie mich bei den Häusern, an denen wir vorbeikamen, den Leuten vorgestellt, denn sie war sehr stolz auf ihr erstes Mädchen.

Eines Tages lag die Mutter im Bett, ich wußte nicht, warum. Wir spielten gerade lustig und liefen alle rund ums Haus. Da kam bei der Haustüre die Fanny heraus mit unserem Badwandl und schüttete nahe beim Haus viel Blut aus. Wir blieben alle ringsherum stehen und riefen, he, he, was haben wir denn geschlachtet? Sie sagte, das ist von der Mutter. Wir wollten zur Mutter hinein. Doch Fanny sagte, bleibt da stehen, ich sag es euch schon, wenn ihr reingehen dürft.

Wir warteten. Dann kletterten wir die Stiege hinauf in die obere Stube. Es begegneten uns zwei Männer in weißen Kitteln. Zwei Nachbarinnen standen da und der Vater, und alle weinten. Die Mutter lag im Bett, sie hatte den Mund offen, und ihre Brust hob und senkte sich mit einem Röcheln. Im Bettstadl lag ein kleines Kind und schrie, was das Zeug hielt. Wir Kinder durften zur Mutter ans Bett gehen und jedes einen Finger ihrer Hand nehmen. Später wurden wir wieder zum Spielen hinausgeschickt.

Am Abend kamen die Nachbarn und viele Leute zum Rosenkranzbeten. Die Mutter lag im Vorhaus im Fletz** aufgebahrt. Ihre schönen rötlichen Haare waren in Locken gekämmt, wie sie dies immer vor dem Spiegel getan hatte. Sie hatte ein schwarzes Kleid an, und Schuhe hatte sie auch an. Wir Kinder fragten, warum hat die Mutter Schuhe an? Die Nachbarin sagte, daß das ein alter Brauch ist, denn eine Wöchnerin muß auf Dornen in den Himmel gehen. Die Nachbarn beteten einen Rosenkranz, dann bekamen sie Brot, und ein Trunk wurde gereicht. Dann betete man noch einen Rosenkranz. Das ging zwei Abende so.

Am Tag, als die Mutter starb, wurde das Neugeborene gleich von der Taufpatin mitgenommen, obwohl sie nie ein Kind gehabt hatte und selbst schon alt war. Wir hatten alle Hunger und nichts zu essen. Die jüngsten vier lagen auf dem Kanapee, zwei nach hinten, zwei nach vorn, Joppen als Kopfkissen und als Zudecken. Wir Größeren haben auch irgendwelche Kleidungsstücke zusammengesucht und uns auf die Holzbänke gelegt, die rund um die Stube gingen. Wir haben geweint,

---

* Dünnbier

** Hausflur

Der Vater

*Anna (in der Mitte)
mit den Geschwistern Resl
und Alfons, etwa 1929*

*Annas Mutter (sitzend)
mit ihrer Schwester Zenz und
den drei ältesten Kindern:
Franz (rechts), Michl (hinten)
und Hans*

weil wir die Mutter nicht mehr hatten, und sind vor Hunger und Kummer eingeschlafen. Der Vater hat uns dann schlafend ins Bett getragen.

Der Vater suchte sofort eine Haushälterin, die kam auch. Zwei Wochen ging das gut mit ihr. Dann stellte sie die ganzen Zuber und Eimer voll eingeweichter Wäsche auf die Bänke in der Stube und ging fort. Der Vater suchte wieder eine, die war auch nicht länger da, stellte auch die Wäsche auf die Bänke und verschwand. Wahrscheinlich hat die Wäsche jemand aus der Nachbarschaft gewaschen. Dann ging im Haushalt überhaupt nichts mehr. Wir Kinder hatten Hunger. Der Vater suchte eine Hochzeiterin, es wurde ihm diese und jene geraten, und immer stellte sich heraus, daß dieselben auch noch zwei, drei Kinder mitgebracht hätten. Da hatte er Angst, daß diese Frauen seine Kinder hinausdrücken und ihre Kinder als Erben einsetzen würden. Das wollte er nicht.

Meine Mutter hatte eine Nachbarin noch auf dem Sterbebett gebeten, meine Firmpatin zu sein. Die kam dann zum Melken, und dafür bekam sie eine Schürze voll Äpfel. Es war gerade Sommer, meine Mutter ist am 21. Juli 1927 gestorben.

DIE Ernte kam, und die meiste Arbeit war da die Feldarbeit, und jeder hatte es satt, immer wieder zu helfen. Aber dem Vater blieb nichts anderes übrig, als uns Kinder arbeiten zu lassen.

Der Älteste war der Franz, noch nicht dreizehn Jahre, dem hat die Nachbarin das Melken beigebracht, der Zweitälteste war der Michl, elf Jahre, der mußte den Stall ausmisten. Eine andere Nachbarin kam, um mich im Kochen und Flicken zu unterrichten und wie ich mit den kleinen Kindern umgehen muß. Ich war acht Jahre. Der Drittälteste, der Hans, mußte auch mithelfen. Zum Futtereinbringen fürs Vieh gingen wir größeren Kinder alle hinaus. Um fünf Uhr war Aufstehen, der Vater nahm die Sense, ein Bruder die Schubkarre, wir Jüngeren hatten Rechen dabei. In einer Stunde war das Futter mit dem Schubkarren eingebracht, die Kleinsten haben noch geschlafen. Franz hat die beiden Kühe gemolken, die leicht zu melken waren. Die Nachbarin die anderen zwei, denn die waren zäh. Ich habe Feuer gemacht und die Milch gekocht, in die Schüssel gegeben, ein wenig Salz dazu und dann Brot eingebrockt. Dann standen wir alle um den Tisch herum, beteten das Morgengebet und ein Vaterunser für die Mutter. Manchmal war auch eins von den kleinen Geschwistern schon aufgestanden, um das mußte ich mich kümmern, so daß ich kaum zum Essen kam. Nach dem Essen beteten wir das Dankgebet und wieder ein Vaterunser für die Mutter. Die Buben hatten sich schon gewaschen und gekämmt, so konnten sie noch den Gottesdienst vor Schulbeginn erreichen. Ich dagegen mußte erst die Kleinsten aus dem Bett holen, ihnen beim Pieseln helfen, sie anziehen und füttern. Manchmal haben sie geweint, weil sie mit mir wohl nicht zufrieden waren. Großvater blieb noch im Bett. Ich konnte mich erst dann zur Schule fertigmachen, wenn der Vater von der Stallarbeit hereinkam. Dann lief ich, so schnell ich konnte, die vier Kilometer zur Schule. Oft kam ich erst an, wenn die erste Pause war.

Es dauerte nicht lange, da sagten die Buben, im Haus ist alles deine Arbeit, das ist Dirndlarbeit. Nach der Schule kam die Meieredermutter, um mir das Kochen beizubringen. In meinem Beisein sagte der Vater zu ihr, wenn sich's das Dirndl nicht merkt, haust du ihr eine runter, da merkt sie es sich am schnellsten. An Sonntagen lernte ich das meiste, da war keine Schule. Mit neun Jahren konnte ich schon Rohrnudeln, Dampfnudeln, Apfelstrudel, Fleischgerichte und viele andere Dinge kochen. Aber am Anfang habe ich auch viele Fehler gemacht. Der Vater kam dann herein, schaute in den Ofen und sagte, ach Dirndl, du mußt ein größeres Feuer machen, so kannst du kein Fleisch braten. Das Wasserschiff im Ofen ist zuwenig gefüllt, wie oft muß ich dir das noch sagen, und schon gab es eine Watschn.

Bei der Arbeit mußte ich einen Schemel hin und her tragen, weil ich so klein war, daß ich in keinen Topf gucken konnte. Auf den Herd schauen, Schemel hin, einheizen, Schemel weg, zur Anrichte, Schemel hin, wie oft ging das so während des Kochens!

Wenn es beim Fleischbraten aus dem Rohr geraucht hat, konnte ich nachschauen. Bei Rohrnudeln dagegen ging das nicht, die sind dann zusammengefallen, und wenn sie auf den Tisch kamen, war wieder eine Watschn fällig. Es ging ja noch an, wenn ich sie vom Vater bekam, aber die großen Brüder gaben auch noch eine dazu. Manchmal habe ich das Salzen vergessen, meine Gedanken waren bei den Geschwistern, die in der Stube gespielt haben. Wenn es dann oft recht wild zuging, und sie haben beim Fangen oder Blindekuhspielen etwas zerbrochen, war ich daran schuld, weil ich auf die Geschwister nicht aufgepaßt habe. Und wenn die drei großen Brüder am Boden miteinander gerauft haben, daß es der Vater draußen noch hörte, dann kam er mit einer

Gerte herein und schlug wahllos drein. Dann war für diesmal wieder Ruhe.

Nach einiger Zeit brachte der Vater den Kleinsten wieder heim, weil die alte Taufpatin vom Schlaf nicht mehr aufgewacht war. Wir haben uns über den kleinen Ludwig sehr gefreut, er war noch ganz klein und konnte noch nicht richtig reden.

Milch, Kartoffeln und Brot gehörten zu unserer Hauptnahrung. Abends, wenn ich nicht mehr richtig kochen konnte, weil wir oft von früh bis vier Uhr nachmittags Schule hatten und dann erst in der Abenddämmerung heimkamen, da haben wir für die Schweine einen großen Topf Kartoffeln gekocht. Die kleinen Kinder konnten kaum erwarten, bis er fertig war, schliefen dann aber doch auf dem Kanapee oder auf der harten Bank ein. Wir mußten sie dann zum Essen wecken. Weil wir so viel Hunger hatten, haben wir so viele Kartoffeln gegessen, daß für die Schweine nicht genug übrigblieb. Da hat der Vater geschimpft. Der Hans hat einmal dreizehn Kartoffeln gegessen, da hat der Vater gesagt, bist du narrisch, friß nicht so viel, es bleibt ja nichts mehr für die Sau.

Von Zeit zu Zeit kam mal eine Nachbarin und schaute nach, wie es so ging. Anfang des vierten Schuljahres mußte ich zur Meieredermutter gehen, um jetzt Brotbacken und Großwäschewaschen zu lernen. Wir machten es daheim dann genauso, der Vater und ich. Erst haben wir die Wäsche über Nacht eingeweicht, dann wurde sie von mir und Vater ausgewrungen, aufgelockert und in den Zuber gelegt. Oben auf die Wäsche kam ein großes Leinentuch, in das Birkenholzasche gestreut wurde, dann wurde kochendes Wasser draufgeschüttet, das war die Lauge für die Wäsche, Waschpulver hatten wir keines. Nach einigen Stunden wurde diese Lauge unten aus dem Zuber gelassen. Jetzt wurde die Wäsche auf der Waschbank mit Kernseife eingerieben und gebürstet. Ich stand auf meinem Schemel, denn ich war zu klein für die Waschbank.

Beim Brotbacken war es umgekehrt, da mußten wir den Backtrog auf den Boden stellen, weil ich dann zum Teigkneten mehr Kraft hatte. Wir haben immer auf einmal sechzehn Laib Brot gebacken, ein einzelner Laib wog vier bis fünf Pfund. An jedem Tag aßen wir drei Laib. Einen zur Morgensuppe, einen verbrauchten wir Kinder in der Schule zum Pausenbrot, und den dritten Laib Brot aßen wir am Abend. In der Schule hatten wir zwei Pausen, die kleine, die war fünfzehn Minuten, und die große Mittagspause, eine ganze Stunde. Weil ich in der überfüllten Mädchenbank keinen Platz mehr hatte, kam ich neben einem Buben zu sitzen, der mir im Auftrag seiner Mutter jeden Tag eine Rohrnudel mitbrachte. Das habe ich dieser braven Bäuerin nie vergessen.

Vater sagte immer, drei Laib Brot müssen für einen Tag langen. Doch es reichte nicht immer, wir aßen dann wieder die Schweinekartoffeln, und der Vater schimpfte, ihr Kinder eßt mich noch arm. Beim Essen saß das kleinste Kind auf Vaters Schoß und links und rechts auch eines, die langten alle in Vaters Teller. Abends gab es zumeist Dampfnudeln. Ich gab sie mit der Kruste nach oben in eine große Schüssel, die wurde auf einen eisernen Dreifuß gestellt, und unten drinnen stand eine große Schüssel mit Gurken, Milch oder Kletzenbrühe*. Es mußten immer ganz große Portionen sein, zwei Tiegel oder Reinen** voll. Dem Großvater habe ich sein Essen in seine Kammer gebracht, aber nur weiche Sachen, denn er hatte keine Zähne mehr.

Als der Großvater noch besser zu Fuß war, da ging er ganz früh fort in die Kirche. Der Michl mußte mit, weil der Großvater unterwegs immer an der gleichen Stelle in den Wald ging und unter dem gleichen Baum seine Notdurft verrichtete. Anziehen konnte er sich nicht mehr allein, deshalb war ja der Michl dabei.

Der Großvater hatte ein Hemd mit zwei Knopflöchern vorn am Hals, da mußte man ein Kragenknöpferl durchstecken, und auf der vorderen Seite konnte man das Knöpferl umkippen. Dann kam der aus weißem Leinenstoff gefertigte, ganz hart gestärkte Brusteinsatz. Oben beim Kragenknöpferl wurde eine Krawatte eingehängt. So sah man das alte Hemd nicht mehr, das er darunter anhatte. An die Füße zog er Schnallenschuhe, auch Gummistutzen hatte er zum Anziehen. Die Hosen waren sehr schmal und hatten Hosenträger.

Zur Arbeit trug der Großvater immer eine blaue Leinenschürze, die um den Hals und um den Bauch ein blaues Leinenband hatte und die man Fetzen nannte.

Tagsüber hatte der Großvater seinen Platz auf der Ofenbank, da saßen wir Kinder oft ganz nahe bei ihm. Seine grauen Haare standen vereinzelt in die Höhe, in den Ohrläppchen steckten kleine Goldplätt-

---

* Kletzen = getrocknete Birnen
** Bratpfannen

chen. Das sollte für die Augen gesund sein. Seine rechte Hand lag auf dem Ofensims, und wir Kinder faßten die lockere Haut auf seiner Hand und zogen daran. Das durften wir alle machen, nur der Alfons nicht, den konnte er nicht leiden.

An den Winterabenden heizten wir den Ofen fest ein, und die Stube war schön warm. In der oberen Stube, genau über dem Ofen, stand ein Kachelofen, der vom unteren Ofen mit beheizt wurde. Er hatte eine Hufeisenform, und man konnte sich in seine Bucht hineinsetzen. Da haben wir Kinder uns gegenseitig immer wieder herausgezerrt, wenn eins zu lange drinnen blieb, denn die anderen wollten sich auch vor dem Schlafengehen aufwärmen. Der Vater legte ein Brettchen auf den Stubenofen und setzte sich darauf, so daß es oft brenzlig roch, das war dann seine Hose. Der Vater rauchte am Abend gerne eine kurze Pfeife mit billigem Tabak, den Kloben, wie er seine Pfeife nannte. Und über dem Tisch hing eine Petroleumlampe mit einem gläsernen Schirm, das war recht gemütlich. Der Vater erzählte dann unheimliche Geistergeschichten oder vom Krieg, den er mitgemacht hatte, und von Mordsachen. Von dem Petroleumrauch bekamen wir ganz schwarze Nasenlöcher und schwarze Bärtchen, darüber mußten wir lachen.

Während meine Geschwister dem Vater zuhörten, hatte ich auf dem Tisch eine Handnähmaschine stehen. Ich mußte fleißig flicken. Und wenn der Vater mit den Geschwistern zu Bett ging, durfte ich noch lange nicht mit dem Nähen aufhören, erst um zehn Uhr abends. Oft schlief ich vor Müdigkeit ein, dann klopfte der Vater oben auf den Boden und rief, was ist mit dir, ich höre die Nähmaschine nicht mehr. Da wurde ich wieder wach und nähte weiter.

Die Winter waren damals viel kälter, und es gab viel mehr Schnee als heute. Selten hatten junge Leute Unterwäsche und Handschuhe, auch wir Kinder nicht. Überall sah man draußen große Eiszapfen hängen. Der Schnee auf der Straße wurde von den Männern weggeschaufelt. Einen Schneepflug gab es noch nicht. Manchmal gingen die Schneemauern fast bis zum Lichtdraht am Straßenrand. Ab und zu kam ein Pferdeschlitten die Straße entlang. Das Läuten der Glöcklein hat man schon von weitem gehört. Wenn die Schlittenpferde dann im Trab an uns vorbeikamen, drückten wir Kinder uns mit dem Schulranzen an die Schneewand, damit uns auf der engen Straße nichts passierte. Viele Sperlinge saßen auf den Pferdeäpfeln und suchten sich heraus, was noch zu fressen war. Manchmal lag auch ein toter Vogel auf der Straße, der erfroren oder verhungert war. Der tat uns sehr leid.

Als Wärmflasche hatten wir Dachziegel und große Kieselsteine. Gegen Abend wurden diese ins Bratrohr und auf die Herdplatte gelegt und, wenn sie dann heiß waren, ins Bett. Auch bei Zahnweh tat so ein Ziegel gut. Man wärmte sich auf dem Kissen eine Stelle, legte sich mit der schmerzenden Stelle drauf, und wenn dann noch vorgelesen oder gesungen wurde, war der Schmerz schon leichter zu ertragen. Mir ging es nicht so gut, wenn ich Zahnweh hatte. Oft mußte ich in der Kälte Wäsche waschen, denn die Waschbank stand draußen im Backofenhaus und war auf der Südseite offen. Das war im Sommer schön, aber im Winter pfiff der Wind und trieb den Schnee herein. Da hatte ich dann ein dickes Tuch um den Kopf gebunden, und mein Gesicht war ganz geschwollen von der Zahnentzündung. In kurzer Zeit war die Wäsche angefroren, da mußte ich herunter vom Schemel und die Wäsche erneut ins heiße Wasser legen. Da wir neun Kinder waren, gab es viel Wäsche. Meine Hände waren ganz rot und blau gefroren. Und ich habe oft geweint.

BIS der große Schnee kam, gingen wir in Holzschuhen, und wenn einer im Dreck steckenblieb, zogen wir ihn mit der Hand wieder heraus.

Damals standen im Schulhausgang viele Holzschuhe, die kamen oft durcheinander, und es war immer ein Gerangel, bis jedes Kind seine Holzschuhe wiedergefunden hatte. In der Schule saßen wir oft in nassen Strümpfen. Handschuhe, die ich und meine Schwester gestrickt hatten, gab es immer zuwenig. Die Kleinsten brauchten auch schon welche, zum Schlittenfahren und Schneemannbauen. Hosen wurden jeden Tag zerrissen. Deswegen zwang mich mein Vater, bis um zehn Uhr abends zu nähen und zu flicken. Wenn es mir dann gar zuviel wurde, ging ich in die Speisekammer, machte die Tür ganz auf und stellte mich hinter die offene Tür. Da konnte ich mich verstecken und weinte mich aus.

Ich weinte so bitterlich, daß meine Schürze ganz naß wurde. Mir fiel dann immer ein, daß wir keine Mutter mehr hatten. Warum ist gerade unsere Mutter gestorben, wo wir doch so viele Kinder sind? Dann habe ich mein Gesicht gewaschen, damit keiner merkte, daß ich geweint hatte. Oft haben sie mich gefragt, warum die Schürze so naß und so zerknittert ist, aber ich habe es niemandem gesagt. Wenn zweimal in der Woche Handarbeit war, steckte mir der Vater eine alte, oft noch schmutzige Hose in den Schulranzen, die sollte ich in der Schule flikken, andere Handarbeit sei nicht nötig. Ich schämte mich, meine Handarbeit aus dem Ranzen zu nehmen. Da kam die Lehrerin und zog sie heraus. Alle Kinder lachten über mich. Die anderen Kinder hatten Stickereien dabei, lauter schöne Sachen. Die Lehrerin hat dann die Mädchen zurechtgewiesen und gesagt, sie könnten froh sein, daß sie noch eine Mutter haben.

In der Pause durfte ich nicht mit den anderen Kindern mitspielen, weil ich keine Hose anhatte, so lehnte ich an der Wand und schaute zu. Eines Tages kam die Lehrerstochter zu mir, zeigte mir das große Wasserbecken im Lehrerhaus und fragte, ob ich das in der Pause vollpumpen wolle. So pumpte ich dann jeden Tag den großen Krand* voll und bekam dafür von der Lehrersfrau ein Mittagessen.

Einmal kamen andere Kinder und wollten mich wegschubsen. Aber die Frau ließ es nicht zu. Sie schenkte mir auch einige Kleider von ihren Töchtern. Da waren nun viele Kinder neidisch. Eins von den geschenkten Kleidern war mir zu kurz. Da machte der Vater einfach den Saum auf, doch nun hingen bald die Fäden herunter.

Ich pumpte in der Pause wieder Wasser, da kreischte hinter mir die Mesnersfrau, du Schlampe, du bist doch alt genug, daß du deinen Rock einnähen könntest. Ich schaute auf den Rock und schämte mich sehr. Am nächsten Tag ging die Mesnersfrau an mir vorbei und musterte mich genau, ich hatte den Rock aber schon eingenäht. Der Vater sagte, ihr Mädchen braucht keine Handschuhe, ihr könnt eure Hände auf dem Schulweg in eure Schürzen einwickeln. Aber weil wir weder ein Höschen noch ein Unterkleid, auch keinen Mantel, nur ein dünnes Kleidchen anhatten, fror uns trotzdem. Die Buben waren besser dran, die hatten eine Unterhose und eine Hose mit Leibchen! An der Hose war ein Türchen zum Aufknöpfen, wenn sie mal mußten. Eine Joppe aus dickem Stoff, Mütze und Handschuhe hatten sie auch. Durch die vielen Flicken war ihre Kleidung noch wärmer. Im Winter und an Regentagen wußten wir gar nicht, wo wir all die nasse Wäsche aufhängen sollten, und zum Wechseln war nichts da. Neue Kleidung gab es selten. Zu Weihnachten brachte die Meieredermutter immer einen

* Wasserbehälter im Küchenherd

großen Korb voll Sachen für uns Kinder, auch Weihnachtsgebäck. Das war immer etwas ganz Besonderes, und wir redeten noch lange davon.

WENN der Frühling kam, ging es uns besser. Der Vater brachte mit den Buben das Futter ein, und ich mußte die Kühe melken. Ich brauchte die Kraft beider Hände, um eine Zitze zu melken. Bevor nicht alle Kinder aus dem Haus und die Kleinen versorgt waren, durfte ich nicht zur Schule gehen. So kam ich immer zu spät. Der Lehrer hatte viel Verständnis, aber der Pfarrer nie. Der schimpfte mich jeden Tag aus, weil ich nicht zur Schulmesse kam. Er sagte, ich müsse eben früher aufstehen, meine Brüder kämen ja auch. Ich war sehr traurig, weil ich ja nichts dafür konnte.

Weil wir so fleißig waren, durften wir uns im Frühling etwas wünschen. Franz und Michl bekamen ein kleines Schafböcklein; es war spät im Winter geboren worden, und der Schäfer gab es dem Vater. Der Schäfer hatte wohl an die vierhundert Schafe, als er über unsere Wiesen zog. Hans durfte die Tauben behalten, die ihm zugeflogen waren. Meine Schwester, die zwei Jahre jünger war, und ich wünschten uns kleine Entlein. Jeder war nun für seine Tiere zuständig. Die Entlein meiner Schwester bekamen ihr Schwänzlein abgeschnitten, damit man sie erkennen konnte. Jeder fütterte sein Vieh fleißig, damit es größer und schöner wurde als bei den anderen. Hasen, Katzen und einen Hund hatten wir auch. Der Hund war gut abgerichtet, und niemand hätte uns Kindern auch nur nahe kommen dürfen.

Oft mußten wir mit dem Vater in den Wald gehen, um die vom Schnee und Sturm abgebrochenen Äste zu sammeln. Der Vater versprach den Fleißigsten zwei Pfennige, den anderen nur einen Pfennig. Wenn wir das Geld wirklich bekamen, was nicht immer so war, mußten wir uns davon Griffel oder Bleistifte kaufen. Geld war nie übrig, auch Vater hatte kaum einmal etwas. Es konnte auch nicht anders sein, denn für dreißig Eier bekamen wir nur eine Mark, und wir hatten ja sonst kaum etwas zu verkaufen, weil wir Kinder alles aufbrauchten. Oft kam der Gerichtsvollzieher, weil der Vater die Steuer nicht bezahlen konnte. Dann mußten alle Kinder antreten, da ging er wieder.

Unsere Mutter ist mit neununddreißig Jahren gestorben, und eineinhalb Jahre nach ihr starb der Großvater, mit einundneunzig Jahren. Wir waren sehr traurig, als er starb.

Rottalerinnen auf dem Weg zur Heuernte

Vor dem Mähen wird die Sense gedengelt.

Ostern rückte näher, und wie jedes Jahr wurden am Gründonnerstag die ersten Eier gefärbt. Wer dann zu Besuch kam, hat ein gefärbtes Osterei bekommen. Wenn wir zu unseren Nachbarn gingen, war es genauso. Dieser Brauch hat sich bis heute gehalten. Wer Dienstboten hatte, erlaubte den Knechten am Karfreitag und den Mägden am Karsamstag, sämtliche Eier einzusammeln, die die Hühner am selben Tag gelegt hatten. Wer am Palmsonntag als letzter am Morgen aufstand, wurde der Palmesel genannt und mußte sich schämen. Man hatte damals für jeden Monat viele Bauernregeln, die man bis heute nicht vergessen hat.

2

FRÜHER hatten sich in allen Bauernhäusern Schwalben einquartiert. Es gab in den Schlafzimmern keine geweißten Decken, sondern offene Holzbalken. Da mauerten die Schwalbenpaare ihre Nester mit viel Mühe auf. Das waren reine Kunstwerke aus Lehm und Gras. Zuletzt kamen in das Nest noch kleine Federl, damit es warm war. Ein Mensch hätte das nicht schöner machen können. Als wir Kinder noch klein waren, haben wir die Vögel genau beobachtet. So fröhlich waren die Schwalben und haben uns viele schöne Lieder gesungen. Plötzlich waren dann Junge im Nest. Die Alten haben sie eifrig gefüttert. Fliegen, Heuschrecken, Mücken und Käfer haben die Alten für ihre Kinder gefangen und in die Schnäbel hineingestopft, die reihenweise aus dem Nest ragten. Beim Rausfliegen nahmen die Alten den Kot mit hinaus, so daß das Nest immer sauber war. Die Fenster im Schlafzimmer mußten immer offenbleiben, damit die Schwalben ungestört ein- und ausfliegen konnten.

Jetzt sieht man nur noch selten so ein altes Holzhaus, und niemand läßt die Schwalben mehr ins Haus. Es gibt noch Schwalben in den Ställen, aber sie sind ihres Lebens nicht mehr sicher, weil die Fliegen vergiftet werden. Einige nisten jetzt im Freien unterm Dach, aber es sind viel weniger als früher.

An einem Samstag bekamen wir hohen Besuch, drei Klosterfrauen, Verwandte aus dem Kloster Mallersdorf. Die setzten sich auf die Stubenbänke und fragten mich nach diesem und jenem. Dann fragten sie, ob ich heute am Samstag nicht ausputzen würde. Das tue ich jeden

Samstag, sagte ich. Da meinten sie, das möchten sie sehen, sie würden so lange warten, bis ich geputzt habe. Da dachte ich mir, euch werde ich hinaushelfen! Ich nahm einen vollen Eimer warmes Wasser, Schrubber, Besen und Putzlumpen. Dann ging's los. Zuerst alle Kleidungsstücke an die Holzbalken gehängt, das Wasser mit Schwung über den Boden geschüttet, denen unter die Füße. Ich rannte barfuß mit dem Schrubber umher, daß es nur so spritzte. Da haben sie ihre Füße hochgezogen und sich mit ihren schwarzen Röcken in acht genommen. Dann kehrte ich das Wasser mit dem Besen vom Holzboden weg auf das Pflaster neben dem Ofen, da war ein Loch, da konnte ich das Wasser wieder hinausschöpfen. Und nun mit dem Putzlumpen über den Boden, in einer halben Stunde war die Arbeit geschehen, und die drei Weiber waren draußen. Der Vater hätte das nicht sehen dürfen. Aber meine Geschwister haben es ihm doch erzählt, da hat er gelacht.

Ganz zornig wurde der Vater immer, wenn der kleine Bruder schrie, sobald er seinen Schnuller verloren hatte. Wir suchten dann oft lange, aber manchmal hatte ihn eines der größeren Kinder für sich genommen, und wir suchten vergeblich. Der Kleine ließ sich nicht beruhigen, bis er seinen Schnuller wiederhatte.

Wenn der Vater in die Stadt ging, konnten wir es kaum erwarten, bis er wieder nach Hause kam. Wir schauten ständig auf die Uhr, bis wir ihn endlich im Talgrund sahen. Den Hang hinab liefen ihm dann fünf Kinder entgegen. Er hat nie vergessen, Salzbrezen mitzubringen, und für je zwei Kinder teilte er eine Brezen. Nie mehr habe ich so gute Brezen gegessen.

An meinem Erstkommunionstag aber war ich sehr enttäuscht. Alle Kinder machten schon vorher große Sprüche, daß sie mit ihren Eltern am Nachmittag ins Wirtshaus gehen dürften. Nach der Andacht standen mein Vater und ich auf dem Kirchplatz. Die anderen Eltern waren mit ihren Kindern schon im Wirtshaus, aber mein Vater redete noch immer mit den Männern. Da zupfte ich ihn am Ärmel und sagte, mich hungert, bekomme ich eine Brezen? Doch er antwortete, dich kann nicht hungern, du brauchst keine. Wir gingen nun gleich nach Hause, und er hat den halben Weg lang mit mir geschimpft.

In der Schule kam einmal der Hauptlehrer zu mir und fragte mich, ob ich mir eine Theatervorführung in der Schule anschauen dürfte. Meine Brüder verneinten, der Vater hätte es nie bezahlt. Da sagte der Lehrer, er würde es uns bezahlen. Nun erlaubte es der Vater. Das war für mich ganz überwältigend, in der ganzen weiteren Schulzeit habe ich kein Theaterstück mehr gesehen. Es war das Märchen von Hänsel und Gretel.

Aufregend ging es auch immer zu, wenn der Eierkarrer zu uns kam, um die Eier aufzukaufen. Er hatte einen alten Kinderwagen dabei, vor den er einen großen Hund gespannt hatte. Der Hund zog den Wagen ganz allein, gut gefüttert war er auch. Unser Hund, der Schockerl, war nur ein kleiner Hund, meine Brüder hatten ihn aber gut abgerichtet. Wir Kinder warteten alle schon immer gespannt auf den Eiermann. Wenn er sich dem Hof näherte, ließen die Buben den Schockerl los und hetzten ihn auf den großen Hund. Im Handumdrehen war die schönste Hunderauferei im Gang, der große Zughund riß sich von seinem Geschirr los, daß es in Fetzen ging. Das war für uns Kinder das Höchste. Der Mann mußte seinen Wagen selber schieben, und unser Hund war halt doch der beste Kämpfer. Da verlangte der Eierkarrer, wir müßten unseren Hund immer einsperren, wenn er kommt. Drum war der Schockerl nun oft im Haus und gerne auf dem Balkon. Eines Montags kam der Eiermann wieder, und der Schockerl lag auf dem Balkon. Da die beiden Hunde sich nicht leiden konnten, bellten sie einander wütend an. Der Schockerl war auf dem Balkongeländer, und Schaum tropfte ihm vor Wut vom Maul. Der Eiermann hatte seinen Hund vorsorglich ausgespannt. Der nun kläffte in seiner Wut zum Schockerl nach oben. Schockerl verlor auf dem Geländer sein Gleichgewicht und fiel hinunter. Das war ein Kampf! Der Vater und der Eierkarrer schlugen nun mit Stock und Besen auf die ineinander verbissenen Hunde ein, aber alles wurde nur noch ärger. Wir Kinder haben mit Freuden zugeschaut. Es war sehr spannend, und wir hofften, unser Hund möge der Stärkere sein. Er blieb es auch, weil er viel schneller war; der andere Hund war viel zu fett und unbeweglich.

Meine Schwester bekam bald danach ein Lämmchen. Das wurde rasch größer und war recht anhänglich, aber angestellt hat dieses Schäfchen mancherlei. Einmal hatte ich einen Teig auf dem Ofen stehen. Weil die Tür offen war, kam das Lamm herein, fand den Teig und fraß ihn mir ganz auf. Oder es kam in die Schlafzimmer, ließ dort seine Spuren zurück, und ich mußte dann alles wegputzen.

Der Vater wurde all dessen oft überdrüssig und freute sich immer auf den Sonntag. Da ging er nachmittags zum Rosenkranz und hernach ins Wirtshaus, um sich ein wenig zu erholen. Geld brauchte er kaum, er hatte viele Bekannte, die ihn freihielten. Wir Kinder blieben daheim, spielten oder machten Dummheiten. Einmal fanden die Buben neben der Straße an unserem Hof ein Wespennest. Die Buben stachen mit langen Stangen hinein, da wurden die Wespen sehr bös und flogen alle heraus. Im selben Moment kam nun ein altes Ehepaar in einem leichten Einspännerwagen ahnungslos dahergefahren. Die Wespen stachen in ihrer Wut auf das Pferd ein, daß es in wildem Galopp den Hang hinunterraste. Die alten Leute hatten Todesangst und schrien ganz laut. Das Pferd sprengte in den Hof ihres Hauses und schleuderte den Wagen an die Stallmauer. Wir hörten ein Krachen, dann war es still. Mit schlechtem Gewissen gingen wir ins Haus zurück und haben dem Vater nichts erzählt. Die alten Leute waren danach lange krank.

An einem Sonntag gegen Abend, der Vater war im Wirtshaus, zog ein Gewitter auf. Die Buben stiegen auf den höchsten Kirschbaum, von dem aus man bis zur Kapelle sehen konnte, und hielten Ausschau nach dem Vater. Doch dieser war nicht zu sehen. Die Wolkenwand wurde immer dunkler und zog immer näher heran. Der Blitz hatte schon öfter in der Gegend eingeschlagen. Wir fürchteten uns und gingen alle in die Stube und knieten vor dem Herrgottswinkel nieder, die kleineren Geschwister setzten wir auf die Bänke, den Allerkleinsten hatte ich im Arm, und nun beteten wir Kinder ganz laut, damit der Blitz nicht einschlägt, bis der Vater kommt.

Einmal waren wir mit dem Vater in unserem Wald, den großen Wagen ließen wir bei der Eiche stehen. Ein Gewitter braute sich am Himmel zusammen. Wir Kinder hatten Hunger, und der Vater ging mit uns heim. Nur der Franz, er war da etwa vierzehn Jahre alt, wollte nicht heimgehen. Er wollte unter den Wagen kriechen und das Gewitter abwarten. Aber der Vater ließ das nicht zu. Als wir daheim waren, wurde es sehr finster. Auf einmal war die Stube grell vom Feuer erhellt, ein Donner ließ uns Kinder zusammenzucken, und wir schrien vor Schreck ganz laut. Ein sonderbarer Geruch lag in der Luft. Als der Regen nachließ, gingen wir mit dem Vater vor den Hof. Da sagte der Vater, unsere große Eiche stehe nicht mehr.

Der Blitz hatte den alten Baum in lauter kleine Stücke zerschlagen. Auch unseren großen Wagen hatte er ganz zerschlagen. Wäre Franz nicht mit uns gegangen, er wäre tot gewesen.

3

WIR Kinder wurden größer, die Betten reichten nicht mehr, obwohl in jedem Bett zwei Kinder lagen. Franz mußte zu einem Bauern in Dienst gehen. Eine Mühle gab es auch, und weil die nun viel Mehl hatten, stand dort jeden Tag Brotsuppe auf dem Tisch. Franz hätte lieber wie daheim auch einmal Milchsuppe gegessen. Die Wäsche brachte er mir zum Waschen und Flicken. Ein Jahr später ging auch der Michl in Dienst. Da waren nun schon zwei weniger zum Essen daheim. Der Hans war jetzt auch kräftiger geworden und half tüchtig auf dem Hof mit, und der Vater war zufrieden. Er machte ein Gesuch, daß ich nach fünfeinhalb Jahren Schulzeit die Schule verlassen dürfe, dafür aber zwei Jahre länger in die Sonntagsschule gehe. So konnte ich mich dann mehr der Hausarbeit annehmen und der kleineren Geschwister.

An einem Sonntag war der Sepperl spurlos verschwunden. Alle suchten und riefen nach ihm. Der Vater suchte mit einer Stange in der Wassergrube und war ganz verzweifelt. Stunden suchten wir! Auf einmal sah eins von uns Kindern den blonden Schopf des Buben aus dem Gras der Wiese herausschauen. Wir liefen hin und holten den Sepperl. Er war beim Blumenpflücken eingeschlafen.

Die Meieredermutter hat uns immer geholfen. Sie schickte uns Honigwaben, voll mit Honig. Die habe ich in einen Tiegel gegeben und langsam warm gemacht, so hat sich der Honig vom Wachs abgesondert, und wir bekamen ein großes Glas mit reinem Honig. Den Rest haben wir in Milch heiß gemacht. Nach dem Erkalten ließ sich dann das Wachs leicht herausnehmen, denn es schwamm oben. Die Honigmilch haben wir zu Dampfnudeln und Rohrnudeln gegessen.

Im Sommer, bevor die Sonne richtig unterging, tanzten draußen die Mücken. Je dämmriger es wurde, um so unheimlicher wurde es uns Kindern. Es schwirrten große Brummer, Bienen und auch Hornissen durch die Luft, und im Wald flogen krächzend die Fasanen auf die Fichten zum Schlafen. Die Rehböcke schrien ein lautes Bäh. Zu zweit holten wir Kinder Bänke aus der Stube, einen Eimer mit Wasser mußten wir auch noch haben, und dann wuschen wir uns eins nach dem andern die Füße.

Wenn es dann dunkel war, sahen wir die Fledermäuse fliegen. Wir hatten viele, bei Tag haben sie, mit den Füßen aufgehängt, unterm Dach in einem ganz dunklen Winkel geschlafen. Alle Nachtkäfer und Falter kamen aus ihren Schlupfwinkeln, und jedes Tier machte ein anderes Geräusch. Und dann erst die vielen Frösche in der Wassergrube hinter unserm Haus! Das ging in einem Geschrei quak-quak-quak, wohl tausendmal. Manchmal hörten wir die Eulen in der Nacht schreien, und Käuzchen gab es auch. An dem uns gegenüberliegenden Hang standen ganz große alte Kiefern, da hatten die Käuzchen ihr Zuhause.

Hasen und Rehe kamen aus dem Wald bis zum Haus. Manchmal nistete sich auch eine Ratte bei uns ein, die aber kein langes Leben hatte. Igel waren nicht selten, die durften schon dableiben. Autos sahen wir fast nie. Ganz selten flog schon einmal ein Flugzeug über uns, dann liefen wir alle aus dem Haus und suchten es am Himmel.

Vaters Stiefvater, der Girgl, wohnte in der Nachbarschaft, er kam wöchentlich zweimal zu uns. Er hatte zwei Hunde, der große war grantig, den durften wir nicht streicheln. Ich mußte dem Girgl immer die Füße waschen, Nägel schneiden und Hühneraugen entfernen, dafür bekam ich zwei Wiener Würstl. Die Kinder wollten alle auch einmal abbeißen, da habe ich an der Hand vorne nur ein Stückchen herausschauen lassen, sonst hätte ich selbst gar nichts mehr gehabt.

Der Girgl fischte gerne. Einmal hat er mit unseren Buben ausgemacht, daß er um elf Uhr nachts kommen werde, mit Netz, Fischstecher und Angel. Die Buben begleiteten ihn, nahmen zwei Jutesäcke und eine Laterne mit und Holzspäne zum Leuchten. Der See gehörte dem Baron. Gegen Morgen, als die Leute noch schliefen, kamen sie mit ihrer Beute heim. Die zwei Säcke waren fast voll mit Krebsen, mit großen und kleinen Fischen. Der Vater richtete die Krebse und ich die Fische her. Sie wurden entschuppt, in Salzwasser gelegt und gebacken. Einen Teil nahm der Girgl mit heim.

Mit dem Girgl hatten wir Kinder auch sonst noch Spaß. Er hatte eine sehr große Nase, und ihr Schatten an der Wand reizte uns zum Lachen. Der Vater wies uns dann aus der Stube, aber wir guckten durch einen Türspalt hinein und kicherten draußen weiter.

Die Buben kannten in unserem Wald alle Nester von den Wildtauben, den Eichelhähern oder Krähen, und sie versäumten nie, die Jungen rechtzeitig herauszunehmen. Auch von unseren Tauben hatten wir im Sommer viele Junge. Der Hans ging oft zum Taubenmarkt, da hat er seine Tauben an Leute verkauft, obwohl er wußte, daß die Tauben wieder zu uns zurückfinden würden. Das brachte Geld, und die Tauben wurden kaum weniger. Auch mit dem Fangen von Maulwürfen konnte man sich Geld verdienen. Sie wurden gehäutet und die Fellchen zum Trocknen auf Brettchen gespannt. Die Sommerpelze waren nichts wert und brachten höchstens einen Pfennig, aber die Winterpelze brachten fünf bis zehn Pfennige.

Einmal kam der Herr Pfarrer des Wegs. Er hatte einen großen Hund dabei. Der Pfarrer ging aber bei uns nicht ins Haus, sondern zum Häuschen, weil er ein Bedürfnis hatte. Den Hund band er am Türchen an. Ich sagte zu meinen Brüdern, was macht der Hochwürdige denn da drinnen, wenn er müde ist, kann er sich doch in der Stube ausruhen. Ich dachte, ein so heiliger Mann muß doch *so was* nicht. Da lachten die Buben unbändig, und ich war wieder ein Stück aufgeklärt.

Wie die Buben dann größer waren, gingen sie zusammen zum Rauhnachtssingen*. Damals machten das nur die Ärmsten. Da haben die Bäuerinnen hundert und mehr Küchl gebacken zum Verschenken. Meine Geschwister brachten oft den ganzen Tischladen voll heim. Unsere Nachbarin hat weit und breit die größten und schönsten Küchl gebacken. Sie war freundlich, aber gelacht hat sie fast nie.

Ihr Hof war groß, mit viel Wald und Vermögen, das sie fest zusammenhielt. Dienstboten gab es auch, die Tag und Nacht überwacht wurden. Den Schulkindern, die ihre Kinder abgeholt haben, hat sie schon am Morgen etwas gegeben, entweder ein Butterbrot oder einen Apfel. Einen Obstgarten hatte sie, groß wie ein Wald. Auf dem Hof wohnte auch noch eine alte blinde Frau. Sie hat im Haus geholfen und hat ihre Arbeit genauso gemacht, als ob sie sehen würde. Freilich durfte nichts im Weg stehen oder liegen, sonst ist sie drübergefallen.

Wenn die Bittage waren, gingen die Leute in einer Prozession mit einer Kirchenfahne voran zu einer Kirche der anderen Pfarrei durch die Felder und beteten um eine gute Ernte. Von jedem Haus war jemand dabei.

In der anderen Kirche wurde das Schaueramt** gelesen, und nachher gab es eine längere Pause bis zur Rückkehr. Wenn wir dann von Neuhofen nach Schönau gingen, das war ja beinah Ausland, kamen in der Pause im Handumdrehen die schönsten Raufereien mit den dortigen

* Singen in der Nacht vor dem Dreikönigstag

** Bittamt (gegen Hagel, Blitzeinschlag etc.)

Dorfbuben in Gang, und meine Brüder waren da fest dabei, der Hans und der Michl voran. Diese Raufereien wurden auch unter den Burschen auf dem Tanzboden ausgetragen. Da hätte ja jeder Auswärtige daherkommen und ein Mädchen abspenstig machen können, wenn nicht die rechte Ordnung eingehalten worden wäre!

Zimperlich ging's nicht gerade zu bei diesen Raufereien. Doch meine Brüder, die waren da schon ein wenig abgehärtet, denn der Lehrer hatte ein besonderes Auge auf sie. Wenn sie in der Schule aufgerufen wurden und ihre Antwort nicht wußten, dann gab es eine Watschn.

Auch ich mußte einmal vor den Kindern heraustreten. Der Lehrer erklärte die Schädelformen der verschiedenen Rassen, und da gab es nun die nordische, die ostische, und ich war das Beispiel für die dinarische Rasse. Da konnten sich die Kinder vor Lachen nicht halten, und ich war „die Narrische" geworden.

DAMALS waren viele Bettler unterwegs, es war ja eine große Arbeitslosigkeit. Der Vater legte in einen Zinndeckel etwa zehn bis fünfzehn einzelne Pfennige. Die Bettelmänner klopften an das mittlere Stubenfenster, und jeder bekam einen Pfennig, den die kleinen Kinder hinausreichen durften. Manchmal wollte auch einer arbeiten, aber der Vater konnte nichts bezahlen und machte seine Arbeit darum selber. Fünfzig Pfennig hätte der Bettler nur verlangt fürs Strohschneiden. Der Vater machte das mit der Schneidebank. An ihr war ein langes Messer angebracht, das hob der Vater an, schob das Futter ein Stück nach vorn und drückte das Messer wieder nieder, wobei er mit dem Fuß diesen Vorgang unterstützte.

Weil ich recht fleißig war, bekam ich eine Geiß. Das freute mich sehr, sie wuchs heran und brachte mir ein kleines Zicklein. Das Zicklein war ungemein lustig, wenn es seine Sprünge machte, und ich bettelte den Vater an, daß ich das Kleine auch behalten durfte. Milch gab die alte Geiß nicht viel, aber ich hatte sie sehr lieb.

Da kam nun die Zeit, daß die Geiß zum Bock gebracht werden mußte. Der gehörte der Reindlschmiedin, einer alten Hexe von über sechzig Jahren. Ich kam also mit meiner Geiß und band sie in der Schmiedewerkstatt an. Die Alte machte den Bock im Stall los. Der Bock war stürmisch und freute sich auf meine Geiß, so daß die Schmiedin nicht Schritt halten konnte. Die Alte stolperte und fiel zu Boden, der Bock entkam ihr und mir die Geiß. Es wurde eine wilde Begegnung. Die

Schmiedin schimpfte, dem Bock floß der Schaum aus dem Maul, und ich konnte vor lauter Lachen kein Wort sagen. Als ich meine Geiß heimführte, mußte ich noch immer lachen.

Als ich bereits fünf alte und eine Menge junge Geißen hatte, sagte der Vater, entweder kommen die Geißen weg, oder ich hau euch alle zusammen raus. So habe ich sie dann verkauft. Das war ein harter Handel. Ich lobte meine Geißen über den Schellenkönig. Eine war schwer zu verkaufen, weil sie keine Euter hatte. Ich gab aber nicht nach. Ich machte dem Mann vor, daß er von Geißen nichts verstehe, ob er denn nicht wisse, daß es die Geißen inwendig haben, und er kaufte das Tier für dreißig Mark. Das war viel Geld.

Gut verkauft, sagte der Vater, er hatte sich in den Handel nicht eingemischt. Nach wenigen Tagen kam der Mann wieder und beklagte sich, die Geiß gebe keine Milch. Der Mann war so vierzig Jahre alt, ich dreizehn. Ich sagte ihm, das liegt am Futter, du mußt sie besser füttern, die anderen Käufer haben sich auch nicht beschwert. Da mußte er wieder abziehen.

Eines Tages mußte ich fortgehen und ein fremdes Haus putzen helfen, das ein Maurer gekauft hatte und das er selbst instand setzte. In der oberen Stube stand ein Bett, dort schlief der Mann nachts. Wie ich da den Schutt und Schmutz wegräumte, fing der Mann an mich zu loben, und bald kam er auf mich zu, warf mich aufs Bett und versuchte mich zu küssen. Ich schimpfte und wehrte mich, aber er wurde immer zudringlicher. Da nahm ich meine ganze Kraft zusammen und stieß ihn mit den Füßen in den Bauch und ins Gesicht. Meine Kleider waren verschoben, die Haare zerrauft, aber den Kampf hatte ich gewonnen, und ich ging gleich heim. Als die Frau des Maurers mich am nächsten Tag wieder holen wollte, ließ mich der Vater nicht mehr hingehen.

GEWÖHNLICH gingen vier Kinder zugleich zur Schule, in einem Jahr aber waren wir zu fünft. Doch wir hatten für den Gottesdienst nur vier „Lob Gottes“. Ich konnte sowieso nicht oft zum Schulgottesdienst gehen, also gab mir der Vater ein anderes Gebetbuch mit. Einmal überprüfte der Herr Pfarrer bei allen Kindern, ob sie auch ihr Gebet- und Gesangbuch dabeihatten. Er kam zu mir und bemerkte sofort, daß ich ein anderes, kleineres Buch hatte. Er sah es an und sagte, ach, da schau her, von der allerseligsten Jungfrau Maria hat die ein Buch dabei, warf das Buch weit in den Kirchenraum und schlug mir mit seinen schweren

Händen links und rechts so ins Gesicht, daß mir der Hut vom Kopf flog. Alle Kinder haben es gesehen.

Ich kam ganz verweint nach Hause und erzählte alles dem Vater. Da sagte der Vater, das lasse ich mir denn doch nicht gefallen, und ging zur Polizei. Der Polizist ging nun zu den Kindern und befragte sie. Die Eltern, die Pfarrersfreunde waren, verboten ihren Kindern die Aussage. Aber es waren auch genug ehrliche Eltern, deren Kinder die Wahrheit sagten. Zu einer Gerichtsverhandlung ließ es der Pfarrer nicht kommen, aber er mußte dreißig Mark Strafe zahlen. Darauf wetterte er an den nächsten zwei Sonntagen in seiner Predigt, als wäre eine Kirchenverfolgung im Gange. Mein Vater saß mit unbewegtem Gesicht in der Bank. Ich war ihm dankbar, weil er mir geholfen hatte. Er war immer ein guter Vater. Der Pfarrer war ein hartherziger Mann, der auch die anderen Kinder oft mit schweren Holzscheiten schlug, die zum Heizen des Ofens in der Schule lagen.

MEINE zwei älteren Brüder taten ihren Dienst als Knechte bei anderen Bauern. Wenn sie am Wochenende nach Hause kamen, brachten sie ganze Rucksäcke mit schmutziger und zerrissener Wäsche mit und sagten zu mir, das hier hole ich mir am nächsten Sonntag, das hier während der Woche, und das hier brauche ich gleich. So arbeitete ich immer auch den ganzen Sonntag bis um zehn Uhr abends. Ich wünschte mir, auch einmal früh zu Bett gehen zu können wie die anderen, aber daran war nicht zu denken. Am nächsten Sonntag kam auch schon der nächste Haufen Wäsche, und wenn ich nicht alles fertig hatte, beschimpften mich die Brüder und schlugen mich. Ich konnte doch nichts dafür, es kamen Regentage, und die Wäsche trocknete nicht so schnell. Auch meine kleineren Geschwister wurden auf dem Schulweg naß, und ihr Zeug sollte auch trocknen, und die Stube war als Trockenraum zu klein.

Der Lohn meiner Brüder war gering, in der Woche eine Mark, im Sommer eine Mark fünfzig. Der Bauer mit der Mühle schimpfte ohnehin, daß so viel für Essen aufgeht. Dabei hat gerade der beim Mahlen immer ein wenig für sich behalten, das war dann die Brotsuppe, die es jeden Tag gab.

Früher, wenn ein Knecht oder eine Magd beim Bauern anfing, war es Brauch, daß jemand vom Haus mitging. Bei uns ging immer der Vater mit, so auch beim Michl. Es war Lichtmeß, der zweite Februar. Zwei

Hemden, zwei Paar Socken, zwei Hosen, ein Paar Holzschuhe und das, was er am Körper trug, war alles, was der Michl hatte. Eine Stunde mußten die beiden zu Fuß gehen. Als sie in die Nähe des fremden Hofs kamen, war der Vater so still. Michl schaute den Vater an, da sah er, daß der Vater weinte. Michl weinte auch. Er war noch recht klein und nicht sehr kräftig. Wir Kinder waren alle hager. Als der Vater dann heimging, bekam er vom Bauern einen Laib Brot und einige gebackene Küchl mit nach Hause. Jeden Sonntag kam Michl nun wieder zu uns, damit die Wäsche gewaschen und geflickt wurde. Das war meine Arbeit.

Mit anfangs einer Mark und dann einer Mark fünfzig konnte Michl sich lange nichts Neues kaufen. Alles fehlte – Wäsche, Schuhe, ein Fahrrad. Anfangs wurde er auch ganz rauh behandelt, weil er noch zuwenig leisten konnte. Immer hatte der Bauer etwas zu granteln.

Den anderen Brüdern ist es genauso gegangen. In den Knechtkammern hat die Wand geglitzert vom Rauhreif, die Betten waren selten bezogen und die Oberbetten in der Nacht wie gefroren. Gummistiefel gab es noch nicht. Wenn einer mehr Geld hatte, kaufte er sich sogenannte Mannheimer. Die waren aus Sauleder, und die Sohle war aus Holz.

Im Winter mußten viele mit Holzschuhen in den Wald gehen. Freilich hatte man die Socken auf der Unterseite mit Flicken besetzt, aber an der Hose hingen Eiszapfen und an den Fersen auch. Die Knechte gingen schon um halb sieben jeden Tag in den Wald, um halb fünf war's Zeit zum Aufstehen. Die Burschen waren mit langen Holzsägen, schweren Äxten und allerlei Werkzeug ausgerüstet. Motorsägen gab es noch keine. Wenn dann einige Bäume gefällt und die Äste abgehauen waren, mußten auch die Mägde hinaus, um Wied* auf einen Haufen zusammenzuziehen. War die Arbeit im Wald fertig, wurden Brennholz und Wied mit Pferden oder Ochsen, manchmal auch mit Kühen zum Hof heimgefahren. Traktoren gab es noch nicht, auch keine Kreissägen. Die Mägde haben Reisig gebündelt. Die Holzscheite wurden von den Männern kleingehackt und dann von den Weibsleuten zum Trocknen aufgeschichtet.

Es gab gute Bauern, aber mehr wirkliche Saubauern! Die guten sahen die Dienstboten auch als Menschen an und ließen sie als Menschen

---

* Reisig

leben. Die anderen schickten die Knechte statt zur Brotzeit zum Maulwurffangen hinaus. Ein bißchen lustig sein war auch nicht erlaubt, die Leute sollten bei der Arbeit müde werden.

Die Mägde durften nur abends und sonntags Wäsche waschen und flicken. Sie konnten aber nur bei guten Bauern warmes Wasser nehmen, bei den anderen mußten sie mit kaltem Wasser waschen. Und wenn dann abends eine zu lang geflickt hatte, mußte sie sich eigene Kerzen kaufen. Das war bei fast allen Bauern so.

EINES Tages fiel mir auf, daß ich auf der Brust zwei Beulen bekam. Ich erschrak sehr, getraute mich aber nicht zu fragen. Die Beulen wurden von Woche zu Woche größer. Ich war sehr beunruhigt. Ich wünschte mir, eine andere Frau zu sehen, ob die wohl auch so was hat. Da hielt ich nun die Augen offen und sah eine Frau, die hatte noch viel größere. Das beruhigte mich etwas.

Einmal brachte mein Vater frische Eier zu der Familie eines Oberstudiendirektors. Dessen Frau schenkte nun dem Vater eine Menge alter, oft auch zerrissener Wäsche. Aber die konnte ich mir ja flicken. So kam ich zu meinen ersten Unterhosen. Und die geschenkten Kopfkissen waren, als ich sie geflickt hatte, unsere schönsten. Oft kamen Leute zu uns, die mich gelobt haben, weil alles so aufgeräumt war, besser als in anderen Häusern, wo die Mutter noch lebte. Der Vater lobte mich auch. Das spornte mich an, noch eifriger zu arbeiten.

Der Vater sagte, wenn du ganz fleißig bist, kriegst du ein Radl, und eine neue Hose kauf ich dir auch. Ich konnte es gar nicht erwarten, bis es soweit war. Aber es sind noch viele Jahre vergangen, dann hab ich ein gebrauchtes Rad bekommen und eine neue Hose auch. Die würden junge Leute heute einen Liebestöter nennen. Ich hab mich sehr darüber gefreut.

Eines Tages, ich war vierzehn Jahre alt, war meine Hose naß, na so was, dachte ich, ich muß ja gar nicht aufs Klo. Ich schaute nach und erschrak ganz furchtbar. Mein Gott, nun muß ich sterben, dachte ich und erinnerte mich an die Mutter, die auch so geblutet hat und dann gestorben ist. Ich habe mich an einem sicheren Platz versteckt und bitterlich geweint. Nach einer Weile suchten sie mich überall, im Stall, in der Scheune, im Haus. Da kam ich dann aus dem Versteck hervor, und alle sahen, daß ich sehr geweint hatte. Da fragten sie mich, warum. Ich sagte, ich habe so große Schmerzen im Bauch. Der Vater meinte, so schlimm ist es wohl nicht, du wirst nicht gleich daran sterben. Ich schwieg. Nun machte ich mir aus einer alten braunen Decke eine Einlage, die ich mit Sicherheitsnadeln befestigte, und das Bluten verging von selbst wieder. Da hab ich alles gewaschen und heimlich unter der anderen Wäsche getrocknet und wurde wieder fröhlich, weil ich nicht gestorben bin. Aber nach einiger Zeit kam das wieder, doch nun hatte ich keine Angst mehr, daran zu sterben.

Einmal kam ich zur Krämersfrau um ein Pfund Zucker. Die war auch Hebamme. Sie fragte mich nun aus, ob ich schon Blutungen hätte, und klärte mich insoweit auf, daß das alle Frauen haben. Sie schenkte mir auch einen Gürtel und sechs Damenbinden. Nun war ich gut ausgestattet und wieder ein Stück aufgeklärt.

Es kamen auch öfters Nachbarstöchter und Mägde zu einem kleinen Besuch vorbei und erzählten, was sie so alles machten. Sie gingen zum Tanzen mit den Brüdern und Knechten, da wurde abends Ziehharmonika gespielt, und es war immer sehr lustig. Ich fragte meinen Vater, ob ich auch mitgehen dürfe, aber er erlaubte es nicht. Solange noch eine zerrissene Hose im Haus ist, sagte er, kommst du mir nicht fort. Als ich mir das überlegte, wurde ich traurig, denn es war jeden Tag eine zerrissene Hose da. Ich hatte auch keine Freundin, weil ich ja arm war, und die Mädchen sagten zu mir, daß ich nie würde heiraten können, weil ich immer zu Hause sei. So vergingen wieder ein paar Jahre.

4

Ich war schon achtzehn, da kam eines Tages die Meieredermutter zum Vater und sagte, bei uns auf dem Hof wird geheiratet, du mußt das Dirndl zur Hochzeit gehen lassen. Der Vater sagte, die lasse ich nicht hingehen, da müßte ich ihr auch ein Kleid kaufen. Die Meieredermutter meinte aber, dann kauf ich eins, das Dirndl muß viel arbeiten, es soll auch einmal eine Freude haben. Der Vater hat dann doch ein neues Kleid gekauft, und ich durfte zum erstenmal zu einer Hochzeit gehen.

Es waren viele Hochzeitsgäste da, denn der Meierederhof war groß, und man hatte eine weitverzweigte Verwandtschaft. Auch meine ehemaligen Mitschüler, Burschen und Mädchen, waren eingeladen. Am Nebentisch saß einer, der Konrad, der schon in meiner Schulzeit freundlich zu mir gewesen war. Der holte mich zum Tanz, obwohl ich nicht tanzen konnte. Mittendrinnen auf dem Tanzboden, es war gerade eine Tanzpause, kam ein Freund vom Konrad dazu. Beide waren erst vor einigen Wochen aus dem Arbeitsdienst zurückgekommen. Konrad hatte seinen Freund gebeten, auch zur Hochzeit zu kommen. Dieser nun hieß Albert. So ergab es sich, daß ich auch mit ihm ein wenig tanzte. Die beiden Freunde setzten sich zusammen und nahmen auch mich an ihren Tisch. Aber erst mußte ich meinen Vater fragen, der nicht weit weg saß. Er erlaubte es mir. Da waren nun lauter junge Leute beisammen, und alle lachten und waren lustig, und ich war auch fröhlich. Sie bezahlten mir die Brotzeit und machten auch mit mir ihre Späße.

Im Laufe des Nachmittags gingen die Gäste dann ins Nachbarwirtshaus, und da wurde nur noch Wein getrunken. Die geladenen Hochzeitsgäste nahmen ein Mädchen ihrer Wahl mit. Als besondere Auszeichnung galt es für ein Mädchen, wenn es vom Brautführer gewählt wurde. Der Brautführer war der Bruder des Bräutigams, und der erwählte gerade mich. Nun saß ich am Ehrenplatz und wußte gar nicht, wie ich dazu gekommen war.

Da meine Firmpatin den gleichen Heimweg wie ich hatte, durfte ich am Abend noch auf der Feier bleiben. Nun hatte dieser Albert, der mir nicht mehr von der Seite wich, zufällig die gleiche Richtung zu gehen, und ich erlaubte ihm, mich zu begleiten. Die Firmpatin ging mit ihrem Mann ein gutes Stück voraus und wir zwei hinterher. Albert schob sein Rad, und wir gingen Hand in Hand bis zu unserem Hof.

Es war eine mondhelle Nacht. Bei unserer Scheune blieben wir stehen. Da redeten wir lange miteinander, und dann schwiegen wir, und dann küßten wir uns. Wir konnten uns gut leiden. Aber schließlich mußte ich ins Haus und Albert auch heim. Er wußte den Weg nicht genau, so nahm er nur die Richtung an und fuhr los.

Ich ging ins Haus und schlief noch lange nicht ein. Ein bißchen stolz war ich schon, weil ich bei der Hochzeit so gut angekommen war, und ein wenig Hoffnung hatte ich auch, daß ich einmal einen Mann bekommen würde, obwohl die Nachbarstöchter immer zu mir sagten, ich hätte keine Aussichten. Noch viele Tage erinnerte ich mich gerne an die Feier.

Eines Nachts kam ein Bursche an mein Kammerfenster. Es war gegen Mitternacht. Meine Schwester schlief auch in meiner Kammer. Eine Weile ließ ich ihn klopfen und rufen. Weil er aber keine Ruhe gab,

Alberts Familie um 1929: Knecht und Magd, Albert, Onkel Otto, Tante Lini, Oma, Mutter, Onkel Albert (v. l. n. r.)

Anna (ganz rechts) mit Geschwistern und Vater um 1936

öffnete ich doch das Fenster. Wir redeten eine Weile miteinander, dann fing der Bursche an zu jammern, daß ihm so kalt sei und ihm die Zehen frieren, ich möchte ihn doch in mein Bett lassen, damit er sich aufwärmen könne. Zwar wollte ich das nicht recht glauben, er aber ließ nicht nach. Er war aus der Nachbarschaft, und ich kannte ihn gut. Schließlich ließ ich ihn doch herein. Da waren wir bald schön warm im Bett, und er rückte mir immer näher und wurde handgreiflich. Das gefiel mir nicht mehr so recht. Schließlich nahm ich mein Leintuch und wickelte mich ganz fest darin ein. Da blieb er nicht mehr lange, zog sich an und ging heim. Meine Schwester schlief tief und fest und hat nichts gehört, auch der Vater nicht. Am nächsten Morgen war Sonntag, und ich ging zur Kirche. Auf dem Kirchplatz standen die Burschen und lachten ganz laut über mich und auch über den Burschen, weil ich mich ins Leintuch eingewickelt hatte.

VON Albert, der mich von der Hochzeit heimbegleitet hatte, sah und hörte ich nichts mehr. So war wohl ein dreiviertel Jahr vergangen. An einem schönen sonnigen Sonntag fuhr ich mit dem Fahrrad in die Stadt zur Kirche. Ich schaute gerade in das Schaufenster eines Fotografen, da kamen zwei Burschen, einer war ein Verwandter von mir, in seiner Begleitung Albert.

Nun trafen wir uns jeden Sonntag und blieben befreundet. Nach der Kirche gingen wir in ein Gasthaus und aßen immer Schweinswürstel mit Kraut, in eine Konditorei gingen wir auch. Wir hielten uns bei den Händen und waren sehr glücklich, und ich wartete immer schon auf den nächsten Sonntag. Albert kam auch zu mir ans Kammerfenster.

Später hat er sogar mit mir schlafen dürfen. Es war ein großes Erlebnis, und ich mochte ihn immer lieber.

Eines Abends war ein altes Ratschweib bei mir, und es war abgemacht, daß der Albert kommen sollte. Am Hauseck stand eine große Holunderstaude, unter dieser wartete Albert stundenlang, aber die Alte ging nicht. Über ihm in den Zweigen hatten sich Hühner zur Nacht eingerichtet. Die ließen von Zeit zu Zeit etwas fallen, und in der Dunkelheit konnte er nicht ausweichen. Da verwünschte er die Alte, daß auch sie, wenn sie heimkäme, nicht in ihr Haus hineinkommen solle. Endlich ging sie doch und mußte tatsächlich im Heu schlafen, weil ihre Kinder in so tiefem Schlaf lagen, daß sie ihr nicht aufmachten.

Uns war es schade um jede Stunde, wir hatten uns so viel zu sagen, daß wir kein Auge zutaten. Auch Albert hatte eine harte Kindheit hinter sich. Darum liebten wir uns um so mehr.

Eines Sonntagnachmittags kam Albert unverhofft daher. Ich war gerade mit dem Hausputz beschäftigt, die Arbeit ging nie aus. Da habe ich ihm sehr leid getan. Nun kam er alle Sonntage, und die Buben erzählten es dem Vater. Da wurde der Vater sehr zornig und drohte dem rotbrüstigen Hund, so nannte er den Albert, eine schlimme Behandlung an. Der aber kam am nächsten Sonntag wieder, ging in der Stube auf den Vater zu und stellte sich vor. Ich zog mich gleich zurück und schaute durch eine Türspalte hinein. Aber der Vater war nun gar nicht mehr so böse, bald unterhielten sich die beiden, und ich traute mich wieder hinein.

Der Albert sagte dem Vater, daß seine Leute einen Bauernhof haben in der Größe wie der unsere. Eine Tante und zwei Onkel waren die Besitzer, und er sollte der Nachfolger werden. Die Verwandten waren alle schon an die Siebzig, und so war die Aussicht gut, daß wir heiraten konnten. Da hatte der Vater nichts mehr dagegen, daß Albert am Sonntag kam. Meiner Schwester brachte er Schokolade und den kleinen Brüdern Zuckerfeigen, da waren auch sie zufrieden.

Einmal wollte ich meinen Freund mit in meine Kammer nehmen, der Vater mußte überlistet werden. Der Schockerl, unser Hund, durfte nicht bellen, und die fünf kleineren Geschwister durften es nicht wissen, außer meiner Schwester, die in meiner Kammer schlief. Ich wußte, daß Albert an der Hintertür wartete. Alle miteinander gingen wir zu Bett. Der Vater trug das kleine Lämpchen und ging voraus. Den Schokkerl hatte er noch bei der vorderen Haustür hinausgelassen. Dann gingen die fünf kleineren Geschwister, schon fürs Bett gerichtet, hinter dem Vater her. Ich schaute noch, ob hinten die Haustür zugeschlossen war, und ließ zugleich den Albert herein. So zogen wir alle hintereinander die Stiege hinauf. Vater mit dem Licht als erster und mein Freund als letzter. Wehe, es hätte sich einer umgeschaut!

Wir hatten ein altes Grammophon mit einer einzigen Schallplatte, und die hatte einen Sprung. Auf der einen Seite war Wiener Blut, auf der anderen der Kuckuckswalzer. Mit einer Kurbel mußte man drehen, immerzu, denn die Feder hakte nicht mehr ein. Oft saßen wir auf dem Stubenboden, und aus dem Trichter kam immerzu der Kuckuckswalzer. Das wurde unser Lieblingslied. In späteren Jahren hat mein Mann dann einen Plattenspieler gekauft mit dem Kuckuckswalzer, aber so echt klang er doch nicht mehr wie damals, denn die neue Platte hatte keinen Sprung.

Zu Weihnachten hat mir Albert dann ein Kleid geschenkt und ein Paar Schuhe und eine Bettdecke, denn in der Kammer war es kalt. In der Erntezeit kam er abends, half uns beim Mandlaufstellen und hat sich mit dem Vater unterhalten. So gewöhnte sich der Vater an ihn.

ALS der Albert und ich uns kennenlernten, es war im Frühjahr 1936, da erzählten wir einander unser bisheriges Leben. Und in diesen Gesprächen sind wir uns immer nähergekommen.

Ein geistlicher Herr hat dem Albert zur Ehevorbereitung ein Büchlein geschenkt, und da wurde er richtig aufgeklärt. Da drinnen stand nun klipp und klar, daß jeder eheliche Verkehr, wenn er nicht naturgemäß vollzogen wird, eine Todsünde ist, denn die Eheleute stehen im Dienste des Schöpfers. Das hat den Albert sehr beunruhigt, denn wir wollten ja immer so gerne beisammen sein.

Zur Osterzeit gab es in der Kirche immer die Standeslehre für alle Pfarrangehörigen zur Vorbereitung auf die Osterbeichte, das war an einem Feiertag. Da war am Morgen eine heilige Messe, anschließend hielt der Pfarrer eine eingehende Belehrung über die Pflichten des jeweiligen Standes, für die ledigen Weiberleute an einem Tag, an einem anderen für die ledigen Mannspersonen; die Verheirateten hatten ihren eigenen Beichttag. Da wurde uns richtig ins Gewissen geredet, und anschließend setzte sich der Pfarrer in den Beichtstuhl.

Da hat uns der Pfarrer dann befragt, zuerst nach dem Namen, bei den Verheirateten nach der Kinderzahl und nach dem Alter des jüngsten Kindes. Es kam dann schon auf, ob der Kindersegen verhütet worden ist, und das war eine Todsünde. Da kommt man im Fall eines plötzlichen Todes gleich in die Hölle. Meine Mutter ist beim letzten Kind gestorben, weil sie nicht in die Hölle kommen wollte. Der Doktor hatte sie schon gewarnt, aber die Mutter wollte das nicht auf ihr Gewissen nehmen. Unsere Mutter hat sich aber aus der Ewigkeit um uns Kinder gekümmert, und wir sind alle rechtschaffene Leute geworden.

Bei der Beichte sind aber auch andere Weiber gewesen. Einmal hat eine ganz laut gesagt, ich bin doch kein Backofen, wo ein Laib herausgezogen und der andere hineingeschoben wird. Die bekam keine Absolution und mußte so gehen. Weil aber die anderen so nahe standen, hörten sie die Bemerkung, und es wurde herumgeredet.

Ein Verheirateter bekannte seinen Ehebruch, das war nun schon das Allerschlimmste, und der geistliche Herr rief ganz laut, du bist verloren, dich holt der Teufel. Da war der Mann nun doch vor den Umstehenden blamiert, und er stand auf und ging lange Jahre nicht mehr in die Kirche. Er war aber kein schlechter Mensch und hat jedem geholfen.

Nach der Beichte und der Lossprechung bekam man ein Bildchen mit einem Gebet drauf und eine Buße. Da mußte man schon einen Rosenkranz beten in den schweren Fällen, sonst drei Vaterunser.

Nach der Beichte war Mittagszeit, und es gab bei den Bauern ein gutes Essen. Das Beichtkind hatte einen freien Tag. Am Nachmittag wurde noch eine Andacht gehalten, und nachher gingen die Verheirateten miteinander ins Wirtshaus, und der Mann hat seine Frau guthalten müssen. Das war immer ein schöner Tag.

ALBERTS Tante, die Tante Lini, erzählte gerne von ihrer Dienstzeit im Pfarrhof beim Herrn Dekan. Der Herr Dekan war eine Amtsperson, und sie sprach von den Geistlichen nie anders als von den „Herren". Darum gelang es auch dem Herrn Pfarrer leicht, sie und die beiden Onkel dazu zu überreden, den kleinen Albert zum Studieren zu schikken und Pfarrer werden zu lassen. Das bedeutete für sie ein finanzielles Opfer, zumal er ja nicht ihr eigenes Kind war.

In der schlimmen Zeit der Inflation nach dem Ersten Weltkrieg war der Albert zur Tante Lini gekommen, weil seine Mutter Witwe geworden war und für ihre drei Kinder nicht mehr sorgen konnte. Alberts größere Schwester kam zu anderen Verwandten, die einen kleinen Hof hatten.

Weil Albert in der Schule der Beste war, sollte er also zum Studieren geschickt werden. Er kam in eine Klosterschule nach Württemberg – da ist er vor lauter Heimweh fast krank geworden. Nach drei Jahren wurde die Rente seiner Mutter gekürzt; eine schlechte Zeit war gekommen, da ging das Geld halt ganz aus, und mit dem Studieren war es auch vorbei. Als Albert heimkam, haben die Leute im Dorf ihn nur noch den „ausgesprungenen Pfarrer" genannt, und damit haben sie ihm das Leben schwergemacht.

Nun mußte er erst einmal die Bauernarbeit lernen, denn sein Onkel, der auch Albert hieß, wollte ihn später zum Erben einsetzen. So kam er zu einem Bauern in Dienst. Der Lohn war eine Mark fünfzig die Woche, ein Oberhemd kostete drei Mark und ein Paar Straßenschuhe zwölf Mark.

Auf dem Hof gab es außer dem Bauern und der Bäuerin, die kinderlos waren, ein kräftiges Mannsbild, den Baumann, das war der erste Knecht, dann den Mitterknecht, den Albert als dritten und schließlich den Stallbub. Dazu die Oberdirn und die Mitterdirn. So saßen acht Personen um den Tisch. Die Bäuerin war eine brave Frau und hat den Dienstboten ein gutes Essen gegeben. Am Abend trafen sich die Knechte mit den anderen vom Nachbarhof, lagen auf dem Wiesenrain und redeten über den Bauern, die Tagesarbeit und über die Weiberleut und welche Mucken die eine und die andere hat.

Besonders schön war das Sonnwendfeuer, das auf einem Feldweg angezündet wurde. Da waren alle Burschen und Weiberleut beisammen, einer spielte die Ziehharmonika, die Weiberleut wurden an den Händen gefaßt, und so wurde mit ihnen übers Feuer gesprungen. Wenn das Feuer ziemlich niedergebrannt war, waren dann die Kinder daheim und die jungen Leute unter sich, da wurde dann schon ein wenig geschmust, und manche haben zusammengefunden.

BEI der Ernte haben wir damals alles mit der Sense gemäht, ich habe die Garben gebunden, die dann auf dem Feld zu Mandln zusammengesetzt wurden, sieben Garben zu einem Mandl. Da blieben sie zum Trocknen einige Tage stehen, bis man sie einfahren konnte. Heute frage ich mich oft, wie ich das während des Krieges sechs Jahre lang schaffen konnte. Nachher, als wir uns schon einen Schlepper gekauft hatten, 1953, mähten wir das Getreide mit dem Bindemäher, der hat dreitausend Mark gekostet, da blieb nur noch das Mandlaufstellen. Unsere Kinder mußten die Garben halten, damit sie nicht umfielen, bis das Mandl fertig zusammengesetzt war. Die Garben waren höher als die Kinder, die bei dieser Arbeit schnell müde wurden. Ich mußte heim zur Stallarbeit, und da hat mein Mann den Kindern Geschichten erzählt und Gedichte vorgetragen, wie „Die Bürgschaft“ von Schiller, damit die Kinder ausgehalten haben, denn es wurde spät, und der Mond stand hoch am Himmel.

Vor dem Krieg waren noch viele Dienstboten da, und wir hatten beim Dreschen des Getreides viel Spaß. Bei den größeren Bauern dauerte das Dreschen drei, vier Tage, und die Größe eines Hofes wurde mit der Dauer der Dreschtage angegeben. Da gab es vielleicht was zu essen!

Maifeiertag auf dem Stadtplatz von Pfarrkirchen um 1938

Rottal zur Erntezeit

Am Morgen eine kräftige Trebernsuppe*, um neun Uhr zur ersten Brotzeit einen Erdäpfelkas, zum Trinken Scheps** oder Apfelmost und zu Mittag ein Trumm*** Schweinernes gebraten mit Knödeln. Auf einem Hof hat die Bäuerin Kartoffelknödel von gekochten Kartoffeln gemacht, die waren als besonders gut bekannt. Nach dem Essen sprach diese Bäuerin ein kurzes Gebet, ein Vaterunser und ein Gegrüßt-seist-du-Maria. Dabei hat sie die Worte so verhunakelt****, daß die Leute sich nur mühsam das Lachen verbeißen konnten. Hätten sie den Wortlaut nicht auswendig gewußt, niemand hätte ein Wort verstanden. Nachmittags um drei, bei der zweiten Brotzeit, war die schlimmste Zeit überstanden, denn die vergangenen drei Stunden waren die heißesten und ermüdendsten. Um sechs Uhr war Feierabend, und nun kam alles auf den Tisch, was es Gutes gab. Zuerst eine Hühnersuppe, dann Kaffee mit Schmalzkücheln, die innen mit Zwetschgenmus gefüllt waren. Und dann gab es Torten und allerlei Gebäck, gefüllt mit Marmelade. Eine Bäuerin wollte die andere übertreffen.

Am letzten Abend nun, da war die Drischlege*****. Das wurde ein fröhlicher Abschluß mit etwas Tanz und verschiedenen Spielen, bei denen es gar nicht zimperlich zuging. In der Tanzpause setzten sich die Weiberleut alle im Kreis auf den Boden und stellten Gänse dar, die auf dem Markt zum Verkauf waren. Einer der Burschen spielte den Verkäufer, ein anderer wollte eine schöne fette Gans erwerben. Das ging mit lustigen Gesprächen hin und her, und während der eine die Vorzüge pries, mäkelte der andere an der Ware herum. Je witziger geredet wurde, um so mehr Gelächter gab es. Dann hob der Käufer die Gänse an, die eine war ihm zu schwer und fett, die andere zu leicht, bis dann das Weibsbild drankam, auf das man es eigentlich abgesehen hatte. Als sie zur Gewichtsprüfung angehoben wurde, schob ihr von hinten schnell ein Bursch eine flache Schüssel mit kaltem Wasser unter den Hintern, die Gans wurde fallen gelassen, und es gab ein Mordsgelächter.

Oder die Burschen bauten eine Straße, bei der am Straßenrand

---

* Teigflockensuppe

** Dünnbier

*** großes Stück

**** verhunzt

***** Dreschfest

Bäume eingepflanzt wurden. Die Burschen stellten sich in Abständen links und rechts der Straße auf. Die jungen Bäume brauchten aber einen Halt, deshalb mußten ihnen die Pfähle zugeteilt werden. So bekam ein jeder Baum ein Mädchen. Während nun der Baum an den Pfahl gebunden wurde, der Bursch also das Mädchen festhielt, fiel den Straßenbauern ein, daß die Pfähle ja durch Brennen vor Fäulnis geschützt werden müssen. Da schmierten andere Burschen die Wangen der Mädchen mit Ofenruß ein, das war ein dauerhafter Schutz.

So gegen Mitternacht ging alles nach Hause, die Mägde wischten noch die Stube auf, bald war alles dunkel, und das Haus lag in tiefem Schlaf. Am nächsten Tag war dann bei einem anderen Bauern Dreschtag.

WIE der Onkel Albert das Anwesen hier gekauft hat, im Jahr 1912, da war es nur halb so groß – dreiunddreißig Tagwerk, das war ein Tag Dreschen. Wie es damals soweit war, ließen ihn die Besitzer der Dreschgarnitur nicht dreschen, denn er war ein Neuzugezogener, ein Nichts, ein Arbeiter, den die Bauern nicht achteten. Da kam ihm ein Zufall zur Hilfe. Bei einem großen Bauern, der drei Tage zu dreschen hatte, brachte der Hausbrunnen kein Wasser mehr. Nun war der Onkel Albert ein guter Brunnenmacher, der neue Brunnen gegraben und alte hergerichtet hat. So hat alsbald eine Hand die andere gewaschen, und von nun an hat man ihm die Dreschmaschine hergefahren. Mit diesem Bauern, einem recht ehrlichen Mann, war er dann sein Leben lang befreundet. Im Winter ging er zum Kartenspielen hin, und einem Trunk Apfelmost war er nicht abgeneigt. Doch ein ganz Hiesiger konnte er nie werden, dazu fehlte ihm die weitverzweigte bäuerliche Verwandtschaft. Das bekamen auch wir zu spüren, denn für die anderen Bauersleut konnte der „ausgesprungene Pfarrer" nie ihresgleichen werden, und wohl kaum hätte damals eine Bauerstochter den Albert heiraten können, da hat die Liebe aufgehört. Der Spitzname blieb ihm nicht nur in der nun verstorbenen Generation, auch die Jungen haben davon gehört und sind überzeugt, daß mein Mann auf Pfarrer studiert hat, wegen der drei Jahre Gymnasium. Als jungen Menschen hat ihn das schwer bedrückt wegen des beißenden Spotts, und er hat oft gesagt, er kann verstehen, wenn dadurch ein junger Mensch ins Abseits gedrängt wird.

5

Es KAM das Jahr 1939, und manche Leute redeten vom Krieg. An einem Sonntag fragte mich Albert, ob ich seine Frau werden will. Ich konnte es anfangs gar nicht recht glauben. Dann hielt er bei meinem Vater um mich an. Da war es nun nicht mehr so leicht für den Vater, denn mit mir verlor er eine gute Arbeitskraft, und meine Schwester konnte mich nicht so leicht ersetzen. Er wurde sehr zornig und wollte keinesfalls zustimmen. Ich war ja noch nicht volljährig, und er mußte sein schriftliches Einverständnis geben. Ich erzählte das meiner Firmpatin. Sie sagte, ich will mit deinem Vater reden, aber überleg es dir gut, bei deinem Albert sind nun vier alte Leute im Haus. Auch Alberts Mutter war inzwischen aus ihrer Stadtwohnung auf den Hof gezogen, weil es sich dort leichter leben ließ. Meine Firmpatin redete also mit dem Vater, ich schaute vorsichtig durch den Türspalt. Sei froh, sagte die Patin, wenn du das Mädl unterbringst, die Kleinen sind nun auch schon groß, und es wird von Woche zu Woche besser. Da gab der Vater seine Zustimmung.

Ich war noch nicht einundzwanzig, Albert dreiundzwanzig Jahre alt. Zum Glück hatte ich in all den Jahren Enten und Gänse gehalten und mir aus den Federn zwei Betten gemacht. Ich bin auch oft Tagelöhnerin gewesen und habe von dem Geld Handtücher, Bettüberzüge und Wäsche gekauft, so daß ich nicht mit leeren Händen dastand. Für den Anfang hat es gereicht. Andere Mädchen, die eine Mutter hatten, haben oft nicht mehr gehabt.

Albert hatte auch Schwierigkeiten gehabt, seine alten Leute auf eine Hochzeit vorzubereiten. Er hat seinen Onkel auf Knien um Zustimmung gebeten. Vorher bin ich einmal eine Woche lang als Erntehelferin bei seinen Leuten gewesen. Da lernten sie mich unvoreingenommen kennen und ich sie auch. Aber der Onkel Otto merkte doch, daß mit uns beiden was nicht stimmte. Er hatte beobachtet, daß sich unsere Füße unter dem Tisch immer suchten. Als Albert dann sagte, daß dieses Mädchen seine Braut sei, konnten sie, nachdem sie mich vorher so gelobt hatten, schlecht das Gegenteil behaupten.

Am 25. Juli 1939 wurde der Hof an Albert übergeben. Am 18. August war unsere standesamtliche und am 19. die kirchliche Trauung.

WIE wir damals geheiratet haben, da ging es gar nicht feierlich zu. Beim Standesamt angekommen, zog der Standesbeamte schnell seine Jacke über, und dann saßen wir recht verloren auf den hochlehnigen Stühlen. Der Standesbeamte leierte was von der Ehe in der neuen Zeit, wo wir dem Führer alles zu verdanken haben. Er ließ uns unterschreiben, die Trauzeugen auch. Dann gab er uns ein Familienstammbuch, Hitlers „Mein Kampf" und einen Gutschein für ein kostenloses Monatsabonnement des *Völkischen Beobachters.* Die Zeitung bedeckte den halben Tisch, und die Schlagzeilen bedeuteten nichts Gutes. Elf Tage später mußte mein Mann einrücken, den *Völkischen Beobachter* brauchte ich nicht mehr, das Familienstammbuch wurde bei weitem nicht voll, und das Buch „Mein Kampf", das hat nachher ein Sammler gekauft, mitsamt den Kriegsaufzeichnungen von meinem Mann, da war aufgeräumt.

Am nächsten Tag fuhren Vater und ich mit einem alten Auto vor die Kirche, Albert und sein Onkel als Trauzeuge kamen mit dem Omnibus. Der Pfarrer saß beim Wirt und schaute zum Fenster heraus. Da sind sie ja, sagte er, kam heraus, zog sein Meßgewand an, las eine Messe und traute uns. In der Kirche standen fünf Mörtelpfannen, Gerüste waren aufgestellt, und überall lagen Bretter herum. Ein altes Weib mit einem Henkelkorb am Arm saß auch drinnen. In einer halben Stunde war die Trauung vorbei, und wir waren Mann und Frau. Wir zogen unsere schönen Kleider aus und fingen die Arbeit an. Das Essen war wie an anderen Tagen auch. Ein Hochzeitsfoto wurde nicht gemacht. Der Bruder meines Mannes, ein guter Fotograf, sollte es machen, doch dann kam er nicht.

Ich half mittags beim Geschirrabwaschen, mein Mann machte die Stallarbeit. Am Nachmittag holten wir uns vom Dachboden zwei alte Bettstellen, zwei Strohsäcke mußten noch gestopft werden, und so richteten wir uns die Ehebetten.

Meine Möbel brachte der Schreiner erst nach drei Wochen. In dem Zimmer, in dem sie später standen, klaffte der Lehmbewurf weit auf, und der Schreiner wollte die schönen Möbel gar nicht aufstellen. Unser Haus war alt, im Erdgeschoß gemauert, oben aus Holzbalken und innen mit Lehmbewurf. In der Küche war ein löcheriger Zementfußboden, in der Mitte eine hölzerne Säule, die die Decke stützte, und um diese Säule war ein runder Tisch gebaut.

Unsere alten Leute hatten es aber auch nicht leicht gehabt, sie hatten

1912 das Anwesen in bankrottem Zustand gekauft und viel Arbeit und Mühe aufgewendet, bis alle Schulden abbezahlt waren. Der Kuhstall war im Nordteil des Hauses, über dem Stall ein Futterboden. Drei Kühe, zwei Zugochsen, drei Schweine und fünf Jungrinder waren da. Das Wirtschaftsrecht und alle Einnahmen hat sich der Onkel Albert, der eigentliche Eigentümer, noch für zwei Jahre ausbedungen.

Als wir geheiratet haben, waren wir so arm, das kann sich heute niemand vorstellen. Das muß man schon von klein an gewöhnt sein, sonst hätte man das nicht ausgehalten. Vier alte Leute in einer Stube, davon drei gehbehindert! Nur die Schwiegermutter war früher verheiratet gewesen, die war auch am meisten eifersüchtig auf uns. Onkel Otto war mir der liebste. Einmal erzählte er mir, daß er in einer Brauerei Biersieden gelernt hat. Das hat mich sehr interessiert.

So fingen wir dann gleich an, Bier zu brauen. Große Töpfe und Zuber waren da, Gerste und Hopfen hatten wir auch selber. Erst siebten wir so an die vierzig Pfund Gerste, die wurde dann eingeweicht. Dann kam sie nach ein paar Tagen auf ein ganz feines Gitter und wurde wieder einige Tage leicht warm gestellt. Nun fing sie zu wachsen an. Die Gerste durfte nur Wurzelkeime kriegen, keine Blattkeime. Wenn sie richtige Haxen hatte, wurde die Gerste getrocknet, die Keime wurden abgerieben und schön gesiebt. Geschrotet mußte die Gerste auch noch werden. Eine Schrotmühle hatten wir. Onkel Albert hat extra fürs Bier die passenden Kübel und Fässer gemacht. Dieses Geschirr durfte man zu nichts anderem verwenden, sonst wäre der ganze Sud sauer geworden.

Das erste Wasser wurde auf dreißig Grad erhitzt und mit der Gerste eine Stunde stehengelassen, dann abgeseiht, dann wieder stärker erhitzt und nun mit Hopfen zu Bier gemacht. Wenn es dann in einem bestimmten Kübel ausgekühlt war, wurde Bierhefe und eine Kleinigkeit Zucker dazugegeben. Das bewirkte die Gärung. Nach einigen Tagen wurde das Bier in Literflaschen abgezogen und stehengelassen. Es war nicht so gut wie das heutige Bier, aber es hat doch allen Leuten geschmeckt. Man konnte auch einen ganz schönen Rausch kriegen.

Die Mutter meines Mannes war von Anfang an gegen die Heirat gewesen. Ich aber habe mich auf die alten Leute gefreut und gehofft, in meiner Schwiegermutter eine Mutter zu finden. Aber ich wurde bitter enttäuscht. Gleich am ersten Tag, als wir von der Trauung zurückkamen und ich das Haus betrat, stand die Schwiegermutter im Fletz und sagte, auweh, das wird schon nichts Gescheites, die ist mit dem

Dreschtag mit dampfgetriebener Maschine. Ganz oben: Albert

Die Nachbarn

Rottaler Bauern beim Heueinfahren

linken Fuß zuerst herein. Die Schwiegermutter wollte auch die Hochzeit verschieben, damit ich ihr den Buben nicht wegnehme.

Die beiden Onkel hatten Hüftgelenke, die verrenkt waren, und konnten nur mit Stöcken mühsam gehen, die Tante kochte noch. Die Schwiegermutter arbeitete gar nicht, paßte aber auf mich auf. Eine alte bucklige Magd war noch da. Doch Albert und ich brachten viel guten Willen und großen Arbeitseifer mit und sagten uns, wir werden es im Lauf der Zeit schon richten.

ES WAR noch Erntezeit, und beim Nachbarn stand die Dreschmaschine, da kam mittags mit der Post der Einberufungsbefehl für meinen Mann. Wir wollten eigentlich nach der Ernte eine kleine Hochzeitsreise machen, nach Bad Wiessee, da wohnte ein Bruder meines Mannes. Daraus wurde nun nichts mehr. Mein Mann mußte nach Schrobenhausen einrücken. Wir waren gerade elf Tage verheiratet. Schon in der Hochzeitsnacht hatte ich lange geweint, weil ich eine böse Vorahnung hatte. Ich kannte unsere Wiesen und Felder nicht einmal und sollte nun die ganze Arbeit allein machen.

Daß mein Mann in der ganzen Gemeinde der erste und einzige war, der einrücken mußte, hat mich sehr geärgert. Nur weil meine vier alten Leute keine Nazis waren! Alle anderen jungen Männer konnten lange Zeit noch daheim bleiben.

Bei uns gab es nur wenige Hitler-Anhänger, denn die Bauern hielten nicht viel von ihm. Nach der Machtübernahme war dann eine Wahl, da sollte man mit Ja stimmen, und am Eingang zum Wahllokal standen SA-Männer in ihrer Uniform und paßten auf. Selbst der Onkel wurde, da er so gehbehindert war, zur Wahl gefahren.

Auch bei uns kamen einige Leute nach Dachau, und es wurde einiges geflüstert, aber was Gewisses wußte niemand. Man hat auch den Stadtpfarrer in Schutzhaft genommen, und wir merkten, daß ein anderer Wind wehte. Die Bettelmänner verschwanden, und die Bauern, die viele Schulden hatten, aber mitmachten, denen wurde nichts mehr versteigert.

Es kamen auch welche zurück aus Dachau, aber die sagten nichts aus. Alberts Bruder, der drei Jahre älter und in Neuötting ein Sozialdemokrat war, den haben sie im März 1933 nach Dachau gebracht, und weil der ein halbes Jahr dort war, habe ich später auch davon gehört.

Der 1. Mai war nun ein Feiertag. Der Onkel ließ mich nicht aufs Feld, um den Kartoffelacker herzurichten, denn die Arbeit war verboten, und einige Bauern wurden bestraft, weil sie gearbeitet hatten. So konnte ich den Aufmarsch in der Stadt anschauen, Musik hat mir ja immer so gefallen. Da marschierten die Männer in Uniformen durch die Stadt, und beim Horst-Wessel- und Deutschlandlied mußten alle die Hand hochstrecken, aber ich tat es nicht. Ein Mann kam auf mich zu und befahl mir, die Hand hochzuhalten, aber ich behauptete, daß mir der Arm so weh tut. Da konnte er mir nichts tun. Es kam mir nämlich recht lächerlich vor, wie sich manche jetzt groß aufführten, die ich doch vom gewöhnlichen Leben her kannte. Mir haben diese Parteileute keine angst machen können, ich habe mit ihnen ganz normal geredet, da wirkte ihre Uniform nicht, und die merkten auch, daß ich ja nur ein ganz einfaches Mädchen war, und gaben es auf.

Als Albert im Krieg war, ging ich einfach ins Wehrbezirkskommando in der Stadt, damit er Ernteurlaub bekam. Ein Nachbar war da drinnen, ein Major, zu dem bin ich gegangen. Da wurde ein Gesuch gemacht, und mein Mann durfte kommen.

In allen Häusern hing nun schon ein Hitlerbild, dafür haben manche das Kreuz im Herrgottswinkel weggetan, wir nicht. Wir haben auch kein weißes Tuch aus dem Fenster gehängt, als später die Amerikaner mit den Panzern am Haus vorbeifuhren. Bei uns wurde und wird immer ein gemeinsames Tischgebet gesprochen, und dazu brauchten wir kein Führerbild.

Der Bezirkstierarzt hatte eine jüdische Frau, doch er konnte sie über diese Zeit hinüberretten. In der Stadt lebte ein jüdischer Kaufmann, bei dem gab es damals schon Zugaben beim Einkauf. Dann hat man ihm das Geschäft genommen. Was aus dem Kaufmann geworden ist, weiß ich nicht. Dem Neuen dann hat das kein Glück gebracht, denn unrecht Gut gedeiht nicht. Er ist nun längst tot und sein Name vergessen. Es wurde viel Unrecht getan zu dieser Zeit.

MEINE Schwiegermutter sagte, jetzt, wo dein Mann nicht mehr hier ist, mußt du bei mir in der Kammer schlafen, du bist noch jung, und es könnte einer zu dir kommen. Mir war es gleich, ich war am Abend sowieso so müde, daß ich nur schlafen wollte. Daher zog ich in ihre Kammer.

Um zwei Uhr morgens mußte ich aufstehen, um zusammen mit der Magd mit der Sense Gras zum Heuen zu mähen. Um sechs Uhr war die

Stallarbeit dran, dann das Futtereinbringen für das Vieh, im Haus alles herrichten und wieder hinaus auf die Wiese. Ich mußte nur laufen. Die Schwiegermutter stand vor der Tür und sagte, lauf, Dirndl, warum bist du Bäuerin geworden? Sie aber tat nichts.

Es war nun Krieg, und ich glaubte, Albert würde erst zu Weihnachten nach Hause kommen können. Aber er war nur drei Wochen fort, da klopfte es am Samstag in der Nacht am Fenster. Ich war ganz verschlafen, bis ich begriff, daß meine Schwiegermutter mit meinem Mann sprach. Sie sagte, bleib nur liegen, ich mach ihm schon auf. Sie ging hinunter, ich stand schnell auf, raffte mein Bettzeug zusammen und huschte in unsere Ehekammer.

Es war trotz aller Freude auch eine traurige Nacht, ich weinte und jammerte meinem Mann alles vor. Ich hatte ja nur ihn. Er hat mich getröstet und fest versprochen, daß er bald heimkommen wird. Am Sonntag mußte er wieder fort, und ich begleitete ihn bis zur Kuppe des kleinen Bergerls, etwa fünfzig Meter weit. Als ich dann eine Krähe hörte, war ich getröstet, das war ein gutes Zeichen. Elstern hätten Unglück bedeutet.

Ich konnte nicht ackern, und das mußte ich nun gleich lernen. Ich zog den Mistwagen aus dem Schuppen, der Pflug kam drauf und auch der Onkel. Die Ochsen wurden eingespannt. Die aber waren schon länger im Stall gestanden und übermütig, so fingen sie an zu laufen, und ich mußte mit. Ich hatte einen Stock dabei, mit dem ich sie auf den Kopf schlug, aber das machte ihnen nicht viel aus. Zum Umschauen blieb keine Zeit. Als ich endlich den Acker erreicht hatte, war der Onkel nicht mehr auf dem Wagen. Ich hatte ihn verloren. Weit hinten winkte er mit seinem Stock.

Nun mußte ich umkehren und den Onkel holen. Er richtete mir den Pflug, ich spannte die Ochsen ein. Es war ein langes Feld, und ich mußte den Holzpflug im Boden halten, was Übung und Kraft braucht, und ich mit meinen fünfzig Kilo, da sind die Ochsen doch gelaufen, wohin sie wollten. Ich weinte laut vor Angst. Nach einer Weile wurden die Ochsen aber müder, und ich faßte wieder Mut. Der Onkel saß derweil im Gras und schaute zu. Als es dann besserging, wackelte er mit seinem Stock mühsam heim.

Einige Tage später mußte auch Heu eingefahren werden. Heu mit der Gabel laden, das hatte ich noch nie gemacht. Früher hatte ich es immer nur richten müssen. Nun mußte ich aufladen, das war richtige Männerarbeit. Die bucklige Magd stand auf dem Wagen zum Richten. Als nun das Fuder immer höher wurde, da warf sie mir fünf Bauschen wieder herunter, weil ich die Gabel nicht so gut gebrauchen konnte wie mein Mann. Ich bekam eine solche Wut, daß ich sie mit der Gabel fast heruntergeschlagen hätte, aber sie wich mir nach allen Seiten aus, und ich war zu klein.

Eine Mähmaschine besaßen nur die größeren Bauern. Der Nachbar hatte schon eine, mit zwei Pferden bespannt ging das recht gut. Da habe ich ihn einmal gebeten, er möchte mir eine Wiese abmähen. Er aber wollte nicht. Zum Dreschen halfen sich die Bauern gegenseitig aus, und man mußte sehr früh aufstehen, um daheim seine Arbeit zu machen. Um halb sechs mußte man draußen sein, und es wurde sieben Uhr abends, bis man wieder heimkam. Das war harte Arbeit und viel Staub.

Den ganzen Herbst über mußte ich die Feldarbeit allein machen. Es dauerte aber nicht lange, und ich wurde von den Leuten gelobt, weil auch die Männer nicht besser geackert hatten als ich.

NUN war es soweit, daß mein Mann an die Front mußte und noch einmal auf Urlaub kam. Da packten wir unsere Hochzeitssachen ein und fuhren mit dem Rad zum Fotografen und taten, als wäre unser Hochzeitstag, weil der Bruder meines Mannes ja damals nicht hatte kommen können. Mein Mann nahm dann ein Bild mit in den Krieg und hat es sechs Jahre dabeigehabt. Er schrieb mir jeden Tag, aber dann wurden die alten Leute böse, weil die Briefe an mich adressiert waren, und so schrieb er beide Namen drauf, da konnten sie schon lesen, wenn ich noch auf dem Feld war.

Aber meine Schwiegermutter mochte mich nicht vor lauter Eifersucht. Du hast mir meinen Bub genommen, mußte ich immer wieder hören. Mein Mann hat natürlich auch Briefe geschrieben, die nur für mich waren, die habe ich dann versteckt, aber die Schwiegermutter suchte so lange, bis sie die Briefe gefunden hatte. Die beiden Onkel waren gut zu mir, die Tante Lini aber hat sich von der Schwiegermutter aufhetzen lassen.

Als ich von zu Hause wegging, hat mein Vater zu mir gesagt, wenn du dir von den alten Leuten alles gefallen läßt und nichts sagst, dann kommst du schon mit ihnen aus. Das habe ich meinem Vater versprochen und auch gehalten. Es war oft schwer, wenn mir die Weiber so unrecht taten.

„Da packten wir unsere Hochzeitssachen ein und fuhren mit dem Rad zum Fotografen und taten, als wäre unser Hochzeitstag ...“

Am Sonntag hatte ich jetzt nie einen Feiertag. Morgens die Stallarbeit, dann schnell mit dem Rad zur Kirche und gleich wieder heim, kochen, nachmittags die Wäsche machen, die Männer rasieren, Haare schneiden, ihnen die Füße waschen und Nägel schneiden. Wenn ich dann mit meiner Wäsche nicht fertig wurde, sagte die Schwiegermutter gleich, jaja, eine Schlampe bleibt eben überall hängen. Sie hatte immer ein passendes Wort. Aber ich dachte an den Rat meines Vaters und schwieg. Nur ganz selten ging ich zu Besuch in mein Elternhaus, zu meinen Geschwistern, und ich habe mich nie bei ihnen beklagt.

Im nächsten Sommer kam mein Mann auf Urlaub. Eines Tages machte ich die Betten, und die Schwiegermutter stand mit meinem Mann direkt unter dem offenen Fenster. Da hörte ich, wie sie zu ihm sagte, Albert, ich kann dich nicht verstehen, wie du diese Frau geheiratet hast. Schau doch, wie sie geht, sie macht ja einen Buckel, und die Knie hängen ihr vor, du hättest doch eine bessere Bauerstochter bekommen können. Da sagte mein Mann, Mutter, ich weiß nicht, was du gegen sie hast, ich mag sie gern, und fleißig ist sie auch.

In diesem Urlaub kaufte mir mein Mann einen hübschen Stoff für ein Sommerkleid. Das war gar nicht so leicht, weil alles auf Kleiderkarte ging. Nur weil er Fronturlauber war, hat er ihn bekommen. Das Kleid war hübsch geblümt, und ich bekam noch ein Jäckchen dazu. Eine Bekannte in der Stadt hat uns damit fotografiert, und mein Mann hat diese Bilder auch immer dabeigehabt. Dann war der Urlaub zu Ende, und ich habe Albert wieder zum Bergerl hinbegleitet. Ich habe immer gelächelt, damit ihm der Abschied nicht so schwerfallen soll, dann habe ich mich umgewendet und bin in Tränen zurückgegangen.

Dann kam der Sonntag, ein schöner Sonnentag. Ich zog nun das neue Sommerkleid zum Kirchgang an. Als ich die Treppe hinunterkam, stand meine Schwiegermutter schon unten und erwartete mich. Sie hatte ein Nervenleiden, und ihre Zunge zuckte immer aus dem Mund, wie bei einer Schlange. Mit diesem Kleid gehst du mir nicht zur Kirche, sagte sie, du bist eine verheiratete Frau, da ziehst du mir so was Helles nicht an. Ich ging also zurück und zog ein anderes Kleid an. Als ich wieder herunterkam, sagte sie, augenblicklich gehst du und ziehst ein anderes an, so kommst du mir nicht aus dem Haus. Da zog ich mich zum dritten Mal um. Nach dem fünften Mal sagte ich, Mutter, nun habe ich kein Kleid mehr, kann ich jetzt gehen? Da ließ sie mich gehen. Auf dem ganzen Weg zur Kirche liefen mir die Tränen übers Gesicht. Der

Gottesdienst war schon halb zu Ende, und ich stellte mein Fahrrad an die Kirchenmauer und drückte mich ganz hinten in die Kirche, damit niemand mein verweintes Gesicht sehen konnte. Und zum Ende, noch ehe sich die Leute umgedreht haben, bin ich schnell fort und heim zur Arbeit.

Die beiden Onkel und die Tante konnten nicht mehr zur Kirche gehen, und der Pfarrer besuchte sie von Zeit zu Zeit. Die Schwiegermutter war noch gut zu Fuß, aber ihr war der Weg zu weit.

Nun war ich schwanger. Als meine Schwiegermutter das merkte, beschimpfte sie mich aufs ärgste. Du allein hast schuld, du wolltest das Kind, der Albert wollte gewiß keins. Du solltest verrecken müssen bei der Entbindung, denn du hast mir meinen Buben genommen.

Aber ich habe mich auf das Kindlein gefreut, Albert und ich hatten es uns ja gemeinsam gewünscht. Drum sagte ich zu ihr, Mutter, ich habe es ja nicht allein gemacht. Da konnte sie nichts mehr sagen.

Die Monate vergingen, und immer wieder mußte ich mir ihre bösen Reden anhören. Eines Tages ging ich aufs Feld, um die Kartoffeln mit dem Pflug anzuhäufeln. Vier Wochen waren es noch zur Entbindung. Da gingen mir die Ochsen durch. Weil ich die Leine um die Hand gewickelt hatte, konnte ich mich auch nicht freimachen und stürzte, und so schleppten mich die Ochsen quer über die Furchen, gut hundert Meter weit auf dem Bauch dahin. Hinter mir der Pflug, der mich unweigerlich erfaßt und schwer verletzt hätte, wenn ich losgekommen wäre. Endlich ging es bergauf, und meine einzige Rettung war, daß die Ochsen nun langsamer wurden. Ich mußte versuchen, auf die Füße zu kommen, um sie anzuhalten. Mit aller Kraft raffte ich mich auf, und nun konnte ich die Ochsen in einen Bogen zwingen, so daß sie im Kreis liefen und schließlich anhielten.

Ich sah furchtbar aus. Erde, Gras, Kartoffelstauden, alles hing an mir herab, meine Schürze war zerrissen, Hände und Arme aufgeschrammt. Es war schrecklich, ich dachte an mein Kind und hatte Angst.

Aber nun ergriff mich ein wilder Zorn, und ich zwang die Ochsen erst noch zur Arbeit, das Feld auf und ab, immer wieder, bis ihnen die Zunge heraushing und sie schweißnaß waren. Auch als schon Feierabendzeit war, hörte ich noch nicht auf, bis alle Furchen geackert waren. Als ich endlich heimkam, erschraken doch alle sehr, wie ich aussah. Sie konnten nicht verstehen, daß ich nicht aufgehört hatte.

Am nächsten Tag dachte ich mir, so kann das nicht weitergehen. Ich

Anna im November 1940. Dieses Foto trug Albert als Soldat immer bei sich.

Feldpost von Albert aus Mittenwald

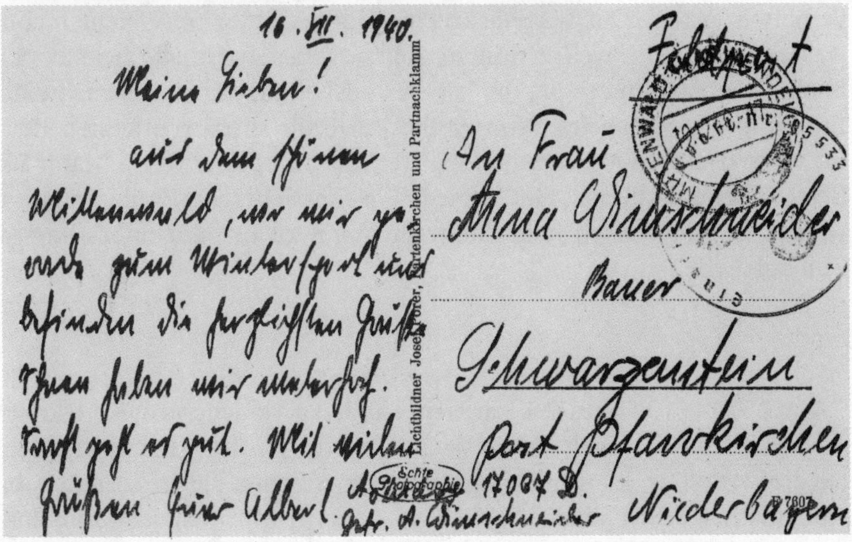

16. III. 1940.

Meine Lieben!

aus dem schönen Mittenwald, wo wir [illegible] zum Wintersport uns befinden die herzlichsten Grüße. [illegible] haben wir [illegible]. Sonst geht es gut. Mit vielen Grüßen Euer Albert.

Gefr. A. [illegible]
17087 D.

Feldpost

An Frau
Anna [illegible]
Bauer
Schwarzenstein
Post Pfarrkirchen
Niederbayern

Lichtbildner Josef [illegible], [illegible]rtenkirchen und Partnachklamm

Echte Photographie

E 7807

fuhr mit dem Rad zum Wehrbezirkskommando, um Urlaub für meinen Mann anzufordern. Die schickten mich erst einmal zur Kreisbauernschaft, damit mir ein Betriebshelfer zugeteilt würde. Ich bin hingegangen, und es wurde mir vom Stabsleiter Hilfe zugesagt.

Am nächsten Tag, abends gegen halb sechs, war ich noch immer alleine bei der Arbeit auf dem Rübenfeld an der Straße. Da kam ein ganz junges Mädchen und fragte nach meinem Namen. Es stellte sich heraus, daß sie meine Hilfe sei. Da stieg in mir schon der Zorn auf, denn das war ja kaum eine Hilfe. Auf der Stelle schickte ich sie zurück.

Am nächsten Morgen fuhr ich gleich wieder zum Stabsleiter. Noch auf dem Stadtplatz traf ich seine Freundin an, die mir gleich die größten Vorwürfe machte, weil ich das arme Mädchen zurückgeschickt hatte. Mir war nun schon alles gleich. Was kann ich mit der anfangen, rief ich, im Haus kann ich selber arbeiten, ich brauche einen Mann für die schwere Außenarbeit! Dann ging ich ins Büro zum Stabsleiter. Wir kamen nun derart zum Streiten, daß ich schließlich sagte, ich bleibe hier stehen, und um meine Arbeit und meine alten Leute kannst du dich kümmern!

Dann drohte er mir. Ich meinte, ich trage ein Kind und da könnte mir schon gar nichts passieren. Dir aber, sagte ich, dir passiert noch was, da lebe ich noch lange, wenn sie dich längst umgebracht haben. Da sprang er von seinem Stuhl auf und tobte wie ein Wilder. Er schrie seine Sekretärin an, sie solle die Polizei anrufen, auf der Stelle würde er mich verhaften lassen. Die Sekretärin, eine Rothaarige, wußte nicht recht, was sie tun sollte, weil er immer solche Tobsuchtsanfälle bekam. So blieb ich stehen und sagte, ich kann es aushalten, das ist für mich eine Erholung gegen daheim. Nun wußte der Stabsleiter sich keinen Rat, mich loszuwerden, und endlich sagte er mir, morgen wird ein Mann als Betriebshelfer kommen. Gut, sagte ich, wenn nicht, bin ich übermorgen wieder da. Tatsächlich kam dann ein Mann zu mir auf unbestimmte Zeit zur Arbeit.

6

Am 23. Juli 1941 brachte ich mein Kind, ein Mädchen, im Kreiskrankenhaus zur Welt. Mein Mann war in Südfrankreich, und ich telegrafierte ihm. Es war üblich, daß es in solchen Fällen Urlaub gab. Aber man wollte ihm keinen geben, weil sein Truppenteil nach Rußland

Oben und rechts: *„In diesem Urlaub kaufte mir mein Mann einen hübschen Stoff für ein Sommerkleid ...“*

Das Ochsengespann, das mit Anna durchgegangen war

verlegt werden sollte. Albert hat sich den Urlaub dann doch an höherer Stelle ertrotzt und kam noch einmal kurz heim. Im Oktober war er dann schon in der Nähe von Leningrad.

Mit der Taufe hatte ich im Krankenhaus auf ihn warten wollen. Da meinten die Ordensschwestern im Krankenhaus, ich will mein Kind nicht taufen lassen, weil das in der Nazizeit nicht erwünscht war. Und weil die Schwestern immerzu mein armes Heidenkind bedauerten, konnte ich auf meinen Mann nicht so lange warten. So war er bei der Taufe nicht dabei.

Das Kind hatte genug zu trinken. Ich hatte viel Milch. Neun Monate stillte ich das Kind, und es wurde ein dicker Brocken.

Die beiden Onkel und auch die Tante hatten das Kind gerne, die Schwiegermutter interessierte es nicht. Am liebsten hatte es der Onkel Albert. Wenn die Milchflasche hergerichtet war, fütterte er es gerne, aber seine Hände zitterten sehr stark dabei. So hat er dem Kind das Fläschchen immer wieder aus dem Mund herausgerissen, bis sich das Kind das Fläschchen selbst halten konnte. Es war ein liebes, armes Kind.

Wäsche hatte ich wenig fürs Kind, das Bettchen war noch von meinen Eltern, die Windeln aus alten Tüchern. Geld hatte ich gar keins. Auch früher hatte ich kein Geld. Mein Heiratsgut waren tausendvierhundert Mark, davon wurden das Brautkleid und verschiedene Aussteuersachen gekauft, tausendzweihundert Mark blieben für die gemeinsamen Anschaffungen. Mein Mann hatte von den drei Mark Wochenlohn beim Bauern nicht viel sparen können. Ein Paar Schuhe kosteten damals vor Kriegsausbruch einen Monatslohn.

Wir hatten das staatliche Ehestandsdarlehen beantragt, das waren tausend Mark. Damit kauften wir einen Küchenherd, einen Kachelofen für die Stube, eine Mähmaschine, eine Sämaschine, eine Futterschneidmaschine und einen Motor mit Kreissäge. Das war ein gewaltiger Fortschritt, aber das Geld war damit ausgegeben. Der Onkel hatte sich ja das Wirtschaftsrecht für zwei Jahre noch ausbedungen und legte das Geld auf die Sparkasse zur Alterssicherung, da ging es dann durch die Währungsreform verloren.

Ich hatte zwölf Pfennig im Geldbeutel und brauchte einen Schnuller fürs Kind. Nach langem Überlegen verkaufte ich heimlich ein Stück Rauchfleisch, da langte es für den Schnuller, und auch für mich blieb etwas übrig.

Albert (rechts)
als „Held“ in Frankreich

Um 1940

Sommer 1941
in Frankreich

Wenn ich von der Arbeit heimkam, hätte ich das Kindlein gerne an mich gedrückt und es liebgehabt. Aber die Weiber ließen mich nicht zu ihm. Sie machten die Küchentür zu, und ich durfte nichts sagen, damit das Kind nicht nach mir weinte. Durch die Türspalte sah ich das Kindlein auf dem kalten Fußboden liegen, es war eingeschlafen, hatte kein Kissen fürs Köpfchen, nichts.

Mir tat das Herz weh, ich wollte mein Kind auch im Bettchen schlafen sehen. Ich mußte aber immer arbeiten und wurde gleich wieder hinausgeschickt.

Endlich kam mein Mann auf Urlaub, er war in Rußland verwundet worden. Da lernte er das Kindlein kennen und das Kindlein ihn. Am Morgen, als es erwachte, da war nun nicht ich, sondern der Papa neben ihm, da weinte das Kind dicke Tränen und mußte sich erst an ihn gewöhnen. Das dauerte nicht lange. Aber der Urlaub ging zu Ende, und der Papa mußte wieder fort.

Einmal kam der Polizist bei seinem Rundgang zu uns herein. Weil er nun eine Uniform trug, lief ihm das Kind entgegen, hängte sich an seine Hosenbeine und rief immer Papa. Es kannte den Papa ja nur mit der Uniform.

Als das Kind laufen konnte, wollte es den alten Leuten immer wieder entwischen. Da banden sie es mit einem Strick am Tischbein an. Es tat mir im Herzen weh.

Wie viele Nächte waren es, wo ich überhaupt nicht ins Bett gekommen bin! Wenn ich mit eigenen Augen jeden Tag sah, wie mein erstes liebes kleines Kind mit einem Strick um den Bauch tagsüber am Tischfuß angebunden war und ich mich nicht vor ihm zeigen durfte, weil ich mit den Ochsen gleich wieder aufs Feld mußte, da hab ich zu meinem Mann gesagt, solange du im Krieg bist und die Umstände so bleiben, mag ich kein Kind mehr. Mir reicht's! Und die Schwiegermutter hätte mich ja am liebsten schon bei der Entbindung tot gesehen. Beim nächsten Urlaub brachte halt mein Mann das damals übliche Verhütungsmittel mit.

MEINE beste Aufmunterung während des ganzen Kriegs war meine Nachbarin. Sie war ehrlich, nett, Taglöhnerin und arm. Wenn wir draußen auf den Wiesen und Feldern waren, haben wir uns alle Sorgen erzählt. Meistens war uns danach wieder leichter ums Herz. Sie hat mir auch sehr leid getan, weil sie Asthma hatte, und wenn wir uns über etwas sehr gefreut haben und lachen mußten, bekam sie oft einen Hustenanfall. Dann hat sie immer eine Asthmazigarette geraucht.

Sie jammerte gern über ihren Mann, der arbeitete in einem Bergwerk. Sie wäre ganz zufrieden gewesen, wenn er auch Geld heimgebracht hätte, aber sein Heimweg führte ihn leider an einem Wirtshaus vorbei, und da mußte der Gute immer rasten. Wenn er dann heimkam, war das Geld versoffen. Die Nachbarin zeigte mir eine Fotografie von sich. Sie war früher ein schönes Mädchen gewesen und hatte von ihren Eltern ein kleines Anwesen geerbt. Ihr Liebhaber, ein Maurer, dem schmeckte das Bier, und man hatte ihr abgeraten, ihn zu heiraten. Aber gegen die Liebe war halt nichts zu machen!

Sie haben also geheiratet, und zehn Jahre später war ihr Anwesen vertrunken, statt Liebe gab es Schläge, das Anwesen wurde versteigert, und ihr Mann ging zum Autobahnbau. Sie zog mit ihren zwei Kindern zu einem Bauern in Dienst, damit sie wenigstens zu essen hatten. Und da ergab es sich, daß sie zu einem dritten Kind von dem Bauern kam, wodurch das Leben nicht leichter wurde. Schließlich zogen sie in unsere Gegend und bauten auf einer Waldlichtung ein Häuschen. Die Not war ihr ständiger Begleiter.

Der Mann ist auf den Großbaustellen gewesen, und wenn er einmal heimkam, da ging er immer ins Wirtshaus auf eine Maß, dann wurden es mehrere, und wenn er daheim ankam, war er ein böser Mann. Oft schlug er die Fensterscheiben ein, die seine Frau wieder einglasen lassen mußte. Wenn sie dann auch wütend wurde, bekam sie Schläge. Oft hatte sie Tränen in den Augen, wenn sie das erzählte. Später nahm sie sich Kostkinder und brachte sie auch mit zu mir.

Der Mann ist dann gestorben, und ihre Kinder haben sich recht um ihre Mutter gekümmert, besonders die Schwiegertochter, deren Vater auch ein Trinker war, und so ist es ihr im Alter noch recht gut gegangen.

MEIN Mann kam, als er von seiner Kriegsverletzung genesen war, nach Italien. Der Wirtschaftshelfer mußte jetzt auch einrücken. Nun kam ein polnisches Ehepaar auf den Hof. Die wollten schon lieber Bohnenkaffee als anderen trinken, aber ich konnte auch nicht soviel herkriegen während des Krieges.

Einmal haben wir eine Sau schwarzgeschlachtet, und grade machte der Polizist seinen Rundgang, da hat ihm der Pole erzählt, daß ich ein

Schwein geschlachtet hab, und Bier würd ich auch selber machen. Ich konnte es nicht ableugnen, ließ den Polizist vom Bier kosten und gab ihm ein Stück Schweinefleisch. Dann sagte der zum Polen, sei froh, wenn du zum Essen genug hast. Du kennst die Not nicht, die andere Leute leiden. Unser Bier hat dem Polizisten auch geschmeckt. Weil es nur für unseren Gebrauch war, hat er uns dann nichts gemacht.

Mein Mann schrieb mir, sooft es ging, einen Brief. Mit einmal blieben die Briefe aus, Tag um Tag. Ich war in großer Sorge. Die Schwiegermutter sagte, ich hätte kein Gottvertrauen. Dabei mußte ich in all den Jahren oft genug aus ihrem Mund hören, warte nur, wenn der Albert nicht mehr zurückkommt, dann werfen wir dich hinaus. Es wäre ihr lieber gewesen, wenn Albert gefallen wäre, damit auch ich ihn nicht mehr gehabt hätte. Und noch immer kein Brief.

An einem Freitag nach zwei langen Wochen kam ein Luftpostbrief. Das war noch nie dagewesen. Ein Kamerad von Albert hatte ihn geschrieben. Am Pfingstmontag 1944 war mein Mann bei Rimini durch einen Halsschuß schwer verwundet worden. Da blieb mir der Bissen im Hals stecken, wir waren gerade beim Mittagessen. Ob er es überleben würde? Nun war bei der Schwiegermutter das Gottvertrauen wieder an der Reihe. Ich habe immer für meinen Mann gebetet, ich hatte ihn ja auch lieb.

Später fiel mir etwas Merkwürdiges ein. An ebendem Pfingstmontag war ich mit der Schwiegermutter im Schlafzimmer und zog mich um zum Kirchgang. Plötzlich fiel vor unseren Augen ein großes gerahmtes Bild meines Mannes, das auf der Kommode stand, nach vorne aufs Gesicht. Nach dem späteren Bericht meines Mannes war es gerade in dem Augenblick umgefallen, um halb neun Uhr morgens, als er verwundet wurde.

Nun sahen wir einander lange nicht mehr. Viel später wurde dann Albert nach Landshut verlegt, und endlich bekam ich die Erlaubnis, ihn zu besuchen. Es war ein trauriger Anblick. Er hatte eine Kanüle im Hals, durch die er atmete, und weil die Stimmbänder verletzt waren, konnte er kein Wort sprechen, sondern mußte alles aufschreiben. Als ich heimkam und das erzählte, glaubte mir keiner.

NOT litten wir Landwirte beim letzten Weltkrieg keine. Kleiderkarten waren rar, aber Essen gab es schon. Ich bin mit dem Ochsen zur Mühle gefahren, da habe ich zwar kein schönes Mehl heimgebracht, aber man

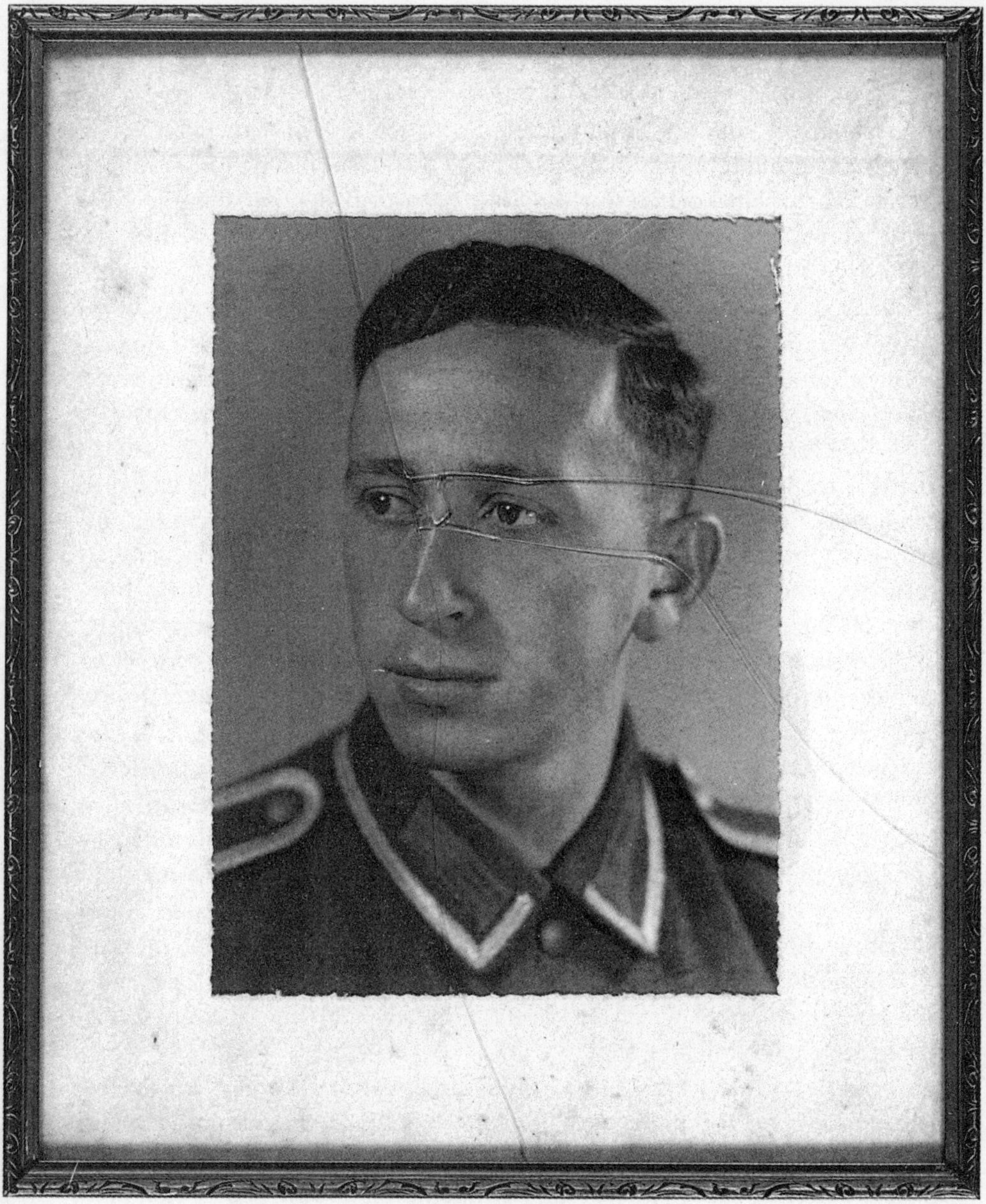

„Plötzlich fiel vor unseren Augen ein ... Bild meines Mannes, das auf der Kommode stand, nach vorne aufs Gesicht ... Es war gerade in dem Augenblick umgefallen, als er verwundet wurde.“

war zufrieden. Fleisch hatten wir selber. Zuletzt, als dann die Flüchtlinge kamen, wurde alles knapper. Wir hatten manchmal das ganze Haus voll mit Menschen.

Erst kamen Schlesier, eine Frau mit vier Kindern. Dann noch vom Nachbarn ein Flüchtlingsehepaar mit vier Kindern, die sich dort nicht einmal Kartoffeln kochen durften. Wir haben oft den ganzen Tag das Feuer nicht ausgehen lassen, weil selbst der große Herd noch zu klein war.

Später kamen dann ganze Karawanen Ungarn mit Pferden und Wagen. Neunzehn Ungarn hatten wir lange Zeit in unsrem Haus. Sogar in unserem Eheschlafzimmer haben sie noch auf Strohsäcken und Matratzen gelegen. Alles wurde knapper, sogar das Heu und das Stroh, weil die Pferde auch Futter brauchten. Die Hennen haben nicht mehr genug Eier gelegt. Manchmal haben die Ungarn bei einer Mahlzeit zwanzig bis dreißig Eier gegessen. In der Nachbarschaft bekamen sie aber auch manchmal etwas.

Später sind dann einige ungarische Soldaten mit ihren Frauen und ihren Pferden zu anderen Nachbarn gezogen. Bei uns wohnten aber immer noch etliche Ungarn mit vier Pferden und zwei Kutschern. Die sind immer mit den Pferden nach Pfarrkirchen zum Einkaufen gefahren und haben manchmal unsere vierjährige Carola mitgenommen.

Von nun an bis zum Kriegsende war mein Mann in den verschiedensten Lazaretten, zuletzt in München. Ich konnte abends bei den Luftangriffen auf München die Christbäume sehen, mit denen die Flieger ihr Zielgebiet markierten. Dann wurde mein Mann in Herrsching am Ammersee operiert, und es ging ihm besser. Er bekam Urlaub, aber durch die Bombenangriffe waren die Züge ausgefallen, und er mußte eine weite Strecke zu Fuß gehen. Dadurch bekam er eine Lungenentzündung und mußte gleich in unserer Stadt wieder ins Lazarett. Nun konnte ich ihn besuchen.

Es war jetzt Ende April 1945, und überall waren die amerikanischen Panzer schon zu hören. Da verließ mein Mann das Lazarett und kam zu mir heim. Die amerikanischen Soldaten durchsuchten mit gezogener Pistole das Haus, aber Albert trug Zivilkleidung, und sie beachteten ihn nicht.

Mein Mann mußte immer noch die Kanüle tragen, aber da einmal eine Wespe in sie hineingezogen wurde und er beinahe erstickt wäre, wurde ein feines Tuch darüber gedeckt. Nachdem es etwas ruhiger geworden war, fuhr Albert nach München in die Poliklinik. Dort wurde er erfolgreich operiert. Er konnte nun ganz leise reden. Als er aber mit den Ochsen arbeiten wollte, gehorchten sie nicht, weil er zu leise sprach. So blieb die Arbeit an mir hängen.

Albert mußte sich den Amerikanern zur Entlassung stellen. Aufgrund seiner Verwundung kam er gut durch, aber viele, die bei ihm waren, wurden an die Russen ausgeliefert und blieben noch Jahre fort.

ICH kann mich noch gut an das Ende des Krieges erinnern. Da hörte man von weitem die Panzer fahren. Die kamen immer näher, und schwere Schüsse waren zu hören. Die Panzer schossen in die Wälder, daß es nur so krachte. Einige hielten beim Hof an. Dann mußten alle Männer auf dem Hof antreten. Es wurden die Armbanduhren abgenommen, dann gingen die Amerikaner ins Haus.

Ich mußte im ganzen Haus vorangehen, und mit vorgehaltenem Gewehr suchten die Amerikaner nach deutschen Soldaten. Die Männer, die auf dem Hof antreten mußten, es waren so dreißig, hauptsächlich Ungarn, die wurden dann mit dem Auto nach Pfarrkirchen gebracht und auf der Rennbahn eingesperrt.

Da war bei uns ein fürchterliches Geschrei. Die Frauen der Gefangenen kamen in die Stube, warfen sich auf den Boden und schrien laut mit erhobenen Händen, Heilige Maria, Mutter Gottes, hilf! Sie waren vollkommen verzweifelt. Am Morgen danach pflegten sie sich nicht mehr und hatten für nichts mehr Interesse.

Auf der Rennbahn gab es viele Gefangene. Solche, die Nazis waren, denen ging es jetzt schlecht. Manche haben sogar Schläge bekommen und wurden mit einem Fußtritt in die Wasserpfützen gestoßen. Viele Leute brachten mit dem Milchkandl etwas zum Essen, weil die Gefangenen Hunger hatten. Unter strenger Bewachung durften die Leute nur über den Holzzaun reden und Essen reichen. Nach einigen Tagen wurden die meisten Gefangenen wieder entlassen. Da haben sich die Frauen wieder gepflegt, ein Mascherl* ins Haar gebunden, und das Leben war wie vorher. Gebetet wurde dann auch nicht mehr.

Aber ich muß schon sagen, die Ungarn waren fleißige Leute, ob durch Arbeit oder mit Schwarzhandel, sie verstanden es, aus allem Geld zu machen, daß das Leben leichter war. Sogar ein Stück Garten

---

* Schleife

haben sie bewirtschaftet und Paprika und anderes Gemüse bei mir angepflanzt.

Als die Amerikaner einmal in der Nacht zu uns kamen, es waren so fünfzehn bis zwanzig Mann, hab ich mich sehr gefürchtet. Wir waren noch nicht schlafen gegangen. Ich bat den Oberst von den Ungarn, er möchte noch aufbleiben, weil ich mich fürchtete. Den haben die Amerikaner dann verspottet, weil ein ungarischer Soldat eine Frau bei sich hat und vieles mehr, und doch ist er bei mir geblieben. Es war ein solches Geschrei, daß Carola, die schon lange im Bett war, plötzlich zur Tür hereinkam. Da bekam sie von einigen amerikanischen Soldaten Schokolade. Andere gingen in die Speisekammer und holten alles, was es dort zu holen gab. In einem Dampfnudeltiegel mußte ich dreißig Eier braten. Mir war alles gleich, Hauptsache, der Ungar ist unten bei mir geblieben.

Nach den Ungarn kamen dann Sudetendeutsche, die wollten nur kurze Zeit bei uns bleiben, weil ihnen neue Häuser versprochen waren, in die sie bald einziehen sollten. Sie haben uns auch bei der Arbeit geholfen, die Frau hauptsächlich als Kindsmagd. Christine, unsere zweite Tochter, sagt heute, die Leni war für sie wie eine Oma. Bald aber zogen die Leute nach Hessen, wo sie Bekannte hatten. Nach kurzer Zeit kamen sie wieder zu uns zurück, weil man in Hessen Flüchtlinge nicht leiden konnte. Sie blieben dann für einige Jahre bei uns, da starb eines Tages der Mann. Von dem neuen Haus war keine Rede mehr. Auch die anderen Flüchtlinge haben keine neuen Häuser bekommen.

Nun erst spürten manche Leute hier, was für ein Elend der Krieg über viele Menschen gebracht hat. Das war am Anfang schon schlimm anzuschauen, wie ganze Züge von Vertriebenen vorbeizogen, aber als sie dann in die Häuser einquartiert wurden und blieben, gab es schon recht hartherzige Leute, und das waren immer die Reicheren.

Doch mit der Zeit zogen viele Flüchtlinge weg in die Stadt. Ganze Siedlungen wurden für sie gebaut, und die meisten waren sehr fleißig, haben nun neue Häuser und sind froh, daß sie hier sind.

7

MEIN Mann war nun wieder daheim. Aber immer noch wollte uns seine Mutter, die inzwischen eine Wohnung in der Stadt hatte, auseinanderbringen. Einmal fragte mich mein Mann, ob denn das wahr sei, was die Mutter immer gegen mich vorbrachte. Ich sagte nur, du weißt, daß ich dich nie angelogen habe, aber wenn du mir nicht glaubst, kann ich nichts tun. Er glaubte mir.

Es war schon einige Jahre her, da hatte mich die Schwiegermutter von der Arbeit ins Haus geholt und mich zum Onkel Albert geführt, der auf dem Kanapee saß. Augenblicklich, sagte sie, kniest du dich hin und bittest den Onkel um Verzeihung, und die Tante stieß mich mit der Spitze ihres Stockes an die Stirn. Ich wußte überhaupt nicht, warum. Da kniete ich mich hin und sagte, Onkel, wenn ich etwas Unrechtes getan habe, bitte ich dich um Verzeihung, ich weiß aber nicht, was unrecht war. Der Onkel weinte mit mir, und die Weiber hatten ihren Triumph.

Nun, da mein Mann nicht arbeiten konnte, saß er oft auf dem Sofa hinter der Küchentür. Seine Mutter kam eines Abends in die Stube und erzählte dem Onkel wieder etwas über mich und hetzte gegen mich. Mein Mann, der hinter der Tür saß, hörte Wort für Wort, und weil er ebendiesen Vorfall, über den seine Mutter sprach, selbst erlebt hatte, ertappte er sie bei ihren Lügen. Nun war das Maß endlich voll. Er sprang wutbebend auf und sagte, Mutter, mit meinen eigenen Ohren habe ich nun gehört, wie du über meine Frau lügst. Auf der Stelle packst du deine Sachen, und ich bringe dich zum Zug, du gehst zurück in deine Stadtwohnung, du sollst uns zwei nicht auseinanderbringen! Sie schrie, mein eigener Bub wirft mich aus dem Haus!

Von nun an herrschte Friede bei uns. Die Onkel bekamen fröhliche Gesichter, ich habe ihnen nun immer eine Kleinigkeit gebacken, nur für sie, da haben sie sich sehr gefreut.

Das Lieblingsessen war eine gute Herbstmilchsuppe mit viel saurem Rahm und im Rohr gebratene Kartoffeln. Herbstmilch ist eine saure Milch, zu der man fast jeden Tag wieder eine gestöckelte Milch dazuschüttet. Dann rührt man um, nimmt einen Liter heraus, verquirlt sie mit etwas Mehl in einem Liter kochendem Wasser und rührt sie dann mit saurem Rahm an.

Onkel Otto war damals der einzige von meinen vier Leuten, der eine Rente hatte. Dreiundzwanzig Mark hat er bekommen. Er war immer sehr stolz, weil er sich etwas kaufen konnte. Da hat er sich einen kleinen Luxus geleistet, extra eine Bürste, mit der man ihm nach dem Haarschneiden den Hals abbürsten konnte, und eine kleine Schnurrbartbürste hat er sich auch gekauft. Ich habe ihn immer sehr schön gemacht. Er war weißhaarig und fast immer lustig. Wenn die harte Außenarbeit nicht gewesen wäre, hätten wir ein schönes Leben gehabt.

Im November 1945 erlitt die Tante einen Schlaganfall und war nun halbseitig gelähmt. Sie war ein echter Pflegefall. Meine Schwiegermutter schrieb mir jetzt, hoffentlich weißt du, was du zu tun hast. Ich dachte, du wirst dich wundern, ich weiß es. Ich habe der Tante das Essen eingegeben, aber meistens hat sie es erbrochen; ich hab sie jeden Tag gewaschen und gekämmt, sie auf den Korbstuhl gesetzt und in den Spiegel schauen lassen, wie gut sie noch ausschaut. Sie war nun recht dankbar, weil sie es so gut hatte. Jeden Tag kam der Arzt mit einem elektrischen Gerät, aber nichts half. Tagsüber waren auch die Onkel bei ihr, aber die konnten ihr nichts recht machen.

Da merkte die Tante, daß es mit ihr zu Ende ging. Durch die langen Nachtwachen bei ihr war ich oft so müde, daß ich fast vom Stuhl fiel. Mein Mann löste mich ab. Er las aber immer in einem Buch, da schimpfte sie, und ich mußte wiederkommen.

Einmal rief sie beide Onkel zu sich, während ich das Mittagessen kochte. Als sie wieder herunterkamen von der Kammer, da weinten die beiden sehr, so hatte ich sie noch nie gesehen. Ich fragte, was ist denn? Sie sagten, die Tante habe ihnen aufgetragen, meiner Schwiegermutter zu sagen, wie sehr sie mir unrecht getan habe in all den Jahren. Niemand hätte ihr, der Tante, solche Pflege getan wie ich.

Nach sechs Wochen ist sie dann gestorben. Aber die Schwiegermutter hat das wenig berührt, sie kam und nahm alles mit, was sie tragen konnte an Kleidern und Wäsche, weil sie ja Erbin war. Dabei hätte ich das so nötig gebraucht für Kinderkleidchen.

Nach weiteren drei Jahren ist der Onkel Albert gestorben, obwohl er eigentlich gar nicht krank gewesen war. Er hatte sogar noch alle Zähne und nie Zahnschmerzen gehabt. Als er auf der Totenbahre in seiner Kammer lag, brannte zum erstenmal im Haus elektrisches Licht. Er hat es nicht mehr gesehen.

Es ist schon ein hartes Leben, wenn man eine Zeitlang nur vom Pech verfolgt ist, und man kann sich selber nicht helfen, weil die Umstände so sind. Bei mir war das ja wirklich schlimm gewesen. Mußte gleich elf Tage nach unserer Hochzeit der Krieg ausbrechen! Wo ich die ganze Männerarbeit alleine machen mußte. Vier alte Leute und elf Hektar Grund mit einer buckligen Magd! Von den Alten konnte keiner mehr arbeiten. Sie brauchten meine Hilfe, und ich half auch von Herzen gern.

Die alten Leute hatten es schon gut bei mir. Ich kann ehrlich sagen, wenn eine Bauerstochter eingeheiratet hätte, wären sie nicht so gut gepflegt worden. Ich hab mich gefreut, wenn ich den Kranken jeden Wunsch erfüllen konnte.

Damals gab es noch keine Krankenversicherung. Alle Kranken blieben zu Hause und wurden von den eigenen Leuten gepflegt. Es wurde auch niemand ins Leichenschauhaus gebracht. Die Verstorbenen wurden alle im eigenen Haus aufgebahrt.

ES LEBTE jetzt von den Alten nur noch der Onkel Otto. Auch er hatte ein verrenktes Hüftgelenk und Wassersucht. Dann bekam er einen offenen Fuß. Zuerst verband ihn noch der Arzt, aber als schon das Fleisch vom Knochen fiel, wollte er ihn nicht mehr anrühren. Die Zehen blieben heil, aber darüber ist das ganze Fleisch vom Fuß gefallen.

Jede Stunde, auch in der Nacht, habe ich mit Watte und Sagrotan den Fuß gesäubert und verbunden. Das schwarze Fleisch schnitt ich mit der Schere weg. Manchmal schauten der Doktor und der Pfarrer zu. Beide sagten, sie könnten das nicht machen, und warnten mich vor der Ansteckung. Doch ich hatte keine Angst und habe mir immer anschließend die Hände mit Sagrotan gewaschen.

Der Onkel mußte im Bett bleiben, und das ganze Fleisch wurde bis zum Knie weggefressen. Das ging Monate so fort. Dann bildete sich eine trockene Schicht, und es wuchs wieder Fleisch an.

Als der Onkel sah, daß es aufwärtsging, wurde er wieder fröhlich und ich auch. Ich habe ihn auf dem Bett gewaschen, rasiert und ihm die Haare geschnitten. Er war mir so dankbar, daß er mir alles geben wollte, was er hatte. Aber sein bißchen Geld war nichts wert, es war noch von vor der Währungsreform. Nur seinen Samthut, den er mir schenkte, konnte ich umändern lassen.

Ich wäre so gerne Krankenschwester geworden. Als ich früher meinen Vater fragte, ob ich das werden dürfte, wurde er so zornig, daß er mich schlug. Ich habe in meinem Leben immer gern Kranke gepflegt und bin fünfmal Sterbenden beigestanden, aber ich kam nicht zu diesem Beruf.

Als sich der Onkel Otto wieder ein bißchen erholt hatte, haben wir ihn vor dem Haus in den Korbstuhl gesetzt. Da, in der Sonne, freute er sich wieder. Nun wollte er auch wieder rauchen. Ich stopfte ihm die Pfeife und rauchte sie ihm an, da sagte er immer, gib sie her, du rauchst sie mir sonst halb aus. Da lachten wir beide, und ich steckte ihm die Pfeife in den Mund.

Der Onkel wurde wieder gesund und ging umher, und das dauerte noch zwei Jahre. Dann aber, er war jetzt neunundsiebzig Jahre alt, kam es mit ihm zum Sterben. Ich stand an seinem Bett, um ihn zu trösten. Er starb friedlich in meinem Beisein.

Ich war jetzt im dritten Monat schwanger von unserem zweiten Kind, ich habe es dem Onkel während seiner Krankheit aber nicht gesagt, weil es heißt, wenn im Haus ein Kind zur Welt kommt, muß einer von den Alten gehen.

JETZT war es viel leerer im Haus geworden. Albert und ich zogen in die obere Stube um, das ist nach altem Brauch das Schlafzimmer für die Hofbesitzer. Wir dachten dabei an unsere Vorgänger und sagten, nun sind wir nachgerückt, aus diesem Raum wird man auch uns einmal als Tote hinaustragen. Da erinnerten wir uns an all die Geschichten, die die Onkel und Tante Lini erzählt hatten von der Zeit, als sie noch Kinder waren.

Tante Linis Eltern hatten ein Stück Wald gerodet und im Hochholz ein Blockhaus draufgebaut. Acht Kinder gab es, die halb verhungert sind. So hat die Mutter in ihrer Not Haferbrot gebacken, das war so rauh, daß die Kinder beim Essen immer mit dem Kopf nickten, um es hinunterzubringen. Sie waren so unterernährt, daß sich zwei Buben beim Stürzen die Hüften ausrenkten und zeitlebens halbe Krüppel blieben. Darum haben sie auch nicht geheiratet, und die drei Geschwister blieben zusammen.

Wenige Tage nachdem Onkel Otto gestorben war, kam die Währungsreform. Wir hatten ein Feld mit Gurken angebaut, die brachten mehr Geld als das Getreide. Ein ganzer Lastwagen voll war unsere Ernte. Da konnten wir wenigstens die Beerdigung bezahlen. Dem Doktor schuldeten wir noch siebenhundert Mark, die wir langsam abstotterten.

Am 2. Juni 1949 bekam unsere Carola ein Schwesterchen, die Christine. Und am selben Tag ist auch zur selben Stunde mein Vater gestorben. Er hat kein leichtes Leben gehabt und hat den Tod unserer Mutter nie ganz überwunden.

Wenn ich an meine Kinder denke, wie sie noch klein waren, da gab es manche Sorgen. Die ältere Tochter hat die Arme und Füße plötzlich ganz steif gehabt, und weißer Schaum ist aus ihrem Mund gekommen. Ich konnte dagegen gar nichts machen, ich wußte nicht, was ich anfangen sollte! Diese Anfälle kamen dann öfter, und ich fuhr ganz schnell mit dem Rad zum Arzt, der sagte, das sind Froasen*, ich sollte die Carola liegen lassen, sonst könnte ihr etwas bleiben, was ihr im Leben nachteilig wäre. Ich mußte der Kleinen dann Tropfen ins Flascherl geben, und das Ganze hat sich dann später doch nicht nachteilig ausgewirkt.

Die zweite Tochter war auch in den ersten Monaten sehr krank, da gebe ich mir aber heute selber die Schuld. Ich mußte immer draußen bei der Arbeit sein und bin dann schnell hineingelaufen zum Stillen. Das Kind hatte Hunger und hat die erhitzte Milch getrunken und ist darmkrank geworden. Es hat ganze Nächte geschrien und nicht geschlafen vor lauter Bauchweh. Es wurde mager und ganz blaß. Dann hat der Arzt gemeint, wir müssen die Milch wechseln. Das hat aber nichts geholfen. Da wollte der Arzt die Christine ins Kinderkrankenhaus geben, ich aber war dagegen. Ich wollte das Kind bei mir haben. So gab mir ein anderer Arzt den Rat, es mit Buttermilchpulver zu probieren. Wochenlang bin ich mit einer Windel jeden Tag zum Doktor gefahren, aber es wurde nicht besser, bis dann das Buttermilchpulver schließlich doch geholfen hat.

Danach ging's aufwärts. Jedes kleine Lachen vom Kind war für uns eine große Freude. Später war die Christine ein ganz braves und lustiges Mädchen.

Unser drittes Kind hat Jahre danach, wie die Große, auch die Froasen bekommen. Wir mußten die gleichen Ängste ausstehen wie bei der Carola. Es tut einem halt so leid, wenn man so ein armes Kind anschauen muß und nicht helfen kann.

8

Auf dem Hof gab es für Albert und mich nun wieder viel zu tun. Wir haben zwei Tagwerk Kartoffeln angebaut und viel Rüben fürs Vieh, und wenn es mondhell war, gingen wir noch einmal aufs Feld zum Hacken. In anderen Nächten habe ich das Brot gebacken, immer sechs

* Krämpfe

große Bauernlaibe. Oder ich habe gewaschen, damit ich tagsüber wieder mit meinem Mann bei der Arbeit sein konnte. Ich habe als Haustrunk Bier aus Malz und Hopfen gebraut, weil wir kein Geld hatten, uns Bier zu kaufen. Im Herbst, wenn das Obst an der Reihe war, haben wir zusammen die Weckgläser gefüllt, und es hat immer bis weit nach Mitternacht gedauert, bis ich zur Ruhe kam.

Wenn ich die Kinder zu Bett brachte, habe ich noch eine Weile mit ihnen gespielt, das war ein Lärm und ein Gelächter, daß man es auf der Straße hören konnte. Danach schliefen sie immer glücklich ein.

Wir hatten im Haus einen Kamin, in den der Kaminkehrer hineinsteigen mußte. Bald aber bauten wir einen neuen, das war unsere erste Baumaßnahme. Das ging dann Jahr für Jahr so weiter, bis wir schließlich den ganzen Hof umgebaut hatten. Wenn wir etwas verkaufen konnten, wurde ein Loch zugestopft und ein größeres aufgerissen. So war für uns nie Geld da. Manchmal habe ich meinem Mann eine Schachtel Zigaretten gekauft, das hat ihn gefreut.

Langsam besserte sich unsere Lage. Während die Nachbarn auf der Feierabendbank saßen und über uns lachten, ging es endlich aufwärts. Nun wurden sie neidisch, wenn sie den Ertrag sahen. Wir hielten uns Zuchtsauen, damit wir die Ferkel nicht kaufen mußten, und haben mancherlei Lehrgeld bezahlt. Dann haben wir einen modernen Stall gebaut, und als einige Nachbarn ihn besichtigten, da waren siebzig Schweine drinnen. Da waren sie ganz erschrocken, denn wir hatten mehr Tiere als sie.

Nun brauchten wir aber auch einen neuen Rinderstall. Der alte wurde abgerissen und ein größerer gebaut, so daß er nicht mehr im Wohnhaus war wie früher.

Wir hatten jetzt viele Schulden und mußten jährlich zwei Raten bezahlen. Erst haben wir aus unseren Erlösen die Raten bezahlt, dann Futter und Düngemittel gekauft, damit der Ertrag immer höher wurde. Waren die Schulden bezahlt, wurden schon wieder neue gemacht, und die steigenden Preise machten das, was wir neu erspart hatten, fast wieder wett.

Inzwischen hatten wir auch ein Pferd zu unserem Ochsen dazugekauft. Das Pferd konnte die Heumaschine ziehen und manches schneller machen als der Ochse. Aber mein eigentliches Ziel war es, einen Schlepper zu kaufen. Einmal beim Melken, nun hatten wir schon zwölf Kühe, habe ich meinem Mann von diesem Plan erzählt. Erst

Albert mit der kleinen Christine, seiner Mutter und seiner Schwester, vorne Carola und eine Cousine

Anna bei der Arbeit

Tante Lini mit Carola

wurde er zornig, aber dann habe ich ihn überzeugt, daß wir den Schlepper bezahlen können.

Im nächsten Frühjahr bekamen wir dann den neuen 12-PS-Schlepper mit den Anbaugeräten. Den hat ein mißgünstiger Nachbar in den ersten Wochen gar nicht sehen wollen, obwohl wir auf der Wiese gegenüber arbeiteten.

Aber bei uns war nicht nur der Fortschritt eingekehrt. Der Tierarzt hat oft kommen müssen, denn mit Glück waren wir im Stall nicht besonders gesegnet. Jeden Abend vor dem Schlafengehen schaute mein Mann noch nach beim Vieh, ob alles in Ordnung sei, und doch gab es Tage, an denen wir uns voller Angst fragten, was wird heut schon wieder für ein Unglück auf uns warten. Sogar der Tierarzt sagte, so wie bei uns sei es selten.

Einmal kam er mit seinem Sohn, und sie wußten keinen Rat, obwohl sie beide gute Tierärzte waren. Nun mußten wir wertvolle Kühe schlachten, an einem Tag zwei auf einmal, und die Ursache ihrer Krankheit blieb unbekannt. Da waren wir sehr niedergeschlagen. Am nächsten Tag war die Zuchtsau mit zwölf Ferkeln krank und gab für die Kleinen keine Milch mehr. Die Ferkel kamen in Lebensgefahr, und es gab Sorgen mehr als genug.

Unsere Freude waren aber die Kinder, die bis heute nicht vergessen haben, wie wir mit ihnen fröhlich waren, obwohl sie, besonders Carola, unsere Älteste, schon viel mithelfen mußten auf dem Hof. Mein Mann hat immer wieder die Bremer Stadtmusikanten spielen müssen. Er hat allein den Gockel, die Katze, den Hund und den Esel gespielt, und die Kinder waren die Räuber. Das war am Abend in der halbdunklen Stube so spannend, daß das Spiel bald wiederholt werden mußte. Christine hatte einen Stoffbären, der war ihr Lieblingsspielzeug. An den Tatzen war er schon arg abgenutzt, und mein Mann erzählte den Kindern, daß der Bär um Mitternacht lebendig wird und umherstreift, darum seien die Tatzen so abgenutzt. Und für sie war er auch lebendig.

Unsere Arbeit in all den Jahren trug dann doch Früchte. Die eine Hälfte unseres Hauses, in der sich einmal der Kuhstall befand, war abgerissen und neu als Wohnteil angebaut worden. Das war für die Nachbarn ein solches Ärgernis, daß sie nicht mehr am Haus vorbeigingen, sondern einen Bogen drum machten, damit sie es nicht anschauen mußten.

Mein Mann hatte nach dem Krieg keine Rente beantragt, weil damals ein solches Elend herrschte und er zufrieden war, daß er gesundheitlich noch so gut weggekommen war. Aber nun ging das Gerede los, wir könnten ja leicht bauen, mit der großen Kriegsrente. Da habe ich meinem Mann so zugesetzt, daß er die Rente dann wirklich beantragt hat, und er hat sie auch ohne weiteres bekommen. Wenn er auch während der zurückliegenden Jahre darauf verzichtet hatte, spürten wir nun doch, was so eine zusätzliche Einnahme wert ist.

ALS das erste Weihnachtsfest nach unserer Hochzeit kam, da war mein Mann bereits am Westwall und hat mir einen langen Brief geschrieben. Es ging damals recht still zu, und mit meiner Schwiegermutter kam ohnehin keine Weihnachtsstimmung auf. Einen Christbaum hatten die alten Leute nicht für nötig gehalten, so war es für mich eher ein trauriger Tag.

Nach dem Krieg gab es das erste schöne Weihnachten mit einem Christbaum, mit Kerzen und Glaskugeln. Unsere Tochter Carola war vier Jahre alt und konnte es kaum erwarten, bis sich die Tür zur Stube öffnete, wo das Christkind den Baum hergerichtet hatte. Doch was sie sah, übertraf ihre Vorstellungen, mitten im Lauf blieb sie wie angewurzelt stehen, und ich hatte Tränen in den Augen.

Nun wurde Weihnachten immer sehr schön gefeiert, unsere Flüchtlinge waren auch dabei, es kam ja nicht auf die Geschenke an. Mein Mann bekam einen Rasierpinsel von mir, der Onkel Otto, der damals noch lebte, Schnupftabak, und wir haben uns einige Flaschen Bier und ein Pfund Aufschnitt geleistet. Im übrigen wußten wir in den ersten zehn Jahren gar nicht, was Bier kostet, wir haben es sonst nie gekauft.

Mein Mann hatte eine hölzerne Mistkarre, ein Klump, und da habe ich heimlich vom Eiergeld etwas gespart und unter den Christbaum eine gummibereifte eiserne Schubkarre hingestellt, so etwas gab es damals noch ganz selten. Das hat ihn mehr gefreut als alle Geschenke vorher und nachher, und noch heute ist die Karre in Betrieb, obwohl schon dreimal eine neue Wanne auf sie draufkam. Auch Zigaretten habe ich ihm gekauft, ich mochte es gern, wenn er geraucht hat.

Ein anderes Mal, als wir schon den Traktor hatten, habe ich den ganzen Sommer über gespart, und dann lag unter dem Christbaum ein Säckchen, das war sehr schwer, und was war drinnen? Zwei Schneeketten für den Schlepper, denn meinem Mann waren die immer zu teuer, und nun bekam er sie geschenkt.

Albert hat auch mir viele Dinge geschenkt, da war er nicht kleinlich.

Als wir geheiratet haben, da hab ich einen Stoff gekauft und mir meine Unterhemden selbst geschneidert. Es war ein weicher, guter Stoff, in den feine hellgraue Streifen eingewebt waren, und die Nachbarinnen nannten die Hemden spöttisch Zebrahemden. Da habe ich mich sehr geärgert, denn ich hatte keine so schöne Unterwäsche wie andere junge Frauen, aber manche von ihnen hat trotzdem ihren Mann nicht halten können. Im Laufe der Zeit sind auch meine Schränke mit schöner Wäsche voll geworden, und das freut mich jetzt.

Einmal am Heiligen Abend, als die beiden Onkel und die Tante noch lebten, kam der Pfarrer zu uns mit zwei Ministranten. Auf einem Kinderschlitten zogen diese die Krippe und das Jesuskind aus der Kirche hinter sich her. Dann wurde bei uns ein Altar aufgebaut und eine kurze Andacht gehalten. Die alten Leute haben gebeichtet und die heilige Kommunion empfangen, weil sie ja schon so gebrechlich waren, daß sie nicht mehr zur Kirche gehen konnten. Das war für sie dann ein Freudentag.

Silvester wurde früher nicht gefeiert bei uns, Sekt oder Wein war unbekannt, nur die Tante hat einmal einen Heidelbeerwein auf Flaschen gezogen. Eines Nachts gab es dann plötzlich einen Krach. Einige Flaschen, die in einem bemalten alten Schrank standen, hat es da zerrissen, das war vielleicht eine Bescherung!

DAMALS hatten die meisten Bauernhäuser noch dicke alte Mauern, die naß und kalt waren. Oft befanden sich Pferde- und Kuhstall neben der Küche. Bei uns war das früher auch so gewesen.

Von der Küche konnte man in den Kuhstall gehen. In der Küche war in der Mitte ein runder Tisch, auf dem man das Essen anrichten und arbeiten konnte. Der Fußboden war aus Beton und eiskalt. Die Küche hatte drei Türen, eine zum Hausgang, eine in die Stube und die dritte in den Kuhstall. Zwei Fenster gab es auch, aber ziemlich kleine. An der Fensterseite stand eine lange Anrichte mit einem Vorhang, und hinter dem Vorhang war das Küchengeschirr verräumt.

Auf der Hausgangsseite war am Kamin ein Backofen angeschlossen, in dem ich sechs Laib Brot backen konnte. Uns gegenüber, neben der Stalltür, befand sich ein betonierter Wasserkrand. In diesen zwei Kubikmeter großen Behälter konnte man von dem hinter dem Haus stehenden Brunnen Wasser in die Küche pumpen. Den Stall haben wir

Ein bäuerlicher Backofen

Mit Schlitten wurde im Winter das Langholz aus dem Wald geholt.

später auf der anderen Hofseite neu aufgebaut. So kam auch der Misthaufen vor der Stalltür und vor den Stubenfenstern an der Hofseite weg. Das war alles harte Arbeit. Nachtruhe gab es fast keine.

Als wir 1950 den neuen Kuhstall gebaut haben, mußten wir mit einem Pferd und einem Ochsen das ganze Bauholz fahren. Mein Mann und ich luden die zweiundzwanzig Meter langen, schweren Baumstämme zu zweit auf. Fremde Leute hätten wir uns nicht leisten können.

Einmal fuhren wir auch ganz lange Stämme auf zwei stark gebauten Holzschlitten zum Sägewerk. Vom Wald über die Wiese und auf dem Feldweg ging es ganz gut. Ich mußte den hinteren Schlitten mit einer Stange lenken, wie bei einem Schiff oder einem Floß. Ich konnte den Stoaz*, wie er bei uns hieß, mit den Händen kaum umlangen. Bald kamen wir von dem Feldweg auf die Hauptstraße, die noch nicht geteert war. Wir wußten natürlich nicht, daß dort fast kein Schnee mehr lag. Dort fuhren wir nicht lange, dann kam ein Stein unter den Schlitten. Mein Lenkstamm schlug mich über die Straße, und die ganze Fuhre Langholz lag auch im Straßengraben. Mein Gott, wir waren ganz fertig. Zum Glück kam ein Bekannter, der uns wieder aufladen half. Ich hätte das allein mit meinem Mann nicht mehr geschafft.

Wir sind dann erst spätabends nach Hause gekommen. Dann blieb noch die Stallarbeit und die Hausarbeit. Die Kinder schliefen schon. Wir waren todmüde.

1952 bekamen wir noch die kleine Monika. Nun waren wir ein Dreimäderlhaus. Später war es mir ein Trost, daß ich die Monika noch hatte, als die andern aus dem Haus gingen.

ZU WEIHNACHTEN 1960 zogen wir in den Neubau ein, das war eine Freude. Der andere Teil des Hauses blieb noch, wie er war. Carola ging nun bald in einem Industriebetrieb arbeiten. Sie half uns aber am Morgen und Abend daheim bei der Arbeit und mit ihrem Lohn im Haushalt.

Nach einiger Zeit wurde in der Stadt eine Krankenpflegeschule eröffnet, und Carola meldete sich zum ersten Kurs an. Nun ergriff meine Tochter den Beruf, den ich mir so für mich gewünscht hatte. Sie verdiente im Monat neunzig Mark, Berufskleidung und Lehrbücher mußten die Schülerinnen noch selbst kaufen. Das waren magere Zeiten.

* Lenkstange am Schlitten

Albert beim Umbau des Hauses,
März 1960

Carola hat die Prüfungen als Beste bestanden, doch im hiesigen Krankenhaus konnte sie nicht bleiben, es mußte Platz gemacht werden für den nächsten Kurs. So ging Carola nach München, und ich war sehr traurig, weil mein erstes Kind nun schon in der Fremde war.

Christine war für den Hof bestimmt. Doch langsam änderte sich die Lage der Landwirtschaft, und immer öfter hörten wir im Landfunk, wie es den kleinen Betrieben ergehen wird, wenn sie sich nicht umstellen. Daß nun die Kinder auf dem Hof keine Zukunftsaussichten mehr hatten, erkannte mein Mann sehr bald, und so ging Christine in eine kaufmännische Lehre.

Trotz der vielen Maschinen lag die Arbeit weiterhin allein auf unseren Schultern. Abends war ich beim Essen so müde, daß mir der Löffel aus der Hand fiel, weil ich plötzlich eingeschlafen war. Die Kinder stießen mich an und sagten, aber Mutti, schlaf doch nicht immer beim Essen ein. Ich war so müde, daß ich nur den einen Wunsch hatte, einmal in meinem Leben möchte ich ausschlafen dürfen, nur ein einziges Mal. Aber das blieb ein Wunsch.

Monika, unsere Jüngste, ging in die Oberschule. Sie bewarb sich bei der Justiz und kam zur Ausbildung erst einmal ins nahe Amtsgericht in der Stadt, dann nach Passau, und zuletzt wurde auch sie nach München versetzt. Nun waren alle drei Mädchen in der großen Stadt, aber sie besuchten uns oft übers Wochenende und halfen uns bei der Arbeit auf dem Feld und im Haus.

Die langen Jahre nie endender Arbeit hatten nun meine Gesundheit angegriffen, wochenlang lag ich im Krankenhaus und habe mich auch später nie mehr ganz erholt.

9

MEINE Geschwister und ich haben immer zusammengehalten, auch heute halten wir noch zusammen. Als erste habe ich geheiratet, dann mein Bruder Franz, der Älteste, noch während des Krieges.

Franz war als Funker bei der Luftwaffe und hat sich bei Kriegsende in einer abenteuerlichen Flucht noch aus Berlin retten können. Ein einziges Mal hat er davon erzählt, wie er in russischer Gefangenschaft war und trotz der Bewachung entkommen ist, und zwar auf einem Floß über die Elbe. Franz war recht begabt und konnte alles mögliche. Er und seine Frau hatten einen schweren Anfang, doch sie haben später auch ein schönes Haus gebaut.

Hans hat zu Anfang des Krieges eine Bauerstochter geheiratet, die kam von einem großen Hof, gut zwei Tage Dreschen. Hans war im Krieg bei den Gebirgsjägern und ist bis in den Kaukasus gekommen. Bei seinem letzten Urlaub, da hat er schon eine Vorahnung gehabt, daß er nicht mehr heimkommen wird; da sagte er nämlich, daß er ins Gras beißen muß, und der Abschied fiel ihm besonders schwer. Seine Ahnung ist wahr geworden. Am 8. Mai ist er in der Steiermark von Partisanen erschossen worden. Wir haben vor einigen Jahren sein Grab besucht und es mit Blumen geschmückt. Es wird von der dortigen Gemeinde gut gepflegt.

Michl ist in amerikanische Gefangenschaft gekommen und wurde nach Amerika gebracht. Die Überfahrt war so stürmisch, daß sogar die Matrosen Angst hatten, das Schiff würde untergehen. Sie kamen aber wohlbehalten in New York an. Da standen am Kai eine Menge Leute, um ihre heimkehrenden Soldaten zu begrüßen, und weil die Gefangenen amerikanische Uniformen trugen, merkten sie zuerst nicht, daß es Deutsche waren. So bekamen die Gefangenen Schokolade und Zigaretten, bis sich auf einmal herumsprach, daß das Nazis waren.

Da hätte man ihnen die Gaben am liebsten wieder weggenommen, aber dazu war es zu spät, die Gefangenen hatten alles gleich gegessen und sich die Zigaretten angesteckt. Dann wurden sie nach Oklahoma in ein großes Lager gebracht. Den meisten ging es gut im Lager, bis die Greueltaten in den Konzentrationslagern bekannt wurden, dann aber wären sie beinahe verhungert. Auf dem Sportplatz wurden die Feldmarkierungen mit Mehl aufgestreut, die Gefangenen aber bekamen kaum etwas zum Essen.

Michl durfte bald wieder zurück und hat dann die Frau seines gefallenen Bruders geheiratet. Die beiden bekamen eine Tochter. Den Hof haben sie ganz neu gebaut, und die Tochter hat später einen tüchtigen Mann geheiratet. Die jungen Leute haben dann einen Musterhof aufgebaut, zu dem heute die Schüler der Landwirtschaftsschule zur Besichtigung kommen.

Meine Schwester hat unsere Hoamat* übernommen, als unser Vater 1949 gestorben ist. Alle Geschwister haben ihr einstimmig den Hof

---

* Heimathof

zugesprochen, weil sie ja während des Krieges mit dem Vater allein gewesen war. Sie hat dann einen Sattler geheiratet und bekam eine Tochter und einen Sohn. Im Laufe der Zeit haben sie und ihr Mann den ganzen Hof neu aufgebaut.

Alfons, der vierte der Brüder, war in Jugoslawien im Krieg, der ist auch nur mit Mühe und viel Glück den Partisanen entkommen. Nach dem Krieg war er in verschiedenen Diensten und hat dann den Entschluß gefaßt, nach Kanada auszuwandern. Weil er kein Facharbeiter war, kam er zu einem Farmer. Dort hatten sie im Winter bei der Waldarbeit wegen der Bären ihre Gewehre bei sich. Den Lohn, den er sich erspart hatte, den haben ihm die Farmerstöchter am Ende noch aus seiner Lagerstatt gestohlen, und mit der Zeit hatte er die Nase voll von Kanada. Da kam er zurück, und eine Bauerstochter, die Erbin eines großen Hofes, hat ihn dann geheiratet. Auch er hat alles neu gebaut, nur das Haus nicht, das steht unter Denkmalschutz, denn es ist ein bäuerliches Holzhaus mit Schnitzereien, wie man es kaum noch findet.

Sepp, der einmal als Bub verschwunden war und den wir alle voller Angst gesucht hatten, weil er im Gras eingeschlafen war, der hat es auch zu was gebracht. Das Mädchen, das er heiratete, übernahm ein kleines Anwesen von ihren Eltern. Da aber ihr beider Einkommen zu gering war, ist der Sepp viele Jahre als Pendler zur Arbeit nach München gefahren, als Maurer, bis auch in unserer Gegend das Bauen anfing. Er hat dann mit seinen drei Söhnen nicht nur das elterliche Anwesen neu gebaut.

Schorsch mußte ganz jung in den Krieg, er hat auch bald schon einen Lungenschuß bekommen und ist im Lazarett in Rußland gestorben. Er hat gar nichts von seinem jungen Leben gehabt.

Der Jüngste nun, bei dessen Geburt unsere Mutter gestorben ist, der ist am weitesten von uns allen weg. Er arbeitet bei einer Tiefbaufirma in Stuttgart. Er hat dort mit seiner Frau auch ein Haus gebaut und ist längst Großvater.

So sind wir armen Kinder von damals alle untergekommen. Ein frommer Pater aus der Nachbarschaft hat immer gesagt, daß uns unsere Mutter auch aus der Ewigkeit nicht im Stich läßt, und so wird es wohl gewesen sein, denn keines der Kinder ist auf Abwege geraten.

Am Allerheiligentag, bei der Totenehrung, da treffen wir uns alle Jahre am Grab unserer Eltern und sind ihnen dankbar, denn sie haben große Opfer für uns Kinder bringen müssen, und besonders schmerzt

Links und unten:
In den sechziger Jahren

Von der Landwirtschaft sind nur Garten und Hühner geblieben.

es uns, daß unsere Mutter so jung, mit nur neununddreißig Jahren, sterben mußte. Die Älteren von uns können diese traurige Stunde nie vergessen, als die Mutter starb und wir jedes einen Finger ihrer Hand hielten.

ALBERT und ich, wir haben es beide schwer gehabt, denn wir waren nichts und haben erst allmählich Anerkennung gefunden, weil wir unser Anwesen aufgebaut haben. Manche Nachbarn sahen das mit neidischen Blicken, und den Neid kann man durch nichts überwinden.

Mein Vater hat immer gesagt, der Neid verzehrt Vieh und Leut. Das ist ein Sprichwort, aus Erfahrung gewonnen, und wir haben es erlebt. Solange es uns schlechtging, war reges Interesse da, aber als es uns endlich gutging, standen wir allein.

Zehn Jahre lang war ich mehr in den Krankenhäusern als daheim, die Ärzte machten mir keine Hoffnung mehr, und der Krankenhausgeistliche, der mich oft besuchte, sagte zu einer Bekannten, heut besuch ich sie wieder, aber die stirbt alleweil. Das habe ich erst nach langer Zeit erfahren. Einmal, bei einem besonders schweren Asthmaanfall, hab ich zum Kreuz an der Wand hinaufgeschaut und gebetet, Himmelvater, hilf, die Kinder brauchen mich noch.

Wenn ich auch nicht mehr ganz gesund geworden bin, heimgekommen bin ich wieder, und von all den Leidensgefährten meiner Krankenzeit lebt niemand mehr.

So kam ich also doch wieder heim und traf am nächsten Vormittag meine Nachbarinnen am Millibankerl, wo die Milch abgeliefert wird zur Abholung an die Molkerei. Das ist nun auch ein Ratschbankerl, bis der Milchtankwagen kommt. Wir hatten damals noch drei Kühe, und da lieferte ich meine Kanne auch an. Auf meinen Gruß habe ich von niemandem eine Antwort erhalten, kein einziges Wort, da bin ich schon recht traurig gewesen, daß ich nun schon ganz abgeschrieben war.

Die Ärzte sagten immer, wir müßten das Vieh abgeben, das Stallklima sei die Ursache meiner Krankheit. So gingen auch die letzten Kühe aus dem Stall, und dann war es ganz still dort.

Ich mußte mir die Milch nun bei einem der anderen drei Höfe holen. Bei meiner nächsten Nachbarin, einer noch jungen Frau, bin ich aber bös abgeblitzt. Wir haben einen Hofraum miteinander, und es war nie etwas zwischen uns, im Gegenteil, ich habe ihr viele Blumen geschenkt oder andere Gefälligkeiten erwiesen, wie das bei Nachbarinnen üblich ist. Da sagte die glattweg, nein, von mir nicht, hättest du doch deine

Kühe behalten. Da mußte ich zum nächsten Nachbarn gehen, der gab mir den Rat, die Milch in der Stadt zu kaufen. Nun war nur noch eine Möglichkeit beim dritten.

Die Frau in diesem Nachbarshof hat mir dann Milch gegeben, soviel ich wollte, und mir gut eingemessen. Sie war ehrlich und hilfsbereit und auch nicht neidisch.

Inzwischen war es 1971 geworden. Wir mußten uns anstrengen, um in der Landwirtschaft mitzuhalten. Jetzt war die Entscheidung, weiterzumachen oder den Betrieb aufzugeben. An einem Freitagnachmittag haben wir uns entschlossen, die Grundstücke zu verpachten.

Ein sehr ehrlicher Nachbar hat alles gepachtet, und mein Mann suchte sich in einem Handwerksbetrieb eine Arbeit. Das war im September. Im Oktober wurde ich wieder schwer krank und mußte nach München ins Krankenhaus. Von dieser Zeit an bin ich nicht mehr richtig gesund geworden. War es zuerst das Herz mit schweren Rhythmusstörungen, so kam dann eine Gallenoperation dazu, schließlich Asthma mit furchtbaren Erstickungsanfällen, so daß ich viele Stunden bewußtlos war. Ich habe alle Todesängste schon mehrmals durchgemacht und keine Angst mehr vor dem Tod, wenn nur die Angst vor dem Ersticken nicht wäre. Noch manche andere Leiden kamen dazu, und in allen Jahren bis 1980 bin ich öfter im Krankenhaus gewesen als daheim.

DAS Vieh war verkauft, die Ställe leer. Mein Mann hat nun gut verdient und die zweite Hälfte des Hauses umgebaut. An den Wochenenden und im Urlaub hat er fleißig daran gearbeitet. Bis der zweite Teil ganz fertig war, sind Jahre vergangen, aber er hat alles selbst gemacht. Nun aber war es an der Zeit, den Kindern ihr Erbteil zukommen zu lassen. Darum haben wir die Grundstücke verkauft und die Kinder ausbezahlt. Mit ihrem Erbe und mit ihrem selbstersparten Geld haben die Kinder, jedes für sich, eine Eigentumswohnung gekauft. Nun bleiben sie für immer in der großen Stadt.

Seit eineinhalb Jahren war ich jetzt nicht mehr im Krankenhaus. Es geht mir besser. Wir haben noch die Hofstelle und einen großen Garten mit allem Gemüse und vielen Blumen rund ums Haus. Das ist meine größte Freude. Jetzt ist mein Wunsch endlich doch in Erfüllung gegangen, den ich seit meiner Kindheit hatte, ich kann mich nun ausschlafen, ich darf schlafen, so lange ich mag.

Mein Mann ist nach zehn Jahren im Betrieb in Rente gegangen. Er hat

„Albert und ich sind beide zufrieden wie nie in unserem Leben."

einen schönen Abschied gehabt, und ich bin dabeigewesen. Der Chef hat ihm einen schweren Zinnteller geschenkt, mein Mann war bei seinen Kollegen beliebt, das habe ich gesehen.

Als wir unser erstes Auto kauften, waren wir die letzten in der Gegend, die eines bekamen. Das hat die Leute oft gewundert, aber wir wollten erst den Betrieb in Ordnung haben als für ein Auto Schulden machen. Noch heute sagen die Leute, daß sie das nicht verstehen können, daß wir die Landwirtschaft aufgegeben haben. Aber es war schon richtig, wir hätten es nicht mehr alleine schaffen können.

An Arbeit fehlt es mir nicht, denn nach den Erdbeeren, da geht das Fruchtsaftmachen an, von den Himbeeren, den Johannisbeeren und später dem Holunder. Im Herbst sind noch die Weintrauben und die Äpfel dran.

Oft fahren wir zu den Kindern nach München, oder sie kommen zu uns. Albert und ich sind beide glücklich und zufrieden wie nie in unserem Leben. Wir schauen zurück auf die vergangene Zeit, und oft habe ich in den letzten Jahren den Wunsch gehabt, meine Geschichte aufzuschreiben. Das habe ich nun getan.

Wenn ich noch einmal zur Welt käme, eine Bäuerin würde ich nicht mehr werden.

DER RUF DER KALAHARI

von Mark und Delia Owens

Weit nach Mitternacht schreckte mich das Geräusch splitternden Holzes aus dem Schlaf. Wir waren bereits dreimal aufgestanden, um die Braunen Hyänen zum Verlassen unseres Camps zu bewegen. Jetzt waren sie wieder da. Schlaftrunken und ziemlich verärgert, sprang ich hoch und trat aus dem Zelt in die Dunkelheit hinaus. Diesmal wollte ich ihnen eine Lektion erteilen.

Ich konnte vor mir eine dunkle Gestalt ausmachen. Armschwingend und leise fluchend, näherte ich mich dem Eindringling bis auf wenige Schritte, stampfte mit dem Fuß auf und brüllte: „Hau endlich ab, verdammt noch mal! Verschwinde ...!" Das Wort blieb mir im Hals stecken. Mit einem Grollen drehte sich eine Löwin um und kauerte sich sprungbereit vor mir auf den Boden ...

Delia Owens

1

Mark: Ankunft in Botsuana

ICH weiß nicht mehr genau, wann Delia und ich beschlossen, nach Afrika zu gehen. Ich vermute, daß wir beide schon immer diesen Wunsch hatten. Denn so weit wir zurückdenken können, haben wir die unberührte Natur gesucht, um in ihr Kraft, Frieden und Einsamkeit zu finden, und schon immer wollten wir sie vor der Zerstörung schützen. Was mich angeht, so kann ich mich noch gut an die Traurigkeit und die Bestürzung erinnern, die mich überkamen, als ich als kleiner Junge von der Spitze einer Windmühle aus mit ansehen mußte, wie mehrere Bulldozer den Wald unserer Farm in Ohio niederwalzten, um Platz für eine neue Autobahn zu schaffen – und wie sich dadurch mein Leben veränderte.

Delia und ich sind uns erstmals während eines zoologischen Praktikums an der Universität von Georgia begegnet, und schon bald hatten wir entdeckt, daß wir dasselbe Ziel hatten. Am Ende des Semesters wußten wir: Wir wollten nach Afrika gehen, und zwar gemeinsam. Der Auslöser war der Vortrag eines Gastprofessors, der über die bedrohliche Situation der afrikanischen Wildnis sprach. Wir erfuhren, daß die afrikanischen Wildtiere bereits zu mehr als zwei Dritteln ausgerottet waren, weil ihr Lebensraum von den großen Farmen und wuchernden Städten immer mehr eingeschränkt wurde, und daß in den südlichen Regionen zum Schutz der Haustierbestände Tausende von Raubtieren abgeschossen, mit Fallen gefangen oder vergiftet wurden. Das war ein aufrüttelnder Bericht.

Wir entschlossen uns, eine afrikanische Raubtierart in einem großen unberührten Gebiet zu erforschen und unsere Forschungsergebnisse in ein Programm zur Erhaltung dieses Ökosystems einzubringen. Vielleicht wollten wir uns aber auch nur selbst davon überzeugen, daß es eine solche Wildnis noch gab.

Da wir unsere Doktorarbeiten noch nicht abgeschlossen hatten, war uns klar, daß wir kaum auf ein Stipendium einer Naturschutzorganisation hoffen konnten. Wir beschlossen deshalb, uns eine Zeitlang von der Universität beurlauben zu lassen, um das Geld zur Finanzierung der geplanten Expedition zu verdienen. Sobald wir ein geeignetes Forschungsgelände gefunden und mit unseren Feldstudien begonnen hätten, würde uns bestimmt irgend jemand die Mittel zur Fortsetzung der Arbeit zur Verfügung stellen.

Nach halbjähriger Lehrtätigkeit hatten wir nichts gespart. Ich wechselte den Beruf und bediente fortan die Zerkleinerungsmaschine eines Steinbruchs, während Delia alle möglichen Gelegenheitsarbeiten annahm. Nach weiteren sechs Monaten hatten wir viertausendneunhundert Dollar beisammen sowie genügend Geld für die Flugtickets nach Johannesburg in Südafrika. Das reichte bei weitem nicht für den Aufbau eines Forschungsprojekts. Aber es war Ende 1973, und die Araber hatten soeben den Erdölhahn zugedreht; die Preise stiegen rasant. Wir mußten jetzt fahren – oder überhaupt nicht.

In dem verzweifelten Versuch, genügend Geld zusammenzukratzen, packten wir all unsere Habseligkeiten – Stereoanlage, Radio, Fernseher, Angelgerät, Töpfe und Pfannen – in unseren kleinen Kombi und fuhren eines Morgens zum Steinbruch, kurz bevor die Männer von der Nachtschicht nach Hause gingen. Ich stellte mich auf das Autodach und versteigerte den ganzen Kram, einschließlich des Wagens, für eintausendeinhundert Dollar.

Am 4. Januar 1974, ein Jahr nach unserer Hochzeit, bestiegen wir ein Flugzeug mit zwei Rucksäcken, zwei Schlafsäcken, einem kleinen Zweimannzelt, einem Kocher, einer Kamera, einer Wechselgarnitur Kleidung für jeden und sechstausend Dollar. Das war unser ganzes Startkapital.

Die Erde drehte sich langsam unter uns, während das Flugzeug der Dämmerung über Afrika entgegenstrebte und das Morgengrauen durchquerte. Endlich setzte es auf dem Asphalt der Landebahn auf und spuckte nahe einer dunstverhangenen Stadt seine Passagiere aus. Zollbeamte in kurzen Hosen und kurzärmeligen weißen Hemden mit imposanten schwarzen Epauletten schrien Befehle und schwenkten Papiere. Wir füllten lange Formulare und Fragebogen aus, warteten in der überfüllten Ankunftshalle und starrten durch doppelt gesicherte Gitter.

Als nächstes folgte ein kürzerer Flug in einem kleineren Flugzeug, und danach ging es mit dem Zug weiter. Kilometerweit erstreckte sich eine Dornbuschlandschaft, die eintönig wie das „Klicketiklack“ der Waggonräder im einsetzenden Dunkel vorüberflog.

Mit quietschenden Bremsen kam der Zug schließlich zum Stehen. Wir schulterten unsere Rucksäcke und betraten den sandbedeckten Bahnsteig, eingehüllt von der tiefschwarzen afrikanischen Nacht. Hinter uns setzte sich die Diesellok rumpelnd wieder in Bewegung. Ein schmutziges Schild unter einer trüben gelben Lampe trug die Aufschrift: GABORONE BOTSUANA.

Die stumme Dunkelheit schien uns zu verschlucken. Allein in einem fremden Land, um zwei Uhr am Morgen, mit zuwenig Geld, wurde uns plötzlich das ganze Ausmaß unseres Wagnisses bewußt. Wir brauchten einen Geländewagen mit Vierradantrieb, mußten ein geeignetes Gebiet finden und so viel solide Forschungsarbeit leisten, daß wir ein Stipendium ergattern konnten. Doch wir waren völlig erschöpft von der Reise, und ehe wir uns Gedanken über all das machen konnten, brauchten wir vor allem Schlaf.

Auf der anderen Seite der staubigen Straße, die vom Bahnhof wegführte, pendelte eine schwache Glühbirne über der altersschwachen Lattentür des Gaborone-Hotels – eines windschiefen Gebäudes, von dessen Wänden die Farbe abblätterte. Die Zimmer kosteten acht Dollar pro Nacht, mehr, als wir uns leisten konnten.

Als wir schon weitergehen wollten, winkte uns der alte Nachtportier zu sich heran. Im Schein einer flackernden Kerze führte er uns durch die kahle Hotelhalle in einen kleinen Hinterhof, der überwuchert war von Unkraut und Dornensträuchern. Wir nickten dankbar, und drei Minuten später hatten wir unser kleines Zelt aufgestellt und waren in die Schlafsäcke gekrochen.

Am nächsten Morgen machten wir uns auf den Weg in Richtung der Stadt Gaborone, der Hauptstadt von Botsuana. Architektonisch ist die Stadt ein Zwitter: Eine breite Straße mit kleinen Läden und ein paar dreistöckigen Amtsgebäuden westlichen Zuschnitts zieht sich durch eine Anhäufung von Lehmhütten, die hier *Rondavels* genannt werden. In den staubigen Gassen wimmelt es von europäisch gekleideten Afrikanern und Europäern in afrikanischer Batik.

Es ist eine faszinierende Mischung verschiedener Kulturen, doch in Gaborone läßt man sich viel Zeit, und so saßen wir zwei Monate nach unserer Ankunft noch immer hier fest. Tag für Tag zogen wir von einer

Regierungsstelle zur anderen, um eine Aufenthalts- und Forschungsgenehmigung zu erhalten und um uns mit Leuten zu besprechen, die vielleicht ein Terrain kannten, in dem das Verhalten der Wildtiere noch nicht durch menschliche Siedlungen beeinträchtigt war.

Aus allen Berichten ging hervor, daß die geeignetsten Gebiete für Forschungen, wie wir sie anstellen wollten, in den abgeschiedenen Regionen Nordbotsuanas lagen, doch kein Vertreter der Wildschutzbehörde war jemals in dieser unzugänglichen Gegend gewesen. Ohne jemanden, der uns dorthin führen konnte, erschien uns das Unternehmen noch gefährlicher und schwieriger, als wir ohnehin vermutet hatten. Zudem war das gesamte nördliche Drittel des Landes nach den schwersten Regenfällen seit Menschengedenken überschwemmt.

Eines unserer vordringlichsten Probleme war, unter den vielen zerbeulten Allradwagen, die durch die Stadt ratterten, ein Fahrzeug für uns zu finden. Das Beste, was wir uns leisten konnten, war ein alter Landrover aus dritter Hand mit zerbeulter Karosserie und düsterem grauem Anstrich. Wir erstanden die „Graugans" für tausend Rand – tausendfünfhundert Dollar –, überholten den Motor, installierten einen Reservetank und bauten auf der Ladefläche flache Vorratsbehälter ein. Sie würden uns, bedeckt mit einer Schaumstoffmatte, auch als Bett dienen.

Jetzt war es bereits Anfang März 1974. Wir besaßen nur noch dreitausendachthundert Dollar; davon mußten wir eintausendfünfhundert Dollar zurücklegen, um die Heimreise bezahlen zu können, wenn es mit einem Stipendium nicht klappen sollte. Jede Verzögerung bedeutete verlorene Zeit für die Forschung. Ungeachtet der Warnungen, daß wir nicht bis in die Nordregion durchkommen würden, verließen wir also eines Tages Gaborone und fuhren hinaus in die wellige Dornbuschsavanne.

Einige Kilometer außerhalb der Stadt ließen wir mit einem knochenerschütternden Stoß die einzige geteerte Straße Botsuanas hinter uns. Tief befriedigt sog ich den Duft des wilden Afrikas ein. Das Gefühl der Freiheit und Erleichterung war fast wie ein Rausch, und ich streckte den Arm aus, um Delia an mich zu ziehen. Sie lächelte mir zu – ein Lächeln, das die ganze Spannung wegwischte, die sich in den langen frustrierenden Vorbereitungswochen angestaut hatte.

Unser Bestimmungsort, das Dorf Maun, lag mehr als siebenhundertzwanzig Kilometer weit im Norden. Es gab nur eine einzige schmale

Kiespiste in diesem Gebiet, die wegen der Überschwemmung seit Wochen nicht mehr befahren worden war. Als wir mit einer Geschwindigkeit von fünfzehn bis fünfundzwanzig Stundenkilometern nordwärts krochen, wurde die Savanne immer feuchter, bis wir schließlich durch tiefen schwarzen Schlamm mahlten.

Ganze Straßenabschnitte waren völlig weggespült. Immer wieder sank unsere „Graugans" bis zur Bodenplatte ein. Wir befreiten den Wagen mit Hilfe eines großen Wagenhebers und packten Steine und Äste unter die Räder. Doch nach wenigen Metern versanken wir wieder bis zu den Achsen im Schlamm. Abends hockten wir dann an einem Schlammloch und wuschen die Lehmkruste von Gesicht, Armen und Beinen ab, immer im Kampf mit den Moskitos, die uns dicht umschwärmten. Danach schliefen wir auf den Vorratsbehältern im Laderaum.

Am Morgen waren wir wieder auf Achse. Leicht benommen vor Erschöpfung, arbeiteten wir uns voran, sanken ein, gruben den Wagen wieder aus und fuhren weiter. An manchen Tagen legten wir nur wenige Kilometer zurück. Doch wir durften nicht aufgeben. Wir hatten das dumpfe Gefühl, daß wir, wenn wir es nicht einmal bis Maun schafften, auch bei unseren Forschungen versagen würden.

Elf Tage nachdem wir Gaborone verlassen hatten, standen wir hohlwangig und schmutzbedeckt auf der Brücke, die über den Thamalakanefluß führt. An seinen Ufern liegt Maun, ein Dorf aus Schilf- und Strohhütten, Eseln und Sand.

Delias Augen waren gerötet, ihr Gesicht und ihr Haar mit grauem Schmutz besprenkelt. Ihre Hände trugen tiefe Kratzspuren von den Steinen, die wir unter den Wagen schieben mußten, wenn er im Schlamm steckengeblieben war. Aber sie strahlte und stieß einen trotzigen Siegesruf aus. Wir hatten es geschafft!

Auf Sandwegen fuhren wir zwischen den *Rondavels* zur Firma Riley, einem großen umzäunten Anwesen, zu dem eine Autowerkstatt, ein Kaufhaus, ein Hotel und eine Bar gehörten. Dort kauften wir Benzin und ein paar Vorräte: Fett, Weizenmehl, Maismehl und Zucker. Verderbliche Lebensmittel wie Milch, Brot und Käse gibt es in Nordbotsuana nicht, und selbst die Grundnahrungsmittel waren knapp geworden, weil die Lieferwagen seit Wochen ausgeblieben waren. Die Dorfbewohner hungerten. Wir mieden die Blicke der bettelnden Kinder, weil es uns peinlich war, daß wir ihnen nichts geben konnten, obwohl wir im Vergleich zu ihnen wohlhabend waren.

Die Beamten der Wildschutzbehörde in Gaborone hatten uns empfohlen, uns bei Berufsjägern nach einem geeigneten Gelände für unsere Forschungsarbeit zu erkundigen. Einer der Namen, die wir in unser Tagebuch gekritzelt hatten, lautete Lionel Palmer. Lionel war hier wohlbekannt, man konnte uns sofort den Weg zu ihm beschreiben. Wir fuhren über unbefestigte Sandpisten, bis wir, etwa acht Kilometer nördlich des Dorfes, Palmers Behausung am Fluß entdeckten. Über dem Strom hingen mächtige Feigenbäume, überwuchert von orangefarbener, roter und gelber Bougainvillea. Rotaugenbülbüls, Grautokos, Wiedehopfe und ungezählte andere Vögel flatterten im Wipfeldach über dem Garten umher.

Lionel Palmer, ein braungebrannter Mann mit graumeliertem dunklem Haar, trug ausgebeulte Jeans, ein Cowboyhemd und ein großes buntes Halstuch. Er schlenderte auf uns zu, ein Glas Whisky in der Hand. Als ältester und erfahrenster Berufsjäger in der ganzen Gegend genoß er in Maun beträchtliches Ansehen.

Als wir zusammen auf der Terrasse saßen, mit Blick auf den Fluß, schlug Lionel ein paar Gebiete in Nordbotsuana vor, die von der Überschwemmung einigermaßen verschont geblieben waren und in denen die Raubtiere noch unbehelligt von Menschen lebten. Eines dieser Gebiete, die Makgadikgadi-Pfannen, ist eine weite unberührte Buschwildnis, die sich mehr als hundertsechzig Kilometer von Maun entfernt im Südosten erstreckt. Die Pfannen sind die Überbleibsel eines riesigen Binnensees, der vor ungefähr sechzehntausend Jahren ausgetrocknet ist.

„Fahren Sie auf der Straße nach Nata etwa hundertfünfzig Kilometer in östlicher Richtung, und suchen Sie dann eine Palme mit abgebrochener Spitze. Dort halten Sie Ausschau nach einer alten Piste, die von der Hauptroute nach Süden abzweigt. Da steht zwar kein Schild, aber dort beginnt das Reservat. Eine verrufene Gegend, meilenweit nichts als verdammtes Afrika."

Zwei Tage später fanden wir bei einer abgebrochenen Palme eine kaum noch erkennbare Fahrrinne, bogen von der Hauptstraße ab und ließen alle Spuren der Zivilisation hinter uns. Jetzt hatten wir das Gefühl, mitten in Afrika zu sein, in jenem echten Afrika, von dem wir schon immer geträumt hatten. Angesichts der unermeßlichen weglosen Savannenlandschaft mit ihren verstreuten, einzelnstehenden Bäumen kamen wir uns winzig und verwundbar vor.

Etwa fünfzig Kilometer südlich der Hauptstraße endete die Piste am Rand einer weiten Ebene. Delia notierte die Kompaßpeilung, die Kilometerzahl und das Aussehen eines einsamen Baumes, den wir vermutlich wiedererkennen würden. Ohne Karte oder Reiseführer und mit nur sechzig Litern Wasser und denkbar knappem Lebensmittelvorrat begannen wir die Durchquerung des Makgadikgadi-Reservats.

An diesem heißen Tag schafften wir durch das hohe Savannengras nur noch fünf Kilometer. Das Vorderteil der „Graugans" verschwand allmählich unter einem dicken beweglichen Teppich aus Grassamen und Insekten, bis von den Scheinwerfern und der Kühlerhaube nichts mehr zu sehen war. Jeden halben Kilometer mußten wir den Kühlergrill sauberfegen und den kochenden Kühler mit kaltem Wasser übergießen.

Am späten Vormittag des zweiten Tages erreichten wir eine gewaltige Ansammlung von tellerförmigen Salzpfannen, durchsetzt mit halbmondähnlichen Grasflächen, kümmerlichen Waldstücken und Andeutungen von Palmeninseln. Einige Pfannen enthielten brackiges, ungenießbares Wasser; andere waren mit einer dünnen Salzkruste bedeckt.

„Fahren Sie auf keinen Fall über diese Pfannen!" hatte Lionel uns gewarnt. „Die Salzkruste sieht stabil aus, ist es aber nicht, vor allem nicht nach dem vielen Regen der letzten Zeit. Drunter ist nichts als Gott weiß wie tiefer Schlamm."

Während ich um diese großen unregelmäßigen Vertiefungen herumkurvte, skizzierte Delia unsere zurückgelegte Route, und sie trug in regelmäßigen Abständen die Kompaßwerte und Entfernungsangaben ein, so daß wir wieder zu unserem „einsamen Baum" zurückfinden konnten.

Mir wurde schmerzlich bewußt, daß wir kaum eine Chance hätten, lebend aus der Makgadikgadi herauszukommen, wenn unsere „Graugans" uns im Stich lassen sollte. Ich traute meinen bescheidenen technischen Kenntnissen nicht so recht, und wir hatten uns nicht alle die Ersatzteile leisten können, die man eigentlich auf einer solchen Expedition mitnehmen sollte. Außerdem wußte kein Mensch, wann oder wo man uns zurückerwarten konnte.

AM SPÄTEN Nachmittag des vierten Tages bestiegen wir eine sanfte Bodenerhebung. Ich ging voraus. Plötzlich blieb ich stehen. „Mein Gott! Schau doch nur!" Soweit wir sehen konnten, war die Ebene vor uns bevölkert von Zebras und Weißbartgnus, die im Umkreis einer großen Wasserstelle friedlich grasten. Kämpfende Zebrahengste traktierten einander mit Bissen und Hufschlägen. Einzelne Gnus warfen den Kopf hoch, vollführten Bocksprünge und stießen Warnlaute aus. Mir kribbelte es auf der Haut beim Anblick dieses Schauspiels. Allein dieses Erlebnis, dieser Blick auf das, was Afrika einmal war, entschädigte uns für die Monate im Steinbruch und für das Verscherbeln all unserer Besitztümer. Stundenlang schauten wir den Tieren zu. Wir zeichneten alles auf, was wir sahen – wie sich die Herden vermischten und bewegten, wie viele Tiere tranken, wie viele miteinander kämpften –, als wollten wir damit anzeigen, daß unsere Forschungsarbeit begonnen hatte. Wir schlugen das Lager unweit der Hügelkuppe auf, damit wir die Geparden oder Löwen beobachten konnten, die bei den Herden auf Beute ausgingen. Als es dafür zu dunkel wurde, zogen wir uns in den Wagen zurück, erhitzten über der Kerosinlampe eine Büchse mit Würstchen und erörterten die Errichtung einer Forschungsstation im Makgadikgadi-Gebiet.

Wir beobachteten die Herden auch den ganzen nächsten Tag bis zum Abend. Dann kehrten wir in die Wirklichkeit zurück: Unser Wasservorrat ging zur Neige. Begierig, endlich einmal solide Feldforschung zu betreiben, nahmen wir nur widerwillig Abschied von den Zebras und Gnus. Indem wir uns an die schematische Zeichnung hielten, in die Delia unseren östlichen Kurs eingetragen hatte, wollten wir in genau entgegengesetzter Richtung den „einsamen Baum“ erreichen und dann westwärts zum etwa zwanzig Kilometer entfernten Botetifluß fahren, um uns mit Wasser zu versorgen.

Zwei Tage lang verfolgten wir den Weg zurück, doch irgendwo kamen wir von der Route ab. Eine große Salzpfanne, die uns fremd vorkam – eine blendendweiße Senke, die mehr als eineinhalb Kilometer breit war und sich kilometerweit von Norden nach Süden erstreckte –, versperrte uns den Weg. Wir stiegen auf das Dach des Landrovers und sondierten die Landschaft mit dem Feldstecher, konnten aber keine Möglichkeit entdecken, die Pfanne zu umfahren.

Ich beschloß, die Festigkeit der Oberfläche zu prüfen, und ließ die Vorderräder langsam auf die Salzschicht rollen: Die Kruste hielt stand. Dann brachte ich das ganze Gewicht des Wagens auf die Oberfläche, die so hart wie eine Betondecke war. Also schlugen wir Lionels Warnungen in den Wind und entschlossen uns zur Überfahrt.

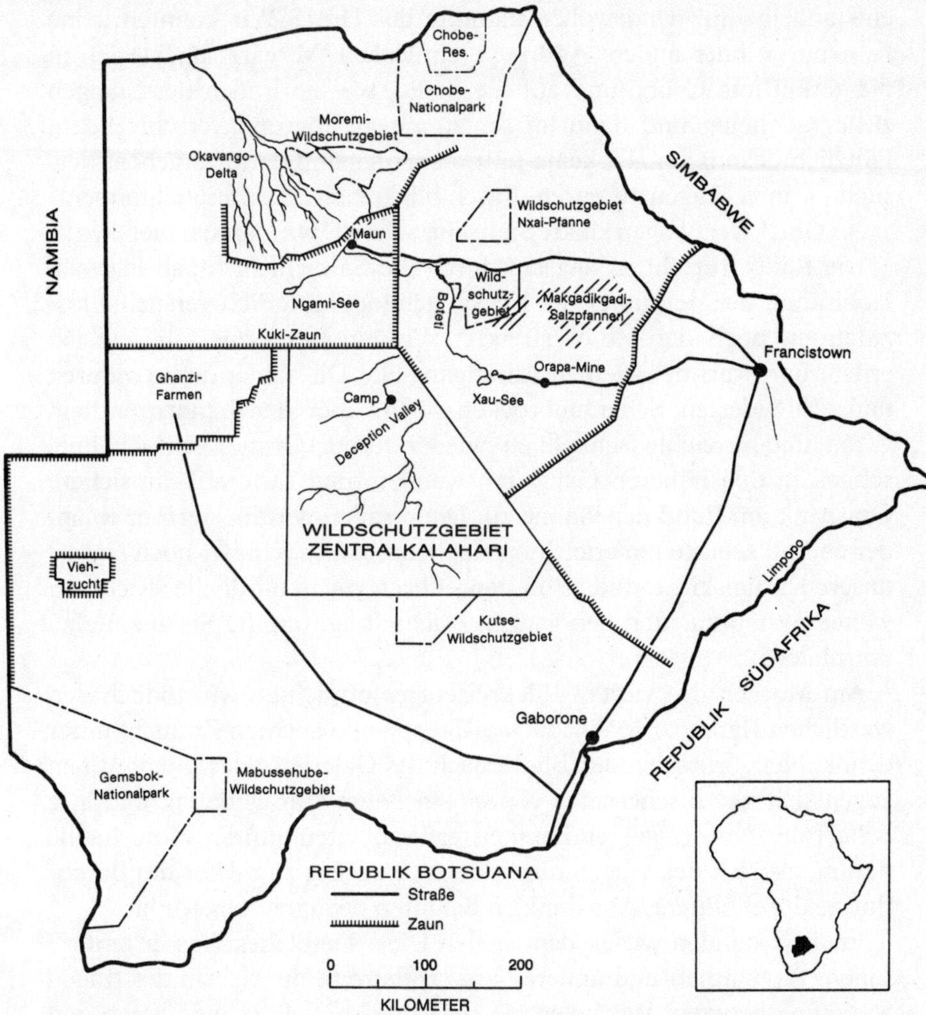

Ich suchte die weiße Kruste vor mir nach dunklen Flecken ab, die darauf hindeuteten, daß die Salzpfanne dort nicht vollständig ausgetrocknet war. Es war, als führe ich auf einem Billardtisch umher, und ich begann mich zu entspannen. Dann, ungefähr hundert Meter vom Rand entfernt, erblickten wir einige Holzbretter und Stangen, die aus einer Mulde emporragten. Wir stiegen aus, um die graue, zerborstene Oberfläche zu untersuchen. Wodurch konnte eine solche Vertiefung entstanden sein? Und woher stammte das Holz? Wir konnten keine Fahrspuren oder andere Abdrücke entdecken. Verwirrt blickte ich in die zerklüftete Grube und auf die Stelle, wo die Enden der Stangen zusammenliefen und dann im schlammigen Abgrund verschwanden. Plötzlich bekam ich fast keine Luft mehr: Jemand hatte vergebens versucht, seinen Wagen zu retten. Rasch blickte ich zu unserem hinüber.

„O Gott! Der Wagen sinkt! Steig ein, schnell, wir müssen hier weg!"

Die Räder rutschten langsam durch die Salzschicht hinab in einen Hohlraum, der sich unter der Kruste gebildet hatte. Ich versuchte loszufahren, doch der Motor streikte. Wie ein Besessener startete ich erneut und warf den kleinen Allradgang ein. Die Räder drehten durch und schleuderten Schlammbrocken hoch, aber der Landrover kam voran und erreichte schließlich wieder festen Grund. Ich schaltete schnell in den höheren Gang um, wendete und raste auf die sichere Grasbank am Rand der Pfanne zu. Dann saßen wir da, starrten einander an und schüttelten erleichtert den Kopf. Nachdem wir noch einmal unsere Kartenskizze studiert hatten, fuhren wir in nördlicher Richtung weiter. Wir brauchten den ganzen Nachmittag, um die Salzpfanne zu umrunden.

Am Morgen des vierten Rückreisetages erreichten wir endlich den westlichen Rand der Makgadikgadi-Steppe und suchten Zuflucht unter dem kühlen, erfrischenden Blätterdach des Galeriewaldes. Spinnweben zogen sich wie Fischernetze von einem Baum zum anderen, und ihre behaarten schwarz-gelben Baumeister krabbelten auf der Motorhaube herum, als sich der Wagen durch tiefen Sand bis zum Ufer des Botetiflusses durchpflügte. Aus dunklen Schatten beäugten uns Kudus.

Endlich standen wir an dem steilen Ufer. Tiefblaues Wasser umfloß Lilien, Hyazinthen und andere Wasserpflanzen, die sich in der trägen Strömung beugten. Wir liefen die steil abfallende Böschung hinab und stürzten uns in das kühle Wasser.

Als wir nach dem Schwimmen das Ufer hochkletterten, sahen wir etwas Rotes im Gras liegen. Es war ein Zweihundertliterfaß – ein toller Fund! Wir hatten in Maun ein solches Faß gesucht, aber nicht bekommen. Wenn wir den Behälter mit Wasser füllten und auf dem Dach des Landrovers befestigten, konnten wir die Suche nach einem entlegenen Forschungsterrain erheblich ausdehnen.

Vier Tage später standen wir wieder auf unserem „Zebrahügel", doch die Tausende von Zebras und Gnus, die wir vor einer Woche gesehen hatten, waren verschwunden. Wir fuhren stundenlang kreuz und quer herum, ohne ein einziges Tier zu entdecken. Und wo Beute fehlte, waren auch schwerlich Löwen und Geparden oder andere Raubtiere anzutreffen.

Deprimiert kehrten wir nach Maun zurück, um uns dort neue Vorräte und neuen Rat zu holen.

In den folgenden Wochen unternahmen wir Erkundungsfahrten zur Nxai-Pfanne, zum Savuti-Sumpf und zu anderen Gegenden im Umkreis des Okavango-Deltas, aber diese Gebiete waren immer noch weitgehend überschwemmt.

Mit jeder erfolglosen Sondierungsfahrt und jeder neuen Vorratsbeschaffung schrumpfte unser Betriebskapital zusammen. Wieder war es der Jäger Lionel Palmer, der uns schließlich den Vorschlag machte: „Warum probiert ihr es nicht in der Kalahari? Vom Flugzeug aus habe ich dort ein Gebiet gesehen, das Deception Valley heißt ..., dort waren jede Menge Wildtiere. Ich habe da natürlich nie gejagt, weil die Gegend mitten im Reservat liegt."

Auf der Karte von Botsuana konnten wir sofort erkennen, daß das Wildschutzgebiet Zentral-Kalahari eines der größten Reservate der Welt ist – mehr als dreiundachtzigtausend Quadratkilometer unverfälschte, unwegsame Wildnis. Und die Wildnis endete nicht an den Reservatsgrenzen, sondern erstreckte sich in alle Richtungen noch rund hundertfünfzig Kilometer weiter, unterbrochen nur durch vereinzelte Viehweiden oder kleine Dörfer. Lionel zufolge gab es in der gesamten Region, die größer ist als Irland, keine einzige Straße, kein einziges Bauwerk, kein Wasser und keinerlei Menschen außer ein paar Gruppen Buschmänner. Das Gebiet war noch völlig unerschlossen, und die Regierung von Botsuana verwehrte Besuchern den Zutritt. Folglich hatte man dort auch noch keine Wildtierforschung betrieben. Das war genau das, was wir suchten.

Wir beschlossen, die Wildschutzbehörde nicht von unserem Vorhaben zu unterrichten. Sie hätte uns vermutlich die Genehmigung verweigert, in einer derart abgelegenen Region zu arbeiten. Man würde schon früh genug von unserem Standort erfahren.

Wir beluden die „Graugans" mit Treibstoff und Vorräten, zurrten unser rotes Wasserfaß auf dem Dach fest und brachen in Richtung Kalahari auf, um das Deception Valley zu suchen. Es war inzwischen Ende April 1974 geworden. Etwa fünfzehn Kilometer östlich von Maun stießen wir auf eine Piste, die nach Süden zur Samadupe-Furt am Botetifluß führte. Wir hielten bei der Furt an, um ein letztes Mal zu schwimmen, und ich schnitt Delia das schulterlange Haar ab; für die Haarwäsche würden wir in der Wüste zuviel Wasser brauchen. Ihre langen Strähnen fielen ins Wasser, wirbelten herum und trieben mit der Strömung davon. Einen Augenblick lang konnte ich das Abbild ihres lachenden Gesichts im Wasserspiegel erkennen – so hatte sie dreingeschaut, als ich sie zum ersten Mal sah. Nun ging es los durch die Savanne, entlang unscheinbarer Fahrrinnen, die manchmal abrupt endeten.

Am nächsten Morgen stießen wir schon früh auf einen Zaun – verwitterte Pfosten und fünf Drähte. Er versperrte unseren Weg und verlief schnurgerade von Norden nach Süden, so weit das Auge reichte. Wir wandten uns nach Süden, und Stunden später war die Absperrung noch immer neben uns. Damals ärgerte sie uns nur, doch später sollte uns ihr Anblick mit Haß erfüllen.

Wir schliefen in dieser Nacht neben dem Zaun. Als die Reifen am anderen Morgen wieder durch den Sand mahlten, klebten unsere schweißnassen Rücken am Sitz, und wir waren bedeckt mit einer Schicht aus Staub und Grassamen. Unerwartet hörte der Zaun auf: vor uns nichts als Sand, Dornensträucher, Gras und Hitze. Wir fuhren jetzt über die Grassavanne und über vereinzelte niedrige Sandhügel, die mit saftiggrünen Büschen und Baumgruppen bestanden waren.

Es war unmöglich, unsere Position zu bestimmen. Wir sahen uns die Landkarte an und errechneten die Entfernung von Maun. Dann fuhren wir in Richtung Westen weiter. Wir wollten noch ungefähr dreißig Kilometer zurücklegen. Wenn wir dann das Deception Valley nicht gefunden hatten, waren wir gezwungen, nach Maun zurückzukehren.

Siebenundzwanzig ..., achtundzwanzig ..., neunundzwanzig ... Gerade, als wir schon alle Hoffnung aufgeben wollten, erreichten wir den Kamm einer großen Düne. Unter uns lagen die sanft abfallenden Hänge und offenen Ebenen von Deception Valley, einem alten versteinerten Flußtal, das sich durch bewaldete Sanddünen schlängelte. Herden von Springböcken, Spießböcken und Kuhantilopen weideten friedlich auf dem grasbewachsenen Flußbett. Der blaue Himmel war übersät mit weißen Wölkchen. Das Tal war genau so, wie wir es erhofft hatten. Wir schrieben den 2. Mai 1974. Vor fast fünf Monaten hatten wir die Vereinigten Staaten verlassen, und nun hatten wir unseren Platz in

Afrika gefunden – unsere Heimat für die nächsten sieben Jahre, wie sich herausstellen sollte.

Der sanfte Dünenhang geleitete uns in das Tal. Wir durchfuhren das trockene Flußbett, doch die Springböcke hoben kaum die Köpfe aus dem Gras, als wir an ihnen vorbeikamen. Am westlichen Uferrand entdeckten wir eine alleinstehende Akazienbaumgruppe, die uns Unterschlupf und einen weiten Ausblick gewähren würde. Das würde ein idealer Lagerplatz sein.

Wir brauchten nicht lange, um unser erstes Basislager aufzuschlagen. Da wir keine andere Unterkunft als unser winziges Zelt besaßen, entschlossen wir uns, die Nächte vorerst in unserer „Graugans" zu verbringen.

Delia machte Feuer und brühte Tee auf, während ich unser altes rotes Faß ablud und unter den Akazienbaum rollte. Es enthielt das einzige Wasser in einem Tausende von Quadratkilometern großen Gebiet.

2

Mark: Wasser

EINE fast vollkommene Stille umfing mich, als ich die Augen aufmachte und zum Dach des Landrovers emporstarrte. Wo war ich? Der Morgen, unser erster Morgen im Deception Valley, stieg hinter den Dünen empor.

Afrika erwachte. Eine Taube gurrte auf der Akazie, ein Schakal klagte mit tremolierender Stimme, und von ferne mischte sich das dumpfe, beharrliche Gebrüll eines Löwen ein. Neben mir begann Delia sich zu regen. Ein Grunzen und Schnauben drang von außen herein – aus nächster Nähe. Behutsam richteten wir uns beide auf und lugten durch die Scheiben. Unmittelbar vor unserem Wagen erblickten wir eine Herde von mindestens dreitausend Springböcken, kleinen Gazellen mit nach innen gedrehten Hörnern. Ihr Gesicht trug eine kühne Zeichnung aus weißen und schwarzen Streifen. Einige Tiere waren nur fünfzehn Schritte entfernt. Ein paar junge Weibchen blickten uns aus dunklen Augen an, doch die meisten Tiere grasten, ohne uns zu beachten.

Wir hatten unseren Garten Eden gefunden. Doch wir wollten auf keinen Fall die komplexen Lebensvorgänge stören, die um uns her abliefen. Vielleicht gelang es, uns unbemerkt in dem ausgetrockneten Flußtal einzunisten und seine Schätze kennenzulernen, ohne sie zu beschädigen.

Als ich gerade etwas sagen wollte, zeigte Delia nach Osten. Ein Schabrackenschakal mit einem verschlagenen Fuchsgesicht und einem schwarzen Sattel auf dem Rücken trabte auf unsere Bauminsel zu und begann das ausgebrannte Lagerfeuer zu beschnuppern. Unbekümmert ging er auf einen Blechbecher zu, den wir neben dem Aschenhaufen vergessen hatten, packte ihn mit den Zähnen und stülpte ihn sich über die Nase. Er blickte nach rechts und links und trottete gemächlich davon.

Tausendfacher Hufschlag ließ die Luft erzittern. Die Springbockherde galoppierte nach Süden. Ich nahm die Ferngläser, und wir sprangen aus dem Wagen in das hohe, feuchte Gras. Acht Wildhunde verfolgten die Herde. Als sie auf der Höhe unseres Camps waren, steuerten zwei von ihnen direkt auf uns zu. Delia riß schnell wieder die Hecktür des Landrovers auf, doch da blieben die Wildhunde, deren goldenschwarz gesprenkeltes Fell taufeucht schimmerte, knapp fünf Meter vor uns stehen. Wir rührten uns nicht; mehrere Sekunden vergingen, in denen die Tiere sich uns entgegenreckten, mit zuckenden Nüstern und aufgerichtetem buschigem Schwanz. Dann kamen sie mit erhobener Schnauze näher, behutsam eine Pfote vor die andere setzend. Schließlich verharrten sie kaum mehr als eine Armlänge von uns entfernt.

Ein Grollen stieg tief aus der Kehle des einen Tieres auf; sein Körper bebte, und seine schwarzen Nüstern waren weit geöffnet. Dann fuhren beide herum und rannten davon, um sich wieder ihrem Rudel anzuschließen.

Wir zogen uns rasch an, starteten den Wagen und folgten den Wildhunden. Das Rudel spaltete die Springbockherde in drei kleine Gruppen und begann sie reihum zu hetzen. Der Rudelführer erspähte einen Jährling, der offenbar verwundet war. Nach kilometerlanger Verfolgungsjagd packte der Räuber den gut vierzig Kilogramm schweren Bock hoch oben am Hinterlauf und zerrte ihn zu Boden. Acht Minuten später war von ihm nichts mehr übrig, und die Hunde trotteten in den Schatten einer Baumgruppe, wo sie den Rest des Tages verschliefen. Das sollte nicht unsere letzte Begegnung mit „Bandit“ und seinem Rudel sein.

Ins Camp zurückgekehrt, rollten wir unsere Schlafsäcke zusammen, holten etwas Milchpulver und Haferflocken aus dem Vorratsbehälter und spülten die Mischung mit einem Schluck Wasser hinunter. Nach dem Frühstück brachen wir im Landrover auf, um das ausgetrocknete Flußbett zu erkunden.

Das Deception Valley ist das Überbleibsel eines alten Flußlaufs, der bis vor ungefähr sechzehntausend Jahren die Kalahari durchzog, zu einer Zeit also, in der die Regenfälle sehr viel ergiebiger waren als heutzutage. Das alte Flußbett ist erstaunlich gut erhalten, ein schmales, grasbewachsenes Band, das sich durch die Dünen windet. Als wir hindurchfuhren, konnten wir uns mühelos vorstellen, daß hier, wo sich jetzt das Gras im Wind wiegte, einmal Wasser geflossen war.

Weil die Zentral-Kalahari häufig mehr als fünfundzwanzig Zentimeter Regen pro Jahr abbekommt, ist sie keine echte Wüste. In manchen Jahren übersteigt die Niederschlagsmenge fünfzig Zentimeter, und dann verwandelt sich das Land in ein verzaubertes grünes Paradies.

Aber die ganze Feuchtigkeit geht schnell wieder verloren; sie verdunstet und wird vom Sand und der Vegetation absorbiert. Und zuweilen regnet es mehrere Jahre lang kaum. Somit entsteht nur selten ein Wasserüberschuß, es gibt keine verborgenen Quellen, keine stehenden Gewässer. In dieser Hinsicht ist die Kalahari einzigartig, eine Halbwüste ohne Oasen. Sie kennt keine Jahreszeiten, wie wir sie gewohnt sind. Statt dessen lassen sich drei Phasen unterscheiden: die Regenzeit, die irgendwann zwischen November und Januar beginnt und bis März, April oder Mai dauert, anschließend eine kalt-trockene Periode von Juni bis Ende August und dann eine heiß-trockene Saison von September bis zum Einsetzen der Regenfälle. Wir trafen nach der Regenzeit und vor der kalt-trockenen Periode im Deception Valley ein.

Schon auf unserer ersten Rundfahrt begannen wir damit, auffälligen Landmarken Namen zu geben. Die Gruppen der Akazien- und Jujubenbäume glichen kleinen runden Inseln im „Grasfluß". Schon bald trugen alle hervorstechenden Merkmale der Landschaft Namen wie: „Adlerinsel", „Bauminsel", „Buschinsel", „Akazienpunkt" und „Löweninsel".

Das Deception Valley war offensichtlich ein ideales Gebiet für unsere Raubtierforschung. Im Unterschied zur Makgadikgadi-Steppe war der Lebensraum des versteinerten Flusses ein besonderer Anziehungspunkt für Beutetierpopulationen in Gestalt von Antilopenherden.

Angesichts unserer knappen Geldmittel wollten wir uns hauptsächlich auf eine Tierart konzentrieren, die verhältnismäßig leicht zu beobachten war, damit wir nicht, um sie aufzuspüren, endlos in der Gegend herumfahren und dabei viel kostbaren Sprit verschwenden mußten. Außerdem sollte es ein Tier sein, über das nur wenig bekannt war, denn dadurch würde unser Forschungsvorhaben attraktiver für potentielle Geldgeber.

Um uns die Wahl zu erleichtern, sammelten wir alle Informationen über die Raubtierarten, die wir vorfanden: Löwen, Schakale, Geparden und Hyänenhunde. Dabei machten wir eine Entdeckung, die unsere Forschungsarbeit in den nächsten Jahren bestimmen sollte: In der Kalahari gehört die Nacht den Raubtieren.

SCHWARZVIOLETT und dunkler als die Nacht erhoben sich die sanften Dünen neben dem alten Flußbett. Die Sterne funkelten am Himmel, und Meteore schossen durch die Atmosphäre. Unten im dürren und bräunlichen Gras spiegelte sich das Licht des Firmaments, als ob der Fluß wieder sein altes Bett durchströmte.

Ich stellte den Motor ab, und der Suchscheinwerfer bohrte sich in die Dunkelheit. Tausende von Augen leuchteten auf wie Phosphorkugeln. Es waren die Augen der ruhenden Springböcke, deren leicht gebogene Hörner und weiße Gesichter über dem Gras auftauchten. Ich schwenkte den Scheinwerfer zu einem Baum hinüber. Ein anderes, größeres Auge starrte wie eine schimmernde Murmel aus dem Wipfel: Eine Giraffe äste Akazienblätter ab.

Schon bald konnten wir in der Nacht die verschiedenen Tierarten an der Farbe und Bewegung des Augenwiderscheins und an der Höhe der Augen über dem Gras erkennen. Schakalaugen leuchteten gelb und hüpften dicht über den Grasspitzen dahin. Die Augen eines Löwen waren ebenfalls gelb, aber größer und höher über dem Erdboden.

Als wir eines Nachts von einer Exkursion heimkehrten, versuchten wir mit Hilfe des Scheinwerfers die verschwommenen Umrisse unseres Camps auszumachen. Plötzlich spiegelten sich Augen im Licht, wie wir sie noch nie gesehen hatten: smaragdgrün und weit auseinanderstehend. Eine dunkle bärenähnliche Gestalt, bedeckt mit langem Haar, bewegte sich auf allen vieren durch den Rand des Lichtkegels. Sie hatte eine stattliche Schulterhöhe und einen großen, fast quadratischen Schädel, doch das Hinterteil wirkte klein, wie gestaucht, und trug einen langen, buschigen Schwanz. Das Tier strebte eilig von uns fort und schien wie ein düsteres, zottiges Gespenst über die Savanne dahinzugleiten. Dann war es verschwunden.

Im Camp blätterten wir eifrig in unserem Bestimmungsbuch. Erdwolf? Tüpfelhyäne? Erdferkel? Keine Beschreibung oder Abbildung schien zu passen, aber nach den Körperproportionen war es eindeutig eine Hyäne. Wir entschieden schließlich, daß es nur die Art *Hyaena brunnea* gewesen sein konnte, eine Braune Hyäne, auch Schabrackenhyäne oder Strandwolf genannt, eines der seltensten und unbekanntesten Raubtiere der Welt.

Was für ein Glück! Da hatten wir also eine vom Aussterben bedrohte Art, die noch nie zuvor in ihrem natürlichen Umfeld erforscht worden war. Alles, was wir über sie in Erfahrung bringen konnten, würde ein Beitrag zur Wissenschaft und zur Erhaltung seltener und gefährdeter Tierarten sein. Es war das ideale Tier für unser Forschungsunternehmen.

Jede Nacht nach Einbruch der Dämmerung durchkämmten wir das Tal mit dem Wagen und hielten Ausschau nach Braunen Hyänen. Stundenlang schwenkte ich den Scheinwerfer hin und her, während wir langsam umherfuhren. Es war frustrierend. Schakale und Löffelhunde, Trappen, Kronenkiebitze und Falbkatzen fanden sich überall im dichten Gras. Hin und wieder entdeckten wir auch weit auseinanderstehende smaragdgrüne Augen, aber sie tauchten stets nur in der Randzone des Lichtkegels auf und verschwanden schnell in der Dunkelheit.

Ende Mai kehrten wir eines frühen Morgens nach langer vergeblicher Hyänensuche zum Camp zurück. Neben der Feuerstelle stand ein Schakal, der seine Schnauze tief in unseren schwarzen Kochtopf steckte. Die dreisten gelben Augen lugten über den Topfrand zu uns herüber, und aus dem Schnurrbart tropfte Fett. Der Schakal leckte in aller Gemütsruhe den Topf sauber und trottete lässig davon. Als er in die Morgendämmerung eintauchte, erkannten wir ihn an dem schwarzen, ankerförmigen Schwanzfleck: Es war „Captain“, ein großes, breitbrüstiges Männchen, das wir des öfteren sahen. Er hatte einen Sattel aus pechschwarzem, silbern durchwirktem Haar und einen fülligen, buschigen Schwanz.

Einige Nächte danach warteten wir in der Nähe eines Spießbockkadavers. Wir hofften, eine Braune Hyäne würde sich einfinden, um sich am Aas zu bedienen. Um halb vier Uhr überließ ich Delia die „Hyänenwache“, schlüpfte neben dem Landrover in meinen Schlafsack und benutzte mein Hemd als Kopfkissen. Ich war gerade fest eingeschlafen, als mein Kopf plötzlich hart auf den Boden schlug. Ich richtete mich auf und tastete nach meiner Taschenlampe. Wenige Schritte hinter mir sauste ein Schakal davon und schleppte das Hemd hinter sich her. „He! Laß das fallen!" Ich war halb belustigt, halb verärgert und auch nur zur Hälfte wach. Hastig strampelte ich mich aus dem Schlafsack und suchte im Gras nach meinen Schuhen. Sie waren ebenfalls weg – und auch später nicht wieder auffindbar. Captain, der Piratenschakal, hatte wieder einmal zugeschlagen.

Beim Frühstück kam Delia und mir gleichzeitig derselbe Gedanke. Warum sollten wir uns nicht, während wir jede Nacht umherkreuzten und auf die scheuen Braunen Hyänen warteten, soviel wie möglich mit den Schakalen beschäftigen? Sie waren noch nie in einem Gebiet wie der Kalahari studiert worden, also mußte alles, was wir über sie erfuhren, neu sein.

Bei Sonnenuntergang stellten wir fortan den Wagen auf dem Gepardenhügel ab, einer strauchbestandenen Sandkuppe, die sich nördlich des Camps in das Flußbett vorschob. Versehen mit Fernglas, Schreibzeug und einer Büchse Corned beef, saßen wir dann, jeder in einem Reservereifen, auf dem Dachgepäckträger des Landrovers und beobachteten, wie das Nachtleben im Deception Valley begann.

Irgendwann vor Anbruch der Nacht erhob sich Captain gewöhnlich von seinem Lieblingslagerplatz in der Nähe des Nordbaums, streckte die Schnauze himmelwärts und rief seinen Schakalnachbarn etwas zu. Dann lauschte er mit aufgestellten Ohren den hohen Tremolorufen, die ihm aus dem ganzen Tal antworteten. Er kratzte sich, schüttelte seinen dicken Pelz, und nachdem er sich ausgiebig gestreckt hatte, rannte er los. Vom Gepardenhügel aus ermittelten wir seinen Kurs, dann folgten wir ihm. Ich steuerte den Wagen, und Delia machte sich Notizen über sein Verhalten.

Als wir eines Nachts Anfang Juni, kurz nach dem Schuhdiebstahl, hinter Captain herfuhren, nahm er plötzlich die Verfolgung eines jungen Steinböckchens auf. Es gelang uns, ihn während einer langen Verfolgungsjagd, bei der er mehrere vollständige Kreise beschrieb, im Auge zu behalten, bis er schließlich verschwand. Die Laterne, die wir über dem Camp an einem Ast aufgehängt hatten und die uns in der Dunkelheit heimleuchten sollte, war nicht mehr auszumachen. Captain hatte uns aus dem uns vertrauten Abschnitt des Flußtals herausgelockt, und er hatte seine Richtung so oft gewechselt, daß uns unsere Kompaßweisungen nicht mehr weiterhalfen. Wir hatten uns verirrt.

Da wir nur noch einen Liter Wasser hatten, konnten wir es nicht wagen, uns womöglich noch weiter vom Camp zu entfernen. Also machten wir Station für die Nacht.

Am nächsten Morgen erblickten wir vom Wagendach aus den Nordbaum am Flußufer, der uns den Heimweg wies. An diesem Tag beschloß ich, das rote Faß anzuzapfen und einen Kanister mit Wasser zu füllen, den wir von nun an immer mit uns führen wollten. Seit Wochen hatte es nicht mehr geregnet. Der Himmel war wolkenlos, und jeden Tag trocknete die Savanne mehr aus.

Mit einem Schraubenschlüssel, einem leeren Kanister und einem Schlauchstück ging ich zum roten Faß. Ich begann den Verschluß aufzuschrauben. Aus dem Faß drang ein hohles Geräusch.

Das durfte doch nicht wahr sein! Ich ließ den Schraubenschlüssel fallen und stieß gegen das Faß. Es fiel um und rollte zur Seite: leer! Von unserem Wasservorrat war nicht mehr übriggeblieben als ein feuchter Fleck im Sand.

„Delia! In dem verdammten Faß ist kein Wasser mehr!“ Ich beugte mich nieder und inspizierte den durchgerosteten Boden. Dann versetzte ich dem verfluchten Ding einen Fußtritt. Zum Botetifluß war es fast eine ganze Tagesreise durch Hitze, Sand und Dornbuschland. Wir hatten weniger als einen Liter Wasser im Wagen, und wir brauchten sehr viel mehr, nur um den Motor zu kühlen. Falls der sein Leben aushauchte, saßen wir in der Patsche. Wie hatte ich nur so dumm sein können! Ich dachte, wir hätten reichlich Wasser – doch ich hätte regelmäßig nachsehen müssen! Wir starrten auf den feuchten Sandfleck.

„Wir müssen heute nacht fahren, wenn die Luft kälter ist. Dann brauchen wir nicht so viel Wasser für den Kühler“, sagte ich und nahm Delia in die Arme.

Am Nachmittag stiegen wir in den Landrover. Ich drehte den Zündschlüssel, immer wieder. „Mach schon, du altes Miststück!“ Doch nichts als ein müdes Klicken war die Antwort. Ich sprang aus dem Wagen und riß die Motorhaube auf. „Probier's noch mal!“ rief ich Delia zu und horchte in den Motor hinein, um festzustellen, was ihm fehlte. Das Klicken, das von einer toten Batterie herrührte, verwandelte sich in ein lauteres, unheilvolleres Knirschen – ein Zeichen dafür, daß es diesmal ernst war.

Es war schon dunkel, als ich feststellte, daß der Anlasser kaputt war. Sein Drehkranz war in das Schwungradgehäuse gefallen und blockierte den Motor. Ich fand ein Stück Draht und bog es am Ende zu einem Haken. Wir krochen beide unter den Wagen. Delia hielt die Taschenlampe, während ich den Draht in das Gehäuse einführte und mich am Schwungrad vorbeitastete. Doch ich spürte nichts Ungewöhnliches und konnte nur raten, wo die Maschine klemmte.

Wenn wir hier noch einmal lebend herauskommen wollten, mußte der Anlasserkranz entfernt werden. Wir hatten beide Durst, doch keiner trank. Den Rest der Nacht brachte ich damit zu, aus dem Drahtende verschiedene Haken zu formen und damit im Gehäuse herumzustochern, während Delia die Lampe hielt.

Die Sonne war bereits aufgegangen, als ich ein Klappern hörte. Ich stürzte zur Handkurbel und drehte den Motor durch – er lief rund! Wir wollten uns bis zum Abend ausruhen und dann losfahren.

Dieser Zwischenfall machte uns bewußt, daß der Aufenthalt in einem so entlegenen Gebiet eigentlich eine Unmöglichkeit war. Auch wenn wir die Fahrt zum Fluß zurück schafften – wie lange würde es bis zur nächsten kritischen Situation dauern? Die nackte Wahrheit war, daß wir einfach nicht genug Geld hatten, um in einer solchen Gegend Forschungen zu betreiben. Das war eine bittere Erkenntnis. Zwei Jahre hatten wir geplant und gearbeitet, um genug Geld für die Expedition zusammenzubringen, fünf Monate lang hatten wir uns in Afrika umgesehen und informiert, und das alles schien nun wie unser Wasser im Sand zu versickern. Obwohl wir erst seit gut einem Monat in der Kalahari waren, hatten wir bereits eine tiefe Zuneigung zu diesem alten Flußbett und seinen Tieren gefaßt.

Wir stocherten in unserem tristen Frühstück herum. Es bestand aus Bohnen, die wir in den letzten sechzehn Tagen dreimal täglich gegessen hatten. Dann begannen wir unsere wenigen Habseligkeiten auf den Wagen zu laden. Da riß uns das Aufheulen eines Motors jäh aus unserer Apathie. Ein grün-weiß gestrichener Landrover raste den Dünenhang herab und zog einen langen Schweif aus Staub hinter sich her. Wir standen da und sahen zu, wie er näher kam, und konnten es nicht fassen, daß es noch einen zweiten Wagen in dieser Gegend geben sollte. Ein sommersprossiger Mann mit gerötetem Gesicht sprang vom Fahrersitz. Er trug sackförmige Shorts, Kniestrümpfe und ein Strickhemd, das über dem rundlichen Bauch spannte. Sein schütteres graumeliertes

Die Weite der Kalahari

Der Schakal Captain entgeht knapp den Zähnen der Braunen Hyäne Star.

Haar war glatt auf dem sonnenverbrannten Schädel zurückgekämmt, und in seinen zusammengekniffenen Augen stand ein Lächeln.

„Hallo! Ich heiße Berghoffer, Bergie Berghoffer. Sie können Bergie zu mir sagen. In Maun wurde mir erzählt, daß ihr beide irgendwo hier draußen steckt, und als ich ein paar Kilometer weiter südlich auf Reifenspuren stieß, habe ich mir gedacht, daß die nur von euch stammen können." Während er hinten in seinem Landrover herumwühlte, rief er uns über die Schulter zu: „Ich vermute, ihr könnt einiges brauchen." Er holte ein paar braune Kartons mit Ziegenfleisch, einen Eimer Maismehl, in dem Eier vergraben waren – damit sie kühl blieben und nicht zerbrechen konnten –, sowie Kartoffeln und Kaffee hervor. Als wir ihm danken wollten, hob er abwehrend die Hände und sagte augenzwinkernd: „Es ist mir ein Vergnügen ... Ich bin selber ein halber Yankee, wissen Sie."

Wie wir später erfuhren, streifte Bergie seit dreiundzwanzig Jahren in der Kalahari umher, während er für das Landvermessungsamt von Botsuana Probebohrungen nach Mineralvorkommen machte. Er führte ein Nomadenleben und zog von einer Region zur anderen, meist weit außerhalb des Reservats. „Ich erzähle wohl besser niemandem davon, daß ich hier draußen etwas anderes als Tiere getroffen habe", meinte er verschmitzt. „Ich bin nämlich verdammt froh, daß endlich jemand hier ist, um die Wildtiere zu studieren. Das hat bis jetzt noch keiner getan, wissen Sie. Die Kalahari braucht jemanden, der sich für sie einsetzt."

„Es tut mir leid, wir würden Ihnen gern Tee oder Kaffee anbieten", entschuldigte ich mich. „Aber wir haben ein Problem." Ich zeigte ihm das leere Faß und erklärte ihm, daß wir zum Fluß und dann weiter nach Maun fahren wollten und daß wir nicht mehr zum Deception Valley zurückkehren könnten.

„Ach, das tut mir aber leid ..., das ist wirklich eine üble Geschichte." Er ließ seinen Blick über das Flußbett schweifen und seufzte. „Ich sage euch was." Sein Gesicht hellte sich auf. „Ihr nehmt das, nur damit ihr sicher hinkommt." Damit hievte er einen Wasserkanister aus seinem Landrover. „Und jetzt hätte ich gern eine Tasse Kaffee, wenn es Ihnen nichts ausmacht, Gnädigste!"

Trotz unserer Proteste wollte Bergie das restliche Wasser nicht mitnehmen, das ihm die sichere Rückkehr zu seinem Camp garantierte. Er hatte kaum seinen Kaffee ausgetrunken, als er mir die Hand entgegenstreckte. „Auf Wiedersehen, Mark, Wiedersehen, Delia. Ich muß mich auf die Socken machen. Bis bald.“ Dann war er fort, und sein Landrover verschwand hinter der östlichen Düne.

Bergies Großzügigkeit hatte uns mit mehr als genug Wasser versorgt, um bis zum Fluß zu kommen – oder sogar bis Maun. Wir beschlossen, noch eine Nacht im Tal zu bleiben. Der Abschied fiel uns schwer, und außerdem waren wir noch ganz erledigt von den Strapazen der letzten Nacht.

Eine knappe Stunde bevor wir Deception Valley am nächsten Morgen für immer verlassen wollten, war Bergie wieder da, diesmal mit einem großen Lastwagen und mit seiner Bohrmannschaft, die aus acht Eingeborenen bestand. Sie entluden einen Klapptisch, zwei Stühle, einen Feuerrost, einen Gasherd plus Gasflasche, ein kleines Küchenzelt, vier Wasserfässer und etwas Benzin. Bergie glich einem Hexenmeister. Er wedelte mit den Armen und brüllte seinen Leuten Befehle zu, und wie von Zauberhand entstand vor unseren Augen ein richtiges kleines Camp.

Ehe wir begriffen hatten, was hier vorging, war Bergie schon wieder verschwunden. Durch seine tatkräftige Hilfe, seine unglaubliche Menschenfreundlichkeit hatte er es uns ermöglicht zu bleiben. Somit hatten wir kostbare Zeit gewonnen, in der wir uns um mehr Forschungsergebnisse für ein Stipendium bemühen konnten.

Zwei Wochen später war Bergie mit einem neuen Wasservorrat wieder zur Stelle. Während Delia Kaffee kochte, nahm er mich beim Arm und führte mich zu seinem Wagen. „Nun hören Sie mal, junger Mann. Wenn Sie Delia hier in der Kalahari bei sich behalten wollen, müssen Sie sie ein bißchen verwöhnen. Jede Frau braucht mal ein warmes Bad!“ Er drehte sich um und zog eine Blechbadewanne von der Ladefläche. „Und hat sie überhaupt einen Spiegel?“ Er langte durch das Wagenfenster und brachte einen Spiegel zum Vorschein. Als Delia diese Präsente erblickte, konnte ich von ihrem Gesicht ablesen, daß Bergie recht gehabt hatte.

Sein Camp war so weit entfernt, daß wir ihn nur selten sahen, aber er besaß ein untrügliches Gespür für den Zeitpunkt, an dem sein Besuch am dringendsten gebraucht wurde. Manchmal blieb er wochenlang weg, doch wenn uns das Wasser auszugehen drohte, tauchte er auf, und jedesmal wieder mit Geschenken wie Fleisch, Eiern und Kartoffeln.

Eines Tages fuhr er mit uns nach Süden durch das Tal, weiter, als wir es bis dahin erkundet hatten. Schließlich hielten wir auf einer Düne, unter der sich eine große, kreisrunde Lehmpfanne erstreckte. Ihr schiefergrauer Boden sah so aus, als wäre er mit Wasser bedeckt. Die Illusion war dermaßen perfekt, daß wir in späteren Jahren Zugvögel beobachten konnten, die sich in der Trockenzeit zu diesem „Wasserspiegel“ hingezogen fühlten. Bergie erzählte uns, die Buschmänner hätten das Tal nach dieser Pfanne benannt, mit einem Wort, das in ihrer Sprache soviel wie *Deception*, Täuschung, bedeute. Außerdem komme der Name daher, daß jemand, der durch das Tal wandere, bei jeder Biegung den Eindruck habe, es sei die letzte. Unter uns schlängelte sich das alte Flußbett jenseits der „echten Täuschungspfanne“, wie wir sie oft nannten, endlos weiter durch die Kalahari.

„Bis hierher bin ich gekommen und keinen Schritt weiter“, sagte Bergie, „was vor uns liegt, weiß kein Mensch.“ Lange sprach keiner von uns. Wir lauschten dem Wind, der im Gras sang, und schauten über die unermeßliche Wildnis hinweg. „Wissen Sie“, meinte Bergie, „es gibt nur eines, wovor ich hier draußen Angst habe, nämlich vor einem Feuer.“

3

Mark: Feuer

IM JULI, als wir die ersten drei Monate im Deception Valley hinter uns hatten, hatte die Sonne der Trockenzeit die Pflanzen in Stroh verwandelt und das Stroh in Zunder.

„Gras Nummer 27: Wurzel 9,2 cm; trockene Blätter 57,2 cm; grüne Blätter 14,3 cm …“ Den ganzen Vormitttag waren wir schon damit beschäftigt, die Artenzusammensetzung der Gräser- und Kräutergesellschaften zu ermitteln. Als ich mich aufrichtete, um meine verkrampften Muskeln zu entspannen, bemerkte ich eine seltsame graue Wolke, die am östlichen Horizont emporstieg und langsam nach Süden trieb. Weit weg – wie weit, konnten wir nicht erkennen – stand die Kalahari in Flammen.

Wir verfolgten weiterhin Nacht für Nacht Captain und die anderen Schakale, doch stets hatten wir das unheimliche Leuchten am östlichen Horizont vor Augen. Noch immer lag so viel Savanne zwischen dem Feuer und unserem Camp, daß es mehrere Wochen dauern mußte, bis es uns erreichte. Bis es soweit war, mußten wir uns einen Plan ausdenken, um das Lager zu schützen.

Die Julinächte waren bitterkalt. Wir hatten nicht mit Temperaturen gerechnet, die tagsüber auf zwanzig Grad Celsius stiegen und kurz vor Einbruch der Dämmerung auf minus zehn Grad abfielen. Wir benutzten Socken als Handschuhe und hüllten uns in die Schlafsäcke. Dennoch konnten wir es höchstens drei bis vier Stunden im Wagen aushalten und mußten dann so schnell wie möglich zum Lagerfeuer zurückkehren.

Anfangs sahen für uns alle Schakale gleich aus, vor allem in der Nacht. Also beschlossen wir, einige Tiere mit einem Identifizierungskragen zu versehen. In einer sehr kalten Julinacht gelang es uns, einen Schakal mit einem Betäubungsgewehr, das wir von einem Tierarzt in Maun geschenkt bekommen hatten, zu narkotisieren. Wegen der Gefahr der Unterkühlung trugen wir ihn, nachdem wir ihm den Kragen umgelegt hatten, behutsam ins Camp, wo er sich am warmen Lagerfeuer erholte. Danach bewachten wir ihn vom Landrover aus, um ihn vor größeren Raubtieren zu schützen.

Die Stunden verstrichen. Ich hockte hinter dem Steuer, zitternd vor Kälte, und richtete nur ab und zu den Scheinwerfer auf den Schakal, um die Batterie zu schonen.

Es war ungefähr halb vier, und ein Blick zeigte mir, daß sich unser Opfer prächtig erholte. Nachdem ich das Licht ausgeschaltet hatte, blies ich in die Hände, um sie aufzuwärmen. Doch dann zwang mich etwas, noch einmal hinzuschauen. Ich knipste den Scheinwerfer wieder an und erblickte sieben Löwen, die sich über den Schakal beugten.

Aufgeschreckt durch das Scheinwerferlicht, sprangen die zwei Weibchen und die fünf halbwüchsigen Löwen zurück und machten kehrt. Doch wenige Sekunden später kamen sie wieder und fixierten ihre Beute.

Ich startete und raste am Zelt vorbei, in dem Delia schlief. Die Löwinnen ignorierten den Lärm des Autos und schritten mit gesenktem Kopf und heftig zuckendem Schwanz auf den Schakal zu.

Ich steuerte den Landrover schnell zwischen ihn und die Löwen. Die Raubtiere wollten um den Wagen herumgehen, doch ich versperrte ihnen den Weg, drängte sie ab und bugsierte sie im Schrittempo auf die „Westprärie“ zu, wie wir das Grasland hinter dem Camp nannten. Indem ich das Lenkrad nach links und rechts drehte und mit der Stoßstange dicht hinter ihnen blieb, konnte ich sie in die gewünschte Richtung treiben.

Ich befand mich etwa vierhundert Meter westlich des Camps, als im Rückspiegel ein schwaches Leuchten aufblinkte. Es dauerte ein paar Sekunden, bis mir klar wurde, daß es aus dem Küchenzelt kam.

Als das Motorengeräusch sie aufweckte, glaubte Delia, ich führe hinter dem Schakal her. Doch bald darauf vernahm sie schwere Schritte vor dem Zelt. Dann spürte sie einen starken Luftzug an den Füßen. Langsam hob sie den Kopf. Im Rahmen des Eingangs – die Türklappe besaß keine Reißverschlüsse mehr – erblickte sie die massigen Köpfe von zwei männlichen Löwen, die sich über ihre Zehen beugten.

Sie bewegte ihre Füße. Die Löwen erstarrten. Sie hörte, wie der Landrover sich weiter entfernte. Behutsam tastete sie nach der Taschenlampe, die neben ihr auf dem Boden lag. Die Löwen rührten sich nicht und schienen sogar zu atmen aufgehört zu haben. Delia richtete die Lampe auf das Plastikfenster über ihrem Kopf und knipste sie an – in der Stille klang das Geräusch wie ein Gewehrschuß.

Die Löwen regten sich nicht. An – aus, an – aus, an – aus. Immer wieder gab sie Lichtsignale. Eine Weile später atmete sie tief und langsam aus, als sie das Aufheulen des Motors hörte.

Als ich mich unserer Bauminsel näherte, fiel mir nichts Ungewöhnliches auf. Ich fuhr um das Zelt herum und trat heftig auf die Bremse: Zwei schwarzmähnige Löwen standen Schulter an Schulter im Eingang!

Ich mußte etwas unternehmen, um die Löwen abzulenken, ohne sie zu irritieren. Langsam fuhr ich auf sie zu. Sie blieben wie angewurzelt im Zelteingang stehen, wandten sich jedoch mit runden Augen, aufgestellten Ohren und peitschendem Schwanz zum Wagen um. Zumindest richtete sich nun ihre Aufmerksamkeit auf mich und nicht mehr auf Delia, doch sie wichen nicht von der Stelle. Ich hielt an. Sie setzten sich auf die Hinterhand und wandten sich wieder Delia zu. Ich ließ die Kupplung kommen und fuhr wieder an. Diesmal streckte ich den Kopf aus dem Fenster und schlug auf die Seitenwand des Landrovers. Als ich ganz dicht vor ihnen war, drehten sie endlich ab und schritten in Richtung der Weibchen davon. Außerhalb des Lagers begannen sie zu brüllen, und auf das Crescendo ihrer Stimmen antworteten die Löwinnen aus der Buschsavanne. Der Schakal hatte im allgemeinen Trubel entkommen können.

Ich schlüpfte schnell ins Zelt zu Delia. Halb erschrocken und halb fasziniert, schilderte sie mir das soeben durchlittene Wechselbad der Gefühle und barg dann den Kopf an meiner Brust.

EINIGE Nächte danach verfolgten wir einen unserer markierten Schakale, als sich der Himmel im Osten plötzlich feuerrot überzog. Drei Wochen waren seit dem Tag vergangen, an dem wir den Steppenbrand zum ersten Mal bemerkt hatten. Seitdem hatte er sich ausgedehnt und zu einer orangeroten Korona gesteigert, die sich über den ganzen Horizont von Norden nach Süden erstreckte. „Mark, das Feuer ist ganz nahe! Wir müssen zum Camp zurück und alles zusammenpacken!" drängte Delia. Ich meinte hingegen, daß der Brand noch immer ziemlich weit entfernt sei, aber Delia blieb hartnäckig, und so gab ich schließlich ihren Bitten nach und wendete.

Noch bevor ich den Landrover richtig zum Stehen gebracht hatte, sprang Delia von ihrem Sitz und begann alles, was sie ziehen oder tragen konnte, zum Wagen zu schleppen. Ich versuchte, ihr gut zuzureden: „Schau, Schatz, das Feuer kommt nicht in den nächsten Minuten über die Dünen gerast."

„Woher willst du das wissen?" gab sie zurück, während sie sich mit einem schweren Zwiebelsack abmühte. „Du hast noch nie einen Flächenbrand in der Kalahari oder sonstwo erlebt!"

Ich redete ihr weiter gut zu, doch sie ließ sich nicht aufhalten. Der Berg von Vorräten auf dem Landrover wurde von Minute zu Minute höher.

Wütend begann ich die Sachen aus dem Seitenfenster hinauszuwerfen, sobald Delia sie hinten auftürmte. Gerade hatte ich im Dunkeln den Zwiebelsack wieder an einen Ast gehängt, als das Küchenzelt halb in sich zusammenfiel. Delia zerrte an dem Stangengewirr herum wie ein Karnickel in einem Möhrenbeet.

„Was hast du denn jetzt vor?" schimpfte ich.

„Ich verstaue das Zelt auf dem Landrover."

Ich ging zum Wagen hinüber und schob den ganzen Kram von der Ladefläche auf den Boden. „Schluß jetzt!" brüllte ich. „Wir sollten lieber was Konstruktives tun – zum Beispiel eine Feuersperre rings um das Camp legen."

Ich band einen umgestürzten Baum an das Heck des Landrovers. Nachdem ich ein paarmal um das Lager gefahren war, hatte ich in das hohe Gras eine Schneise gewalzt. Als ich damit fertig war, begann ich unser Bett im Wagen herzurichten.

„Was machst du da?“ fragte Delia, die hinter mir stand.

„Ich lege mich schlafen. Meinetwegen kannst du die ganze Nacht auf das Feuer aufpassen.“

Sehr viel später kroch sie, zerknirscht und steif vor Kälte, in ihren Schlafsack und kuschelte sich an mich. Ich legte einen Arm um sie und schlief wieder ein.

Am Vormittag sahen wir Bergies Lastwagen, der das Lager ansteuerte. „Was soll das alles?“ fragte er lachend und musterte unser aufgelöstes Camp.

Wir erkundigten uns nach dem herannahenden Steppenbrand.

„Na ja, ich vermute, ihr werdet wohl noch ein Weilchen überleben.“ Er grinste. „Das Feuer ist immer noch fünfzig Kilometer weit weg. Bei mir ist es vorgestern vorbeigekommen.“

Delia warf mir einen Blick zu und lächelte schwach. „Wie ist es überhaupt entstanden?“ wollte ich wissen.

„Die verflixten Buschmänner legen jedes Jahr solche Feuer. Sie können besser jagen und Fährten lesen, wenn das dichte Gras abgebrannt ist. Doch die Buschmänner sind nicht allein schuld. Auch die Safarijäger setzen die Savanne in Brand.“

Er ging zum Heck seines Lastwagens. „Ich habe ein paar Sachen übrig, die ihr vielleicht brauchen könnt.“ Er stellte einen Jutesack mit Ziegenfleisch, Eiern und Maismehl neben das Küchenzelt. Unsere Wasserfässer füllten wir bis zum Rand aus den Fässern auf seinem Lastwagen. Delia kochte Kaffee.

Nach dem letzten Schluck stand Bergie auf. „Ich habe Urlaub. Werde wohl nach Johannesburg fahren und meine Tochter und ihre Familie besuchen. In etwa zehn Tagen bin ich wieder da. Mit dem Feuer werdet ihr schon fertig. Es wird jede Nacht sehr viel kleiner, und so braucht es noch ein paar Wochen bis hierher.“

Wir baten ihn, nach seiner Rückkehr einige Tage bei uns zu bleiben. „In Ordnung – ich komme gleich herüber, wenn ich wieder im Land bin“, versprach er und verabschiedete sich.

Zwei Wochen vergingen, aber Bergie war noch immer nicht dagewesen. War er krank geworden? Hatte sich sein Wagen auf der Fahrt zu uns überschlagen? Wir redeten uns ein, er habe sich doch etwas länger als vorgesehen in Johannesburg aufgehalten.

EINIGE Tage später, Anfang August, öffnete ich die Hecktür des Landrovers und kroch aus dem Bett. Die kränklich wirkende Sonne tauchte das Flußbett in ein schwaches, fahles Licht. Die Vögel schwiegen. Das zu Asche gewordene Überbleibsel eines Grashalms legte sich auf meinen Handrücken.

Alles ringsum war wie mit schwarzem Schnee bedeckt. Im Osten stieg in breiter Front ein brodelnder Rauchschleier himmelwärts. Das Feuer hatte uns schon fast erreicht.

In aller Eile packte ich Töpfe, Pfannen, Mehlsäcke und alles andere, was sonst noch hineinpaßte, in den Landrover, während Delia das Zelt zusammenlegte. Abgesehen von unserer persönlichen Sicherheit und dem Schicksal der Tiere, machten wir uns am meisten Sorgen um unsere wissenschaftlichen Aufzeichnungen und um den Landrover. Ich band den Baumstamm noch einmal an den Wagen und zog ihn um das Lager, um die Feuerschneise zu verbreitern. Mit Spaten und Axt räumten wir soviel Gras und dürres Holz wie möglich beiseite.

Der Vormittag schleppte sich dahin, der Wind wurde stärker, das Getöse des Feuers lauter. Am späten Nachmittag erreichten die vom Wüstensturm angefachten Flammen den Kamm der Ostdüne. Sie hielten einen Augenblick inne, beleckten die hohen Gräser und die unteren Zweige eines Baumes, sprangen dann in den Wipfel und verwandelten den Baum in eine zehn Meter hohe Fackel. Eine geschlossene Feuerfront schob sich durch den lichten Wald vor. Ganze Bäume explodierten wie Feuerwerkskörper.

Als die Flammen im Flußbett anlangten, einen knappen Kilometer vom Lager entfernt, wanden sie sich als Feuerwalze mit zwei bis drei Meter hohen Stichflammen durch das Tal. Die Schneise um das Camp war viel zu schmal!

Wiederum zog ich den Baumstamm durch das Gelände, diesmal in großen Achterschleifen. Als die Flammen bis auf zweihundert Meter herangekommen waren, lief ich zum Rand der Schneise und kniete nieder, um ein Gegenfeuer zu entzünden. Doch es war schon zu spät. Das Gegenfeuer konnte sich gegen den starken Wind nicht schnell genug entwickeln. Ich sprintete zum Wagen und fuhr mit dem Stamm im Schlepp dicht vor der Feuersbrunst entlang. Wenn es mir gelingen sollte, die Wucht des Feuers zu brechen, konnten wir es vielleicht mit unserem Gegenfeuer rund um das Camp leiten.

Ich machte unmittelbar vor den Flammen mehrere Ausfälle. An einer

Stelle, wo sich das Feuer im plattgewalzten Gras ein wenig verlangsamt hatte, fuhr ich direkt in das Flammenmeer hinein. Nach etwa fünfzig Schritt kehrte ich um und schaute zurück. Es funktionierte! In der Feuerfront entstanden Lücken, und die Flammen drangen jetzt langsamer vor.

Ich wendete und machte einen neuen Vorstoß, dann noch einen. Als ich kehrtmachte, lief Delia schreiend auf mich zu. Ihr Gesicht war kreideweiß. „Mark! Der Wagen steht in Flammen! Spring heraus, bevor er explodiert!" Ich blickte nach hinten. Der Baumstamm, das Seil und das Chassis hatten Feuer gefangen.

Ein Zweihundertlitertank, in dem Benzin schwappte, stand hinter meinem Sitz. Ich stellte den Motor ab und schnellte durch die Tür, während die Flammen schon an beiden Seiten des Landrovers hochzüngelten. Dann rannte ich dreißig Meter zu der Stelle, wo Delia stand. Zusammen warteten wir auf die Explosion.

Ein Steppenbrand auf breiter Front wird zur tödlichen Gefahr fürs Camp.

Delia und ein Gelbschnabeltoko, einer unserer Frühstücksgäste

„All unsere Aufzeichnungen, unsere Kameras, alles ist da drin!" rief Delia aus.

Das erinnerte mich an den alten Feuerlöscher, der an der Decke über den Vordersitzen angeklammert war. Ich kletterte zurück in den brennenden Wagen, aber der Schlagknopf des Löschers war festgerostet. Ich schleuderte das Ding aus dem Fenster, startete den Motor und legte den Gang ein. Während ich das Gaspedal ganz durchtrat, nahm ich den Fuß von der Kupplung. Der Wagen machte einen Satz nach vorn, wobei er in allen Fugen krachte. Das lichterloh brennende Seil riß mitsamt dem Baumstamm ab, und wie durch ein Wunder löste sich auch das brennende Gras vom Unterboden. Ich brachte den Landrover auf einer kahlen Felsplatte zum Stehen und warf Sand in das Chassis, um die restlichen Flammen zu ersticken.

Wir übergossen das Küchenzelt mit Wasser und schlugen mit Zweigen um uns, während es rings um das Camp brannte. In wenigen Minuten oder Sekunden – ich weiß wirklich nicht mehr, wie lange es dauerte – war der Feuersturm vorbei. Wir hatten ihn gerade so stark abgebremst, daß er um das Camp herumgelenkt worden war. Nachdem wir noch einige kleine Brandstellen gelöscht hatten, waren wir endlich in Sicherheit. Hustend und erschöpft sanken wir auf die Knie. Unsere Lungen waren wie ausgebrannt. Lippen, Stirn und Hände waren mit Blasen bedeckt, Augenbrauen und Wimpern versengt. Noch tagelang husteten wir Asche und Ruß aus.

NACHDEM der Steppenbrand abgezogen war, bewegte er sich über die Dünenkuppen in die Kalahari hinaus und erhellte den Nachthimmel. Als anderntags die Sonne aufging, saßen wir da und starrten auf die geschwärzte Landschaft. Weiße Rauchfäden krochen wie Ranken aus verkohlten Baumstümpfen. Graue Aschehäufchen – das war alles, was vom Gras der Dünen und des Flußbetts übriggeblieben war – zerfielen im Wind schon bald zu Staub. Wir hatten das Gefühl, die einzigen Bewohner einer Vulkaninsel zu sein, die über Nacht entstanden war. Unser Forschungsvorhaben war in Schutt und Asche versunken.

Gegen Mittag holperte Bergies Lastwagen auf unser Camp zu, und die Afrikaner, die bei Bergie arbeiteten, stellten sich in einer ungeordneten Reihe auf.

„*Dumella!*" begrüßte ich sie.

„*Ee*", erwiderten sie verlegen.

„Wo ist Mr. Bergie? Wie geht es ihm?“ fragte Delia. Alle blickten zu Boden, hüstelten und scharrten mit den Schuhen im Sand.

„Mr. Bergie ist tot“, sagte Khaopheli, der Vorarbeiter, leise.

„Tot? Was soll das heißen – das ist doch unmöglich!“

Er hob den Kopf, klopfte sich auf die Brust und murmelte: „*Pilo* – Herz.“

Ich setzte mich auf die Stoßstange des Lastwagens und vergrub das Gesicht in den Händen. Obwohl wir Bergie erst so kurze Zeit kannten, war er wie ein Vater zu uns gewesen. Ich schüttelte den Kopf und wollte es noch immer nicht glauben.

„Wir nehmen Camp mit … Mr. Bergies Sachen“, stammelte Khaopheli. Seine Männer begannen unverzüglich damit, unseren einzigen Tisch, die beiden Stühle, das Zelt und anderes Zubehör auf den Lastwagen zu laden.

„Aber Mr. Bergie wollte, daß wir die Sachen behalten“, protestierte ich. Khaopheli bestand darauf, daß die Regierung entscheiden müsse, was damit geschehen solle. Als sie die Wasserfässer zum Wagen rollen wollten, weigerte ich mich, sie herzugeben. Die Männer lenkten schließlich ein und fuhren davon. Die wenigen Bäume, die wir vor dem Feuer gerettet hatten, der Landrover und die Fässer waren alles, was uns geblieben war.

Noch nie waren wir so verzweifelt gewesen. Wir konnten nicht einmal Bergies Angehörigen sagen, wieviel er uns bedeutet hatte; wir kannten den Namen seiner Tochter nicht. Ein Buch, das wir ihm hatten schenken wollen, lag auf der Erde, wo das Zelt gestanden hatte. Die Seiten flatterten im Wind und überzogen sich mit Staub.

Ungefähr einen Monat zuvor hatten wir unsere Tickets für den Rückflug in die Vereinigten Staaten zu Geld gemacht, und jetzt besaßen wir nur noch knapp zweihundert Dollar. Wir waren am Ende. Irgendwie mußten wir etwas verdienen, um nach Hause fahren zu können.

Wir hatten im Camp noch Lebensmittel und Brennstoff für mehrere Wochen, und wenn wir noch einige Zeit im Deception Valley blieben, konnten wir vielleicht herausbekommen, ob die Erforschung der Braunen Hyäne überhaupt möglich war. Indem wir Nahrung und Wasser rationierten, konnten wir es schaffen, vor unserer Rückkehr nach Maun genügend Beobachtungen und Daten zusammenzutragen. Dafür entschieden wir uns, so töricht es auch erscheinen mochte.

4

Mark: Der Ruf der Kalahari

DER rauhe, beharrliche Wind hatte den Sand freigelegt. Die zu Asche gewordenen Überreste der verbrannten Blätter trieben über die Dünen – schwarz fegte der Wind über die Kalahari. Doch nicht tief unter der geschwärzten Erdoberfläche war nach den schweren Regenfällen der vergangenen Monate noch Feuchtigkeit verborgen, das universale Lebenselement. Ein winziger Grassame ruhte wartend in seinem feuchten unterirdischen Bett. Prall gefüllt mit Leben, sprang er schließlich auf. Ein bleicher Sproß entwickelte sich, bohrte sich zwischen den Sandkörnern hindurch und wuchs zur Oberfläche empor. Er war nicht allein. Er stand zwischen Millionen Hälmchen, die den Sand mit einem grünen Hauch überzogen.

Drei Monate nach dem Steppenbrand bedeckten üppige Büschel aus kurzen Grashalmen den geschwärzten Untergrund. Springbock- und Spießbockherden wanderten über die Dünen und rupften das saftige Grün ab.

AM TAG nach dem Durchzug des Steppenbrandes fuhren wir nach Westen bis zur „Feuerlinie", um die Reaktion der Tiere auf das Feuer zu beobachten.

Die meisten Tiere blieben erstaunlich ruhig. Eine fünfköpfige Löffelhundfamilie lag schlafend im Gras, bis sich die Flammen auf einige hundert Meter genähert hatten, und erhob sich dann, offensichtlich nicht wegen der drohenden Gefahr, sondern wegen der Insekten, die sich zu Tausenden in Sicherheit zu bringen versuchten. Überall im versteinerten Flußbett gab es vereinzelt kahle Stellen und mit kurzem, spärlichem Gras bewachsene Flächen. Wenn das Feuer zu nahe heranrückte, benutzten Löwen, Springböcke, Spießböcke und Kuhantilopen diese Fluchtwege, um in das breite, abgebrannte Gebiet zu gelangen. Viele Tiere suchten Zuflucht in unterirdischen Bauten und warteten ab, bis das Feuer vorübergezogen war.

Die Befürchtung, das Feuer könnte unser Forschungsprojekt zunichte gemacht haben, erwies sich als grundlos. Im Gegenteil, der Steppenbrand eröffnete uns interessante neue Aspekte, und wie die anderen Lebewesen versuchten wir die Vorteile der neuen Lage zu nutzen.

Jeden Abend ließen die Schakale überall im Tal ihr Geheul wie ein Wecksignal erschallen, bevor sie zur nächtlichen Jagd aufbrachen. Mit dem Kompaß ermittelten wir die Herkunft der Heultöne, um einzelne Tiere zu orten, denen wir dann folgen konnten. Captains heisere Stimme, die so klang, als litte er an einer chronischen Kehlkopfentzündung, war besonders leicht auszumachen.

Eines Tages unternahm Captain wieder einen erfolgreichen Jagdausflug; er trabte durch die Nordpfanne und tötete ein Nagetier nach dem anderen. Gerade tanzte er um ein Grasbüschel herum und steckte seine Nase hinein. Er wollte sich schon aufrichten, um zuzuschlagen, als er sich umwandte und einen Blick auf seine in einer Reihe angelegten Verstecke warf, in denen er seine Beute aufzubewahren pflegte. Was er sah, war im wahrsten Sinne des Wortes haarsträubend: Eine Artgenossin lief von einem der Verstecke zum nächsten, um seine Ratten auszugraben und zu verspeisen!

Captain stürzte auf die kleine Diebin zu, doch sie wich nicht von der Stelle. Sie trug den Kopf hoch und stellte stolz ihren sandfarbenen Nacken und die rotbraune Schulterpartie zur Schau. Er hatte sie schon fast erreicht, als er seinen Angriff plötzlich abbrach. Es war, als stünde sie hinter einem unsichtbaren Schutzschild.

Behutsam und sanft berührte er mit seiner Schnauze die ihre. Sie stand steif und angespannt da. Captains Nase wanderte von ihrer Nase zur Wange, dann hinauf zu ihrem Ohr, über den Nacken und schließlich über ihre Schulter. Plötzlich schwenkte er seinen Körper herum und prallte gegen ihr Hinterteil. Sie stolperte zur Seite, gewann ihr Gleichgewicht zurück und erstarrte unter seiner umherschweifenden Nase. Darauf glitt sie abrupt an ihm vorbei und trabte davon, wobei sie verstohlen ein Kraut mit ihrem Duft markierte.

Am folgenden Abend kamen die beiden wieder zusammen. Nach einem Begrüßungsritual standen sie beisammen und kreuzten die Hälse, um ihren Bund zu besiegeln. Sie gingen gemeinsam auf die Jagd, wobei Mate – so nannten wir das Weibchen – die Führung übernahm.

Beim Akazienpunkt blieb Mate stehen. Sie hielt eine Vorderpfote vor die Brust und stellte die Rute auf. Dann pirschte sie sich Schritt für

Schritt an eine Riesentrappe heran, die sich keine fünfzehn Meter von ihr entfernt niedergelassen hatte.

Der mächtige truthahnähnliche Vogel spreizte die Schwingen und die Nacken- und Schwanzfedern und machte einen kurzen, bedrohlichen Ausfall. Der Hahn war fast fünf Kilogramm schwerer als Mate, doch sie ging ohne Zögern auf ihn los. Der Vogel bluffte noch einmal und erhob sich in die Lüfte, wobei seine gewaltigen Schwingen Staub aufwirbelten. Er versuchte an Höhe zu gewinnen, als Mate fast zwei Meter hoch sprang und ihn am Schenkel erwischte. Beide Tiere schwebten einen Augenblick lang in der Luft, dann stürzten sie in einem Gewirr von Federn zu Boden. Während Mate sich bemühte, die Beute festzuhalten, eilte Captain herbei und zermalmte den Kopf der Trappe zwischen seinen Kiefern.

Beide Schakale begannen hektisch zu fressen. Ihre Schwänze wedelten aggressiv, und sie blitzten einander mit glühenden Augen an. Als sie minutenlang gefressen hatten, tauchte in einiger Entfernung eine Braune Hyäne auf.

Mucksmäuschenstill saßen wir da. Wir konnten im Dunkeln nur einen weißen Schimmer auf ihrer Stirn erkennen und das Rascheln des Grases unter ihren Füßen hören. Dann griff sie an. Captain und Mate rissen aus. Die Hyäne ergriff den Vogel, hob ihn vom Boden und strebte eilig dem Gebüsch der Westprärie zu. Wir versuchten ihr zu folgen, aber sie rannte davon und verschwand.

EINES Morgens, Anfang September, drang das Dröhnen eines Flugzeugmotors zu uns. Es war das erste Flugzeug, das wir im Deception Valley hörten, und voller Hoffnung auf eine Begegnung winkten wir wie wild der kleinen blau-weißen Cessna zu, die direkt über uns hinwegflog.

Das Flugzeug verlor an Höhe, setzte einmal kurz auf, zweimal, dreimal – und hob wieder ab. Als es vorbeiflitzte, erkannte ich Norbert Drager, den deutschen Tierarzt aus Maun, der sich angespannt über das Steuer beugte. Er kreiste niedrig über den Dünen, machte einen zweiten Landeversuch, hüpfte ein paarmal über den Boden und zog die Maschine abermals hoch. Es war sein erster Überlandflug als Flugschüler. Neben ihm erblickten wir seine Frau Kate. Beim dritten Landeversuch war er viel zu schnell, die Maschine setzte hart auf und kurvte auf ein Gebüsch zu. Mit schlitternden Rädern und stark kopflastig kam sie wenige Meter vor dem Hindernis zum Stehen.

„Sie machen mehr aus einer einzigen Landung als alle Piloten, die ich jemals erlebt habe“, zog ich ihn auf.

„Ich habe langsam die Nase voll vom Fliegen“, brummelte Norbert und schaltete alle Systeme der Maschine ab. „Es besteht zu neunundneunzig Prozent aus Langeweile und zu einem Prozent aus schierer Todesangst.“

Kate kletterte aus dem Flugzeug, in der Hand einen großen Picknickkorb, der gefüllt war mit selbstgebackenem Brot, kleinen Fleischpasteten, frischem Fisch, Käse (aus Rhodesien), Salat und Kuchen.

Das Festmahl fand unter dem alten Akazienbaum statt. Wir berichteten von dem Steppenbrand und unserer Schakalforschung, und unsere Besucher informierten uns über Neuigkeiten aller Art – wir hatten ja seit mehr als einem halben Jahr weder Zeitung gelesen noch Radio gehört.

Norbert machte sich Sorgen wegen des Rückflugs nach Maun, deshalb brachen sie schon nach einer Stunde wieder auf. Der kurze Besuch hatte uns unsere Isolation bewußtgemacht, und wir kamen uns so einsam vor wie noch nie. Das Bündel Briefe, das Norbert uns mitgebracht hatte, enthielt vermutlich auch keinen Trost für uns.

Delia nahm sie und blätterte die Briefe durch. „Hier ist einer von der National Geographic Society“, sagte sie mit gepreßter Stimme.

„Na, mach ihn schon auf, damit wir es hinter uns bringen“, erwiderte ich trübsinnig. Wir waren schon so oft enttäuscht worden, und dies war unsere letzte Hoffnung.

Delia riß den Umschlag auf und nahm den Brief heraus. „Mark! Sie geben uns einen Zuschuß!“ Sie sprang herum, schwenkte den Brief und jubelte. Endlich hatte jemand Vertrauen zu uns – zumindest bis zu einem Betrag von dreitausendachthundert Dollar. Ab sofort waren wir ein Forscherteam auf Treu und Glauben.

IM SEPTEMBER begann die heiß-trockene Saison in der Kalahari. Wir waren darauf ebensowenig vorbereitet wie auf den Winter im Juli. Im Schatten kletterten die Mittagstemperaturen fast über Nacht auf achtundvierzig Grad Celsius. Der Boden außerhalb des Camps war zu heiß für das Thermometer, aber dort müssen es mindestens sechzig Grad gewesen sein.

Wir „verdorrten“ wie das neue zarte Gras im heftigen Ostwind, der heiß und trocken durch das Tal wehte. Die Feuchtigkeit entwich so schnell aus unserem Körper, daß unsere Haut rissig wurde und sich schälte. Unsere Finger und Zehen wurden rissig und bluteten. Die Augen fühlten sich kratzig an; es war, als wollten sie vor der Hitze in den Schädel hineinschrumpfen. Wir versuchten zu schlafen, indem wir feuchte Tücher über uns ausbreiteten, aber schon nach einer Viertelstunde waren wir mit einem Teppich von Honigbienen bedeckt, die von der Feuchtigkeit angelockt wurden.

Zum Waschen, Kochen und Trinken teilten wir uns jeweils fünfundzwanzig Liter pro Woche zu. Das Wasser aus den Fässern schmeckte wie heißer, metallischer Tee. Nach dem Geschirrspülen seihten wir das Spülwasser durch ein Tuch in den Kühler des Landrovers. Jeden Tag ließen wir einige Tassen frisches Wasser den Vögeln zukommen, die auf der Suche nach Schatten, Brotkrumen und Maismehl unser Camp umschwärmten.

Die Grasdecke war verdorrt und leblos. Nirgendwo in der Kalahari gab es noch Trinkwasser. Die Antilopenherden hatten sich in kleinere Gruppen von etwa fünfzehn Tieren aufgespalten, und fast alle hatten das versteinerte Flußtal verlassen. Die meisten Antilopen überlebten die trockenen Monate, ohne zu trinken. Sie zogen ins Sandveld, die weite, offene Steppe hinaus, wo sie Bäume und Sträucher abästen und mit den Hufen Wurzeln und saftige Knollen ausscharrten. Schon bald nachdem sie das Flußbett verlassen hatten, folgten ihnen die Löwen, Leoparden und anderen großen Raubtiere nach.

Die Schakale deckten ihren Flüssigkeitsbedarf mit der Feuchtigkeit, die in den erbeuteten Nagern und Vögeln enthalten war, mit Maretwabeeren und mit wilden Melonen, die verstreut auf den Dünenhängen gediehen.

Im Oktober waren es mehr als sechs Monate, daß wir keinen Regen, ja nicht einmal eine Wolke gesehen hatten. Dann bemerkten wir eines Nachmittags Schäfchenwolken, die am östlichen Himmel aufzogen. Der heiße Wind erstarb, und eine merkwürdige Stille senkte sich über das Tal. Ausgedörrt von der Hitze, schleppten wir uns vor das Camp und blickten zu dem Dunstschleier hinauf. Doch die weißen Gespenster verflogen. Jeden Nachmittag kehrten sie wieder, aber sie lösten sich in der lastenden Hitze immer wieder auf.

Eines Tages blieben die morgendlichen Winde aus. Die Luft war unheimlich still. Am späten Vormittag begannen sich jenseits der Westdüne Wolken zu bilden. Am Nachmittag schien der violettschwarze

Himmel zu kochen. Blitze durchzuckten die Wolken, und Donner rollte durch das Tal.

Dann fegte eine schwarze Wolkenlawine die Düne hinunter und saugte eine gelbe Sandhose hoch, während sie auf das Camp zuraste. Die stehende Luft rings um uns her geriet in Bewegung. Wir rannten zum Landrover und fuhren los.

Knapp dreißig Meter vor dem Lager drehte ich das Heck des Wagens dem nahenden Sturm entgegen. Sekunden später prasselte Sand auf uns nieder. Hagelkörner trommelten auf das Metalldach, und durch die Windschutzscheibe konnten wir sehen, wie Schachteln, Säcke, Töpfe und Pfannen durch die Luft gewirbelt wurden.

Endlich regnete es. Wasser rann durch die undichten Fenstereinfassungen und tropfte uns auf den Schoß. „Riech nur! Mein Gott, wie herrlich!“ riefen wir immer wieder. Später schliefen wir ein zwischen den Windstößen, die den Wagen erschütterten.

Das Tal lag im hellen Sonnenschein, als wir am nächsten Morgen die Augen öffneten. Sanfte, milde Strahlen liebkosten die Springböcke, die zu Hunderten die mit Wassertröpfchen beperlten Grashalme abknabberten. Vom Camp aus beobachteten wir Captain und Mate, die aus den Pfützen auf dem schwammartigen Wüstenboden tranken.

Die Regenfälle malten die Wüste wieder grün an, und nach einer Woche wimmelte es im Tal von Antilopen, die im frisch sprießenden Gras ihre dürren, schlappohrigen Jungen zur Welt brachten. Fliegende Termiten umschwärmten ihre Königinnen. Alle Tiere beeilten sich, ihren Nachwuchs in die Welt zu setzen und in dieser kurzen Zeit des Überflusses aufzuziehen. Allenthalben spürte man die Erneuerung des Lebens nach der langen Schreckenszeit der Hitze und des Feuers.

Am meisten freute es uns, daß jenes Löwenrudel, aus dem zwei Tiere Delia vor Monaten einen Besuch am Zelt abgestattet hatten, in unser Tal zurückkehrte. Ihr Gebrüll in der Nacht und am frühen Morgen erweckte das versteinerte Flußtal zu neuem Leben.

Mehrere Tage nach dem Regen nahmen wir bei Sonnenuntergang am Lagerfeuer eine rasche Mahlzeit ein, ehe wir uns auf den Weg machen wollten, um Captain und Mate zu suchen. Ein Schakalpaar begann östlich der Zwillingsakazien zu heulen; die schrillen, tremolierenden und seltsam melodischen Rufe hallten durch das Tal. Sie schienen mitten aus dem Herzen der Wüste zu kommen – der Ruf der Kalahari! Die anderen fielen in den Chor ein, und schließlich schallten auch Captains tiefe, rauhe Stimme und Mates heller Gesang vom Gepardenhügel herüber.

„Einen Augenblick… Was ist das?“ fragte Delia. Hohe, atemlose Quieklaute versuchten allen Ernstes, Captains und Mates Stimme nachzumachen.

„Welpen!“ Wir sprangen in den Landrover und fuhren in Richtung der winselnden Laute. In gebührendem Abstand von den Schakalen parkten wir und hielten Ausschau. Mate erschien im Eingang des Baus und senkte den Kopf. Als sie zur Seite trat, kamen zwei Puderquasten mit wedelnden Schwänzchen und kurzem, flaumig behaartem Gesicht watschelnd zum Vorschein.

Mate begann Hänsel und Gretel das Gesicht, den Rücken und das Bäuchlein abzulecken. Captain hatte sich in der Nähe ausgestreckt, den Kopf auf den Pfoten.

In den ersten Wochen hielten sich entweder Captain oder Mate ständig beim Bau auf, um die Welpen zu beschützen. Von Anfang an waren in den Aktivitäten der Kleinen Verhaltensweisen der Erwachsenen zu erkennen. Wiederholt übten sie die Attacken, das Anschleichen, die Sprünge und den Tötungsbiß.

Die Sprößlinge waren etwa drei Wochen alt, als ihnen Captain erstmals rohes Fleisch brachte. Sobald die Welpen einigermaßen an fleischliche Kost gewöhnt waren, nahmen ihre Eltern sie auf kurze Exkursionen mit. Die Alttiere schlenderten umher, während die Kleinen balgten und spielten und alles berochen, was sie mit ihrer Nase erreichen konnten. Sie lernten dadurch den Lebensraum des Flußbetts immer besser kennen. Bei diesen Wanderungen wurden sie auch in der Kunst unterwiesen, Insekten zu fangen und sie zu verzehren. Schon bald kamen Hänsel und Gretel einigermaßen allein zurecht, und Captain und Mate begannen wieder gemeinsam zu jagen.

ALS wir endlich auf den Gedanken kamen, einen kleinen Kalender in eines unserer Tagebücher einzukleben, hatten wir das richtige Datum bereits aus den Augen verloren. Nach dem Termin unserer letzten Fahrt nach Maun zu schließen, mußte Weihnachten 1974 nahe sein. Wir bestimmten kurzerhand einen Tag und begannen mit den Festvorbereitungen.

Im Dünenwald fällten wir einen halb abgestorbenen, breitblättrigen Baum und beförderten ihn auf dem Dach des Landrovers ins Camp.

Wir schmückten ihn mit unserem Thermometer, mit Lederstreifen, ein paar Spritzen, Skalpellen, Scheren und Pinzetten und rundeten das Ganze mit einer Handwaage, einer Laterne und einem Springbockkiefer ab.

Weihnachten war ein heißer Tag, und trotz unserer Bemühungen, uns gegenseitig aufzuheitern, wollte keine rechte Festtagsstimmung aufkommen. Wir sangen ein paar Weihnachtslieder, und dann fuhren wir, einsam und deprimiert, zum Lager der Schakale, um den Nachmittag bei ihnen zu verbringen.

Hänsel und Gretel, inzwischen etwa sieben Wochen alt, hoppelten uns entgegen, als wir den Wagen abstellten. Sie waren geschickte Insektenjäger geworden und fingen hin und wieder auch eine Maus.

An diesem Weihnachtsabend klang aus der Gegend des Nordbaums ein fremdartiges Schakalgeheul. Die ganze Familie, Hänsel und Gretel in einigem Abstand hinter den Eltern, lief auf das ungewöhnliche nasale „Wiiuuu! Wiiuu! Wiiuu!“ zu, das sich wie eine dringende Aufforderung ständig wiederholte.

Als Captain und Mate den Zielort erreichten, hatten sich dort bereits sechs Schakale um eine mit hohem Gras bewachsene Stelle versammelt. Sie alle stießen jenen seltsamen Ruf aus und sprangen dabei steifbeinig umher. Immer wieder machten sie einen Satz in das Grasdickicht und kamen sofort wieder zum Vorschein. Captain und Mate beteiligten sich an diesem Ritual, während sich Hänsel und Gretel hinhockten und zuschauten.

Nach einer Viertelstunde schlich ein Leopard aus dem Dickicht. Fast vierzig Meter verfolgten die Schakale ihn heulend und springend. Dann trabten sie zum Grasdickicht zurück, um sich an den Überresten eines Springbocks gütlich zu tun.

Plötzlich hielten alle Schakale in ihrer Mahlzeit inne und blickten in die Dunkelheit. Dann begannen sie schneller, fast hektisch zu fressen. Ich hob den Suchscheinwerfer und schwenkte ihn herum. Die großen, weit auseinanderstehenden grünen Augen einer Braunen Hyäne leuchteten etwa einhundertzwanzig Meter entfernt auf. Wir saßen reglos da und hofften, wie schon so oft vorher, daß die Hyäne trotz unserer Anwesenheit näher kommen würde.

Sie umkreiste mehrmals den Landrover und verharrte dann lange Zeit. Endlich ging sie auf den Kadaver zu. Die Schakale schlangen das Fleisch noch gieriger hinunter, bis sie sich im letzten Augenblick vor der Hyäne in Sicherheit brachten. Die Braune drehte sich um und schaute einige Sekunden lang zum Landrover hinüber, bevor sie sich dem Mahl zuwandte.

Es war schon nach Mitternacht, als wir zum Camp zurückkehrten. Das Licht der Autoscheinwerfer tanzte zwischen den Bäumen und fiel auf eine andere Braune Hyäne, die in der Nähe der Wasserfässer stand. Ohne sich um uns zu kümmern, inspizierte sie schnuppernd das Camp. Sie erspähte unseren Zwiebelsack, der an einem Baum hing, stellte sich auf die Hinterläufe, ergriff einen Zipfel des Netzbeutels und zog daran. Als sich eine Kaskade von Knollen über ihre Nase ergoß, machte die Hyäne einen Satz nach hinten. Nachdem sie eine Zwiebel ausgiebig beschnüffelt und angebissen hatte, schüttelte sie den Kopf und nieste. Am erloschenen Lagerfeuer packte sie den Wasserkessel am Handgriff und ging damit davon. Nach ein paar Metern stellte sie den Kessel ab, schob mit der Nase den Deckel hinunter und schlabberte das Wasser auf. Dann richtete sie den Schwanz auf und trat den Rückzug an, doch bevor sie verschwand, blickte sie uns mehrere Sekunden lang unverwandt an. Auf ihrer Stirn war eine kleiner weißer Stern zu erkennen.

5

Delia: Star

So WURDE die Weihnacht in der Kalahari doch noch ein Festtag für uns: Die Braunen Hyänen hatten uns endlich akzeptiert. Am nächsten Morgen schlenderten wir, an unseren dampfenden Teebechern nippend, nordwärts in Richtung Akazienpunkt, wie wir es des öfteren an einem kühlen Morgen taten.

„Ich kann es nicht glauben, schau doch einmal dort hinüber." Mark zeigte auf den Saum eines dichten Gebüsches. Eine Braune Hyäne strebte direkt auf unsere Fahrspur zu, so daß sich unsere Wege kreuzen mußten. Ganz langsam ließen wir uns in einer Radspur nieder. Wir rechneten damit, daß die Hyäne jeden Augenblick wegrennen würde. Doch als sie, fünfzig Schritt entfernt, auf die Piste stieß, wandte sie sich nach Süden und kam direkt auf uns zu. Während sie dahintrabte, schien der kleine weiße Fleck auf ihrer breiten Stirn auf und nieder zu hüpfen.

Ohne ein einziges Mal zu zögern, verringerte sie den Abstand zwischen uns, bis sie schließlich nur wenige Schritte vor uns stehenblieb. Ihre dunklen Augen schimmerten feucht. Ihr Gesicht war auf beiden Seiten von Narben gezeichnet, die von Kämpfen herrühren mußten, und auf ihren Schultern lag ein Umhang aus feinen blonden Haaren. Ihre hohen schlanken Vorderläufe endeten in großen runden Pfoten. Die eckigen Kiefer, die ein Spießbockbein zermalmen konnten, waren leicht geöffnet.

Langsam einen Fuß vor den anderen setzend, streckte sie mir die Nase entgegen und nahm meine Witterung auf. Ihre langen Tasthaare zuckten. Zuletzt war ihre Schnauze nur noch knapp fünfzig Zentimeter von meinem Gesicht enfernt. Wir starrten einander in die Augen.

Es ist gängige Lehrmeinung der Verhaltensforschung, daß Raubtiere Angst und Aggression durch Ohren-, Augen- und Mundsignale anzeigen. Star verzog indes keine Miene, und das allein war die wichtigste Botschaft überhaupt: Sie teilte uns mit, daß sie bereit war, uns in ihre natürliche Welt aufzunehmen.

Schließlich trat sie noch näher heran und beschnüffelte meinen Haaransatz. Dann beroch sie Marks Bart, machte kehrt und wanderte in Richtung Westdüne.

Star war unternehmungslustig und temperamentvoll und stets zum Herumtollen aufgelegt. Zuweilen vollführte sie einen wunderlichen Tanz, wenn sie durch das Flußbett trabte: Sie sprang auf den Hinterläufen in die Höhe, warf den Kopf hoch und vollführte in der Luft eine halbe Drehung. Sie vor allem war es, die uns die Geheimnisse des Hyänenlebens verriet.

Star und mehrere andere Braunen Hyänen hatten nichts dagegen, daß wir ihnen mit dem Wagen folgten. Doch wir konnten sie höchstens vier oder fünf Stunden im Auge behalten, denn sobald sie das Flußbett verließen, entzogen sie sich im hohen Gras und dichten Strauchwerk unseren Blicken. Da es uns nie gelingen wollte, den Hyänen eine ganze Nacht lang auf den Fersen zu bleiben, hatten wir keine Ahnung, wo sie den Tag verschliefen. Am Abend mußten wir oft das dunkle Tal stundenlang absuchen, bis wir eine fanden, der wir folgen konnten.

Eines Abends im Januar spiegelte sich ein großes Augenpaar in unserem Scheinwerfer. Star machte sich auf den Weg durch das mondhelle Flußtal. Hin und wieder hielt sie inne, um ein paar Termiten aufzulekken oder im Sprung eine fliegende Heuschrecke zu erhaschen. Unvermittelt wandte sie sich nach Westen und hob die Nase, um die Düfte der Nachtluft zu untersuchen. Dann sprang sie los und preschte durch das höhere Gras der Westprärie. Sie blieb nur stehen, um die Witterung zu überprüfen. Mehr als drei Kilometer weit folgte sie der Duftspur bis zum Saum des Dünenwaldes, wo sie plötzlich anhielt und in ein Dickicht hineinspähte.

Zwei Löwinnen und ihre Jungen umlagerten die Überreste eines Springbocks. Star umkreiste die Stelle in einem weiten Bogen und blieb gegen den Wind stehen. Die Beute war vor höchstens einer halben Stunde frisch gerissen, und die Löwen würden sich in dieser Nacht nicht mehr davon entfernen. Star verschwand zwischen den Bäumen. Für einen Aasvertilger ist Geduld der Schlüssel zur Speisekammer!

Früh am nächsten Abend sahen wir Star direkt auf die Reste der Löwenmahlzeit zustreben, die jetzt nur noch aus einem Haufen weißer Knochen, zerbissenen roten Fleischstreifen und Hautfalten bestand. Die Löwen waren immer noch da. Star schlüpfte unter einen Busch und streckte sich aus, um zu schlafen – und zu warten.

Es waren dieselben Löwen, die Mark mit dem Landrover von dem narkotisierten Schakal abgedrängt hatte. Gegen elf Uhr standen sie endlich auf und marschierten durch den Wald der Westdüne ab.

Star erhob sich und umkreiste den Platz dreimal, um ihn von verschiedenen Seiten zu beriechen und zu betrachten. Da sie die Spießbocküberreste im hohen Gras nicht sehen konnte, mußte sie sich auf ihren Geruchssinn verlassen, um festzustellen, ob alle Löwen abgezogen waren. Sie ging mehrmals versuchsweise ein paar Schritte auf den Kadaver zu, blieb dann stehen, um mit erhobener Nase und gespitzten Ohren zu prüfen, ob die Luft rein war. Nach einer Viertelstunde hatte sie sich bis auf knapp fünfundzwanzig Meter an den Spießbock herangearbeitet. Sie legte noch einmal eine längere Pause ein, bis sie endlich auf den Kadaver zulief und zu fressen begann.

Nachdem sie ein wenig an den zähen Fleischstücken und Sehnen herumgenagt hatte, sperrte sie die Kiefer weit auf und fing an, die dicken Beinknochen zu zermalmen. Die Zähne einer Braunen Hyäne sind wahre Hämmer zur Knochenbearbeitung. Mit abgewinkeltem Kopf trieb Star ihre Zähne wie Keile zwischen den Gelenkkopf und die Pfanne eines Hinterlaufs und trennte ihn ab. Sie packte ihn am Knie und schleppte ihn in das dichte Gesträuch des Dünenhangs.

Star war unfehlbar bei der Lokalisierung von Beutetieren der Löwen und wußte stets, wann die Überreste – die Hauptnahrung einer Braunen Hyäne in der Regenzeit – von den Löwen aufgegeben wurden. Gleichwohl streifte sie in vielen Nächten kilometerweit einsam umher, ohne etwas Genießbares zu finden.

DIE wenigen dürftigen Berichte über Braune Hyänen beschreiben die Tiere als ausgesprochene Einzelgänger. Doch schon bald entdeckten wir einige ungewöhnliche Verhaltensweisen, die es fraglich erscheinen ließen, ob diese Hyänen tatsächlich Einzelgänger sind.

Als wir im Laufe der Nacht Star nach Verlassen des Kadavers folgten, stellten wir fest, daß sie nicht ziellos umherwanderte, sondern sich an festgelegte Pfade hielt, die sie schon in früheren Nächten benutzt hatte. Bei einem Grasdickicht blieb sie stehen und beroch einen kleinen schwarzen Klumpen, der sich in Nasenhöhe an einem Stengel befand. Dann stakste sie mit einer höchst bizarren Bewegung in das Gras, hob die Rute und stülpte eine spezielle Analdrüse vor. Indem sie ihr Hinterteil kreisen ließ, um den Halm zu ertasten, „klebte" sie einen weißen Tropfen daran, der wie Holzleim aussah. Schließlich senkte sie den Schwanz, zog die Drüse ein und setzte ihren Weg fort. Die klebrige Substanz verströmte einen scharfen, modrigen Duft.

In den folgenden Wochen beobachteten wir andere Hyänen, die stets allein auf denselben Wechseln umherzogen, die Star benutzte. Oft blieben sie stehen, um die Ausscheidungen zu beschnüffeln und ihre eigenen chemischen Visitenkarten hinzuzufügen. Ein Grasbüschel konnte bis zu dreizehn Duftmarken aufweisen, ähnlich einem Schilderpfahl an einer Straßenkreuzung.

Am späten Abend verfolgten wir einmal eine sehr scheue weibliche Hyäne, die wir Shadow getauft hatten. Sie wanderte im Dunkeln auf einem der Hyänenpfade und blieb alle hundert Schritt stehen, um eine Duftmarkierung zu beschnuppern und anschließend zu „überstempeln". Sie durchquerte die Südpfanne in Höhe der Bauminsel und verschwand dann im dichten Busch. Wir machten eine Kaffeepause, um danach nach einer anderen Hyäne Ausschau zu halten, als Star vorübertrabte. Sie verweilte fast eine Minute lang, um Shadows frisches Duftsignal zu beriechen. Daraufhin änderte sie die Richtung und lief hinter ihrer Artgenossin her.

Wir konnten Star im Auge behalten, bis ihr von der anderen Seite Shadow im Mondschein entgegenkam. Star ging auf Shadow zu, die sich hinkauerte, bis ihr Bauch flach auf dem Boden lag. Shadow zog die Lefzen hoch und öffnete weit den Mund, um das Gebiß zu einem übertriebenen Grinsen zu entblößen. Quietschend wie eine rostige Türangel begann sie um Star herumzukriechen, die sich ebenfalls drehte, jedoch in entgegengesetzter Richtung. Jedesmal, wenn Shadow unter Stars Nase vorbeikam, hielt sie inne, um die Duftdrüsen unter ihrem Schwanz beriechen zu lassen. Dieses seltsame Begrüßungsritual wurde mehrere Minuten lang fortgesetzt. Wie eine adlige Dame, die ihre Zofe entläßt, richtete sich Star schließlich hochnäsig auf und schritt davon. Shadow verschwand in eine andere Richtung.

Als wir mehrere Nächte danach Star wiedersahen, war sie nicht allein. Hinter ihr trabten zwei Hyänen, die um ein Viertel kleiner waren als sie. Wir nannten die beiden Pogo und Hawkins. Wenn Star ein Stück Aas fand, stürzten sie herbei, „grinsten", quiekten und krochen unter ihrer Nase futterbettelnd hin und her. Diese Darbietung bewog Star, das gefundene Fressen mit ihnen zu teilen, und wir nahmen selbstverständlich an, daß es ihre Welpen seien. Doch in der folgenden Nacht fanden wir Pogo und Hawkins in der Gesellschaft von Patches, einem erwachsenen Weibchen mit zerfledderten Ohren. Wenn die beiden Stars Kinder waren, wieso folgten sie dann Patches?

Eines Nachts begleiteten wir Star zu einem Kuhantilopenkadaver in der Nähe des Akazienpunktes, wo sie sogleich zu fressen begann. Eine Viertelstunde danach gesellten sich Pogo und Hawkins zu ihr.

Kurz darauf kam Patches direkt auf sie zu. Pogo und Hawkins ließen sich nicht stören, doch die beiden erwachsenen Weibchen funkelten einander an. Star senkte den Kopf und die Ohren, und jedes einzelne Haar auf ihrem Körper richtete sich steil auf. Plötzlich stürzte Patches vor und packte sie im Nacken, um sie heftig zu beißen und zu schütteln. Star kreischte, als Patches die Zähne in ihre Haut schlug und Blut über ihr Nackenhaar rann. Patches schleuderte ihre Gegnerin mit solcher Wucht hin und her, daß Star den Boden unter den Füßen verlor. Immer wieder packte Patches an einer anderen Stelle des Nackens zu, und sie zerrte Star durch den Sand, als ob sie eine Stoffpuppe wäre.

Nach zwanzig entsetzlichen Minuten ließ Patches plötzlich von ihrer Widersacherin ab. Mir war ganz übel beim Anblick von Stars Nacken, der zerbissen und zerfetzt war und pfenniggroße Löcher aufwies. Doch sie schüttelte ihr langes Haar zurecht, schlug mit dem Schwanz und ging gemeinsam mit Patches zum Kadaver hinüber. Die beiden Jungtiere hatten der Auseinandersetzung keinerlei Aufmerksamkeit geschenkt, und nun fraßen alle vier so dicht nebeneinander, daß sich ihre Schnauzen fast berührten.

Obwohl nichts mehr auf eine aggressive Stimmung hindeutete, verzog sich Star nach fünf Minuten und legte sich nahebei schlafen.

Wir trafen die sieben Braunen Hyänen unserer Gegend während der Regenzeit ein- oder zweimal in der Woche beim gemeinsamen Mahl an einem Großkadaver an. Insgesamt verlief die Versammlung am Kadaver sehr friedlich, gleichsam gut organisiert. Gewöhnlich fraß nur eine Hyäne, während die anderen schliefen, Fellpflege betrieben oder sozialen Kontakten nachgingen. Nach mehreren Monaten begann sich für uns ein skizzenhaftes Bild ihrer sozialen Organisationsform abzuzeichnen. Wir waren überzeugt, daß sie Mitglieder eines Clans, einer Sippe waren. Durch Nackenbißkämpfe hatte sich jedes Tier einen bestimmten Platz in der sozialen Hierarchie gesichert. Ivey, das einzige erwachsene Männchen der Gruppe, war der Ranghöchste. Die Rangordnung der weiblichen Tiere begann mit Patches, die an der Spitze stand, und führte über Star, Lucky und Shadow bis hinunter zu Pogo. Hawkins, das junge Männchen, bekleidete denselben Rang wie Pogo, bis er von Ivey verjagt werden würde.

Doch Tiere schließen sich nicht aus Freude am Gemeinschaftsleben zusammen, sondern um sich in ihrer Umwelt besser behaupten zu können. Löwen, Wildhunde und Wölfe, die im Gruppenverband jagen, können größere Beutetiere töten als ein einzelnes Individuum. Die Braunen Hyänen waren Aasfresser. Wenn sie aber nicht gemeinsam jagten, warum lebten sie in Familiengruppen oder teilten sich die von Löwen zurückgelassenen Großkadaver? Warum brauchten sie einander? Auf all diese Fragen gab es nur eine einzige Antwort, wie wir noch feststellen sollten.

6

Mark: Bones

ES WAR März 1975. Da unsere Vorräte wieder einmal zur Neige gingen, waren wir im Morgengrauen erneut in Richtung Zivilisation aufgebrochen. Neben den Einkäufen ging es uns darum, einen

Gehilfen aufzutreiben, der sich um die Kleinarbeit kümmern sollte, die im Camp anfiel und einen Großteil unserer Zeit auffraß.

Es würde jedoch nicht leicht sein, einen afrikanischen Eingeborenen zu finden, der bereit wäre, mit sehr wenig Wasser, ohne jeden Komfort und inmitten von umherstreunenden Löwen in der Einsamkeit der Kalahari zu leben, zumal wenn man bedenkt, wie beschämend gering der Lohn war, den wir ihm anbieten konnten. Nur ein ganz ungewöhnlicher Mensch kam dafür in Betracht.

Die Läden in Maun sind flache, blechgedeckte Betonklötze, welche die Fußpfade und Fahrstraßen des Dorfes säumen. Wir mußten meist sämtliche Geschäfte aufsuchen, wenn wir alle Lebensmittel und Haushaltswaren zusammenbekommen wollten, die wir für einige Monate in der Kalahari benötigten. Einfache Sachen wie Schläuche für die Autoreifen oder Flickzeug waren oft nicht vorrätig, und wir mußten sie uns von einem Fernfahrer in Francistown besorgen lassen.

Als wir unsere Einkäufe erledigt hatten, fuhren wir in Richtung Norden zu Eustice Wright, Richter und Viehzüchter in einer Person. Wir hatten ihn am Abend zuvor in Maun getroffen, und er hatte uns von einem Kerl erzählt, der von allen Mox gerufen wurde. „Er hat jahrelang für mich gearbeitet. Ein ruhiger Typ, solange er nicht trinkt. Dann allerdings terrorisiert er das ganze Dorf. Der Kerl ist ein richtiger Saufkopf. Und bei den Weibern ist er ganz übel angeschrieben ... Sie sind vor ihm nicht sicher, wenn er besoffen ist. Vielleicht geht er mit euch, und da draußen, wo er keinen Fusel in die Finger kriegt, arbeitet er womöglich ganz gut. Kommt doch morgen gegen Mittag bei mir vorbei. Ich werd ihn holen lassen, und dann könnt ihr selber sehen, ob ihr ihn mitnehmen wollt ... und ob er mitgehen will."

Als wir die Einfahrt zu Eustices Farm hinauffuhren, tauchte der Hausherr aus einer Seitentür auf. Unter einem Jakarandabaum stand ein schlanker Schwarzer, Mitte Zwanzig, mittelgroß und mit einem schäbigen Hut auf dem Kopf, neben seiner Einkaufstasche aus Leinen.

Während Eustice den Dolmetscher spielte, erklärte ich dem Schwarzen, daß wir in einem Camp jenseits des Boteti mitten in der Kalahari lebten und daß ihm, wenn er bei uns arbeiten wolle, ein hartes Leben bevorstehe: Es gebe dort sehr wenig Wasser, er werde monatelang keine anderen Menschen sehen, und für seine Unterkunft stehe nur eine drei mal dreieinhalb Meter große Zeltplane zur Verfügung. Er müsse Reifen flicken und sich überhaupt um den Wagen kümmern. Und er habe das Camp sauberzuhalten, mir beim Wasser- und Brennholzholen zu helfen und uns bei der wissenschaftlichen Arbeit zur Hand zu gehen, wenn es notwendig wäre.

Mox war außergewöhnlich schüchtern. Er starrte auf den Boden und ließ die Arme verlegen herabhängen. Hin und wieder beantwortete er Eustices Fragen mit einem *„Ee"* – kaum mehr als eine gewisperte Zustimmung.

„Was kann er eigentlich?" fragte ich Eustice. „Kann er einen Reifen flicken oder kochen?"

„Er sagt, er kann keinen Reifen flicken, aber ich habe ihm ein bißchen Kochen beigebracht. Er will versuchen, alles zu lernen, was Sie von ihm verlangen."

„Kann er wenigstens ein bißchen Englisch?"

„Nein."

Ich warf Delia einen Blick zu. Wie konnten wir mit einem Mann zusammenarbeiten, der uns vor lauter Verlegenheit nicht einmal anschaute, der über keinerlei Fertigkeiten verfügte und kein Wort Englisch sprach! Aber wir brauchten dringend einen Helfer, und für das, was wir zahlen konnten, würden wir keinen gelernten Arbeiter engagieren können. Wie wir von Eustice wußten, hatte Mox die meisten seiner sechsundzwanzig Lebensjahre als Rinderhirt für dreißig Cent pro Tag gearbeitet.

„Fragen Sie ihn, ob er für fünfzig Cent am Tag und freie Kost mitkommen will – das sind zwanzig Cent mehr, als er jetzt verdient", bat ich Eustice.

Der Viehzüchter ließ einen neuen Setswana-Wortschwall vom Stapel, und Mox hob zum erstenmal den Blick zu mir auf. Seine Augen waren blutunterlaufen vom reichlichen Genuß heimischen Biers. Zwischen zwei Hustenanfällen flüsterte er: *„Ee."*

STÄNDIG hin und her schwankend, um den Ästen auszuweichen, ritt Mox auf dem Dachgepäckträger der „Graugans" durch die Waldlandschaft der Ostdüne zum Deception Valley. Schon vom Rand des Flußbetts aus konnten wir erkennen, daß etwas nicht stimmte. Wir rasten auf unsere Bauminsel zu und fanden Töpfe, Pfannen, Kleidungsstücke, Schläuche und Säcke in einem Umkreis von mehreren hundert Metern verstreut.

Eine Windhose? Ein schwerer Sturm? Wer oder was konnte ein

solches Unheil angerichtet haben? Ich begann in dem Durcheinander herumzuwühlen und entdeckte einen schweren Aluminiumkessel mit einem Loch, als hätte ein großkalibriges Geschoß den Boden durchschlagen. Als mir gerade klar wurde, daß das Loch von einem großen Zahn stammte, tauchten neun bepelzte Köpfe hinter einer Dornenhecke auf. Zwei ausgewachsene Löwinnen schritten mit leicht hin und her schwingenden Leibern voran, und fünf etwas kleinere, halbwüchsige Weibchen folgten ihnen selbstbewußt. Zwei einjährige Junglöwen bildeten die Nachhut. Es war dasselbe Rudel, das ich mit dem Wagen abgedrängt hatte, und wir waren den Löwen seitdem des öfteren in diesem Teil des Tales begegnet.

Wie ein Richterkollegium nahmen sie nur ein paar Schritte vor dem Camp in einem Halbkreis Platz. Sie betrachteten uns mit unbekümmerter Neugierde, ohne Furcht oder Aggressivität zu zeigen.

Während Delia Feuer machte, begann ich mit Mox die verstreuten Sachen einzusammeln, langsam und ohne hastige Bewegungen. Mox achtete darauf, daß sich stets der Landrover zwischen ihm und den Löwen befand, und er ließ sie nie aus den Augen. Später fuhren wir mit Mox zu einer anderen Baumgruppe, etwa hundertfünfzig Meter von der unsrigen entfernt, und halfen ihm beim Aufbau einer Unterkunft unter einem ausladenden Akazienbaum. Um Mox' Camp nach Eingeborenensitte „löwensicher" zu machen, hackten wir Teufelsklauensträucher ab, deren nadelspitze Stacheln sich im Fleisch eines jeden Eindringlings verhaken.

Wir türmten die Dornenbüsche zu einer kreisförmigen Umfriedung auf und ließen nur einen Eingang offen, den Mox mit einem einzigen großen Strauch verschließen konnte. Als er mit dem Komfort und der Sicherheit seiner Behausung zufrieden schien, kehrten Delia und ich zu unserem Camp zurück und überließen es ihm, sich häuslich einzurichten.

Bei Sonnenuntergang servierte Delia eine dampfende Kartoffelsuppe, während die Löwen alle unsere Bewegungen beobachteten. Sie rührten sich kaum, gähnten höchstens oder leckten sich die Pranken. Ihre weitgeöffneten Augen und angespannten Schultermuskeln drückten Angst aus, wenn wir zu schnell oder zu direkt auf sie zugingen. Sie hoben neugierig den Kopf, stellten die Ohren auf und zuckten mit dem Schwanz, sobald ich einen Zweig zum Feuer hinzerrte. Bei jeder veränderten Körperhaltung und Bewegung erfuhren wir etwas mehr darüber, wie wir bei ihnen die Auslösung von Furcht, Aggressivität oder ungebührlicher Neugier vermeiden konnten.

Als die Dunkelheit hereinbrach, beschlichen uns primitivere und zunehmend unwissenschaftliche Gefühle. Ich schaltete den Scheinwerfer ein, um die Position der Löwen zu bestimmen. Zu unserer Überraschung waren nur noch eine große Löwin und die beiden Jährlinge da; die anderen hatten sich leise davongemacht.

Als ich den Suchscheinwerfer schwenkte, leuchteten überall bernsteinfarbene Augenpaare auf – die Löwen streiften um Mox' Camp herum! Wir sprangen in den Wagen, doch als wir dort ankamen, hatten sich drei Löwinnen bereits einen Weg ins Innere der Schutzhecke gebahnt und beschnupperten die Zeltplane.

Ich stoppte den Landrover hinter der Unterkunft und richtete den Scheinwerfer auf sie. „Mox, alles in Ordnung?" flüsterte ich, so laut ich konnte.

„Ra?" Aber seine Stimme kam nicht aus dem Inneren der Behausung.

„Mox, wo bist du?" Dann bemerkte ich, daß eine große Löwin neben der Dornhecke zum Baum über ihr emporstarrte. Ich folgte ihrer Blickrichtung mit dem Scheinwerfer, bis ich Mox entdeckte, der nackt auf einem Ast hockte!

Ich schob mich mit dem Wagen zwischen den Baum und die Löwin. Mit einer schwungvollen Bewegung glitt Mox herunter, grapschte seine Hose, zog sie an und schoß in den Landrover hinein.

„Tau – huh-uh!" Am ganzen Leib zitternd, schüttelte er den Kopf. Er murmelte etwas, das sich wie „nach Maun zurückgehen" anhörte, als wir langsam wegfuhren. Wir blieben im Wagen, bis die Löwen das Interesse an uns verloren und in Richtung Norden abzogen.

ES WAR jetzt Anfang Mai 1975, und die Trockenzeit kündigte sich bereits an. In vier bis sechs Wochen würden die Löwen fort sein. Wir wußten nicht, wie weit und in welche Richtung sie wanderten und ob sie wohl ins Deception Valley zurückkehren würden. Wenn ja, wie sollten wir sie wiedererkennen?

Diese Raubtiere waren zumindest in der Regenzeit die wichtigsten Aaslieferanten für die Braunen Hyänen. Also mußten wir unbedingt mehr über die Löwen im Deception Valley wissen.

Die beste Methode, ihre Identität zu ermitteln, falls sie wiederkehren sollten, war die Kennzeichnung mit Ohrenmarken. Wenn einer der

Löwen geschossen werden sollte, würde die bunte Plastikscheibe vielleicht bei der Wildschutzbehörde landen. Immerhin bestand dann die Möglichkeit, daß wir erfuhren, wie weit sich die Löwen in der Trockenzeit vom Flußbett entfernten und wie viele von ihnen von Menschen getötet wurden. Wenn wir herausfanden, welche Individuen beisammenblieben, dann konnten wir einiges über das Gemeinschaftsleben der Kalahari-Löwen aussagen, das bislang noch nicht im einzelnen erforscht worden war. Unsere nächste Aufgabe war es also, so viele Tiere wie möglich zu markieren, bevor sie das Flußbett verließen. Wir konnten jedoch nicht mehr als drei bis fünf Löwen in den verschiedenen Stadien der Narkose gleichzeitig verarzten, und unterdessen würden die anderen Tiere in unserer Nähe im Dunkeln umherstreifen. Wir hatten noch nie Löwen betäubt und wußten deshalb nicht, wie sie reagieren würden.

Zusammen mit Mox brachen wir auf und entdeckten das Rudel in der Leopardeninsel. Wir fuhren im Bogen an die Tiere heran und näherten uns ihnen langsam bis auf knapp fünfzehn Meter. Sie hoben die Köpfe und begannen nervös nach einem Fluchtweg Ausschau zu halten. Ich stellte den Motor ab. Die Löwen entspannten sich sogleich wieder, blinzelten und gähnten. Mehrere Stunden lang saßen wir schweigend da, damit sie sich an uns gewöhnten, und hofften, sie würden eine Beute schlagen.

Wir hatten diese Löwen schon oft gesehen und ihnen Namen gegeben. Die beiden älteren Weibchen hießen Blue und Chary. Blue knabberte mit Vorliebe an den Reifen des Landrovers herum; glücklicherweise waren sie so stabil, daß sie niemals einen zerbiß. Chary, eine mächtige Löwin mit durchhängendem Rücken, war das älteste Weibchen des Rudels und uns gegenüber ein wenig scheu. Selbst wenn sie beim Ruhen den Kopf auf die Pranken legte, schloß sie niemals ganz die Augen.

Von den fünf nahezu ausgewachsenen Weibchen war Sassy das kühnste und neugierigste. Sie schlich sich oft an den Wagen an, als ob er eine Beute wäre, und legte sich hinter dem Heck auf die Lauer, bereit zum Sprung, falls er ihr zu entkommen suchte. Doch wenn unser Start nicht mit ihrem Angriffsplan übereinstimmte, stand sie auf und tätschelte einen Reifen ein paarmal mit der Pfote oder nagte an einem Kotflügel oder Schlußlicht. Sie war fasziniert von der Umdrehung der Räder, und jedesmal, wenn wir nach einer längeren Beobachtung des Rudels langsam wegfuhren, lief sie seitlich neben dem Landrover her und sah zu, wie sie sich drehten, wobei ihre Augen rollten und ihr Kinn sich mit jeder Kreisbewegung hob und senkte. Sassy war unser besonderer Liebling.

Gypsy konnte nicht stillsitzen. Spicy, die mich einmal zum Schein angriff, war zimtbraun und kampflustig. Spooky hatte große, runde Augen, und Liesa war klein, proper und hübsch. Die beiden einjährigen Junglöwen, Rascal und Hombre, ärgerten ständig eines der erwachsenen Tiere und bekamen dann eins auf die Nase.

Gegen einundzwanzig Uhr hob Chary den Kopf und starrte hellwach in die Ferne. Die anderen Löwen wurden sofort aufmerksam und blickten in dieselbe Richtung. Ich hielt den Scheinwerfer etwas höher und sah einen Strauß. Chary richtete sich langsam auf und begann sich an den großen Vogel heranzupirschen. Nacheinander folgten die übrigen Löwinnen. Wir blieben allein zurück.

Nach einer Dreiviertelstunde drangen aus den Büschen am Dünenhang Knurrlaute und kehliges Grollen zu uns herüber. Die Löwen stritten sich noch immer um die Beute, als wir mit dem Wagen unweit der Stelle anhielten, wo sie sich in einem Kreis um den Kadaver versammelt hatten. Sie drehten die Köpfe und funkelten uns an. Ich stellte den Motor ab. Die Tiere wandten sich wieder dem Kadaver zu. Wir waren keine fünfzehn Meter von ihnen entfernt, konnten sie also mit dem alten Narkosegewehr schwerlich verfehlen.

Da Chary von allen am wachsamsten war, mußte sie als erste außer Gefecht gesetzt werden, damit sie die anderen nicht warnen konnte. Das Gewehr machte „plopp", und der Pfeil traf die Löwin in die Schulter. Eine wahre Eruption von knurrenden und grollenden Lauten folgte, als das Rudel auf die Beine sprang und mit den Schwänzen die Luft peitschte. Wir erstarrten einen Augenblick lang, weil wir damit rechneten, daß die Tiere uns angreifen würden. Sie liefen ziellos umher, blickten vom Wagen zum Kadaver, dann in die Nacht hinaus, und schließlich schauten sie einander an, augenscheinlich bestrebt, die Ursache der Störung zu ergründen. Plötzlich verpaßte Chary Blue einen Nasenstüber; eine Rechnung war beglichen, die Spannung löste sich, und die Löwen wandten sich wieder ihrer Mahlzeit zu. Wir lehnten uns zurück und warteten.

Zehn Minuten nach dem Schuß weiteten sich Charys Augen, und ihre Pupillen wurden immer größer. Sie verließ den Kadaver und verzog sich schwankend in das dichte Gebüsch. Mox, der offenbar die Augen einer Katze besaß, wandte den Blick nicht von ihr ab, während wir nacheinander Blue, Gypsy und Liesa betäubten. Die restlichen fünf fraßen unbekümmert weiter.

Unterdessen waren seit Charys Kollaps fast vierzig Minuten vergangen. Sie und die anderen Löwen würden spätestens eine Stunde nach der Betäubung wieder aufwachen. Wir fuhren schnell zu der Stelle, wo Mox Chary zuletzt gesichtet hatte. Ihre wunderschönen Bernsteinaugen waren weit geöffnet. Die Ohren zuckten beim Geräusch des näher kommenden Landrovers, und sie hob leicht den Kopf.

Ich stellte den Wagen etwa zehn Schritt hinter ihr ab und sprang heraus. Da ich nicht genau wußte, wie bewegungsunfähig Chary war, klatschte ich zweimal in die Hände, um ihre Reflexe zu überprüfen. Doch sie reagierte nicht. Ich schlich mich vorsichtig an, hockte mich neben ihren Schwanz und kitzelte ihren mächtigen Leib mit den Zehen; sie schien es kaum zu spüren.

Ich machte Delia ein Zeichen, daß alles in Ordnung sei. Während Delia an der Innenseite eines Vorderbeins den Puls fühlte, spritzte ich Chary etwas Salbe in die Augen, um das Austrocknen der Hornhaut zu verhindern. Delia versorgte die kleine Pfeilwunde mit Salbe, und ich befestigte die Marke am Ohr.

Als wir auch mit Blue und Gypsy fertig waren, kamen Chary und die anderen bereits wieder zu sich. Außerdem hatten sich die „unbehandelten" Löwen an dem Straußenkadaver satt gefressen. Sie interessierten sich nun zusehends für uns, aber Liesa mußte noch ihre Markierung verpaßt bekommen.

Als wir Liesa fanden, richtete sie sich unsicher auf den Vorderläufen auf. Wir konnten sie unmöglich markieren, ohne ihr zuvor noch eine Dosis des Betäubungsmittels zu injizieren. Aber wir wollten ihr nicht noch ein zweites Mal das Trauma eines Narkosepfeils zumuten. Ich ging zum Wagen und bereitete eine Spritze vor. „*Go leba de tau, sintle* – paß gut auf die Löwen auf", sagte ich zu Mox, streifte mir die Schuhe ab und kroch auf Liesa zu.

Delia und ich wußten, daß das wahrscheinlich nicht besonders klug war, aber wir befürchteten, daß die halbbetäubte Löwin in Panik geraten würde, wenn wir mit dem Wagen auf sie zufuhren.

Ich tastete mich leise durch trockenes Laub und Grasbüschel voran. Als ich knapp fünf Meter von Liesa entfernt war, zerdrückte ich mit einem Knie laut knisternd ein paar trockene Blätter. Sie drehte sich um und schaute mich direkt an. Ich erstarrte.

„Tau, Morena!“ flüsterte Mox eindringlich auf dem Landrover.

Rechts von mir, etwa zwanzig Schritt entfernt, schlich sich eine der unbetäubten Löwinnen im Gebüsch an mich heran. Mit zuckendem Schwanz ging sie in Kauerstellung. Ich preßte meinen Bauch in die spitzen Borsten eines Grasbüschels und drückte meine Wange auf den Sandboden, um mich unsichtbar zu machen. Mein Puls hämmerte in meinen Ohren. Ich bedeckte den Nacken mit einem Arm, schloß die Augen und versuchte den Atem anzuhalten.

„Mox! Richte das Licht auf ihre Augen!“ In der allgemeinen Stille vernahm ich Delias eindringliches Geflüster. Mox schwenkte den Suchscheinwerfer und zielte mit ihm genau auf die Augen der angriffsbereiten Löwin. Sie erhob sich halb aus ihrer Kauerstellung und blinzelte ins Licht.

Liesa mußte ihre Rudelgefährtin gehört haben, denn sie blickte in ihre Richtung. Das war meine Chance. Ich begann rückwärts zu kriechen. Meine Arme waren vor Angst wie aus Gummi. Dann spürte ich neben mir die vordere Stoßstange des Wagens. Ich hechtete durch die Tür und sank auf dem Sitz zurück. Mit zitternder Hand wischte ich mir den Sand und Schweiß aus dem Gesicht.

Die angriffslustige Löwin verlor schließlich das Interesse an mir und kehrte zum Straußenkadaver zurück. Nach allem, was ich soeben erlebt hatte, machte ich mir jetzt weniger Gedanken darüber, daß Liesa sich unnötig aufregen könnte. Ich fuhr los, hielt neben ihr an, langte mit dem Arm durch die Wagentür und spritzte ihr das Betäubungsmittel ein. Nach etwa zehn Minuten konnten wir ihr die Ohrmarke verpassen. Wir warteten, bis sich alle Löwen erholt hatten, und fuhren dann heim, um noch ein wenig zu schlafen.

Am nächsten Abend besuchten alle Löwen des Rudels das Camp. Sie umkreisten den Landrover und beschnupperten die Reifen, die Stoßstangen und den Kühlergrill. Daß sie nun blaue Plastikscheiben, jede mit einer anderen Nummer, im Ohr trugen, bemerkten sie gar nicht. Sie hießen für uns fortan das „Blaue Rudel“.

„Tau, Morena!“ Es war früh am Morgen, nur wenige Tage nach der Narkosebehandlung des Blauen Rudels. Wir schliefen noch, als Mox uns aufweckte. Er stand vor dem Zelteingang und wies mit der Hand

Chary, die wachsame Löwin des Blauen Rudels

auf einen Löwen, der sich fast dreihundert Meter vom Camp entfernt über die monatealten Überreste eines Spießbocks beugte. Normalerweise hätte ein Löwe einen so wertlosen Kadaver kaum beachtet. Aber dieser männliche Löwe mühte sich unbeirrt damit ab, das verwitterte Aas in den Schatten einer Baumgruppe zu schleppen. Durch den Feldstecher sahen wir, daß er schrecklich abgemagert und sehr schwach war. Der Spießbockkadaver konnte höchstens dreißig Pfund wiegen, doch der Löwe vermochte ihn jeweils nur ein paar Meter weit zu tragen, bevor er sich schweratmend ausruhen mußte. Bei jedem Versuch wurde er schwächer, bis er schließlich zusammenbrach.

Wir zogen uns an, sprangen in den Wagen und fuhren langsam auf ihn zu. Wir waren erschüttert über seinen Zustand. Seine Rippen standen scharf hervor, und ich hätte seine Körpermitte mit zwei Händen umspannen können. Er mußte seit Wochen gelitten und so gut wie nichts gefressen haben.

Mit einer gewaltigen Anstrengung stand er auf und begann auf die Baumgruppe zuzustolpern, und erst jetzt bemerkten wir ein Dutzend Stachelschweinsborsten, die tief in Nacken, Schultern und Flanken staken. Bei dem Versuch, in seinem geschwächten Zustand etwas Genießbares zu finden, hatte er die falsche Beute erwischt. Er erreichte mühsam den Schatten der Bäume und sank zu Boden.

Wir ließen ihn dort liegen, kehrten aber am späten Nachmittag mit dem Narkosegerät zurück. Wir wollten den Löwen genauer untersuchen und sein Alter und seine Überlebenschancen feststellen. Als ihn der Pfeil traf, zeigte er keine Regung und sackte schnell in sich zusammen. Wir machten uns daran, die eiternden Stacheln zu entfernen, von denen einige sich fast zwanzig Zentimeter tief eingebohrt hatten, und die Wunden mit Salbe zu behandeln. Ich hatte nur Schwierigkeiten mit einem Stachel, der im Knorpel dicht unter dem Knie des rechten Hinterbeins steckte. Ich holte eine Zange aus dem Wagen, packte ihn damit und riß mehrmals kräftig. Doch so fest ich auch zog, die Zange rutschte immer wieder ab. Es wurde dunkel, so daß ich Mox im Landrover aufforderte, den Suchscheinwerfer einzuschalten. Als ich besser sehen konnte, entdeckte ich, daß ich nicht an einem Stachel, sondern am abgebrochenen Schienbeinknochen des Löwen gezerrt hatte. Er litt an einer komplizierten Fraktur.

Wir standen vor einem Dilemma: Nach den Regeln der objektiven wissenschaftlichen Forschung hätten wir den Löwen einfach sterben lassen müssen. Und selbst wenn wir ihm zu helfen versuchten, konnten wir eine solche Verletzung nicht fachgerecht behandeln, weil uns die entsprechende Ausbildung fehlte. Andererseits hatten wir den Löwen bereits narkotisiert, und die geringe Abnutzung seines Gebisses verriet uns, daß er höchstens sechs Jahre alt war. Wir beschlossen, alles zu tun, was in unseren Kräften stand, um ihm zu helfen.

Mox hielt den Scheinwerfer, während wir die Wunde desinfizierten und die zersplitterten Knochen absägten. Wir vernähten den Muskel und die Haut und injizierten eine große Dosis Antibiotikum. Dann befestigten wir eine orangefarbene Markierung, welche die Zahl 001 trug, am linken Ohr des Patienten. Wir traten zurück und betrachteten dieses mitleiderregende Wrack eines Löwen. Wenn er durchkommen sollte, würden wir ihn „Bones“, das heißt Knochen, nennen.

Um zu überleben, brauchte unser Patient sofort Feuchtigkeit und Nahrung. Ich schoß ein Steinböckchen und schob es unter Bones' Kopf. Mehrere Stunden später begann sich Bones an dem Fleisch gütlich zu tun, und als die Sonne über die Ostdüne kroch, schlief er tief und fest.

Bones würde schon bald Nachschub brauchen. Noch am selben Morgen erlegte ich einen fast zweihundert Kilogramm schweren Spießbock und schleppte ihn an einer Kette hinten am Landrover zu der Stelle, wo Bones lag. Langsam bugsierte ich ihn in Bones' Nähe, vier Schritte von ihm entfernt. Der Löwe wurde immer erregter, als ich durch die Tür schlüpfte und zum Heck kroch. Behutsam begann ich schweißüberströmt, an der verknoteten Kette herumzufummeln. Mit angespannt zuckenden Schultermuskeln und mit vor Angst und Angriffslust weitgeöffneten Augen betrachtete Bones mein nervöses Hantieren. Endlich war die Kette frei. Ich krabbelte in den Landrover und fuhr davon.

Jeden Morgen und jeden Abend saßen wir im Wagen in Bones' Nähe, um zuzuschauen, wie er an Gewicht zunahm und seine verlorene Kraft zurückgewann. In der neunten Nacht nach dem chirurgischen Eingriff weckte uns sein Gebrüll, das im Tal widerhallte, während er nach Süden durch das alte Flußbett wanderte.

SEIT zehn Tagen war Bones fort. Wir hatten keine Spur mehr von ihm gesehen. Am frühen Morgen folgten Mox und ich einer Hyänenfährte, die wir am Abend zuvor im dichten Gebüsch verloren hatten. Delia fuhr im Landrover neben uns her. Es war eine langweilige und mühselige Arbeit in der Hitze, doch nur so konnten wir herausfinden, wie weit sich die Hyänen vom Flußbett entfernten und was sie im Sandveld taten.

Die Spuren verliefen nach Nordwesten zum weichen Sand des Dünenhangs, wo sie sich mit der frischen Fährte eines großen männlichen Löwen kreuzten. Wir hatten in dieser Gegend kaum jemals Löwen beobachtet, und wir waren darauf gefaßt, dem Männchen des Blauen Rudels zu begegnen.

Es begann leicht zu regnen, als wir uns auf die Fährte des Löwen setzten und uns langsam durch den Wald und in ein Labyrinth von Springhasenbauen bewegten. Der Löwe hatte ein Stachelschwein gejagt. Nach zweihundert Schritten entdeckten wir einen Haufen Stacheln und einen Blutfleck.

Ich spürte Mox' Hand auf meiner Schulter. *„Tau, kwa!“* flüsterte er.

Unter einem Akazienbusch, knapp hundert Meter vor uns, saß ein mächtiger männlicher Löwe und blickte durch den Regenschleier auf die offene Waldlandschaft und das dahinterliegende Tal – ein zeitloses Bild des echten Afrika!

Mox und ich stiegen zu Delia in den Landrover. Wir fuhren auf den Löwen zu, der seinen Blick jetzt auf uns richtete. Dann erkannten wir die orangefarbene Ohrmarke. Es war Bones. Er hatte stark zugenommen; sein Bein war zwar noch nicht vollständig verheilt, aber bereits mit Schorf bedeckt.

Wir saßen lange bei ihm und freuten uns darüber, daß wir dieses eine Mal der Natur ins Handwerk gepfuscht hatten.

ALS wir eines Abends Star, unserer Lieblingshyäne, folgten, blieb sie plötzlich stehen und sträubte das Fell. Unerwartet riß sie nach Westen aus: Das Blaue Löwenrudel war auf dem Kriegspfad. Sassy und Blue trabten auf den Wagen zu und beäugten uns über die halbhohe Tür hinweg. Nach dieser ersten Inspektion führten sie einen Scheinangriff gegen Spicy. Sie warfen sie um und hetzten sie immer wieder im Kreis um den Landrover herum. Ihre Ausgelassenheit war ansteckend, und Rascal und Hombre, die beiden Junglöwen, beteiligten sich an dem Spaß, bis schließlich alle im hellen Mondlicht herumtollten.

Unvermittelt hielten die neun Löwen inne und stellten sich Schulter an Schulter nebeneinander auf, den Blick nach Norden gewandt. Ich schwenkte den Suchscheinwerfer und erspähte Bones, der in einem kraftvollen, steifbeinigen Trab im Lichtkegel auftauchte und das be-

Nach unserer Operation sah Bones zunächst noch sehr mitgenommen aus. Er erholte sich aber prächtig.

mähnte, massige Haupt hin und her pendeln ließ. Jede Löwin legte ihre Wange an die seine, rieb dann den Kopf an seinem Körper entlang und trat neben seinem Quastenschwanz zur Seite. Nach diesem ausgiebigen Willkommensgruß ruhte das ganze Rudel schweigend dicht nebeneinander, nur Bones hielt sich ein paar Schritte entfernt. Der Herr des Blauen Rudels war heimgekehrt!

WIR schrieben Ende Mai 1975. Der Himmel war blaß und wolkenlos, die kühlen Nächte waren erfüllt vom süßen Moschusduft des goldenen Grases, und der Morgenwind blies scharf. Die Spießbock- und Kuhantilopenherden hatten sich zerstreut und zogen ab. Alles deutete auf den nahen Winter hin.

Wir sahen die Löwen immer seltener, schließlich waren sie ganz verschwunden. Wir vermißten ihr Gebrüll, das vom Nachtwind durch das Tal getragen wurde, und fragten uns, ob wir Bones und das Blaue Rudel jemals wiedersehen würden.

7

Mark: Löwen im Regen

VON September bis Dezember blieb der Regen aus, und auch Anfang Januar zeigte sich keine Wolke am Himmel. Die Temperaturen stiegen auf über fünfzig Grad im Schatten, und der Wind fegte heiß wie ein Hochofengebläse durch das trockene, staubige Tal. Wir konnten nichts anderes tun, als uns auf unseren Matratzen auszustrecken, benommen von der Hitze und eingehüllt in nasse Handtücher. Wir versuchten unsere Kräfte zu schonen, um wenigstens nachts arbeiten zu können, doch bei Sonnenuntergang waren wir stets schlapp vor Hitze. Wir vegetierten nur noch dahin.

Sosehr die Hitze uns auch zusetzte, sie war noch viel schlimmer für die Tiere. In dem alten Flußbett war keine einzige Antilope zu sehen. Im Sandveld scharrten die Spießböcke tiefe Löcher in den Boden, um an die fleischigen, saftigen Wurzeln und Knollen heranzukommen. Die Nächte waren totenstill, kein Laut war zu hören.

Mitte Januar zogen dann Tag für Tag schneeweiße Kumuluswölkchen auf, doch wie Geistererscheinungen verschwanden sie jedesmal. Jeden

Tag wurden sie größer, bis sie schließlich wie riesige Kathedralen mit mächtigen Säulen am Himmel standen. Erwartungsvoll tauchten kleine Springbockherden im Flußbett auf. Sie schienen die Sprache der fernen, rumpelnden Wolken zu verstehen. Der Himmel hinter ihnen war vom Regen schraffiert – wir konnten ihn bereits riechen. Doch er wollte und wollte nicht kommen.

Endlich, an einem späten Nachmittag, türmten die Wolken sich wie dunkle Berge aus Wasserdampf über dem Tal auf. Eine Bö fegte auf das Flußbett zu. Die Bäume begannen zu zittern, Blitze durchzuckten den Himmel, wirbelnde Wolken wälzten sich über die Dünen, und wie eine Lawine ergoß sich der Sturm über die ausgedörrte Wüste. Lachend und singend rannten wir der Wind- und Regenwand entgegen. Der Gewittersturm weckte unsere Lebensgeister und bescherte der Kalahari neues Leben. Kein Wunder, daß *Pula* das wichtigste Wort der Setswana-Sprache ist. Es bedeutet „Regen" und ist sowohl die Grußformel als auch die Bezeichnung einer Währungseinheit in Botsuana.

Der Anblick der Kalahari, die sich aus einer öden Wüste in ein grünes Paradies verwandelt, gehört zu den Wundern dieser Welt. Bei Tieren und Pflanzen setzt unverzüglich eine Massenvermehrung ein; sie müssen die kurze und unberechenbare Regenzeit nutzen. Es wäre eine lohnende Aufgabe, den Gesichtsausdruck eines männlichen Springbocks zu beschreiben, der nach monatelanger Einsamkeit in staubiger Einöde plötzlich aufschaut und zweitausend Weibchen erblickt, die in sein Territorium sprengen!

Eines Tages, noch vor dem Morgengrauen, ging ein zweites heftiges Gewitter auf das Tal nieder. Wir lauschten im Zelt der Symphonie des Donners, des Windes und des Regens, der auf unsere Planen trommelte. Als das Unwetter vorüber war, lag die Kalahari schweigend da, als hielte sie den Atem an. Dann rollte das tiefe Gebrüll eines Löwen in der stillen Morgendämmerung durch das Tal.

Wir wateten durch den knöcheltiefen Schlamm zum Landrover und steuerten nordwärts das Löwengebrüll an. Die Nordpfanne war in eine dünne Bodennebelschicht gehüllt, und gerade als die Sonne über der Ostdüne auftauchte, schritt ein großer männlicher Löwe durch einen Vorhang aus wehenden Nebelschwaden. Mit erhobenem Haupt und bebenden Flanken kam er auf uns zu, blieb fünf Schritt vor dem Wagen stehen und horchte auf eine Antwort auf sein Brüllen. Und dann sahen wir es – die orangefarbene Marke, Nummer 001. Es war Bones!

Er blickte uns lange an und zog dann, immer wieder brüllend, nach Süden ab. Wir folgten ihm ins Camp, wo er ein Sonnenbad nahm, während wir frühstückten.

Zwei Tage später schreckte mich weit nach Mitternacht das Geräusch splitternden Holzes aus dem Schlaf auf. Wir waren bereits dreimal aufgestanden, um die Braunen Hyänen zum Verlassen des Camps zu bewegen. Jetzt waren sie wieder da. Schlaftrunken und ziemlich verärgert, sprang ich hoch und stapfte in der Dunkelheit den schmalen Pfad entlang. Diesmal wollte ich ihnen eine Lektion erteilen.

Ich konnte vor mir eine dunkle Gestalt ausmachen. Armschwingend und leise fluchend näherte ich mich dem Eindringling bis auf wenige Schritte, stampfte mit dem Fuß auf und brüllte: „Hau endlich ab, verdammt noch mal! Verschwinde …!" Das Wort blieb mir im Hals stekken. Mit einem Grollen drehte sich eine Löwin um und kauerte sich vor mir auf den Boden.

Ich schob langsam einen Fuß nach hinten und trat den Rückzug an. Mit einem lauten, langgezogenen Knurren sprang die Löwin in die Luft, wirbelte herum und trabte aus dem Camp. Als ich zum Zelt zurückkehrte, vernahm ich ringsum im Dunkel das Getrampel schwerer Pfoten und noch mehr Knurren.

Ich kniete nieder, um die Gaslaterne anzuzünden. Delia richtete sich auf. „Mark, was hast du vor?"

„Löwen", flüsterte ich. „Sie sind heute verdammt schlecht gelaunt. Wir verziehen uns am besten in den Wagen."

Das Licht der Laterne spiegelte sich in den Bernsteinaugen mehrerer Löwen, die den unmittelbar hinter dem Zelt abgestellten Landrover umstanden. Einer knabberte an einem Reifen herum. Bones stand neben dem linken vorderen Kotflügel, und sein Kopf überragte die Motorhaube. Einige Löwen hatten sich inzwischen rings um den Wagen ausgestreckt.

Etwa eine halbe Stunde später begann Bones zu brüllen, und das ganze Rudel stimmte wie im Chor ein. Die beiden Tiere neben der Tür auf der Fahrerseite bewegten sich zum Heck des Wagens. Wir krochen an der Zeltwand entlang und schlüpften leise in den Landrover.

Als die Morgensonne emporstieg, saß ich mit dem Kopf auf dem Lenkrad da, während Delia sich an meine Seite kuschelte. Das dumpfe Geräusch von malträtiertem Gummi und eine Bewegung des Steuers ließen mich auffahren. Ich beugte mich aus dem Fenster und erblickte Sassy, die neben dem Vorderrad lag und ihre langen Reißzähne in den Reifen bohrte. Müde von der Erstürmung des Camps, ruhten Gypsy, Liesa, Spicy, Spooky, Blue, Chary, Rascal, Hombre und Bones rund um unseren Wagen. Das Blaue Rudel war heimgekehrt.

WIR mußten in der kurzen Regenzeit soviel wie möglich über das Blaue Rudel erfahren: wie groß ihr Territorium war, welche Beutetiere sie schlugen, wie viele und wie oft, und auch inwieweit ihr Beutemachen die Bewegungen und Ernährungsgewohnheiten der Braunen Hyänen beeinflußte. Wir wollten darüber hinaus ihr Sozialverhalten kennenlernen.

Doch selbst während sich die Löwen in der Nähe des Deception Valleys aufhielten, verbrachten sie die meiste Zeit in der Baum- und Buschlandschaft der Dünenhänge, wo wir sie nur sehr schwer verfolgen und beobachten konnten.

Fast jeden Abend wurde das Gebrüll des Blauen Rudels beantwortet von anderen Löwen weiter südlich im Deception Valley. Diese Nachbarn erregten immer mehr unsere Neugierde, weil das Studium eines einzigen Rudels niemals ein vollständiges Bild der Kalahari-Löwen ergeben konnte. Wir mußten also nach Süden vordringen.

Dieser Gedanke erschreckte uns zunächst ein bißchen. Allein in unserem klapprigen Vehikel, ohne Funkverbindung und nur mit soviel Lebensmittel- und Wasservorräten, wie wir befördern konnten, war die Gefahr groß, daß wir von dem als Orientierung dienenden Flußbett abkamen und tagelang umherirren mußten, um unser Camp wiederzufinden.

Doch unser Entschluß stand fest. Eines frühen Morgens brachen wir in Richtung Süden auf. Wir ließen Mox zurück, der am Rande des Lagerplatzes stand und ein Stück Papier in der Hand hielt. Darauf hatten wir geschrieben: *An den Leser dieser Zeilen: Am 6. April 1976 haben wir das Camp verlassen, um das Deception Valley südlich dieses Punktes zu erkunden. Sollten seit unserer Abreise mehr als zwei Wochen vergangen sein, wenn Sie diese Nachricht lesen, dann veranlassen Sie bitte in Maun, daß ein Suchflugzeug das Tal abfliegt. Mark und Delia Owens*

Mox hatte Anweisung bekommen, ostwärts zu einer Viehstation zu laufen, wenn wir noch nicht zurück sein sollten, nachdem die Sonne vierzehnmal auf- und untergegangen war.

Endlich wird die Dürre durch ein spektakuläres Nachtgewitter beendet.

Mark bringt unser Hab und Gut in Sicherheit.

Etwa anderthalb Kilometer weit begleitete uns der vertraute Höhenzug der Westdüne mit den malerischen Akazienwäldern, doch dann änderte sich das Landschaftsbild. Das Flußbett verengte sich und verlor seine scharfen Konturen. Wir steuerten einen flachen Horizont an, Dornbüsche, Gras und Sand.

Nach mehreren Kilometern weitete sich das Tal zu einer offenen Ebene oder Pfanne, in der Hunderte von Spießböcken und Kuhantilopen und Tausende von Springböcken das üppige Gras abweideten. „Springbockpfanne", trugen wir in unser Tagebuch ein. Andere Antilopen tranken an seichten klaren Wasserlöchern. Weißstörche, Zugvögel aus Europa, und Regenstörche aus Nordafrika staksten umher und pickten nach Heuschrecken.

Wir fuhren langsam zwischen den Herden hindurch und fanden den Zugang zu einem sich abermals verengenden Talabschnitt. Nach einer Flußbiegung türmte sich eine große Sanddüne vor uns auf und versperrte das Tal. An ihr führte offensichtlich kein Weg vorbei. Wir fuhren geradewegs bis zur Kuppe hinauf. Vor uns fächerte sich der Flußlauf in verschiedene Richtungen auf wie das zerfaserte Ende eines Seils.

Ich holte einen abgegriffenen Bogen mit Fotos der amerikanischen Luftwaffe hervor, eine Zusammenstellung von winzigen Luftaufnahmen, die beim Druck noch sorgfältig aufeinander abgestimmt waren. Als Navigationshilfe war dieses vergrößerte Mosaik wenig verläßlich, aber etwas anderes hatten wir nicht. Jedenfalls sah es so aus, als wäre der mittlere Arm die Fortsetzung des Deception Valley, und so schlugen wir diesen Weg ein.

Wir versuchten unseren Kurs zu halten, doch an vielen Stellen war die alte Flußrinne mit der gleichen Vegetation bewachsen wie das anschließende Sandveld. Des öfteren blieben wir stehen und stiegen auf das Dach des Landrovers, um das flache Gelände zu überblicken.

Der Fotobogen flatterte im Wind, als ich ihn auf der Motorhaube auszubreiten versuchte. In der grellen Sonne blinzelnd, studierten wir ein großes, etwas dunkleres Gebiet, das ungefähr fünfundzwanzig Kilometer südlich unserer Position liegen mußte. Auf der Luftaufnahme wirkte diese Pfanne sehr viel größer als alle anderen, die wir bisher gesehen hatten, und wir wollten unbedingt wissen, welche Wildtiere sie beherbergte.

Wegen unseres begrenzten Vorrats wollten wir das Flußbett, unsere einzige Orientierungslinie, nur ungern verlassen. Aber wenn wir genau nach Süden fuhren und die zurückgelegten Kilometer registrierten, sollte es ein leichtes sein, den Weg zurück zu finden, zumal wir dabei unserer Wagenspur im Gras folgen konnten.

Die Nächte erschienen uns wie Szenen aus einer anderen Welt. Wir lagen auf dem Rücken unter den Sternen, die wie Diamanten im pechschwarzen Weltraum funkelten, ungetrübt durch das Licht der Zivilisation. Meteore hinterließen blauweiße Spuren am Himmel. Niemand auf der Erde wußte, wo wir waren; wir wußten es selber kaum.

Tagsüber kamen wir nur langsam voran. Der Boden war übersät mit Grasklumpen, Löchern und dürrem Gesträuch. Im Kampf mit dem weichen Sand und dem zähen Dornengestrüpp verbrauchte der Landrover sehr viel mehr Sprit als auf dem harten Boden und im kurzen Gras des Flußbetts, und wir mußten nach jedem Kilometer anhalten, um den Kühler mit Wasser zu begießen. Nach Stunden machten wir eine Pause – erhitzt, gereizt und mit juckendem Grassamen und Staub bedeckt. Die Stelle, wo die große Pfanne hätte sein müssen, hatten wir bereits passiert. Und inzwischen hatten wir auch unsere Nord-Süd-Route, die vom Flußbett abzweigte, verloren. Ich kletterte auf einen Akazienbaum und blickte angestrengt durch das Fernglas. Doch ich sah auf allen Seiten nichts als welliges Sandveld.

Wir starrten noch einmal die Aufnahmen an, und dabei fiel mir auf, daß die Ränder der Pfanne ausgefranst und verschwommen wirkten, ganz anders als die scharf umgrenzten Gegenstücke in der Nähe unseres Camps.

„Unglaublich!" stöhnte ich. „Weißt du, was das ist? Es ist ein Staubkorn! Wir suchen seit Stunden ein verdammtes Staubkorn!"

Die Leute von der Luftwaffe hatten seinerzeit nicht aufgepaßt: Ein Staubflöckchen war in ihre Kamera gedrungen und hatte sich auf dem Film abgebildet. Durch die Vergrößerung war es so stark gewachsen, daß es fast genauso aussah wie die Bilder der Kalahari-Pfannen. Wir waren einem Phantom nachgejagt!

Um zum Flußbett zurückzukehren, genügte es nicht, daß wir einfach in Richtung Norden fuhren. Das Tal war an vielen Stellen so wenig auffällig, daß wir es, falls wir unsere Reifenspuren nicht wiederfanden, durchqueren konnten, ohne es zu merken. Keiner von uns konnte sich erinnern, ob wir uns nun östlich oder westlich der Abzweigroute befanden.

Delia setzte sich auf die Motorhaube, und ich fuhr langsam nach Westen auf der Suche nach unseren Reifenspuren. Aber schon nach wenigen Minuten verschwamm uns die Sicht im wogenden Grasmeer. Nach vierzig Minuten wandten wir uns wieder nach Osten. Doch es war hoffnungslos, und wir verschwendeten viel zuviel kostbares Benzin und Wasser. Wir wendeten und fuhren nach Norden in Richtung Deception Valley.

Delia nahm jetzt im Ersatzreifen auf dem Dach Platz. Von oben sollte es ihr möglich sein, die Rinne des Flußlaufs zu erkennen. Sie mußte sie einfach finden. Je länger ich am Steuer saß, um so mehr war ich überzeugt, daß wir das Deception Valley schon gekreuzt hatten und daß wir immer weiter ins Nichts hinausfuhren. Mit verspannten Schultern über das Lenkrad gebeugt, warf ich einen Blick nach hinten auf unseren letzten, halbleeren Wasserkanister. Plötzlich schrie Delia und hämmerte auf das Wagendach. „Mark, ich sehe unsere Spur! Links neben uns!“ Beim Anblick der beiden Linien, die uns den Weg zurück zum Flußbett wiesen, waren wir so erleichtert, daß wir an Ort und Stelle das Lager aufschlugen. Am nächsten Morgen folgten wir unserer Fahrspur bis zum Tal.

Wir waren erst seit fünf Tagen unterwegs, aber wir hatten auf der Suche nach der nicht existierenden Pfanne sehr viel Wasser verbraucht. Es wäre vernünftig gewesen, sogleich zum Camp zurückzukehren. Doch es gab an diesem Ende des Flußbetts noch so viel zu erkunden, und so fuhren wir weiter, ständig nach einer Stelle Ausschau haltend, wo wir unsere Kanister wieder auffüllen konnten.

Am Mittag des folgenden Tages erreichten wir eine verkrustete Pfanne. Der graue, schlammige Boden war höchstens zwei Zentimeter hoch mit Wasser bedeckt, und darauf schwammen Antilopenexkremente. Dennoch schöpften wir das Wasser mit Töpfen auf und seihten es durch mein Hemd in unsere Kanister.

Am nächsten Tag verlor sich das alte Flußbett in der Wüste, und wir traten die Heimreise an.

Einige Tage danach fuhren wir in die Springbockpfanne ein. „Löwen!“ Delia zeigte auf eine lichte Akaziengruppe. Zwei männliche und fünf weibliche Löwen schliefen in der Krone eines umgestürzten Baumes neben einer Giraffe, die sie gerissen hatten. Die männlichen Löwen hoben den Kopf, um uns zu betrachten, und gähnten herzhaft.

Wir tauften die Männchen Satan und Morena. Die größte Löwin

nannten wir Happy, die anderen Dixie, Muzzy, Taco und Sunny. Stonewell, ein zottiger Löwenjüngling, vervollständigte das Rudel. Wir bauten unser kleines Nylonzelt unter einem nahen Baum auf, und am nächsten Abend konnten wir einige Löwen mit Ohrclips markieren.

WIR suchten die Löwen der Springbockpfanne und des Blauen Rudels so oft wie möglich auf, weil wir wußten, daß sie uns am Ende der Regenzeit verlassen würden. Das Blaue Rudel war mühelos zu beobachten, denn unser Camp war für die Tiere eine beliebte Station auf ihrem Wanderweg durch das Tal.

Unser Verhältnis zu diesen Löwen hatte sich allmählich gewandelt. Da wir inzwischen gelernt hatten, ihr Mienenspiel und ihre Gebärden als Ausdruck ihrer Stimmungen und Absichten zu deuten, hatten wir von ihnen kaum etwas zu befürchten. So ungeschickt wir uns auch oftmals angestellt hatten, wenn sie unser Camp heimsuchten, sie hatten uns noch nie ein Haar gekrümmt. Wir rannten jetzt nicht mehr zum Wagen, sobald sie auftauchten, sondern saßen still am Feuer, während sie um uns herumspazierten. Weil wir uns nicht bedroht fühlten, konnten wir ihre Nähe viel besser genießen. Wir beobachteten sie nicht nur, nein, wir kannten sie, wie nur wenige Menschen wilde Löwen in deren natürlicher Umwelt kennengelernt haben, und das war ein einmaliges Privileg.

AN EINEM Spätnachmittag demonstrierte uns das Blaue Rudel seine Giraffenjagdtechnik. Die Tiere hatten seit mehreren Tagen kaum mehr als ein Spießbock- und ein Springbockkitz verspeist. Nachdem sie den Tag in der Bauminsel der Südpfanne zugebracht hatten, begannen sie beutehungrig in der offenen Waldlandschaft der Westdüne herumzustreifen. Ein leichter Regen setzte ein, und sie legten sich beiderseits eines vielbenutzten Wildwechsels auf die Lauer. Sie hoben die Köpfe und spitzten die Ohren, und jedes Tier blickte in eine andere Richtung. Fast zwei Stunden lagen sie da wie Statuen und rührten sich kaum.

Plötzlich setzten sich alle Löwinnen auf die Hinterhand. Am Fuß der Düne kam ein großer Giraffenbulle in Sicht, der die Akazienbäume abäste. Chary und Sassy waren ihm am nächsten; langsam erhoben sie sich und begannen geduckt die Giraffe in verschiedenen Richtungen zu umgehen. Liesa, Gypsy, Spicy, Spooky und Blue verteilten sich fächerförmig. In der nächsten Stunde pirschten sie sich behutsam, Gras,

Büsche und Bäume als Sichtschutz benutzend, an ihre Beute heran. In derselben Zeit gelang es Chary und Sassy, die nichtsahnende Giraffe zu umrunden und sich hinter ihr im Gras zu verbergen.

Die fünf zusammenarbeitenden Löwinnen kamen bis auf dreißig Schritte an die Giraffe heran. Unvermittelt drehte sie sich auf der Stelle um und preschte donnernd auf dem Pfad in Richtung Düne davon. Als es so aussah, als würden Chary und Sassy von den Hufen des siebenhundert Kilogramm schweren Bullen zertrampelt, sprangen sie aus dem Hinterhalt. Die Giraffe bohrte ihre Füße in den Boden und versuchte den beiden Löwinnen auszuweichen, die von vorn und hinten angriffen. Doch die Giraffenhufe versagten ihren Dienst im feuchten Sand. Wie ein einstürzender Turm neigte sich der Bulle vornüber, direkt auf Chary und Sassy zu. Im Nu waren die anderen Löwen an seinen Flanken und zerrten an seinem Unterleib. Blue klammerte sich mit ihren Kiefern an den rechten Hinterlauf dicht über dem Huf, stemmte ihre Beine gegen die Laufrichtung auf den Boden und gab nicht nach.

Fast fünfundzwanzig Meter torkelte die Giraffe vorwärts, mit rollenden Augen und röchelnden Atemstößen, doch Blue ließ nicht locker. Die anderen Löwen rannten neben der Giraffe her und bearbeiteten sie mit ihren Pranken, bis ihre Eingeweide aus dem Leib hervorbarsten. Schließlich brach sie zusammen und schlug nur noch schwach nach den Raubtieren aus.

Im Laufe der Woche, die das Blaue Rudel am Giraffenkadaver zubrachte, bemerkten wir, daß sich das Verhältnis zwischen Bones und den fast drei Jahre alten Rascal und Hombre drastisch verändert hatte. Die bloße Gegenwart der Jünglinge versetzte Bones in Rage. Anfangs wollte er sie überhaupt nicht fressen lassen und jagte sie knurrend weg. Erst als er gesättigt war, konnten sie ein paar Bissen erhaschen.

Indem Bones die beiden so knapp hielt, zwang er sie zum Selbständigwerden. Schon bald würden sie das Rudel verlassen und ein Nomadenleben beginnen. Die nächsten drei Jahre würden sehr schwer für sie werden – ohne Weibchen, die ihnen bei der Jagd halfen. In der bevorstehenden Trockenzeit würde Beute Mangelware sein. Sie verhungerten vielleicht – das ist das Schicksal vieler junger, unerfahrener Löwenmännchen –, bevor sie groß und aggressiv genug waren, um sich ein Weibchenrudel und ein Territorium zu sichern. Sie mußten sich irgendwie durchschlagen bis zur nächsten Regensaison.

Rascal und Hombre wuchsen schnell heran, und in den folgenden

Wochen waren sie immer weniger bereit, bei Auseinandersetzungen mit Bones nachzugeben. Des öfteren schnappten sie sich einfach einen Fleischbrocken und knurrten den Alten drohend an, bevor er sie zum Rückzug zwang. Sie entwickelten nach und nach die Aggressivität, die sie eines Tages brauchen würden, wenn sie ein Revier mitsamt den Weibchen übernehmen und sich behaupten wollten.

Im Mai 1976 waren einundzwanzig Monate vergangen, seit wir das Stipendium von der National Geographic Society erhalten hatten. Wieder einmal ging unsere Barschaft zur Neige. Überdies brauchten wir dringend Geld für eine Funkortung der Braunen Hyänen und der Löwen, denen wir in der dichten Buschsavanne nur schwer folgen konnten. Und bis jetzt hatten wir noch immer keine Ahnung, wohin die Löwen in den trockenen Monaten abwanderten.

Eines Tages machten wir uns auf den Weg nach Maun, um den Stapel Briefe aufzugeben, die wir an Naturschutzorganisationen in der ganzen Welt geschrieben hatten.

Bevor wir Maun verließen, liehen uns Freunde bei der Firma South Safari ein Hochfrequenz-Funkgerät. Das bedeutete, daß wir nun jeden Tag, zumindest in der Safarisaison, um die Mittagszeit mit ihrer Zentrale in Maun Verbindung aufnehmen konnten. Zum ersten Mal seit Beginn unseres Forschungsprogramms hatten wir die Möglichkeit, Beziehungen zur Außenwelt herzustellen. Doch falls wir nicht bald ein Stipendium erhielten, war dies wohl unsere letzte Fahrt in die Kalahari.

Im Camp rationierten wir unsere Benzin-, Lebensmittel- und Wasservorräte noch strenger als je zuvor. Wenn wir für jede Hyänenpirsch nur knapp fünf Liter Sprit und pro Tag weniger als vier Liter Wasser verbrauchten, konnten wir drei Monate durchhalten. Bis dahin müßten wir eine Antwort auf unsere neuen Stipendiengesuche erhalten haben. In der Zwischenzeit wollten wir noch einige brauchbare Resultate unserer Löwen- und Hyänenforschung zusammentragen. So arbeiteten wir acht anstrengende Wochen lang wie Besessene, weil wir wußten, daß wir schon bald vom Deception Valley würden Abschied nehmen müssen.

„Zero-zero-neun – hören Sie mich?“ ertönte die verzerrte Stimme von Lionel Palmer, dem Jäger, aus dem Funkgerät.

„Roger, Lionel, sprechen Sie!“

„Ich habe Neuigkeiten. Hans Veit, der Direktor der südafrikanischen

Okavango Wildlife Society, ist in Maun. Er würde sich gern mit euch treffen. Könnt ihr herkommen? Over."

Wir blickten einander voller Hoffnung an. „Roger, Lionel. Wir melden uns, sobald wir da sind. Danke."

Als wir zwei Tage später in Maun waren, stellten wir erleichtert fest, daß wir mit großer Wahrscheinlichkeit mit einem Stipendium rechnen konnten. Doch vor der endgültigen Entscheidung mußten wir nach Johannesburg fahren, um die Angelegenheit mit dem Forschungsausschuß der Gesellschaft zu erörtern.

Dort handelten wir einen Zuschuß für zwei Jahre Forschungsarbeit in der Kalahari aus. Die Mittel ermöglichten uns die Anschaffung eines besseren Gebrauchtwagens, eines Zelts und der dringend benötigten Funkortungsgeräte, und vor allem konnten wir in die USA fliegen, um unsere Verwandten und Freunde wiederzusehen.

8

Mark: Rückkehr ins Deception Valley

VIER hektische Wochen in unserer alten Heimat lagen hinter uns, als wir im Oktober 1976 von New York zurück nach Johannesburg flogen. Wir wollten so schnell wie möglich ins Deception Valley und unsere Funkortungsgeräte an Löwen und Hyänen ausprobieren. Kurzerhand erstanden wir einen gebrauchten Kleinlastwagen, einen Toyota Land Cruiser, beluden ihn mit einer Tonne Vorräte und machten uns auf den langen Weg nach Norden.

Am Nachmittag eines Novembertages saßen wir nach einer strapazenreichen Fahrt durch die Gluthitze der Trockenzeit endlich auf der Kuppe der Ostdüne und blickten hinab ins Deception Valley. Wir hätten in Hochstimmung sein müssen, aber wir waren entsetzt über das, was wir sahen. Keine Ameise, kein Grashalm, kein einziges Lebewesen bewegte sich auf der kahlen, ausgedörrten Oberfläche des alten Flußbetts.

Mit geröteten Augen durchfuhren wir langsam das Flußbett und hielten vor den Überresten unseres Camps an: Verbogene und zerbrochene Stangen, verschossene Planen und rostige Konservendosen lagen wild durcheinander unter einer Schicht aus Zweigen und Sand. Das Regal hing nur noch an einem ausgefransten Seil an seinem Ast, und der Sonnenschutz, den wir uns gebaut hatten, hatte sich in einen Schilfhaufen verwandelt. Abgesehen von dem Wind, der in den Bäumen raschelte, herrschte eine gespenstische Stille. Keine Antilopen, keine Löwen und Hyänen waren da. Nur Wind, Dornbüsche, Sand und Hitze. Wir banden uns Tücher über das Gesicht gegen den sturmgepeitschten Sand und sammelten hier einen Topf, dort eine Konservendose auf. Was hatten wir hier überhaupt zu suchen?

Sonnenuntergang. Die Hitze und der Wind ließen nach. Die Wüste erstarrte in betäubtem Schweigen. Die rote Sonne versank hinter der Westdüne. Aus dem Wäldchen in Captains Territorium erhob sich die belebende Stimme eines Schakals. Wir wußten, warum wir zurückgekommen waren.

VON nun an würde unsere ganze Forschungsarbeit davon abhängen, ob das Funkortungsgerät funktionierte, aber wir hatten damit noch keinerlei Erfahrung.

„Testen Sie das Gerät unter Bedingungen, die denen der tatsächlichen Freilandsituation möglichst ähnlich sind!“ hieß es in der Bedienungsanleitung. Delia entfernte sich vierhundert Schritte weit vom Camp, legte sich einen senderbestückten Kragen um und begann auf Händen und Knien herumzukriechen. Ich richtete die Antenne auf Delia aus, als ich hinter mir die Schritte von Mox vernahm. Einige Tage nach unserer Rückkehr waren wir nach Maun gefahren, um ihn ins Camp zurückzuholen.

Er machte ein neugieriges Gesicht, als er seinen Blick zuerst auf die in der Ferne am Boden kauernde Delia und dann auf mich richtete.

„Funk ... Sender für Hyäne ... Hyäne, hier drin“, sagte ich mit Nachdruck, indem ich den Empfänger und die Peitschenantenne hochhielt.

„Oh! Missis ... Hyäne ... Macht Musik?“ fragte er leise. Um seine Mundwinkel zuckte es verräterisch; er schniefte und wandte sich ab. Mox mußte schon des öfteren das Bedürfnis gehabt haben, über uns zu lachen, aber er hatte sich stets beherrscht.

„Huh“, entfuhr es ihm belustigt, und er verschwand im Zelt.

Wie ich die Antenne auch hielt, bei Entfernungen von mehr als vierhundert Metern konnte ich keinen Laut aus dem Sender an Delias Hals vernehmen. Wir setzten uns auf den Boden des Flußbetts und ließen die Köpfe hängen. Dies war ein schwerer Rückschlag für unser Forschungsvorhaben. Uns blieb nichts anderes übrig, als die Funkausrüstung zur Überprüfung und Neujustierung einzuschicken, eine monatelange Verzögerung. Unterdessen mußten wir wieder auf die alte Methode der Hyänenortung zurückgreifen – dem stundenlangen Herumkurven im Flußbett.

Die ersten Regenfälle zu Beginn des Jahres 1977 milderten die Hitze. Die Antilopenherden sickerten wieder ins Tal ein, und eines frühen Morgens weckte uns Löwengebrüll. Durch das Gitterfenster unseres Zeltes beobachteten wir eine Herde von tausendfünfhundert Springböcken, die sich in der Mitte teilte, um einen großen männlichen Löwen durchzulassen. Die Antilopen wußten, daß er nicht auf der Jagd war.

Als der Löwe nur noch dreißig Meter entfernt war, erkannten wir seine orangefarbene Ohrmarke, Nummer 001. Wieder einmal war Bones ins Deception Valley zurückgekehrt. Beim Akazienbusch neben dem Fenster blieb er stehen, warf uns einen lässigen Blick zu, hob den langen Schwanz und schoß eine Ladung Urin in die unteren Zweige. Er brüllte noch einmal und lauschte dann mit hochgerecktem Kopf und gespitzten Ohren. Sein Blick schweifte weit das Tal hinauf nach Norden, von wo ein Löwenchor antwortete. Er entfernte sich rasch in diese Richtung, und wir folgten ihm im Wagen.

Am Wasserloch in der Mittelpfanne hielt er inne und sah seinen Artgenossen entgegen, die sich ihm in einer langen Einzelreihe näherten. Bones legte sich hin, und alle Löwinnen seines Rudels rieben zur Begrüßung ihre Wange an der seinen und schoben sich dann an seinem Körper entlang. Danach strebten Sassy, Spooky, Gypsy, Spicy und Blue direkt auf unseren Wagen zu, und nachdem sie ihn gründlich berochen hatten, benagten sie die Reifen. Chary, deren Rücken stärker durchhing als früher, war über diese Kinderei erhaben und betrachtete das Ganze aus sicherer Entfernung.

Wir verweilten eine Zeitlang bei den Löwen und fuhren dann zurück. Als wir uns in Bewegung setzten, trabte Sassy, noch immer fasziniert von den rotierenden Rädern, dicht hinter der Heckstoßstange her, und die anderen folgten ihr. Wir beobachteten die Löwen, sooft wir sie im Umkreis des Flußbetts entdecken konnten, und eines Morgens in den letzten Maitagen verfolgten wir das Blaue Rudel weit nach Norden. Es war 1977 das letzte Mal, daß wir die Tiere sahen, und unsere Befürchtungen, daß sie das Tal vor der Rückkehr unserer Funkausrüstung verlassen würden, erwiesen sich als berechtigt.

Als unsere Gerätschaften für die Funkortung zurückkamen, funktionierten sie nicht besser als zuvor, und wir mußten uns wohl oder übel mit der geringen Reichweite zufriedengeben. An verschiedenen Abenden narkotisierten wir Star, Shadow, Patches und Ivey und statteten sie mit Kragensendern aus.

So unvollkommen die Ausrüstung auch war, sie verhalf uns immerhin zu tieferem Einblick in das Leben der Hyänen während der Trokkenzeit. Je häufiger wir ihren Funksignalen folgten, desto mehr bewunderten wir diese zähen, anpassungsfähigen Aasvertilger, die in einer so kargen und unberechenbaren Umwelt zu überleben vermochten.

Da Kadaverreste in den trockenen Monaten weit verstreut sind und da die Braunen Hyänen vorwiegend von Aas leben, müssen sie ihr Streifgebiet gegenüber der Regenzeit fast um das Doppelte vergrößern. Sie bewältigen in vielen Nächten eine Strecke von mehr als fünfzig Kilometern. In manchen Nächten mußten sie sich mit einem einzigen Horn, einem Huf oder einem vertrockneten Fellstück begnügen.

Die Braunen Hyänen besitzen überdies die bemerkenswerte Fähigkeit, monatelang, in Dürrezeiten sogar jahrelang, ohne Trinkwasser auszukommen. In der Trockenzeit machen sie gelegentlich Jagd auf kleine Tiere; sie graben Springhasen und andere Nager aus ihren Bauen aus und stehlen hin und wieder die von Schakalen, Leoparden und Geparden erbeuteten Vögel und Antilopen. Das Gewebe solcher Beutetiere und Kadaver liefert den Hyänen nicht nur Nahrung, sondern auch Feuchtigkeit.

Durch das Funkortungsverfahren ermittelten wir, daß die Gruppenmitglieder in den trockenen Monaten seltener zusammentrafen. Doch obgleich sie oft viele Kilometer voneinander getrennt waren, hielten sie die Verbindung durch Duftmarken aufrecht. Darüber hinaus bewahrte die Gruppe in den langen Dürremonaten ihre soziale Hierarchie. Wir wußten jedoch noch immer nicht, warum sich die Hyänen überhaupt die Mühe machten, miteinander in Kontakt zu bleiben.

Eines Tages durchstreifte Ivey, das dominante Männchen des Clans, die Busch- und Waldlandschaft auf der Ostdüne. Der Geruch eines Fremden stieg ihm plötzlich in die Nase. Er erstarrte mitten im Lauf und sträubte das Rückenhaar, als McDuff aus dem Akaziengebüsch hervortrat. McDuff, ein großes Männchen mit breiten Schultern, trug seinen imposanten Kopf hoch. Beide Männchen bauten sich wie Boxer voreinander auf und klopften mit den Vorderpfoten auf den Boden.

Dann ging Ivey zum Angriff über. Mit unheimlich klingendem Gebell und Geschrei packten sie einander im Nacken und warfen sich gegenseitig auf die Schultern. Die erste Runde ging an den Eindringling. Er brachte Ivey aus dem Gleichgewicht, biß sich seitlich an dessen Kopf fest und schüttelte ihn tüchtig. Wie ein Gefängniswärter, der einen Häftling abführt, marschierte McDuff mit Ivey im Kreis herum und schüttelte ihn so lange, bis er ihn schließlich zu Boden schleuderte.

Als McDuff erneut zubeißen wollte, wirbelte Ivey herum und packte ihn im Nacken. Stolpernd und einander umkreisend, traktierte einer den anderen mit Bissen in den Hals und das Gesicht. In einer letzten großen Kraftanstrengung drehte sich McDuff herum und befreite sich von Iveys Nackenbiß. Dann rannte er los, wobei ihm Ivey dicht auf den Fersen blieb. Doch statt das Territorium zu verlassen, kehrte McDuff in weitem Bogen zurück, und im Lauf den Kampf fortsetzend, verschwanden die beiden Hyänenmännchen im Busch.

Es kam noch zu weiteren Kämpfen zwischen Ivey und McDuff, der meist den Sieg davontrug. Wir sahen Ivey immer seltener, dann gar nicht mehr. Der Deception Clan hatte einen neuen Anführer.

In einem Punkt gaben uns die Braunen Hyänen ein großes Rätsel auf: Wir hatten einzelne Tiere des Nachts fast zweieinhalb Jahre lang verfolgt, wußten aber nur sehr wenig über ihr Fortpflanzungsverhalten und hatten noch nie ein Hyänenkind gesehen. Wo versteckten sie bloß ihren Nachwuchs? Unsere Untersuchung würde erst dann vollständig sein, wenn wir herausfanden, wie oft die Hyänen sich paarten, wie viele Junge überlebten und wie diese aufgezogen wurden.

In der Trockenzeit des Jahres 1977 erschien Shadow eines Nachts an einem Spießbockkadaver, und wir bemerkten sofort, daß ihr Gesäuge schwer von Milch war. Das war für uns die erste Gelegenheit, einer Hyänenmutter zu ihrem Wurflager zu folgen. Sie trug ein Bein des Kadavers in das Sandveld, wo sie schnell ins Unterholz eintauchte. Am Fuß der Westdüne, unweit des Leopardenpfads, veränderte ihr Funksignal die Tonhöhe und hörte dann unvermittelt auf. Sie mußte in ihren Bau gekrochen sein. Als auch nach drei Stunden weder Shadow noch ihr Signal wieder auftauchten, banden wir etwas Toilettenpapier an einen Zweig, um die Stelle zu kennzeichnen, und fuhren zum Camp zurück.

Im Morgengrauen waren wir wieder da. Ich fuhr langsam in das Gebüsch hinein, während Delia sich vom Wagendach aus umschaute, damit wir nicht zu nah an das Muttertier heranfuhren und es verschreckten.

Als sie auf das Dach klopfte, hielt ich an. Vor uns lag der Eingang zu einer kleinen Höhle, die im Zentrum einer Springhasenkolonie gegraben worden war. Auf dem Erdwall waren die winzigen Fußspuren von Hyänenwelpen zu sehen.

In den folgenden zehn Tagen saßen wir in der Nähe der Höhle und erlebten kein einziges Mal, daß Shadow zu ihr zurückkehrte. Wir standen vor einem Rätsel und fragten uns, ob sie ihre Jungen verlassen oder aufgefressen habe. Vielleicht war unsere Anwesenheit eine zu große Belastung für die nervöse junge Mutter gewesen, vielleicht hatten wir sie durch unsere Witterung vertrieben.

Monate später erlebten wir fast das gleiche mit Patches, dem ranghöchsten Weibchen des Clans, die uns ebenfalls zu einer Höhle führte. Auch sie kam nicht mehr zum Wurfplatz zurück, und wir bekamen ihre Jungen nie zu Gesicht. Wir zerbrachen uns den Kopf darüber, was die weiblichen Braunen Hyänen wohl mit ihren Welpen anstellten. Wir konnten damals noch nicht ahnen, daß die Antwort auf diese Frage eng mit dem geheimnisvollen Grund ihres Gemeinschaftslebens zusammenhängt.

9

Mark: Das Trophäenlager

IM SEPTEMBER 1977 wurde es wieder heiß. Da unsere Vorräte zur Neige gingen, fuhren wir nach Maun zum Einkaufen. Auf dem Rückweg trafen wir Lionel Palmer und seine Jagdtouristen, einen Apotheker und dessen Frau aus Illinois. Gerne nahmen wir ihre Einladung an, die Nacht im Safaricamp zu verbringen.

Fünf große und stabile Schlafzelte hatte man unter schattigen Bäumen aufgeschlagen. Liegestühle und kleine Cocktailtische waren um das Lagerfeuer aufgestellt. Das Eßzelt stand ein paar Meter entfernt und enthielt einen langen Eßtisch, eine gasbetriebene Tiefkühltruhe und einen Kühlschrank. Die Schränke waren gefüllt mit schwedischem Importschinken, amerikanischer Mayonnaise und Meeresfrüchten in Dosen.

Das Abbalgen und Einpökeln der erlegten Tiere geschah am Rand des Lagers. Dort waren Dutzende von Fellen aufgehängt, und Geier hockten wartend auf den Bäumen.

Unser Quartier war ein fünf mal sechs Meter großes Hauszelt mit Gitterfenstern und einem Sonnendach. Beiderseits des Eingangs stand ein Waschtisch und in der Mitte ein Tisch mit einem Spiegel, einem Insektenspray, einer Taschenlampe, einem neuen Stück Seife, einem Waschlappen und einem Handtuch. Im Innern fanden sich große Eisenbetten mit dicken Matratzen, sauberen Laken und schweren Decken.

Delia fuhr mit der Hand sehnsüchtig an den Zeltwänden entlang. „Stell dir vor, wir hätten so ein Camp im Deception!"

„Hm. Aber ich wette, bei den Leuten hat noch nie ein Löwe die Büsche direkt vor dem Fenster bepinkelt!"

„Genau", erwiderte Delia. „Und das würde ich für nichts in der Welt hergeben."

Ein junger Eingeborener schleppte zwei große Eimer mit warmem Wasser zu einer Duschkabine. Ein leerer Kübel mit einem unten eingeschweißten Brausekopf, der an einem Ast hing, wurde herabgelassen, mit dem warmen Wasser gefüllt und wieder hochgezogen. Während wir uns wuschen, standen wir auf einem Holzrost, damit unsere Füße nur ja nicht mit dem Sand in Berührung kamen! Frisch angezogen, gesellten wir uns zu den anderen am Lagerfeuer.

Wes, der Apotheker, war ein Mann in mittleren Jahren mit graumeliertem Haar. Seine Frau Anne, eine Lehrerin, war zierlich, gepflegt und unterhaltsam. Beide waren vom Hut bis zu den Stiefeln ganz in Khaki gekleidet, wie einem Urlaubsprospekt entsprungen. Doch sie machten einen sympathischen Eindruck, und wir mochten sie von Anfang an.

Wir aßen Horsd'œuvres und erörterten die Kuhantilopenjagd des vergangenen Tages. Im Westen hinter den Bäumen heulte ein Schakal.

Etwas später bat einer der Bediensteten zu Tisch. Das Porzellan und die Weingläser auf der langen Tafel reflektierten das gelbe Licht der großen Gaslampen. Der Hauptgang bestand aus Antilopensteak, gerösteten Zwiebeln, gebackenen gefüllten Kartoffeln, Spargel und frischgebackenem Brot mit Butter; dazu gab es kühlen Weißwein. Kaffee, Käse und Erdbeerpudding beschlossen das Mahl.

Die letzten Flammen verloschen in der glühenden Asche, als Anne uns aufforderte, von Bones zu erzählen, der mittlerweile in Nordbotsuana schon fast zur Legende geworden war. Als wir die Geschichte beendet hatten, sagte Anne: „Das ist die schönste Geschichte, die ich jemals gehört habe. Danke, daß Sie sie uns erzählt haben."

Es war noch früh am Morgen, als wir die Jäger auf einer Fährte unweit der Reservatsgrenze verließen. Wir winkten zum Abschied und fuhren nach Südosten in das Wildreservat, unserem Camp entgegen.

Kurz vor Mittag, wenige Minuten vor der vereinbarten Funkverbindung mit dem Büro von Safari South, überquerten wir die Ostdüne. Im Camp stellte ich den Empfänger auf den Kotflügel, verband die Kabel mit der Batterie, und schon begann es zu knistern.

„Zero-zero-neun, zero-zero-neun, hier ist vier-drei-zwei, hören Sie mich?" Es war Dougie Wright, ein Berufsjäger, der uns von Lionels Camp aus anrief.

„Vier-drei-zwei, hier ist zero-zero-neun. Hallo, Dougie. Over", antwortete Delia.

„Ich habe leider eine schlechte Nachricht für Sie, Delia. Lionel und Wes haben heute morgen einen von euren Löwen geschossen. Over."

„... Oh ..., verstehe." Ich konnte Delia kaum noch hören, als sie fragte: „Kennen Sie die Farbe und Nummer seiner Ohrmarke, Dougie?"

„Hm ... Er hatte eine orangefarbene Marke im linken Ohr ... Nummer null-null-eins."

„Mark! Mein Gott! Es ist Bones – sie haben Bones erschossen!"

Sie schluckte und ließ das Mikrofon fallen. Ich rannte aus dem Zelt, doch als ich zum Wagen kam, war sie fort. Sie lief quer durch das Flußbett.

„Nein, nein, nein, nein, nein!" Der Wind trug ihr Schluchzen zu mir herüber.

DER alte, dunkle und stickige Schuppen war angefüllt mit Tierfellen, steifen, eingesalzenen Fellen mit eingeschrumpften Ohren und behaarten Schwänzen. Jede der Trophäen wies ein Einschußloch auf, manche sogar mehrere.

Wir fanden sein Fell in einem Stapel anderer Felle. Die orangefarbene Marke war in seinem vertrockneten Ohr kaum noch sichtbar. Steinsalzkörner regneten auf unsere Füße, als wir das platte, harte Fell aus dem Haufen hervorzogen. Die Narbe an seinem gebrochenen Bein war über dem Knie noch zu erkennen. Zu wissenschaftlichen Zwecken nahmen wir rasch ein paar Messungen vor, trugen sie in ein Notizbuch ein und traten hinaus. Delia hatte Tränen in den Augen, und es verging einige Zeit, bis ich wieder sprechen konnte.

Bones war in der Trockenzeit getötet worden. Mehr als tausend Spießböcke waren durch die Waldlandschaft längs des Flußtals und nach Osten aus dem Reservat hinausgezogen, hinein in das Gebiet, für das die Firma Safari South eine Jagdkonzession besaß. Bones war offensichtlich diesen Antilopen gefolgt und zu jagdbarem Wild geworden.

Sie hatten ihn zusammen mit Rascal und einer Löwin des Blauen Rudels unter einem Busch entdeckt, nur wenige Meter außerhalb der Reservatsgrenze. Als er den Wagen hörte, hob er den Kopf von den Pranken. Wes und Lionel fuhren bis auf fünfzig Schritt an ihn heran, hielten an, betrachteten ihn durch die Feldstecher und schossen ihn ins Herz.

Als der Schuß fiel, verdrückte sich die Löwin blitzschnell ins Gebüsch, aber Rascal blieb neben Bones stehen. Er griff jedesmal an, wenn die Jäger ihre Trophäe zu holen versuchten. Sie konnten ihn nur vertreiben, indem sie in die Luft feuerten.

Wir waren erschüttert, als wir von Bones' Tod erfuhren. Wir standen unter dem Jujubenbaum, hielten uns umfangen, fluchten und weinten. Tagelang versanken wir in Depressionen. Bones war das Symbol unserer Hoffnungen gewesen, unseres Glaubens an die Beziehungen, die zwischen den Menschen und den anderen Lebewesen bestehen könnten. Er war unser Patient gewesen, dann unser Freund und Talisman.

Als gelernte Biologen wußten wir, daß wir niemandem persönlich die Schuld an Bones' Tod geben konnten. Es war nicht die Schuld der Jäger, daß er das Wildschutzgebiet verlassen hatte. Im übrigen kann die sorgfältig regulierte Jagd ein sinnvolles Mittel zur Hege und Pflege bestimmter Tierbestände sein. Doch leider vertreten viele Regierungen den Standpunkt, daß sich der Schutz der Wildtiere nur lohnt, wenn er sich durch Jagd und Tourismus bezahlt macht. Wir versuchten unsere Emotionen zu mäßigen und Bones' Tod rationaler zu betrachten.

Von Safarijägern erfuhren wir, daß „kapitale" Löwen – also solche mit vollen Mähnen – in den meisten Regionen immer seltener wurden und in anderen schon mehr oder weniger ausgerottet waren. Das war für uns ein Alarmsignal. Wie lange noch würden die Kalahari-Löwen einen solchen Aderlaß aushalten? Wir mußten etwas unternehmen, um hier Klarheit zu schaffen.

Da bislang noch keinerlei Langzeitstudien an den Wildtieren der

Zentralkalahari durchgeführt worden waren, hatte niemand die geringste Ahnung, wie viele Löwen dort lebten. Aus unseren Gefühlen für Bones erwuchs die Verpflichtung, in dieser Hinsicht mehr zu tun. Wir waren entschlossen herauszubekommen, wie viele Löwen in der Zentralkalahari umherschweiften, was sie fraßen, welche Lebensräume sie und ihre Beutetiere benötigten und was gegebenenfalls das Überleben der Population gefährdete. Wir mußten unbedingt wissen, wie viele Tiere alljährlich geschossen wurden, wie viele eines natürlichen Todes starben und wie viele Jungtiere am Leben blieben.

Eine großangelegte Löwenuntersuchung in einer Tausende von Quadratkilometer großen unwegsamen Wildnis war ein Ding der Unmöglichkeit, sofern wir nicht das ganze Jahr über ständig Kontakt mit unseren Studienobjekten halten konnten. Das war nur mit einem Flugzeug und einem effektiven Funkortungssystem zu schaffen. Allein der Gedanke, wir könnten für unsere Forschungen ein Flugzeug bekommen, war lächerlich. Aber wir mußten es versuchen.

10

Mark: Echo-Whiskey-Golf

An einem heißen Nachmittag Ende Oktober 1977 standen wir auf einer staubigen Straße in Maun und lasen einen Brief von Dr. Richard Faust, dem Direktor der Zoologischen Gesellschaft in Frankfurt: Die Gesellschaft ziehe unser Ersuchen um Anschaffung eines Flugzeuges ernsthaft in Erwägung. Man wollte allerdings die Nummer meines Pilotenscheins und die Zahl meiner Flugstunden wissen. Irgendwie mußte ich vor der Beantwortung des Briefes fliegen lernen.

Wir ließen Mox im Dorf zurück, rasten zum Camp, warfen unsere besten Sachen in den Wagen und machten uns auf den Weg nach Johannesburg. Mehrere Tage später kamen wir bei Roy und Marianne Liebenbergs Haus an. Wir hatten Roy Liebenberg, einen Flugkapitän von *South African Airways*, etwa vor einem Jahr in Maun kennengelernt, als er einige Touristen zum Okavango-Delta geflogen hatte. Er interessierte sich für unsere Forschungsarbeit und hatte sich erboten, mir das Fliegen beizubringen, falls sich das einmal als notwendig erweisen sollte. Ich hoffte, daß er sich noch an sein Angebot erinnerte. Als ich Roy mein Ansinnen vortrug, verzog sich sein stoppelbärtiges rundes Gesicht zu einem freundlichen Grinsen. Er bot uns sogleich für die Dauer meines Flugunterrichts sein Gästehäuschen als Unterkunft an.

Sechs Wochen später hatte ich meine Ausbildung nahezu abgeschlossen. Wir schrieben Dr. Faust, daß ich demnächst meinen Pilotenschein bekommen würde und daß ich bereits einundvierzig Flugstunden hinter mir hätte.

Wir konnten es kaum fassen, als der Zuschuß genehmigt wurde. Daß jemand, den wir niemals gesehen hatten, soviel Vertrauen in unsere Fähigkeiten setzte, war sehr ermutigend. Wir kauften eine zehn Jahre alte Cessna, auf deren Flügelunterseiten die Buchstaben EWG (Echo-Whiskey-Golf) gemalt waren.

Am frühen Morgen nach dem Tag, an dem ich meinen Flugschein erhalten hatte, bereitete ich mich auf meinen ersten Flug über die Kalahari vor. Ich gab Delia einen Abschiedskuß und schüttelte Roy die Hand. Die beiden wollten den Toyota Land Cruiser mitsamt einem Anhänger ins Camp bringen, begleitet von einem schweren Lastwagen der Wildschutzbehörde, der mit Flugbenzinfässern beladen war. Sie schauten besorgt zu, wie ich in die Maschine kletterte, über die grasbewachsene Piste zum Start rollte und beschleunigte. Dröhnend stieg das Flugzeug in den Morgenhimmel. Ein Gefühl der Freiheit und Wonne überkam mich wie ein Rausch.

Die Euphorie hielt nicht lange an. In einer Höhe von hundert Metern kam die Maschine vom Kurs ab. Ich war in einen starken Seitenwind geraten. Ich korrigierte und zog auf fünfhundert Meter hoch, dicht unter eine Wolkenschicht.

Nach einer halben Stunde begann die Kalahari sich vor mir zu entfalten. In vier Stunden mußte ich eine winzige Baumgruppe mit zwei Zelten inmitten dieser unermeßlichen Wildnis finden.

Ich war seit etwa drei Stunden in der Luft, als plötzlich Benzindämpfe in die Kabine eindrangen. Ein dünnes Treibstoffrinnsal floß über den Ansatz der linken Tragfläche und über das Heckfenster. Mein Magen zog sich zusammen. Der kleinste Funke konnte das Flugzeug in einen Feuerball verwandeln. Ich öffnete die Fenster, um die Luftzirkulation in der Kabine zu verbessern.

Im selben Augenblick platzte der lecke Treibstofftank. Grünes Benzin ergoß sich aus der Tragfläche und rann am Rumpf entlang. Ich schaltete rasch auf den rechten Tank um und versuchte über Funk einen

Notruf abzusetzen, hörte aber nur das Brummen atmosphärischer Störungen.

Der Benzinstrom unter dem Flügel wurde schmaler, als sich der zerborstene Tank völlig entleert hatte. Da jetzt die Explosionsgefahr verringert war, war meine Hauptsorge, ob der Sprit in dem anderen Tank bis zum Camp reichen würde. Bis zu meiner vorausberechneten Ankunftszeit fehlte nur noch eine halbe Stunde, der Zeiger stand zitternd über „Leer", und ich konnte keinen brauchbaren Landeplatz finden, falls die Maschine ihren Geist aufgeben sollte. Jede Minute kam mir wie eine Stunde vor.

Kurz vor der geschätzten Ankunftszeit lugte ich an dem wirbelnden Propeller vorbei. Spielte mir meine Phantasie einen Streich? Eine runde schiefergraue Senke, über der ein lockerer Wolkenschleier hing, nahm im Dunst Gestalt an, und plötzlich schimmerte das seichte Flußbett des Deception Valley von unten herauf.

Es hatte heftig geregnet. Alle Wasserstellen standen voll Wasser, aber die Landepiste, die wir schon angelegt hatten, machte einen soliden Eindruck. Die Räder setzten hart auf, und ich ließ die Maschine zum Camp hin ausrollen. Echo-Whiskey-Golf war daheim im Deception Valley!

Ein schwerer Sturm hatte die Zelte dem Erdboden gleichgemacht. Überall waren Wasser und Schlamm. Ich brauchte dringend Mox' Hilfe. Ich füllte den intakten Tank aus einem Faß Flugbenzin auf, das wir schon vorsorglich ins Lager geschafft hatten, und flog nach Maun.

Während wir in Johannesburg gewesen waren, hatte Mox das Dorfleben in vollen Zügen genossen. Als ich ihn fand, saß er neben seinem *Rondavel* und versuchte sich von seinem letzten Besäufnis zu erholen. Auf unsicheren Beinen holte er seine Sachen und warf sie in den Geländewagen, den ich mir an der Piste geborgt hatte.

Als wir auf der Start- und Landebahn des Dorfes eintrafen, muß ihm klargeworden sein, daß er mein erster Passagier sein würde, denn er war in wenigen Sekunden vollkommen nüchtern. Er versuchte mir zu erklären, daß er noch nie in einem *Fa-ly* gesessen habe, und ich tat so, als ob ich ihn nicht verstünde, weil ich wußte, daß ich keine andere Möglichkeit hatte, ihn ins Camp zu befördern. Er stieß mit dem Kopf gegen die Tragfläche, doch ehe er sich versah, hatte ich ihn angeschnallt und hob ab. Kein Buschflugzeug ist leise, vor allem nicht beim Start, doch meines vollführte einen wahren Höllenlärm. Mox traten die

Augen fast aus dem Kopf, und er klammerte sich am Sitz, an der Tür und am Armaturenbrett fest. Ich rief ihm zu: „Keine Angst! Es ist alles in Ordnung!“

Ich stieg höher und zog ein paar Schleifen, um meinen Kurs zu stabilisieren.

Als Mox sah, wie sein Dorf und der Fluß immer kleiner wurden, verzog sich sein Gesicht zu einem breiten Grinsen, und er zeigte auf die Hütten seiner Freunde am Flußufer. Bei jedem Flugmanöver entrang sich seiner Kehle ein Lachen.

Mit der Zeit war er so versessen aufs Fliegen und so stolz auf seinen neuen Status, den er dadurch gegenüber seinen Stammesgenossen errang, daß einige Jäger ihm den Spitznamen „Neil Armstrong“ gaben.

Die nächsten drei Tage waren Mox und ich mit dem Aufräumen des Camps beschäftigt. In der dritten Nacht wurde ich vom Motorgeräusch des Toyotas aufgeweckt. Ich war kaum in meine Kleider geschlüpft, als Delia und Roy aus dem Führerhaus krochen. Nach der herzlichen Begrüßung erklärte Delia mir, daß der Viertonner mit dem Flugbenzin etwa hundert Kilometer weiter östlich im Schlamm steckengeblieben sei. Überdies hatten sie sämtliche Vorräte vom Toyota abladen müssen. Säcke mit Mehl und Zucker, Kisten mit Konserven und die neuen Zelte sowie das Flugzeugzubehör – alles lag auf dem matschigen Boden neben dem Anhänger, den sie ebenfalls hatten zurücklassen müssen.

In den nächsten Tagen ratterten Mox und ich schon im Morgengrauen zu dem steckengebliebenen Lastwagen. Zusammen mit dem Fahrer und dem Beifahrer schaufelten wir Tonnen von Schlamm unter dem Wagen fort und schleppten Steine herbei, die wir unter die großen Reifen schoben, aber der weiche Untergrund verschluckte alles. Jeden Abend rollten wir ein Faß aus dem Morast heraus, luden es auf den Toyota und brachten es ins Camp.

Als wir am fünften Tag das Sumpfloch erreichten, war der Lastwagen verschwunden, und der größte Teil der Benzinfässer lag auf dem Boden. Wir sahen den Wagen nie wieder, und nie wieder hat sich die Wildschutzbehörde erboten, uns beim Transport von Flugbenzin zu helfen.

Am nächsten Morgen mußte ich Roy nach Südafrika zurückfliegen. Also sanken wir früh am Abend auf unsere Matratzen. Wir waren noch nicht richtig eingeschlafen, als Löwen auf der Flugpiste zu brüllen begannen. Wir sprangen aus dem Bett. Vielleicht war es das Blaue Rudel!

Mitten auf der Rollbahn lagen zwei junge Löwenmännchen, die wir noch nie gesehen hatten. Ihre gefleckten blonden Mähnen glichen dem Bartflaum eines fünfzehnjährigen Jünglings. Sie ähnelten einander so sehr, daß wir vermuteten, sie seien Brüder. Einer hatte an der rechten Hüfte eine auffällige J-förmige Narbe.

Ein bißchen enttäuscht fuhren wir zum Camp zurück. Als ich mich auf die Matratze fallen ließ, überlegte ich mir, daß diese beiden Junglöwen bestimmt nicht die Absicht hatten, das Territorium des Blauen Rudels zu übernehmen. Sie konnten Bones nie und nimmer ersetzen.

11

Mark: Zigeuner der Kalahari

DER Januar 1978 war bereits verstrichen, als wir das Flugzeug ins Lager geschafft hatten. Damit wurde unser Forschungsvorhaben zu einem Wettlauf gegen die bevorstehende Trockenzeit, in der die Löwen in der unermeßlichen Buschsavanne verschwinden würden. Unser Plan war es, Löwen und Braune Hyänen im gesamten Deception Valley und zudem einige Löwenrudel im weiter nördlich gelegenen fossilen Flußsystem zu narkotisieren und mit Sendern zu versehen.

Im Morgengrauen rasten wir zur Maschine, die kalt und taufeucht in der fahlen Dämmerung stand. Beim Abheben huschte das Camp an uns vorbei. Wir flogen langsam nach Norden über das Flußbett hinweg und preßten die Stirn gegen die Seitenfenster, um Ausschau zu halten.

„Löwen! Dort, in dieser Baumgruppe!“ brüllte Delia, um das Motorgeräusch zu übertönen. Ich ging steil hinunter und flog tief über die flachkronigen Bäume dahin. Unter uns war ein Löwenrudel um einen Kuhantilopenkadaver verteilt. Wir streiften die Spitze eines nahen Baumes, und nachdem Delia zur Markierung etwas Toilettenpapier ins Geäst geworfen hatte, nahm ich eine Kompaßpeilung vor und steuerte das Camp an.

Wir packten eine Campingausrüstung, Lebensmittel, Wasser, Narkosegewehr und Kameras in den Wagen, und Delia fuhr in Richtung der Löwen los.

Mehrere Stunden später, als sie das Löwengebiet ungefähr erreicht haben mußte, startete ich und flog auf dem Kurs zu den Bäumen hinüber. Der Kadaver war noch da, die Löwen jedoch waren verschwunden.

Unterdessen traf Delia bei den Bäumen ein und begann auf der relativ ebenen Pfanne hin- und herzufahren, um eine Landepiste vorzubereiten. Dann schritt sie mit einem Spaten auf und ab. Sie füllte Löcher auf und schlug die größten Lehmklumpen und die höheren Grasbüschel platt. Als sie knapp dreihundert Meter vom Wagen entfernt war und zufrieden ihr Werk betrachtet hatte, machte sie kehrt. In diesem Augenblick entdeckte sie die Löwen: Sie hatten sich vom Antilopenkadaver zu den Bäumen am Rande des Flußbetts verzogen. Jetzt bewegten sie sich in einer Linie direkt auf sie zu, zwischen ihr und dem Wagen hindurch. Sie blieb wie angewurzelt stehen.

Als die Tiere auf dreißig Schritte herangekommen waren, befiel Delia eine Urangst. Sie hob den Spaten, schwang ihn wie eine Keule und stieß einen kehligen Schrei aus, der von einer Neandertalerin hätte stammen können. Wie auf Kommando blieben die Löwen stehen und setzten sich in einer langen Reihe auf die Hinterkeulen. Delia wagte kaum, sich zu bewegen, doch sie mußte an ihnen vorbei, wenn sie den schutzgewährenden Wagen erreichen wollte. Langsam tat sie einen Schritt, dann noch einen, und so schob sie sich schräg an den Tieren vorbei, den Spaten in Hüfthöhe und den Blick fest auf das Rudel gerichtet. Die Köpfe der Löwen drehten sich langsam mit.

Sie hatte das Rudel bereits umrundet und begann rückwärts zu gehen, als eine Löwin unvermittelt aufstand und mit gesenktem Kopf schnell auf sie zutrabte. Doch inzwischen war Delia schon in der Nähe des Wagens. Sie schleuderte den Spaten der Löwin entgegen und rannte zum Toyota. Die Löwin sprang auf den Spaten zu und beschnupperte ihn, während Delia die Wagentür aufriß und hineinkletterte.

Vor den Augen der aufmerksamen Löwen setzte ich Echo-Whiskey-Golf zur Landung an, ließ die Maschine zum Wagen hin ausrollen und stellte den Motor ab. „Großartig! Du hast ja die Löwen gefunden!“ rief ich fröhlich. Dann erst bemerkte ich Delias blasses Gesicht und den erschreckten Ausdruck ihrer Augen.

Wir betäubten drei Löwen der Gruppe, die wir fortan das Tau-Rudel nannten, und versahen sie mit Sendern. Am folgenden Tag suchten wir nach dem Blauen Rudel, das wir seit Bones’ Tod nicht mehr gesehen hatten. Wir entdeckten auch diesmal keine Spur von den Löwen. Vielleicht wollten sie nach dem Zusammentreffen mit den Jägern nicht mehr ins Deception Valley zurückkehren.

Statt dessen fanden wir das Springbockpfannen-Rudel. Früh am Abend verpaßten wir Satan, dem Rudelchef, und der Löwin Happy einen Kragen. Während sich die beiden erholten, bauten wir unter einer Tragfläche der Cessna ein kleines Camp auf.

Dort verbrachten wir den Tag und beobachteten die schlafenden Löwen. Die Senderkragen störten sie offensichtlich nicht im geringsten; sie trugen sie wie leichte Halsketten. Gegen vier Uhr am Nachmittag starteten wir, um die Funktionstüchtigkeit der Sender in der Luft zu testen. Wir konnten Satans Funksignal noch in einer Entfernung von siebzig Kilometern einfangen.

In den folgenden Wochen flogen wir die ganze Zentralkalahari ab, und in immer größerer Entfernung vom Camp rüsteten wir Löwen mit Senderkragen aus. Jedesmal wenn wir ins Camp heimkehrten, fragten wir Mox, ob er unsere Löwen gehört habe. „Nein“, lautete seine stereotype Antwort. Eines Morgens jedoch, als wir von einem nächtlichen Aufenthalt zurückkamen, stand Mox mit strahlender Miene am Feuer. Er zeigte auf Löwenspuren, die sich überall in den Boden eingedrückt hatten, und führte uns dann mit einer mit englischen Setswana-Brocken durchsetzten Pantomime durch das Camp: Wir begriffen, daß es sich um die Löwen mit den blauen Ohrclips handelte, und zwar um zwei junge Männchen. Im letzten Akt zeichnete Mox mit dem Finger ein „J“ in den Staub und klopfte sich auf sein Hinterteil; einer der beiden Junglöwen hatte also eine J-förmige Narbe auf der Hüfte.

Zu dritt zwängten wir uns in den Wagen und fuhren zur Buschinsel, wo Mox das Rudel zuletzt gesehen hatte.

Die Löwen richteten sich halb auf, als wir uns näherten, und wir beobachteten ihr Mienenspiel und ihre Haltung, um etwaige Zeichen von Furcht oder Aggressivität zu erkennen.

Wir hätten uns keinerlei Sorgen zu machen brauchen. Sassy und Blue kamen, wie gewohnt, schnurstracks auf den Wagen zu, beknabberten die Reifen und beäugten uns durch das Wagenfenster. Die beiden Junglöwen mit den gefleckten blonden Mähnen, denen wir die Namen Muffin und Moffet gaben, hatten sich wenige Meter neben den Löwinnen ausgestreckt. Trotz ihrer Jugend hatten sie offenkundig das Blaue Rudel und dessen Territorium mit Beschlag belegt.

Nachdem wir auch das Blaue Rudel „behandelt" hatten, trugen mehr als sechzehn Löwen aus fünf verschiedenen Rudeln unsere Sender. Wegen der engen Beziehung der so ausgerüsteten Löwen zu ihren Rudelgefährten standen wir in unmittelbarem Kontakt mit mehr als sechsunddreißig Tieren. Außerdem hatten wir sechs Braune Hyänen, die dem Deception-Pfannen-Clan und einem anderen Clan aus der Umgebung der Gepardenpfanne angehörten, mit Sendern bestückt.

Jeden Morgen stiegen wir mit der Cessna in die stille, kühle Luft, um unsere sendertragenden Löwen und Hyänen zu orten, die täglich große Strecken zurücklegten. Ich hatte Delias Sitz um hundertachtzig Grad gedreht, so daß sie die Proviantbox als Arbeitstisch benutzen konnte. Sie stellte den Empfänger auf die Frequenz eines Löwen oder einer Hyäne ein, und während sie das jeweilige Signal mit dem Kopfhörer auffing und zwischen den beiden Antennen hin- und herschaltete, dirigierte sie mich zu dem Tier hin. Daraufhin überflogen wir das Areal im Tiefflug und versuchten die Löwen ausfindig zu machen. Diese fühlten sich durch das Flugzeug keineswegs gestört; sie jagten manchmal im Spiel ein Stück der Maschine hinterher. Delia notierte den Biotoptyp, die Zahl der Löwen, ihre etwaige Beute sowie die Beutetierdichte des Gebiets, während sie ständig den auf und ab hüpfenden Flugzeugschwanz vor Augen hatte.

Eines der faszinierendsten Ereignisse, das sich abzuzeichnen begann, betraf die Beziehung zwischen dem Blauen Rudel und dem Clan der Braunen Hyänen. Wo sich die Löwen in ihrem Regenzeit-Territorium auch aufhalten mochten, die Hyänen fanden sie. Es stellte sich heraus, daß sich ihr Territorium fast vollständig mit dem des Blauen Rudels deckte, sogar ihre Wechsel stimmten vielfach überein. Aus der Luft konnten wir das Flußtal wie ein riesiges Spielfeld überblicken, auf dem die Hyänen unfehlbar die Raubzüge der Löwen verfolgten.

12

Delia: Gypsys Kinder

Als Mark eines Morgens mit Echo-Whiskey-Golf in der Luft war, sah er unter einem Baum, nur einen Meter voneinander entfernt, Muffin und Satan liegen, rivalisierende Männchen aus dem Blauen und dem

Springbockpfannen-Rudel. Beide hatten das Kinn auf eine ausgestreckte Pranke gebettet und starrten einander über die Grenze ihrer Territorien bedrohlich an. Moffet war nirgends zu sehen.

Nachdem Mark zum Camp zurückgekehrt war, fuhren wir beide zu den Löwen hinüber, die noch immer versuchten, sich gegenseitig in Grund und Boden zu starren. Es war inzwischen Mittag geworden, und die beiden lagen jetzt in der glühenden Sonne. Langsam fielen Muffin die Augen zu, sein Kopf glitt seitlich ab. Sofort stieg ein dumpfes Grollen aus Satans Brust auf, und Muffin riß den Kopf hoch, um sich erneut der Herausforderung zu stellen.

Kurz nach Sonnenuntergang standen die beiden Löwen langsam und laut knurrend auf. Keiner wagte den Blick abzuwenden. Schritt für Schritt entfernten sie sich rückwärts gehend voneinander, bis sie sich schließlich umdrehten und in ihrem jeweiligen Territorium verschwanden. Es war gleichsam kein Schuß gefallen, und dennoch hatten sie ihre Kräfte gemessen; die Auseinandersetzung hatte mit einem Unentschieden geendet.

Einige Abende danach waren Muffin und Moffet auf ihrem Kontrollgang an der Südgrenze, als Satans Stimme über die Dünen hinweg an ihr Ohr drang. Sie blieben abrupt stehen und brüllten ihre Antwort, während sie mit den Hinterpfoten im Sand scharrten. Drei Stunden lang wogte das Löwengebrüll hin und her, wobei sich die beiden Parteien langsam aufeinander zu bewegten.

Mehrere Stunden vor Tagesanbruch verstummte Satans Erwiderung auf die herausfordernden Rufe, und Schweigen senkte sich über das Tal. Muffin und Moffet rissen je eine Kuhantilope. Sie taten sich gerade auf einer Lichtung an ihrer Beute gütlich, als Satan die Szene betrat.

Mit furchtbarem Gebrüll und in einem Sandschauer setzten Muffin und Moffet über die Kadaver hinweg und stürzten sich auf Satan. Seine mächtigen Pranken mit den vorgestreckten Krallen holten aus und trafen Moffet seitlich am Kopf. Dann richtete sich Satan auf der Hinterhand zu seiner vollen Höhe auf, entblößte seine langen Reißzähne und nahm Muffin an. Wie zwei stämmige Preisboxer traktierte der eine des anderen Schultern, Mähne und Gesicht mit Bissen, Stößen und Prankenhieben.

Unterdessen hatte sich Moffet von Satans Schlag erholt und griff ihn von hinten an. Er bearbeitete ihn mit Zähnen und Krallen, während Muffin mit beiden Vorderpranken auf Satans Kopf einschlug. Unter

Anspannung seiner gewaltigen Kräfte wirbelte Satan herum und schleuderte Moffet in die Dornenbüsche.

Muffin setzte seinen Frontalangriff fort, doch Satan bohrte ihm seine langen Eckzähne in Schulter und Brust. Gleichzeitig jedoch zerfleischte Moffet Satans Rücken und Flanken. Das Buschwerk schützte Satans Hinterpartie zwar teilweise vor Moffets Attacken, aber es hinderte ihn auch am Entkommen.

Muffin ermattete allmählich unter Satans Bissen und Schlägen. Als Muffins Kräfte nachließen, bewegte sich Satan von dem Gebüsch fort. Doch sobald er sein Hinterteil exponierte, nahm Moffet sein linkes Hinterbein zwischen die Zähne und biß mit unheimlicher Gewalt zu. Das schien Muffin neue Kräfte zu verleihen. Er drang auf Satan ein und verpaßte dessen Kopf so heftige Hiebe und Bisse, daß der Boden überall mit Blut bespritzt wurde. Satans tiefes Knurren und Fauchen wurde immer schwächer und ging beinahe in ein Gewinsel über. Moffet umklammerte Satans Rückgratende mit den Kiefern und biß kräftig zu. Nervenstränge und Wirbel wurden mit einem dumpfen, knirschenden Geräusch zermalmt. Satan sackte zusammen.

Die Brüder standen eine Minute lang über dem geschlagenen Gegner. Dann kehrten sie heftig atmend zu dem Antilopenkadaver zurück.

Eine Zeitlang lag Satan reglos da. Sein röchelnder Atem gurgelte in seiner Kehle. Fleisch- und Mähnenfetzen hingen von seinem übel zugerichteten Nacken herab, und Blut troff von seinem zerbrochenen Rückgrat. Dann erhob er sich auf seine Vorderbeine und begann, das nutzlos gewordene Hinterteil nachziehend, sich in Richtung Süden davonzuschleppen. Doch nach etwa fünfzehn Metern brach er wieder zusammen. Schließlich lief ein mächtiger Schauer durch seinen Körper; im Dämmerlicht des heraufziehenden Tages tat er einen letzten langen Atemzug.

ICH saß mit dem Rücken zur Flugrichtung im Cockpit und versuchte mich auf die Instrumente vor mir zu konzentrieren, doch aus dem Augenwinkel sah ich, wie das weiße Heck der Maschine über die Baumwipfel hinweghüpfte.

„Halt dich fest! Ich fliege noch eine Schleife. Versuch sie zu finden!" rief mir Mark zu.

Ich klammerte mich an meinen Sitz, und die Maschine ging über dem Kamm der Westdüne in die Kurve. Ich widerstand dem Drang, die

Augen zu schließen, und suchte den Boden unter den Akazien nach einer Spur von Sassy und Gypsy ab, die sich seit einiger Zeit von den anderen Löwinnen des Blauen Rudels abgesondert hatten.

„Da sind sie – am Rand der Lichtung dort drüben!“ rief ich.

„Okay – wir nehmen den Wagen und schauen sie uns etwas näher an.“

Wir flogen also zum Camp zurück, luden das Empfangsgerät in den Wagen und folgten Sassys Funksignal die Westdüne hinauf. Die langgestreckten Leiber der Löwinnen lagen wie hingegossen im verdorrenden Gras auf dem Dünenkamm. Sie rührten sich nicht, als wir uns näherten.

In einem Abstand von knapp sechs Metern hielten wir an. Ein winziger Kopf mit wolligen Ohren und dunklen Augen lugte über Sassys Bauch hinweg. Ein zweites Paar flauschige Ohren und verschlafene Augen tauchte auf, dann noch eins, bis uns schließlich fünf kleine Gesichter in einer Reihe anstarrten. Sassy und Gypsy, die wir seit ihrer Jugend kannten, hatten jetzt selbst Nachwuchs bekommen!

Die Kleinen stolperten auf unsicheren Beinen um ihre Mütter herum, prallten gegeneinander und fielen auf ihre rundlichen Hinterteile. Ihr strohfarbenes Fell war mit braunen Flecken gesprenkelt. Als sie sich endlich beruhigten, saugten drei an Sassy, während sich die beiden anderen zu Gypsy begaben.

Die Mütter waren etwa vier Jahre alt und, soviel wir wußten, war dies ihr erster Wurf. Sie betreuten ihre Jungen in der „Kinderstube“, einem Grasdickicht in der Nähe der Dünenkuppe, in deren Mitte ein hoher Katappenbaum stand. Die Jungen waren wahrscheinlich zwei bis drei Wochen alt.

Wir waren begeistert, daß wir die Löwenkinder gefunden hatten, und um möglichst viel an wertvollen Informationen zu erhalten, hielten wir uns Stunde um Stunde bei ihnen auf.

Den Rest des Tages verbrachten die Mütter und Kinder im Schatten der Akazien. Meist schliefen sie. Hin und wieder watschelte ein Kind zu einer der beiden Mütter hinüber, um zu saugen, und sehr bald folgten dann auch die anderen. Weder Gypsy noch Sassy kümmerten sich darum, welches Baby sie gerade säugten.

Als die Sonne unterging, standen Sassy und Gypsy unvermittelt auf, rieben ihre Gesichter aneinander und streckten ihren langen Rücken wie einen Bogen. Danach entfernten sie sich in Richtung Norden, ohne sich noch einmal umzublicken. Die Jungen verzogen sich in ihr Dickicht unter einem Baum, wo sie sich bis zur Rückkehr ihrer Mütter versteckt hielten.

Die beiden Mütter fanden den Weg zu den Rudelgefährten, mit denen sie gemeinsam auf Springbockjagd gingen. Kurz nach Mitternacht kehrten sie gesättigt zur Kinderstube zurück. Bei ihren sanft grollenden Lockrufen stolperten die winselnden Kleinen aus ihrem Versteck hervor. Gypsy und Sassy beleckten die Gesichter und Rücken der Kleinen, rollten sie auf den Rücken und bearbeiteten ihren Bauch mit der Zunge, wobei ihnen die winzigen Pfötchen ins Gesicht stupsten. Danach begannen die beiden Löwinnen ihre Sprößlinge zu säugen.

Gegen Morgen kamen Muffin und Moffet vorbei und legten sich neben Sassy nieder. Ein Löwenkind watschelte zu Muffin hinüber und stieß mit seinem Gesichtchen gegen dessen schnurrbärtiges Riesenmaul. Leicht verärgert zog Muffin seine rechte Oberlippe hoch, so daß sein langer Reißzahn entblößt wurde, und ließ ein mißmutiges, halbherziges Knurren hören. Der Kleine legte die Ohren an, trottete zu Sassy, schob sich unter ihr Kinn und blickte mit runden Augen zu dem griesgrämigen Muffin hinüber.

Die Löwenmänner beteiligten sich nicht an der Jungenaufzucht, und sie besuchten vermutlich nur deshalb die Kinderstube, um den Löwinnen folgen zu können, wenn diese auf die Jagd gingen.

Schon bald wurde deutlich, daß Sassy eine viel bessere Mutter war. Wenn es in dem Gewimmel der kleinen Körper, die an Gypsys Zitzen hingen, zu einem geringfügigen Gerangel kam, wälzte diese sich knurrend auf den Bauch oder schritt davon, ohne sich um die Babys zu kümmern. Gleich darauf stritten sich dann alle fünf um Sassys vier Milchquellen. Gypsy entfernte sich von Mal zu Mal länger von den Welpen und brachte schließlich den ganzen Tag mit ihren Rudelgenossen zu. Unterdessen war Sassy vollauf damit beschäftigt, die beiden Würfe großzuziehen.

Als die Jungen ungefähr acht Wochen alt waren, entdeckten wir eines Tages, daß Sassy mit ihren drei Kindern verschwunden war. Gypsy schloß sich dem Rudel auf dem Leopardenwechsel an und lag den ganzen Tag faul bei den anderen herum. Statt am nächsten Morgen zu ihren Kindern zurückzukehren, erholte sie sich im Schatten. Beide Kinder Gypsys waren in schlechter Verfassung, doch eines war besonders schwach und abgezehrt: Ohne Milch würde es nicht mehr lange leben.

Am nächsten Morgen fanden wir Sassy und ihre Kinder bei der alten

Löwin Chary, mehrere Kilometer von der Kinderstube entfernt. Wir kreisten im Tiefflug über der Stelle und konnten erkennen, daß Chary vier eigene Nachkommen betreute, die einige Wochen älter waren als die von Sassy. Die beiden Löwenmütter ruhten nebeneinander und säugten friedlich ihre Jungen.

Wir lokalisierten Gypsy etwa fünfzehn Kilometer von ihren Jungen entfernt. Als wir anschließend zum Grasdickicht fuhren, stellten wir fest, daß das schwächere Löwenkind gestorben war. Das andere Baby kauerte verlassen und abgemagert am Baumstamm und blickte uns mit angsterfüllten Augen an. Vermutlich würde es in vierundzwanzig Stunden ebenfalls tot sein. Nach vielen quälenden Überlegungen kamen wir zu dem Schluß, daß es sehr lehrreich sein würde, ein Löwenkind im Camp aufzuziehen. Wir wollten es adoptieren, falls Gypsy am nächsten Tag nicht zurückkommen sollte.

Am folgenden Vormittag hatte sich die pflichtvergessene Mutter sogar noch weiter von ihrem Kind entfernt. Ausgerüstet mit einem Pappkarton und einer alten Decke, fuhren wir zur Kinderstube, um das verlassene Baby zu retten, doch zu unserer Überraschung lag Muffin neben ihm unter dem Baum. Da wir nicht genau wußten, wie Muffin reagieren würde, wenn wir das Löwenkind wegnähmen, beschlossen wir, am Abend wiederzukommen, sobald er auf der Jagd war. Inzwischen konnte das Kleine verhungert sein, aber zumindest würde ihm kein anderes Raubtier etwas antun, solange Muffin in der Nähe war.

Am späten Nachmittag schob sich von Südosten her eine schwarze Front aus niedrigen Wolken heran. Sie glitt rasch über die Dünen hinweg, füllte das Tal aus und raste auf unser Camp zu. Wir rannten los, um das Camp vor dem Sturm zu sichern, und im Regen und Hagel zogen wir die letzten Spannseile der Zelte an.

Mark brüllte mir zu: „Steig in den Wagen – wir müssen von den Bäumen weg!“ Wir sprangen in den Toyota und entfernten uns ungefähr zwanzig Meter vom Camp. Die Äste der Jujuben- und Akazienbäume führten einen wilden Tanz über den Zelten auf, und die Regenmassen wurden fast waagrecht über den Boden gepeitscht. Im Toben des Unwetters konnten wir das Camp und das Flugzeug kaum noch erkennen.

„Schau! Echo-Whiskey-Golf macht sich selbständig!“ Wie ein Wildpferd bäumte sich das Flugzeug gegen die Halteleinen auf, und die rechte Tragfläche stieg hoch in die Luft. Das Seil des Heckrades riß,

Echo-Whiskey-Golf

Sie machen ihrem Namen alle Ehre: Springböcke während der Regenzeit

und als sich die Maschine wie ein Wetterhahn in den Wind drehte, wurde der Pflock, an dem der linke Flügel befestigt war, aus dem Boden gezerrt. Das Flugzeug wirbelte herum und prallte gegen ein Benzinfaß.

Mark sprang aus dem Wagen und packte die rechte Tragflächenspitze, um das Überschlagen der Maschine zu verhindern, während ich gegen den Wind voranstolperte.

„Häng dich an die andere Tragfläche, sonst ist die Maschine verloren!“ rief Mark. Ich stellte mich auf die Zehenspitzen, um den Flügel zu erreichen. Gemeinsam klammerten wir uns im prasselnden Regen an den breiten Tragflächen fest, die vom Wind angehoben wurden, so daß wir immer wieder sekundenlang den Boden unter den Füßen verloren.

Ein Blitz zuckte durch den Himmel, und ich kam mir vor wie ein Blitzableiter, als ich so an dem Metallflügel hing.

Als der Wind nach einigen Minuten etwas nachließ, konnten wir Benzinfässer an den Tragflächen festmachen, um die Maschine zusätzlich zu stabilisieren. Wir inspizierten sie eiligst und entdeckten, daß das linke Höhenruder lädiert war. Der Sturm erhob sich von neuem, diesmal von Norden, und wieder hingen wir an den Tragflächen. Ich war mittlerweile völlig erledigt und hatte das Gefühl, meine Armknochen würden aus den Gelenkpfannen gerissen. Gerade als ich aufgeben wollte, legte sich der Sturm ein wenig. Meine Finger rutschten ab, und ich sank erschöpft in den Schlamm.

Mark stapfte durch das Wasser und half mir in den Wagen. „Gut gemacht, Schatz“, meinte er und legte den Arm um mich. „Wir hätten das Flugzeug bestimmt verloren, wenn du nicht so gut durchgehalten hättest.“ Er hüllte mich in sein Hemd ein und rannte davon, um die Maschine wieder festzuzurren.

Nach fünf Stunden legte sich der Sturm so plötzlich, wie er begonnen hatte. Wir schnappten uns die trockenste Decke und fuhren zur Westdüne. Überall lagen zersplitterte Bäume herum. Mit Hilfe des Suchscheinwerfers fanden wir endlich die Kinderstube der Löwen. Neben dem Baum lag das Löwenbaby wie eine nasse Stoffpuppe. Seine Augen starrten blicklos in die Nacht.

Soviel wir wußten, kehrte Gypsy nie wieder zur Kinderstube zurück.

SASSYS Kinder waren jetzt etwa zwei Monate alt, die von Chary ungefähr drei. Sie alle spielten und stritten wie Brüder und Schwestern. Sie kugelten unaufhörlich übereinander und bearbeiteten sich gegenseitig mit Zähnen und Pfoten. Des öfteren attackierten sie auch ihre Mütter, und manchmal ging Sassy auf ihr Spiel ein, Chary jedoch beteiligte sich nie an dem Herumtollen, obwohl sie allen Jungen gegenüber Geduld bewies.

Eines Nachts rissen Chary und Sassy im Wald der Westdüne eine junge Kuhantilope. Sie hatten etwa zwanzig Minuten lang gefressen, als Muffin und Moffet auftauchten und die beiden Löwinnen von der Beute vertrieben. Die Löwenmütter kehrten zum Versteck der Jungen zurück und forderten mit leisen, grollenden Lauten die Kleinen auf, ihnen zum Kadaver zu folgen. Muffin und Moffet ignorierten die Jungen völlig, als sie neben ihnen zu fressen begannen, doch Chary und Sassy bekamen keinen einzigen Happen ab.

Die Mütter gaben sich offensichtlich alle Mühe, ihre Sprößlinge gut zu versorgen. Doch als zu Beginn der Trockenzeit das Gras abstarb und die Antilopen sich zerstreuten, wurden die Beutetiere seltener und kleiner. Und die Junglöwen wurden größer und hungriger.

13

Delia: Löwen ohne Rudel

Die Regenfälle des Jahres 1978 waren ergiebig gewesen, aber die heftigen Winde der Trockenzeit hatten früher eingesetzt als gewöhnlich, und das Gras war viel eher als in den früheren Jahren zu Stroh geworden. Nach und nach teilten sich die Antilopenherden auf, und die kleineren Gruppen zerstreuten sich in der Tausende von Quadratkilometern großen hügeligen Buschsavanne.

Jeden Tag im Morgengrauen eilten wir zum Flugzeug, um die Löwen aus der Luft zu orten. Muffin und Moffet trabten zwar nicht mehr durch die Mittelpfanne, um ihre „Grenzbäume“ zu markieren, und Blue und die anderen Löwinnen kamen auch nicht mehr zum Camp, doch das Blaue Rudel hatte sich nicht sehr weit von seinem Territorium entfernt. Wie konnten die Löwen dort überleben, nachdem die meisten großen Antilopen verschwunden waren und kein Trinkwasser mehr vorhanden war? Indem wir ihnen des Nachts mit dem Wagen und dem Funkgerät auf den Fersen blieben, fanden wir die Lösung. Moffet hatte sich vor mehreren Tagen von Muffin und den Weibchen abgesondert und seither nichts gefressen. Er bewegte sich durch den Dornbusch im Osten des Tales. Plötzlich verfiel er mit gesenktem Kopf in einen flotten Trab und setzte im Zickzack einer huhngroßen Schwarzen Trappe nach.

Als er bis auf drei Meter an den Vogel herangekommen war, strich dieser ab, doch Moffet machte einen Satz und erwischte ihn mit der breiten Vorderpranke. Mit hochgezogenen Lippen biß er in die Vogelbrust hinein. Wenige Minuten später war er, die Mähne noch immer mit Federn geschmückt, schon wieder auf der Jagd. Noch am selben Abend erlegte er einen vierpfündigen Springhasen und jagte einem Mungo bis zu dessen Bau nach.

Der Speiseplan der Löwen änderte sich auffallend. Statt wie in der Regenperiode einen zweihundert Kilogramm schweren Spießbock zu schlagen, begnügten sie sich nun mit Stachelschweinen, Steinböckchen, Honigdachsen oder Riesentrappen. Doch eine solche Beute reicht kaum für einen oder zwei Löwen und ganz sicher nicht für ein ganzes Rudel.

Aus der Luft entdeckten wir, daß sich Chary und Sassy mit ihrem Nachwuchs im Umkreis der Krokodilpfanne aufhielten, etwa zehn Kilometer östlich des Deception Valley. Gypsy und Liesa jagten in der Nähe der Paradiespfanne, und das übrige Rudel durchkämmte die Dünentäler westlich des Flußbettes. Muffin und Moffet wanderten von einer Gruppe zur anderen. Sie waren nun länger von ihren Partnerinnen getrennt und mußten selbst mehr für ihre Verpflegung tun.

Die anderen Rudel hatten sich in gleicher Weise zerstreut, auf der Suche nach Beute wieder vom Tal entfernt und angefangen, kleinere Tiere zu jagen.

Je trockener es in den Wintermonaten wurde, desto mehr wichen die Nahrung, das Streifverhalten, die Lebensraumnutzung und das Sozialgefüge der Löwen von den Verhältnissen in der Regenzeit ab. Wir stiegen auch in mondhellen Nächten auf, um diese Veränderungen besser dokumentieren zu können.

Eines Nachts entdeckten wir von der Cessna aus Happy, ein Mitglied des Springbockpfannen-Rudels, an der Grenze zum Territorium des Blauen Rudels. Nachdem Muffin und Moffet den armen Satan umgebracht hatten, hatte ein anderes Männchen namens Diablo das Rudel übernommen. Die Löwinnen hatten sich ihrem neuen Chef angepaßt, und in den letzten Wochen hatten Happy und einige andere Weibchen sich sogar mit ihm gepaart. Doch als wir jetzt über Happy kreisten, konnten wir feststellen, daß sie sich nur wenige Meter von Muffin und Moffet entfernt befand.

Ihr Hinterteil hin und her schwingend, die Augen halb geschlossen und die Kiefer leicht geöffnet, bewegte sich Happy auf die wie hypnotisiert wirkenden Männchen zu. Muffin richtete sich so hoch auf, wie er nur konnte, und mit allem weltmännischen Gebaren, das ihm zu Gebote stand, ging er großspurig auf sie zu. Happy senkte verführerisch ihre Hinterpartie und lud ihn zum Besteigen ein. Aber als er von hinten auf sie zutrat, fauchte sie plötzlich und zog ihm ihre Pranke über die Nase.

Muffin brüllte und wich mit angelegten Ohren zurück. Nach einigen weiteren Versuchen der beiden Männchen, ihre Gunst zu erringen, waren Muffin und Moffet das Spiel leid, und sie kehrten in ihr eigenes Territorium zurück. Happy folgte ihnen in einem Abstand von ungefähr dreißig Metern.

Wir wußten, daß Liesa, Gypsy, Spicy und Spooky sich auf dem Kamm der Westdüne an einem Warzenschweinkadaver gütlich taten. Muffin und Moffet, mit Happy im Schlepptau, strebten geradewegs auf sie zu.

Wir flogen zurück und folgten ihnen mit dem Wagen. Blitzlichter, Kameras und das Tonbandgerät für die bevorstehende Auseinandersetzung zwischen Happy und den Löwinnen des Blauen Rudels hatten wir vorbereitet.

Als wir die vier Rudelweibchen sehen konnten, hatten sie soeben ihre Mahlzeit beendet. Die beiden Männchen begrüßten die Löwinnen, beschnupperten das abgenagte Gerippe und streckten sich dann aus. Happy schlenderte an Spicy und Spooky vorbei und legte sich neben Muffin und Moffet. So unglaublich es uns auch erschien, keine Löwin zeigte auch nur eine Spur von Aggressivität. Wir stellten das Tonbandgerät ab und steckten die Kameras wieder weg.

In den folgenden vier Tagen wurde Happy umworben, zuerst von Muffin, dann von Moffet, als gehöre sie zum Blauen Rudel. Am fünften Abend kehrte sie zu Diablo und den anderen Mitgliedern des Springbockpfannen-Rudels zurück. Da Happy von den Weibchen des Blauen Rudels so bereitwillig aufgenommen worden war, schien es normal zu sein, daß Löwinnen zwischen den Rudeln hin und her wanderten. Ein solcher Weibchenaustausch zwischen Löwenrudeln war bis dahin noch nie beobachtet worden.

DER Wüstenwinter endete über Nacht – es gab keinen Frühling. An einem stillen Morgen Anfang September schossen die Temperaturen plötzlich in die Höhe.

Nachdem die heiß-trockene Jahreszeit in der Kalahari eingekehrt war, zeigte das Thermometer tagsüber oft fast fünfzig Grad im Schatten an; in der Nacht ging es auf fünf bis zehn Grad zurück. Wir hatten schon vier Trockenzeiten überstanden, aber diese war die schlimmste.

Chary und Sassy säugten noch immer ihre fünf und sechs Monate alten Jungen, doch sie selbst hatten seit fünf Monaten keinen Schluck Wasser mehr getrunken. Um Fleisch für die Heranwachsenden zu beschaffen, stießen sie immer weiter nach Osten vor. Eines Morgens entdeckte Mark die beiden Mütter und ihre Kinder, zusammen mit Muffin und Moffet, außerhalb des Wildschutzgebiets. Die Löwen hatten, genauso wie einst Bones, die Grenze zum Weideland der Rinder überschritten, und wieder war die Jagdsaison eröffnet. Die bedächtige, altersweise Chary schien die Gefahren zu kennen.

Eine Kuh müßte für einen Löwen eine ideale Beute sein: feist, langsam und schwerfällig. Doch obwohl Chary ihre Freundin Sassy und die Jungtiere bis auf dreihundert Meter an die Viehstationen heranführte, töteten die Löwinnen kein einziges Haustier. Vielmehr machten sie Jagd auf die Antilopen, die hinter den Reservatsgrenzen nach Wasser suchten. Muffin und Moffet blieben nicht immer bei den Weibchen, und sie waren weder so alt noch so weise wie Chary.

Das Schweigen der Trockenzeit senkte sich über das Deception Valley. Kein Löwengebrüll und Schakalgeheul schallte mehr durch das Tal. Das lag nicht nur daran, daß die Löwen außer Hörweite waren; selbst wenn sie sich in der Nähe des Tales befanden, brüllten sie nicht. Verständlich, daß wir jahrelang die gängige Ansicht geteilt hatten, die Löwen würden in der Trockenzeit in eine unbekannte ferne Gegend abwandern.

Während der heißen, trockenen Jahreszeit spalteten sich die Rudel in noch kleinere Gruppen auf als im kurzen Winter von Juni bis August. Allenfalls zwei Löwinnen teilten sich die Beute, die sie zu schlagen imstande waren, und oft waren sie auf sich allein gestellt.

Die soziale Organisationsform der Kalahari-Löwen änderte sich unter den extremen Umweltbedingungen der Trockenzeit beträchtlich. Sämtliche Löwinnen verbündeten sich ausnahmslos mit Mitgliedern fremder Rudel. Der Zusammenhalt und die Rudelstruktur hatten sich in der Kalahari-Population vorübergehend aufgelöst. Das war ein faszinierendes Beispiel dafür, wie eine Tierart ihr soziales Gefüge an extreme ökologische Gegebenheiten anzupassen vermag.

14

Delia: Abschiede

DA UNS die Zoologische Gesellschaft Frankfurt ein Flugzeug beschafft hatte, hofften wir, sie würde unser Vorhaben auch weiterhin unterstützen, denn als das Jahr 1978 zu Ende ging, waren wir wieder einmal knapp bei Kasse. Um Geld zu sparen, legten wir Echo-Whiskey-Golf still und verschoben unseren Flug nach Maun bis zum Januar. Wir rechneten damit, dann eine Zusage für ein Stipendium in unserer Post vorzufinden.

Lange bevor wir unsere Sachen gepackt hatten, stand Mox schon wartend neben der Maschine. Er sollte zum ersten Mal nach mehr als drei Monaten ins Dorf zurückkehren und war so aufgeregt wie ein Springbock, der in seinem Revier allein auf das Eintreffen seiner Weibchen nach einer langen Trockenzeit wartet.

Nach der Landung in Maun brachten wir Mox zu seiner strohgedeckten Lehmhütte. Die gesamte Kinderschar eilte zu seiner Begrüßung herbei, bewunderte seine Sonnenbrille und tanzte um ihn herum.

Weil wir wissen wollten, wie es um unser Stipendium stand, kümmerten wir uns als erstes um unsere Post im Schließfach von Safari South.

Zwischen einem Stapel von zwei Monate alten Weihnachtskarten steckte auch ein Telegramm der Zoologischen Gesellschaft Frankfurt: Sie hatte die Absicht, uns für die beiden nächsten Jahre die notwendigen Mittel zu gewähren. Mark warf mich hoch in die Luft.

Und so feierten wir mit einem Monat Verspätung Weihnachten, darüber hinaus unseren sechsten Hochzeitstag und unser Stipendium mit einem Festmahl in der Island Safari Lodge am Ufer des Thamalakane-Flusses.

Nach zwei Tagen hielten wir vor dem *Rondavel* von Mox' Mutter an. Neben einem Feuer rührte ein junges Mädchen in einem Kessel mit dampfendem Maisbrei. Als wir uns nach Mox erkundigten, erhielten

Eine fast tägliche Arbeit:
Die Auswertung der Beobachtungsergebnisse

wir keine Antwort. Ein älteres Mädchen kam aus dem Haus. Nein, sie kenne niemanden mit Namen Mox, erklärte sie kurz angebunden.

Zwei Tage lang fuhren wir herum und suchten ihn. Noch zweimal schauten wir bei der Hütte seiner Mutter vorbei, und obgleich wir keine Spur von ihm entdeckten, hatten wir das Gefühl, daß Mox einfach beschlossen hatte unterzutauchen und daß seine Sippe ihn dabei unterstützte. Wir gaben es schließlich auf.

Zuerst waren wir verletzt und verärgert. Wir konnten es durchaus verstehen, daß er seine Stelle aufgeben wollte. Das Leben in der Wüste, fern von seiner Familie, war für einen Junggesellen nicht gerade erstrebenswert. Aber er hatte uns viel bedeutet, und wir glaubten, er habe für uns ähnliches empfunden. Zumindest hätte er uns seine Absicht mitteilen können, statt einfach zu verschwinden. Ein Jäger in Maun meinte allerdings, die Tatsache, daß Mox uns mit der schlechten Nachricht verschont habe, sei so etwas wie eine liebevolle Abschiedsgeste.

Wir fragten jedesmal nach ihm, wenn wir nach Maun kamen, aber wir haben ihn nie wiedergesehen.

NACHDEM der Zuschuß der Zoologischen Gesellschaft eingegangen war, flogen wir im Januar 1979 nach Johannesburg, um neue Zelte und Vorräte zu kaufen und die Maschine inspizieren zu lassen. Am Morgen nach unserer Ankunft gingen wir in einen Laden, um einige kleine Geschenke für die Menschen in Maun zu kaufen. In den Regalen schimmerten kostbares Porzellan, Bleikristall und Silber. Eine attraktive grünäugige Dame von etwa dreißig Jahren bot uns ihre Hilfe an. Wir konnten uns für die verschiedenen Artikel, die sie uns vorschlug, nicht entscheiden, weil sie weder zu Maun noch zu unserem Geldbeutel paßten.

„Kommen Sie aus Botsuana?“ fragte sie.

Ich berichtete, daß wir seit sechs Jahren in der Kalahari lebten, um dort Löwen und Hyänen zu studieren.

„Oh, mein Vater lebte früher auch in der Kalahari“, sagte sie darauf.

„Wirklich? Wie heißt er denn?“

„Sie werden ihn schwerlich kennengelernt haben, er ist vor einigen Jahren gestorben. Er hieß Berghoffer – Bergie Berghoffer.“

„Sie – Sie sind Bergies Tochter?“ stammelte ich.

Seit mehr als fünf Jahren wollten wir uns mit Bergies Angehörigen in Verbindung setzen, um ihnen zu sagen, wieviel er uns bedeutet hatte.

Doch wir hatten den Namen seiner verheirateten Tochter nicht gekannt.

Sie stellte sich als Heather Howard vor und rief ihren Mann Mike aus der Wohnung über dem Laden herbei. Die beiden erinnerten sich, daß Bergie einmal von „seinen verrückten amerikanischen Freunden" gesprochen habe, „die in der Kalahari mit nichts als einem Landrover kampiert hatten, um die Wildtiere zu erforschen". Sie hatten sich schon immer gefragt, was wohl aus uns geworden sei. Leider mußten wir ihre Einladung zum Abendessen ablehnen, da wir schon am Nachmittag nach Botsuana zurückfliegen wollten. Wir versprachen, uns bei unserem nächsten Besuch in Johannesburg wieder zu melden.

Fast ein Jahr nach unserer ersten Begegnung mit Heather und Mike besuchten wir sie endlich. Das Wiedersehen mit den beiden war sehr schön. Heather war freundlich, aber zugleich etwas nachdenklich. Nachdem wir eine Weile miteinander geplaudert hatten, erklärte sie, ihr Vater habe den Wunsch geäußert, seine Leiche solle verbrannt und die Asche in einem stillen, grasbewachsenen Tal irgendwo in der Wildnis verstreut werden. In all den Jahren seit seinem Tod, sagte Heather, habe die Familie immer den Eindruck gehabt, daß die Zeit dafür noch nicht gekommen sei. Doch jetzt sei es soweit: Es sei sicher in Bergies Sinne, wenn wir ihm gemeinsam seinen letzten Wunsch erfüllten.

Mit Heather und Mike wanderten wir durch die Wiesen zu einem Bach, der wirbelnd über Felsblöcke dahinschoß. In der Ferne sah man den Dunstschleier über der Stadt. Schmetterlinge tanzten in einer leichten Brise. Als ich Bergies Asche dem Wind übergab, glaubte ich sein Gesicht zu sehen, das mich anlächelte. Wir entließen ihn wieder in die Freiheit.

IM FEBRUAR 1979 flogen wir in die Kalahari zurück. Unsere Maschine war voll beladen mit Ausrüstungsgegenständen und Vorräten. Nachdem wir tagelang ausgepackt, gesägt und gehämmert hatten, betrachteten wir wohlgefällig unser neues Camp mit seinen fünf Zelten. Das kleine gelb und braun eingefaßte Eßzelt kuschelte sich neben den Jujubenbaum mitten auf der Bauminsel. Drinnen stand ein Tisch mit Tischtuch und Stühlen, und an beiden Seitenwänden hatten wir „Schränke" aus Orangenkisten aufgestellt. Ein Pfad wand sich zwischen den Bäumen hindurch zum Schlafzelt, und darin befand sich ein richtiges Bett. Das Zelt, das uns als Büro und Labor diente, war ausgestattet mit einem großen Arbeitstisch, Bücherregalen und einer Schreibmaschine. Hinzu kamen ein Vorratszelt mit einem gasbetriebenen Kühlschrank und einer ebensolchen Gefriertruhe sowie eine neue, aus drei Schilfwänden bestehende Küchenecke.

Wenn nur Bergie das alles noch erlebt hätte!

15

Delia: Die Schule der Aasfresser

Wir hatten unsere Hyänenforschung neben der Löwenbeobachtung kontinuierlich weitergeführt. Star, die Braune Hyäne, war mittlerweile über elf Jahre alt. Ihre helle Halskrause war größtenteils verschwunden, Kampfnarben zeichneten ihren ledrigen Nacken, und ihre Zähne waren zu Stummeln abgenutzt.

Vom Flugzeug aus entdeckte Mark ihr Funksignal vier Tage hintereinander am selben Standort auf der Westdüne: Entweder hatte sie ihren Kragen verloren, oder sie war tot.

Mit dem Empfangsgerät im Wagen orteten wir ihren Sender auf dem Dünenhang. Als wir uns durch das zähe Dornengebüsch vorarbeiteten, wurde ihr Signal stärker. Ich machte mich schon auf das Schlimmste gefaßt.

Mark hielt an, stellte den Motor ab und zeigte nach vorn. Ungefähr fünfzehn Meter vor uns tauchte über einem niedrigen Strauch Stars verwittertes altes Gesicht auf. Sie blickte uns an, schüttelte kalkweißen Sand aus ihrem Fell und ging zu einem Loch in einem kleinen Sandhügel hinüber. Dort steckte sie den Kopf in die Öffnung und gab einen leisen schnurrenden Ton von sich. Hervor kamen drei winzige kohlschwarze Fellknäuel. Star war also nicht nur gesund und munter, sondern sie hatte sogar Junge bekommen! Die Kleinen schauten mit dunklen Augen zu ihrer Mutter auf, die sie mit ihrer mächtigen Schnauze liebkoste. Wir nannten das weibliche Hyänenkind Pepper und die beiden männlichen Cocoa und Toffee.

Endlich hatten wir Gelegenheit, eine Hyänenmutter bei der Jungenaufzucht zu beobachten. Wir befürchteten, daß Patches und Shadow ihren Nachwuchs im Stich gelassen hatten, weil wir versucht hatten, ihr Verhalten zu studieren, doch Star war so vollkommen an uns gewöhnt, daß unsere Anwesenheit sie sicherlich nicht stören würde.

Star hatte einen vorhandenen Springhasenbau zur Wurfhöhle erweitert, nur knapp dreihundert Meter von unserem Camp entfernt. Tagsüber schlief sie etwa fünfzehn Schritte entfernt im Schatten, und alle drei bis vier Stunden lockte sie die Jungen durch Schnurren am Höhleneingang hervor. Die Kleinen stolperten aus dem Bau und begrüßten sie mit überschwenglicher Begeisterung, wuselten immer wieder um sie herum und stießen dabei heisere Quieklaute aus. Star beleckte und beknabberte sie reihum. Dann streckte sie sich in einer der kühlen Sandfurchen aus und säugte ihre Jungen bis zu fünfundzwanzig Minuten lang.

Schon im Alter von drei Wochen begannen die Hyänenkinder draußen zu spielen. Anfangs stolperten sie fast nur übereinander und fielen um. Doch sobald sie einigermaßen das Gleichgewicht halten konnten, übten sie sich im Schnauzenkampf und Nackenbeißen.

Sofort nach Einbruch der Dunkelheit führte Star ihre Kinder in die sichere Höhle, und dort blieben sie, während sie selber nahrungssuchend kilometerweit umherstreifte.

Als die Jungen sechs Wochen alt waren, packte Star eines Abends Peppers Rücken behutsam mit ihren mächtigen Kiefern und trug ihre Tochter quer durch die Talsenke in ein Gebüsch auf dem Nordbuchthügel, wo sie sie in einem neuen Erdloch unterbrachte. Anschließend holte sie Cocoa und Toffee.

Jetzt hatten wir die Möglichkeit, das Innere einer Wurfhöhle der Braunen Hyänen genau zu inspizieren. Mit dem Kopf voran kroch ich durch den offenen Graben und dann in einen Tunnel, der etwa fünfundsiebzig Zentimeter hoch war. Der Tunnel verlief ungefähr vier Meter geradeaus und dann nach links. Auf die Ellbogen gestützt, schob ich mich durch den sanft abfallenden Gang, wobei ich die Taschenlampe vor mir herbugsierte.

Als ich mich dem Ende der geraden Strecke näherte, konnte ich Marks dumpfes Poltern und Scharren hören. Er hatte den größeren Eingang genommen. Vorsichtig leuchtete ich um die Ecke. Vor mir lag eine runde Kammer. Sie hatte einen Durchmesser von etwa anderthalb Metern und war knapp einen Meter hoch. Kleine Vertiefungen im Sandboden zeigten an, wo die Hyänenkinder geschlafen hatten. Drei kleine und zwei größere Gänge führten von der Kammer weg.

Wir stellten fest, welche Gänge unterirdisch miteinander verbunden waren, und vermaßen sie. Die Sauberkeit des Baus beeindruckte mich;

Star war eine erstklassige Hausfrau. Kein Kot und keine Abfälle lagen herum. Der Schädel einer jungen Giraffe und das Schulterblatt eines Spießbocks waren die einzigen Einrichtungsgegenstände.

„He! Mich juckt etwas!" rief Mark aus dem anderen Tunnel. Auch ich verspürte am ganzen Körper schmerzhafte Stiche. So schnell ich konnte, begann ich auf dem Bauch rückwärts zu kriechen. Als wir beide in der Sonne und frischen Luft standen, entdeckten wir, daß wir über und über mit Flöhen bedeckt waren!

Es mag mehrere gute Gründe geben, warum eine Hyänenmutter ihre Kinder in eine neue Höhle bringt – vielleicht um den Heranwachsenden eine größere Heimstatt zu bieten oder um sie vor Feinden zu schützen, die das alte Wurflager ausfindig gemacht haben –, doch ich bin nach wie vor davon überzeugt, daß es auch darum geht, der Belästigung durch ganze Heerscharen von Flöhen zu entkommen.

MIT zweieinhalb Monaten hatten die Kleinen volle, rundliche Bäuche. Eines Abends packte die Hyänenmutter Cocoa am Nackenfell und wanderte über drei Kilometer weit nach Norden. Auf dem ganzen Weg bewegte sich Cocoa kein einziges Mal. Star wandte sich nach Nordosten zur Düne empor und bahnte sich einen Weg durch den dichten Dornbusch, hielt jedoch ab und zu inne, um Ausschau zu halten und sich umzuhören. Es war uns unbegreiflich, warum sie Cocoa so weit wegschleppte.

Wir durchbrachen eine hohe Strauchgruppe, hinter der sich eine große Lichtung auftat. Da lag ein riesiger Höhlenkomplex, der aus mehreren großen grauen Sandwällen bestand, die etwa fünfzehn Meter lang waren. Auf jedem Wall standen junge Braune Hyänen unterschiedlichen Alters. Hier also waren die vermißten Jungen, von denen wir angenommen hatten, Shadow und Patches hätten sie im Stich gelassen. Sämtliche Nachkommen des Clans waren in einem Gemeinschaftslager versammelt – dem ersten, das jemals ein Mensch gesehen hatte!

In der Wissenschaft kommt es nur sehr selten vor, daß einem Forscher nach jahrelangen Bemühungen eine neue Entdeckung praktisch in den Schoß fällt. Wir waren sprachlos. Jetzt hatten wir die Antwort auf all die Fragen, die wir uns seit Jahren über den Sinn und Zweck des Gemeinschaftslebens der Braunen Hyänen gestellt hatten. Die Tiere leben in einem Clan zusammen, der Nahrung und Territorium gemeinsam nutzt, und sie ziehen in vorbildlicher Zusammenarbeit ihre Jungen gemeinschaftlich auf, um mit den harten Umweltbedingungen der Kalahari fertig zu werden.

Star bettete Cocoa behutsam in den Sand und trat zurück. Alle anderen Welpen kamen herbei und berochen das neue Clanmitglied. Cocoa wirkte weder ängstlich noch scheu. Während Star unterwegs war, um Pepper und Toffee in den Kindergarten zu holen, erkundete Cocoa seine neue Umgebung.

Wie wir nach und nach herausfanden, erfüllte die Gemeinschaftsbetreuung des Nachwuchses einen wichtigen Zweck. Die Kalahari mit ihrem spärlichen und unberechenbaren Nahrungsangebot macht es einer Hyänenmutter schwer, genügend Futter für sich und ihre heranwachsenden Kinder zu finden. Wir entdeckten später, daß jedes Jahr in der Regel nur ein Weibchen des Clans Junge bekommt, und dadurch wird die Zahl der Nachkommen im Gemeinschaftslager begrenzt. Wenn alle Kinder dort sicher untergebracht sind, darf jede weibliche Hyäne mehrere Nächte hintereinander frei umherschweifen, so lange, bis sie Nahrung ausfindig macht, die sie zu den Jungen heimtragen kann. Dem Clan steht insgesamt mehr Zeit für die Futterbeschaffung zur Verfügung, und somit ist eine regelmäßige Nahrungszufuhr für den Nachwuchs gesichert.

Mit der Entdeckung des Gemeinschaftslagers änderte sich unser Tagesablauf: Frühmorgens machte Mark nun einen Rundflug und lokalisierte die Löwen und Hyänen, und anschließend fuhren wir zu den Löwen, die dem Camp am nächsten waren. Am frühen Abend übertrug Mark seine Tonbandaufzeichnungen auf Papier, während ich zum Hyänenlager hinüberfuhr, um die Tiere die halbe oder ganze Nacht zu beobachten.

Jene einsamen Nächte auf dem Dünenhang zählen zu den schönsten Erlebnissen meines Lebens. Nach und nach lernte ich die Hyänenkinder persönlich kennen. Pippin war über drei Jahre alt und schon ein junger Erwachsener. Er streifte bereits allein umher, aber er suchte immer noch das Lager auf, um mit den Jüngeren zu spielen. Chip war der Zweitälteste, und auch er trieb sich außerhalb des Lagerbereichs herum. Die jüngeren Hyänen Sooty und Dusty, Bruder und Schwester, blieben die ganze Zeit im Kindergarten, zusammen mit Puff, einem ganz jungen Weibchen. Schließlich waren da noch die Neuzugänge Pepper, Cocoa und Toffee.

Am Abend nach unserer Entdeckung der Gemeinschaftshöhle sah ich Patches mit einem frischen Springbockbein im Maul heimkehren. Alle Welpen sprangen beim Geräusch ihrer Schritte auf. Die jüngeren verschwanden im Höhleneingang. Sobald Patches sich so weit genähert hatte, daß sie zu erkennen war, sprangen die älteren Welpen auf sie zu und umkreisten sie zur Begrüßung. Sie legte das Antilopenbein in den Sand, beschnupperte jedes Jungtier und leckte ihnen dabei die Ohren und den Rücken. Nachdem Sooty der Alten seine Reverenz erwiesen hatte, ergriff er das Bein, stürmte in die Höhle, und alle anderen folgten ihm. Patches schlief auf dem Wall, während sich die Kleinen drinnen den Magen vollschlugen.

Später in dieser Nacht trottete Shadow aus dem Gebüsch. Sie warf sich auf einen Sandwall, und Puff begann zu saugen. Ich hatte gerade entschieden, daß Shadow Puffs Mutter sein müsse, als Dusty ebenfalls zu trinken begann. Wegen des geringen Altersunterschieds konnten Puff und Dusty nicht beide Shadows Töchter sein. Später konnten wir zuschauen, wie Patches und Star jeweils ein Kind der anderen nährten.

Da die stillenden Weibchen des Clans alle Jungen säugten und da alle Weibchen Futter zur Höhle brachten, war zunächst nicht auszumachen, wer wessen Mutter war. Zum Glück hatten wir die früheren Trag- und Stillzeiten der weiblichen Clanmitglieder sorgfältig registriert und konnten so eine Zuordnung vornehmen; nur Dustys und Sootys Mutter kannten wir nicht.

Weil die erwachsenen Tiere so lange auf Nahrungssuche unterwegs waren, mußten die Kleinen die meiste Zeit ohne deren Schutz auskommen. Die Kleinkinder waren durch die Höhle selbst und durch die älteren Jungtiere geschützt. Pepper, Cocoa und Toffee streiften oft bis zu fünfundzwanzig Meter weit im hohen Gras umher, doch beim Anblick oder Geräusch eines sich nähernden Tieres verschwanden sie unter der Erde. Nach einigen Minuten schoben sie dann ihre Ohren, darauf die Augen und schließlich die Nasen wie Periskope über den Rand des Erdlochs, um festzustellen, ob die Gefahr vorbei war.

Gelegentlich entfernten sich die Jungen zu weit von der schützenden Höhle. Als Puff eines Nachts weiter umherwanderte als gewöhnlich, drang aus dem Hochgras lautes Geschrei und Kampfgetöse. Als wir am Ort des Geschehens eintrafen, schleppte ein Leopard ihren zerfleischten Körper weg. Selbst nach Puffs Tod säugte und versorgte Shadow, ihre Mutter, weiterhin die anderen Hyänenkinder.

Braune Hyänen wie McDuff zählen zu den seltensten und am wenigsten erforschten Raubtieren der Erde.

Pepper und Toffee auf dem Sandhügel des Gemeinschaftslagers

WIR schrieben Februar 1979. Schon seit Monaten hatten wir den trüben Himmel nach einem Zeichen für Regen abgesucht. Hin und wieder erschien eine Kumulusformation über dem Horizont im Osten, doch sie ergoß ihr lebensspendendes Naß über andere Landstriche. Anfang April verzogen sich die Wolken endgültig. Die Regensaison des Jahres 1979 war ausgeblieben, und auch in den nächsten zehn Monaten war mit Niederschlägen nicht zu rechnen. Die Kalahari war durch die Dürre wie gelähmt.

Wenn die Löwen ab und zu das Tal aufsuchten, fanden sie nur so kleine Beutetiere vor, daß für die Braunen Hyänen nichts übrigblieb als blutbeschmierte Federn oder ein paar Hufe. Die Geparde und Wildhunde waren verschwunden, nachdem die letzten Springböcke das Tal verlassen hatten. Ameisen, Termiten, Vögel, Nagetiere und vereinzelte Steinböckchen waren nunmehr die einzige Beute, die den Leoparden und Schakalen zur Verfügung stand. Das Nahrungsangebot konnte sich in der bevorstehenden Trockenzeit nur noch verschlechtern, und da kein Regen gefallen war, gab es auch keine saftigen wilden Melonen mehr.

Im Alter von achtzehn Monaten hatten Dusty und Sooty damit begonnen, selbst für ihren Lebensunterhalt zu sorgen. Pepper, Cocoa und Toffee warteten manchmal tagelang geduldig auf etwas Freßbares. Star war das einzige Weibchen, das noch Milch hatte, und die inzwischen sechseinhalb Monate alten Welpen waren noch immer stark von dieser Milch abhängig.

In einer windigen Nacht hatte Star fast zwanzig Kilometer hinter sich gebracht und noch immer nichts Genießbares gefunden. Sie war müde und streckte sich neben einer Gruppe von breitblättrigen Lonchocarpusbäumen aus.

Muffin und Moffet kehrten in dieser Nacht in ihr ehemaliges Regenzeit-Territorium zurück. Mühsam schleppten sie sich die Ostdüne hoch, sie waren ausgehungert.

Star lag flach auf der Seite und hatte den Kopf und den Nacken in den kühlenden Sand gebettet. Auf einmal hörte sie ein leises Geräusch. Vielleicht waren die Schritte der näher kommenden Löwen im Wind untergegangen, vielleicht hatte sie auch zu fest geschlafen. Als sie aufsprang, war es zu spät. Muffin und Moffet stürzten sich auf sie und zerfleischten sie. Sekunden später war Star tot.

16

Delia: Pepper

STUNDE für Stunde, Nacht für Nacht lagen Pepper, Cocoa und Toffee auf den Sandwällen und blickten sehnsüchtig auf den Pfad, auf dem Star gewöhnlich heimkam. Sie wurden immer lethargischer. Den langen heißen Tag verbrachten sie in der kühlen Höhle und schützten so die Feuchtigkeit in ihren ausgezehrten Körpern. Ihre knochigen Schultern standen spitzwinklig hervor, und die Haare begannen ihnen auszufallen.

Am vierten Tag nach Stars Tod kamen Pepper, Cocoa und Toffee nicht aus der Höhle heraus. Drei Nächte lang saßen wir vor den mondbeschienenen Sandwällen und hofften auf ein Lebenszeichen. Gegen Mitternacht der vierten Nacht raschelte es im Gras, und Pippin, der Halbbruder der Welpen, betrat mit einem frisch geschlagenen Springhasen im Maul die Lichtung. Er legte die etwa vier Pfund schwere Beute in den Sand, ging zum Eingang hinüber und schnurrte laut. Augenblicklich krabbelten alle drei hervor, um ihn mit aufgeregten Quieklauten willkommen zu heißen. Sie umkreisten Pippin immer wieder, bevor sie zum Springhasen rannten und ihn in die Höhle hineinzerrten.

Pippin stand mit langen, schlaksigen Beinen und abgemagertem Leib auf dem Wall. Ohne den Kopf zu bewegen, verdrehte er die Augen und blickte uns lange an, genauso wie es Star, seine Mutter, so oft getan hatte. „Mark, vielleicht will er sie adoptieren", flüsterte ich. Jetzt hatten nicht nur Stars Kinder eine Überlebenschance, sondern auch für unsere Hyänenforschung war dies eine Sternstunde. Die Adoption verwaister Jungtiere ist bei wildlebenden Tieren äußerst selten.

Am nächsten Morgen kam Dusty in aller Frühe zur Höhle und brachte ein großes Stück Giraffenhaut, an der noch ein wenig Fleisch hing. In den folgenden Tagen begannen bestimmte Clanmitglieder für Pepper, Cocoa und Toffee zu sorgen. Jetzt erkannten wir auch, weshalb wir die Mutter von Dusty und Sooty nicht hatten ermitteln können: Sie war gestorben, und die Jungtiere waren, genauso wie Stars Kinder, vom Clan adoptiert worden.

Da nun die Kleinen von Patches, Shadow, Dusty und Pippin gefüttert wurden, wuchsen sie kräftig heran und begannen auch wieder zu spielen. In der Regel war Pepper die Anführerin und die Erfinderin neuer Spiele. Einmal kam sie vorsichtig zu unserem Wagen herüber, streckte langsam die Schnauze vor, um die Stoßstange zu beschnuppern, und galoppierte dann mit gesträubtem Fell zur Höhle zurück. Daraufhin führte sie mit behutsamen Schritten ihre Brüder zum Toyota. Die drei stellten sich nebeneinander auf, beschnüffelten ihn und sausten wieder davon. Bei jedem neuen Annäherungsversuch wurden sie selbstsicherer, bis sie schließlich sogar unter dem Wagen umherspazierten.

Allmählich gewöhnten sich die Jungtiere völlig an mich. Eines Nachmittags blieb ich nicht wie sonst im Wagen, sondern setzte mich in das hohe Gras am Rande der Lichtung. Sobald Pepper und Cocoa aus der Höhle hervorkamen, trotteten sie auf mich zu, steckten ihre Schnauze in mein Haar und begannen meine Ohren, meinen Nacken und mein Gesicht zu beschnüffeln. Ich verhielt mich mucksmäuschenstill. Nach einer Weile wandten sie ihre Aufmerksamkeit wieder den Knochen zu, die um den Sandwall herumlagen.

Manchmal fuhr mir Pepper mit ihrer übergroßen Pfote über den Arm, genauso wie sie es bei Cocoa machte, wenn sie ihn zum Spielen auffordern wollte. Es wäre mir ein Vergnügen gewesen, mit ihr herumzutollen, doch das hätte die Objektivität unserer Forschungsarbeit beeinträchtigt, und da ich auf solche Einladungen zum Spiel nicht reagierte, sahen die Junghyänen am Ende in mir kaum mehr als einen Gegenstand der Neugierde.

WIR studierten das Gemeinschaftslager mehr als drei Jahre lang und machten dabei manch interessante Entdeckung, vor allem, daß Adoptionen bei den Braunen Hyänen häufig vorkommen.

Die meisten Hyänenweibchen bleiben in ihrem Geburtsclan; sie sind somit alle miteinander verwandt. Doch warum versorgten Patches, Shadow, Dusty und Pippin in der schlimmsten Dürrezeit Stars Waisen mit Futter, das sie wohl gerne selbst gefressen hätten?

Ein Teil der Antwort lag wahrscheinlich in der Theorie der Sippenselektion begründet. „Tüchtigkeit" in der Darwinschen Formel vom Überleben des Tüchtigsten bezieht sich nicht auf die körperliche Stärke eines Individuums, sondern vielmehr auf seine Überlebensfähigkeit und die Zahl der Gene, die es an künftige Generationen weitergeben kann. Jedes Lebewesen kann seine genetische „Tüchtigkeit" auf zwei Wegen

Pepper, die junge Braune Hyäne, wagt sich bei Sonnenuntergang aus dem sicheren Bereich des Gemeinschaftslagers hervor.

steigern: direkt durch die Hervorbringung von Nachkommen, die die Hälfte seiner Gene in sich tragen, und indirekt durch die Erhöhung der Überlebenschancen seiner entfernteren Verwandten, die einen kleineren Anteil seiner Gene mitbekommen.

Nach der Theorie der Sippenselcktion bedeutete das Verhalten der Clanmitglieder demnach keine selbstlose Wohltätigkeit. In Wahrheit war die Nahrung, die sie zur Höhle brachten, nichts anderes als eine Investition in die Weiterführung der eigenen Erblinie.

ENDE September zeigte das Thermometer wieder fünfzig Grad im Schatten an. Die erwachsenen Hyänen benötigten mehr Nahrung, um ihren eigenen Feuchtigkeitsbedarf zu decken, und besuchten die Höhle nicht mehr so häufig. Zuweilen gingen die Welpen zwei oder drei Nächte leer aus, und die jungen und alten Tiere sahen gleichermaßen abgezehrt und mager aus. Abermals blieben Pepper, Cocoa und Toffee die meiste Zeit in der kühlen Höhle und spielten nur noch selten.

Als Mark und ich an einem Spätnachmittag im Küchenverschlag beschäftigt waren, sahen wir zu unserem Erstaunen Pepper auf uns zukommen. Sie war noch nicht ganz ein Jahr alt. Hyänenwelpen verlassen ihr Lager gewöhnlich erst im Alter von eineinhalb Jahren, und auch dann bleiben sie noch drei oder vier Monate lang ihren erwachsenen Artgenossen dicht auf den Fersen. Daß Pepper sich schon so früh selbständig auf Nahrungssuche begeben hatte, war ein weiterer Beweis dafür, daß die Jungen nicht genug zu fressen bekamen.

Pepper betrat die Küche, ohne einen Augenblick zu zögern. Nachdem sie sämtliche Regale und Kisten berochen hatte, schritt sie zum Eßzelt. Sie ging hinein, packte das Tischtuch und zog daran, bis alle Teller auf den Boden krachten. In der nächsten halben Stunde stöberte sie in allen Ecken des Camps herum, beschnupperte die Wasserfässer und steckte den Kopf in die Zelteingänge. Es fiel mir schwer, dem Drang zu widerstehen, der Hyäne zu helfen, doch unsere Aufgabe war es zu erforschen, wie die Tiere überlebten und ob das Wildschutzgebiet über ausreichende Ressourcen zu ihrem Fortbestand verfügte.

Es war schon dunkel, als Pepper endlich abzog, und wir folgten ihr im Wagen, um festzustellen, wie gut ihre Fähigkeiten, sich mit Nahrung zu versorgen, bereits entwickelt waren.

In der Nähe des ausgetrockneten Wasserlochs in der Mittelpfanne wurde sie von zwei Schakalen abgefangen. Sie starrte die beiden kurz an und eilte in Richtung Höhle, die immer noch gut drei Kilometer entfernt war. Durch Peppers Furcht kühner geworden, schoß ein Schakal vor und zwickte Pepper ins Hinterteil. Sie klemmte den Schwanz zwischen die Beine und zog ihre Hinterpartie ein, aber beide Schakale schnappten jetzt nach ihren Läufen, während sie sich fast sitzend voranarbeitete.

So ging es mehrere hundert Meter weit, bis Pepper jäh stehenblieb. Als sei ihr soeben eingefallen, daß sie doppelt so groß war, richtete sie sich zur vollen Höhe auf, sträubte die Nackenmähne und jagte die Angreifer den ganzen Weg bis zum Flußbett zurück. Wir folgten ihr, bis sie sicher zur Höhle heimgekehrt war. Außer ein paar Ameisen und Termiten hatte sie keinerlei Futter gefunden.

Wie sich herausstellte, war es nicht Peppers letzter Ausflug zu unserem Camp gewesen. Eines Abends war Mark in unserer Badehütte und nahm im Dunkeln eine Schwammdusche. Den Kopf voller Seifenschaum, beugte er sich gerade über das Becken, als plötzlich eine Zunge über seine nackten Zehen hinwegstrich.

Er stieß einen lauten Schrei aus und machte einen Satz nach hinten. Im selben Augenblick fuhr Peppers Kopf hoch, traf den Tisch und warf die Wasserschüssel um. Sie machte kehrt und schoß auf den Eingang zu, doch sie verfehlte ihn und rammte den Türpfosten. Dadurch geriet sie noch mehr in Panik. Wie eine abgeprallte Kanonenkugel irrte sie in der kleinen Hütte herum, während Mark konfus hin und her trippelte und brüllte, weil er nicht wußte, wer da bei ihm war. Schließlich preschte Pepper einfach durch die Hüttenwand und hinterließ ein großes Loch im zersplitterten Schilfgeflecht.

Als beide ihre Fassung wiedergewonnen hatten, schüttelte Pepper die Schilfstücke aus ihrem langen Haar und spazierte lässig zur Küche hinüber. Dort nahm sie den leeren Wasserkessel ins Maul, auf dessen Henkel noch die Zahnspuren ihrer Mutter zu sehen waren, und schritt in die Nacht hinaus.

COCOA und Toffee erforschten gleichfalls die weitere Umgebung der Höhle auf der Suche nach Futter. Eines Nachts wurde Toffee, der stets der Vorsichtigste war, von einem Leoparden überwältigt und getötet. Sooty verschwand aus der Gegend; wahrscheinlich hatte er sich vom Clan getrennt. Shadows ausgedörrte Leiche entdeckten wir auf dem knochentrockenen Wüstenboden. Sie war, wie Star, Löwen zum Opfer gefallen. McDuff, das ranghohe Männchen, starb aus unbekannten Gründen. Vom ganzen Clan waren nur Patches, Dusty, Pippin, Chip, Pepper und Cocoa übriggeblieben. Die Dürre verlangte ihren Tribut.

17

Mark: Muffin

HÄUFIG getrennt, zuweilen gemeinsam, durchstreiften Muffin und Moffet monatelang viele Kilometer weit die Wüste, und nur noch selten trafen wir sie bei ihren Gefährtinnen an. Tagsüber verfielen sie in eine Art Hitzestarre. Sie lagen unter einem abgestorbenen Busch, der ein wenig Schatten spendete. Ständig bewegten sie ihr Maul und schoben die Zunge zwischen den trockenen Lippen vor. Ihr Bauchfell war eingezogen und lag dicht an den Rippen, ihre Mähnen waren schütter, zerzaust und glanzlos.

Schon seit zwei Wochen hatten sie nichts Handfestes mehr zwischen die Zähne bekommen. Sie waren nach Osten gewandert und jagten nun jede Nacht in der lichten Waldlandschaft an der Reservatsgrenze. Jetzt lagen die beiden heftig atmend neben einem Strauch – die einzigen Lebewesen weit und breit.

Als an diesem Abend die Hitze abklang, zogen sie wieder einmal ostwärts zur Grenze des Schutzgebietes und krochen durch den Drahtzaun. Sie witterten nicht nur Beute, sondern auch Wasser. Vor ihnen, in einem Schutzgehege aus Dornengestrüpp, waren Rinder, die nun unruhig wurden. Lautlos pirschten sich die Löwen an.

Plötzlich schoß ein glühender Schmerz durch Muffins Bein. Er brüllte und hieb mit der Pranke auf die Falle ein, deren Bügel über seinem verdrehten Fuß zugeschnappt waren. Er biß in den Stahl, wälzte sich auf dem Boden und zerfetzte sich die Beinmuskeln, als er an der Kette zerrte. Moffet eilte zu ihm und beroch den zerfleischten Fuß und die Falle, aber er konnte nichts für ihn tun. Die ganze Nacht versuchte Muffin sich zu befreien. Keuchend und stolpernd zog er immer wieder den schweren Holzblock im Kreis durch den Sand. Moffet blieb in seiner Nähe und schaute ihm hilflos zu.

Am Morgen kam ein eingeborener Viehzüchter angeritten, legte sein Gewehr an und schoß Muffin in Kopf und Nacken. Moffet rannte auf die Reservatsgrenze zu, doch der Mann setzte ihm nach. Mehrmals krachten Gewehrschüsse, und die Kugeln schlugen rings um den flüchtenden Löwen in den Sand ein.

Noch am selben Vormittag überflog ich die Stelle, wo ich in der Nähe des Zauns Muffin und Moffet zuletzt gesehen hatte. Ich empfing Muffins Funksignal, das weit weg aus östlicher Richtung kam. Mit einem dumpfen Gefühl in der Brust drehte ich ab und steuerte den Sender an. Die ungewöhnliche Klarheit des Signals verriet mir, daß er seinen Kragen nicht mehr trug.

Über dem Dorf Mopipi am Xau-See erreichte das Signal sein Maximum. Indem ich einmal niedrig über den Strohdächern hin- und herflog, ermittelte ich die Hütte, in der sich der Kragen befinden mußte. Als ich nach unten schaute, erblickte ich das Fell eines männlichen Löwen, das im Sand aufgespannt war. Leute rannten im Dorf umher und zeigten zu meiner Maschine hinauf.

Ich landete auf einer nahen Lichtung und war sofort von einer händeklatschenden und lachenden Menschenmenge umringt. In düsterem Schweigen bahnte ich mir einen Weg durch die Menge zu der Hütte, die ich aus der Luft ausgemacht hatte. Eine Frau mittleren Alters kam an die Tür und sah mich verlegen an.

„Jemand aus diesem Haus hat einen Löwen erschossen", sagte ich. „Sie müssen den Kragen haben, den er um den Hals trug."

Da die Frau nicht begreifen konnte, was mich zu ihrem *Rondavel* geführt hatte, wirkte sie zunächst irritiert und verschüchtert. Ich zwang mich zu einem Lächeln, um sie zu beruhigen. Dann sah ich Muffins abgewetzten und blutbefleckten Kragen, der hinter ihr an einem Pfosten hing. Sie gab ihn mir, und ich fragte sie, wie viele Löwen erschossen worden seien. Sie erwiderte, sie wisse es nicht, aber ihr Mann habe nur ein Fell von der Ranch mit ins Dorf gebracht.

Als ich wieder in der Luft war, stellte ich Moffets Frequenz ein, doch sein Signal blieb aus. Noch wochenlang setzte ich die Suche nach Moffet fort, ohne aber je sein Signal zu hören. Ich vermutete, daß er angeschossen worden war und sich zum Sterben irgendwo verkrochen hatte. Wahrscheinlich hatte eine Kugel seinen Sender zerschmettert.

BLUE stand auf der Norddüne. Die einst so geschmeidige und kraftvolle Löwin war sehr abgemagert. Das Haar war ihr auf dem Rücken an mehreren Stellen ausgefallen, und ihre Lippen waren blaß.

In der achtzehnmonatigen Dürrezeit hatte sich das Rudel aufgelöst. Blue war als einzige im angestammten Territorium geblieben. Die anderen durchstreiften ein riesiges, mehr als dreitausendsiebenhundertfünfzig Quadratkilometer großes Wald-, Busch- und Savannengebiet.

Nachdem Gypsy ihre Kinder durch Vernachlässigung ihrer Mutterpflichten verloren hatte, war sie zusammen mit Liesa weit in den Südosten des Deception Valley abgewandert. Happy vom Springbockpfannen-Rudel und Spicy vom Blauen Rudel zogen zwischen verschiedenen Löwengruppen hin und her. Im Mai 1979 hatten beide innerhalb weniger Tage jeweils zwei Kinder geboren. Wir konnten beim besten Willen nicht sagen, wer die Väter waren, denn die Weibchen hatten sich mit Männchen aus drei verschiedenen Rudeln gepaart.

Es war ein aufregender Augenblick für uns, als wir erstmals zuschauen konnten, wie Happy und Spicy unterschiedslos ihre Kinder säugten. Gemeinschaftliches Säugen war bis dahin nur bei nah verwandten Löwinnen desselben Rudels beobachtet worden.

Wir besuchten Blue jeden Tag, und wir hatten das Gefühl, daß sie für unsere Gesellschaft dankbar war. Sie schlief im Schatten des Wagens. Die Reifen faszinierten sie noch immer. Sie legte sich auf den Rücken, streckte die Beine in die Luft, drehte den Kopf zur Seite und knabberte am Gummi herum.

Die kahlen Stellen auf ihrem Körper breiteten sich immer weiter aus, und wir befürchteten, sie habe die Räude, eine schlimme Hautkrankheit, die durch mikroskopisch kleine Grabmilben verursacht wird.

Obgleich Blue schlecht ernährt und geschwächt war, begann ihr Unterleib anzuschwellen, und ihre Zitzen vergrößerten sich. Mitleid überkam uns, als wir sie eines Morgens in einem Hochgrasdickicht beim Säugen von zwei kätzchengroßen männlichen Welpen entdeckten. Zu einer Zeit, da sie selbst kaum genug zu fressen hatte und kein Wasser zu finden war, konnte sie es sich eigentlich nicht leisten, die Feuchtigkeit und die Nährstoffe abzugeben, die für die Ernährung des Nachwuchses notwendig waren.

Am Abend ließ Blue die Kleinen allein, gut versteckt im Hochgras, und wanderte beutesuchend kilometerweit umher. Nach Stunden kam sie zurück, blieb in einem Abstand von fünfzig Metern stehen und schnurrte zärtlich. Da regte es sich im Gras, ihre Kinder, Bimbo und Sandy, torkelten heraus und antworteten ihr mit heiserem, hohem Winseln. Wenn Blue sie mit ihrer rauhen pinkfarbenen Zunge ableckte,

Blue mit ihren Kindern Bimbo und Sandy

Bimbo versteckt sich im hohen Gras, während seine Mutter auf Jagd ist.

drehten und wanden sie sich. Sobald das Belecken und Beknabbern beendet waren, versammelte sich die Gruppe unter einem Baum, wo Blue ihre Kinder säugte.

Futter war so knapp, daß Blue ihre Kinder manchmal sechsunddreißig Stunden lang allein lassen mußte, um etwas Genießbares aufzutreiben. Beide Welpen waren abgemagert, und Sandy, der kleinere, zeigte bereits Schwächesymptome. Nach jedem Säugen schrie er lautstark nach mehr Milch.

Als die Kleinen etwa zwei Monate alt waren, lockte sie Blue eines Abends mit sanften Schnurrlauten und begann sich durch das Gras von ihnen zu entfernen. Bimbo und Sandy trotteten hinterdrein, doch während die Mutter das Flußtal durchquerte, blieben die Kleinen immer weiter zurück und wimmerten vernehmlich. Blue blieb stehen und wartete, ständig Lockrufe ausstoßend, aber sobald die beiden zu ihr aufgeschlossen hatten, ging sie weiter. Sie führte sie zum Kamm der Westdüne – ein Marsch von fünf Kilometern – und ließ sie dort unter einem Baum zurück. Dann ging sie auf die Jagd.

Oft mußte Blue in einer Nacht mindestens fünfzehn Kilometer zurücklegen, um Beute zu finden, und immer häufiger forderte sie Bimbo und Sandy auf, sie auf einem Teil der Wegstrecke zu begleiten. Sandy fiel es von Mal zu Mal schwerer, mit ihr Schritt zu halten.

Eines Morgens waren Blue und Bimbo allein. Sandy hatten sie irgendwo zurückgelassen, oder vielleicht war er einem Leoparden zum Opfer gefallen.

Mutter und Sohn lagen unter einem Dornenbusch. Blues Knochen zeichneten sich unter ihrer Haut ab, ihre Mundschleimhaut war weißlich, und ihr Haar hatte sich überall auf Rücken und Bauch gelichtet. Sie liebkoste Bimbo, der auf seinen Hinterbeinen stand und seine weichgepolsterten Vorderpfoten gegen ihr Gesicht drückte. Mit ihrer breiten Zunge drehte sie ihn auf den Rücken und beknabberte seinen eingefallenen Körper. Obwohl Blue Hunger litt, schien sie fest entschlossen, ihr einzig verbliebenes Kind nicht im Stich zu lassen.

Sie trug ihren Senderkragen nun seit achtzehn Monaten. Es wurde immer schwieriger, ihre schwachen Funksignale aufzufangen. Ihr alter Sender mußte unbedingt ersetzt werden. Und das war auch eine gute Gelegenheit, ihren körperlichen Zustand etwas genauer zu untersuchen.

Wir warteten bis zur Abenddämmerung, als Mutter und Kind eingeschlafen waren. Dann schoß Mark aus einer Distanz von zehn Metern den Pfeil in Blues Flanke. Sie sprang hoch und blickte sich um, als wäre sie von einer Schlange gebissen worden. Bimbo betrachtete seine Mutter neugierig und schaute sich ebenfalls im Gras um, doch dann schliefen beide wieder ein.

Während wir uns Blue langsam näherten, blickte Bimbo immer wieder von seiner Mutter zu uns hinüber, aber Blue schlief so tief wie noch nie. Wenn sie nichts gegen uns einzuwenden hatte, dann brauchte auch er keine Bedenken zu haben. Also bettete er sein Kinn auf die Vorderpfoten und schaute aus drei Metern Entfernung zu, wie wir seine Mutter in den nächsten eineinhalb Stunden verarzteten.

Blue war in einer noch schlechteren Verfassung, als wir vermutet hatten. Am Unterleib hatte sie fast alle Haare verloren, und dicker Schorf bedeckte ihre Flanken und den Nacken. Sie hatte die Räude.

Die Behandlung dieser Krankheit im Freileben ist ziemlich kompliziert, denn das Tier muß, wenn die auslösenden Parasiten abgetötet werden sollen, in eine chemische Lösung eingetaucht werden. Wir verfügten weder über die entsprechende Vorrichtung noch über die erforderlichen Medikamente, aber wenn wir die Löwin mit Motoröl einschmierten, müßten dadurch die Milben erstickt werden.

Wir zapften ungefähr drei Liter schwarzes Öl vom Wagen ab, gossen es über Blue und rieben es mit den Händen in ihr Fell ein. Nach der Behandlung sah Blue wie das Opfer einer Ölpest aus.

Wir legten ihr einen neuen Senderkragen um, notierten und fotografierten den Zustand ihres Gebisses und spritzten ihr ein Antibiotikum ein.

Nach zwei Tagen kratzte Blue sich längst nicht mehr so oft, und schon nach einer Woche kam an den Rändern der großen grindigen Stellen gesunde rosige Haut zum Vorschein. Dreieinhalb Wochen nach dem Ölbad hatte sich Blues Fell vollständig erholt.

Noch im Alter von drei Monaten war Bimbo fast ausschließlich auf die Muttermilch angewiesen und daher im Wachstum zurückgeblieben. Eines Abends riß Blue eine Honigdachsmutter und deren Junges, und nachdem sie das Alttier aufgefressen hatte, brachte sie Bimbo den Jungdachs. Sie legte ihn auf den Boden. Bimbo schlug seine Zähne in den Nacken der Beute und stolzierte hocherhobenen Hauptes mit ihr herum. Dann kauerte er sich hin und verzehrte sehr schnell die drei Pfund Fleisch. Es wurde offensichtlich Zeit, daß Blue für ihren Sohn mehr Fleisch heranschaffte.

In der folgenden Nacht ließ sie Bimbo am Fuß der Ostdüne zurück und durchstreifte das trockene Gestrüpp des Dünentals und anschließend den nächsten Hang. Als sie sich dem Kamm näherte, erblickte sie etwas, was sie seit langem nicht mehr gesehen hatte. Oben auf der Düne hob sich der Umriß eines Weißbartgnubullen ab, der eine lange Reihe von dunklen Gestalten anführte. Hunderte von Gnus zogen über die Düne dahin.

Mit zuckender Schwanzspitze drückte sich Blue vor der Herde flach auf den Boden. Als das dritte Gnu vorüberkam, sprang sie vor und auf seinen Rücken.

Sobald das torkelnde Tier zu Boden ging, ließ sie los und schlug ihre Zähne in seinen Hals. Das Gnu trat mit den Hufen um sich und schnappte verzweifelt nach Luft, dann war es still. Heftig keuchend biß Blue in die Flanke des Opfers.

Nach wenigen Minuten jedoch machte sie sich auf den drei Kilometer langen Rückmarsch zu Bimbos Versteck. Auf ihren Lockruf hin kam er hervor und folgte ihr, die Nase an ihrer Schwanzspitze, zurück zum Kadaver.

Mutter und Kind begannen gemeinsam zu fressen, ohne Hast und mit sichtbarem Behagen. Schließlich streckte sich Bimbo neben seiner Mutter aus und schlummerte ein. Zum erstenmal im Leben war sein Bauch rund und voll.

In der folgenden Nacht hatten Blue und Bimbo die ganze Beute bis auf die Haut und die Knochen verzehrt. Patches, die Braune Hyäne, umkreiste vorsichtig den Platz, bis sie sicher war, daß die Löwen abgezogen waren. Mit gesträubter Halsmähne vertrieb sie die Schakale, die sich bereits an dem Kadaver zu schaffen machten, und begann die großen Knochen und die Haut zu verspeisen.

Pepper und Cocoa, die sich bisher mit alten Knochen und einem gelegentlichen Springhasen hatten begnügen müssen, waren in ihrer Höhle. Plötzlich flog in einer Staubwolke ein ganzes Gnubein, an dem noch Haut und Fleischfetzen hingen, durch den Höhleneingang. Patches streckte sich auf einem der Erdwälle aus und schlief; sie hatte das schwere Bein fast fünf Kilometer weit geschleppt.

Als Pepper und Cocoa ihr Mahl beendeten, hatte das von Blue gerissene Gnu zwei Löwen und drei Hyänen gesättigt.

18

Mark: Schwarze Perlen in der Wüste

Am Morgen nach Blues erfolgreicher Gnujagd versuchte ich mit Echo-Whiskey-Golf die Löwen und Hyänen ausfindig zu machen. Sobald ich das Deception Valley hinter mir hatte, bemerkte ich Staubwölkchen oder möglicherweise Rauchwölkchen, die vor mir über die ganze Breite der Savanne aufstiegen. So etwas hatte ich aus der Luft noch nie gesehen. Ich flog näher heran und konnte auf dem Boden Tausende von schwarzen Punkten ausmachen, die sich in langen Einzelreihen durch das Buschveld nach Norden bewegten. Gnus! Ich hatte Tausende von Gnus gesichtet!

Unter mir in der verdorrten Kalahari wanden sich die Marschkolonnen der Gnus wie lange schwarze Perlenketten.

Am nächsten Morgen waren Delia und ich früh in der Luft, um festzustellen, wo die Wanderung begonnen hatte, welche Bedingungen dort herrschten, welchen Kurs die Gnus eingeschlagen hatten, wie schnell sie sich bewegten und wohin sie zogen.

In den vorausgegangenen fünf Jahren hatten die Gnuherden ein Vagabundenleben geführt; sie waren, angelockt von den grünen Weideflächen, immer tiefer in den südlichen Teil der Kalahari vorgedrungen, fern von den Seen und Flüssen, die fünfhundert Kilometer weiter nördlich lagen. In jeder Trockenzeit mußten sie zwar mehrere Monate lang ohne Trinkwasser auskommen, aber sie fanden genügend Feuchtigkeit in ihrem Grünfutter. In diesem Jahr, 1979, in dem die Niederschläge ausgeblieben waren, hatte sich das grüne Gras braun verfärbt, und jetzt, Mitte Mai, war es kaum mehr als hartes, ausgelaugtes Stroh.

Vielleicht war es Instinkt oder ein Verhaltensmechanismus, der sich über viele Generationen vererbt hatte – jedenfalls mahnte irgend etwas die Tiere, nach Norden zu ziehen, in die einzige Region, wo sie Wasser finden konnten. Wahrscheinlich schon seit Jahrhunderten waren der Xau- und der Ngami-See, die Flüsse Nghabe und Boteti sowie die südlichen Ausläufer des Okavangodeltas ein Zufluchtsort für die Antilopen in Zeiten der Dürre.

Die Herden legten jede Nacht bis zu fünfzig Kilometer zurück. Einige

Gnus hatten bereits mehr als fünfhundert Kilometer hinter sich. Die Wüste forderte ihren Tribut unter den sehr jungen und alten Tieren; viele blieben zurück für die Aasfresser. Aber die Evolution hatte die Gnus für das Wanderleben ausgerüstet, und die starken würden überleben.

Plötzlich blieben die Gnus stehen. Vor einem Hindernis, das viele von ihnen noch nie gesehen hatten, drängten sie sich zusammen und traten nervös auf der Stelle. Quer zu ihrem Weg verliefen solide Drähte – der zur Eindämmung der Maul- und Klauenseuche errichtete, elektrisch geladene Kuki-Zaun, der sich mehr als hundertsechzig Kilometer längs der Nordgrenze des Reservats der Zentralkalahari erstreckt. Die Gnus waren von dem wasserreichen Lebensraum abgeschnitten, auf den sie sich seit Urzeiten in Dürreperioden verlassen hatten.

Jäh gehemmt in ihrem Drang zum Fluß, der nur noch ein oder zwei Tagesmärsche nach Norden entfernt lag, wandten sich die Herden nach Osten, am Zaun entlang. Sie stießen auf viele andere Herden, die ebenfalls den See- und Flußufern zustrebten. Jeden Tag schlossen sich ihnen Giraffen, Spießböcke und Kuhantilopen an.

Die Gräser dieses schmalen Geländestreifens waren schon bald zertrampelt und zerstört. Für die Nachfolgenden gab es nichts mehr zu fressen. Immer mehr Tiere brachen vor Hunger, Durst und Erschöpfung zusammen.

Schließlich erreichten die Herden die Stelle, wo ein von Norden nach Süden verlaufender Zaun, der sogenannte Makalamabedi, mit dem ost-westlichen Kuki-Zaun zusammentrifft. In diesem Winkel brach unter den Gnus das Chaos aus. Um dem neuen Zaun zu folgen, mußten sie nach Süden abdrehen, also quer zu der Richtung, die sie zum Wasser geführt hätte. Sie gerieten in Verwirrung und standen da mit hängenden Köpfen, bis viele Tiere zu schwanken und zu torkeln begannen und schließlich zusammensanken. Im Gegensatz zu ihren Artgenossen, die den schnell zupackenden Zähnen und Krallen eines Raubtieres zum Opfer fielen, starben die Opfer des Zauns einen langsamen, qualvollen Tod. Während sie dalagen und mit ihren Hufen noch im Staub scharrten, wurden ihnen vielfach von Krähen und Geiern die Augen herausgepickt, und andere Aasfresser nagten ihnen die Ohren und Schwänze ab. Einige tausend Tiere mußten an den Zäunen ihr Leben lassen, aber das war erst der Anfang des grausigen Gemetzels.

Endlich setzten die Gnuherden längs der eineinhalb Meter hohen Drahtsperre ihren Marsch nach Süden fort. Nach einem Tag hatten sie das Ende des Zauns erreicht – er hörte mitten in der Savanne einfach auf. Die Herden wandten sich nach Osten. Doch sobald sie das „lose" Ende des Zauns umrundet hatten, betraten sie ein Safari-Jagdrevier.

Nach zwei weiteren Tagesmärschen wechselten die Gnus, die den Treck und den Zaun überlebt hatten, vom Wald in eine weite Steppe über, die schwarz war von Tausenden anderer Gnus. Das Wasser war nur noch knapp vierzig Kilometer entfernt. Die Tiere stürmten voran, dem lockenden Geruch des Wassers entgegen. Die Rinder der Farmen am Seeufer hatten die einst herrliche Ebene, die dem See vorgelagert war, völlig kahlgefressen. Ihr Boden war jetzt betonhart und mit grauem Staub bedeckt, der von den Hufen der Gnus emporgewirbelt wurde.

Kadaver waren überall verstreut. Sterbende Tiere, die auf der Seite lagen, bewegten rhythmisch ihre Beine. Kapitale Bullen und Kühe, die Zuchttiere der Population, scherten nach und nach aus den langen Reihen aus, unfähig, noch einen einzigen Schritt zu tun. Sie knickten in den Knien ein, und ihre Köpfe sanken immer tiefer hinab, bis ihre Nüstern kleine Gruben in den Staub bliesen.

Als der zweite Morgen nach dem Verlassen des Reservats tagte, hatten die überlebenden Gnus fast den See erreicht. Sie überquerten eine weißschimmernde Salzpfanne und erstiegen eine letzte kahle Bodenwelle. Unter ihnen, keine achthundert Meter entfernt, erstreckte sich der blaue Wasserspiegel des Xau-Sees. Pelikane und Flamingos tanzten wie Blütenblätter auf der Oberfläche.

Weiter nördlich hatten einst fast fünfhundert Kilometer lange See- und Flußufer den Gnus in Dürrezeiten zur Verfügung gestanden, doch jetzt gab es nur noch eine Uferzone von etwa drei bis fünf Kilometern für die achtzigtausend Gnus. Die Tiere mußten hier trinken oder sterben!

Aber sie brauchten nicht nur Wasser. Kilometerweit gab es keinen Schatten, und zu fressen gab es auch nichts. Die Zeit war knapp; die Tiere mußten trinken und dann wieder zurück zu den vierzig Kilometer entfernten Waldgebieten, um Schatten und Äsung zu finden, bevor ihnen die Sonne die noch verbliebene Energie geraubt hatte.

Die durstigen Gnus fielen in einen leichten Galopp, dem See entgegen. Als sie sich ihm bis auf fast zweihundert Meter genähert hatten, brachen Männer mit Hundemeuten aus ihren Verstecken bei den Krals hervor. Die Hunde wurden auf die Gnus gehetzt und trieben sie minutenlang im Kreis herum. Sie packten ihre erschöpften Opfer an den Hinterläufen, zerbissen ihnen die Achillessehnen und rissen ihnen die Bauchdecke auf. Sobald die Tiere zu Boden sanken, eilten die Wilderer herbei und erledigten sie mit Keulen und Messern.

Durch diesen Überfall wurden Tausende weiterer Gnus daran gehindert, das Ufer zu betreten. Einigen gelang es dennoch, zum See vorzudringen, wo sie im kühlen Naß zusammensackten. Viele waren jedoch zu schwach, um sich wieder zu erheben. Sie versanken langsam im seichten Wasser und Schlamm.

Zornbebend stieß ich den Steuerknüppel nach vorn, und wir setzten zum Tiefflug an. Die Wilderer waren mit ihrer Schlächterei so beschäftigt, daß sie die Maschine erst bemerkten, als sie mit zweihundertfünfzig Stundenkilometern auf sie zuraste. Mit wenigen Zentimetern Abstand sausten wir über eine Hundemeute dahin, die verwirrt auseinanderspritzte. Wir hetzten die Hunde, bis sie in ihre Verstecke flüchteten. Drei der Männer schleuderten ihre Keulen gegen das Flugzeug, doch gleich darauf warfen sie sich in den Staub.

Während der Wanderzeit der Antilopen unternahm ich am frühen Morgen und in mondhellen Nächten regelmäßig Tiefflüge über die Hütten und Herden. Dadurch wurden die Wilderer offensichtlich abgeschreckt, und wir konnten beobachten, daß die Herden fortan seltener beunruhigt wurden.

So paradox es klingt: Der See wurde den Gnus zum Verhängnis. Da sie wegen der Eingeborenensiedlungen nicht weiter nordwärts ziehen konnten, mußten sie Tag für Tag vom See zum Schatten und Gras des Waldes zurückkehren, bevor es in der Sonne zu heiß wurde, und am Abend wieder den umgekehrten Weg bewältigen. Hin und zurück war das eine Strecke von rund achtzig Kilometern.

Der Beginn der heißesten Phase der Trockenzeit im September hätte den Antilopen nicht ungelegener kommen können. Die Temperaturen schossen nach oben, und Sandstürme fegten über die ausgedörrten Ebenen dahin. Da die Sonne früher auf- und später unterging, mußten die Gnus einen Teil ihres Weges in der Hitze des Tages zurücklegen. Die Todesrate stieg an, und Kadaver säumten die Steppe, die Salzpfanne und das Ufer des Sees.

Grausames Ende der Wassersuche

Der Zaun, der die Gnus zu langen Umwegen zwingt und vielen von ihnen den Tod bringt

DIE großangelegte Landeinzäunung in Botsuana begann in den fünfziger Jahren, als der Rindfleischexport zu einem wichtigen Industriezweig wurde und man die Notwendigkeit erkannte, die regelmäßig in den Viehbeständen auftretende Maul- und Klauenseuche einzudämmen. Wenn solche Epidemien ausbrachen, verweigerte die Europäische Gemeinschaft die Einfuhr von Fleischprodukten aus Botsuana. Die Zäune wurden errichtet, um das Vieh von den Wildtierherden zu trennen und um die Weideflächen in Sektoren einzuteilen, die bei einem Ausbruch der Seuche schnell abgeriegelt werden konnten. Der Nutzen der Zäune ist mittlerweile sehr umstritten. Veterinärwissenschaftler bezweifeln die Wirksamkeit dieser Schutzmaßnahme. Trotz zahlreicher Versuchsreihen konnte bislang nicht nachgewiesen werden, daß Wildtiere den Erreger der Seuche auf Haustiere übertragen.

Die Zäune hatten sich schon lange vor dem Beginn unserer Untersuchung verheerend auf die Wildtierbestände Botsuanas ausgewirkt. Im Jahre 1961 und abermals 1964 starben rund achtzigtausend Gnus im Bereich des Kuki-Makalamabedi-Zauns und zwischen diesem Gebiet und dem Xau-See. Die Zebras, die einst das Deception Valley als Teil ihres Regenzeitreviers genutzt hatten, sind inzwischen vollständig ausgestorben.

Nach der Dezimierung der Antilopen der Zentralkalahari durch Dürre und Absperrzäune sind die überlebenden Tiere noch wichtiger für die dort lebenden Raubtiere geworden. Wenn alle Antilopenarten zugrunde gehen, steht den Löwen, Leoparden, Geparden, Wildhunden sowie den Braunen Hyänen und anderen Aasfressern ein ähnliches Schicksal bevor.

In vielerlei Hinsicht herrscht in Botsuana eine positive Einstellung zur Tierwelt; in der Tat ist etwa ein Fünftel des Landes als Nationalpark oder Reservat ausgewiesen. Aber unsere Versuche, das Interesse und die praktische Unterstützung der Regierung für den Schutz der Gnus zu gewinnen, verliefen enttäuschend.

Wir schrieben Briefe und Berichte an die Wildschutzbehörde und schilderten darin die Wanderbewegungen und die hohe Sterblichkeitsrate der Tiere. Wir machten Vorschläge, unter anderem für die Einrichtung einer Wildhüterstation am Xau-See, die das Wildern und die Störung der Herden unterbinden sollte, und für die Schaffung eines Korridors zwischen Reservat und See. Doch auf all unsere Eingaben bekamen wir keine Antwort.

EINES Tages erhielten wir über Funk die Einladung zu einem Diavortrag für Prinz Bernhard der Niederlande, der in seiner Funktion als Naturschützer die botsuanischen Wildgebiete bereisen wollte. Kurz danach sollte Dr. Richard Faust von der Zoologischen Gesellschaft Frankfurt in Maun eintreffen. Das war ein unwahrscheinlicher Glücksfall.

Wir schrieben sofort an Dr. Faust und Prinz Bernhard, berichteten ihnen von der kritischen Lage der Gnus und luden sie in unser Camp ein, aber wir hofften kaum darauf, daß der Prinz unsere Einladung annehmen würde.

An dem Tag, an dem der Prinz in Botsuana eintreffen sollte, flogen wir zur „Khwaii River Lodge“, einem eleganten Hotel am Ostrand des Okavango-Deltas. Als wir am Abend die strohgedeckte Speisehalle betraten und uns verlegen einen Weg durch die Menge bahnten, blickten wir von einem Gesicht zum anderen in der Hoffnung, irgendwo den Prinzen zu erspähen. Gerade als wir am Mitteltisch vorbeikamen, ergriff eine Hand meinen Arm, und eine Stimme sagte: „Ich bin Bernhard. Sie müssen Mr. und Mrs. Owens sein.“ Vor uns stand der Prinz der Niederlande. „Bitte lassen Sie Ihre reizende Gattin hier neben mir Platz nehmen.“

Beim Essen sagte er nebenbei, aber mit einem unverkennbar erwartungsvollen Unterton, er würde gern mit unserem Flugzeug zum Camp fliegen. Allerdings könne er leider nur einen Tag bleiben.

Am nächsten Morgen um halb sieben trafen wir ihn und seinen Assistenten auf der Rollbahn. Als wir abhoben, blickte er mich an und fragte mit einem Lächeln: „Erlauben Sie?“ Ich nannte ihm den Kurs zum Deception Valley und übergab ihm das Steuer. Er brachte uns sicher ins Camp.

Nach einer Tasse Tee in unserer bescheidenen Behausung stiegen wir wieder auf und folgten der Wanderroute der Gnus bis zum Kuki-Zaun. Wir wichen den Geschwadern der Geier aus, die sich zum täglichen Leichenschmaus eingefunden hatten, und flogen bis zum Zaunwinkel und dann weiter nach Süden. Der Prinz schüttelte nur noch den Kopf und schob voller Ingrimm den Unterkiefer vor, während wir niedrig über die schwarzen Massen dahinflogen, die das ebene Gelände sprenkelten, soweit das Auge reichte. Wir überflogen ein Land der Zerstörung, des Todes und des Leides. Auf dem Rückflug zum Camp sprachen wir kaum ein Wort.

Als wir nach diesem deprimierenden Flug zu unseren Zelten gingen, versprach uns Bernhard, zusätzliche Mittel für unsere Forschungsarbeit zu beschaffen und die richtigen Leute in Europa über das Elend der Gnus zu informieren.

Am Nachmittag machte Prinz Bernhard die Bekanntschaft einiger Löwen und der Hyänenkinder, und am Abend landeten wir wieder bei der Khwaii River Lodge. Wir führten noch unsere Dias vor und flogen am nächsten Morgen nach Hause, um uns auf Dr. Fausts Besuch vorzubereiten.

DR. RICHARD FAUST ist ein Mann von ungewöhnlicher Energie. Er arbeitet sieben Tage in der Woche: von fünf bis acht Uhr morgens als Direktor der Zoologischen Gesellschaft Frankfurt, von acht bis fünf Uhr nachmittags als Direktor des Frankfurter Zoos und von fünf bis zehn Uhr nachts wieder im Dienste der Gesellschaft. Seine Afrikareise war sein erster Urlaub seit sieben Jahren, und nun stand er auf dem Trittbrett des Geländewagens.

Wir fuhren von einem Gnukadaver zum anderen, um die toten Tiere am Ufer des Xau-Sees und in der Salzpfanne zu zählen und ihr Geschlecht und Alter zu bestimmen. Am Abend rollten wir nur wenige Meter vom Wasser entfernt im Freien unsere Schlafsäcke aus und setzten uns um das Lagerfeuer.

Gegen halb elf begann ein feines Beben die Luft zu durchdringen. Die Minuten vergingen, und das Geräusch schwoll zu einem Dröhnen an. Die Gnus!

Dunkle Gestalten bewegten sich über die Bodenerhebung, und eine Staubwolke wirbelte über uns hinweg. Ich ging leise zum Wagen und schaltete den Suchscheinwerfer ein. Ein Meer von Antilopen, deren smaragdgrüne Augen wie Phosphorpunkte aufleuchteten, ergoß sich über die Uferböschung und um unseren Lagerplatz.

Die Heerscharen schoben sich an uns vorbei und stiegen ins Wasser, wo sie schlürfend und planschend tranken. Jedes Tier blieb jedoch nur wenige Minuten im See. Fast ohne Unterbrechung traten die Gnus den Rückmarsch an. Für ein paar Schluck Wasser hatten sie einen weiten Weg zurückgelegt! Um wieder in den Schatten zu gelangen, blieben ihnen nur wenige Stunden.

Dr. Faust war erschüttert über die Situation der Gnus und sagte unserem Forschungsvorhaben auch weiterhin seine Unterstützung zu.

In den Monaten nach seinem und Prinz Bernhards Besuch hämmerten wir in unserem Zelt viele Stunden auf der Schreibmaschine herum. Wir schrieben Artikel für Zeitschriften in der ganzen Welt. Und wir schickten Berichte und Rundschreiben an einflußreiche Persönlichkeiten in der Hoffnung, jemand könne die botsuanische Regierung überzeugen, etwas für den Schutz der Gnus zu tun, oder die Europäische Gemeinschaft, die auf den Zäunen bestand, zum Umdenken zu bewegen.

19

Mark: Neues Leben in der Kalahari

Mitte Oktober 1980, mehr als zweieinhalb Jahre nach dem Beginn der Dürrezeit, zeigte sich eines Nachmittags eine Wolke. Nach mehreren Stunden tauchten weitere auf. Wir rannten zum Flugzeug, und in einer Höhe von fünfhundert Metern flogen wir unter dem weichen grauen Wasserdampf einher. Der Regen prasselte gegen die Windschutzscheibe und strömte über die Flugzeughaut. Wir öffneten die Fenster und ließen die Arme draußen herabhängen. Das kühle Naß lief an ihnen hinunter und floß von den Fingerspitzen ab.

Ein frischer Geruch zog in die Kabine.

Über der Ebene am Xau-See waren keine Wolken, doch unten drängten sich die dunklen Gestalten der Gnus zusammen und blickten nach Westen zum Wüstenhimmel auf. Dann schien die gesamte Oberfläche der Steppe in Bewegung zu geraten, als Tausende und aber Tausende von Antilopen westwärts zu galoppieren begannen. Ein angeborener Ordnungssinn veranlaßte die Tiere, mehrere Reihen zu bilden, von denen manche über eineinhalb Kilometer lang waren, und jede Reihe strebte einer Wolke und deren Regenschleier entgegen.

Plötzlich erkannte ich voller Entsetzen, daß der Boden noch immer grau und verdorrt war. Wir hatten eine „Virga“ durchflogen – Regen, der in der heißen Wüstenluft verdunstet, bevor er die Erde erreicht. Einige Gnus, die den Wolken am nächsten waren, wo eigentlich Regen hätte niedergehen sollen, hatten ihre Schritte verlangsamt und hielten den Kopf gesenkt. Andere blieben einfach stehen. Ob wohl ein Gnu äußerste Niedergeschlagenheit empfinden kann?

Als am Spätnachmittag die Temperatur sank, erreichten endlich die ersten Regenschauer den Boden. In der Savanne entstanden dunkle, feuchte Kreise. Es bildeten sich Tümpel. Die Gnus sammelten sich, um zu trinken und um die wenigen eingeweichten Grashalme zu verzehren, die sie finden konnten.

Am Morgen nach dem ersten Regenfall war der Himmel noch immer voller Wolken, und wir machten uns mit dem Flugzeug auf die Suche nach den Löwen. Gerade als Sassys Signal laut in unseren Kopfhörern ertönte, trommelten dicke Tropfen auf den Rumpf. Sassy stand zusammen mit Chary und allen sieben halbwüchsigen Jungen in der Nähe eines mächtigen Akazienbaums. Da die beiden Löwinnen weit außerhalb des Reservats, oft nur wenige hundert Meter von den Rinderstationen entfernt, auf Gnujagd gegangen waren, hatten sie ihren gesamten Nachwuchs in der Dürrezeit durchgebracht. Als wir weiterflogen, tollten die Jungtiere umher, und wir konnten ihre Fußabdrücke im feuchten Sand erkennen.

Kurz nach Sonnenuntergang erreichte der Regen endlich auch das Deception Valley. Pepper verfolgte in der Umgebung der Gemeinschaftshöhle eine Duftfährte, während Cocoa unter einem nahen Strauch ruhte. Die beiden Junghyänen richteten sich auf und spitzten die Ohren, als die ersten Regentropfen, die sie je gesehen hatten, Staubwölkchen auf den Erdwällen ringsum aufwarfen. Sie begannen die Feuchtigkeit von Zweigen, alten Knochen und ihren eigenen Nasenspitzen abzulecken, und schließlich schlabberten sie Wasser aus den Pfützen am Boden auf. Im Alter von zwei Jahren lernten sie zum erstenmal Trinkwasser kennen!

Am folgenden Morgen sichteten wir im nördlichen Ausläufer des Deception Valley Blue und Bimbo. Im Vorbeiflug erblickte ich bei ihnen einen großen hellgefärbten Löwen. Ich freute mich, daß die beiden nach fast zwei Jahren des Alleinseins einen neuen Gefährten gefunden hatten. Um Genaueres herauszufinden, flog ich zum Camp zurück, und wir machten uns mit dem Wagen auf den Weg.

Wir spürten die drei Löwen auf einer Lichtung zwischen zwei Dornbuschdickichten auf. Das Männchen lag auf der Seite und drehte sich nicht einmal um, als ich anhielt. Delia hob den Feldstecher an die Augen. Ich hörte, wie sie nach Luft schnappte. „Mark! Es ist Moffet! Er lebt! Ich kann das Zeichen auf seiner Hüfte erkennen!“

Moffets Senderkragen war zwar verschwunden, aber im rechten Ohr trug er noch die Überreste seiner roten Marke.

Nach einer Weile stiegen wir aus dem Wagen. Mit weichen Schnurrlauten, einer Imitation des Kontaktrufs, krochen wir vorwärts. Moffet, der etwas abseits von Bimbo und Blue lag, verspeiste ein Stachelschwein. Er beobachtete uns aufmerksam, dann aber seufzte er und schmauste weiter. Wir setzten uns unter einen Strauch, etwa fünfzig Meter entfernt.

Bimbo, inzwischen fast zwei Jahre alt, zeigte noch immer das neugierige Verhalten eines Jungtiers. Er stand gemächlich auf und schlenderte zu uns herüber. Kurz vor uns blieb er stehen und schaute zur Seite. Er leckte sich die Vorderpfote, tat zögernd noch einen Schritt und beugte sich zu mir herüber. Ich konnte das Spiegelbild der Wüstenlandschaft in seinen Augen sehen. Dann wich er zurück und schritt davon.

Wir saßen noch lange da und sahen zu, wie Moffet in aller Ruhe seine Mahlzeit beendete. Schließlich rieb er sich die Stacheln vom Gesicht und leckte sich die Pranken. Als er sich gesäubert hatte, erhob er sich und kam auf uns zu. Seine Mähne schwang hin und her, und seine rosige Zunge fuhr über seine Lefzen. Er hielt vor unseren Füßen inne, betrachtete uns mit sanften Augen und machte dann kehrt, um sich neben Blue unter dem schattenspendenden Baum auszustrecken.

Es war wieder ganz wie in alten Zeiten.

Delia und Mark: Epilog

BLUE, Bimbo und Moffet sind allein von der Dynastie des Blauen Rudels übriggeblieben, die einmal einen großen Teil des Deception Valley beherrschte. Als wir Bimbo zum letzten Mal sahen, war er ein kräftiger junger Bursche mit zottiger Mähne und ausgeprägtem Wandertrieb. Schon bald wird er zum Nomaden werden und auf der Suche nach einem eigenen Territorium und Rudel fernab vom Deception Valley herumschweifen. Bis dahin bleibt er zusammen mit seiner Mutter im angestammten Revier des Rudels. Ab und zu treffen die beiden mit Moffet zusammen, und dann gehen die drei gemeinsam auf die Jagd oder ruhen unter einem Baum.

Moffet ist meist allein und stellt kleineren Tieren und Vögeln nach. Er läßt nur selten sein Gebrüll hören, weil er kein Territorium besitzt, aber manchmal gibt er ein sanftes Grollen von sich – vielleicht wartet er auf eine Antwort seines alten Freundes Muffin.

Ende 1980 gebar die alte Chary noch einmal drei Junge. Sie und Sassy und ihre Sprößlinge leben dreißig bis achtzig Kilometer östlich vom Deception Valley, in der Nähe der Kuhantilopenpfanne. In dieser malerischen Region, wo die dichten Katappen- und Langfadenbaumbestände in eine wellige Grassavanne übergehen, erbeuten die Löwinnen Kudus, Ducker und durchziehende Weißbartgnus. Da sie mittlerweile neue Beziehungen zu anderen Löwen in dieser Gegend angeknüpft haben, werden sie wahrscheinlich nie mehr in das alte Territorium des Blauen Rudels in der Nähe unseres Camps zurückkehren.

PEPPER ist zu einer fast erwachsenen Hyäne herangereift, und sie sucht noch immer unser Camp heim, um, genauso wie ihre Mutter Star, den Wasserkessel zu stehlen. Patches bekam spät im Jahr 1980 vier Junge und brachte sie in das Gemeinschaftslager des Clans, wo Dusty und Pepper sie zusätzlich mit Futter versorgten. Dusty verlor einen eigenen Wurf und begann schon bald, Patches' Welpen zu säugen, nachdem diese in die Gemeinschaftshöhle eingezogen waren.

DER Regen, der Ende 1980 auf das Gebiet des Xau-Sees niederging, lockte die Gnus zeitweilig in das Reservat zurück, nachdem noch Tausende von Tieren umgekommen waren. Doch abgesehen von vereinzelten Schauern hielt die Dürre bis 1984 an. Die Herden ziehen noch immer zum See, der jedoch inzwischen völlig ausgetrocknet ist. Da es uns am Herzen lag, daß die Gnuforschung weitergeführt wurde, beantragten wir Mittel für den Fortbestand des Deception Camps als Forschungsstation. Die Zoologische Gesellschaft Frankfurt erklärte sich bereit, die Unterkünfte und ein Forscherteam zu finanzieren.

Das Gnu-Problem hat beträchtliches Aufsehen erregt, und die botsuanische Regierung erhielt Briefe aus aller Welt, in denen die Sorge um die Tiere zum Ausdruck kam. Ein Beamter der Wildschutzbehörde teilte uns mit, daß das botsuanische Landwirtschaftsministerium über eine Million Pula für die Entwicklung von alternativen Lösungen zur Versorgung der Kalahari-Antilopen mit Wasser bereitgestellt hatte. Die Regierung hatte auch dem Vorschlag zugestimmt, die weitere Besiedlung des Westufers des Xau-Sees vorerst zu unterbinden und damit diesen Wanderkorridor für die Gnus zu erhalten.

MOX haben wir nie wiedergesehen, aber wir fanden schließlich heraus, daß er auf einer Straußenfarm in einem Dorf am Boteti arbeitete, knapp fünfzig Kilometer von Maun entfernt. Dem Besitzer der Farm zufolge sitzt er oft abends am Lagerfeuer und erzählt von Bones, vom Blauen Rudel, das ihn einst auf einen Baum gejagt hat, und von unserem ersten mißglückten Versuch, Star per Funk zu orten. Er trinkt noch immer Bier, versetzt zuweilen die Frauen des Dorfes in Schrecken und gibt an mit seinem Titel *Ra de Tau*, „Herr der Löwen".

Wir hätten auf Lebenszeit im Deception Valley bleiben können, dessen Geheimnisse eine nie endende Faszination auf uns ausübten. Aber ein solches Beharren hätte für die Kalahari wenig bewirkt. Wir mußten Daten aus sieben Jahren aufbereiten und unsere Befunde im Dienst der Wissenschaft und des Naturschutzes zusammenfassen und veröffentlichen. Nicht weniger wichtig war es, die Menschen in Botsuana und überall in der Welt auf die Schätze hinzuweisen, die in der Kalahari verborgen liegen. Nichts von alldem hätten wir von unserem Camp aus bewerkstelligen können.

Wir hatten in der Wüste einige schwere Zeiten durchgemacht, aber die schwerste von allen war der Abschied vom Deception Valley. Im Dezember 1980 rumpelten wir eines frühen Morgens mit Echo-Whiskey-Golf über die Piste und stiegen in den Himmel über der Wüste empor. Wir brachten keinen Ton heraus, als Mark die Maschine nach Norden drehte, zu einem letzten Flug über unser Tal. Wir flogen tief über die Bäume hinweg, wo wir Bones' gebrochenes Bein operiert hatten, und über die Hyänenhöhle, wo wir Pepper unter einem Akazienstrauch liegen sahen. Wir drosselten das Tempo über dem Hang der Ostdüne, wo Star von Muffin und Moffet getötet worden war, und über der kleinen Lichtung auf dem Gepardenhügel, wo Captain und Mate ihre Kinder Hänsel und Gretel aufgezogen hatten. Dann schwenkten wir südwärts auf unseren Steuerkurs, hundertdreiundsechzig Grad, ein und flogen einer anderen Welt entgegen.

ÜBER DIE AUTOREN

Guy Gugliotta und **Jeff Leen** verfolgen seit Jahren als Reporter die tödliche Spur des Kokains. Sie arbeiten für den in Miami erscheinenden *Herald* und sind auf dem Foto zusammen mit ihrem Redakteur Jim Savage abgelichtet. Leen (links) konzentrierte sich bei seinen Nachforschungen auf die Geschehnisse in den USA, während Gugliotta (rechts) vor Ort in Kolumbien recherchierte. Ihre mutigen Artikel handelten der Zeitung Bombendrohungen ein – aber auch Auszeichnungen für außergewöhnliche Enthüllungsreports. Auch heute noch widmet sich Leen der Aufdeckung von Drogenkriminalität, und Gugliotta bereist weiterhin Südamerika. Mit einer Einschränkung: „Das ist keine Frage", erklärte Gugliotta nach Erscheinen des Buches, „nach Kolumbien kehre ich nicht mehr zurück."

Günter Seuren (links) und **Sylvio Heufelder** (rechts) leben in München und arbeiten schon seit Jahren gemeinsam an Filmprojekten. Seuren, 1932 in Wickrath am Niederrhein geboren, war nach dem Abitur als Journalist tätig, ehe er freier Schriftsteller wurde. Neben Erzählungen, Gedichten, Hörspielen und Romanen – sein Buch *Das Gatter* wurde unter dem Titel *Schonzeit für Füchse* verfilmt – schreibt er auch Drehbücher. Bei den Aufnahmen zur Fernsehserie *Schatzsucher* begleitete er Sylvio Heufelder rund um den Erdball. Schauspielersohn Heufelder, Jahrgang 1949, stammt aus Iserlohn. Als Schüler riß er von zu Hause aus und schlug sich in Paris, Berlin und Beirut als Antiquitätenhändler, Fremdenführer und Skipper durchs Leben, ehe er das Abitur nachholte und Theaterwissenschaften studierte. Heute ist er ein vielbeachteter Regisseur und Filmemacher.

1919 wird **Anna Wimschneider** im niederbayrischen Pfarrkirchen geboren. Als Kind armer Bauern lernt sie bereits mit acht Jahren den Ernst des Lebens kennen. Nach dem frühen Tod der Mutter sorgt Anna für die neunköpfige Familie.

Im Rückblick auf ein hartes und entbehrungsreiches Leben schreibt die Frau, die nie die Zeit hatte, einen Roman zu lesen, einen Bestseller. Ihre Lebenserinnerungen *Herbstmilch*, die 1984 erschienen, gehören zu den sensationellsten deutschen Bucherfolgen der letzten Jahre. Im Januar 1989 kam der Film *Herbstmilch* in die Kinos und wurde begeistert aufgenommen.

Mark Owens, geboren 1944, studierte an der Universität von Ohio und unternahm bereits während seiner Studienzeit eine Expedition nach Alaska. 1972 lernte er seine Frau Delia kennen, und beide zogen nach Oregon, um bei den Planungen für einen Wildpark mitzuarbeiten. **Delia Owens**, geboren 1949, studierte Zoologie an der Universität von Georgia. Nach sieben Jahren Forschungsarbeit in der Kalahari von 1974 bis 1980 arbeiteten sie und Mark vorübergehend an der Universität von Kalifornien, ehe ein Auftrag der Frankfurter Zoologischen Gesellschaft das Ehepaar erneut nach Afrika führte. Seit 1984 widmen sie sich dort dem Schutz und der Erhaltung der Elefanten Kenias.

DIE KOKAINBOSSE
Originalausgabe: „Kings of Cocaine: Inside the Medellín Cartel – An Astonishing True Story of Murder, Money and International Corruption", erschienen bei Simon and Schuster, New York. Ins Deutsche übertragen von Ekkehart Reinke. © 1989 by Guy Gugliotta und Jeff Leen. © für die deutsche Ausgabe: Gustav Lübbe Verlag GmbH, Bergisch Gladbach 1989. © für die Fotos: S. 6/7: Stefan Falke/Transglobe Agency; S. 7 oben links, oben rechts, unten rechts: P. Chauvel/Sygma; S. 7 unten links, 181 unten: AP; S. 35 oben: U.S. Federal Court; S. 35 Mitte: Robert Holland; S. 35 unten, 65: Miami Herald; S. 51: Marcie Cohn/Miami Herald; S. 58: George Buctel; S. 78 oben: James M. Skinner/Black Star/Transglobe Agency; S. 78 Mitte, unten: José Azel/Contact/FOCUS; S. 79 oben, unten, 121 unten: Jeff Rotman/Black Star/Transglobe Agency; S. 79 Mitte: Jeff Rotman/Transglobe Agency; S. 87 oben, Mitte: Parga-Tiempo/Sygma; S. 87 unten, 92 unten, 158, 190: El Tiempo; S. 92 oben, Mitte: DAS; S. 99: John Camp, WBRZ; S. 103: DEA; S. 113: Al Diaz/Miami Herald; S. 121 oben: Greg Smith/Picture Group/FOCUS; S. 121 Mitte: Timothy Ross/Picture Group/FOCUS; S. 138: New York City Police Department; S. 181 oben, Mitte: El Espectador/Sygma; S. 198: Koene/Transglobe Agency; S. 198 unten, 199 oben: Carlos Humberto/Contact/FOCUS; S. 199 unten: I. Saglietti/Transglobe Agency.

SCHÄTZE DIESER ERDE
© by Franz Schneekluth Verlag, München 1989; © für die Fotos: Franz Schneekluth Verlag, alle außer: S. 243 unten, S. 291 unten, S. 318 Mitte links, S. 327 oben: Süddeutscher Verlag, Bilderdienst.

HERBSTMILCH
© by R. Piper GmbH & Co. KG, München 1989; © für die Fotos: S. 330/331, 407 unten, 410 oben: Regine Körner, München; S. 344, 371 unten: Atelier Weber, Pfarrkirchen; S. 365, 401 oben: Erich Eder, Pfarrkirchen; S. 401 unten: Landratsamt Pfarrkirchen; S. 410: Ursula Zeidler-Dumanski, München; alle anderen: Privatbesitz Anna und Albert Wimschneider.

DER RUF DER KALAHARI
Originalausgabe: „Cry of the Kalahari", erschienen bei William Collins Sons & Co. Ltd, London. Ins Deutsche übertragen von Siegfried Schmitz. © 1985 by Mark und Delia Owens. © für die deutsche Ausgabe: C. Bertelsmann Verlag GmbH, München 1987. © für die Fotos: Mark und Delia Owens.

© für die Autorenfotos: S. 550 (oben): Miami Herald; S. 550 (unten rechts): Tandem Filmproduktion; S. 550 (unten links): Franz Schneekluth Verlag; S. 551 (oben): Ursula Zeidler-Dumanski; S. 551 (unten): Mark und Delia Owens.

Umschlaggestaltung: Verlag Das Beste, Stuttgart, unter Verwendung je eines Fotos von Carlos Humberto/Contact/FOCUS (oben), Ursula Zeidler-Dumanski (Mitte links), Franz Schneekluth Verlag (Mitte rechts), Mark und Delia Owens (unten).

Die ungekürzten Ausgaben von „Die Kokainbosse", „Schätze dieser Erde", „Herbstmilch" und „Der Ruf der Kalahari" sind im Buchhandel erhältlich.